Gletscher der Alpen

Robert C. Bachmann
Gletscher der Alpen
Hallwag Verlag Bern und Stuttgart

Vorhergehende Doppelseite:
Persgletscher, Abstieg vom Piz Palü
Vorsatz vorne:
Riedgletscher (Wallis), Gletscherbruch am Nadelhorn

Autorenverzeichnis des ersten Teils
(Herausgeber: Robert C. Bachmann)

Wissenschaftliche Beiträge

Gletscherschwankungen
King, Lorenz, Dr., Geographisches Institut der Universität Heidelberg

Leben am Rande des Eises
Michler, Günther, Dr. rer. nat., Akademischer Rat, Institut für Geographie der Universität München

Die Bezeichnungen für Gletscher in den Alpen
Pult, Jon, Prof. Dr. phil, Chur

Einführung in die Geologie der Alpen
Schiemann, Wolfgang, Hannover

Einführung in Grundbegriffe und Aufgaben der Gletscherkunde
Einfluß der Gletscher auf Natur- und Kulturlandschaft
Wilhelm, Friedrich, Prof. Dr. rer. nat., Vorstand am Geographischen Institut der Fakultät für Geowissenschaften der Universität München

Alpinistische Beiträge

Unterwegs auf Gletschern
Hiebeler, Toni, Winter-Erstbegeher der Eiger-Nordwand, 1961, Gründer der Zeitschrift «Alpinismus», Verfasser zahlreicher Bergbücher, München

Eistechnik
Imboden, Max, Bergführer und Skilehrer, Täsch (Wallis)

Karten

Frankreich Institut géographique national, Saint Mandé. Seiten: 79, 90, 95, 97

Schweiz Die Kartenausschnitte wurden mit Bewilligung vom 30. August 1978 der Eidgenössischen Landestopographie, Wabern, reproduziert, ebenso stellte sie dem Verlag freundlicherweise die Originalmeßtischblätter sowie die Blätter zur Siegfriedkarte zur Verfügung. Seiten: 72/73, 107, 113, 123, 129, 135, 150, 151, 161, 165, 183, 193, 203, 207, 212, 219, 223, 231, 237, 239, 247, 248/249, 253, 259, 265

Österreich Vervielfältigt mit Genehmigung des Bundesamtes für Eich- und Vermessungswesen (Landesaufnahme) in Wien, Z1.L 62 347/78". Seiten: 273, 283, 285, 287, 293
Kompaßkarten, Heinz Fleischmann GmbH und Co., München. Seiten: 271, 279

Italien Institut géographique national, Saint Mandé. Seite 103
Kompaßkarten, Heinz Fleischmann GmbH und Co., München. Seite 269
Istituto geografico militare, Firenze. Seite 297

© 1978 Hallwag AG, Bern
Buchgestaltung und Umschlag: Alfred Aenis
Bearbeitung der Kartenausschnitte:
Edwin Kaufmann
Fotolithos: Cromoarte, Barcelona
Satz und Druck: Hallwag AG, Bern
Binden: Schumacher & Co., Schmitten
ISBN 3 444 10210 0

Inhalt

Erster Teil

8 **FRIEDRICH WILHELM**
Grundbegriffe und Aufgaben der Gletscherkunde

22 **LORENZ KING**
Gletscherschwankungen

30 **FRIEDRICH WILHELM**
Der Einfluß der Gletscher auf Natur- und Kulturlandschaft

40 **JON PULT**
Die Bezeichnungen für Gletscher in den Alpen

42 **GÜNTHER MICHLER**
Leben am Rande des Eises

54 **TONI HIEBELER**
Unterwegs auf Gletschern

62 *Die Bergausrüstung im Wandel der Zeit*

66 **MAX IMBODEN**
Eistechnik

68 **WOLFGANG SCHIEMANN**
Einführung in die Geologie der Alpen

Zweiter Teil

70 *Allgemeine Vorbemerkungen*

73 **WESTALPEN**
MONTBLANC-MASSIV
Frankreich
74 *Glacier d'Argentière*
80 *Mer de Glace*
92 *Glacier des Bossons*
Glacier du Taconnaz
96 *Glacier de Bionnassay*
Glacier de Tête Rousse

Italien (Val Veny)
98 *Glacier de la Brenva*
Glacier du Miage

Schweiz
104 *Glacier du Trient*
Glacier d'Orny
Glacier de Saleina

WALLISER ALPEN
Val de Bagnes
108 *Glacier du Giétroz*
Glacier du Brenay
Glacier d'Otemma
Glacier du Mont Durand
Glacier de Tsessette
Glacier de Corbassière

Val d'Hérens/Val d'Hérémence
114 *Glacier de Cheilon*
Haut Glacier d'Arolla
Glacier du Mont Collon
Glacier de Tsijiore Nouve
Glacier de Ferpècle
Glacier du Mont Miné

Val d'Anniviers
124 *Glacier de Moiry*
Glacier de Zinal

Mattertal
130 *Zmuttgletscher*
Matterhorngletscher
Hohwänggletscher
136 *Gornergletscher*
Findelengletscher
Ghiacciaio del Belvedere
Ghiacciaio del Lys

Saastal
152 *Allalingletscher*
Feegletscher

LEPONTINISCHE ALPEN
Aeginental
162 *Griesgletscher*

BERNER ALPEN
Finsteraarhorngruppe
166 *Großer Aletschgletscher*
Mittelaletschgletscher
Oberaletschgletscher
Fieschergletscher
Langgletscher
184 *Unteraargletscher*
Oberaargletscher
194 *Grindelwaldgletscher*
204 *Rosenlauigletscher*
Gauligletscher

Blümlisalp
208 *Kanderfirn*
Tschingelfirn
Telligletscher
Breithorngletscher

Wildstrubel
214 *Glacier de la Plaine Morte*
Wildstrubelgletscher
Lämmerengletscher

Les Diablerets
220 *Glacier de Tsanfleuron*
Glacier des Diablerets
Glacier du Sex Rouge

URNER ALPEN
Dammagruppe
224 *Rhonegletscher*
Triftgletscher
Tiefengletscher
232 *Steingletscher*
Dammagletscher
Chelengletscher

Titlis
238 *Titlisgletscher*
Wendengletscher

GLARNER ALPEN
Tödi-Gruppe
242 *Hüfifirn*
Claridenfirn
Bifertenfirn
Limmerenfirn

249 **OSTALPEN**
RÄTISCHE ALPEN
Silvrettagruppe
250 *Silvrettagletscher*
Verstanclagletscher
Ochsentaler Gletscher
Vermuntgletscher
Jamtalferner
Vadret Tiatscha

Bernina-Gruppe
254 *Vadret da Morteratsch*
Vadret da Tschierva
Vadret da Roseg
262 *Vadrec del Forno*
Vadrec da l'Albigna

Ortler-Cevedale-Gruppe
266 *Ghiacciaio del Forno*
Suldenferner (Vedretta di Solda)

ÖTZTALER UND STUBAIER ALPEN
Kaunertal
270 *Gepatschferner*

Pitztal
272 *Mittelbergferner*
Taschachferner
Karlesferner
Rettenbachferner

Ötztal
274 *Hintereisferner*
Hochjochferner
Kesselwandferner
Vernagtferner

Ötztal und Stubaital
280 *Gurgler Ferner*
Langtaler Ferner
Rotmoosferner
Gaißbergferner
Daunkogelferner
Schaufelferner

HOHE TAUERN UND ZILLERTALER ALPEN
Olperer/Hochfeiler
284 *Gefrorene-Wand-Kees*
Schlegeiskees

Venedigergruppe
286 *Obersulzbachkees*
Untersulzbachkees
Schlatenkees

Großglockner
288 *Pasterzenkees*
Ödenwinkelkees

DOLOMITEN
Marmolata
294 *Ghiacciaio della Marmolada*

Anhang

299 Glossar
299 Register der beschriebenen oder erwähnten Gletscher
300 Orts- und Namenregister
301 Bildverzeichnis
304 Bibliographie

*Oben: Triftgletscher (Bern), Ogiven.
Mitte: Unterer Grindelwaldgletscher, Gletscherbruch.
Unten: Glacier des Bossons, Schmelzschalen.*

*Oben: Firnfleck am Pass da Casnil (Bergell).
Mitte: Taschachferner, Séracs.
Unten: Rhonegletscher, Kreuz-, Quer-, Längs- und Radialspalten.*

*Oben: Ghiacciaio della Marmolada, Gletscherbruch.
Mitte: Gepatschferner, Randspalten.
Unten: Grenzgletscher (Wallis), Firnschichtung.*

Rechts: Querspalten am Glacier de Fèrpecle (Wallis).

Erster Teil

FRIEDRICH WILHELM

Grundbegriffe und Aufgaben der Gletscherkunde

Gletscherdefinition

Gletscher sind Massen aus körnigem Firn und Eis, die aus mehrere Ablationsperioden (Sommer) überdauernden Schneeansammlungen durch Metamorphose entstanden sind, Gaseinschlüsse (Luftblasen), organische Substanz (Pollen) sowie Gesteinsmaterial (Moränen) enthalten und vom Nährgebiet mit Akkumulationsüberschuß zum Zehrgebiet fließen, wo sie abschmelzen. Mit dieser Definition sind die wichtigsten Merkmale eines Gletschers umrissen, nämlich: die Entstehung von Gletschereis, der Eismassenhaushalt, die Gletscherbewegung und der Fremdmaterialtransport.

Schneegrenze und Firnlinie

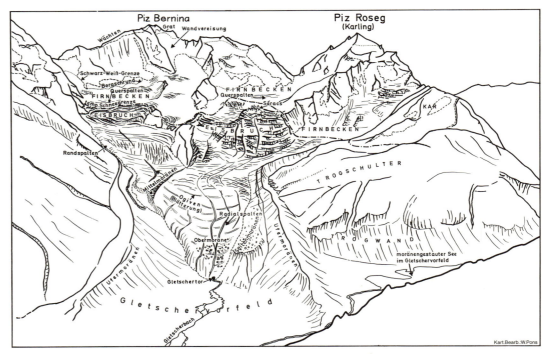

Gletscher können demnach nur dort entstehen, wo über viele Jahre hinweg mehr fester Niederschlag (Schnee, Hagel, Graupel) fällt, als abschmilzt. Das ist oberhalb der Firnlinie der Fall. Den Verlauf der Neu- bzw. Altschneegrenze an einem beliebigen Datum bezeichnet man als temporäre Schneegrenze, ihre höchste Lage in einem Jahr als Firnlinie. Zum Verständnis dieser Namengebung sei angeführt, daß im glaziologischen Sprachgebrauch Neuschnee eine Ablagerung ist, bei der die hexagonalen Schneesterne ganz oder z. T. noch erhalten sind. Altschnee dagegen hat durch Metamorphose, z. B. den Abbau der Strahlen der Schneesterne, körnige Form angenommen. Unter Firn versteht man Altschnee, der eine ganze sommerliche Ablationsperiode überdauert hat, im folgenden Winter also wieder eingeschneit wird.

Die Höhenlage der Firnlinie, die je nach Witterungsablauf von Jahr zu Jahr Schwankungen unterworfen ist, ist vor allem durch die Menge des festen Niederschlags und durch den Energiegewinn für die Schmelze bedingt. Allein auf die Strahlung sind etwa 80 Prozent der Ablationsleistung in den Alpen zurückzuführen. Die Niederschlagshöhe eines Gebietes ist abhängig von seiner Exposition zu den niederschlagsbringenden Winden.

Sie ist besonders am nördlichen und westlichen Außensaum der Alpen beträchtlich größer als in den zentralen Teilen oder am Ostrand der Alpen. So steigt auch die mittlere Höhenlage der Firnlinie von den Berner Alpen mit 2950 m auf 3200 m in den zentralen Walliser Alpen, also um rund 250 m an. Zwischen den niederschlagsexponierten Urner Alpen mit einer mittleren Höhenlage der Firnlinie von 2780 m zu den benachbarten, im Lee der W- und NW-Winde gelegenen Engadiner Alpen mit 3010 m ist der Höhenunterschied etwa gleich groß (F. Müller et al., 1976). Dieser Niederschlagsexposition und -verteilung ist es auch we-

Fig. 1: *Verbreitung der gegenwärtigen und Maximalausdehnung der würmeiszeitlichen Vergletscherung in den Alpen und im Alpenvorland. Die größten zusammenhängenden Gletscherflächen finden sich heute in den Westalpen, u. a. im Montblancgebiet, in den Walliser und Berner Alpen. Nach Osten dünnen die zusammenhängenden Gletscherareale aus. Auch während der Würmeiszeit stießen die Gletscher im NW und N weit ins Alpenvorland hinaus, während sie im O innerhalb des schraffiert gezeichneten Alpenkörpers steckenblieben. Nach K. A. Habbe, 1977, umgezeichnet.*

Links: Der Gletscher und seine Phänomene, dargestellt am Beispiel des Vadret da Tschierva (Bernina), einem typischen Talgletscher.

sentlich zuzuschreiben, daß die Firnlinie in den Alpen von W nach O anhebt und die Westalpen, wo gleichzeitig auch die mächtigeren Massenerhebungen der Gebirgsgruppen auftreten, stärker als die Ostalpen vergletschert sind (Fig. 1).

Für die Bestrahlung haben diese Lagebedingungen, sieht man vom Bewölkungsgrad der Einzelregionen einmal ab, bei der relativ geringen N-S-Erstreckung keine solche Bedeutung. Hier spielen vor allem Beschattungsverhältnisse durch hochaufragende Wände eine entscheidende Rolle. So liegt die Firnlinie nördlich des Silvrettahauptkammes um 2750–2900 m, in Südexposition aber in 2900–3000 m. Aufgrund der Beobachtungen an 670 Einzelgletschern in der Schweiz (F. Müller et al., 1976) ergibt sich die in Fig. 2 dargestellte mittlere Höhenverteilung der Firnlinie nach Exposition. Die geringsten Werte finden sich in N-Auslage mit 2920 m, aber auch in NW- und NE-Exposition ist die Firnlinie im Mittel um bzw. unter 3000 m NN anzutreffen. In den Lagen mit größtem Strahlungsgewinn von O über S nach W steigt sie über 3000 m an und erreicht in SW-Exposition mit einer mittleren Höhe aus 45 Beobachtungen 3180 m.

Der Verlauf der Firnlinie ist bei Alpengletschern weitgehend identisch mit dem der Gleichgewichtslinie. Sie teilt die Gletscher in höhergelegene Bereiche mit Akkumulationsüberschuß, die Nährgebiete,

Breithorn mit Unterem Theodulgletscher und Triftjigletscher mit Ausläufern des Breithorns und Klein-Matterhorns. Im Vordergrund der Gornergletscher. Die Firnlinie als Grenzsaum zwischen Blankeis (grau) und Altschnee bzw. Firn (leuchtend weiß) ist durch die Helligkeitsunterschiede gut zu erkennen. Im Bruch wird der Gletscher von Querspalten zerrissen. Die einzelnen Teilarme der Gletscher sind durch Mittelmoränen voneinander getrennt. Die mächtige Ufermoräne, die am linken Bildrand zum Gornergletscher zieht, und die kahlen hellen Felsflächen am rechten Bildrand belegen die sehr viel größere Ausdehnung dieser Gletscher im 19. Jahrhundert.

und tieferliegende mit überwiegender Ablation, also mit Massenverlust, die Zehrgebiete. Die Unterscheidung zwischen Firn- und Gleichgewichtslinie tritt vor allem bei den randpolaren Gletschern, etwa in SO- und SW-Grönland, im Kanadischen Archipel oder in hochkontinentalen Gebieten Nord- und Zentralasiens auf. Dort keilt die Firndecke nicht gegen das Gletschereis aus. Beide sind durch eine Zone mit Schmelzwassereis voneinander getrennt. In diesem Eis treten besonders schön ausgebildete Kryokonitlöcher auf. Das sind lotrechte enge Röhren von max. 1–2 m Tiefe, die durch das Einschmelzen von dunklem Staub (Kryokonit) entstanden sind. Bei den Alpengletschern ist Schmelzwassereis ebenfalls, aber nur in einem schmalen Saum um die Firnlinie beobachtet worden.

Struktur und Textur von Gletschereis

Das Nährgebiet, oberhalb der Firnlinie bzw. Gleichgewichtslinie gelegen, ist jener Bereich, in dem aus perennierenden Schneedecken durch jährlich zusätzliche Überlagerung und Schneemetamorphose Firn, Firn- und Gletschereis entstehen. Die Metamorphose ist in den Grunderscheinungen jedem Skifahrer bekannt – der stiebende Pulverschnee im Hochwin-

Fig. 2: Höhenlage der Firnlinie 1973 in den Schweizer Alpen nach Werten bei F. Müller et al., 1976. Die Kreise von 3150 m bis 2900 m geben die Höhenzonen, der Außenrand der schraffierten Flächen die mittlere Höhenlage der Firnlinie 1973 und die Zahlen die für die Berechnung herangezogenen Gletscher in den jeweiligen Expositionen an.

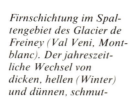

Firnschichtung im Spaltengebiet des Glacier de Freiney (Val Veni, Montblanc). Der jahreszeitliche Wechsel von dicken, hellen (Winter) und dünnen, schmutzigen (Sommer) Schichten bildet eine Art Kalender, an dem mit Hilfe chemischer und kernphysikalischer Methoden die Geschichte der Erdatmosphäre abgelesen werden kann.

Fig. 3: Dichteprofile in einem 20 m tiefen Firnloch am Kesselwandferner, Ötztaler Alpen (siehe Text). Vereinfacht nach W. Ambach und H. Eisner, 1966.

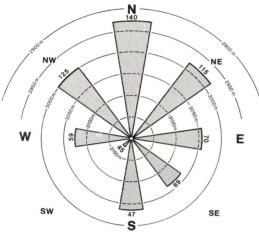

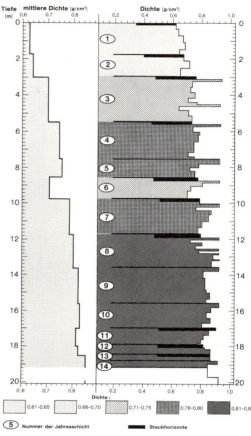

ter und der grobkörnige Firn im Frühjahr. Durch Schmelzen, aber auch durch Wasserdampftransport werden zunächst die Spitzen der hexagonalen Schneekristalle abgebaut. Das von dort stammende Wasser wird im Zentrum des Schneesterns zum Teil wieder durch Gefrieren oder Sublimation angelagert. Aus sperrigem Neuschnee wird körniger Altschnee, am Ende der Ablationsperiode definitionsgemäß Firn. Die runden bis polyedrischen Körner lagern viel dichter als die strahligen Schneekristalle oder deren Aggregate, die Schneeflocken. Durch die Umwandlung setzt und verdichtet sich gleichzeitig die Neuschneedecke von rund 100 Kilogramm pro m³ auf etwa 300–400 Kilogramm pro m³ bei Altschnee. Die weitere Verdichtung erfolgt nun durch Wachsen der Einzelfirnkörner – die großen nehmen auf Kosten der kleinen zu – und durch die Bildung von Eisbrücken zwischen den Firnkörnern. Auch bei dieser Umwandlung spielen in den Alpen sowohl flüssiges Wasser als auch Wasserdampf eine Rolle.

Die nach der Ablationsperiode verbleibende Restfirnschicht wird vom Neuschnee des folgenden Winters überlagert. So steigt auch der hydrostatische Druck in den tieferliegenden Schichten. Hinzu kommen die die Verdichtung fördernden Pressungen durch Bewegung. Hat die Dichte auf etwa 770 bis 800 Kilogramm pro m³ zugenommen, so wird die Ablagerung luft- und wasserundurchlässig, aus Altschnee, Firn, wird Firn- und Gletschereis. Die Dichte von reinem Gletschereis beträgt 0,91 Gramm pro cm³ oder 910 Kilogramm pro m³.

Der Aufbau eines mächtigen Firnpakets ist am Beispiel eines Dichteprofils in einem 20 m tief gegrabenen Schacht auf dem Kesselwandferner (Ötztaler Alpen) nach W. Ambach und H. Eisner (1966) dargestellt (Fig. 3). Deutlich läßt sich die etwa stetige Zunahme der mittleren Dichte der einzelnen Jahresstraten vom Haushaltsjahr 1962/63 mit 0,63 Gramm pro cm³ auf 0,84 Gramm pro cm³ 1953/54 erkennen. Insgesamt konnten, bei den tiefsten mit einer gewissen Unsicherheit, 15 Jahresschichten ausgeschieden werden. Innerhalb der einzelnen Jahresschichten zeigen sich markante Dichtesprünge. Sie sind leicht erklärbar, wenn man den Ablauf einer Akkumulationsperiode betrachtet, bei der Wechsel von Schmelz- und Frostperiode auftreten. Durch Schmelzen und Wiedergefrieren bilden sich an der jeweiligen Schneeoberfläche verdichtete Harschhorizonte, die sich vom lockerer gepackten Schnee unterscheiden. Im Regelfall weist die oberste Schicht eines Jahresstratums durch Eisbildung eine besonders hohe Dichte auf. Sie wird ferner durch einen erhöhten Staubgehalt markiert, so daß die Ausscheidung von Jahresschichten noch gesichert wird. Ein weiteres Kriterium ergibt sich aus dem Pollengehalt (Blütenstaub) im Firn, der sogar eine feinere Gliederung zuläßt.

Durch die Entstehung von Gletschereis aus Schnee und Firn erklärt sich auch seine körnige Struktur, bei der die Einzelkörner mit Eiszement verbunden sind, durch die es sich grundlegend von stengeligem Wassereis unterscheidet. Die Größe der Gletscherkörner ist aber nicht nur vom Alter, sondern auch von der Gletscherbewegung abhängig. In hochmobilen Bereichen finden sich kleine, in langsam bewegten größere Körner, die größten im bewegungslos gewordenen Toteis, das seinen Zusammenhang mit dem Nährgebiet verloren hat. Ferner folgt aus der Entstehung, daß Gletschereis geschichtet ist. Der Wechsel von hellem, luftreichem Eis (Weißblätter) und blasenarmem, grünblauem Gletschereis (Blaublätter) ist bei Gletschern auffällig. Da diese Texturen nicht nur aus der Primärschichtung hervorgehen, sondern auch unterhalb von Gletscherbrüchen auftreten, in denen der ursprüngliche Zusammenhang der Schichten verlorengeht, spricht man von Blätterung. Die Blätterung läßt auf einem Gletscher auch typi-

Scherflächen an der Zunge des Giétrozgletschers (Wallis). An den Scherflächen, Zonen erhöhter Mobilität, wird in verstärktem Maße feines Grundmoränenmaterial an die Gletscheroberfläche befördert. Wegen der verschieden starken Graufärbung schmelzen die einzelnen Schichten unterschiedlich schnell ab.

Gletscherkörner: Die Einzelkörner (hier Eiskristalle aus einem gestrandeten Eisberg am Märjelensee, Wallis) sind miteinander verwachsen. Ihre Größe ist vom Alter und von der Gletscherbewegung abhängig. Die größten Eiskristalle finden sich im bewegungslos gewordenen Toteis.

sche, durch die Bewegung bedingte Texturmerkmale erkennen. Die Weiß- und Blaublätter fallen an den Rändern steil gegen die Gletschermitte ein, wo sie flach lagern. Am Zungenende heben sie löffelförmig aus.

Gletscherbewegung

Aus der hier beschriebenen Entstehung von Gletschereis folgt zwingend, daß sich Gletscher hang- bzw. talab gegen das Zehrgebiet bewegen, da sonst die jährlich akkumulierten Schneemassen ins Unendliche wachsen würden. Durch das Abfließen kann sich letztlich ein Gleichgewichtssystem des Auf- und Abbaus der Eismassen einstellen.

Die Bewegung von Gletschern ist seit Jahrhunderten schriftlich überliefert. Bereits 1760 berichtet S. Gruner vom Abwärtswandern eines Gesteinsblockes auf Gletschereis. Eine Leiter, die H. B. de Saussure 1788 am Mer de Glace verlorenging, schmolz 1832 4050 m unterhalb wieder aus. Daraus errechnet sich eine mittlere Geschwindigkeit pro Jahr von rund 92 m. Die von F. J. Hugi 1827 auf der Mittelmoräne des Unteraargletschers erbaute Hütte wanderte bis 1840 durchschnittlich 110 m pro Jahr talab. Gegenwärtig werden für die Alpengletscher Geschwindigkeiten von im Mittel 20 bis 200 m pro Jahr angegeben. In den Brüchen des Glacier du Géant im Bereich des Mer de Glace (Montblancgebiet) kommen sogar Werte von mehr als 800 m pro Jahr vor. Die weite Streuung der Werte erklärt sich daraus, daß die Bewegung neben der Temperatur sowohl vom Gefälle als auch von der Mächtigkeit der Eismassen abhängt, die beide in weiten Grenzen schwanken können.

Besonders hohe Geschwindigkeiten treten bei *glacier surges* (engl.: katastrophale Gletschervorstöße) auf. Von Gletschern in Alaska und auf dem Kanadischen Archipel werden Werte von 7 km in weniger als einem Jahr gemeldet. Der Kutiakgletscher im Karakorum stieß 1953 in drei Monaten um 12 km vor. Solch schnelle Bewegungen sind gegenwärtig von Alpengletschern nicht bekannt. Sie dürften aber die Ursache für das Aufstauen von Gletscherseen in zahlreichen Alpentälern durch vorrückende (surgende) Gletscher gewesen sein (s. Abschnitt Gletscherschwankungen und Einfluß der Gletscher auf Natur- und Kulturlandschaft).

Gletscher beginnen sich zu bewegen, sobald die kritische Eisdicke überschritten wird. Bei gegebener Neigung werden dann die auftretenden Spannungen größer als der Deformationswiderstand des Eises. Polykristallines Eis verhält sich gegenüber auferlegten Spannungen – wie viele andere reale Stoffe – plastisch. Das heißt, es erleidet bei mechanischer Beanspruchung eine nicht mehr reversible Veränderung seiner inneren Struktur, die etwa der von Metallen nahe ihrem Schmelzpunkt entspricht. Für einen Gletscher in einem trogförmigen Tal ergibt sich unter Berücksichtigung der Reibung eine talabgerichtete, etwa parabolisch verlaufende Geschwindigkeitsverteilung mit Maximalwerten in der Zone größter Eismächtigkeit, die gegen die Ränder abnimmt (Fig. 4). Dieses Fließen erfolgt durch kristallinterne Deformation. Eine zweite Komponente der Gletscherbewegung bilden Gleitvorgänge an den Bettwandungen oder an Scherflächen. Auf diese Art ergibt sich ein etwa blockförmiges Vorschieben der Gletscherzunge. Dabei tritt über die ganze Gletscherbreite eine annähernd konstant hohe Geschwindigkeit auf. Sie nimmt gegen die Ränder abrupt ab (Fig. 5). Diese Blockschollenbewegung findet sich vor allem bei gut ernährten vorstoßenden Gletschern, deren Frontteile mächtig aufgewölbt und die in hohem Maße von Spalten zerrissen sind. Die Darstellung von völlig zerklüfteten und in Eistürme aufgelösten Gletscheroberflächen auf alten Stichen, Zeichnungen oder Aquarellen entspringt nicht rein künstlerischem Empfinden, sondern entspricht weitgehend dem realen Bild der damals stark vorrückenden Gletscher.

Gleiten und plastisches Fließen haben an der Gesamtgletscherbewegung unterschiedlichen Anteil. Vom Aletschgletscher ist bekannt, daß sich beide etwa die Waage halten. Beim Skautbre in Norwegen oder beim Blue-Glacier in den USA gehen bis zu 90 Prozent der Bewegung auf Gleitvorgänge zurück. Gleiten wird durch besonders große Schubspannungen und durch Schmelzwasserfilme auf dem

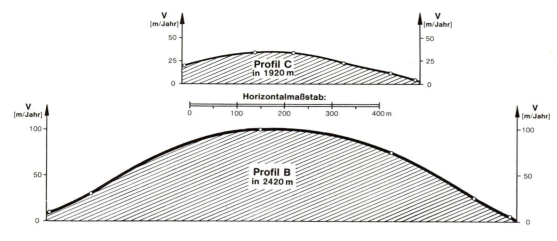

Fig. 4: *Bewegung des Rhonegletschers 1875 nach den klassischen Messungen von F. A. Forel und P. L. Mercanton zwischen 1875 und 1915. Umgezeichnet nach Angaben bei E. v. Drygalski und F. Machatschek, 1942. Profil B wurde in 2420 m Höhe, 2450 m vom Zungenende, Profil C in 1920 m, 750 m vom Zungenende entfernt, aufgenommen. Die etwa parabolische Geschwindigkeitsverteilung quer über den Gletscher sowie die Abnahme der Bewegung zwischen B und C gegen den ausdünnenden Gletscherrand sind gut zu erkennen.*

Gletschergrund gefördert. Nur so ist es verständlich, daß die Gletschergeschwindigkeiten eng mit dem Witterungsablauf korrelieren. Strahlungswetter mit reichlichem Schmelzwasseranfall bedingt in der Regel eine Beschleunigung, bei wolkigem, kühlerem Wetter gehen die Geschwindigkeiten wieder zurück. Durch Überlagerung des Schneedrucks im Spätwinter und des variierenden Schmelzwasseranfalls sind auch die jahreszeitlichen Bewegungsschwankungen eines Gletschers mit einem Maximum im Frühsommer zu erklären.

Gletscher fließen nicht nur talwärts ab, sondern es handelt sich um eine dreidimensionale Bewegung. Im Vergleich zur Längsgeschwindigkeit sind die Quer- und Vertikalkomponenten der Verschiebungsbeträge gering. Im Nährgebiet eines Gletschers ist stets eine nach unten, im Zehrgebiet eine nach oben gerichtete Bewegung vorhanden. Sub- und Emergenzgeschwindigkeiten (Ab- und Auftauchgeschwindigkeiten) liegen im Regelfall in der Größenordnung von wenigen Metern pro Jahr. Die Bewegung des Gletschers ist nach seiner Geometrie als eine quasilaminare Strömung aufzufassen. Diese Tatsache wird auch durch Gleitvorgänge nicht verändert, die ja nur blockförmig

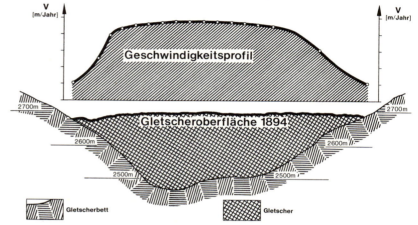

Fig. 5: *Querschnitt des Hintereisferners und Geschwindigkeitsprofil 1894 nach H. Hess, 1904 (umgezeichnet). Im Gegensatz zum Rhonegletscher (Fig. 4) nimmt beim Hintereisferner die Geschwindigkeit 1894 von den Rändern sehr rasch zu und bleibt über dem restlichen Gletscherquerschnitt nahezu konstant. Daraus ergibt sich für diese Zeit der Typ der Blockschollenbewegung.*

wirken. Bei einer derartigen Strömung überschneiden sich die Bewegungstrajektorien nicht, d. h. es kommt zu keiner Durchmischung (sog. Turbulenz) im Gletschereis; Gesteinsbrocken, die auf der rechten Seite eines Gletschers im Nährgebiet akkumuliert werden, schmelzen im Zehrgebiet auch rechts wieder aus. Damit werden die Lagebeziehungen auf einem Gletscher durch die Bewegung nicht gestört.

Die Längsgeschwindigkeiten nehmen bei einem Gletscher mit etwa gleichförmigen Querschnitten in den einzelnen Höhenstufen von der oberen Begrenzung des Firngebietes gegen die Gleichgewichtslinie zu und von dort gegen das Zungenende wieder ab. Dieser Sachverhalt ist aus dem Massenhaushalt von Gletschern erklärbar. Da bis zur Gleichgewichtslinie wachsende, von dort an abwärts aber nur noch verringerte Mengen durch einen bestimmten Querschnitt transportiert werden müssen, ergibt sich bei gleichen Querschnitten die dargestellte Geschwindigkeitsverteilung. Aber auch am Gletscherende wird die Längsgeschwindigkeit nicht Null. Wenn demnach die Gletscherzunge stationär bleibt, so ist das ein dynamisches Gleichgewicht aus einer talab gerichteten Bewegung sowie dem Abschmelzen, das dem Vorschub entgegenwirkt.

Glacier de Tsijiore Nouve (rechts) und Arollagletscher im Hintergrund am 1. August 1836. Vorne das Dörfchen Arolla. Die Gletscher, besonders der Glacier de Tsijiore Nouve, sind als Folge der guten Ernährungslage und daraus resultierender rascher Bewegung von Spalten zerrissen, ja sogar in einzelne Eistürmchen, Séracs, aufgelöst. (Aus R. Bühlmann, Skizzenbücher Bd. 10, 256; Veröffentlichung mit Bewilligung der Grafischen Sammlung ETH Zürich)

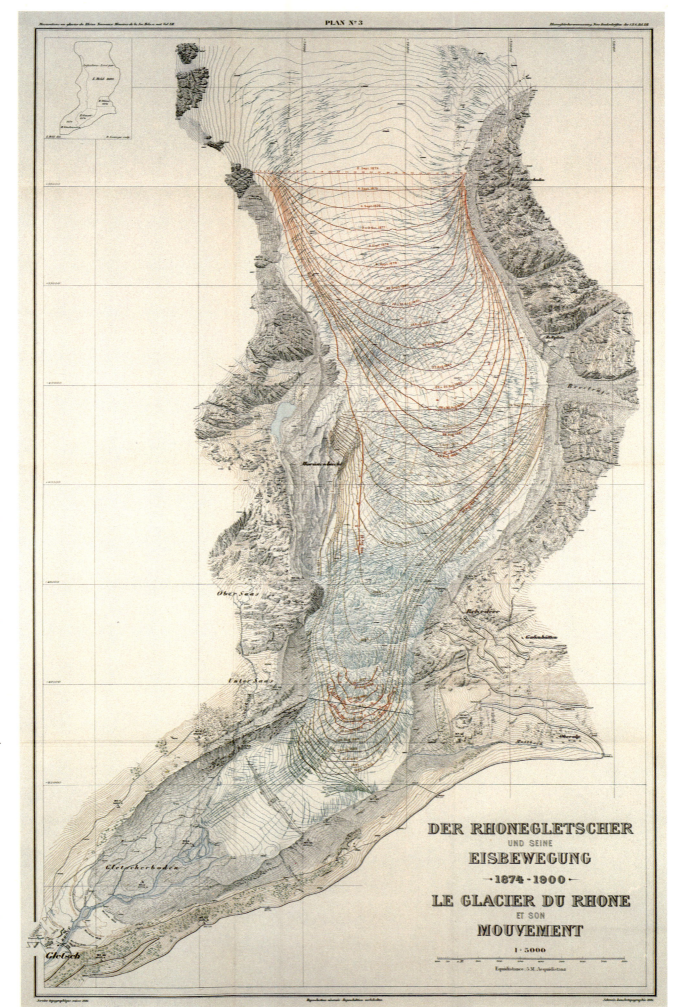

Der Rhonegletscher und seine Eisbewegung in den Jahren 1874 bis 1900. Mittels tachymetrisch eingemessener Steinlinien ist hier die Gletscherbewegung grafisch dargestellt. Die Linien verdeutlichen anschaulich die Geschwindigkeitsverteilung des Eisstromes: Die Gletscherbewegung erreicht im Gletscherbruch und in der Gletschermitte, der Zone größter Eismächtigkeit, Maximalwerte und nimmt gegen die Ränder hin ab.

Links: Eishöhle unter dem Mittelaletschgletscher. Weitverzweigte Tunnelsysteme durchziehen den Eiskörper und unterhöhlen ihn oft über größere, mehrere hundert Meter lange Strecken. Die Tunnels sind am Gletscherrand durch Regen- und Schmelzwasser aus dem Eis erodiert worden. Ihr Querschnitt wird, wenn sie nur noch wenig oder gar kein Wasser mehr führen, durch Luftströmungen weiter vergrößert.

Randspalten am Gietrozgletscher (Val de Bagnes, Wallis). Sie entstehen durch die Zunahme der Fließgeschwindigkeit des Eises vom Gletscherrand zur Gletschermitte.

Rechts: Querspalten am Unteren Theodulgletscher (Walliser Alpen). Sie entstehen durch reliefbedingte Geschwindigkeitsunterschiede und bilden sich damit stets am selben Ort.

Gletscherspalten

Nach H. Körner (1962) versucht sich ein Gletscher stets so zu bewegen, daß sich jeweils jene Eisdicke einstellt, die der Neigung der Unterlage entspricht. Da sich die Eisdicke wegen ihrer Trägheit nicht so rasch verändern kann, treten vor Hindernissen (Gefällsverflachungen) Stauchungen, dahinter aber, im Bereich von Gefällssteilen, Streckungen auf. Überschreiten die Dehnungskräfte die Festigkeit des Eises, so brechen Spalten senkrecht zur Zugbeanspruchung auf. Da die Hauptgeschwindigkeit in Längsrichtung der Gletscher auftritt, bezeichnet man diese Spalten auch als Querspalten. Sie sind durch reliefbedingte Geschwindigkeitsunterschiede hervorgerufen und damit ortsfest. Die Spalten brechen am Beginn des Streckungsbereiches auf und schließen sich in der Stauchungszone wieder. Spalten sind in der Regel bei unseren Alpengletschern kaum tiefer als 30 m. Denn mit zunehmender Tiefe wächst die Mobilität des Eises, so daß erhöhte Zugbeanspruchung durch plastische Deformation ausgeglichen werden kann. Im Bereich von Gletscherbrüchen, über Gefällssteilen im Untergrund, tritt eine besonders starke Auflösung der Gletscher in Spalten und Eistürme, Séracs, auf. Ein weiterer Bereich kräftiger Geschwindigkeitsunterschiede sind die Randzonen. Aus einer von den Ufern gegen die Gletschermitte rasch zunehmenden Bewegung ergeben sich Zugbeanspruchungen, die schräg gletscherabwärts gerichtet sind. Die Randspalten brechen danach in senkrechter Richtung, gletscheraufwärts weisend, auf. Sie sind besonders bei Gletschern mit hohem Gleitanteil (Blockschollenbewegung) markant ausgebildet.

Das oberste ortsfeste Spaltensystem bildet der Bergschrund. Er zieht sich bei den Alpengletschern parallel zur Karrückwand um das ganze Einzugsgebiet hin. Die Lage des Bergschrunds ist durch den Gefällsknick im Untergrund des Gletschers zwischen der steilen Karumrandung und dem Karboden bestimmt. Diese Spalte ist im Winter häufig mit Schnee, vor allem durch Lawinen gefüllt, so daß sie bis in den Frühsommer bei hinreichender Sicherung meist gefahrlos gequert werden kann. Im Hoch- und Spätsommer aber, wenn die Spalte ausgeapert ist, bildet sie vielfach ein nur schwierig zu überwindendes und dabei kaum zu umge-

Oben: Bergschrund am Glacier des Grands Montets unterhalb der Petite Aiguille Verte (Montblanc). Der Bergschrund ist das oberste ortsfeste Spaltensystem und bildet für den Bergsteiger ein oft nur schwer überwindbares Hindernis.

Rechts: An der Oberfläche des Rhonegletschers paust sich die Topographie des Untergrundes durch. Die Zunge ist in Kreuz-, Quer-, Längs- und Randspalten aufgebrochen.

Obermoräne auf dem Zmuttgletscher (Wallis). Die Gletscherzunge ist vollständig mit Schutt bedeckt. Sie wird (rechts im Bild) von einer höher gelegenen, älteren Ufermoräne begleitet. Durch das Moränenmaterial erhält das unterlagernde Eis einen Ablationsschutz.

Rechts: Aus Seitenmoränen werden nach Ablagerung Ufermoränen. Die rechte Ufermoräne des Morteratschgletschers (Bernina) dokumentiert den Gletscherhochstand im 19. Jahrhundert. Sie ist durch Erosionsrinnen, sogenannte Racheln, markant gezeichnet. Das von der Gletscherstirn im Vordergrund abgelagerte Material häuft sich zur Stirnmoräne.

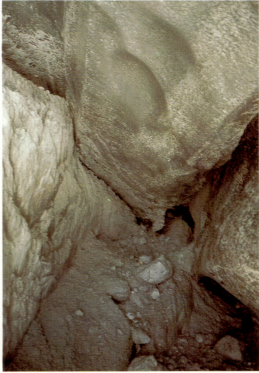

Rechts: Mittel- und Seitenmoräne. Auf dem Unteraargletscher bildet sich beim Zusammenfluß von Finsteraar- und Lauteraargletscher, am sogenannten Abschwung, eine gewaltige Mittelmoräne. Parallel zu ihr zieht, vom Finsteraargletscher kommend, eine mächtige Seitenmoräne über den Unteraargletscher.

hendes Hindernis. Gegenüber dem Bergschrund ist die Randkluft keine Spalte, sondern eine bewegungsunabhängige Schmelzhohlform an der Schwarz-Weiß-Grenze, zwischen Fels und Firn.
Längsspalten sind entsprechend den geringen Quergeschwindigkeiten selten. Gelegentlich finden sie sich nach engen Durchlässen, wenn sich das Gletscherbett abrupt verbreitert. Auch die fingerförmig gegen das Zungenende verlaufenden Radialspalten kann man mit zu den Längsspalten rechnen.
Im Hochsommer und Herbst sind auf der ausgeaperten Gletscherzunge mit Blankeis die Spalten gut zu erkennen. Ganz anders sind die Verhältnisse im Firngebiet. Nur bei den breiteren Spalten bricht im Laufe des Sommers die Schneedecke gelegentlich ein, so daß sie sichtbar werden. Viele bleiben den ganzen Sommer über verdeckt. Ob der Schnee einen Menschen trägt oder nicht, hängt von seiner Mächtigkeit und den witterungsabhängigen mechanischen Eigenschaften der Schneedecke ab. Selbst wenn man zu wissen glaubt, wo Spalten nach den Regeln der Bewegung auftreten können, ist es oberstes Gebot, im Firngebiet oder auf verschneiten Gletschern gesichert zu gehen. Die Topographie des Untergrundes paust sich manchmal nur schwach an der Gletscheroberfläche durch. Bei ungünstigen Beleuchtungsverhältnissen sind die flachen Aufwölbungen im einheitlichen Weiß nicht auszumachen.

Moränengehalt

Alle festen Fremdmaterialeinschlüsse im Eis werden als Moränenmaterial bezeichnet. Gesteinsschutt erhalten die Gletscher durch Steinschlag und Bergsturz von den steilen Wänden der Karumrahmung, durch Ausbrechen von Blöcken sowie durch Aufnahme von Gesteinsgrieß und -mehl von den Gletscherbettwandungen und vom Untergrund. Je nach der Lagebeziehung spricht man von Ober-, Seiten-, Mittel-, Innen- oder Grundmoräne. Eine Obermoräne befindet sich auf dem Gletscher, ungeachtet dessen, ob sie im Firngebiet gerade durch Steinschlag ak-

Links: Stirnmoräne am Arollagletscher (Wallis). Der Obermoränenschutt wird an der Gletscherfront zur Stirnmoräne abgelagert.

Oben: Grundmoräne unter dem Aletschgletscher. Durch die hohen Drucke am Gletschergrund wird das Gesteinsmaterial teilweise zu feinstem Gesteinsmehl zerrieben. Dieses bildet eine Art Poliermasse, auf der sich der Gletscher gleichsam über den Felsuntergrund gleitet. Dieses Gleiten bewirkt die Glazialerosion.

kumuliert wurde oder ob im Zehrgebiet das eckigere, gröbere Material der Obermoräne oder das feinere bis mehlige der Grundmoräne ausschmilzt. Innen- und Grundmoräne werden entsprechend innerhalb eines Gletschers bzw. auf seinem Grund transportiert. Aus Seitenmoränen werden nach Ablagerung Ufermoränen. Am Zungenende entstehen bei stationären Verhältnissen Stirnmoränen, die bei einem Gletschervorstoß auch Stauchungen aufweisen. Fließen zwei Gletscher zusammen, so vereinen sich die beiden Seitenmoränen zu einer Mittelmoräne. Selbst wenn das Nährgebiet keine Gliederung erkennen läßt, im Zungenbereich aber Mittelmoränen auftreten, weist auch das Firngebiet eine Teilung in mehrere durch Felsriegel subglazial getrennte selbständige Becken auf.

Oberflächenformen

Bei den Oberflächenformen kann man zwischen der Gesamtgestalt der Gletscher und Teilformen auf der Oberfläche, die durch Bewegung oder Ablation entstanden sind, unterscheiden. Im älteren glaziologischen Schrifttum ist vom alpinen Gletschertyp die Rede. Er besteht aus einem Nährgebiet in einer glazialen Ursprungshohlform, dem Kar, mit steilen Karwänden, aus der sich eine Zunge gegen das Tal vorschiebt. Dafür gibt es auch heute noch in den Alpen zahlreiche Beispiele, u. a. die Pasterze in den Ostalpen (Großglocknergruppe) oder auch den größten Gletscher der Alpen, den Aletschgletscher, mit einer Länge von 24,7 km und einer Gesamtfläche von 86,76 km². Dieser große Gletscherstrom wird aus vier Firnmulden, dem Ewigschneefeld, Grünegg-, Jungfrau- und Großen Aletschfirn, gespeist, deren Eisströme sich am Konkordiaplatz vereinen. Weiter unterhalb mündete früher noch der Mittelaletschgletscher ein. Durch den Gletscherschwund in den vergangenen 100 Jahren haben einige Gletscher ihre Zungen verloren, so daß sich Nähr- und Zehrgebiet auf die Kare beschränken (Kargletscher). Aber auch der Typ der Plateauvergletscherung ist u. a. bei der Übergossenen Alpe/Steinernes Meer vertreten. In einer Gesamtschau ist die Gletscheroberfläche im Nährgebiet, sieht man von Störungen durch den Gesteinsuntergrund ab, schwach konkav, im Zungenbereich aber im Querprofil konvex. Diese Erscheinung läßt sich aufgrund der Mobilität einzelner Eispartien erklären.

Die Gletscheroberfläche ist im Winter und Frühjahr einheitlich verschneit. Sie hebt sich kaum von der Umgebung ab. Während der Ablationsperiode entstehen aber vielfältige Abschmelzformen. An erster Stelle seien hier die Ogiven genannt, die Schichtungsränder nachzeichnen. Da Firn und Neuschnee niemals in gleicher Mächtigkeit und gleichmäßig über einen Gletscher abgelagert, erst recht nicht gleichmäßig abgeschmolzen werden, kommt es durch Winddrift und Schmelzen zu Oberflächenformen, die die Schichtpakete schräg schneiden. Durch unterschiedlichen Staubanteil, Änderung der Körnigkeit als Folge der Metamorphose, haben die Einzelschichten ein unterschiedliches Reflexionsvermögen (Albedo). Die eine erscheint heller, eine andere dunkler. Die Grenzen zwischen den einzelnen Schichten, die durch Ablation

Oben: Rundhöcker und Gletscherschliffe am Rhonegletscher. Als Schleifmaterial dient der sehr viel Feinmaterial enthaltende Grundmoränenschutt. Neben der Politur durch das Gesteinsmehl erfährt der vom Gletscher überfahrene Felsuntergrund auch eine deutliche Kritzung.

Rechts: Eindrucksvollstes Beispiel für den alpinen Gletschertyp ist der Große Aletschgletscher. Am Konkordiaplatz vereinen sich die Eisströme seiner vier Firnmulden. Rechts im Hintergrund Jungfrau und Jungfraujoch.

Ganz oben: Gletschertisch auf dem Aletschgletscher. Durch einzelne grobe Felsblöcke wird das unterlagernde Gletschereis gegenüber benachbarten Gebieten vor Abtragung geschützt, so daß der Stein letztlich pilzförmig auf einem Eisstiel aufliegt. Die Steindeckplatte kippt in Richtung der einfallenden Sonnenstrahlen und rutscht schließlich ab.

Oben: Firntisch auf dem Aletschgletscher. Wie die Gletschertische zählen auch die Firntische zu den Ablationsvollformen. Sie tragen als Ablationsschutz jedoch nicht einen Gesteinsblock, sondern Firn- oder Schneeblöcke. Diese reflektieren dank der größeren Albedo die Sonnenstrahlen stärker als die dunklere Gletscheroberfläche.

Unten: Ogiven am Triftgletscher (Gadmertal, Berner Oberland). Die konzentrischen Druckwälle werden durch Geschwindigkeitsschwankungen im Eisbruch hervorgerufen.

Ganz unten Mitte: Mittagslöcher auf dem Gornergletscher mit Kryokonit (dunklem Staub) am Grunde der Schmelzschalen. Sie erreichen in Länge und Tiefe oft mehrere Dezimeter.

Ganz unten rechts: Die Schmelzschalen zählen zu den Ablationshohlformen. Treten sie, wie hier am Bossonsgletscher (Montblanc), gehäuft auf, geben sie der Eisoberfläche ein wabenförmiges Aussehen.

sichtbar werden, nennt man Schichtogiven. Ebenso lassen sich auf der ausgeaperten Gletscherzunge Weiß- und Blaublätter, am Zungenende auch umlaufende Scherflächen als Ogiven erkennen.

Durch Schnee- und Eisschmelze entstehen aber auch Ablationsvoll- und -hohlformen. Zu den bekannten Vollformen zählen die Gletschertische. Vereinzelte kleine Körner in dünner Schicht wirken ablationsfördernd, z. B. bei den Kryokonitlöchern. Große Gesteinsbrocken oder auch dickere Grießauflagen hemmen die Ablation. Mancher scheinbare Schutthügel (Ablationskegel) auf einer Gletscherzunge erweist sich, wenn man mit dem Eispickel darangeht, nur als eine schuttbedeckte Eisvollform. Auch die Mächtigkeit der Mittelmoränen, z. B. am Gornergletscher, ist vielfach durch Ablationsschutz des Eises vergrößert. Durch grobe einzelne Blöcke wird das unterlagernde Gletschereis gegenüber benachbarten Gebieten vor Abtrag geschützt, so daß der Stein letztlich pilzförmig auf einem Eisstiel aufliegt. Das Höhenwachstum wird beendet, sobald die Sonnenstrahlen den Eisfuß angreifen können. Der Stein kippt in Richtung der einfallenden Strahlen und rutscht ab. So erklärt es sich, daß Gletschertische in subtropischen Hochgebirgen bei steilstehender Sonne – die Lufttrockenheit spielt auch noch eine wichtige Rolle – höher werden als in den Alpen oder auf Gletschern noch höherer Breiten.

Bei den Ablationshohlformen sei auf die runden bis ovalen Schmelzschalen, die, wenn sie gehäuft auftreten, dem Schnee ein wabenförmiges Aussehen geben (Wabenschnee), besonders aber auf die Mittagslöcher hingewiesen. Es handelt sich hierbei um Hohlformen mit streng W-O-orientierter Basislinie und einer nach Norden ausbuchtenden, etwa halbkreisförmigen Begrenzung auf der anderen Seite. Diese Schmelzform zeichnet in der Intensität der Ablation den Gang der Sonne nach. Sowohl bei Schmelzschalen wie bei Mittagslöchern findet sich auf dem Grunde der wassererfüllten Hohlformen feiner Schlamm. Er ist keineswegs wie bei den Kryokonitlöchern Voraussetzung für die Bildung der Wannen. Es dürfte sich hier um eine beim Schmelzen relative Anreicherung von Staub handeln, der dann auch ablationsfördernd wirkt.

Da Gletschereis gemäß Definition wasserundurchlässig ist, fließt an der Oberfläche gebildetes Schmelzwasser auch dort ab. Dabei bilden sich in spaltenlosen Flachgebieten richtige Gletschersümpfe, ein Gemenge von Firn- und Schmelzwasser über wasserundurchlässigem Eis. Die

Links: Gletscherbach auf dem Aletschgletscher. Die Schmelzwasserrinnen sind, im Gegensatz zur körnigen Gletscheroberfläche, spiegelglatt geschliffen und stark mäandrierend in das Eis eingeschnitten.

Unten: Trichter einer Gletschermühle (Pasterzenkees). Münden mehrere Schmelzwasserbäche in einen Trichter, wird dieser, wie bei den Sterndolinen, häufig bis zur Sternform eingekerbt.

Links: Gletschermühle auf dem Pasterzenkees (Hohe Tauern). Das in Schmelzwasserkanälen über die Gletscheroberfläche schießende Wasser schmilzt oft schlauchförmige Schächte mit trichterförmiger Öffnung aus, in deren Tiefe es dröhnend verschwindet. Treffen die Schächte auf den Felsuntergrund, wird es durch die herabstürzenden Wassermassen ausgekolkt: es entstehen die Gletscher- oder Strudeltöpfe.

Oben: Das in den Trichter einer Gletschermühle abstürzende Wasser strudelt, teils erodierend, teils schmelzend, schlauchförmige Schächte und schließlich, im Felsuntergrund, die Gletschertöpfe aus.

Links: Schlundwanne auf dem Gornergletscher. Diese dolinenartigen Einmuldungen der Gletscheroberfläche, auch Entonnoirs genannt, werden auf dem Gornergletscher mehrere Dutzend Meter breit und tief. In ihnen sammelt sich oft das von den Gletscherbächen zugeführte Schmelzwasser zu kleinen Seen.

Gletscherbäche, deren Gerinnewandungen im Gegensatz zur körnigen Gletscheroberfläche spiegelblank geschliffen sind, so daß man ohne Steigeisen keinen Halt findet, sind steil, stark mäandrierend in das Gletschereis eingeschnitten. Häufig schon nach kurzem Lauf verschwindet ihr Wasser in Gletscherspalten oder trichterförmigen Öffnungen und erreicht letztlich den Gletscheruntergrund. Das subglaziale Ausstrudeln von etwa kreisrunden Löchern im Felsuntergrund läßt sich anhand von Gletschertöpfen oder Gletschermühlen nachweisen. Schöne Beispiele von Gletschertöpfen finden sich in Gemeinschaft mit Gletscherschliffen und Rundhöckern (roches moutonnées) z. B. zahlreich auf dem Malojapaß, im Luzerner Gletschergarten, ja sie sind weiter verbreitet, als man annimmt, worauf bereits J. Früh in seiner hervorragenden Geographie der Schweiz, 1930 in St. Gallen erschienen, hinweist.

Massenhaushalt

Gletscher sind sehr empfindliche natürliche Systeme, die je nach Größe mit Volumen- und Flächenveränderungen auf Umwelteinflüsse reagieren, und zwar mit einer gewissen zeitlichen Verzögerung. Der Massenhaushalt besteht aus den Einnahmen (feste Niederschläge, aber auch flüssige, wenn sie bei Firntemperaturen unter 0° C in der Ablagerung wieder gefrieren und nicht abfließen, Sublimations- und Kondensationsgewinne) und den Ausgaben (Ablation). Unter Ablation werden alle Vorgänge zusammengefaßt, die die Schnee- und Eismassen der Gletscher verringern, z. B. Schmelze, Verdunstung, Winddrift von Schnee oder auch das Abbrechen von Zungenteilen (Eislawinen) über Steilabstürzen. Halten sich Auf- und Abtrag die Waage, so befindet sich der Gletscher im Gleichgewicht, man spricht von einem stationären Zustand. Überwiegt die Akkumulation, so wird er mächtiger und stößt vor, im anderen Fall schmilzt er zurück (siehe Abschnitt über Gletscherschwankungen).

Während die Massenzufuhr vor allem durch Niederschläge erfolgt, sind für den Abbau vornehmlich die Energiegewinne, besonders durch Strahlung, zu einem geringeren Anteil durch Niederschlag und den fühlbaren Wärmestrom, wichtig. Flüssige Niederschläge bewirken nur minimale Schmelzbeträge. Fällt aber Regen in eine Schnee- und Firndecke mit Temperaturen unter 0° C, so heizt er diese sehr rasch auf Schmelztemperaturen an, da beim Gefrieren des Niederschlags pro Gramm 80 cal (= 335 Joule) Schmelzwärme frei werden.

Ob die Jahresbilanz eines Gletschers positiv, negativ oder ausgeglichen ist, hängt primär nicht von der Winterkälte und der Menge des Schneeauftrages ab, sondern vielmehr vom Verlauf der Ablationsperiode. Große Winterschneemengen können in einem strahlungsreichen Sommer leicht abschmelzen. Liegt einmal das Blankeis auf der Zunge frei, so erhöhen sich die Schmelzbeträge wegen der geringeren Albedo von Gletschereis (etwa 40 Prozent, gegenüber 90 Prozent bei Neu-

Die Gletschertöpfe des Luzerner Gletschergartens zählen zu den schönsten und bekanntesten im Alpenraum. Sie sind gegen Ende der letzten Eiszeit durch herabstürzende Schmelzwasser des eiszeitlichen Reußgletschers aus dem Molasseuntergrund, dem miozänen «Luzerner Sandstein», ausgehöhlt worden. Die maximale Eisdicke des Reußgletschers betrug bei Luzern in der Würmeiszeit rund 550 m. Der größte Luzerner Gletschertopf hat einen Durchmesser von 8 m und ist 9 m tief. Der «Mahlstein» am Grund des Strudeltopfes ist, entgegen der verbreiteten Meinung, zur Bildung des Gletschertopfes nicht erforderlich.

Zur Volumenbestimmung eines Gletschers muß außer der Fläche auch seine Mächtigkeit bekannt sein. Neben reflexionsseismischen Verfahren (Echolot) werden auch Tiefbohrungen mit Heißwasserstrahlsonden vorgenommen (hier auf dem Gornergletscher).

Kernbohrungen im Firn (auf dem Colle Gnifetti, Monte Rosa). Die Bohrkerne werden nach der Entnahme aus der Bohrsonde in einer Tiefkühltruhe konserviert. Die Analyse der in den Eisproben enthaltenen Einschlüsse (meist gas- oder staubförmig), die z. B. Rückschlüsse auf die Entwicklung der Atmosphäre zulassen, erfolgt in speziellen Laboratorien.

schnee). Fallen auf gleich große Neuschnee- und Eisflächen gleiche Energien an kurzwelliger Strahlung, so werden beim Neuschnee rund 90 Prozent, beim Gletschereis nur etwa 40 Prozent reflektiert. Mit anderen Worten: Festeis wird in diesem Fall mehr als die doppelte Menge an Schmelzwasser liefern. Für eine positive Gestaltung der Jahresbilanz sind also kühle, niederschlagsreiche Sommer, bei denen das Blankeis der Gletscherzungen durch Neuschnee mit hohen Albedowerten den Energiegewinn verringert, günstig. Kalte Winter, in denen auch in den Hochlagen weniger Schnee als in den milden fällt, und warme, strahlungsreiche Sommer wirken sich nachteilig auf das Gletscherwachstum aus.

Entwicklung gletscherkundlicher Arbeitsweisen

Seit alter Zeit haben die Gletscher den Bewohnern des Hochgebirges nicht nur Furcht eingeflößt, sondern auch ihre Neugierde geweckt, Genaueres über die Eiswelt zu erfahren. So sind die Alpen als gutbesiedelter Gebirgsraum auch die Heimat der Gletscherforschung. Von dort stammen die geläufigen Bezeichnungen Ferner (von althochdeutsch *firn* = alt) oder Kees (althochdeutsch *chees* = Eis). Der Name Gletscher (lateinisch *glacies*) taucht erstmals 1507 in einer Schweizer Chronik des Petermann Etterlin auf.
Wenngleich aus der Frühzeit Berichte in den Chroniken vorliegen, so war die Entwicklung der Naturwissenschaften eine Voraussetzung für die wissenschaftliche Erforschung der Gletscher. Viele heute noch aktuelle Fragestellungen gehen in ihren Wurzeln auf diese Zeit zurück. Schon in den ersten Jahrzehnten des 18. Jahrhunderts untersuchte der Mathematiker Johann Jakob Scheuchzer die Schichtung von Firn und Eis und berichtete über den Moränengehalt der Gletscher. G. S. Gruner (1760), A. C. Bordier (1753, 1760), der Physiker und Geologe J. B. de Luc (1771) befaßten sich mit der Gletscherbewegung. H. Besson hat sie 1780 erstmals messend erfaßt. Besonders zu erwähnen ist die bedeutendste Forscherpersönlichkeit jener Zeit auf diesem Gebiet, Honorace Bénédict de Saussure. Er hat in seinem 1779–1786 erschienenen Werk «Voyages dans les Alpes» ausführlich die Eigenschaften der Gletscher beschrieben. Mit ihm geht die erste Epoche der Gletschererkundung zu Ende.
Wie in der zweiten Hälfte des 18. Jahrhunderts, so kamen die wichtigsten Anstöße für die Gletscherforschung auch im 19. Jahrhundert zunächst aus der Schweiz. Sie sind geknüpft an die Namen des Solothurner Naturforschers F. J. Hugi, der 1842 als erster die Kornstruktur des Gletschereises erkannte, sowie J. G. Charpentier und L. Agassiz. Zusammen mit dem Schweizer Topographen Wild haben sie in den Jahren 1841–1846 die erste genaue Karte vom Unteraargletscher im Maßstab 1:10 000 aufgenommen. In dieser Zeit setzt aber auch eine sehr ergiebige Forschung bei den Ostalpengletschern ein. Hier seien die Gebrüder H. und A. Schlagintweit, die um 1856 im Ötztal und am Großglockner arbeiteten, F. Simony, der das Karlseisfeld am Dachstein untersuchte, und F. Seeland mit seinen Messungen auf der Pasterze erwähnt. Besondere Impulse erhielt die Forschung durch die Initiativen des Schweizer Alpen-Clubs wie auch des Deutsch-Österreichischen Alpenvereins (DÖAV). Durch die Aktivität der Schweizer Gletscherkommission konnten u. a. die Mittel für die 1874 am Rhonegletscher begonnenen systematischen Untersuchungen, die erst 1915 abgeschlossen wurden, bereitgestellt werden. Der DÖAV finanzierte ebenfalls schon in der zweiten Hälfte des 19. Jahrhunderts eine Reihe wichtiger glaziologischer Vermessungsarbeiten in den Tiroler Alpen. Aus diesen grundlegenden Anfängen entwickelte sich in den folgenden rund 100 Jahren bis heute die Glaziologie, mit dem Teilgebiet Gletscherkunde, an der entsprechend den vielfältigen Fragestellungen zahlreiche Wissenschaftsdisziplinen mitarbeiten.
Schon 1899 fand die Gletscherkunde eine Organisationsform in der Commission Internationale des Glaciers (CIG), deren erste Vorsitzende der Schweizer Limnologe F. A. Forel und der britische Kapitän Marshall Hall waren. Ab 1927 wurde die Gletscherkommission ein Teilgebiet der Internationalen Union für Geodäsie und Geophysik (IUGG). Zusammen mit der 1933 gegründeten Internationalen Schneekommission vereinigte sie sich

Anhand von Jahresmarken können die Oszillationen der Gletscher genau gemessen werden. Hier hat der vorstoßende Giétrozgletscher (Wallis) Jahresmarken der Gletscherkommission überfahren.

nach dem Zweiten Weltkrieg als Commission des Neiges et des Glaces in der Association Internationale d'Hydrologie Scientifique (AIHS) der IUGG. Die Fülle von wissenschaftlichen Erkenntnissen auf dem Gebiet der Gletscherkunde gibt Zeugnis von der fruchtbaren internationalen Zusammenarbeit.

Die Gletscherkunde umfaßt drei Arbeitsgebiete: die unmittelbare Feldbeobachtung, Untersuchung in Laboratorien zur Physik und zum Chemismus des Eises sowie die Entwicklung von Theorien und Modellvorstellungen.

Die grundlegenden Anregungen kommen auch heute noch von Geländebeobachtungen her. Die kartographische Aufnahme der Gletschergebiete ist eine der ersten Voraussetzungen für weitere Arbeiten. Waren früher Meßtisch, Kippregel und Tachymeter die Ausrüstung für den Topographen, so ist schon zu Beginn des Jahrhunderts durch die Entwicklungen von S., später von R. Finterwalder die terrestrische Photogrammetrie und anschließend die Luftbildphotogrammetrie an ihre Stelle getreten. Sie erlauben eine sehr viel detailliertere Auswertung und auch eine raschere Wiederholung der Aufnahmen, um Veränderungen der Gletschergestalt festzustellen. Selbst Satellitenphotos werden gegenwärtig zur kleinmaßstäbigen Erfassung der Schnee- und Eisvorräte herangezogen, denn letztlich liegen rund 80 Prozent der globalen Süßwasserreserven in fester Form vor. Die Geodäsie liefert durch die Wiederholungsaufnahmen erste Ansätze, um die Massenbilanz von Gletschern über längere Zeiträume durch die Veränderung der Höhenlage der Gletscheroberfläche und des Areals zu erfassen (geodätische Methode). Für die Massenhaushaltsuntersuchungen stehen aber noch weitere Arbeitsverfahren zur Verfügung. Die glaziologische Methode erfaßt den Nettomassenauftrag durch Messungen der Mächtigkeit und Dichte der Schnee- und Firnschichten in gegrabenen Firnschächten, die Abtragung durch im Eis eingebohrte Ablationspegel. Bei einer hinreichend großen Zahl von Messungen, die sehr zeitaufwendig sind, ist dies das genaueste Verfahren zur Bestimmung des Massenhaushaltes.

Diese Untersuchungen können durch ein hydrologisches Verfahren, bei dem der Niederschlag als Eingang, der Abfluß am Gletscherbach als Ausgabe in die Bilanz eingeht, überprüft werden.

Zur Volumenbestimmung bei einem Gletscher muß außer der Fläche auch seine Mächtigkeit bekannt sein. Früher hat man durch zeitaufwendige Bohrungen einzelne Gletscher durchteuft. Seit den zwanziger Jahren werden für die Messung der Dicke reflexionsseismische Verfahren angewandt. Auch die Geoelektrik bringt aufschlußreiche Ergebnisse über die Gletscherstruktur.

Für die Erfassung der Gletscherbewegung hat die Geodäsie eine Reihe von Verfahren bereit. Dazu zählen die tachymetrische Einmessung von Steinlinien, wie sie z.B. von F.A. Forel und P.L. Mercanton ab 1875 über vierzig Jahre am Rhonegletscher durchgeführt wurden*, die Bestimmung von Bewegungsparallaxen mittels terrestrischer Photogrammetrie oder auch registrierender Aufnahmen durch Kameras mit automatischem Filmvorschub und selbsttätiger Auslösung.

Moderne Techniken erlauben es auch, tiefe Stollen in Gletscher zu treiben, um Gletscherbewegungen auf dem Grunde, Regelationsvorgänge (Schmelzen und Wiedergefrieren als Folge von Druckänderungen) und Deformation von Eis unter Druck zu studieren.

In den Laboratorien werden u.a. für die Erklärung der Gletscherbewegung wichtige Kristallstrukturen des Eises, metamorphe Veränderungen und mechanische Eigenschaften erforscht. Mit Hilfe der Untersuchung von stabilen und radioaktiven Umweltisotopen ist es möglich, auch das Alter von Gletschereis zu bestimmen.

Von den theoretischen Arbeiten sei hier nur die grundlegende Modellvorstellung von Sebastian Finsterwalder über die kinematische oder geometrische Bewegungstheorie der Gletscher (1897) erwähnt. Sie bietet heute noch einen gültigen Rahmen sowohl für die Ableitung der theoretischen Geschwindigkeitsverteilung in Gletschern, etwa durch J.F. Nye (1965), als auch für die Fundierung der Gleitbewegungen, durch J. Weertman (u.a. 1964) oder L. Lliboutry (u.a. 1965). Seit den Anfängen einer intensiven wissenschaftlichen Erforschung der Alpengletscher zu Beginn der vierziger Jahre des vergangenen Jahrhunderts (F.J. Hugi, J.G. v. Charpentin, L. Agassiz) sind rund 140 Jahre verstrichen, die eine Fülle von Erkenntnissen über die Gletscher der Alpen gebracht haben. Viele Abläufe und Umsätze im Massenhaushalt, bei der Gletscherbewegung, bei der Metamorphose u.a.m. sind in den Grundlagen bekannt. Bei diesen Forschungen haben sich aber zahlreiche weitere Fragen neu gestellt, so daß sich das Arbeitsfeld der Gletscherkunde nicht erschöpft, sondern erweitert hat.

---

* Die einzelnen Profile sind im Flur des Hotels «Glacier du Rhône» in Gletsch ausgestellt.

Literatur
Hier werden nur einige Lehr- und Handbücher, die einen Überblick über das Gesamtgebiet der Glaziologie vermitteln, und jene Arbeiten, die unmittelbar im Text erwähnt sind, aufgeführt.

Ambach W. und Eisner H.: Pollen-analysis investigation of a 20 m firn pit on the Kesselwandferner (Ötztal Alps). Journal of Glaciology, Bd. 6, Nr. 44, S. 233–236, 1966

Brunner K. und Rentsch H.: Die Änderung von Fläche, Höhe und Volumen am Vernagt- und Guslarferner von 1889 – 1912 – 1938 – 1969. Zeitschrift für Gletscherkunde und Glazialgeologie, Bd. VIII, S. 11 – 25, 1972

Drygalski E. v. und Machatschek F.: Gletscherkunde. Enzyklopädie der Erdkunde, Wien 1942

Finterwalder S.: Der Vernagtferner. Zeitschrift des D.Ö.A.V., Ergänzungsheft H. 1/1, Graz 1897

Habbe K.A.: Die Alpen als Forschungsfeld der Quartärmorphologie. Zeitschrift der Friedrich-Alexander-Universität, Erlangen, Nürnberg, Uni-Kurier, 3. Jg., Nr. 17, S. 9–12, 1977

Hees H.: Die Gletscher, Braunschweig 1904

Hoinkes H.: Methoden und Möglichkeiten von Massenhaushaltsstudien auf Gletschern. Zeitschrift für Gletscherkunde und Glazialgeologie, Bd. 6, H. 1–2, S. 37 – 90, 1970

Klebelsberg R. v.: Handbuch der Gletscherkunde und Glazialgeologie. Wien 1948

Lliboutry L.: Traité de Glaciologie. 2 Bde. Paris 1964/65

Lliboutry L.: How glaciers move. New Scientist, Bd. 28, S. 734–736, 1965

Müller F., Caflisch T. und Müller G.: Firn und Eis der Schweizer Alpen. Gletscherinventar. ETH Zürich, Geographisches Institut, Publ. Nr 57, Zürich 1976

Nye J.F.: The flow of a glacier in a channal of rectangular, elliptic or parabolic cross-section. Journal of Glaciology, Bd. 5, Nr. 41, S. 666–690, 1965

Röthlisberger F.: Gletscher- und Klimaschwankungen im Raum Zermatt, Fergécle und Arolla. Die Alpen, 52. Jg., Nr. 3/4, S. 59–152, 1976

Vivian R.: Les Glaciers des Alpes Occidentales. Grenoble 1975

Weertman J.: The theory of glacier sliding. Journal of Glaciology, Bd. 5, Nr. 39, S. 287–303, 1964

Wilhelm F.: Schnee- und Gletscherkunde. Berlin, New York 1975

LORENZ KING
Gletscherschwankungen

Gletscherschwankungen und Moränen

An mehreren Gletschern der Alpen kann heute beobachtet werden, wie eine mächtige, steile Gletscherstirn Schutt zu einem Moränenwall aufschiebt oder wie Sträucher, Bäume oder gar große Felsblöcke vom Gletschereis überfahren werden: Die Alpengletscher stoßen wieder vor! Angesichts der zunehmenden Zahl der vorstoßenden Gletscher (Fig. 1) wurde schon mehrfach die spektakuläre Frage aufgeworfen, ob eine neue Eiszeit bevorstehe. Bevor wir Zukunftsprognosen darüber stellen können, ist es notwendig, die Ursachen der Gletscherschwankungen genauer kennenzulernen und einen Blick zurück in die Gletschergeschichte zu werfen.

Die Lage der Gletscherzunge wird an zahlreichen Gletschern der Alpen alljährlich im Herbst, d. h. vor dem Einschneien der Zunge, vermessen. Im Vergleich zu der Vorjahresmessung ergibt sich die Lageveränderung der Gletscherzunge, der Betrag der «Gletscherschwankung». Auch das Eis vieler zurückschmelzender Gletscher fließt infolge der Schwerkraft talwärts, jedoch zu langsam, um das jeden Sommer wegschmelzende Eis ersetzen zu können. Bei einem vorstoßenden Gletscher ist der Abschmelzbetrag an der Gletscherzunge kleiner als der Betrag der Bewegung, bei einem stationären sind beide Größen gleich.

Gletscherschwankungen hinterlassen in der Regel Moränenwälle als markante Zeugen. Aufgrund ihres Ausmaßes und ihrer Dauer können Gletscherschwankungen eingeteilt werden in solche, die nur ein Jahr, die einige Jahrzehnte oder die mehrere Jahrhunderte andauern. Jahresmoränen sind Zeugen von jährlichen rhythmischen Lageveränderungen von langsam zurückschmelzenden Gletscherzungen. Während des Winters unterbleibt das Abschmelzen der schneebedeckten Gletscherzunge. Sie schiebt sich um einige Meter vor und bildet dadurch eine Wintermoräne, wenige Meter hinter derjenigen des Vorjahres. Serien solcher Jahresmoränen stammen meist vom Gletscherrückzug der letzten 30 Jahre und sind u. a. in den Gletschervorfeldern des Tschingelfirns (Berner Oberland) und des Findelengletschers (Wallis) erhalten.

Methoden zur Erforschung der Gletschergeschichte

Von wesentlich größerer Bedeutung sind Gletscherschwankungen, wenn für den Vorstoß mehrere Jahrzehnte nötig sind. Ihre Moränen prägen die Umgebung fast aller unserer Alpengletscher und zeigen deren maximale Ausmaße während der vergangenen 300 Jahre. H. Kinzl stellt in seinen 1929 und 1932 erschienenen Werken umfangreiches Beobachtungsmaterial aus dem ganzen Alpenraum zusammen.

Die meisten neueren Arbeiten, so etwa die Untersuchungen über die Schwankungen des Unteren Grindelwaldgletschers seit dem Mittelalter (Messerli u. a., 1975), zeigen, daß eine genaue Rekonstruktion der Gletschergeschichte nur durch die Zusammenarbeit zahlreicher Wissenschaftler möglich ist. Die Forschungsmethoden sind u. a. Archivforschung, Aufnahmen des Flechtenbewuchses auf Felsblöcken, Grabungen in Moränen, Bestimmung und Datierung alter verschütteter Bäume, Untersuchung der Bodenbildung und der Vegetation im Gletschervorfeld.

Die Möglichkeiten dieser wichtigsten Forschungsmethoden seien hier kurz beschrieben: Bei den zahlreichen überlieferten Gletschervorstößen aus vergangenen Jahrhunderten stützt man sich meist nicht auf genaue wissenschaftliche Beobachtungen, sondern vielmehr auf Beschreibungen von Ortsansässigen, die durch die spektakulären Vorstöße großer Talgletscher auf Kulturland direkt schwer geschädigt wurden. Die zuverlässigsten Berichte gibt es daher über die am weitesten nach unten reichenden Gletscherzungen der Westalpen: Von den beiden Grindelwaldgletschern ist ein starker Vorstoß um das Jahr 1600 belegt, die mächtigen Gletscher des Montblancgebietes haben in den Jahren 1643/44 unter anderem die Weiler Rosière bei Chamonix und Bonneville bei La Tour völlig zerstört.

Die Gletschervorstöße des 19. Jahrhunderts sind mit Hilfe von Gemälden, Stichen und Zeichnungen sowie Karten recht gut zu rekonstruieren. Zu erwähnen wären hier insbesondere die Aquarelle von H. C. Escher von der Linth um 1820

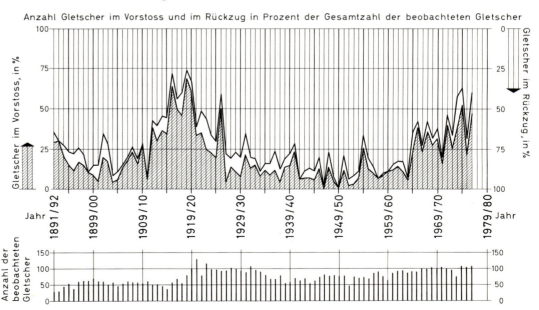

Fig. 1: *Lageänderung der Gletscherenden in den Schweizer Alpen von 1891/92 bis 1975/76. Nach P. Kasser und M. Aellen, Versuchsanstalt für Wasserbau, Hydrologie und Glaziologie an der ETH Zürich. Das Diagramm zeigt die große Zahl vorstoßender Gletscher zwischen 1915/16 und 1920/21 («1920er Vorstoß»), die allgemeine Rückschmelzperiode zwischen 1930 und 1965 sowie die neuerlich wachsende Zahl vorstoßender Gletscher in den späten sechziger und den siebziger Jahren.*

Links oben und unten: Die Gletschervorstöße im 19. Jahrhundert sind mit Hilfe historischer Bilddarstellungen gut zu rekonstruieren. Der Glacier des Bois (Mer de glace) reichte um 1820, wie ein Stich von S. Birmann zeigt, bis ins Tal von Chamonix hinab. An seiner Front bildete sich zeitweise ein imposantes Gletschertor. M.T. Bourrit hat die Frontpartie in der zweiten Hälfte des 18. Jahrhunderts in einer einprägsamen Darstellung festgehalten.

Rechts: Jahresmoränen am Findelengletscher (bei Zermatt, Wallis). Der Blick vom Kamm der rechten Seitenmoräne von 1850 hinunter in das Gletschervorfeld zeigt links einige stark schuttbedeckte Eisreste des seit den zwanziger Jahren wesentlich zurückgeschmolzenen Findelengletschers, davor zahlreiche verschieden große und lange Rücken von Jahresmoränen, die während des Rückzugs der letzten zwanzig Jahre abgelagert wurden. Hinten rechts das Wehr einer Wasserfassung.

und die Originalaufnahmen zur schweizerischen Dufourkarte um 1860. Von großem wissenschaftlichem Wert sind die langjährigen Beobachtungsreihen, welche die Lageveränderungen von zahlreichen Gletscherzungen der Schweizer Alpen messen.

Diese Jahresberichte wurden im Jahre 1880 durch F. A. Forel als «Rapports sur les variations périodiques des glaciers» begründet und umfassen heute 110 Gletscher der Schweizer Alpen. Die Messungen sind seit 1883 im «Jahrbuch des Schweizer Alpenclubs» publiziert, das ab 1925 unter dem Titel «Die Alpen» erscheint. Die Beobachtungen sind durch Witterungs-, Klima- und Abflußdaten ergänzt, unter der Bezeichnung «Die Gletscher der Schweizer Alpen» auch als Publikation der Gletscherkommission der Schweizerischen Naturforschenden Gesellschaft (SNG) erhältlich. Ähnliche Gletschermeßberichte des Deutschen und des Österreichischen Alpenvereins gehen bis aufs Jahr 1897 zurück.

Doch auch für wesentlich weiter zurückliegende Zeiträume können durch indirekte Analysen das Vorzeitklima und die durch dieses bewirkten Gletscherschwankungen rekonstruiert werden.

Die Jahresringchronologie von Bäumen (Dendrochronologie) analysiert die klimaabhängige Abfolge der Jahresringe von rezenten und alten Baustämmen. Die Radiokarbonmethode macht es möglich, bis zu 50 000 Jahre alte Baumstämme, die z. B. über der heutigen Waldgrenze erhalten geblieben oder von Gletschern verschüttet worden sind, direkt zu datieren. Die Pollenanalyse zeigt uns durch die Bestimmung des in Mooren erhaltenen alten Blütenstaubs einen Spiegel der Vegetationsgeschichte. Diese Methoden geben jedoch nur Aufschluß über die Gletscher- und Klimageschichte der letzten rund 10 000 Jahre, der sogenannten Nacheiszeit. Geradezu einzigartig ist daher die Entdeckung zu werten, daß es durch eine genaue Messung des im Gletschereis gebundenen Sauerstoffs des Wassers möglich ist, Rückschlüsse auf die Temperatur der Atmosphäre vergangener Zeiten zu ziehen. Eine Tiefbohrung im stabilen Zentrum des grönländischen Inlandeises ermöglichte erstmals Ende der sechziger Jahre, eine Temperaturkurve für die letzten rund 100 000 Jahre aufzustellen (vgl. Dansgaard u. a., 1969).

Die «kleine Eiszeit»

Die neuzeitliche Gletschergeschichte beginnt mit einer Klimaverschlechterung in der zweiten Hälfte des 16. Jahrhunderts, die zu einem Vorstoß der Alpengletscher mit einem Maximum zwischen den Jahren 1600 und 1610 geführt hat (Fig. 2). Neben dem schon erwähnten Grindelwaldgletscher haben auch viele andere Alpengletscher Siedlungen und Kulturland überrollt – ein stichhaltiger Beweis, daß die Gletscher größere Ausmaße erreicht haben als in den rund 200 bis 300 Jahren zuvor.

Während des ganzen 18. Jahrhunderts sind die Alpengletscher wahrscheinlich nur unwesentlich zurückgegangen, und zahlreiche Moränen stammen von einem Vorstoß zwischen 1770 und 1780. Im 19. Jahrhundert zeigen fast alle Gletscher der Westalpen zwei äußerst markante Moränen, die auf rund 1820 bzw. 1850 datiert werden können. Bei größeren Gletschern ist in der Regel der Maximalstand um einige Jahre später anzusetzen (Fig. 3). Zahlreiche Reisebeschreibungen aus der Zeit dieser Gletschermaximalstände stellen wertvolle, oft umfangreiche Sammlungen von Beobachtungen dar. Hier nur zwei Beispiele: L. Agassiz (1847) erwähnt, daß Gorner-, Zmutt- und Fieschergletscher in alten Wald vorgestoßen sind und auch mehrere Hütten zerstört haben. H. Kasthofer (1822) macht vielerorts die Beobachtung, daß in der Nähe der stark vorgestoßenen Gletscher Acker-

Jüngere Moräne am Großen Aletschgletscher. Die Moränen des Hochstandes von 1850 fallen durch ihren geringen Pflanzenbewuchs auf. Lediglich im oberen Bereich des vegetationsarmen Geländes findet sich junger Baumbestand. Hier im Bild herbstlich verfärbte Lärchen.

Flechtenbewuchs auf Felsblöcken im Gletschervorfeld des Steinlimmigletschers (Sustenpaßgebiet) auf 2050 m ü. M. Die Aufnahme links zeigt den Bewuchs auf einem Block, der etwa 1890 vom Gletscher abgelagert wurde, die Aufnahme rechts den Bewuchs, den ein Block, schon seit mindestens 1780 trägt. Man beachte das rasche Wachstum der grauen Nebelflechte (Umbilicaria cylindrica), verglichen mit den nur wenige Millimeter großen Thalli der Gelben Landkartenflechte (Rhizocarpon geographicum).

Unten: Blick von der Sustenpaßstraße auf den Steinsee und den Steingletscher. Deutlich zu erkennen sind die 1850er Moräne (links) sowie die den Steinsee umgebende 1920er Moräne.

früchte nicht mehr ausreifen und Wiesen und Weiden merklich weniger Futter liefern. Er beschreibt auch, wie der Steingletscher die nur wenige Jahre zuvor erstellte Sustenpaßstraße bei seinem Vorstoß um 1820 über eine größere Strecke überfährt, so daß die Anlage eines die Gletscherzunge umgehenden Weges erforderlich wird. In den Ostalpen dagegen scheinen die Gletscher während der ganzen ersten Hälfte des 19. Jahrhunderts angewachsen zu sein, so daß meist nur ein Moränenkranz aus den 1850er Jahren erhalten ist.

Das darauf folgende starke Zurückschmelzen wird nur durch einen deutlich kleineren Vorstoß in den 1920er Jahren unterbrochen, wie er an sehr langen und trägen Gletschern nicht zu finden ist. Das rasche Erkennen der «1850er Moränen» ist auch meist für den ungeübten Besucher der Alpen möglich, denn schon auf große Distanz fallen diese mächtigen Moränen durch sehr geringen Pflanzenbewuchs auf. Innerhalb der 1850er Moränen liegen in der Regel die meist etwas weniger hohen, vegetationsarmen 1920er Moränen, die einen geringen Flechtenbewuchs auf den Felsblöcken zeigen. Ab 1920 sind die Alpengletscher z. T. unter Bildung kleiner Jahresmoränen generell sehr stark zurückgeschmolzen, und dieser Rückzug dauert bei vielen Gletschern auch heute noch an. Der seit 1850 bis heute daraus resultierende Eisverlust ist besonders bei den größeren Gletschern für jeden Besucher der Alpen sehr erstaunlich, ebenso die Tatsache, daß zahlreiche der vor den Gletschern liegenden Zungenbeckenseen erst wenige Jahrzehnte alt sind.

Ende der 60er Jahre schon zeigten mehrere Alpengletscher einen neuen Vorstoß, und erstmals seit rund 50 Jahren stießen im Jahre 1975 mehr als die Hälfte der Alpengletscher wieder vor. Die Gletscherstirn wächst während des Vorstoßes mächtig an und schiebt sich, der Pranke einer Raubkatze vergleichbar, in das eisfreie Gelände vor. Metergroße Felsblöcke werden dabei überrollt wie die vor der Stirn liegende winterliche Schneedecke; der längs des Gletscherrandes hochgedrückte Schutt wird zur Seitenmoräne aufgeschoben. Diese Beobachtung zeigt, daß Stirnmoränen oft erst beim Abklingen des Hauptvorstoßes aufgeschoben oder während eines mehrere Jahre dauernden stationären Zustands abgelagert werden.

Die Nacheiszeit

Durch die Anwendung ähnlicher Forschungsmethoden sind in den letzten Jahren auch die Klima- und Gletscherschwankungen der letzten 10 000 Jahre untersucht worden. Es steht heute fest, daß während dieser sogenannten Nacheiszeit unsere Alpengletscher mehrfach in ähnlichen Größenordnungen wie in der Neuzeit geschwankt haben. Selbst während der «Wärmezeit» (6800–800 v. Chr.) sind Gletschervorstöße vom Ausmaß der neuzeitlichen «kleinen Eiszeit» vorgekommen. Eine Übersicht über die bedeutendsten Vorstoßperioden gibt ebenfalls (Fig. 2). Da Moränen älterer Gletschervorstöße durch jüngere überschüttet oder abgetragen werden, kommen kaum je in einem Gletschervorfeld alle aufgeführten Vorstoßperioden zugleich vor.

Die Erforschung der nacheiszeitlichen Gletschergeschichte war nur durch eine große Zahl von Arbeiten im ganzen Alpenraum möglich. Die Befunde aus den West- und Ostalpen ergänzen sich heute so gut, daß unsere Alpen als das in der nacheiszeitlichen Gletschergeschichte

Zone		Venedigergruppe	Stubaier und Ötztaler Alpen	Westalpen Schweiz	Zeit n./v.Chr.
Alpines Postglazial	Jüngeres Subatlantikum X	Neuzeitliche Hst.*	Fernausschwankung	Neuzeitliche Hst.*	2000
		Spätmittelalter			
	Älteres Subatlantikum IX	Hochmittelalter	Xd	Aletschgletscher	1000
		Hst.* der ersten nachchristlichen Jahrhunderte	Xb	Göschener Kaltphase II	0
		Hst.* im älteren Subatlantikum	IXb / IXa	Göschener Kaltphase I	
	Subboreal VIII	Löbbenschwankung	Moorstauchmoräne		1000
					2000
	Jüngeres Atlantikum VII		Rotmoos- schwankung	Piora- Kaltphase	3000
					4000
	Älteres Atlantikum VI	Frosnitzschwankung	Buntes Moor. Larstig?	Glacier de Tour	
				Misoxer Schwankungen	5000
	Boreal V				6000
		Venedigerschwankung			
	Praeboreal IV	Wald in 2300 m Höhe		Daunstadium	7000
		Schlatenschwankung			
		Gletscher so klein wie 1850 n. Chr.		Piottino-Kaltphase	8000
Alp. Spätglazial	Jüngere Dryas III		Egesenstadium Daunstadium?		9000

(Simming-Serie spans the Stubaier und Ötztaler Alpen column between ~0 and 1000 n.Chr.)

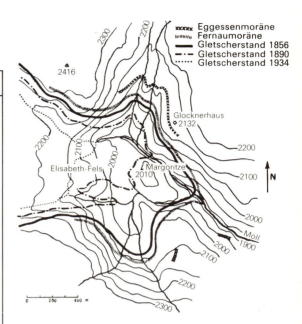

Fig. 3: *Die nacheiszeitlichen Gletscherstände des Pasterzenkeeses (Hohe Tauern). Fast alle Gletscher der Westalpen zeigen zwei markante Moränen aus dem 19. Jahrhundert (Vorstoßperioden um 1820 und 1850). In den Ostalpen ist dagegen meist nur ein Moränenkranz aus der Mitte des vorigen Jahrhunderts erhalten.*

Fig. 2: *Die Tabelle zeigt die wichtigsten in den Alpen verzeichneten Gletscherhochstandsperioden. Die Lokalbezeichnungen geben den Ort an, an dem ein Gletschervorstoß sicher nachgewiesen werden konnte. Man beachte die gute Übereinstimmung der Befunde aus den verschiedenen Alpenteilen (nach G. Patzelt und S. Bortenschlager, 1973).*

Rechts: Im Unterschied zu unseren heutigen alpinen Gletschern enden kalte, arktische Gletscherstirnen meist mit einer senkrechten Eiswand. Die Eiskliffhöhe des rund 3 km breiten Thompson-Gletschers auf Axel Heiberg Island, N.W.T., Canada, beträgt hier 30 bis 50 m. Der Gletscher hinten rechts schiebt eine bis zu 75 m hohe Stauchmoräne aus großen Paketen gefrorenen Materials auf.

Rechts: Die steile Zunge des Trientgletschers (Walliser Alpen) schiebt sich, mit ihren Radialspalten einer Raubtiertatze vergleichbar, seit 1961 pro Jahr um rund 15 bis 25 m vor, d. h. von 1961 bis 1971 um etwa 215 m! Die Zungenform und das Fehlen eines weit offenen Gletschertors sind für vorstoßende Gletscher typisch.

bestuntersuchte Gebirge bezeichnet werden können. Die Namen der Kaltphasen verweisen auf den Ort, wo die betreffende Kaltphase erstmals nachgewiesen werden konnte. Jede der genannten Kaltphasen ist aber durch Funde an mehreren Stellen gesichert.

Das Eiszeitalter

Ganz andere Dimensionen nahmen die Alpengletscher während der Eiszeiten an. Im Alpenvorland stauten sie sich im Westen an den Ketten des Juras, im Bodenseegebiet reichten sie weit nördlich über dieses hinaus, in der vorletzten Eiszeit (Riß) gar bis zur Schwäbischen Alb. Starnberger See, Ammersee und Chiemsee sind als Zungenbeckenseen dieser großen eiszeitlichen Gletscher von Moränenkränzen umgeben. Nur im österreichischen Alpenvorland konnten keine Vorlandgletscher entstehen. Der ganze Alpenkörper bildete während der maximalen Ausdehnung der Gletscher ein Eisstromnetz, wie wir es heute nur noch an wenigen Stellen der Erde, so etwa in der Antarktis oder in den Hochgebirgen der kanadischen Arktis, kennen. Das ursprünglich durch Flüsse geformte Talnetz wurde durch das Gletschereis stark überarbeitet, und vielerorts entstanden Trogtäler, wie z. B. im Wallis, Tessin (Bedretto) und im Veltlin. Das Eisstromnetz wurde durchstoßen von den höchsten Bergspitzen, den sogenannten Nunatakkern, wie etwa dem Finsteraarhorn und dem Matterhorn, aber auch dem Rigi. Noch heute ist an der Form der Berge, an Gletscherschrammen und Rundhöckern zu erkennen, ob ein Gebiet während der Eiszeiten von Gletschern überschliffen wurde oder aber eisfrei und der Frostverwitterung ausgesetzt war. Die von den mächtigen eiszeitlichen Alpengletschern mitgebrachten und unterwegs abgelagerten sogenannten Findlinge oder erratischen Blöcke haben an vielen Orten volkstümliche Namen bekommen. Auch die bekannten Gletschertöpfe auf der Malojapaßhöhe oder im Gletschergarten Luzern stammen aus der Eiszeit. Drumlins sind Kiesrücken, die unter dem Gletschereis geformt wurden. Ausgedehnte Drumlinfelder finden sich etwa auf den Bodanrücken zwischen Überlingen und Radolfzell.

Über den Verlauf des Abschmelzens der eiszeitlichen Eismassen im Alpenvorland und ihren Rückzug in das Alpeninnere ist heute noch sehr wenig bekannt. Die Alpengletscher haben ihren allgemeinen Rückzug mehrfach durch kleinere Vorstöße unterbrochen und dabei Moränen aufgeschoben, die zahlreiche unserer Voralpenseen, u. a. Sempacher-, Baldegger-, Zürich- und Greifensee, an ihrem unteren Ende abstauen. Auch diese Seen gehören somit zu den Zeugen der Eiszeit. Eine Datierung und eine zeitliche Korrelation der späteiszeitlichen Moränen in den verschiedenen Teilen der Alpen wird gegenwärtig von zahlreichen Forschern versucht, ist aber noch nicht endgültig gelungen.

Die Oberflächenformen des Alpenvorlandes sind durch wiederholte Gletschervorstöße im Eiszeitalter nachhaltig geprägt worden. Während der Würmeiszeit strömte der Reußgletscher weit ins schweizerische Mittelland aus. Er schürfte dabei riesige Wannen aus, die heute vom Vierwaldstättersee angefüllt sind. Damals, vor etwa 20 000 Jahren, war die Landschaft von Luzern mit einer über 500 m hohen Eisdecke überzogen. Im Gletschergarten Luzern zeigt ein Rundgemälde von Ernst Hodel die eiszeitliche Vierwaldstätter Landschaft.

Die ersten richtigen Interpretationen der eiszeitlichen Relikte stammen schon von J. J. Scheuchzer (1672–1733). Einen über viele Jahrzehnte andauernden Impuls in der Gletscherforschung gaben dann (1882) A. Penck und (1909) A. Penck und E. Brückner, indem sie erkannten, daß es mehrere durch Warmzeiten wiederum getrennte Eiszeiten gegeben haben muß. Ihre Unterteilung in vier große Eiszeiten (Würm, Riß, Mindel, Günz) ist inzwischen durch noch ältere Eiszeiten ergänzt worden. Zudem hat es sich erwiesen, daß die Eiszeiten mehrgliedrig sind, d. h. wiederum mehrere durch Warmzeiten unterteilte Kaltzeiten zu unterscheiden sind. Die Chronologie wird dabei bestimmt durch Analysen des kaltzeitlich abgelagerten Lösses (aus vegetationsarmen Gebieten ausgewehter Staub) und der darin warmzeitlich gebildeten Böden oder Untersuchungen der heute als Kiesgruben genutzten Schotterflächen ehemaliger Schmelzwasserflüsse, etwa in der Münchner Ebene, die von den Moränen der eiszeitlichen Gletscherstände nordwärts bis an die Donau reicht.

Im nordalpinen Raum konnten sich die älteren Schotterebenen dank einer kontinuierlichen Landhebung gut erhalten. In den Warmzeiten haben sich die Flüsse tief in diese eingeschnitten und die älteren Schotter z. T. wieder ausgeräumt. Während der jeweils nachfolgenden Eiszeiten wurden wiederum tieferliegende Schotterterrassen aufgebaut. Zur Bestätigung und absoluten Datierung der jüngsten Zeitabschnitte des Eiszeitalters hat die schon erwähnte, durch Tiefbohrungen im grönländischen Inlandeis gewonnene Klimakurve der letzten 100 000 Jahre wesentlich beigetragen. Die zeitliche Einstufung aller bekannten Eiszeiten ist in den nördlichen Rocky Mountains und auf den Hawaii-Inseln dank den in den abgelagerten Sedimenten vorkommenden datierbaren Aschen möglich.

Ursachen und Mechanismus

Ursache einer Gletscherschwankung ist in der Regel eine Änderung wichtiger Klimaelemente, wie Lufttemperatur, Menge und Art des Niederschlags (Regen oder Schnee), direkte Strahlung bzw. Bewölkung und Windrichtung sowie deren zeitliche Verteilung. Ein im Gleichgewicht mit seiner Umwelt befindlicher Gletscher empfängt ebensoviel Massenzuwachs in seinem Nährgebiet, wie er andererseits Massenverlust in seinem Zehrgebiet erleidet. Wird eine dieser Größen verändert, so stellt sich der Gletscher auf ein neues Gleichgewicht mit der veränderten Umwelt ein. Eine Klimaänderung, die zu einem Massenzuwachs führt, muß einen Gletschervorstoß bewirken, umgekehrt ein Massenverlust längerfristig ein Rückschmelzen der Gletscherzunge. Ein echtes Gleichgewicht, d. h. eine Nettobilanz von Null, wird sich dabei kaum je einstellen, da die zahlreichen Umweltfaktoren sich in verschiedener Stärke und ohne größere Regelmäßigkeit ändern.

Wesentlich für die Reaktionszeit des Systems, d. h. die Zeit, die ein Gletscher benötigt, bis seine Zunge vorstößt, ist die Form des Gletschers (Länge, Breite, Steilheit des Gletscherbettes). Die Reaktionszeit nimmt mit zunehmender Gletschergröße zu. Große alpine Talgletscher zeigen eine Reaktionszeit von mehreren Jahrzehnten; etwas kleinere und sehr steile Gletscher wie der Obere Grindelwald- oder der Trientgletscher reagieren in einem Zeitraum von einigen Jahren bis zu 1–2 Jahrzehnten, und kleine Firnflecken, aber auch Zahl und Größe sommerlicher Schneeflecken verändern sich schon innerhalb von einem bis wenigen Jahren. Bei einem langen Talgletscher mit seiner meist auch großen vertikalen Ausdehnung ist nicht nur die Reaktionszeit länger; auch bei bedeutsamen Verschiebungen der Schneegrenze nach oben (auf Gletschern Firnlinie genannt) reagiert dieser mit einem vergleichsweise geringen Rückzug, während Firnflecken und Plateaugletscher mit ihrem großen Flächenanteil nahe der Firnlinie völlig verschwinden können. Umgekehrt ist bei kleinen Firnflecken und Plateaugletschern ein rascher Gletscherzuwachs im Extremfall durch Akkumulation von Schnee am Zungenende möglich.

Wie verläuft nun ein solcher Vorstoß? Firnzuwachs an der Gletscherzunge ist der Ausnahmefall, in der Regel kommt es zu einem Gletschervorstoß durch Vorwärtsbewegung des Gletschereises. Wie man heute weiß, geschieht die Gletscher-

bewegung in kinematischen Wellen, die dadurch entstehen, daß über einige Jahre hinweg im Nährgebiet durch stärkere Akkumulation ein lokales Ungleichgewicht geschaffen wird. Grobe Voraussagen über die Art des zu erwartenden Gletschervorstoßes sind dadurch möglich.

Der Vergleich von genauen topographischen Karten aus zwei verschiedenen Jahren gibt nicht nur Aufschluß über Oberflächen- oder Längenzunahme von Gletschern, sondern zeigt auch Größe und Lage der Volumenzunahme bzw. -abnahme vergletscherter Gebiete.

Die direkte glaziologische Bestimmung der Massenbilanz, d. h. des Massenzuwachses im Nährgebiet eines Gletschers und des Massenverlustes im Zehrgebiet eines Gletschers, ist die wissenschaftlich genaueste, aber auch weitaus arbeitsintensivste Methode, um für einen gewissen Zeitraum die Wechselwirkungen zwischen Gletscher und Klima zu erforschen. Bei den jährlichen Messungen wird der Massenzuwachs durch die akkumulierte

Zu den Zeugen der Eiszeit zählen auch die Zungenbeckenseen des Luzerner Seetales, einer typisch glazial gestalteten Landschaft. Im Bild Baldeggersee und Hallwilersee.

Oben rechts: Die Luftaufnahme aus dem Gebiet der nördlichen Baffin Bay (im Vordergrund) vermittelt einen Eindruck von dem Eisstromnetz auf SE-Ellesmere Island, N.W.T. Canada. Kilometerbreite Eisströme umfließen Berginseln und reichen im Bildausschnitt von über 800 m ü. M. bis auf N. N.

Zu den Gletschern, an denen Massenbilanzuntersuchungen vorgenommen werden, zählt auch der Große Aletschgletscher. Auf dem Jungfraufirn am Jungfraujoch wird mit einer Neutronensonde die Schneedichte gemessen.

Menge des Schnees und dessen Dichte, der Massenverlust durch Messung des Abschmelzbetrages an sogenannten Ablationsstangen gemessen. Massenbilanzmessungen werden durch Erhebung von Klimadaten an mehreren Wetterstationen auf dem Gletscher oder in dessen unmittelbarer Umgebung ergänzt und durch Abflußmessungen am Gletscherbach kontrolliert. Gletscher mit Massenbilanzuntersuchungen sind: Großer Aletschgletscher, Griesgletscher, Silvrettagletscher, Limmerngletscher, Hintereisferner und Sonnblickkees.

Während des Internationalen Hydrologischen Dezenniums 1964/65–1973/74 dürfte im gesamten Alpenraum nach der Schwundperiode der vorhergehenden Jahrzehnte der Massenhaushalt etwa ausgeglichen worden sein (Kasser und Aellen, 1976).

Bedeutung von Gletscherschwankungen

Gletscherschwankungen können Menschen in Gefahr bringen und Sachschäden verursachen. Der bekannte *Gletschersturz* von Mattmark, der am 30. August 1965 88 Menschenleben forderte, hat dazu geführt, daß Fließverhalten, Vorstoßgeschwindigkeit und Abbruchursachen an «gefährlichen Gletschern» besser untersucht werden. Die regelmäßige Gletscherbeobachtung zeigt, daß Eisstürze von oft beträchtlichem Ausmaß relativ häufig sind, sich aber zumeist außerhalb bebauter oder bewohnter Gebiete ereignen. Aus den Jahren 1636 und 1819 sind schon Eisstürze, die durch die zugleich ausgelösten Lawinen besonders verheerende Folgen hatten, überliefert. Ein Hängegletscher am Weißhorn oberhalb des Bisgletschers machte 1972/73 Schlagzeilen. Als Folge eines Querrisses in der Gletscherzunge drohte hier eine große Eismasse auf das Dorf Randa bei Zermatt abzustürzen. Durch verschiedene Maßnahmen, wie z. B. Präzisionsmessungen der Gletscherbewegung vom Tal aus, versuchte man den erwarteten großen Eisabbruch so frühzeitig zu erkennen, daß das Dorf Randa notfalls rechtzeitig hätte evakuiert werden können. Die bedrohliche Eismasse löste sich aber glücklicherweise nicht als Ganzes, sondern über mehrere Tage verteilt in kleineren Partien, und das Eis konnte den Talboden nicht erreichen und Schaden anrichten. Regelmäßige Beobachtungsflüge und Messungen am Giétrozgletscher (Val de Bagnes, Wallis) bieten die Gewähr dafür, daß bei einem starken Vorstoß rechtzeitig Gegenmaßnahmen eingeleitet werden können, um zu verhindern, daß hier durch einen Eisabbruch in den darunterliegenden Mauvoisin-Stausee eine Flutwelle ausgelöst wird.

Das plötzliche Ausbrechen von Seen, die sowohl durch anwachsendes als auch durch stark rückschmelzendes Gletschereis aufgestaut werden können, stellt eine weitere von Gletschern ausgehende Gefahr dar. Der *Ausbruch eines Gletscherrandsees* des Grubengletschers im Walliser Saasertal hat 1968 und 1970 dem 1000 m tieferliegenden Dorf Saas Balen schwere Schäden verursacht. Der Bau eines Entwässerungsstollens durch die Gletscherzunge hat die Gefahr hier vorläufig gebannt. Durch fortdauernde und regelmäßige Beobachtung der Alpengletscher und den Unterhalt der Schutzvorkehrungen soll gewährleistet werden, daß heute keine unvorhergesehenen Katastrophen mehr eintreten.

Indirekt werden durch Gletscherschwankungen auch vielfach *Bergstürze und Felssackungen* verursacht, da das abschmelzende Gletschereis stark unterschnittene Hänge nicht mehr stützt. Eine langsame Felssackung fand zwischen 1960 und 1975 am rechten Hang des Großen Aletschgletschers statt; sie wurde von Kasser und Aellen (1977) beschrieben und durch Luftaufnahmen aus verschiedenen Jahren im Bild festgehalten. Große Felsstürze sind aus der Nacheiszeit aus dem ganzen Alpenraum bekannt. Der spektakulärste unter ihnen ist wohl der Flimser Bergsturz, der in prähistorischer Zeit das Vorderrheintal auf 15 km Länge mit über 12 km³ Schutt bedeckte, in den sich inzwischen der Vorderrhein bis zu 400 m tief eingeschnitten hat.

Nach dem starken Gletscherrückgang in der Nacheiszeit sind die alpinen Täler mit oft äußerst mächtigen Schutt- und Geröllmassen aufgefüllt worden. Daß man über die Mächtigkeit dieser wasserhaltigen

Der Ausbruch eines Gletschersees des Grubengletschers (Wallis) hat 1968 und 1970 im Dorf Saas Balen mancherlei Schäden verursacht. Mit dem Bau eines Entwässerungsstollens durch die Gletscherzunge wurde die Gefahr weiterer Ausbrüche vorläufig gebannt. Der Gletscher steht unter Beobachtung. Bild rechts zeigt einen Glaziologen in einer Entleerungskaverne unter dem Gletscher.

Die durch Gletscherrückzug anfallenden Wassermengen sind so groß, daß sie bei der Größenplanung alpiner Speicherseen berücksichtigt werden müssen. Die geringere Energieproduktion der Wasserkraftwerke in Einzugsgebieten mit starker Vergletscherung (im Bild Oberaar- und Unteraargletscher mit Oberaar- und Grimselsee) ist eine Folge der gegenwärtigen Klimaverschlechterung bzw. -normalisierung.

*Unten:
Das Ausmaß möglicher Gletscherschwankungen muß bei der Projektierung von Speicherseen auch unter hydrologischen Gesichtspunkten einkalkuliert werden. Nur volle Stauseen, wie hier der Lac de Mauvoisin (Wallis), erbringen die erwarteten Energieerträge und beeinträchtigen das Landschaftsbild nicht.*

Schotterfüllungen so gut wie nichts wußte, wurde beim Bau des Lötschbergtunnels einer ganzen Arbeitsgruppe zum Verhängnis, als sie völlig unerwartet aus festem Fels in lockere Schuttmassen vorstieß und damit einen gewaltigen Wassereinbruch im Tunnel auslöste. Eine solche durch eiszeitliche Gletscherschwankungen verursachte *glaziale Übertiefung* mit anschließender Auffüllung der Täler hätte auch beim Bau des neuen Gotthardstraßentunnels um Haaresbreite wiederum zahlreiche Menschenleben gefordert. All diese Vorgänge sind natürlich nicht auf die Alpen beschränkt, sondern in allen vergletscherten Hochgebirgen anzutreffen. Zwei Beispiele mögen dies illustrieren: In den argentinischen Anden hat der Ausbruch eines Gletscherrandsees, der im Januar 1934 eine verheerende Flutwelle im Rio Mendoza verursachte, zahlreiche Menschenleben gefordert. Sieben Brücken wurden vollständig zerstört, ein Elektrizitätswerk, ein Stauwehr und die Trasse der Transandischen Bahn auf 15 km Länge schwer beschädigt. Im Jahre 1970 löste sich am Huarascán, dem 6768 m hohen Hauptgipfel der Cordillera Blanca in Peru, bei einem starken Erdbeben eine große Eislawine, die Tausende von Menschen in den darunterliegenden Siedlungen begrub.

Bei dem allgemeinen Gletscherrückzug, wie er bei den meisten Gletschern nach 1925 eingetreten ist, schmilzt über Jahre oder Jahrzehnte hinweg ein großes Volumen an Gletschereis ab, das sich in vergangenen kühleren Perioden gebildet hat. Die dadurch entstehenden zusätzlichen Wassermengen sind so groß, daß sie bei der *Bemessung der Größe von alpinen Speicherseen* berücksichtigt werden müssen, werden diese doch zu einem beträchtlichen Teil aus Schmelzwässern gespeist. Die in den 60er Jahren im Vergleich zum Niederschlag zu großen Abflußmengen haben in einigen Fällen zu übertriebenen Erwartungen hinsichtlich der speicherbaren und für die Energieerzeugung nutzbaren Wassermengen geführt. Eine geringere Energieproduktion der Wasserkraftwerke in Einzugsgebieten mit starker Vergletscherung ist die Folge der gegenwärtigen Klimaverschlechterung bzw. -normalisierung. Das Ausmaß von möglichen Gletscherschwankungen muß somit bei der Projektierung von Speicherseen nicht nur unter rein räumlichen, sondern auch unter hydrologischen Gesichtspunkten einkalkuliert werden, damit die Energieerträge nicht hinter den Erwartungen zurückbleiben und das Landschaftsbild verschandelnde, nur teilweise gefüllte Stauseen vermieden werden.

Zurück zu der Frage, ob wir einer neuen Eiszeit entgegengehen: Da ist zunächst festzustellen, daß die jüngsten Vorstöße der Alpengletscher ein Ausmaß haben, wie man es in den letzten Jahrhunderten immer wieder beobachten konnte. Auch sind die Gletscherdimensionen von 1850 bei weitem noch nicht erreicht. Andererseits weiß man seit wenigen Jahren, daß eine Klimaänderung, die zu eiszeitlichen Bedingungen führt, erstaunlich schnell vor sich gehen kann.

Die natürlichen Vorgänge, die die Klimaentwicklung beeinflussen, führen mit großer Wahrscheinlichkeit in den nächsten Jahrtausenden zu einer neuen Eiszeit. Genauere zeitliche Angaben sind jedoch nicht möglich, da gerade die wesentlichsten Klimafaktoren, wie Schwankungen der Solarkonstante, Häufigkeit großer Vulkanausbrüche u. a., sich nicht vorhersagen lassen. Weit genauer als bei den natürlichen Vorgängen sind Modellvorstellungen und zeitliche Prognosen bei den vom Menschen beeinflußbaren Klimafaktoren möglich (Flohn, 1977). Insbesondere die Folgen eines weiteren Anstiegs des CO_2-Gehaltes der Atmosphäre werden heute von Wissenschaftlern ernsthaft diskutiert (Hampicke, 1977). Eine bedenkenlose Vermehrung des CO_2-Gehaltes der Luft auf das Doppelte des heutigen Wertes könnte z. B. zum Abschmelzen der arktischen Packeisdecke führen. Kaum berechenbare Klimaveränderungen und Klimazonenverschiebungen wären die Folge dieses mit großer Wahrscheinlichkeit während menschlicher Zeiträume nicht mehr rückgängig zu machenden Eingriffes. Ein starkes Schwinden unserer Gletscher mit den damit verbundenen negativen Folgen wäre nur ein sehr unbedeutender Aspekt einer solchen Entwicklung. Während der nächsten 10 bis 20 Jahre sollte die volle Tragweite energiepolitischer Entscheidungen zumindest (aber nicht nur!) den verantwortlichen Politikern bewußt sein.

Literatur

Agassiz L., 1840: Etude sur les glaciers. Die Alpen, 1925–1977: Zeitschrift des Schweizer Alpenclubs, 1. bis 53. Jg. Vor 1925: Jahrbücher des SAC.

Dansgaard W., 1971: One thousand centuries of climatic record in the Greenland ice sheat.

Flohn H., 1977: Stehen wir vor einer Klima-Katastrophe? Umschau 77, 17.

Hampicke U., 1977: Das CO_2-Risiko. Umschau 77, 18.

Hantke R., 1978: Eiszeitalter — die jüngste Erdgeschichte der Schweiz und ihrer Nachbargebiete, Bd. 1.

Jahrbücher des Schweizer Alpenclubs, 1. bis 58. Jg.

Kasser P. und Aellen M., 1976: Les variations des glaciers suisses en 1974–1975 et quelques indications sur les résultats récoltés pendant la Décennie Hydrologique Internationale de 1964–1965 à 1973–1974. La Houille Blanche, No 6/7.

Kasthofer K., 1822: Bemerkungen auf einer Alpenreise über den Susten, Gotthard, Bernardin und die Oberalp, Furka und Grimsel. Aarau.

Kinzl H., 1929: Beiträge zur Geschichte der Gletscherschwankungen in den Ostalpen. Zeitschrift für Gletscherkunde, Bd. 17.

Kinzl H., 1932: Die größten nacheiszeitlichen Gletschervorstöße in den Schweizer Alpen und in der Montblancgruppe. Zeitschrift für Gletscherkunde, Bd. 20.

Messerli B. u. a., 1976: Die Schwankungen des Unteren Grindelwaldgletschers seit dem Mittelalter. Ein interdisziplinärer Beitrag zur Klimageschichte. Zeitschrift für Gletscherkunde und Glazialgeologie, Bd. XI, Heft 1, 1975.

Patzelt G., 1973: Die neuzeitlichen Gletscherschwankungen in der Venedigergruppe (Hohe Tauern, Ostalpen). Zeitschrift für Gletscherkunde und Glazialgeologie, Bd. IX, Heft 1–2.

Penck A., 1882: Die Vergletscherung der Alpen.

Penck A. und Brückner E., 1901, 1909: Die Alpen im Eiszeitalter. 3 Bände. Leipzig.

Scheuchzer J. J., 1716–1719: Naturhistorie der Schweiz. Zürich.

FRIEDRICH WILHELM
Der Einfluß der Gletscher auf Natur- und Kulturlandschaft

Verbreitung der Gletscher

Eis und Schnee können in ihrer hydrologischen Bedeutung für den Naturhaushalt und das menschliche Wirtschaftsleben nicht hoch genug eingeschätzt werden. Die Gletscher der Erde nehmen ein Areal von etwa 16,3 Mio km^2 ein und speichern rund 26,35 Mio km^3 Eis. Bei einer Dichte des Eises von 0,91 g/cm^3 ergeben sich 23 980 Tera-Tonnen (Billionen Tonnen) Schmelzwasser. Das sind 82 Prozent der Süßwasservorräte der Erde. Gleichmäßig über die ganze Erdoberfläche ausgebreitet, würde diese Menge eine 52 m tiefe Wasserschicht bilden.

Die hier angegebene, mit dem Areal von Südamerika (17,8 Mio km^2) vergleichbare Gletscherfläche und die Eisvolumina sind sehr ungleich verteilt (s. Tab. 1). Allein 16,1 Mio km^2 (14 Mio km^2 in der Antarktis, 2,1 Mio km^3 in der Arktis) oder 98,8 Prozent der Gesamtfläche finden sich in den Polargebieten.

Der Anteil der etwa 4250 Alpengletscher mit rund 2900 km^2 (Tab. 2) an der Gesamtgletscherfläche ist mit 0,18 Prozent zwar sehr gering, in seiner Bedeutung aber nicht zu vernachlässigen.

Sowohl Anzahl wie Fläche der Gletscher lassen sich für das gesamte Alpengebiet zu einem festen Datum nur ungefähr bestimmen, da das Grundlagenmaterial sehr uneinheitlich ist. Die genauesten Angaben liegen derzeit für das Schweizer Alpengebiet vor (F. Müller et al., 1976). Sie basieren auf der Auswertung von Luftbildern, die vom 5. bis 14. September 1973 aufgenommen wurden. Alle Firnflecken größer als 1 ha, die mindestens zwei Sommer überdauert haben, werden als Gletscher gewertet. Der österreichische Gletscherkataster, der auf eine Befliegung aus dem Jahre 1969 zurückgeht, wird bald fertiggestellt sein. Bei ihm ist die Bewegung das entscheidende Gletscherkriterium. Die Ausführungen von R. Vivian (1975) basieren auf Beobachtungen aus den Jahren 1967–1971. Weit heterogener sind die Darstellungen im Catasto dei Ghiacciai Italiani (1959–1962).

In den italienisch-französischen Westalpen liegen 97 Prozent der Gletscher und 99 Prozent der Gletscherflächen im nördlichen Bereich zwischen Genfersee und Pelvoux. Zentren der Vergletscherung sind das Montblancgebiet, Gran Paradiso, Vanoise und die Dauphiné-Alpen. Die Südalpen, südlich und südwestlich der Durance, tragen nur wenige kleine Gletscher. Die stärkste Vergletscherung in der Schweiz zeigen die Berner Alpen, wo auch der Große Aletschgletscher (86,76 km^2) liegt, gefolgt von den Walliser und den Urner Alpen. Erwähnt seien hier auch die Gletscher der Glarner Alpen und der Bernina. In den italienischen Alpen sind Ortler/Cevedale (102 km^2) und Adamello/Presanella (49 km^2) am stärksten vergletschert. Der Vedretta del Forno (20 km^2), im Ortler/Cevedale, und der Mandronegletscher (12 km^2), im Adamellogebiet, sind die größten italienischen Gletscher. In Österreich sind die Gletscherflächen in den Ötztaler Alpen sowie im Bereich des Großvenedigers (3674 m) wie auch des Großglockners (3797 m) in den Hohen Tauern neben jenen der Zillertaler Alpen und der Silvretta am bedeutendsten. Eine genauere Aufschlüsselung wird der neue Gletscherkataster bringen.

Aus der Übersicht über die Hauptvergletscherungsgebiete der Alpen (Fig. 1, Kapitel «Grundbegriffe») ist zu entnehmen, daß die Gletscher während des letzten großen Vorstoßes in der Eiszeit (Würmeiszeit) nördlich der Alpen weite Teile des Alpenvorlandes bedeckt haben. Daraus folgt, daß die Einflußnahme der Gletscher auf Natur- und Kulturlandschaften nicht auf den relativ engen Bereich der gegenwärtigen Vergletscherung beschränkt ist, sondern weiter reicht.

Auswirkungen der Vergletscherung auf Naturlandschaften

Die Oberflächenformen der Alpen und des Alpenvorlandes sind durch wiederholte Gletschervorstöße im Eiszeitalter nachhaltig geprägt worden. Auch der Einfluß der gegenwärtigen Vergletscherung ist, obwohl sie nur rund 1,7 Prozent der Alpenfläche umfaßt, weit wirkungsvoller, als dieser geringe Anteil auszudrücken vermag.

Erst durch die Vergletscherung entstanden im Gebirge die alpinen Szenerien mit steilen, sich in scharfen Graten verschneidenden Wänden, überragt durch allseits von Karen unternagte Gipfelaufbauten (Karlinge). Aus sanften Quellmulden wurden Karnischen, deren Böden nach Schwinden des Eises vielfach einen See enthalten. Auf der Karschwelle finden sich vom Eis überschliffene Rundhöcker mit flacher Stoß- und steiler Leeseite, deren Oberflächen Gletscherschrammen tragen. Die Kerbtäler (V-Täler) wurden zu Trögen (U-Täler) umgeformt und damit wesentlich erweitert.

Da der glaziale Schurf das ehedem gleichsinnige fluviatile Gefälle übertiefte, entstanden nach Abschmelzen der Gletscher Seebecken. Sie wurden von den Flüssen anschließend mit Sand und Kiesen verfüllt. Die Füllungen der großen inneralpinen Täler und die mächtigen, weitflächigen Schotterfluren am Außensaum der Vereisungsgrenzen enthalten bedeutende Grundwasservorkommen. Das Wasser der Fontanile und das für

Tab. 1: Vergletscherte Gebiete der Erde nach Großregionen

Region	Gletscherfläche in 1000 km^2
Antarktis	13 988
Arktis	2 091
Asien	115
Nordamerika	102
Südamerika	26
Europa	8
Pazifische Region	1
Afrika[1]	–
Gesamtfläche	16 331

[1] kleiner als kleinste ausgeschiedene Einheit (12 km^2)

Tab. 2: Vergletscherung der Alpen nach Anzahl und Fläche

Gebiet	Anzahl	Fläche km^2
Schweizer Alpen[1]	1828	1342
Italienisch-französische Westalpen[2]	840	534
Italienische Alpen[3]	616	401
Österreichische Alpen[4]	rd. 960	rd. 630
Gesamtalpen	4244	2907

[1] F. Müller et al., 1976
[2] R. Vivian 1975
[3] Catasto dei Ghiacciai 1959–1962, ausschließlich der Gebirgsgruppen südlich des Aostatales, die in «Italienisch-französische Westalpen» erfaßt sind
[4] Nach freundlicher mündlicher Mitteilung von Herrn Dr. G. Patzelt, Geographisches Institut der Universität Innsbruck

Das Feinmaterial der Grundmoräne poliert den vom Gletscher überfahrenen und abgeschliffenen Felsuntergrund. So enstehen die Gletscherschliffe und Rundhöcker. Hier schiebt sich eine Randpartie des Aletschgletschers über den Felsuntergrund hinaus. Im Hintergrund Gletscherschliffe und die Ufermoräne des Hochstandes. Mitte des 19. Jahrhunderts.

Links: Blick vom Hohen Riffler gegen den Olperer (Zillertaler Alpen). Die steilen Gipfelpyramiden, Karlinge (Olperer), und die scharfen Grate sind ein Werk der Vergletscherung. Im großen Kar unterhalb des Olperers liegt das Firngebiet des Gefrorene-Wand-Kees (Tuxer Ferner), links vom Grat die Flankenvereisung des Friesenbergkees.

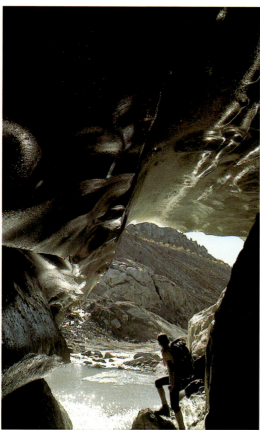

Oben: Vom Gletscher überschrammter Rundhöcker am Rande des Großen Aletschgletschers (Walliser Alpen). Am Grunde des Gletschers sind Steine in das Eis eingefroren, die bei Bewegung auf Hindernissen eine glaziale Striemung hinterlassen.

Links: Dieser gewaltige erratische Nagelfluhblock aus dem Rigigebiet wurde bei Knonau (Kanton Zürich) vom eiszeitlichen Reußgletscher abgelagert.

Blick vom Sonntagshorn über den Silvrettastausee gegen Kleinvermunt und Paznaun. Im Hintergrund Verwallgruppe. In den übertieften Trogtälern finden sich vielfach natürliche Seen. Der Silvrettastausee ist durch eine Staumauer auf der Montafoner und durch einen Damm auf der Kleinvermunter Seite aufgestaut. Über die steilen, vom Eis rundgebuckelten Trogtalwände erheben sich die schroffen, von Karen unternagten Gipfelpyramiden.

Bewässerungsanlagen in der nördlichen Padania entstammt z. T. pleistozänen Schottern. Die Wasserversorgung Münchens wird aus dem eiszeitlichen Schotterfeld der Münchener Ebene und künftig zusätzlich aus dem reichen Grundwasserangebot des oberen Loisachtales in den Alpen gesichert.

Glazial geprägte Landschaften sind durch einen eigenen Formenschatz gekennzeichnet. Vom Außensaum der Vereisung gelangt man zunächst über die flachkegelförmigen Schotterfluren der Schmelzwasserablagerungen zu den meist in mehrere Wälle gestaffelten Endmoränen. Sie sind häufig durch Umfließungsrinnen voneinander getrennt. Große Felsblöcke, die nicht aus der unmittelbaren Umgebung stammen können, die sogenannten Findlinge, sind neben dem gekritzten Geschiebe ein Merkmal, daß die Ablagerung nicht vom fließenden Wasser, sondern von Eis transportiert wurde. Gegen die Zungenbecken schließt die flachkuppige, im Substrat auch feinkörnigere Grundmoräne an. Speziell am Grenzsaum zweier Zungenbecken ist die Grundmoräne vielfach in bis zu 30 m hohe Hügel mit elliptischem Grundriß umgeformt. Ihre Steilseite weist gegen, die Flachseite in Richtung des Eisvorstoßes. Die stets gehäuft auftretenden Hügel, deren Längsachsen parallel verlaufen und die gegeneinander versetzt sind, nennt man Drumlins. Sie sind weit verbreitet. Typische Drumlinfelder finden sich zwischen Rimsting und Eggstätt im NW des Chiemsees, zwischen Würm- und Ammersee bei Eberfing oder fächerförmig um den Bodensee, z. B. nördlich von Lindau oder auf der Bodanhalbinsel. Im Schweizer Alpenvorland sind wohlgeformte Drumlins um Gossau zwischen Greifen- und Pfäffikersee, um Ottenbach–Knonau nördlich des Zugersees oder westlich der Linie Dietwil–Luzern und an vielen anderen Stellen zu erwähnen.

Glaziallandschaften zeichnen sich ferner durch ihren Seenreichtum aus. Unbeschadet bruchtektonischer Vorzeichnung zählen hierzu die Zungenbeckenseen am nördlichen und am südlichen Alpensaum vom Genfer- bis zum Traunsee und vom Orta- bis zum Gardasee. Am Alpennordrand und im Vorland bedecken allein die größeren Zungenbeckenseen eine Fläche von mehr als 2100 km². Am Alpensüdsaum, weniger stark vergletschert, beträgt die Seefläche nur etwas mehr als 900 km². Die Seen waren früher viel ausgedehnter. Weite Moorflächen belegen die Verlandung. Hinzu kommen noch Toteisseen und in den Hochlagen der Alpen Karseen.

Die Zungenbeckenseen sind am Außensaum von Moränenwällen, den Ablagerungen der ehemaligen Gletscher, umge-

Besonders am Grenzsaum zweier Zungenbecken ist die Grundmoräne eiszeitlicher Gletscher vielfach in bis zu 30 m hohe Hügel mit elliptischem Grundriß umgeformt: die sogenannten Drumlins. Sie treten stets in ganzen Kolonien auf. Im Gebiet von Menzingen (Kanton Zug) stehen besonders schöne Exemplare der vom Eis in Fließrichtung modellierten Drumlins. Sie wurden durch den Rhein-Linth-Gletscher geformt.

ben. Besonders eindrucksvoll in Größe und Gestalt ist das Moränenamphitheater von Ivrea, dessen See infolge der Aufschüttungen und Zerschneidungen der Moränenwälle durch die Dora Baltea verlandet ist. Diese Seen haben vielfältige Auswirkungen auf die Natur- und Kulturlandschaft. Sie mindern den Hochwasserabfluß und garantieren ein ausreichendes Mindestwasserangebot in Trockenzeiten – schon frühzeitig war dieses Gelände Siedlungsplatz für Klöster, wobei sicher auch der Fischreichtum eine Rolle spielte. Durch Minderung der Winterkälte schaffen sie günstige Bedingungen für den Anbau von Spezialkulturen (Bodensee). Letztlich bilden Seen durch Verschönerung des Landschaftsbildes und mögliche Badegelegenheiten eine entscheidende Voraussetzung für den Tourismus.

Auch auf die Verkehrserschließung der Alpen wirkt sich die eiszeitliche Vergletscherung aus. Die Trassen der bedeutenden Fernverkehrsstraßen queren die Alpen meist über Transfluenzpässe. Die von einem zum anderen Haupttal überquellenden Eismassen haben ehemals scharfe Scharten zu breiten Durchlässen niedergeschliffen (Mont-Cenis-, Julier-, Brennerpaß u. v. a.).

Glaziale Talverschüttungen und Überlagerung der Felsflanken mit Moränen haben für die Verwitterung und Bodenbildung relativ leicht angreifbares Substrat

Oben: Wo die Eismassen am Alpenrand in ihrer seitlichen Ausdehnung behindert waren, haben sie tiefe Wannen ausgeschürft. Diese bilden nun die Becken großer Voralpenseen. Die Wannen des bis zu 214 m tiefen Vierwaldstättersees wurden vom eiszeitlichen Reußgletscher ausgeschürft. Links der Niederbauenstock, in Bildmitte der Seelisberg, rechts der Gebirgsstock des Rigi. Links im Hintergrund der Pilatus.

Mitte: Die Oberengadiner Seenlandschaft ist eine Hinterlassenschaft des eiszeitlichen Inngletschers. Die Seen liegen in den durch Toteismassen entstandenen Mulden.

Rechts: Das Relief des Alpenvorlandes geht auf die eiszeitliche Vergletscherung zurück. In den einstigen Zungenbecken der Eiszeitgletscher liegen heute Seen. Die Schweizer Mittellandseen Baldeggersee, Hallwilersee und Sempachersee, aber auch der Zugersee (Bild) im Reußgletschergebiet sind solche Zungenbeckenseen.

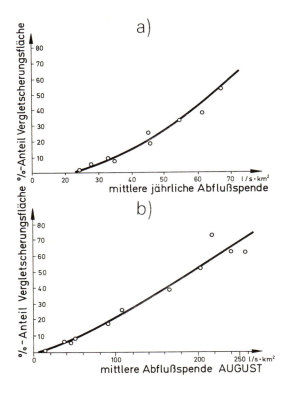

Fig. 1: *Mittlere jährliche (a) und mittlere Abflußspende im August (b) in Abhängigkeit vom Anteil der Vergletscherungsfläche des Niederschlagsgebietes in den nördlichen französischen Alpen. (Aus R. Vivian, 1975)*

Fig. 2: *Abflußganglinie und Lufttemperatur im obersten Rofental/Ötztaler Alpen vom 25.–31. Juli 1954. Nach R. Rudolph, 1962, verändert (siehe Text).*

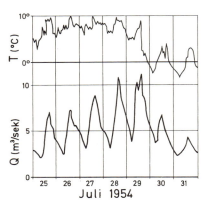

Fig. 3: *Tagesgang des Gesamtabflusses (Q_t) der Rofener Ache (Ötztaler Alpen) und der Teilkomponenten Grundwasser (Q_g), Eis- (Q_e) und Schneeschmelzwasser (Q_s) aufgrund radiohydrometrischer Aufnahmen (siehe Text). Nach H. Behrens et al., 1971, umgezeichnet.*

bereitgestellt. Glaziale Ablagerungen erweisen sich danach als für die Besiedlung günstige Standorte.

Charakteristisch für glazial überformte Hochgebirge sind ferner hängende Mündungen der Nebentäler über den Haupttälern. Die Mündungsstufen sind bereits vielfach durch steilwandige Schluchten zerschnitten. In Verbindung mit dem natürlichen Seenreichtum der Alpen bieten sich vom Relief her günstige Voraussetzungen für die Anlage von Kraftwerken. Trogtäler haben nach H. Link (1970) mit 1,5–2,0 ha/Mio m³ Stauraum, gegenüber 2,5–4 ha/Mio m³ bei Flußtalsperren, auch den geringsten Flächenbedarf pro Stauvolumen. Der von der Limbergsperre gestaute Wasserfallbodensee im Kapruner Tal, der Stausee Zemmgrund in den Zillertaler Alpen, der Lago di Valle di Lei im oberen Talschluß des Aversrrheins oder der Göscheneralpsee oberhalb Göschenen seien als Beispiele für die glaziale, zur Anlage von Kraftwerken geeignete Reliefbildung genannt.

Die Gletscher der Alpen steuern entscheidend den Abflußgang der Flüsse. Charakteristisch ist die geringe Niedrigwasserspende im Winter von in der Regel weniger als 5 Liter pro km² und Sek. In dieser Jahreszeit wird der gesamte Niederschlag über Monate als Schnee gespeichert. In den Sommermonaten, mit einem Maximum im Juli und August, treten dagegen mittlere Maxima des spezifischen Abflusses von mehr als 200 Liter pro km² und Sek. auf. Dabei zeigt sich ein enger Zusammenhang zwischen Anteil der Vergletscherungsfläche und Abflußspende. Bei mehr als 50 Prozent Vergletscherungsfläche liegt die mittlere Abfluß-

spende im August bei 150–250 Liter pro km² und Sek., bei einem Anteil von 10–30 Prozent sinkt die Spende auf 60–150 Liter pro km² und Sek. Sie verringert sich auf weniger als 60 Liter, wenn nur noch 10 Prozent des Niederschlagsgebietes vergletschert sind. Je größer der Anteil der Vergletscherungsfläche, desto höher liegt unter sonst gleichen Bedingungen der spezifische Abfluß (Fig. 1).

Neben den jahreszeitlichen Variationen ist in den Sommermonaten auch eine tageszeitliche Abflußschwankung klar ausgeprägt. Der Minimalabfluß liegt in den frühen Morgenstunden, das Maximum tritt am Nachmittag ein (Fig. 2). Bei Hochwasser ist der Abfluß infolge des Schwebstoffgehaltes trüb – man spricht dann von Gletschermilch. Folgen einige Schönwettertage aufeinander, so nimmt die Abflußfülle laufend zu, da jeweils nicht nur das Schmelzwasser des gleichen Tages, sondern auch noch Reste von den Vortagen abfließen. Ein Kälteeinbruch, der in den Hochlagen mit Schneefall verbunden sein kann, reduziert die Abflußmenge abrupt (Fig. 2).

Mit Hilfe radiohydrometrischer Messungen der Umweltisotope des Wasserstoffs, Deuterium und Tritium, kann man die Wässer des Gesamtabflusses nach ihrer Herkunft trennen (Fig. 3). Danach ist der Grundwasserabfluß ziemlich konstant bzw. zeigt einen leicht fallenden Trend.

Oben mitte: In den Sommermonaten nimmt die Abflußmenge der Gletscher stark zu. Aus dem Gletschertor (hier das des Otemmagletschers, Wallis) quellen dann die Schmelzwasser als stattliche Bäche hervor. Sie sind durch Gesteinsmehl milchig getrübt – man spricht deshalb auch von Gletschermilch.

Links und rechts: Der Formenschatz glazial geprägter Landschaft trägt oft bizarre Akzente. Die Erdpyramiden von Euseigne im Wallis bestehen aus Moränenmaterial der eiszeitlichen Talgletscher im Val d'Hérémence und Val d'Hérens.

Der ausgeprägte Tagesgang plus des zusätzlichen Wasserdargebots in der Nacht stammt von der Eisschmelze. Schneeschmelzwasser liefert dagegen nur einen bescheidenen Anteil, der in den Nachtstunden fast ganz verschwindet.

Gletscherkatastrophen

Durch Gletscher verursachte Naturereignisse und Elementarkatastrophen, die sich mehr oder minder schädigend auf Siedlung und Wirtschaft auswirken, haben schon frühzeitig in Urkunden und Chroniken ihren Niederschlag gefunden. Schäden bei Gletscherkatastrophen lassen sich auf folgende drei Vorgänge zurückführen:

1. durch unmittelbare Einwirkung des vorstoßenden Gletschers,
2. durch Gletscherabbrüche und Eislawinen und
3. durch gletscherbedingte Hochwässer.

Gletschervorstöße erfolgen im allgemeinen so langsam – das gilt auch für *surges* mit Bewegungen von Kilometern pro Jahr –, daß keine plötzlichen Schäden auftreten. Wegen der ungünstigen klimatischen Verhältnisse liegt zwischen Gletscherenden und Dauersiedlungen meist eine weniger intensiv genützte Höhenzone. So sind durch Gletschervorstoß bedingte Schäden an Wohnhäusern in den Alpen nur von den 1880 m hoch gelegenen Gampenhöfen in Sulden (Ortlergruppe) bekannt – sie wurden beim Vorrücken des Suldenferners schon 1818/19 geräumt. Der Rückgang der Almerträge ist dagegen meist auf Klimaverschlechterung (kühle, nasse Sommer) zurückzuführen. Häufiger wird darüber berichtet, daß durch vorstoßende Gletscher die gletschernahen Fassungen von Bewässerungsanlagen zerstört wurden. Beispiele dafür sind aus dem Wallis vom Lys- und vom Riedgletscher bekannt.

Auch heute sind bei Vorstößen von nur wenigen hundert Metern, u. a. durch den Glacier des Bossons oder den Brenvagletscher, die Zufahrten zum Montblanctunnel sowohl auf französischer wie auf italienischer Seite gefährdet. Ferner wird berichtet, daß in der frühen Neuzeit seit

Ein schönes Beispiel für die glaziale, zur Anlage von Kraftwerken geeignete Reliefbildung findet sich in den Urner Alpen. Dort werden im Göschenertal die Abflüsse des Dammagletschers und des im Talschluß liegenden Chelengletschers (Bildmitte) durch einen Damm zum Göscheneralpsee gestaut.

dem Mittelalter betriebene hochgelegene Bergwerkstollen geschlossen werden mußten, weil die Stollenöffnungen von Gletschern überfahren wurden. Nach Mitteilung von Dr. Patzelt, Innsbruck, trifft dies nur teilweise zu. Gewiß haben sich beim Gletschervorstoß die Arbeitsbedingungen in diesen Gruben und der Materialtransport erschwert. Aber auch wirtschaftliche Rezessionen dürften für die Einstellung des am Rande der Ökumene gelegenen Erzbergbaues verantwortlich gewesen sein.

Viel häufiger und im Regelfall gefährlicher sind Gletscherabbrüche und Eislawinen. Ein Musterbeispiel dafür ist der Abbruch des Altelsgletschers, südlich von Kandersteg in den Berner Alpen, am 11. September 1895. Die 200 m breite Zunge riß in 3100 m Höhe ab und be-

Beim Eissturz des Altelsgletschers fielen am 11. 9. 1895 rund 4 Mio m³ auf die Sohle des Gemmitales herab. Rund 100 ha Alpenland und etwa 10 ha Wald wurden verwüstet. 6 Menschen und 160 Stück Vieh kamen bei der Katastrophe ums Leben.

Vom Lac de Combal, der früher von der linken Ufermoräne des auch heute noch ins Doiretal vorstoßenden Miagegletschers (Val Veni, Montblanc) gestaut wurde, ist nur noch eine große sumpfige Fläche übriggeblieben. Im Vordergrund rechts die Ufermoräne. Im Hintergrund, Mitte, der nach Frankreich führende Col de la Seigne.

Unten rechts: Mehr als 500 000 m³ Eis brachen am 30. August 1965 von der Zunge des Allalingletschers (Wallis) ab. Für die Katastrophe, die 88 Menschenleben forderte, war Schmelzwasser wesentlich auslösender Faktor.

wegte sich, zuerst gleitend, dann stürzend, auf die Sohle des Gemmitales (in 1900 m Höhe) herab. 4 Mio m³ Eis lagen in einem Streubereich von 275 ha. 100 ha Almfläche und 10 ha Wald (v. a. durch Luftdruck) wurden zerstört, 6 Menschen und 160 Stück Vieh kamen um.

Solche Abstürze sind in den Alpen in großer Zahl bekannt. Auch gegenwärtig wird in der Tagespresse häufig darüber berichtet. Am 25. 12. 1972 meldete der «Münchner Merkur»: «Wandernder Eisgletscher bedroht Walliser Dorf.» Am 25. 8. 1973 brachen dann die rund 500 000 m³ Eis von der Spitze des Bisgletschers ab. Zum Glück für das Dorf Randa erfolgte der Bruch in drei Schüben, so daß die Eismassen vor dem Ort zum Stehen kamen. In der Ausgabe vom 13./15. 8. 1977 berichtet die gleiche Zeitung, daß der Tourgletscher im Montblancgebiet abzubrechen drohe. Rund 200 Einwohner des französischen Bergdorfes Le Tour waren gefährdet. Charakteristisch ist der Zeitpunkt der Abbrüche. Er fällt entweder mit dem maximalen Schmelzwasserangebot im August zusammen oder folgt diesem mit einer kurzen zeitlichen Verzögerung.

Mehr als 500 000 m³ Eis brachen z. B. am 30. 8. 1965 von der Zunge des Allalingletschers ab. Sie stürzten auf die Baustelle am Mattmarkdamm im Saaser Tal (Wallis). Auch für diese Katastrophe war im wesentlichen Schmelzwasser der auslösende Faktor. Vom 3. bis 21. August registrierte die Klimastation Saas Fee (1800 m ü. M.) Tagesmittel der Lufttemperatur von mehr als 10° C. Damit kam es in der Gletscherregion zur Eis- und Schneeschmelze. Am 22. und 23. 8. 1965 wurden in Saas Fee zudem noch 56 mm Niederschlag gemessen. Der hohe Wasseranteil beschleunigte den Gletscher auf etwa 4 m pro Tag. Verglichen mit der mittleren Jahresgeschwindigkeit von 20–40 m ist dies ein sehr hoher Wert. Gegen 17.15 Uhr brach dann am 30. 8. 1965 der Zungenteil ab und begrub 300 m tiefer Teile der Baustelle. 88 Tote waren bei dieser Katastrophe zu beklagen.

Die häufigsten Verheerungen in den Talschaften sind aber auf die durch Gletscher erzeugten Hochwässer zurückzuführen. Bei den Gletscherschwankungen im «little ice age» vom 16. bis 19. Jahrhundert sperrten bei Vorstößen Gletscher wiederholt Seiten- oder Haupttäler ab. Hinter der Abdämmung stauten sich Seen auf, die vielfach abrupt die Sperre durchbrachen und ausliefen. Der Allalingletscher z. B. müßte nur um 500–800 m vorrücken, um das Tal der oberen Saaser Visp abzusperren. Allein aus dem 18. Jahrhundert sind von dort 15 Ausbrüche des Mattmarksees bekannt. In den Ostalpen sind am besten die Stauseebildungen im oberen Rofental, Ötztaler Alpen, erforscht. Die vereinigten Vernagt- und Guslarferner stießen 1599–1601, 1677–1682, 1774–1848 ins Rofental vor und erreichten an der gegenüberliegenden Talflanke (Zwerchwand) noch eine Höhe von 140 m. Der See von 1848 hatte nach H. Heß (1918) eine Länge von 1 km, eine Tiefe von rund 80 m, einen Inhalt von 3 Mio m³ Wasser. Oft durchbrachen die Wassermassen ruckhaft die Eisbarriere und richteten bis zum Ötztaleingang Schaden an. Um die Gefahren zu bannen, erwog man, durch Sprengungen oder durch den Bau eines Tunnels durch die Zwerchwand einen gleichmäßigen Abfluß für das Wasser zu schaffen. 1595, beim Stauseebruch am Gietrozgletscher im Val de Bagnes, verwüsteten 60 Mio m³ Wasser 500 Häuser, 140 Menschen fanden den Tod. Typische Beispiele von Tal-

Die Bieler Höhe mit dem Hotel Silvrettasee, den Staumauern und dem Stausee ist ein beliebtes Ausflugsziel. Im Hintergrund links das Hohe Rad (2934 m), in der Mitte der Ochsentaler Gletscher mit Piz Buin.

Trotz extremer Lagebedingungen wurden die Gletscher zu Zielpunkten für den Massentourismus. Der Sommerskilauf (hier auf dem Hochjochferner, Ötztaler Alpen) findet ständig größeres Interesse.

Unten rechts: Die mächtigste Staumauer der Alpen und höchste Gewichtsmauer der Welt: die 285 m hohe Sperre des Dixence-Staubeckens. Die gigantischen Bauwerke der Wasser- und Elektrizitätswirtschaft fanden nicht immer das Verständnis der Bevölkerung.

verbauungen oder Beinahetalverschlüssen kann man noch heute in der Montblancgruppe beobachten. Der Miagegletscher stößt gegenwärtig bis ins Doiretal vor, wo er früher den Lac de Combal aufstaute, von dem heute nur noch eine große sumpfige Fläche übrig ist.

Die genannten Stauseeausbrüche hängen eng mit Gletschervorstößen zusammen. Aber auch Moränen, die als Barre bei Seen fungieren, können bei kräftigem Schmelzwasseranfall brechen. Ein Beispiel dafür ist u. a. vom Gallrutferner (Pitztal) bekannt. Von anderer Art sind die sogenannten Wasserstubenausbrüche, bei denen sub- oder intraglaziäres Wasser ruckhaft abfließt. Eine der schlimmsten Katastrophen dieser Art ist vom Glacier de Tête Rousse bekannt. Ungefähr 100 000 m³ Wasser, verbunden mit einem Eissturz, zerstörten 1892 das Dorf Bionnay und die Bäder von St-Gervais.

Fast möchte es scheinen, als seien Gletscher nur dazu bestimmt, Furcht und Schrecken zu verbreiten. Doch das trifft keineswegs zu. Gletscher spielen seit langem auch im Wirtschaftsleben der Menschen eine wichtige Rolle.

Wirtschaftliche Nutzung der Gletscher

Die Nutzung von Gletscherschmelzwasser für die Bewässerung von Wiesen, aber auch Feldern wird in den trockenen inneralpinen Tälern, z. B. Wallis, Engadin oder Vintschgau, schon seit Jahrhunderten praktiziert. Gerade in den Sommermonaten, wenn der Wasserbedarf am größten ist, liefern sie das meiste Schmelzwasser. Bedarf und Angebot ergänzen sich hier gut. Die Gletscherabflüsse werden meist schon nahe dem Zungenende gefaßt und in Wasserfuhren, auch Bissen genannt, zu den Bewässerungsflächen geleitet. Die mittlere Länge der Wasserfuhren in den Alpen, die kleine Täler auch in Aquädukten überspannen, liegt bei ungefähr 5–10 km. Die Bisse von Saxon im Wallis ist sogar 26 km lang.

In früherer Zeit wurde Gletschereis in größerem Umfang für Kühlzwecke verwendet. Am Unteren Grindelwaldgletscher wurden z. B. in einem «Bergwerk» täglich bis zu 600 kubische Eisblöcke zu je 75 kg gebrochen. Auf einer eigens dazu erbauten Rollbahn wurden sie nach Interlaken verfrachtet. Etwa ein Drittel der Eismasse schmolz jedoch schon auf diesem Weg ab.

Von weit größerer wirtschaftlicher Bedeutung sind heute die Gletscher für die Erzeugung von Hydroelektrizität. Die schweizerischen Wasserkraftwerke deckten nach F. Müller et al. (1976) im hydrologischen Jahr 1972/73 64 Prozent des Stromverbrauchs. Im Winterhalbjahr 1972/73 wurden allein aus Stauseen, die als Sammelbecken der Gletscherschmelzwässer dienen, 24 Prozent des Stromverbrauchs der Schweiz erzeugt. In den vergangenen Jahrzehnten machten die großen Kraftwerkprojekte wiederholt Schlagzeilen in der Tagespresse. «Im Kapruner Tal wird ein gigantischer Plan Wirklichkeit» («Münchner Merkur», 30. 3. 1954); «Stausee zwischen Gletschern und Gipfeln», ein Bericht über die größte Staumauer Europas in der Schweiz an der Grande Dixence/Wallis («Frankfurter Allgemeine» vom 27. September 1957); «Das Zillertal übertrifft Kaprun – größtes österreichisches Gletscherkraftwerk entsteht» («Die Welt», 11. 11. 1968). Die Kraftwerke Zemmgrund/Zillertaler Alpen übertreffen mit einer Maschinenleistung von 517 500 kW Kaprun/Tauern mit «nur» 312 000 kW bedeutend. Mit diesen gigantischen Bauwerken war die Öffentlichkeit nicht immer ganz einverstanden, wie z. B. einem Artikel über den Stausee Val Bernina mit dem Untertitel «Engadiner Wasserkraftnutzung auf Abwegen», erschienen in der «Neuen Zürcher Zeitung» vom 9. 8. 1954, zu entnehmen ist.

Als Beispiel für vielfältige Eingriffe in die natürlichen hydrologischen Verhältnisse seien die Vorarlberger Illwerke AG mit ihren zahlreichen Speichern und Turbinenhäusern genannt (Fig. 4). Die Kraftwerksgruppe erzeugt im Regeljahr bei voller Ausnutzung des Wälzbetriebes der Speicherpumpen 1641 Mio kWh. Davon entfallen 836 Mio kWh auf den Sommer, 805 Mio kWh auf die Wintermonate. Diese jahreszeitliche Verteilung des Energieangebotes wird nur dadurch möglich, daß im Sommer bei reichem Schmelzwasseranfall 166 Mio m³ in Stauräumen gespeichert und während der winterlichen Wasserklemme abgegeben werden. Damit wurde die von Natur aus sehr ungleiche Wasserführung in den beiden hydrologischen Halbjahren wesentlich geändert. Betrug das Verhältnis von Winter/Sommer-Abfluß vor den Baumaßnahmen 1:5,1, so hat es sich durch die Speicherung auf 1:1,4 verringert.

Fig. 4: *Übersichtskarte über die Niederschlagsgebiete des Rheins (Ill, Landquart) und des Inns (Trisanna, Rosanna) im Bereich der Werksgruppe Ill–Lünersee. Nur durch Beileitungen – Ableitung von Bächen in Speicher des gleichen Niederschlagsgebietes (Rhein) – und Überleitungen – Zufuhr von Wasser aus fremden Niederschlagsgebieten (vom Inn- zum Rheingebiet) – konnte die Energieproduktion erreicht werden. Nach Plan in Vorarlberger Illwerken AG, Bregenz, 1969, umgezeichnet.*

Das hohe Energiedargebot wäre selbst bei großen Rohfallhöhen innerhalb des natürlichen Niederschlagsgebietes der Ill nicht möglich gewesen. Das Niederschlagsgebiet der Oberen Ill bis Partenen betrug unter Berücksichtigung der Beileitungen, z. B. des Valzifen- und des Vergaldnerbaches, 301 km² und lieferte im Jahresmittel 446 Mio m³ Wasser. Durch Überleitungen aus benachbarten Niederschlagsgebieten wurde das Niederschlagsgebiet der Ill um 164 km² (54 Prozent) auf 465 km² vergrößert, bei gleichzeitiger Zunahme des Abflusses um 226 Mio m³ (51 Prozent) auf 672 Mio m³ im Jahr. Die Baumaßnahmen und die Wartung der vollendeten Anlagen haben im abgelegenen Montafon nicht nur Arbeitsplätze geschaffen, vielmehr wurde auch die Infrastruktur des Gebietes wesentlich verbessert. Montafon und Paznaun sind durch die mautpflichtige Silvretta-Hochalpenstraße über die Bieler Höhe (2030 m) verbunden. Andere Straßen führen zum Speicher Kops oder zu den Talstationen von Seilschwebebahnen, die aus ehemaligen Materialbahnen hervorgegangen sind. Hinzu kommen im Winter Skilifts. Neben bekannten Alpenvereinshütten, z. B. Madlener Haus, entstand das moderne Hotel «Silvrettasee», das auch gehobenen Ansprüchen genügt. Durch die Verbesserung der Infrastruktur erlebte der Fremdenverkehr sowohl in den Talschaften als auch in den Hochgebieten einen bedeutenden Aufschwung. In den Sommermonaten reichen die Parkplätze für Pkw und Busse nicht aus. Die hochalpine Szenerie mit breiten Trogtälern, bizarren Gipfelbauten und Gletschern mit Brüchen und öden, noch von keiner Vegetation bedeckten Vorfeldern bildet einen Anreiz für den Fremdenverkehr. Durch die Verkehrserschließung der Alpen, sei es durch Straßen, gut ausgebaute Wanderwege, Luftseilbahnen oder Skilifts, wurden die Gletscher trotz extremer Lagegegebenheiten zu Zielpunkten für den Massentourismus. Als Beispiel sei der Rhonegletscher genannt, an dem die Furkapaßstraße vorbeiführt und dessen unterer Zungenteil in einem Stollen gegen Eintritt besucht werden kann. Die Gletscherwelt Zermatts und am Montblanc ist durch Zahnrad- und Luftseilbahnen gut erschlossen. Der Sommerskilauf auf Gletschern findet ständig größeres Interesse. Diese touristischen Aktivitäten haben ihre nachhaltigen wirtschaftlichen Auswirkungen auch in den Talschaften. Aus Bauerndörfern wurden Fremdenverkehrsgemeinden.

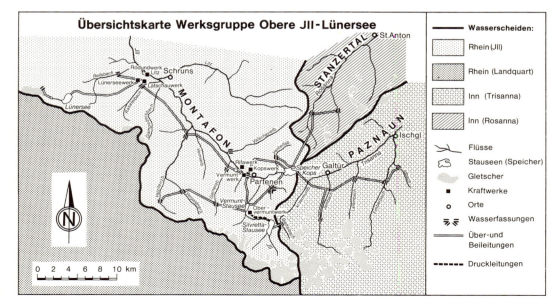

Literatur

Hier werden nur einige Lehr- und Handbücher, die einen Überblick über das Gesamtgebiet der Glaziologie vermitteln, und jene Arbeiten, die unmittelbar im Text erwähnt sind, aufgeführt.

Anonym: Vorarlberger Illwerke Aktiengesellschaft. Bregenz, 1969

Behrens H., Bergmann H., Moser H., Rauert H., Stichler W., Ambach W., Eisner W. und Pessel K.: Study of the discharge of alpine glaciers by means of environmental isotops and dyetracers. Zeitschrift für Gletscherkunde und Glazialgeologie, Bd. 7, H. 1—2, S. 79—102, 1971

Comitato Glaciologico (Hrsgb.): Catasto dei Ghiacciai Italiani. Bd. 1—4, Torino 1959—1962

Drygalski E. v. und Machatschek F.: Gletscherkunde. Enzyklopädie der Erdkunde. Wien, 1942

Hess H.: Der Stausee des Vernagtferners im Jahre 1848. Zeitschrift für Gletscherkunde, Bd. 11, S. 28—33, 1918

Klebelsberg R. v.: Handbuch der Gletscherkunde und Glazialgeologie. Wien, 1948

Link H.: Die Speicherseen der Alpen. Sonderheft Wasser und Energiewirtschaft, 62. Jg., Nr. 9, 1970

Lliboutry L.: Traité de Glaciologie. 2 Bde. Paris, 1964/65

Müller F., Caflisch T. und Müller G.: Firn und Eis der Schweizer Alpen. Gletscherinventar. ETH Zürich, Geographisches Institut, Publ. Nr. 57, Zürich, 1976

Rudolf R.: Abflußstudien an Gletscherbächen. Methoden und Ergebnisse hydrologischer Untersuchungen in den zentralen Ötztaler Alpen in den Jahren 1953—1955. Veröffentlichungen des Museums Ferdinandeum, Bd. 41, S. 117—266, 1961

Vivian R.: Les Glaciers des Alpes Occidentales. Grenoble, 1975

Wilhelm F.: Schnee- und Gletscherkunde. Berlin, New York, 1975

JON PULT

Die Bezeichnungen für Gletscher in den Alpen

Seit die Alpen von Menschen besiedelt sind und in ihrem Innern Gletscher und Firnfelder bergen, dürften diese Naturerscheinungen irgendwie benannt worden sein. Zwar weiß man, daß viele Bergregionen und Gipfel verhältnismäßig spät, teils erst mit der kartographischen Aufzeichnung, Namen erhielten. Es ist aber anzunehmen, daß die Alpenbewohner, Jäger, Hirten und Bauern, manche Appellative oder Gattungsnamen für die vielgestaltige Gebirgswelt mit all ihren Wetterverhältnissen und Lebensbedingungen kannten. Der stete Wandel von Natur, Besiedlung und Völkerschaften brachte auch sprachliche Veränderungen. Aber erst seit der Eroberung der Alpen durch die Römer vor rund 2000 Jahren und der allmählichen Romanisierung der Alpentäler tauchen klar erfaßbare Bezeichnungen für Gletscher und permanente Schneeanhäufungen auf. Meist sind es nicht Reliktwörter aus vorrömischen Sprachen, sondern neugeformte romanische Ausdrücke, die für die alpinen Begriffe geschaffen wurden. Diese haben sich in mundartlicher Abwandlung bei den Bergbewohnern bis in unsere Zeit erhalten. Nur vereinzelt finden wir im Alpenraum noch rätselhafte Ausdrücke, die aus unbekannten vorrömischen Sprachen stammen müssen und sich im mundartlichen Wortgut bewahrt haben.

Wenn wir der Entstehung und den Benennungsmotiven der Gletscherwörter nachgehen, so dürfen wir uns nicht von heutigen Vorstellungen und Eindrücken leiten lassen, sondern wir müssen der Einstellung der früheren Bergbewohner und Paßgänger nachspüren, für welche die Gletscher und Firnschneemassen nutzloses Ödland waren und manche Gefahren in sich bargen. In den Alpenmundarten wird unter dem Begriff Gletscher nicht nur das eigentliche «Gletscherphänomen» im naturwissenschaftlichen Sinn, sondern in allgemeinerer Bedeutung, also als «Schnee-, Firn- und Eisansammlung in den Bergen», verstanden. Die geographische Verbreitung der Bezeichnungen für Gletscher im gesamten Alpenraum umfaßt ein französisches (provenzalisches und frankoprovenzalisches), italienisches, rätoromanisches und deutsches Sprachgebiet.

I Glaciarium

Das vor allem in den Westalpen vorherrschende Wort ist der lateinische Typus *Glaciarium*. In den romanisierten Alpengebieten bürgerte sich lateinisch *Glacies* und *Glacia* (Eis) ein. Dazu entwickelten sich die mit dem Kollektivsuffix erweiterten Formen *Glaciarium* und *Glaciaria* (Ort, wo viel Eis vorkommt, Gletscher). Diese nichtbelegten, aber aus der späteren Entwicklung erschlossenen Formen wurden in einem großen Gebiete der Alpen heimisch. Mit der naturwissenschaftlichen, touristischen und literarischen Entdeckung der Alpen in neuerer Zeit wurden auch die mundartlichen regionalen Formen zu schriftsprachlich verwendeten Termini technici und leben heute in den Schriftsprachen fort als französisch Glacier, italienisch Ghiacciaio, rätoromanisch Glatscher und deutsch Gletscher.

a) Glacier. Seit dem 12. Jahrhundert treten im Wallis, in Savoyen und im Aostatal Formen wie *glacier* und *glacière* auf, die schwankend in französischen Schriften gebraucht werden. Der berühmte Genfer Naturforscher und Besteiger des Montblanc Horace Bénédict de Saussure verwendet in seinen 1779–1786 erschienenen «Voyages dans les Alpes» in ausdrücklicher Anlehnung an die Alpenbewohner Glacier als «amas de glaces éternelles» (Anhäufung ewigen Eises). Er hat dadurch entscheidend zum endgültigen Gebrauch von französisch Glacier beigetragen, ein Name, der auch ins Englische (Glacier) und andere außeralpine Sprachen drang.

b) Ghiacciaio. Im italienischen Sprachgebiet ist 1603 *Monte glacero* für den vom Goms ins Formazzatal führenden vergletscherten Griespaß belegt. Später scheint die Form *ghiacciaia* Oberhand zu gewinnen. Dann beobachten wir ein Schwanken zwischen dieser weiblichen und der männlichen Form *ghiacciaio*. Diese setzte sich um die Jahrhundertwende durch und vermochte die früher stark verbreitete Form *vedretta* (s. u.) zurückzudrängen.

c) Glatscher. Die rätoromanische Form der Surselva und Mittelbündens, die neben dem bedeutungsverwandten *vadretg* (s. u.) lebt, scheint eine eigene, nicht von außen beeinflußte Bildung zu sein. Wir finden das Wort öfter bei Placidus a Spescha, dem originellen Disentiser Pater, Naturforscher und Alpinisten, der von 1752 bis 1833 lebte. Im Engadin wird Glatscher als fremd empfunden und durch das einheimische *vadret* ersetzt.

d) Gletscher. Die Alemannen haben dieses Wort aus den romanischen (wahrscheinlich rätoromanischen) Alpenmundarten übernommen, wobei das autochthone deutsche Firn eine Bedeutungsverengerung erfuhr. Wir stoßen 1507 zum ersten Male auf ein Appellativ *gletscher* in der Chronik des Luzerners Petermann Etterlin. 1538 erscheint das Wort auf einer Landkarte von Ägidius Tschudi für die Gegend des Theodulpasses. Dann finden wir den Namen in der Kosmographie von Sebastian Münster und in der Beschreibung der Eidgenossenschaft von Johannes Stumpf. Nicht nur den Namen, sondern eine erste kartographische Darstellung eines Gletschers bringt W. Ygls Karte von Tirol aus dem Jahre 1604 für die Ötztaler Ferner: «Der Groß Verner – Glacies continua et perpetua». Mit dem wachsenden Interesse für die Alpenwelt wird das Wort auch über die Schweiz hinaus bekannt und setzt sich in der deutschen Schriftsprache durch. Die Ausstrahlungskraft der in den Ostalpen gebräuchlichen Bezeichnung Ferner war wesentlich geringer.

II Veterictum (Vadretg, Vadret, Vedretta) und Firn, Ferner

Dieser etymologisch lange umstrittene Worttyp hat sich im surselvischen und mittelbündnerischen *vadretg*, im ladinischen *vadret* und im italienischen *vedretta* erhalten, ferner sporadisch in der Umgebung des stark vergletscherten Pelvoux-Massivs der Westalpen in der suffixlosen, stammbetonten Form *veira*. Schon der Bündner Reformator und Historiograph Durich Chiampell hat in seiner 1573 verfaßten «Raetiae alpestris topographica descriptio» auf zwei Herkunftsmöglichkeiten hingewiesen. Ist *vadret* eine Ableitung von lateinisch *vetus* = Alt(schnee) oder von lateinisch *vitrum* = Glas? Lange Zeit herrschte die Meinung vor, das Wort gehe auf eine suffixerweiterte Form *vitrictum* zurück. Der Vergleich von «Gletscher» und «Glas» war verlockend. Wir glauben aber, in unserer Dissertation erschöpfend nachgewiesen zu haben, daß es sich um einen Ableger von *vetus, veterem*, alt, in der suffixerweiterten Form *veterictum* handelt. Phonetisch ist das nicht leicht zu beweisen. Doch stützt die westalpine Form *veira* unsere Annahme. Daneben bestehen weder lexikologische noch semantische Bedenken. Da sind die außerordentlich zahlreichen Belege für «alter Schnee» zu nennen. In der Surselva hat *vadretg* die Bedeutung von «Schneebrücke, Lawinenbrücke» neben Glatscher im eigentlichen Sinn von «Gletscher». In der Leventina ist *vadrec* sogar in der Bedeutung «altes Gras» bezeugt. Der schlagendste Beweis für die Annahme von *veterictum* ist die Bedeutungsparallele von deutsch Firn = Alt(schnee). Nach dem Wörterbuch der schweizerdeutschen Sprache bedeutet Firn sowohl alter Schnee» als auch «altes, über den Winter an der Wurzel gebliebenes Gras». Vom gleichen Stamm abzuleiten ist auch das schon im 12. Jahrhundert im Tirol belegte bayrisch-österreichische Wort Ferner für «Gletscher». Südlich davon finden wir das seit dem 18. Jahrhundert nachweisbare alpinlombardische und alpintrentinische *vedretta*, im Gegensatz zu den rätoromanischen Formen mit weiblicher Diminutivsuffix-Endung. Das Wort hatte eine überregionale Ausstrahlung und wird etwa im Schrifttum verwendet im Sinne von «piccolo ghiacciaio o nevaio».

Wir stellen fest, daß in der realistischen Auffassung der Bergbewohner die meist von Unterländern und ortsfremden Dichtern besungenen «schönen, leuchtenden Gletscher» nichts anderes waren als «alter, oft schmutziger Schnee». Vom sprachgeographischen Standpunkt aus betrachtet fällt die kompakte Veterictum(Firn)-Zone auf, die zusammenhängend rätoromanisch-alpinlombardisch-alpintrentinisches und alemannisch-bayrisches Gebiet umfaßt. Der Umstand, daß das wesensgleiche romanische Veterictum und das deutsche Firn geographisch aneinander angeschlossen sind und ein Ganzes bilden, spricht für gemeinsame Herkunft oder Beeinflussung. So darf wohl das deutsche Firn als eine Übersetzung, ein Fortläufer des romanischen Veterictum angesehen werden. Das ganze Alpengebiet von Firn, Ferner war ja im Altertum und zum Teil bis ins Mittelalter romanisch. Es können aber auch tiefere Gründe als eine solche romanisch-deutsche Beeinflussung zur Bildung des Wortpaares Veterictum-Firn geführt haben. Vielleicht überdecken diese Wörter einen älteren vorrömischen Ausdruck «der alte (Schnee)». Diese Möglichkeit ist um so eher ins Auge zu fassen, als in diesem Gebiet für den Begriff «Gletscher» kein vorrömisches Wort bekannt ist. Ein solches dürfte aber existiert haben. Dieser typisch alpine Begriff wird nicht erst mit der Romanisierung einen Namen erhalten haben. Nun wäre es doch merkwürdig, wenn angesichts der Zählebigkeit alpiner Ausdrücke ein vorrömisches Wort für «Gletscher» durch die Romanisierung gänzlich weggefegt worden wäre. Vielmehr wird die aus einer älteren Sprache übernommene Bezeichnung «der alte (Schnee)» im romanischen Veterictum und im deutschen Firn weiterleben.

III Vereinzelte Reliktwörter, teils rätselhaften vorrömischen Ursprungs

a) Rosa lebt in mundartlichen Varianten als Appellativ noch im Aosta-, Anzasca- und Formazzatal. Es ist seit dem 16. Jahrhundert bezeugt. Früher erstreckte sich der Worttyp weiter, wie die Toponomastik zeigt, z. B. Monte Rosa und Rosa Blanche (Wallis), Rosenlaui (Berner Oberland), vielleicht auch Roseg und Rosatsch (Engadin) und Piz Rusein (rätoromanischer Name für Tödi). Sind das Zeugen eines vorrömischen Ausdrucks für «Gletscher», der in einem großen Teil der Alpen einst lebendig war?

b) Kees tritt im Gebiet der Zillertaler Alpen und der Hohen Tauern auf, und dient seit dem 15. Jahrhundert in dialektalen Formen als Gattungsname im Zillertal, Pinzgau und Pustertal.

c) Folgende nur sporadisch auftauchende Bezeichnungen für Gletscher fristen ein isoliertes Dasein und dürften bald von den heutigen schriftsprachlichen Ausdrücken weggespült werden:
gelas (Valdieri, Cuneo, Südpiemont), vermutlich eine Ableitung von lateinisch *gelare* «gefrieren»; *veira* (Oisans, Pelvoux, Dauphiné), wurde bei der Erklärung von Veterictum erwähnt; *byenyo* (Saint-Martin, Hérens, Valais) und *byounyo* (Val de Bagnes, Valais) sind nach dem Glossaire des patois de la Suisse romande zweifellos vorrömisch; *truino* (Liddes, Entremont, Valais), läßt an lateinisch tribuna denken, das als Geländewort für «Grotte» vorkommt und über «Eisgrotte» zur Bedeutung «Gletscher» gelangen konnte; *dyere* (Aostatal), gehört zu lateinisch glarea = Kies, das zur «Moräne» und dann zum «Gletscher» wurde; *gorner* (Valsesia), erinnert an den nahen Gornergletscher; *marmolada* (Livinallongo, Dolomiten), ist ein volkstümlicher Vergleich mit Marmor; *cristallo* (Carnia, Friaul), stammt von griechisch-lateinisch Crystallus = Kristall ab.

Zusammenfassend kann gesagt werden, daß die romanischen Ausdrücke für Gletscher (ebenso wie für Lawine) jahrhundertelang in den Alpenmundarten lebten, bis sie mit dem einsetzenden Interesse der Wissenschaft und dann besonders mit dem Erwachen der Alpenbegeisterung allgemein bekannt wurden, in die Schriftsprachen eindrangen und, dank der Priorität der von den Alpen ausgegangenen Bergforschung, keine dialektalen Ausdrücke anderer Berggebiete mehr aufkommen ließen. So haben sich die romanischen Bezeichnungen für Gletscher in den Weltsprachen durchgesetzt. Sie werden weiterbestehen als sprachliche Zeugen der Romania Alpina.

---

* Eine umfassende sprachwissenschaftliche Untersuchung über dieses Thema veröffentlichte der Verfasser dieses Beitrages in seiner Zürcher Dissertation «Die Bezeichnungen für Gletscher und Lawinen in den Alpen».

GÜNTHER MICHLER

Leben am Rande des Eises

*Die Alpenflora —
Wunderkinder der Hochgebirgsnatur
Tiere im Hochgebirge*

Vier zonale Höhenstufen der Vegetation lassen sich in den Alpen unterscheiden: die *colline* (Hügelregion) bis 600 m, die *montane* (Bergregion) von 600 bis 1400 m, die *subalpine* Region von 1400 m bis zur Baumgrenze in 1800 bis 2400 m und schließlich die *alpine* Region, die über der Baumgrenze liegt und sich über die hochalpinen Matten und Felsen bis in die Zone des «ewigen» Schnees erstreckt. Hier, auf der alpinen Höhenstufe, liegt das eigentliche Verbreitungsgebiet der etwa 800 reinen Alpenpflanzen, jener leuchtend bunten Vorposten des Lebens in harter, lebensfeindlicher Umwelt.

Diese höhenbedingten Vegetationsgürtel sind jedoch nicht scharf voneinander abgegrenzt, sondern gehen in einem mehr oder weniger breiten Übergangssaum ineinander über. Auch das Eis der Gipfelregion durchbricht diese Zonierung und stößt mit seinen Gletscherzungen tief hinab, z.T. bis unter die Waldgrenze. Weithin bekannt ist z. B. der 256 ha große Aletschwald aus Arven, Lärchen und Fichten in 1600–2200 m Höhe – weit über dem Zungenende des Aletschgletschers (1520 m)!

Die einzelnen Vegetationsgürtel begleiten also die Gletscher von der Waldgrenze bis zum Eintritt in die Region mit andauernder Schneebedeckung. Ein Buch über Gletscher sollte daher auch dem Leben und seinen harten Existenzbedingungen im näheren und weiteren Umfeld der Eisströme etwas Aufmerksamkeit schenken. Dazu gehört auch das eigentliche Gletschervorfeld, d. h. jenes Gelände, das durch den schon über 100 Jahre andauernden Rückgang der Gletscher vom Eis freigegeben wurde. Es wird allmählich von einer anspruchslosen, ausdauernden Pioniervegetation in Besitz genommen, die sich über mehrere Zwischenstufen (Sukzessionsstadien) schließlich der Vegetation in der jeweiligen Höhenstufe angleicht – ein Vorgang, der auch bei Wissenschaftlern viel Beachtung findet, vermittelt er doch Erkenntnisse darüber, welche Pflanzen in welchem Zeitraum derartige alpine Standorte besiedeln können. Das Wissen hierüber läßt wiederum gewisse Rückschlüsse zu auf die Art und Weise der Vegetationsausbreitung im Spätglazial beim Rückzug der großen eiszeitlichen Gletschermassen.

Im Hochgebirge herrschen harte Lebensbedingungen Von den auf die Pflanze einwirkenden Faktoren, deren Summe man unter dem Begriff Standort zusammenfaßt, sind vor allem Licht, Wärme und Wasser zu nennen, Witterungseinflüsse, die wir in ihrer Gesamtheit als Klima bezeichnen, sowie chemische und mechanische Einwirkungen. Sie alle erreichen im Hochgebirge extreme, z.T. kritische Werte für pflanzliches Leben. So liegt etwa in 2000 m Höhe die Jahresdurchschnittstemperatur um 12° C niedriger als in Meereshöhe, da die Lufttemperatur pro 100 m Höhenzunahme um 0,7° C im Sommer bzw. 0,5° C im Winter abnimmt. Wegen ihres kürzeren Weges durch die dünne Höhenluft werden besonders die langwelligen Strahlen des Sonnenspektrums von der Atmosphäre nur wenig absorbiert und können daher die Böden im Hochgebirge kräftig erwärmen. Andererseits kühlen diese (im Schatten oder während der Nacht) rasch aus, da hier jene unsichtbare Glocke aus Wasserdampf und Staubteilchen, welche im Tiefland die langwellige Ausstrahlung der Erdoberfläche zurückhält (Treibhauseffekt), ebenfalls geringer und weniger wirksam ist. Die Temperaturgegensätze zwischen Sonnen- und Schattenseite und vor allem zwischen Tag und Nacht werden daher mit zunehmender Höhe immer gravierender. Wichtig ist dabei auch die Exposition des Standortes: So kann der Bergwanderer erleben, daß ihm auf einem Südhang rotblühendes Heidekraut entgegenleuchtet, während sich auf den nordexponierten Hängen noch Skifahrer tummeln.

Mit zunehmender Höhe wird auch die Sonneneinstrahlung stärker, vor allem der ultraviolette Anteil, wovon sich jeder selbst durch das rasche Bräunen seiner Haut überzeugen kann. Dieses intensive,

Links: Fichten geben sich mit kargsten Böden zufrieden. Selbst auf den von Toteis unterlegten Moränen finden sie ein Auskommen, wie hier an der rechten Ufermoräne des Miagegletschers im Val Veni.

Rechts: Gletschervorfeld: Das vom Gletscher beim Rückzug freigegebene Gelände, das Gletschervorfeld, wird allmählich, wie hier beim Steingletscher am Sustenpaß, von einer anspruchslosen Pioniervegetation in Besitz genommen.

Rechts:
Subalpine Region: Der Große Aletschgletscher stößt im Gebiet des Aletschwaldes tief in die subalpine Region hinab, die von 1400 m bis zur Baumgrenze in 1800–2400 m reicht.

Unten:
Alpine Region: Dieser Vegetationsgürtel liegt über der Baumgrenze und erstreckt sich über die hochalpinen Matten und Felsen bis in die Zone «ewigen» Schnees. (Das Bild zeigt den Gaißberg- und den Rotmoosferner im Ötztal.)

Links und oben: Montane Region: Der Bossonsgletscher dringt als gewaltiger Eisfall im Tal von Chamonix von der alpinen bis zur montanen Region (Bergregion) vor und endet heute auf rund 1230 m. Die Bergregion erstreckt sich von 600–1400 m.

energiereiche Licht zerstört das für die Pflanze lebensnotwendige Chlorophyll. Die Pflanze begegnet dieser Gefahr durch Hemmung der Internodienstreckung (der blattlosen Stengelglieder zwischen den Knoten) und weitverbreiteten Zwergwuchs *(Nanismus)*.

Auch Windgeschwindigkeit und -häufigkeit nehmen zu. Kalte, trockene Winde (bis zu 160 km/h) lassen junge Triebe welken, führen zu Windschur und Krüppelwuchs an der Windseite und bringen Buschformen und flache Wipfel hervor, da das Wachstum der weniger windexponierten Seitentriebe überwiegt.

Wenn auch die sommerlichen Niederschläge in den Bergen die im Flachland an Menge und Häufigkeit weit übertreffen, sind die Alpenpflanzen dennoch einem besonders häufigen Feuchtigkeitswechsel ausgesetzt. Einem Wasserüberangebot folgt durch schnellen Abfluß auf dem gefällsreichen Gelände rasch ein bedrohliches Defizit. Doch auch die relative Luftfeuchtigkeit kann einem nahezu plötzlichen Wechsel unterliegen, weiß man doch, daß im Gebirge ein Wetter mit heiterem Himmel im Nu in eine «Nebelsuppe» umzuschlagen vermag. Hochgebirgspflanzen geraten daher häufig in ein Dilemma: Wird das Wasser knapp, schließen sich ihre Spaltöffnungen, um die Transpiration einzuschränken – dadurch wird aber gleichzeitig die Aufnahme von Kohlendioxid für den Photosyntheseprozeß eingestellt, so daß sich die durch den langen Winter ohnehin kurze Vegetationsperiode auch noch in den wenigen günstigen Sonnenscheinstunden verkürzt. Bei hoher Luftfeuchtigkeit stehen die Spaltöffnungen zwar offen, doch die Pflanze kann durch sie kaum Wasser verdunsten, wodurch der Stoffwechsel ebenfalls gehemmt wird. Eine besondere Rolle spielt der Schnee: Zwar verringert eine lange Schneebedeckung die Vegetationszeit, doch ohne ihren Schutz wären die Pflanzen den eisi-

Die intensiven Blütenfarben stellen einen Lockreiz für Insekten dar, um eine rasche Bestäubung zu sichern: weinrot die Blüte des Roten Steinbrechs (Saxifraga oppositifolia), goldgelb die der Aurikel (Primula auricula), violett die des Rauhen Enzians (Gentiana aspera) und dunkelblau die Röhrenblüten des Stengellosen Enzians (Gentiana acaulis).

Die Silberwurz (Dryas octopetala) wächst aufgrund der extremen Lebensbedingungen nur sehr langsam. Selbst nach 40 Jahren Wachstum wird sie nicht höher als 15 cm.

gen Winden ausgesetzt, die zum einen die Knospen und Triebspitzen rein mechanisch schädigen und mit Schneekristallen und Sandkörnchen als gefährliches Schleifpulver sogar Holzpflanzen richtig ansägen können, zum anderen den Pflanzen das Wasser rauben, indem sie das Erdreich austrocknen und die Verdunstung aus den Blättern gefährlich steigern. Außerdem ist ein tiefgefrorener Boden gleichbedeutend mit physiologischer Trockenheit, denn Pflanzen vermögen daraus kein Wasser zu ziehen. Ist dagegen die winterliche Schneedecke dicht genug, gefriert der Boden nur schwer, und die Temperatur liegt um mehrere Grade höher. Negativ wirkt sich der Schnee aus, wenn er überdurchschnittlich lange liegenbleibt und die Schneedecke sehr hoch ist. Der Druck einer feuchten, schweren Schneemasse kann dann zu großen Schäden führen.

Das weitaus größte Hindernis für pflanzliches Leben in diesen Höhen sind wohl die geringe Mächtigkeit und die Nährstoffarmut des Bodens. Für den wenigen Humus, der sich in Felsspalten und auf Schutthalden angesammelt hat, besteht immer Gefahr, vom Regen abgespült oder von fallenden Felsen und abstürzenden Pflanzen mitgerissen zu werden. Zudem erfolgt die bodenbildende Tätigkeit der Mikroorganismen nur äußerst langsam.

Überleben durch Anpassung In Wuchsform (Morphologie) und Stoffwechsel (Physiologie) haben die Hochgebirgspflanzen im Laufe der Evolution entscheidende Anpassungsformen gefunden, um in ihrer so lebensfeindlichen Umwelt bestehen zu können. Die alpinen Holzgewächse schmiegen sich möglichst flach an das Relief des Bodens an und bieten so dem Wind kaum Angriffsfläche (Spaliersträucher). Die Bergkiefer (Pinus montana) z. B., die an windgeschützten Stellen mannshoch wächst, kriecht an gefährdeten Standorten als Latsche (Legföhre) ohne Hauptstamm am Boden dahin. Besonders niedrige Spaliersträucher sind einige Weidenarten und zahlreiche immergrüne zwergstrauchige Heidegewächse (z. B. die Rhododendron-Arten). Die Silberwurz (Dryas octopetala) wird nur 15 cm hoch – auch nach 40 Jahren Wachstum, wie man an den Jahresringen der Stämmchen ablesen kann!

Was bei den Holzgewächsen die Spaliersträucher, das sind bei den Kräutern die Polsterpflanzen, die kaum höher als 10 cm werden. Ihre niedrigen Stengel verzweigen sich zu dichten Polstern (z. B. Stengelloses Polsterleimkraut Silene acaulis, Schweizer Mannsschild Androce helvetica), die gegen Wind, Austrocknung und Kälte schützen. So hat man etwa in einem Polster von Silene acaulis nachts eine um 10° C höhere Temperatur als in der Umgebung gemessen! Daß die Schneelast diese Pflanzen ohne Schädigungen gegen die Erde drücken kann und die Polster sich gegenseitig zu schützen vermögen, sind weitere Vorteile dieser Wuchsform.

Aus gutem Grund werden daher die Alpenpflanzen scherzhaft auch als «Bauchpflanzen» bezeichnet, denn der Botaniker, der sie an ihrem Standort näher untersuchen will, muß schon in die Knie gehen oder sich auf den Bauch legen. Wie bei keiner anderen Pflanzengesellschaft sind hier erniedrigende Artnamen wie *acaulis* (stengellos), *prostrata* (ausgestreckt), *procumbens* (niederliegend) und *humilis* (niedrig) verbreitet. Pflanzen mit hoch aufragendem Wuchs würden in den kalten, trockenen Winterstürmen erfrieren und vertrocknen. Dennoch sind die Polsterpflanzen der alpinen Stufe letztlich sogar weniger widerstandsfähig gegen Kälte (da durch ihren Wuchs und – im Winter – durch die warme Schneedecke geschützt) als die Arven (Zirbelkiefern), Latschen (Legföhren) und Lärchen der «Kampfregion» an der Baumgrenze. Auch die Blätter zeigen Anpassungen an das rauhe Hochgebirgsklima. Sie sind immergrün, so daß die Pflanze ihre unter großen Schwierigkeiten entwickelten Blätter über mehrere Vegetationsperioden als Photosyntheseorgane nützen kann. Um der austrocknenden Kraft des Windes und – bei gefrorenem Boden – der Frosttrockenheit begegnen zu können, sind die Blätter mit allerlei Einrichtungen versehen, die sie vor dem Austrocknen schützen (= xerophytische Merkmale). So kann ihre Oberfläche wachsartig beschaffen sein, einen dichten Haarflaum tragen (z. B. Edelweiß oder Schweizer Mannsschild mit 3 mm langen Haaren), fleischig verdickt zur Wasserspeicherung (Blattsukkulenz, z. B. bei al-

Der Gletscherhahnenfuß (Ranunculus glacialis) steht 5 Tage nach Abschmelzen des Schnees schon in voller Blüte, und 2 Wochen darauf sind bereits die Samen reif.

Das Alpenglöckchen (Soldanella alpina) erwacht wie der Frühlingskrokus im Frühjahr schon unter dem Schnee zu neuem Leben.

In der alpinen Mattenregion wird die Gattung Draba (Felsenblümchen) durch den Laktaj (Draba alpina) vertreten.

Oberhalb der Baumgrenze beginnt das Reich der Zwergsträucher, deren bekanntester Vertreter die Alpenrosen (Rhododendron) sind.

len Hauswurzarten) oder eingerollt sein wie beim Heidekraut, wodurch die Verdunstung eingeschränkt sowie die intensive Sonneneinstrahlung und der Windeinfluß abgeschirmt werden. Außerdem dient eine dichte Behaarung der Temperaturisolation, weshalb die tagsüber im Pflanzenpolster gespeicherte Wärme nachts weniger leicht abgegeben wird.

Einen erheblichen Teil ihrer Kraftreserven verwenden Hochgebirgspflanzen auf die Entwicklung ihres Wurzelsystems. Wegen der rasch austrocknenden dünnen Humusschicht kann eine Pflanze von nur wenigen Zentimetern Durchmesser ihre Wurzeln durchaus über 1 m² Boden ausdehnen. Dieses weitverzweigte Wurzelsystem dient zur Aufnahme von Wasser und Nährstoffen aus der weiteren Umgebung und zur Verankerung in einem unsicheren Substrat – eine Lebensnotwendigkeit bei den heftigen Regengüssen und hohen Windstärken. Schutthaldenspezialisten (z. B. Schweizer Mannsschild) entwickeln auch regelrechte Pfahlwurzeln, die tief hinabreichen und mit dem Schutt wandern.

Viele alpine Pflanzen siedeln sich bevorzugt in Felsspalten an. Dadurch gehen sie dem Wettbewerb mit anderen Pflanzen aus dem Weg und werden weder von Weidetieren noch vom Menschen erreicht. In den Spalten hält sich meist kapillares Wasser, und etwas Humus lagert sich ab, so daß die Wurzeln ein ausreichendes Substrat vorfinden.

Richtige Zeiteinteilung ist ein überaus wichtiger Faktor für die Hochgebirgspflanzen. Während der kalten Jahreszeit verharren sie in einem Ruhezustand. Mit dem Beginn des Sommers setzt eine hektische Wachstumsphase ein, in der – in einem Rennen gegen die Zeit – Blüten hervorgebracht, Samen angesetzt und verbreitet werden müssen. Gerade wegen der kurzen Vegetationsperiode im Hochgebirge blühen fast alle Pflanzen zu etwa gleicher Zeit, und, als ob sie ihr unscheinbares vegetatives Erscheinungsbild entschuldigen wollten, sind ihre Blüten von besonderer Eleganz und Farbenpracht: weinrot die Blüten des Roten Steinbrechs (Saxifraga oppositifolia), weiß und goldgelb die des Gletscherhahnenfußes (Ranunculus glacialis) und leuchtend dunkelblau die Röhrenblüten des Stengellosen Enzians (Gentiana acaulis). Die intensiven Blütenfarben beruhen auf Farbstoffen, deren Bildung durch das UV-Licht gefördert wird, und stellen einen besonderen Lockreiz für Insekten dar, um eine rasche Bestäubung zu sichern. Diese halten sich vorzugsweise im windgeschützten und wärmeren Inneren der Polster auf und übertragen beim Herumkrabbeln die Pollen. Viele Pflanzen werden auch vom Wind bestäubt, andere bestäuben sich vorwiegend selbst wie der Schafschwingel (Festuca ovina). Manche bedienen sich zusätzlich vegetativer Vermehrungsweisen: der Knöllchen-Steinbrech (Saxifraga granulata) bildet Brutzwiebeln, aus denen sich neue Pflanzen entwickeln, die Dachhauswurz (Sempervivum tectorum) breitet sich neben der Samenvermehrung durch fertige Tochterrosetten aus, und der Knöllchenknöterich (Polygonum viviparum = «lebendgebärend») formt seinen Blütenstand zu kleinen Bulbillen (Brutzwiebeln) um, die zu Boden fallen und neue Pflanzen entstehen lassen. Diese «Brutzwiebeln» können aufgrund ihres fortgeschritteneren Entwicklungsstadiums rascher ein eigenständiges Leben beginnen als die Samen.

Der Gletscherhahnenfuß steht 5 Tage nach Abschmelzen des Schnees schon in voller Blüte, und 2 Wochen darauf sind schon die Samen reif. Die starke Erwärmung des bestrahlten Bodens erlaubt es einigen Geophyten (Speicherzwiebelpflanzen) wie dem Frühlingskrokus (Crocus vernus), die eigentlich mediterrane Florenelemente sind, gleich nach dem Ausapern zu blühen. Dennoch sind die Sommer viel zu kurz, als daß die Samen sich noch in der gleichen Vegetationsperiode zu neuen Pflanzen entwickeln, blü-

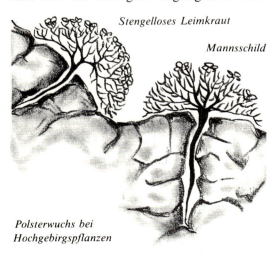

Stengelloses Leimkraut

Mannsschild

Polsterwuchs bei Hochgebirgspflanzen

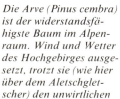
Die Arve (Pinus cembra) ist der widerstandsfähigste Baum im Alpenraum. Wind und Wetter des Hochgebirges ausgesetzt, trotzt sie (wie hier über dem Aletschgletscher) den unwirtlichen Lebensbedingungen in der «Kampfregion» an der Baumgrenze. Selbst über der Baumgrenze vermag sie sich noch als Krüppelwuchs vereinzelt zu behaupten.

hen und weitere Samen hervorbringen könnten. Daher sind die meisten Pflanzen der Höhenregion mehrjährig oder ausdauernd, damit ein schlechtes Jahr ohne Samenbildung nicht ihre Existenz auslöscht. Nur 4 Prozent sind einjährig (annuell) und müssen in 3–5 Monaten keimen, wachsen, blühen, Früchte bilden und Samen ausreifen lassen.

Die Photosynthese verläuft bei den alpinen Arten sehr lebhaft und ermöglicht z. B. einem Blatt des Gletscherhahnenfußes, in 15 Tagen so viel zu produzieren, daß wieder ein ebenso großes Blatt ausgebildet werden kann. Ein Monat mit beständig günstiger Witterung würde genügen, um die Reserven für die lange winterliche Ruheperiode anzulegen. In Wirklichkeit ist jedoch das Gesamtwachstum aufgrund der extremen Lebensbedingungen sehr langsam. So kann ein 1 m² großer Silberwurzbestand 100 Jahre alt sein, und ein Polster von *Silene acaulis* benötigt bis zu 10 Jahre, um sich so weit zu entwickeln und am Standort zu behaupten, daß die ersten Blüten angelegt werden können, und weitere 10 Jahre bis zur vollen Blütenpracht. Während dieser Zeit sind Stengel und Blätter in Gefahr, von Gemsen zertreten oder gefressen zu wer-

den. Auch ein gedankenloser Bergwanderer, der die ersten zaghaften Blüten abreißt, verzögert die Entwicklung der Pflanze um viele Jahre.

Zu Beginn der kalten Jahreszeit werden die Pflanzen oft rasch von einer dichten Schneeschicht zugedeckt und überwintern gleichsam wie ein Eskimo in seinem Iglu. Um jedoch auch strengem Frost widerstehen zu können, hat der Zellsaft der alpinen Pflanzen im Winter eine ähnliche Wirkung wie ein Frostschutzmittel, denn solange sich in den Zellen keine Eiskristalle bilden und die Zellmembranen zerstören, tragen die Pflanzen keine nennenswerten Schäden davon. Die Dauer der Tageslänge steuert hier das Einsetzen der Frosthärte.

Im Frühjahr können manche Alpenpflanzen schon unter der Schneedecke zu neuem Leben erwachen: Das Licht unter der weißen Decke ist zwar noch gedämpft, reicht aber zusammen mit dem nichtgefrorenen und daher verfügbaren Bodenwasser für ein Wachstum aus. So lassen sich nicht selten blühende Pflanzen beobachten, die ihre Köpfchen bereits durch den Schnee stecken, wie z. B. das zierliche Alpenglöckchen (*Soldanella alpina*) und der Frühlingskrokus.

Die Vegetationsstufen der Alpen

Beginnen wir mit der Waldgrenze: Sie wird in einer Höhe mit der Jahresdurchschnittstemperatur von etwa 1,5° C erreicht und liegt in den Alpen im Mittel auf etwa 1500 m. An sie schließt sich bis zur eigentlichen Baumgrenze eine «Kampfzone» der Holzarten mit Krüppelbäumen und Krummholz an, bestehend aus Bergkiefern bzw. Latschen (Legföhren, *Pinus montana*), Zirbelkiefern (Arven, *Pinus cembra*) und Wacholder (*Juniperus communis ssp.*). Oberhalb der Baumgrenze, in 1800 bis 2400 m Höhe, folgt die Stufe der Zwergsträucher mit Alpenrosen (*Rhododendron*) und anderen niedrigen Holzgewächsen, in der Mehrzahl Erika-Arten. In noch größerer Höhe, auf den Alpenmatten, wachsen nur noch wenige Holzpflanzen wie kriechende Weiden-Arten, Zwergformen des Wacholders, Kugelblumen (*Globularia*) und Großblütige Sonnenröschen (*Helianthemum nummularium ssp. grandiflorum*). Zahlreiche Gräser bilden einen dichten Teppich, der besonders im Spätfrühling von vielen wunderschön blühenden Stauden besetzt ist, darunter die gelb und rosarot blühenden Schlüsselblumen mit den duftenden hellgelben Aurikeln *(Primula auricula)*, die zierlichen hellvioletten Alpenglöckchen (Troddelblumen, *Soldanella alpina)* und die schneeweißen oder leuchtendgelben Blüten der Hahnenfuß-Arten (z. B. die dichtbehaarte Alpen-Kuhschelle *Pulsatilla alpina).* Das dunkelpurpurne Kohlröschen *(Nigritella nigra),* eine Orchidee, verbreitet einen angenehmen Vanilleduft. Zahlreiche Enzian-Arten strecken ihre zumeist blauen Röhrenblüten durch das Gras. Auch die Gattungen *Saxifraga* (Steinbrech), *Draba* (Felsenblümchen), *Primula* (Primeln), *Androsace* (Mannsschild), *Minuartia* (Mieren), *Campanula* (Glockenblumen), *Phyteuma* (Teufelskrallen), *Papaver* (Mohn) und *Senecio* (Kreuzkraut) haben einen oder mehrere Vertreter in der alpinen Mattenregion. Viele, sogenannte *Endemiten,* sind auf die alpine Höhenstufe beschränkt, andere, die arktisch-alpinen Arten, findet man in der Arktis unter vergleichbaren Bedingungen wieder. Je nach Gestein, ob Kalk oder Silikat, ergeben sich große floristische Unterschiede: So spielen auf den sauren Böden der Zentralalpen die Rasen der olivgrünen horstbildenden Krummsegge *(Carex curvula)* eine führende Rolle, auf Kalkböden aber die des Blaugrases *(Sesleria coerulea),* und auf den sturmumtosten Graten und Kuppen hält sich vornehmlich die Polstersegge *(Carex firma).* In Mulden, in denen reichlich Wasser und Nährstoffe zusammengeschwemmt werden, gedeihen Weißer Germer *(Veratrum album),* Gelber Eisenhut *(Aconitum lycotonum)* und die Klettendistel *(Carduus personata).* Sobald der Boden mit Stickstoff gedüngt wird, z. B. in der Umgebung der Sennhütten oder an den «Lägern» des Wildes, besteht die Vegetation aus rasch und hoch wachsenden Kräutern mit großen Blättern, die Hochstaudenfluren bilden: Taumantel *(Alchemilla vulgaris),* Rote Waldnelke *(Melandrium diurnum),* Eisenhutblättriger Hahnenfuß *(Ranunculus aconitifolius)* und Alpenampfer *(Rumex alpinus),* dessen üppige Blätter wegen ihres Oxalsäuregehaltes vom Vieh gemieden werden.

Ab etwa 3000–3600 m Höhe fällt im Laufe eines Jahres in der Regel mehr Schnee als abschmilzt *(nivale* Stufe). Zu den wenigen Blütenpflanzen dieser Region zählt der legendäre Gletscherhahnenfuß, ein Wunderkind der Hochgebirgsnatur, das sich am Finsteraarhorn noch in 4275 m zu behaupten weiß. Daneben steigen noch die Schwarze Schafgarbe *(Achillea atrata)* und der Gletscher-Mannsschild *(Androce glacialis)* in vergleichbare Höhen auf.

Ansonsten können nur noch Moose und Flechten in der Fels- und Eisregion der Alpengipfel bestehen. Sie dringen als Vorposten des Lebens in die Kältewüsten der Hochgebirge (und Polargebiete) vor. Felsmoose sind echte Pioniere, die sich schon auf glattem, unbesiedeltem Fels festzuhalten vermögen. Flechten, jene Doppellebewesen aus Alge und Pilz, können eine Abkühlung bis –196° C überstehen, wie Laborversuche gezeigt haben, und weisen noch bei –24° C eine positive Photosyntheserate auf. Flechten wachsen ungeheuer langsam. Die Landkartenflechte *Rhizocarpon geographicum* z. B. bringt es nur auf ein Radialwachstum von 0,5 mm pro Jahr! Aus dem gegenwärtigen Durchmesser solcher Krustenflechten auf nacheiszeitlichen Moränen konnte man deren Ablagerungszeitpunkt recht gut bestimmen und erhielt somit auch eine zeitliche Datierung der verschiedenen Gletscherstände.

Im Bereich des ewigen Schnees, auf den Gletschern und Firnfeldern, können auch diese Pioniere und Lebenskünstler nicht mehr existieren. Doch gelegentlich findet sich selbst hier noch pflanzliches Leben: winzige hochspezialisierte Algen *(Haematococcus nivalis* und *Chlamydomonas nivalis),* die dem Schnee einen rosa Schimmer verleihen und früher als «Blutiger Schnee» zu allerlei Aberglauben Anlaß gaben.

Flechtenbewuchs auf Felsblöcken in der alpinen Region über der Baumgrenze am Großen Aletschgletscher.

Als Vorposten des Lebens dringen die Flechten in die Kältewüsten vor.

Während die Graue Nabelflechte (Umbilicaria cylindrica) relativ rasch wächst, bringt es die Gelbe Landkartenflechte (Rhizocarpon geographicum) nur auf ein Radialwachstum von 0,5 mm pro Jahr (links oben).

Die extremen, vom Wind häufig schneefrei gefegten Felsstandorte im Hochgebirge sind das Revier der anspruchslosen Flechten, die ihr Wachstumsoptimum bereits unter 0° C Lufttemperatur erreichen! Ganz links die fingrig aussehende Rentierflechte Cladonia sp. *und die mehr «blättrige»* Cetraria nivalis; *in der Mitte ebenfalls* Cladonia sp., *vergesellschaftet mit der grauen Flechte* Stereocaulon sp.; *ganz rechts die zu den Bartflechten gehörende* Alectoria ochroleuca, *die auch noch auf stark windexponierten Felswänden zu existieren vermag.*

Die Flora der «Schneetälchen» — neun Monate Ruhe, drei Monate Leben Schneetälchen sind flache Mulden, in denen der Schnee lange liegenbleibt und die – nach dem Abschmelzen des Schnees von Schmelzwasser durchtränkt – immer feucht sind. Sie geben einen Begriff davon, wie sich die Pflanzenwelt bei ganz kurzer Vegetationsperiode von 1–3 Monaten gestaltet. Man findet die Schneetälchen in der oberen alpinen Stufe der vorwiegend aus Silikatgesteinen aufgebauten Gebirgsketten der Zentralalpen, meist am Fuße von Nordhängen – dort, wo sich im Winter viel Schnee ansammelt, der im Sommer nur langsam abtaut. Die Wachstumsbedingungen sind, abgesehen von der kurzen Aperzeit, gar nicht so ungünstig, ist doch der Boden stets gut durchfeuchtet, relativ nährstoffreich und nur schwach sauer. Wenn daher die ersten Sonnenstrahlen durch den Schnee dringen und ihre Wärme vom dunkelbraunen Humus gespeichert wird, rüstet sich ein dichter Rasen ganz niedriger Pflanzen zu raschem Wachsen und Blühen. Zuerst erscheint das Alpenglöckchen *(Soldanella alpina)*, dann folgen Alpenhahnenfuß *(Ranunculus alpestris)*, Alpenehrenpreis *(Veronica alpina)*, Sternblütiger Steinbrech *(Saxifraga stellaris)*, Gemskresse *(Hutchinsia alpina)* und Bayerischer Enzian *(Gentiana bavarica)*. Bei drei schneefreien Monaten bildet sich ein normaler Krummseggenrasen *(Carex curvula)* aus. Verkürzt sich die Aperzeit, treten vermehrt Alpenmutterwurz *(Ligusticum mutellina)* und Zwergruhrkraut *(Gnaphalium supinum)* auf, denen sich bald der «kleinste Baum der Welt», die für Schneetälchen typische Krautweide *(Salix herbacea)*, hinzugesellt. Sie kann sogar mit einer Aperzeit von 8 Wochen auskommen. Bei noch kürzerer Vegetationszeit lösen die noch sparsamer wirtschaftenden Moosgesellschaften das *Salicetum herbaceae* ab. Sie setzen sich aus den dominierenden Frauenhaarmoosen (vor allem *Polytrichum norvegicum = P. sexangulare*) und einigen Lebermoosen zusammen, wie z. B. *Anthelia juratzkana*, das in Symbiose mit einem Pilz lebt und selbst wie ein schimmeliger Überzug des Bodens aussieht. Es ernährt sich wohl hauptsächlich heterotroph von der organischen Substanz des Bodens und findet sich dort, wo selbst für die normalen Moose die Aperzeit zu kurz ist.

Pionierpflanzen im Vorfeld der Gletscher Die von den zurückweichenden Gletschern freigegebenen Vorfelder vereinigen wegen des nahen Eises und des ausgesprochenen Rohbodens aus Moränenschutt eine ganze Reihe der extremen alpinen Umweltfaktoren, wenngleich sie durch die relativ geringe Meereshöhe des unteren Zungenrandes (z. B. Aletschgletscher auf 1520 m, Oberer Grindelwaldgletscher auf 1240 m Höhe) klimatisch gemildert werden. Die Besiedlung dieser Vorfelder durch Pflanzen ist an verschiedenen Gletschern der Alpen eingehend über einen längeren Zeitraum hinweg untersucht worden; u. a. gab Werner Lüdi detaillierte Darstellungen darüber, wie

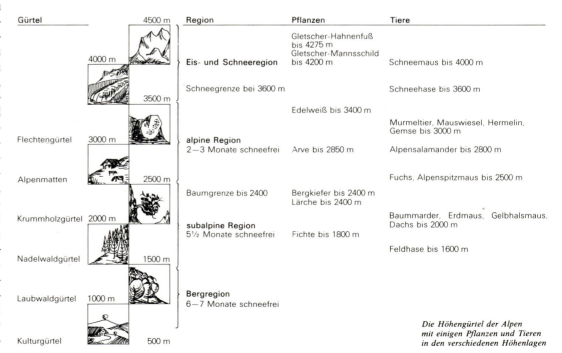

Die Höhengürtel der Alpen mit einigen Pflanzen und Tieren in den verschiedenen Höhenlagen

Unten: Typisch für die Flora der «Schneetälchen» ist die Krautweide (Salix herbacea), der «kleinste Baum der Welt».

Links: Kriechweiden wie die Salix reticulata werden schon in einem frühen Besiedlungsstadium des Gletschervorfeldes beobachtet.

Auf dem ältesten vom Aletschgletscher auf seinem Rückzug freigegebenen Gelände findet sich heute ein offener Wald aus Lärchen (Larix decidua) und Weißbirken (Betula pendula). Im Herbst verfärben sich deren Nadeln und Blätter und bilden so einen prächtigen Farbkontrast zur tiefergelegenen Gletscherlandschaft.

sich die Vegetation im zunächst öden und leblosen Moränenschutt einiger Gletschervorfelder in den Schweizer Alpen ausbreitete. Nach seinen Aufzeichnungen wanderten die ersten Pflanzen in das Vorfeld des Aletschgletschers (des mit 24,7 km längsten aller Alpengletscher) schon bald nach dem Eisrückgang ein, der seit 1850 insgesamt 2,5 km beträgt. 1944 waren auf einer 5–8 Jahre alten und 8000 m² großen Dauerbeobachtungsstelle 37 Arten von Gefäßpflanzen vertreten mit einer Flächendeckung von 1–2 Prozent, 4 Jahre später waren es schon 53 Arten. Diese ersten Neusiedler umfaßten die wahllos durch Samenzufuhr zusammengewürfelten Individuen von Arten, die in der näheren Umgebung wuchsen. Bereits in diesem frühen Besiedlungsstadium traten vereinzelt Holzpflanzen auf, wie Grünerle *(Alnus viridis)*, Großblättrige Weide *(Salix appendiculata)*, Spieß- *(S. hastata)*, Schweizer *(S. helvetica)*, Stumpfblättrige *(S. retusa)* und Schwarz-Weide *(S. nigricans)* sowie Weißbirke *(Betula pendula)* und Fichte *(Picea abies)*.

Die Blütenpflanzen wuchsen unmittelbar auf dem reinen Mineralboden, weniger im offenen Sand als vielmehr zwischen dem gröberen Schutt, wo die Feinerde nicht der Ausspülung ausgesetzt war und die Blöcke etwas Schutz gegen die Gletscherwinde boten.

Auch Moospölsterchen, vorwiegend Zakkenmützenmoose *(Rhacomitrium spec.)* und Frauenhaarmoose *(Polytrichum spec.)*, besiedelten die offenen Sandflächen schon in den ersten Jahren. Auf den 25 Jahre lang eisfreien Testarealen war eine Humuseinlagerung in den Boden bereits deutlich zu erkennen. Die 45 Jahre

Das Gletschervorfeld des Glacier des Bossons: An der Ufermoräne des Hochstandes aus dem 19. Jahrhundert haben sich Fichten festgesetzt. Deutlich grenzen sie sich von dem außerhalb des Zungenbeckens gelegenen alten Waldbestand und der noch fast vegetationslosen Ufermoräne des 1920er Hochstandes ab.

lang eisfreie Fläche wurde von Zwergweiden (besonders *Salix helvetica*) beherrscht. Auf der 75 Jahre lang eisfreien Fläche hatten sich *azidophile* (d. h. auf saurem Boden siedelnde) Zwergsträucher wie Heidelbeere, Rhododendron und Heidekraut stark ausgebreitet. Auf dem ältesten, 85 Jahre lang eisfreien Gelände stand ein offener Wald aus Lärchen und Birken mit Baumhöhen von 4–6 m, während die Fichten stark zurückblieben und die zwar zahlreichen Arven nur wenige Dezimeter Höhe erreichten. Da und dort fanden sich auch magere, noch artenarme Rasen von *Festuca rubra spec. commutata* (Roter Schwingel), *Agrostis tenella* (Straußgras) oder *Deschampsia flexuosa* (Geschlängelte Schmiele) und rasenbildende Kräuter wie *Lotus corniculatus* (Gemeiner Hornklee) und *Trifolium pallescens* (Geröllklee).

Unter günstigen Bodenverhältnissen entsteht also in 40–50 Jahren das Stadium der Weidengebüsche, in 70 Jahren gibt es kräftige Zwergstrauchbestände und in 80–100 Jahren einen jungen Wald aus Lärchen *(Larix decidua)* und Weißbirken *(Betula pendula)* mit aufwachsenden Arven *(Pinus cembra)* oder Latschen (Legföhren, *Pinus montana)* und einem Unterwuchs aus Rhododendron- und Vacciniumarten. Die Zahl der Gefäßpflanzen nimmt zuerst stark zu und erreichte z. B. im Aletschvorfeld mit 85 Arten den höchsten Wert, geht dann auf den älteren Flächen jedoch wieder zurück, weil die eigentlichen Pioniere verschwinden und durch artenarme Holzpflanzengesellschaften ersetzt werden.

Allen Gletschervorfeldern gemeinsam ist die Erstbesiedlung durch eine zufällige Mischung von Arten aus der Umgebung, welche auf einem absoluten Rohboden zu keimen und zu wachsen vermögen. Übereinstimmend ist auch, daß die Blütenpflanzen und die Moose voneinander unabhängig wachsen, also nicht etwa die Moose den Blütenpflanzen vorausgehen müssen. Wohl aber sind die Moose wirksame Humusbildner, die verhältnismäßig rasch eine Anreicherung von dunklem Humus erzielen, der den Boden festigt

Ganz links sind die in Wirklichkeit nur 0,02 mm großen roten Schneealgen (Chlamydomonas nivalis) im Ruhe- und im Schwärmzustand abgebildet. Das ca. 1 mm große Bärtierchen (Mitte) erträgt bis zu –190 °C. Rechts und unten der legendäre Gletscherfloh.

Unten: Ein typischer Bewohner der Alpenmatten ist der Rote Apollo mit einer Flügelspannweite von 70 mm.

Ganz unten: Das Alpenschneehuhn wechselt im Herbst sein braunes Gefieder in ein völlig weißes Schutzkleid.

und später den Blütenpflanzen als Keimbett dienen kann.

Innerhalb dieser übergreifenden Gesetzmäßigkeiten zeigten die verschiedenen Untersuchungen auch wesentliche Unterschiede auf: Schon die Erstbesiedlung stützt sich je nach Höhenlage und Beschaffenheit des Rohbodens (Silikat- oder Karbonatgestein, Korngröße, Feuchtigkeitsverhältnisse) auf z. T. recht verschiedene Arten. Die reichste Artenzahl findet sich bei gemischter Gesteinsunterlage und vielgestaltiger Bodenbeschaffenheit. Steile Hänge besiedeln sich sehr langsam, da die Feinerde immer wieder weggespült wird, flache Lagen und Mulden sind günstiger. Sandablagerungen tragen wegen der großen Austrocknungsgefahr lange Zeit nur Moose und Flechten. Grobe verstreute Gesteinsblöcke wirken sich positiv aus, vermindern sie doch die Ausspülung und gewähren den Jungpflanzen Schutz vor den heftigen Winden und der starken Sonneneinstrahlung. Zu diesen *edaphischen* (= bodenbedingten) Faktoren tritt das Klima: Das trockenere, stark sonnige Klima mit großen Temperaturgegensätzen (kontinental) in den Zentralalpen wirkt auf die Besiedlung verzögernd, das feuchte, ausgeglichenere (ozeanisch getönte) Klima der Nördlichen Kalkalpen begünstigend und beschleunigend.

Tiere im Hochgebirge

Der äußerste Vorposten tierischen Lebens auf dem ewigen Eis der Gipfelregion ist der Gletscherfloh (*Isotoma saltans*). Eigentlich ist er gar kein Floh, sondern gehört zu den flügellosen Urinsekten (*Apterygota*). Den Namen «Floh» verdankt dieses schwarze, bis 2,5 mm lange Wesen lediglich der Tatsache, daß es zu den Springschwänzen (*Collembola*) gehört und bis zu 10 cm weite Sprünge machen kann. Auf dem blanken Eis, in den blauen Schlünden der Gletscherspalten und auf dem blitzenden Mantel der Schneefelder ist der Gletscherfloh zu Hause – oftmals so zahlreich, daß die Stellen wie berußt erscheinen. Er kann schadlos auf seiner Unterlage einfrieren und wird wieder munter, wenn sich die Oberfläche nur wenig über 0° C erwärmt.

Von den Lurchen hat nur der schwarzglänzende Alpensalamander die Fähigkeit entwickelt, in der rauhen Hochgebirgsnatur zu überleben. Als lebendgebärender Molch bringt er zwei gänzlich entwickelte Junge zur Welt und sucht als echter Landbewohner auch zur Paarungszeit kein Gewässer auf. So ist er völlig unabhängig von den wenigen Gewässern des Hochgebirgsraumes. Alpensalamander sind streng geschützt!

Man sollte es kaum für möglich halten, daß ein Insekt, auch wenn es noch so bescheiden ist, hier zu leben vermag – und doch ist es so. Die Stürme tragen viel Blütenstaub von Gräsern und Nadelbäumen empor, dazu zahlreiche flugfähige Tiere aus den tieferen Lagen, die bald den Kältetod erleiden und den Gletscherflöhen ebenfalls als Nahrung dienen. Neben dem Gletscherfloh steigen noch der Schneefloh (*Entomobrya nivalis*) und der bis zu 14 mm große Felsenspringer (*Machilis tirolensis*) gelegentlich in vergleichbare Höhen auf.

Bis zur Schneegrenze stoßen auch der nur knapp 33 mm große Kurzflügler *Orestiba tibialis*, die Flinkkäfer und Flinkläufer *Trechus pulchellus*, *T. striatulus* und *T. glacialis* sowie der Dammläufer *Nebria castanea* vor. In kalten, klaren Hochgebirgsseen trifft man auf den Alpenschnellschwimmkäfer (*Agabus solieri*) und in hochalpinen Gletscherbächen auf die Gletscherzuckmücke (*Brachydiamesa steinboecki*). Auf den Blüten oberhalb der Baumgrenze leuchten hier und da das karminrote Widderchen (*Zygaena exulans*) sowie der glänzend himmelblaue Helle Alpenbläuling (*Lycaena pheretes*). Weberknechte, Zwergspinnen und Wanderspinnen leben über der Baumgrenze, ebenso wie die Glasschnecken (*Vitrina nivalis*). Der Rote Apollo (*Parnassius apollo*) – von den Schmetterlingssammlern ebenso begehrt wie das Edelweiß bei den Pflanzensammlern – steht unter strengem Schutz. Dunkelbraun gefärbt sind die Mohrenfalter, so z. B. der Große Alpenschwärzling (*Erebia pronoe*) und sein Verwandter *Erebia lappona*, eine hochalpine Form, die nur oberhalb der Baumgrenze zwischen 1800 und 3000 m zu Hause ist.

Von den Kaltblütlern können nur solche ins Gebirge vordringen, die mit der Kälte und der kurzen Sommerperiode fertig werden. So haben es unter den Kriechtieren nur die geschafft, die lebende Junge gebären, wie Kreuzotter, Blindschleiche und die Bergeidechse, die sogar bis 3000 m hinaufsteigt, nicht geschafft hat es z. B. die eierlegende Ringelnatter.

Lurche, deren Larvenstadium in der Regel an das Wasser gebunden ist, können in der Hochgebirgsnatur nicht bestehen, mit einer berühmten Ausnahme: dem Alpensalamander *(Salamandra atra)*, der sich bevorzugt in 2000–3000 m Höhe aufhält. Bedächtig wandern diese kohlschwarzen Gesellen durch das feuchte Gras, denn ihr Salamandergift und ihr widerlicher Geschmack schützt sie gegen jeden tierischen Feind. Das Weibchen bringt an Land zwei fast völlig entwickelte Junge zur Welt. Ein monatelanges Larvenstadium kann sich der Alpensalamander wegen der Kürze der günstigen Jahreszeit nicht leisten; statt dessen wird die Entwicklung vom Ei zum fertigen Tier im Mutterleib auf zwei, in höheren Lagen sogar auf drei Jahre verteilt. Die beiden heranwachsenden Embryonen zehren in dieser Zeit das Dottermaterial der übrigen Eier im Mutterleib auf.

Der Winter im verschneiten Gebirge ist zu furchtbar, als daß sich hier ständig Kleinvögel halten könnten. Wenn die Lawinen von den Firnkronen der Berge herunterdonnern, ist das volle Rufen des großen Kolkraben zu hören, denn dann gibt es genug Aas für ihn. Während der warmen Sommermonate kreisen auch Al-

Unten: Murmeltiere leben streng ortsgebunden – meist rudelweise – in ausgedehnten Erdbauten und übertreffen sogar den Siebenschläfer in der Länge ihres Winterschlafes.

Meist zählt ein Gemsrudel 20 bis 30 Köpfe und wird von einer alten, erfahrenen Ricke geführt. Gemsen steigen bis zur Schneegrenze empor und genießen an heißen Tagen die Kühle der Schneemulden.

penmeise, Alpenamsel, Tannenhäher, Alpenbraunelle, Mauerläufer und schwarze Alpendohlen bis hinauf in die Gipfelregion. Doch nur der Schneefink *(Montifringilla nivalis)* und das Alpenschneehuhn *(Lagopus alpinus)* gehen bis zur Schneegrenze und harren auch im Winter aus. Das Schneehuhn, ursprünglich ein hochnordischer Vogel, mit den Gletschern der Eiszeit zu uns gekommen, ist im Winter mit Ausnahme winziger Abzeichen an Kopf und Schwanz völlig weiß, so daß es dem Auge ganz unsichtbar bleibt. Es lebt sogar im Winter unter dem Schnee, wo es sich Gänge anlegt und an verdorrten Gräsern seine Nahrung findet. Es ist dem Dasein im rauhen Hochgebirgsklima bestens angepaßt: Seine weißen Federn sind nämlich nicht nur farblos, sondern auch noch besonders reichlich mit Luft gefüllt – der beste Kälteschutz, den man sich denken kann. Fegt ein Schneesturm über die Berge, so vergräbt sich der Vogel im Schnee und ist nur dann gefährdet, wenn nasser Schnee gefriert und zu hartem Eis erstarrt. Dann kommt es vor, daß Schneehühner in ihrem eisigen Gefängnis verhungern müssen. Ansonsten können ihnen Stürme nichts anhaben, ja sie nützen ihnen, wie sie allem Bergwild nützen, legen sie doch, ähnlich wie Lawinen, Berghänge frei, auf denen die Tiere allerlei Pflanzenkost finden können.

Auch der Schneehase ist ein Tier der großen Kältezonen, einerlei ob sie nun im hohen Norden oder in den Hochlagen der Alpen liegen. Selbst die Zoologen können den Alpenschneehasen *(Lepus timidus varronis)* nur als eine Unterart vom Eurasischen Schneehasen *(Lepus timidus)* abgrenzen. In den Krummholzbeständen nd auf den Grashängen zwischen 1300 und 3200 m führt er ein rechtes Hasenleben, das sich von dem des Feldhasen kaum unterscheidet. Im Winter sprießt ihm ein schneeweißes Winterkleid, das – flaumleicht und lufterfüllt – der Kälte den Zutritt zum Körper verwehrt. Auch sein Körperbau weist ihn als echtes Polartier aus. Die Ohren sind beträchtlich kürzer und viel dichter behaart als die seines Vetters aus der Ebene, denn lange Löffel sind der Gefahr des Erfrierens viel stärker ausgesetzt als kurze.

Mit dem Schneehuhn und dem Alpenschneehasen teilt das Murmeltier *(Marmota marmota)* den Lebensraum in der hochalpinen Krummholz- und Mattenregion. Dieser typische Vertreter der Nager dürfte wohl weniger aus Liebe zu Kälte und Schnee so weit emporgestiegen sein als aus Liebe zur (ebenfalls rauhen) Steppe Innerasiens, denn seine engsten Verwandten leben noch dort als echte Steppenbewohner. Jeder aufmerksam beobachtende Bergwanderer hat wohl schon die schrillen Pfiffe des Murmeltiers gehört und vielleicht auch schon einen der graubraunen feisten Kerle zu Bau fahren sehen. Ist die Luft «rein», erscheinen sie bald wieder, begeben sich an ihre Aussichtspunkte und spähen hoch aufgerichtet umher. Gewahren sie nichts Bedrohliches, beginnen sie zu weiden. Häufig leben sie in lockeren Kolonien zusammen – ebenfalls eine Erinnerung an ihre Steppenvergangenheit. Sie graben sich in 1–1,5 m Tiefe geräumige, frostfreie Wohnkessel in den harten, steingespickten Boden mit einer bis zu 10 m langen Zugangsröhre.

Das Murmeltier ist vielleicht das eigentümlichste Wesen der hochalpinen Region – ein Steppentier, das zum Hochgebirgstier wurde und das wohl der ausdauerndste Winterschläfer ist, den unsere Erde überhaupt beherbergt. Der tiefe Langschlaf der Murmeltiere (normalerweise 8 Monate, der Siebenschläfer dagegen knapp 7!) ist ja bereits sprichwörtlich geworden. Es kann bei extremem Klimaverlauf sogar vorkommen, daß sie nur 2 Monate lang wach sind und 10 Monate schlafen müssen – eine unglaubliche Leistung des Körpers, gehen doch die Lebensvorgänge während des Schlafes stark zurück (1 Atmung in 4 Minuten, 5 Pulsschläge statt 200 pro Minute).

Ein Nager, der ebenfalls zu den rein alpinen Tieren gehört, ist die Schneemaus (auch Alpenwühlmaus genannt, *Microtus nivalis*). Sie ist schon in 4700 m Höhe auf dem Mont-Blanc beobachtet worden und geht nie unter 1300 m hinunter. Sie bleibt in diesen Höhen auch den ganzen langen, oft 8–9 Monate währenden Winter über, obwohl sie die kalte Jahreszeit nicht im Winterschlaf verbringt, sondern unter der Schneedecke ein ebenso heimliches wie merkwürdiges Leben führt. In ihrem unterirdischen Schneereich liegt auch im strengsten Winter die Temperatur immer etwas über dem Gefrierpunkt. Im Sommer sammelt die Schneemaus umfangreiche Vorräte an Samenständen, Blüten, Blättern und Wurzeln, die sie vor der Einlagerung gut trocknet.

Auf andere, wenn auch ebenso wirksame Weise an das Leben zwischen schroffen Felswänden und schwindelerregenden Graten angepaßt ist die Gemse (oder der «Gams», wie die Einheimischen sagen). Die Gemse *(Rupicapra rupicapra)* ist ein wiederkäuender Paarhufer, den die Zoologen mit unter die Antilopen einreihen. Dieses stattliche Tier des Hochgebirges ist gewaltig überbaut, d. h. seine Hinterläufe sind viel länger als die Vorderläufe, was seine Kletterfähigkeit entscheidend verbessert. Als seien sie beflügelt, überwinden Gemsen in wenigen Minuten 500 m Höhenunterschied, steigen in Wände und Kamine ein, in die ihnen kein Mensch ohne Hilfsmittel zu folgen vermag. Sie jagen Geröllhalden hinunter, auf denen sich jeder andere Zwei- oder Vierbeiner den Hals brechen würde. Aus dem Stand können sie bis zu 4 m emporschnellen und Abgründe von 7–12 m Weite sicher überspringen.

Beinahe hätte unsere Generation die einzige Wildziege der Alpen, den Steinbock, gar nicht mehr kennenlernen können, hat doch selten ein Wildtier die Mordlust der Menschen in so hohem Maße angeregt wie der Alpensteinbock *(Capra ilex ilex)*. Die Volksmedizin schrieb früher nahezu allen seinen Körperteilen und sogar der Losung (Kot) wundertätige, heilende Kräfte zu. Wegen dieses Aberglaubens wäre der Steinbock an der Wende vom 18. zum 19. Jahrhundert endgültig ausgestorben, hätte ihn nicht die piemontesische Regierung im letzten Augenblick auf Rat des Schweizers Zummstein unter Schutz gestellt. So erhielt sich der Steinbock rund um das Val d'Aosta, wo eine ganze Garde von Wildhütern nichts anderes zu tun hatte, als auf diese kostbaren letzten Exemplare zu achten. Es mochten damals keine 30 Stück gewesen sein, die übriggeblieben waren. Heute leben in den Alpen wieder mehrere Tausend dieser herrlichen Tiere, deren Kraft und Gewandtheit im Klettern die der Gemsen noch übertrifft.

Links: Der Steinbock, ein noch gewandterer Kletterer als die Gemse, bewohnt heute dank besonderer Schutzmaßnahmen die Alpen wieder in ausreichender Zahl.

Rechte Seite: Séracs im Eisbruch des Gornergletschers. Mit der Frontzackentechnik (hier gezeigt von Bergführer Max Imboden) werden steilste Eiswände ohne Stufenschlagen bezwungen. Hinten links Castor und Pollux mit Zwillingsjoch und Zwillingsgletscher.

Gletscher und Alpinismus

TONI HIEBELER
Unterwegs auf Gletschern
Gefahren, Verhaltensweise, Ausrüstung

Mein erstes eindrucksvolles Gletschererlebnis hatte ich als grünes Bürschle auf dem Silvrettagletscher 1947. Zwei Freunde und ich waren, von der Wiesbadener Hütte kommend, unterwegs zum Verstanklahorn. Auf dem Silvrettagletscher trafen wir ein Schweizer Ehepaar mittleren Alters, das von den Silvrettahütten kam und über die Mittagsplatte zur Tuoihütte wollte. Damals begrüßte man sich noch im Hochgebirge, fragte nach dem Woher und Wohin und hielt einen kleinen Schwatz, besonders in den Grenzgebieten. Da sahen wir etwas Unglaubliches: Aus dem Rucksack der Frau – sie war an der Spitze gegangen – lief ein Seil zum Rucksack des Mannes und verschwand darin. Da wir aus der Schweiz und von Schweizern immer nur das Beste, Schönste und Modernste kannten, vermuteten wir eine neue Anseiltechnik, von der wir noch nichts gehört hatten, und fragten, wie das funktioniere. Sie war eine brave, stille Frau, er gesprächig, einfallsreich, sprühend vor Witz, Schneidermeister. Er machte den Rucksack auf und kramte aus seiner Tiefe ein reichlich großes Holzscheit heraus, an dem das Seil verknotet war; im Rucksack der Frau war das Seil auf gleiche Weise verankert. Wir staunten und waren überzeugt, daß dies die beste Technik sei, seine Angetraute in einer Gletscherspalte verschwinden zu lassen und dabei auch noch den wertvollen Rucksack zu retten. Aber weil wir offensichtlich zwei glückliche Menschen vor uns hatten, brachten wir ihnen schonend bei, wie man sich auf Gletschern besser, vor allem sicherer anseilen könne. Der Schneidermeister war begeistert und dankbar dazu: Er sah, daß einer meiner Freunde eine Fleckenhose trug, deren Urstoff selbst der Schneidermeister nicht mehr feststellen konnte. Der Mann holte seine gute Reservehose aus dem Rucksack – ein Prachtstück aus Walliser Loden – und schenkte sie meinem Freund; es war wie ein Geschenk des Himmels. Und es war – vom Technischen her – eine Situation, die sich gut und gern hundert Jahre früher hätte ergeben können. Als Alpinisten zwar schon das Seil kannten, aber noch nicht recht wußten, wie man es zweckentsprechend handhaben müsse. Man denke nur an die Matterhorn-Tragödie von 1865 im Rahmen der Matterhorn-Erstbesteigung durch Edward Whymper und seine sechs Begleiter. Zu dem folgenschweren Seilriß konnte es nur kommen, weil Peter Taugwalder Vater das Seil den vier Stürzenden instinktiv um einen Felsvorsprung zugeworfen und dadurch eine statische (starre) Sicherung erzeugt hatte; damalige Hanfseile hatten eine Reißfestigkeit von etwa 400 Kilogramm (heutige Kunstfaserseile: über 2000 Kilogramm).

In der Folgezeit war ich jedes Jahr mehrmals auf Gletschern unterwegs, im Sommer und Winter, auf aperen und verschneiten, bei schönem und schlechtem Wetter. Vor Gletscherspalten und Eisbrüchen, vor Randklüften und Berggründen hatte ich immer einen heillosen Respekt, manchmal auch Angst. Und weil Eis und Schnee so unberechenbar sind, oft auch heute noch. Aber ich hatte immer Glück – bis zur Ortlerwand. Pfingsten 1960 war uns die 1400 Meter hohe Ortler-Nordwand in Südtirol als achte Begehung geglückt, bei besten Verhältnissen, sozusa-

Oben: Alleintouren auf Gletschern sind gefährlich. Sie sind allenfalls auf aperem Gletscher zu vertreten, wo in flacheren Partien auch auf das Anseilen verzichtet werden kann.

Oben Mitte: Das Begehen von Gletschern ohne entsprechende Bergausrüstung ist sträflicher Leichtsinn.

Rechts: Touren in das Spaltenlabyrinth eines Gletscherbruchs erfordern ausgeprägten Gleichgewichtssinn. Steigeisen erhöhen die dabei notwendige Trittsicherheit.

gen im Handumdrehen. Auf dem Gipfel waren meine drei Kameraden und ich glücklich und übermütig dazu – am liebsten hätten wir Purzelbäume geschlagen. Abstieg über den harmlos aussehenden Ortlergletscher, gleißend, ohne jede Spur. Anseilen? Aber doch nicht wir! Wir sind doch so gut, so stark und mutig! Und so gingen wir, als wollten wir über die Zürcher Bahnhofstraße spazieren, ich als Ältester voraus, versteht sich. Nach der ersten Viertelstunde sackte ich mit einem Bein bis zum Oberschenkel ein. Gelächter, Witze, weiter. Wenige Minuten später sackte ich mit beiden Beinen bis in Kniehöhe ein – meine Kameraden brüllten vor Lachen, und ich dazu. Wir fühlten uns wie die Könige der Berge. Kurz darauf verschwand ich bis zur Brust. Da lachte niemand mehr. Zum Glück hatte ich meine Arme ausgestreckt – mein Untergestell samt Beinen hing frei in der Luft, zappelnd. Angst packte mich und Ratlosigkeit, denn ich fühlte mich hilflos und ziemlich jämmerlich. Meine Kameraden hatten sofort begriffen, entrollten ein Seil, warfen mir ein Ende mit eingeknoteter Schlinge zu. Ich griff danach wie ein Ertrinkender, sie zogen. Das Loch, in dem ich steckte, vergrößerte sich sofort – endlich wurde ich an die Oberfläche gezerrt, ich war gerettet, atemlos, moralisch lädiert. So ein Blödsinn, dachte ich. Du, ausgerechnet du, der immer die Sicherheit am Berg propagiert, du fliegst in eine Spalte, unangeseilt, vor den Augen deiner Kameraden. Und dann dachte ich an den Wiener Heinrich Roiss, der wenige Jahre zuvor am Dhaulagiri (Nepal-Himalaja) in einer Spalte auf entsetzliche Weise umgekommen war: Von einem Hochlager ging er ein paar Meter seitab, um Toilette zu machen – und brach durch die Schneedecke in eine Spalte, die sich nach zwanzig Metern verengte. Erst nach Stunden wurde er vermißt. Man fand seine Spur,

Unten: Dreierseilschaft beim Überschreiten einer Spaltenbrücke im Glacier d'Envers du Plan (Montblanc). Die Dreierseilschaft bietet auf Gletschertouren die größte Sicherheit, ohne große Zeiteinbuße.

Auf firnbedeckten oder verschneiten Gletschern ist immer mit dem Einbruch in Spalten zu rechnen. Diese haben, wie hier auf dem Jungfraufirn (Großer Aletschgletscher), oft gewaltige Ausmaße und werden von mächtigen Schneebrücken überspannt.

Unten Mitte: Vielfach ist ein mutiger Sprung über eine weit auseinanderklaffende Spalte die einzige Möglichkeit, im Spaltenlabyrinth eines Gletschers weiterzukommen.

Das Überschreiten von schmalen Spalten im aperen Zungenbereich erfordert Trittsicherheit. Ein Ausrutscher kann hier leicht fatale Folgen haben.

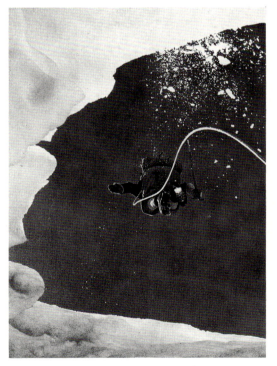

fand das Loch im Schnee, hörte seine immer leiser werdenden Rufe. Aber der Spalt, in den Roiss gestürzt war, war so eng, daß jeder Rettungsversuch mit dem Seil scheiterte. Stundenlang versuchten seine Kameraden, die Spaltenwände auszupickeln, aber jede Hilfe kam zu spät. Seit dem Ortler-Erlebnis folge ich einem Grundsatz, der unbeirrbar eingehalten wurde und wird: Schneebedeckte Gletscher werden nur angeseilt begangen, auch wenn sie ganz harmlos aussehen. Denn zu viele Bergsteiger, unter ihnen auch hervorragende wie Louis Lachenal oder Krystof Zlatnik, um nur zwei zu nennen, sind in Gletscherspalten verschwunden.

Nach dem Ortler-Erlebnis diskutierten wir viel über Spaltensturz und die Chance des Überlebens, wenn man nicht angeseilt ist. Ein Jahr später wollte ich's genau wissen. An Eisabbrüchen des Eigergletschers nahmen wir alle Rettungsmethoden durch (seither wurden Technik und Material freilich verbessert). Und wir kamen damals sehr schnell zu dem Schluß: Unangeseilt in eine mittlere Spalte zu stürzen bedeutet fast immer das Ende der Bergsteigerlaufbahn, und zwar meist auf qualvolle Weise. Weil fast jeder Sturz Verletzungen bringt und ein Verletzter sich selbst nicht recht helfen kann. Und die Lehrbuchtheorie, daß der Kamerad am Spaltenrand nur einen Flaschenzug zu bauen und das rettende Seil zum Gestürzten hinabzulassen braucht, um den Unglücklichen per Schulterhub ins Leben zurückzuholen – diese Theorie ist Nonsens, man kann sie vergessen, am besten möglichst schnell. Weil das auch zwei Mann nicht schaffen, es sei denn, daß alle Umstände – Verletzungsgrad des Gestürzten, Beschaffenheit der Kantenlippe und vieles mehr – denkbar ideal sind. Aber wann gibt es das schon? Die schlampigste, unvorschriftsmäßigste Anseiltechnik ist besser, viel besser, als schneebedeckte Gletscher unangeseilt zu begehen. Denn Bergsteigen in der grandiosen Gletscherwelt ist nur dann schön und von Wert, wenn man die beglückenden Erlebnisse mit nach Hause nehmen und ins Leben tragen kann. Anders gesagt: Überleben ist alles. Und es gibt keinen Bergsteiger, keinen auf der ganzen Welt, der schneebedeckte Gletscher sicher genug einschätzen, berechnen kann. Nicht weniger heimtückisch und unberechenbar sind Hängegletscher mit Abbrüchen und steile Gletscherbrüche, weil auch sie ständiger Bewegung und damit ständiger Veränderung ausgesetzt sind. Und mit Hängegletschern und steilen Eisbrüchen wird der Eisgeher immer wieder konfrontiert. Auch ich mußte mehrfach ihre unberechenbare Gefährlichkeit erle-

Folgende Doppelseite: Früher Aufbruch ist eines der Gebote bei Gletschertouren. Damit wird kräfteraubendes Aufsteigen im aufgeweichten Firn vermieden und die Gefahr des Einbrechens auf nicht mehr tragfähigen Spaltenbrücken verringert.

Skifahren abseits der Piste im unerschlossenen Hochgebirge ist heute nicht mehr ausschließlich den Skihochtouristen vorbehalten. Moderne Transportmittel wie Flugzeuge oder Hubschrauber ermöglichen atemberaubende Tiefschneeabfahrten in unberührter Gletscherwelt auch ohne kräftezehrenden Aufstieg. Bei solchen Ausflügen (Heli-Skiing) ins hochalpine Skigelände sollte grundsätzlich ein Bergführer dabeisein.

ben. Einmal im Sommer 1960 in der 1100 Meter hohen Nordostwand des Lyskamm-Westgipfels. Werner Gross und ich hatten eine neue Direktroute auf dem Programm: über eine markante Felsrippe, die am achtzig Meter hohen Abbruch eines Hängegletschers endet. Der Abbruch war von einem ausgeprägten Eiskamin durchrissen, das sah man. Aber der Eisabbruch gefiel mir nicht. Auf dem Gornergletscher waren gerade englische Glaziologen seit Monaten mit Vermessungsarbeiten beschäftigt. Wir sprachen mit ihnen, fragten, wie sie die Fließgeschwindigkeit der Lyskamm-Hängegletscher einschätzten. Die seien ganz langsam, sagten sie, in der ganzen Zeit hätten sie nie eine Eislawine herabkommen sehen. Ich war beruhigt, und Werner Gross, der mich immer für einen übertrieben vorsichtigen Spinner hielt, hatte wieder einmal recht. Zunächst lief alles gut. Die Felsrippe brachte uns schnell höher. Werner Gross war gerade in Führung, als wir uns etwa hundert Meter unter dem Eisabbruch des Hängegletschers befanden – nichts hatten wir bis dahin von Stein- oder Eisschlag gehört; die Wand war ruhig wie eine Gruft.

Werner hatte einen Standplatz erreicht, rief, daß ich nachkommen könne. Minuten später kletterte ich in einer kurzen, senkrechten Felsstufe, da fing es oben, weit über uns, zu knistern an, zuerst ganz

Skilauf auf Gletschern. Beim Aufstieg auf verschneiten Gletschern soll stets angeseilt werden. Geht die Abfahrt über spaltenreiche Gletscher, muß am Seil gefahren werden. Für Steilabfahrten ohne Seil sind hervorragende Skitechnik und alpine Erfahrung Voraussetzung.

leise, geheimnisvoll, als hätte jemand ein Feuer entfacht. Das Knistern wurde lauter – wie von einem riesiegen Prasselfeuer –, dann ein Knall, als hätte direkt neben uns ein Blitz eingeschlagen – bebender Berg – ein erstickter Schrei von Werner, der am Seil zog – Finsternis – Toben, als wäre soeben ein Orkan losgebrochen – Eisstaub, der einem den Atem zu rauben drohte – Panik, die mich lähmte – Weltuntergang. Vielleicht zwanzig Meter von mir, links und rechts, stürzten Eismassen in den Abgrund, mit infernalischem Gepolter. Ich klammerte mich an den Fels, weil ich wußte, daß der Eissturz Werner vom Stand fegen mußte, seine Sturzwucht würde mich unweigerlich in den Abgrund reißen – das Poltern einzelner Eisbrokken, rieselnder Eisstaub, Stille, als wäre alles nur ein böser Traum gewesen. Werner rief, ob ich noch lebte, zog am Seil. Ich kletterte wie noch nie in meinem Leben und sah Werner auf seinem Stand sitzen, unverletzt; nur ein Brocken hatte ihn am rechten Oberschenkel erwischt. Es war wie eine Wiedergeburt. Und der Augenblick, in dem ich Werner sah, gehört zu den glücklichsten meines Lebens. Der etwa zweihundert Meter breite Eisabbruch war total verändert, der Eiskamin war verschwunden, mit einigen tausend Tonnen Eis, die jetzt am Wandfuß lagen – sie hatten sich oberhalb von Werner auf der Felsrippe geteilt. Zuweilen erlebt man als Bergsteiger auch Wunder.

Eis und Schnee sind unberechenbar. Bei Gletschertouren ist deshalb stets besondere Vorsicht geboten. Die wichtigsten Faustregeln, die auf Gletschern beachtet werden *müssen*, sind:

● Gewissenhafte Tourenplanung, zu der vor allem erstklassige Karten (1:25 000) gehören; mit Hüttenwarten, einheimischen Bergführern und anderen Kennern des Gebiets sprechen, denn ihr Wissen über die jeweiligen Verhältnisse ist meist gewichtiger als der Inhalt sämtlicher Lehrbücher. Und keinem Bergsteiger fällt eine Perle aus der Alpinistenkrone, wenn er sich vom Hüttenwart beraten läßt.

● Alleintouren auf schneebedeckten Gletschern sind lebensgefährlich, auch für den erfahrensten Bergsteiger.

● Langschläfer haben im Gletschergebiet nichts verloren, denn ein zu später Aufbruch bringt eine zu späte Rückkehr und diese wiederum weichen Firn, der trügerisch über den Spalten liegt.

- Anseilen bei Erreichen des Gletschers, wenn er mit Firn bedeckt ist, besonders im Nährgebiet, das ja immer eine Schneedecke aufweist.
- Zum Anseilen gehören Abstand zwischen den Teilnehmern der Seilschaft (oder -gruppe) und leicht gestrafftes Seil.
- Die Benützung von Sitzgürteln gehört ebenso zum Anseilen wie Rettungsschlingen mit Klemmring oder Klemmhaken, griffbereit, versteht sich.
- Steile Eisbrüche und Hängegletscherabbrüche immer als gefährlich einschätzen und Tempo vorlegen.

Wer diese sieben Faustregeln exakt befolgt, für den gibt es keinen tödlichen Spaltensturz. Nochmals: Schlecht angeseilt ist immer noch besser, als ohne Seil in eine Spalte zu stürzen. In der sechsten Faustregel tauchen «Sitzgürtel» und «Rettungsschlingen» gleichsam nebenbei auf, aber sie sind unerhört wichtig. Denn nur ein Sitzgürtel ermöglicht dem Gestürzten freies Arbeiten, zum Beispiel das Anbringen der Rettungsschlingen mit Prusik- oder Karabinerknoten oder Klemmring. Eine wirkungsvolle Seilverankerung hat der Sichernde schnell geschaffen, so daß sich der Gestürzte selbst befreien kann. Tödliche Spaltenstürze sollte es mit der heutigen Ausrüstung für Gletschertouren nicht mehr geben, denn sie ist superleicht und so gut wie nie zuvor.

Seit 1924 steht der klassische Eishaken zur Verfügung. Die Münchner Willo Welzenbach und Fritz Rigele benützten ihn erstmals bei der Erstbegehung der Wiesbachhorn-Nordwestwand (Glocknergruppe). Erst danach fielen die ganz großen und steilen Eiswände der Ost- und Westalpen: Großglockner-Nordwand (1926), direkte Montblanc-Brenva-Flanke (Sentinelle Rouge, 1927), Matterhorn-Nordwand (1931), Eiger-Nordostwand (1932), Brenvaflanke-Poireroute (1933) und Eiger-Nordwand (1938).

Ende der fünfziger Jahre kam es zu einer weiteren Entwicklung: Man hatte erkannt, daß der Eishaken wegen seiner sehr starken Sprengwirkung nur begrenzt verwendbar ist und daß man in einer Tausend-Meter-Eiswand bis zu zwanzig verschiedene Eisarten antreffen kann – und dem Übel, daß jeder eingeschlagene Eishaken immer wieder mühevoll ausgepickelt werden mußte, wollte man auch beikommen: So entstand die Eisspirale, die eine neue «Eiszeit» einleitete. Die Eisspirale ist leichter und mit weniger Kraftaufwand vielseitiger einsetzbar. Ihr folgte 1964 endlich die Rohreisspirale, die gegenüber dem «Korkenzieher» weitere Vorteile hat: Sie schneidet sich ins Eis ein und befördert den ausgeschnittenen Eispfropfen nach außen, so daß keinerlei Sprengwirkung mehr auftritt. Dazu kamen Firnhaken und Firnanker, mit denen in der relativ weichen Schneemasse Sicherungspunkte geschaffen werden können.

Und dennoch gibt es immer wieder Situationen im Eis, in denen man auch mit der modernsten Eisausrüstung machtlos ist. Im Oktober 1977 waren Sherpa Gyalzen und ich hundert Meter unter dem Gipfel des Kangchung (6100 m, Nepal-Himalaja). Der Firn des messerscharfen Grates war derart locker, daß auch unsere längsten Firnhaken nicht sicher genug angebracht werden konnten – wir kapitulierten, stiegen ab.

Aber es war dennoch ein schöner, glücklicher Tag – weil wir ihn überlebten.

Und allein das ist beim Bergsteigen entscheidend, auf Gletschern, im Steileis, überall.

Eine neue Sportart im Gebirge, das Skisegeln, hat der Freiburger Chemiker Dr. Strasilla entwickelt. Mit einem ausklinkbaren fallschirmähnlichen Segel kann man bei guten Winden mühelos und schnell über die Gletscher und Firnhänge Höhe gewinnen. Dieser extravagante und nicht ungefährliche Sport bleibt hervorragenden Skiläufern vorbehalten.

Die Bergausrüstung im Wandel der Zeit
Gefahren und Verhalten auf Gletschern

«Wer auf Gletschern und Eisfeldern viel herum wandern will, muß vom nächsten Ort mehrere Führer mit Stricken, Stangen oder Leitern mitnehmen, um jeder Gefahr auszuweichen. Man folge seinen Führern; man wage sich nicht dahin, wo sie es mißrathen, und man lasse sie immer vorangehen. Wer dies beobachtet, wird nie ein Unglück haben.»

Diese elfte der «Nothwendigen Regeln für die Reisenden in den Gebirgen» aus Johann Gottfried Ebels «Anleitung auf die nützlichste und genußvollste Art die Schweitz zu bereisen» aus dem Jahre 1804 gibt ein gutes Bild von der Art der Bergausrüstung in den Anfängen des Alpinismus. Damals, als die Hochalpenregion mit ihrem ewigen Gletschereis bei der Bergbevölkerung noch als eine Wildnis des Schreckens galt, wurde dem führerlosen Bergsteiger empfohlen, sich «als ein Mahler aus Zürich oder Winterthur anzugeben», um der «überlästigen und bisweilen mißtrauischen Neugierde» der Bergler zu entgehen[1]. Längst hat dieses Mißtrauen in eine vorwiegend kommerziell motivierte Aufgeschlossenheit umgeschlagen. Als Erholungs- und Vergnügungsraum breiter Bevölkerungsschichten sind die Alpen heute für den Hochgebirgstouristen voll erschlossen. Die uralte Abscheu vor dem Gebirge mit seinen «ungeheuren Eiswüsten» ist einer totalen Inbesitznahme gewichen.

Wenngleich sich die Beziehung Mensch–Hochgebirge in den vergangenen Jahrhunderten grundlegend gewandelt hat, sind doch die Gefahren die gleichen geblieben. Ihnen versuchte man schon früh mit mehr oder minder tauglichen Hilfsmitteln zu begegnen. Bereits in vorgeschichtlicher Zeit kannten die Alpenbewohner die Steigeisen, wie Funde im Hallstätter Gräberfeld belegen. Ein erster historisch belegter Nachweis des Gebrauchs von Steigeisen im Hochgebirge geht auf das Jahr 1128 zurück. Am Neujahrstag dieses Jahres überschritt der Bischof von Lüttich den Großen St. Bernhard. Dabei wurden zehn seiner Bergführer, die Steigeisen und Bergstöcke trugen, von einer Lawine verschüttet. Erste praktische Ratschläge und Verhaltensmaßregeln für Bergfahrten oberhalb der Schneegrenze gab der Zürcher Pfarrer Josias Simler im 16. Jahrhundert. In seinem 1574 erschienenen Werk «Vallesiae et Alpinum descriptio» beschreibt er die Ausrüstung (Steigeisen, Alpenstock, Gletscherbrille und Schneereifen) und weist auf die Notwendigkeit des Anseilens auf Gletschern hin.

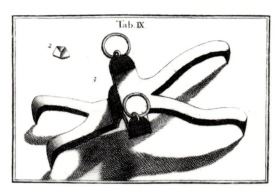

Das Steigeisen war schon in vorgeschichtlicher Zeit bekannt. Der Naturforscher Johann Jakob Scheuchzer stellte es als einer der ersten im Bilde dar. Die nebenstehende Abbildung eines Grödels stammt aus seinem 1723 erschienenen Werk Itinera per Helvetiae Alpinas Regiones.

Johann J. Scheuchzer schildert in seiner «Natur-Geschichte des Schweizerlandes» von 1746 anschaulich die Verwendung von Seil und Stange auf Gletschern: «... zu dem Ende, damit man sicher durch dergleichen gefaehrliche Orte komme, pflegen die Wegweiser eine Stangen mitzunehmen, um damit zu forschen, ob und wo die Spaelte seyen: finden sie dieselben, so geben sie ihren Gefehrten Anleitung, wie sie darueber springen, oder auf einem angelegten Brett (das sie zu solchem Ende mit sich tragen) hinueber gehen koennen; damit man aber der gantzen Gesellschaft und dero gluecklichen Durchkonft besichert seyn koenne, pflegt man mehrmalen je einen an den anderen mit einem starken Seil in gewisser Weite zu binden, damit, wenn je einer solte in einen Spalt fallen, die uebrigen ihne wiedrum retten koennen[2].»

Das Anseilen als Sicherung bei Gletscherbegehungen war damals jedoch noch nicht überall üblich. Das Seil wurde vielfach durch den Stock, die «Alpenstange», ersetzt. So ließ sich der Schweizer Naturforscher H. B. de Saussure anläßlich der Zweitbesteigung des Montblanc im Jahre 1787 von seinen Führern an gefährlichen Stellen die Stangen so halten, daß sie ihm als eine Art Geländer dienten. Über den Gebrauch der Stangen schreibt Gruner 1760: «Die Gefährlichkeit dieser Spälte auszuweichen, bedienen sich die Alpbewohner verschiedener Vorsicht. Sie nehmen lange Bretter und Leitern mit sich, und bedienen sich derselben zu Brucken... An andern Orten, und sonderlich in dem Bündnerlande, versehen sich die Reisenden entweder mit zwoen langen Stangen, die sie unter die beyden Armen nehmen, damit sie in dem fallen von denselben aufgehalten werden; Oder aber sie binden sich an lange Seile zusammen[3]...»

Eine detaillierte Beschreibung der in den Anfängen des Alpinismus gebräuchlichen Ausrüstung gibt Ende des 18. Jahrhunderts der Naturforscher und Pionier der alpinistischen Erschließung der Ostalpen, Belsazar Hacquet: «Zu den Gerätschaften, deren man beim Bergsteigen bedarf, gehört ein langer, leichter Stock, unten mit einem Ring ohne Stacheln und oben mit einem zurückgebogenen Haken versehen, um damit den Zweig einer Staude oder den Rand einer Felskluft zu erfassen. Ein langer Strick ist ebenfalls notwendig für den, welcher auf Gletschern und Eisbergen vorangeht. Man bindet ihn um den Leib, um ihn mit Sicherheit herauszuziehen, wenn er in eine Kluft stürzen sollte, oder um den Nachfolgenden heraufzuhelfen, wenn der Vorgehende die Anhöhe eines Felsens erreicht hat. Steigeisen sind allgemein, sowohl für Hände als Füße bekannt, indes sind sie nur im Kalkgebirge und auf Gletschern von einigem Wert[4].»

Noch bis in unser Jahrhundert hinein galt die Alpenstange als notwendiges Requisit bei Gletscherbegehungen. Sie war bis zu vier Meter lang. Der Bergsteiger bediente sich ihrer beim Überqueren von Gletscherspalten oft in der Art der heutigen Stabhochspringer. Von Trägern mitgeführte Leitern und Bretter waren andere Hilfsmittel, um die meist wohlhabenden Reisenden sicher über die Gletscher zu bringen. Sie ließen sich sogar in Sänften über das Eis hochtragen, wie etwa der Wissenschaftler Professor Janssen bei seiner Besteigung des Montblanc Ende des 19. Jahrhunderts.

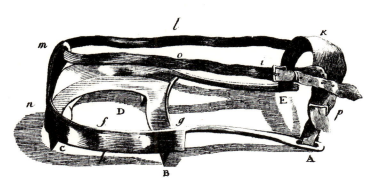

H. B. de Saussure präsentierte in seinem Bericht Voyages dans les Alpes *1779 diese Steigeisen und beschrieb ihre Anwendung.*

Alle Ausrüstungsgegenstände waren damals ausgesprochen schwer. Schon für deren Beförderung verlangte es beachtliche Anstrengungen. So hatte die Entwicklung der Bergausrüstung neben der Verbesserung und Erhöhung der Zweckmäßigkeit und Zuverlässigkeit vor allem die Verringerung des Gewichtes zum Ziel. Die Anwendung von Kunststoffen in den vergangenen Jahrzehnten führte denn auch zu einer erheblichen Gewichtsersparnis.

Das schwere und bei Nässe und Kälte unhandliche Hanfseil wurde vom wesentlich leichteren und reißfesteren Kunstfaserseil abgelöst. Die Alpenstange und das Eisbeil wurden durch den Eispickel ersetzt, der in seinen leichtesten Ausführungen (Titanlegierung) heute weniger als 600 Gramm wiegt. Besonders zähe Stahllegierungen erlauben auch eine leichtere Konstruktion der Steigeisen. Sie sind durch optimale Stellung der Zacken wirksamer als ihre schwergewichtigen Vorläufer.

Aus dem Pelzsack der Gemsjäger, die nicht selten auf Gletschern nächtigten, hat sich der Daunenschlafsack entwickelt. Ein Gletscherbiwak ist heute durch superleichte Thermozelte, Daunenbekleidung, die Körperwärme reflektierende Isoliermatten und ebenso handliche wie leichte Kocher kein risikoreiches Unterfangen mehr.

Gegen den gefürchteten Gletscherbrand im Gesicht schützen längst nicht mehr die vor allem bei Windstille lästigen Gesichtsschleier. Saussure hatte im 18. Jahrhundert noch zu diesem Schutzmittel gegriffen, nachdem er sich im Montblancmassiv einen tüchtigen Sonnenbrand geholt hatte. Wie er 1781 berichtet, bediente er sich gegen den Gletscherbrand «eines Schleyers von Flor, welcher mein ganzes Gesicht umhüllt, und hinten am Kopfe so fest gemacht wird, daß er über die Haut gespannt ist und keine Bewegung machen kann, weil solche beunruhigen und ermüden würde[5]». Kosmetische Sonnenschutzmittel schützen heute die Haut weit wirkungsvoller vor übermäßiger Sonneneinstrahlung, ebenso wie die Gletscherbrille vor Schneeblindheit. Noch 1804 riet Ebel dagegen: «Man trage ein Stück schwarzen oder grünen Flor bei sich, um es vor die Augen zu binden[6].» So wie der Schleier mittlerweile ausgedient hat, so bleibt auch der Sonnenschirm, der früher im Hochgebirge kein seltenes Bild war, heute bei Gletscherbegehungen zu Hause. Neben der Zweckmäßigkeit der Ausrüstung sind für Gletschertouren die Kenntnis der Gefahren und ein dementsprechend angemessenes Verhalten unerläßlich. Die Hauptgefahr auf Gletschern geht von deren Spalten aus. Das Einbrechen in eine Spalte ist oft nur die Folge von Fehleinschätzung in der Beurteilung der Tragfähigkeit einer Schneebrücke oder von Orientierungsschwierigkeiten. Vorhandene Spalten rechtzeitig zu erkennen ist deshalb für die Begehung von Gletschern besonders wichtig. Dies ist im aperen Teil des Gletschers einfach, im Firngebiet jedoch problematisch.

Die Schneeoberfläche über zugeschneiten Spalten ist in der Regel leicht eingesunken. Schräg einfallendes Licht läßt den Spaltenverlauf meist gut sichtbar hervortreten. Auch an der etwas verschiedenen Färbung des Schnees läßt sich eine Spalte erkennen. Die Tragfähigkeit einer Schneebrücke verringert sich mit zunehmender Erwärmung während des Tages. Mit dem Pickelstiel, der die Alpenstange ersetzt, muß deshalb in zweifelhaften Fällen ihr Zustand geprüft werden.

Bei Nebel wird die Orientierung auf Gletschern außerordentlich erschwert. Als Orientierungshilfe dienen, sofern Kompaß und Höhenmesser nicht mitgeführt werden, allenfalls die in Ost-West-Richtung auf der Gletscheroberfläche eingelassenen halbkreisförmigen Schmelzlöcher, die sogenannten Mittagslöcher. Auch Gletschertische können Anhaltspunkte über die Himmelsrichtung geben. Sie stehen in der Regel nach Süden geneigt, da der Eissockel dort am stärksten abschmilzt. Im Firngebiet ist eine Orientierung ohne Hilfsmittel (wie Kompaß, Höhenmesser und Karte) bei starkem Ne-

Bei seinen Expeditionen im Montblancgebiet in der zweiten Hälfte des 18. Jahrhunderts benützte H. B. de Saussure die Alpenstange und Leitern zum Überqueren von Gletscherspalten. Die Alpenstange wurde erst im 20. Jahrhundert endgültig durch den Eispickel abgelöst. Sie war oft bis zu vier Meter lang. Die Bergsteiger bedienten sich ihrer zuweilen in der Art von Stabhochspringern.

bel nahezu unmöglich. Ein Hinweis auf den Verlauf des Gefälles kann aus der Richtung gewonnen werden, in die losgetretene Firnkrümel abrollen.

Umherirren auf Gletschern endet ebenso wie ein Spaltensturz oft tödlich. In beiden Fällen stellt die Auskühlung eine besonders große Gefahr dar. Deshalb ist es unerläßlich, auf dem Gletscher warm angezogen zu bleiben. Denn nur unter günstigsten Bedingungen ist es nach einem Spaltensturz (sofern man ihn überhaupt überlebt hat) möglich, nachträglich noch Kleidung überzuziehen. Bei einem Sturm auf Gletschern sind einem Biwak auf der Gletscheroberfläche Spalten oder Schneehöhlen vorzuziehen. Nicht selten ist der Bau einer Schneehöhle, in der bei Sturmwetter zuweilen tagelang ausgeharrt werden muß, die einzige reelle Überlebenschance.

Nichtbefolgen der elementarsten Gebote führt alljährlich zu einer Vielzahl vermeidbarer Unglücks- und Todesfälle. Ein besonders drastisches Beispiel gibt der Tod jener fünf deutschen Skitouristen, die im April 1977 auf dem Breithornplateau des Gornergletschers (siehe dort) erfroren. Mangelhafte Ausrüstung, ungenügende alpine Erfahrung und falsches Verhalten in Notsituationen sowie Mißachtung der Wettervorhersage mußte dort einen fatalen Ausgang der Breithorn-Besteigung zur Folge haben.

Gletscher sind gefährlich. Doch wer ihre Gefahren kennt, wird bei angemessenem Verhalten und richtiger Einschätzung der Verhältnisse und der eigenen Fähigkeiten auf ihnen kaum in lebensbedrohende Grenzsituationen geraten. Bei sinnvoller und zweckmäßiger Anwendung der heute zur Verfügung stehenden Bergausrüstung ist ein Optimum an Sicherheit auch in der an Gefahren reichen hochalpinen Gletscherwelt gegeben.

Weil die elementarsten Gebote nicht befolgt werden, kommt es alljährlich zu zahlreichen vermeidbaren Unglücksfällen auf den Alpengletschern. Mangelhafte Ausrüstung, ungenügende alpine Erfahrung und falsches Verhalten in Notsituationen sowie Mißachtung der Wettervorhersage wurden im April 1977 fünf deutschen Hochtouristen auf dem Breithornplateau (Gornergletscher, Wallis) zum Verhängnis. Die Gruppe hatte sich in starkem Nebel und Schneetreiben auf dem Gletscher verirrt. Wie das Unfallprotokoll vermerkt, erlitten die fünf in der Nähe der Gobba di Rollin in 3820 m Höhe «infolge der tiefen Temperaturen (−23 bis −26°) und der vermutlich eingesetzten Schwäche» den Erfrierungstod.

[1] Ebel J. G.: Anleitung, auf die nützlichste und genußvollste Art die Schweitz zu bereisen, Zürich 1804
[2] Scheuchzer J. J.: Natur-Geschichte des Schweizerlandes samt seinen Reisen über die Schweizerischen Gebürge, Zürich 1746
[3] Gruner G. S.: Die Eisgebirge des Schweizerlandes, Bern 1760
[4] Hacquet B.: Mineralogisch-Botanische Lustreise vom Berg Terglou in Krain zu dem Berg Glockner in Tyrol im Jahre 1779 und 81, Wien 1784
[5] de Saussure H. B.: Reise durch die Alpen, 1788
[6] Siehe Fußnote 1

Die heute gebräuchliche Bergausrüstung für kombinierte Fels-, Gletscher- und Skitouren

1 Superleichtes, aluminiumbeschichtetes Thermozelt für vier Personen (Fjällräven Termo Expedition Alu 5112 spezial, 2,5 kg, Doppelzelt)
2 Daunenschlafsack
3 Isoliermatte und Daunen-Biwakfinken
4 Alu-Isolierfolie, Kälteschutz in Notfällen
5 Daunenjacke
6 Gamaschen
7 Fäustlinge für Touren im Eis
8 Berg- und Kletterseil (Mammut-Dynaflex, Einfachseil, 46 m, 11 mm, aus lichtstabilisiertem Nylongarn)
9 Reepschnur für Prusikschlingen
10 Brust- und Sitzgürtel (Mammut Civetta)
11 Steigklemme
12 Klemmkeile mit Drahtschlinge
13 Felshaken
14 Eisschrauben
15 Schraubkarabiner mit Seilbremse für Einfachseil
16 Kletterhammer
17 Eispickel (Charlet, Modell G)
18 Steigeisen, 12zackig, verstellbar (Laprade)
19 Stein- und Eisschlaghelm
20 Marschkompaß
21 Biwak-Kocher (Camping Gaz, Globe Trotter)
22 Hochtourenrucksack (Fürst Gattino)
23 Spezialbergstiefel für kombinierte Fels- und Gletschertouren aus Gallojuchtenleder mit nahtlosem Verschluß (Raichle, Modell Paul Etter)
24 Hochtourenstiefel für schwierigste Eis- und Wintertouren mit lammfellgefüttertem Innenschuh (Gerard Chevonassoux, Trappeur, Modell Triolet Duplex)
25 Schalen-Tourenskischuh mit Gamasche und Innenschuh aus Leder mit Filzfutter, Vibram-Profilsohle (Raichle, Modell Haute Route)
26 Hochtourenskistiefel mit polyurethanbeschichtetem Außenleder, lammfellgefüttertem Lederinnenschuh und Montagna-Klettersohle. Aufsetzbarer Spoiler für Pistenfahrten (Hanwag, Modell Haute Route Plus)
27 Steigfelle, klebend (Montana)
28 Skitourenstöcke
29 Tourenski für schwieriges Gelände mit Tourenskibindung (Kneissl, Modell Combination Swinger; Secura-Star-Sicherheitsbindung mit Rückholvorrichtung)
30 Tourenski für leichteres Gelände mit Tourenskibindung (Kneissl, Modell Formel-A-Combination; Iser-Marker Touren-Sicherheitsbindung)
Gletscherbrille (nicht im Bild)

Eistechnik

Bergführer Max Imboden demonstriert im Gletscherbruch des Gornergletschers Einzelheiten der Eistechnik

Gehen im mäßig geneigten Eis. Wenn es die Hangneigung erlaubt, stets mit allen Vertikalzacken gleichzeitig aufsetzen. Links richtig; rechts falsch.

Frontzackentechnik im Steileis. Das Körpergewicht ruht ganz auf den Vorderzacken der Steigeisen. Mit Zug- oder Stütztechnik wird mit dem Pickel oder Eishammer zusätzlich gesichert. Hier: Zugtechnik. Das Steigeisengehen mit den Frontzacken ist zeitsparend, aber kräfteraubend.

Sicherung im Eis. Einwandfreie Sicherung im kompakten blanken Eis wird mit Rohrspiralen erreicht. Sie werden mit dem Pickelstiel von schräg oben in das Eis gedreht, in das gegebenenfalls vorher eine Nische geschlagen wurde. Zur Selbstsicherung am Standhaken oder auch bei Zwischensicherungen wird das Seil vorzugsweise mit einem sogenannten Mastwurf in den Karabiner eingeklinkt. Der Mastwurf klemmt sich bei Zugbelastung fest, läßt sich aber, unbelastet, leicht lösen.

Absteigen ohne Stufen. Mit dem gegen die Eiswand gestemmten Pikkel wird das Gleichgewicht gehalten. Wie beim Aufstieg muß auch hier durch Abknicken der Knöchel mit allen Zacken aufgetreten werden. Links richtig; rechts falsch.

Stufenschlagen: Im harten Eis benützt man die Hauenspitze. Handgriffe oder Trittkerben und -stufen werden mit der Pickelschaufel geschlagen. Stufenschlagen mit nur einer Hand ist anstrengender, bietet aber den Vorteil, daß man die andere Hand als Gleichgewichtsstütze frei hat.

Empfehlenswerte Literatur mit ausführlicher Beschreibung der modernen Technik in Fels und Eis:

Hermann Huber: Bergsteigen heute, München 1974
Ruedi Schatz und Ernst Reiss: Bergsteigen, Technik in Fels und Eis; Schweizer Alpenclub 1969

WOLFGANG SCHIEMANN
Einführung in die Geologie der Alpen

Die Alpen, das höchste und größte Gebirge Europas, erstrecken sich über nahezu 1200 Kilometer von der Mittelmeerküste bis zur Donau bei Wien. Sie verlaufen vom Turchinopaß bei Genua durch den zentralen Teil Europas: zunächst nach Westen, dann (die natürliche Grenze zwischen Frankreich und Italien bildend) nach Norden und schließlich durch die Schweiz in östlicher Richtung bis nach Wien. Dabei setzt das Hochgebirge im Südwesten mit einem einzigen Hauptkamm ein, den Ligurischen Alpen. Bald spaltet es sich jedoch in mehrere parallele Ketten auf, die dann im östlichen Bereich auseinanderfächern. Parallel dazu geht eine Höhenabnahme. Durch ihre Ost-West-Lage bilden die Alpen eine ausgeprägte Klimascheide zwischen Mittel- und Südeuropa. Die Großgliederung in West- und Ostalpen ist durch die geologischen Verhältnisse und die Oberflächenstruktur des Gebirges bedingt. Die Grenze verläuft längs einer tektonisch und gesteinsmäßig bestimmten Linie von der Einmündung des Rheins in den Bodensee über Hinterrheintal und Splügenpaß bis zur Furche des Comersees.

In ihrem westlichen Teil erreichen die Alpen mit dem Montblancmassiv ihre größte Erhebung (Montblanc 4807 m). Der östlichste Viertausender liegt in den westlichen Ostalpen, wo der Piz Bernina noch 4052 m hochragt. Über der Hochalmspitze (3355 m) als östlichstem Dreitausender und dem Schneeberg (2075 m) als östlichstem Zweitausender verflachen sich die Alpen zusehends und enden als niedriges Bergland in den österreichischen Vorrücken. Seine größte Breite erreicht der Gebirgszug im Querschnitt von Benediktenwand–Innsbruck–Bozen–Verona mit rund 250 km.

Als erdgeschichtlich junges Gebirge sind die Alpen durch mehrmalige Vereisung mindestens während der letzten Million Jahre überformt worden und heute durch starke Erosion als Folge der Heraushebung des Alpenkörpers mit ausgeprägten Höhenzügen und tiefen Tälern gestaltet. Diese Täler wurden von den riesigen Gletschern der letzten Eiszeit geglättet und abgerundet; aus Kerbtälern entstanden so breit ausgehobelte Trogtäler. Als ein von den Gletschern und ihren Abflüssen geformtes Gebirge sind die Alpen auch heute einem massiven Umgestaltungs- und Abbauprozeß unterworfen.

Will man den geologischen Aufbau der Alpen verstehen, muß man sich ihre Entstehungsgeschichte vergegenwärtigen.

Schon im Erdaltertum (Paläozoikum), vor rund 350 Mio Jahren, entstand dort, wo sich heute die Alpen erheben, ein Gebirgszug, Teil des variskischen Gebirgssystems, und unterlag von da an der Abtragung, die bis zum Beginn des Erdmittelalters (Mesozoikum) vor etwa 230 Mio Jahren anhielt. Der Verwitterungsschutt wurde mehr oder weniger aufgearbeitet und liegt noch heute als Verrucano (verbackene Gesteinstrümmer) oder Sandstein (Grödner Sandstein) vor. In dieser Zeit kommt es zu vulkanischen Eruptionen, die sich zwischen die Sedimente einschalten (Bozener Quarzporphyr).

Mit Einsetzen des Erdmittelalters sinkt der Alpenraum, beginnend im Raum der Ostalpen, ab, begleitet vom Vordringen der Tethys, eines von Ost nach West gerichteten Gürtelmeeres, dessen Rest das heutige Mittelmeer ist. Die Tethys gliedert sich in verschiedene Teiltröge, die sich nach Tiefe und Ausdehnung unterscheiden, also auch unterschiedliche Bedingungen für die Bildung von Sedimentgesteinen bieten. Da diese Verhältnisse zudem nicht konstant bleiben, sondern über einen Zeitraum von rund 100 Mio Jahren wechseln, ist die Ausprägung der Sedimente sehr vielfältig. Faßt man Regionen ähnlicher Gesteinsausbildung zusammen, so lassen sich drei Kategorien bilden. Gesteine, die im nördlichen flacheren Bereich der Tethys geformt wurden, werden zusammengefaßt zum Helvetikum, wegen ihrer heutigen Hauptverbreitung in der Schweiz. Im Hauptsenkungsbereich der Tethys abgelagerte Sedimente wurden stark metamorphisiert (durch Druck und/oder Temperatur verändert) und sind heute in ihrem ursprünglichen Charakter nur noch schwer erkennbar. Da sie vorzugsweise in den Penninischen Alpen vorkommen, werden sie als Penninikum bezeichnet. Die südlich davon sedimentierten Gesteine, mächtige Kalk- und Dolomitschichten, finden sich v. a. in den Ostalpen und werden daher als ostalpin zusammengefaßt.

Vor etwa 100 Mio Jahren, im Zeitalter der Oberkreide, geraten diese Sedimentationströge unter starken Druck aus Süden bzw. Südosten und Osten und werden zusammengepreßt. Der Meeresboden wird dadurch gefaltet, Schichten werden verschoben und rutschen übereinander, sie werden verbogen, verschuppt und vielfältig verformt, die geologische Struktur der Alpen entsteht. Gleichzeitig und bis in die Erdneuzeit anhaltend, setzt eine Hebung ein, die das Meer zurücktreten und die Alpen auch morphologisch zu einem Gebirge werden läßt.

MONTBLANC-MASSIV

Das Montblanc-Massiv und das Massiv des Aiguilles Rouges bilden ihrer Entstehung nach eine Einheit, die heute durch das Arvetal getrennt erscheint. Aus dem Tal bei Chamonix, in dem überwiegend weiche Mergel und Kalke des Erdmittelalters anstehen, erheben sich die Massive zunächst mit Gneisen, Glimmerschiefern, Quarziten, Hornfelsen, Amphiboliten und Marmoren, also in ihrer Struktur mehrfach überprägte Gesteine, in die schon im Erdaltertum vor der alpidischen Gebirgsbildung der Montblancgranit eindrang. Von den metamorphisierten Gesteinen ist dieser Granit scharf durch eine von Südwest nach Nordost streichende schmale Zone von Myloniten getrennt, ein feines Gesteinszerreibsel, das belegt, daß der Granit gegen die Gneise verworfen wurde.

Für die Granite wurde ein Alter von 225–460 Mio Jahren ermittelt, während die Biotite des Granits «nur» zwischen 18 und 35 Mio Jahre alt sind und damit eine gewisse Überprägung des Granits während der alpidischen Gebirgsbildung bezeugen.

An der Ostabdachung des Montblanc-Massivs stehen Granit und Quarzporphyre, Diorit und Syenit an.

WALLISER ALPEN

Die Täler, die von der Rhone zu den Gletschergipfeln hochziehen, lassen an ihren Hängen erkennen, daß hier Gesteine, ursprünglich in der Thethys nebeneinander gebildet, in mächtigen Decken übereinandergeschoben wurden.

So wird der Steilabfall zur Rhone von der Bernhard-Decke aus Glimmerschiefern und Paragneisen mit Granat, Chlorid und Muskovit sowie Sandsteinen, Phylliten und einigen Vorkommen von Anthrazitkohlen aus dem Erdaltertum gebildet. Darüber folgen nach Süden zu Dolomite, Gips und Quarzite aus dem Erdmittelalter sowie mächtige Serien Bündnerschiefer, kalkig-tonige Gesteine, die durch Graphitbeimengungen dunkel gefärbt sind. Diese Glanzschiefer werden begleitet von Ophioliten, untermeerischen Eruptionsgesteinen, die zu Grünschiefern, Amphiboliten und Serpentiniten metamorphisierten und ursprünglich zur Monte-Rosa-Decke gehörten. Deren kristalline Gesteine stehen von Saas Fee bis ins Valle Anzasca an und bauen den Monte Rosa auf, während die Gipfelpartien entlang der Rhone aus Graniten, Granodioriten, Kinzigitgneis und, am Mont Collon, aus Gabbro und Diorit des Erdaltertums aufgebaut werden, die zur Dent-Blanche-Decke gehören.

LEPONTINISCHE ALPEN

Die Lepontinischen Alpen als Teil des penninischen Deckensystems bestehen vorwiegend aus Gneisen in unterschiedlicher Ausprägung, die von Sedimenten des Erdmittelalters umgeben sind. Geht man vom Nufenenpaß nach Südosten, so stehen zunächst mächtige Serien Bündnerschiefer an, ehe man jenseits des Valle Antigorio im Gebiet des Basodino zum kristallinen Kern einer der Decken aus Paragneis kommt, der hier als Konglomeratgneis ausgebildet ist. Am Südostfuß des Basodino gibt es dann wieder Bündnerschiefer, die aber bald von Granitgneisen der nächsten Decke abgelöst werden, die bis ins Maggiatal hin vorliegen.

BERNER ALPEN

Beherrschend für die Berner Alpen, auch geologisch, ist das Aarmassiv, aus dem Erdaltertum stammender Biotitgranit, der die Gipfel der Jungfrau und des Aletschhorns aufbaut. Alte Sedimente, die diesem Granit auflagen, sind bei seiner Heraushebung mechanisch gelöst worden und liegen nun im Norden und Süden als kristalline Hülle bzw. als eingearbeitete Schuppen vor. Eine dieser Schuppen sind die steil nach Süden einfallenden Amphibolite, die das Finsteraarhorn bilden. Im übrigen bestehen diese Sedimente aus glimmerreichen Schiefern und Gneisen im Norden, während im Süden Granit und Augengneise überwiegen.

Wetterhorn, Eiger, Blümlisalp und Wildhorn markieren nach Norden eine Linie, an der die helvetischen Decken beginnen, die aus Sedimenten des Erdmittelalters bestehen und überwiegend mergelige und kalkige Gesteine aus dem Erdmittelalter sowie geringmächtige Schichten aus Sandstein enthalten. Diese Serien wurden südlich des Aarmassivs sedimentiert und während der alpidischen Gebirgsbildung nach Norden überschoben und in vielfältigen Decken übereinandergelegt. Nach Westen werden die Berner Alpen fortgesetzt durch Blümlisalp, Wildhorn und les Diablerets.

URNER ALPEN

Die Urner Alpen sind geologisch als Fortsetzung der Berner Alpen nach Osten zu sehen. Die Damma-Gruppe als Teil des Aarmassivs besteht aus Aargranit mit einer Hülle aus Gneisen und kristallinen Schiefern im Norden und Süden, wobei sich im Norden zum Sustenpaß hin Eruptionsgesteine aus dem Erdaltertum, Quarzporphyr und Tuffe in Verbindung mit Amphiboliten eingestreut finden.
Der Titlis dagegen ist aus weißen Malmkalken aufgebaut, die schon Teil der helvetischen Decken sind, die weit nach Norden überschoben wurden.

GLARNER ALPEN

Betrachtet man die Abfolge der Gesteine der Glarner Alpen von Glarus aus, so liegen über weichen, rund 60 Millionen Jahre alten Schichten der Erdneuzeit helle, etwa 160 Millionen Jahre alte Kalke des Erdmittelalters.
Die Kämme und Grate aber sind aus roten und braunen Sandsteinen und Konglomeraten mit eingeschaltetem Verrucano aus dem Erdaltertum, also etwa 240 Millionen Jahre alten Gesteinen aufgebaut, eine Abfolge, die im Gegensatz zu ihrer natürlichen Ablagerung steht und zeigt, daß die Glarner Alpen weitgehend aus helvetischen Decken bestehen.
Nur an der Nordflanke des Tödi steht der Tödi-Granit als östlichster Ausläufer des Aarmassivs an, überlagert zum Teil von Quarzporphyr und Rötdolomit.

RÄTISCHE ALPEN

Unter dem Namen «Rätische Alpen» werden die Gebirgsgruppen der Silvretta, Bernina, des Ortlers und des Adamello zusammengefaßt. Unter ihnen nimmt der Adamello geologisch eine Sonderstellung ein, da er erst in der Erdneuzeit, vor rund 40 Millionen Jahren, als Erguß aus dem Erdinnern aufstieg und an seinem Sockel Kalke aus dem Erdmittelalter überlagert. Dieser Adamello-Tonalit ist im Norden heller und grobkörniger, im Süden dunkler und feinkörniger.
Die Silvrettagruppe dagegen ist die westlichste der ostalpinen Decken, deren kristalliner Kern aus Gneisen, mächtigen Lagen von Hornblendegranit, dunkelgrünen Amphiboliten und roten Schiefern sowie gelegentlichen Marmorvorkommen an ihrem West- und Nordabfall von Sandsteinen, Kalken, Dolomiten und Rauhwacken des Erdaltertums und Erdmittelalters bedeckt wird.
Im Süden liegen ihre Gesteine über denen der Berninagruppe, nämlich vorwiegend Granit und Diorit vom Albulapaß bis zum Berninapaß, während südlich davon Hornblende und Gneise überwiegen.
Im Westen werden die alpinen Deckensysteme durch das «Bergeller Massiv» unterbrochen, einen Gesteinskomplex von etwa 25 km Durchmesser aus Tonalit im Osten und Granodiorit im Westen sowie Granit nördlich vom Lago di Mezzola, der vor rund 40 Millionen Jahren aufdrang, also das jüngste Tiefengestein der Schweiz darstellt und an seinen Rändern Kalke aus dem Erdmittelalter stark veränderte.
Der Ostabfall der Berninagruppe markiert den Übergang zu einem Kristallinkomplex aus Phylitten, Paragneisen und Amphiboliten, dessen Sedimentbedeckung aus dem Erdmittelalter die Ortlergruppe aufbaut, deren Gipfelpartien aus bis zu 300 m mächtigen Hauptdolomitschichten bestehen.

ÖTZTALER UND STUBAIER ALPEN

Die Ötztaler und Stubaier Alpen werden gebildet durch eine der obersten ostalpinen Decken, die Ötztalmasse, in deren Norden neben den überwiegenden Paragneisen und Glimmerschiefern häufig Amphibolite, Biotitgranit, Granodiorit und Tonalitgneise, also metamorphisierte Gesteine vorkommen, während die gletscherbedeckten Gipfel der Wildspitze, Similaun und Weißkugel, fast ausschließlich aus Paragneisen und Glimmerschiefern bestehen. Eingelagert sind schmale Bänder aus Amphibolit und Augengneis, die sich von der Wildspitze zum Similaun ziehen. Ein schmaler Streifen aus grauen Glimmerschiefern, in dem zum Teil Granate vorkommen, steht vom Vent bis zur Hochwilde an, die aus Hornblendeschiefern aufgebaut ist, in die am Ostabfall Marmore eingelagert sind.

HOHE TAUERN UND ZILLERTALER ALPEN

Hohe Tauern und Zillertaler Alpen bilden zusammen den geologischen Komplex des «Tauernfensters», eine Formation, in der der nicht abgetragene Sockel des Variskischen Gebirges in einer Umrahmung aus Gesteinen zutage tritt, die seit dem Erdaltertum in der Tethys abgelagert und dann während der alpidischen Gebirgsbildung als Decke weit nach Norden transportiert wurden. Durch die Hebung und die Abtragung durchstieß der alte Sockel seine Bedeckung, so daß er heute wie durch ein Fenster sichtbar ist.
Olperer, Großvenediger, Granatspitz, Sonnblick und Hochalmspitz werden aus diesen alten Graniten und Zentralgneisen aufgebaut. Der Großglockner dagegen baut sich aus Grünsteindiorit, Chloritschiefern und Kalkglimmerschiefern auf, also während der alpidischen Gebirgsbildung metamorphisierten Gesteinen, wogegen der Ankogel aus Gneisen besteht, die schon im Erdaltertum vorlagen.
Diese Massive werden von der sie umgebenden Schieferhülle, insbesondere an ihrem Nordabfall, durch Kalke aus dem Erdaltertum getrennt.

DOLOMITEN

Der voralpine Untergrund aus Quarzphyllit, der im Norden und Süden der Dolomiten zum Vorschein kommt, wird von einer bis zu 2000 m mächtigen Platte aus rötlichem, sehr festem Quarzporphyr (Bozener Quarzporphyr) überlagert. Es folgen rote und weiße Sandsteine (Grödner Sandstein) aus dem Erdaltertum, wonach durch das Vordringen des Meeres marine Sedimente darüber abgelagert wurden. Untermeerische vulkanische Ergüsse durchbrachen im beginnenden Erdmittelalter immer wieder die marinen Sedimente und füllten die Zwischenräume zwischen Riffen mit Augitporphyren, Melaphyren und Tuffen. Über beide Bildungen greifen die Raibler Schichten, mergeligtonig, intensiv rot, braun, gelb und sogar grün gefärbt und fossilreich. Darüber folgt der Hauptdolomit (Dachsteinkalk), auffallend hell und geschichtet.
Die Marmolada ist aus dolomitisiertem Kalk, dem Marmoladakalk, aufgebaut, der deutlich geschichtet und fossilreich ist, im Gegensatz zu den übrigen Gebirgsstöcken, deren schichtungsloser Schlerndolomit zu Wandbildungen neigt. Am Fuße der Marmolada streichen die Buchensteiner Schichten, Augitporphyre und Tuffe aus.

Allgemeine Vorbemerkungen

1. Erläuterungen der Gletscherdaten

Die Daten der einzelnen Gletscher sind der einschlägigen Literatur, dem Schweizer Gletscherinventar, dem Catasto dei Ghiacciai italiani sowie der Publikation «Les Glaciers des Alpes Occidentales» von R. Vivian entnommen und basieren auf Angaben des Instituts für Meteorologie und Geophysik der Universität Innsbruck.

Die Schreibweise der Gletschernamen stützt sich weitgehend auf die Bezeichnung der Landeskarte der Schweiz (1:25 000), der amtlichen Österreich-Karten, des Institut Géographique National, France, (1:25 000) sowie des Istituto Geografico Militare, Italia (1:25 000). Besteht ein Gletscher aus mehreren Teilen mit unterschiedlichen Bezeichnungen, so findet der Name des Hauptstroms Verwendung. Zerfällt ein Gletscher mit einem einzigen Namen in mehrere, in den einzelnen Inventaren getrennt behandelte Einheiten, so erhalten sie Zusatzbezeichnungen.

Wenn nicht weiter differenziert, sind die aufgeführten Flächendaten als Flächentotale zu verstehen. Bei den im Schweizer Gletscherinventar behandelten Gletschern wurden in die totale Gletscherfläche auch die Zonen mit Toteis einbezogen; die bei mehreren Gletschern genannte schuttfreie Fläche umfaßt alle Teile der Gletscheroberfläche, die keine Bedeckung aus gröberem Gesteinsmaterial aufweist.

Die Lagebezeichnung der Gletscher folgt ihrer Fließrichtung, wobei – soweit Richtungsänderungen eintreten – die erste Angabe das Nährgebiet und die letzte das Gletscherzungenende betrifft.

Im Interesse einer möglichst einheitlichen Darstellung der Daten erfolgte die Klassifikation nach dem Vorbild des Schweizer Gletscherinventars (Geogr. Institut ETH Zürich). Dessen Klassifikationsmerkmale – sie stützen sich auf die Richtlinien der UNESCO/AIHS (1970 a) – fanden hier weitgehend Anwendung und werden nachfolgend, soweit zum besseren Verständnis erforderlich, erläutert.

Gletschertyp

Talgletscher: Liegt mit einem Teil seines Akkumulationsgebietes und dem ganzen Ablationsgebiet im Talgrund; nimmt im unteren Teil Zungenform an und folgt ohne wesentliche weitere Formveränderungen der Talsohle.

Gebirgsgletscher: Beliebige Form, oft dem Talgletscher ähnlich, aber wesentlich kleiner; liegt häufig in Kar oder Nische.

Gletscherfleck und Firnfleck: Kleine Eis- bzw. Firnmasse beliebiger Form; überdauert mindestens zwei aufeinanderfolgende Sommer; im Gegensatz zum Gebirgsgletscher keine deutlichen Hinweise auf Fließbewegung.

Gletscherform

Zusammengesetzte Becken: Zwei oder mehrere unterhalb der Firnlinie zusammenfließende Gletscherarme.

Zusammengesetztes Becken: Aus mehreren Einzugsgebieten zusammengesetztes Akkumulationsgebiet.

Einfaches Becken: Akkumulationsgebiet besteht aus einem einzigen Einzugsbecken.

Kar: Gletscher sitzt in steilwandigem, gerundetem Felskessel.

Nische: Firn- oder Eismasse liegt in ursprünglich V-förmiger Vertiefung an Gebirgshang.

Flankenvereisung: Unregelmäßige, dünne Eismassen, an Felswand gepflastert.

Toteis: Nicht mehr aktive Eismasse, die vom zurückweichenden Gletscher zurückgelassen wurde.

Für Gletscher, die früher bis weit ins Tal hinunterreichten, sich aber so weit zurückgezogen haben, daß ihr Ablationsgebiet sich heute in mehrere Teile aufgliedert, fehlt eine Klassifikationsmöglichkeit.

Gletscherfront

Kalbende Front: Front, von der Eis in See oder auf festes Vorland abstürzt.

Längsprofil

Gleichmäßig: Inbegriffen auch leicht unregelmäßiges und leicht gestuftes Längsprofil.

Hängend: An steiler Bergflanke klebend.

Kaskaden: Gletscher fließt über mehrere markante Steilstufen.

Eisfall: Gletscher fließt über eine einzige Steilstufe und ist an dieser Stelle stark zerspalten.

Unterbrochen: Gletscher, der oberhalb einer Steilstufe abbricht und unterhalb von ihr weiterfließt.

Zungenaktivität

Starker Rückzug: größer als 20 m/Jahr.

Leichter Rückzug: kleiner als 20 m/Jahr.

Leichter Vorstoß: kleiner als 20 m/Jahr.

Starker Vorstoß: größer als 20 m/Jahr.

2. Beschreibung der Gletscher und Routen

Die Richtungsangaben (links, rechts) sind bei der Beschreibung der Gletscher stets im orohydrographischen Sinne (in Fließrichtung, vom Berg ins Tal) zu verstehen. Bei den Routenbeschreibungen erfolgen sie in der Richtung des beschriebenen Weges (Anstieg, Abstieg).

Als Grundlage für die Routenbeschreibungen dienten folgende Kartenwerke:

Frankreich: Karten des Institut Géographique National, France

Schweiz: Landeskarte der Schweiz, Eidgenössische Landestopographie, Bern

Österreich: Bundesamt für Eich- und Vermessungswesen; Alpenvereinskarte des Deutschen Alpenvereins; Kartographisches Institut Fleischmann, Innsbruck

Italien: Karten des Istituto Geografico Militare, Italia; Kartographisches Institut Fleischmann, Innsbruck

Von Hinweisen auf die Karten (Angaben kotierter Punkte, Bezeichnungen u. ä.) wurde oftmals Gebrauch gemacht, wobei für die Nomenklatur die Karten maßgebend waren. Die angegebenen Schwierigkeiten gelten für günstige Verhältnisse. Klettertechnische Schwierigkeitsgrade werden nach folgender Skala bezeichnet:

- II leicht
- III ziemlich schwierig
- IV schwierig
- V sehr schwierig
- VI äußerst schwierig

Erläuterung der Karten

- G und H Gebirgslandeplatz
- P Parkplatz
- △ Aussichtspunkt
- ——— violett: Wanderung
- ——— rot: Gletschertour
- ——— blau: Skitour
- - - - - violett: erwähnte Routen
- - - - - rot: "   "
- - - - - blau: "   "

Rechts: Gletscherbruch im Vadret da Morteratsch.

Zweiter Teil

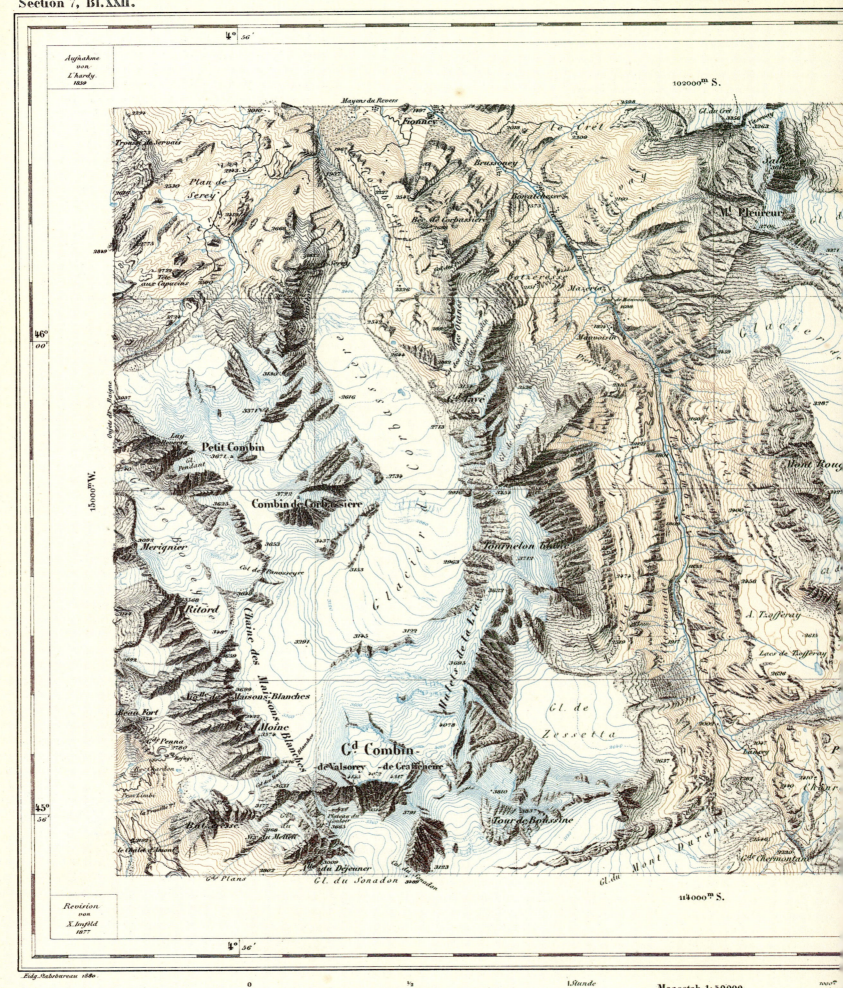

WEST ALPEN

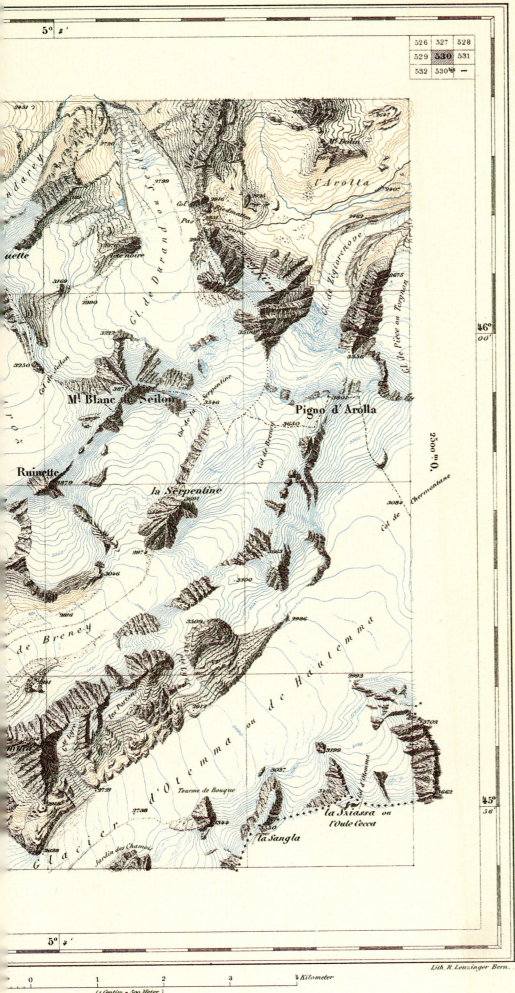

Die höchsten Erhebungen der Westalpen sind Massive, die die geologische Struktur des Variskischen Gebirges erkennen lassen, die also an Ort und Stelle in der Tethys versanken und wieder aus ihr herausgehoben wurden.
Vor ihrer Hebung wurden die Sedimente, die im nördlichen Bereich der Tethys abgelagert waren, über sie hinweg nach Norden verschoben und überlagern als helvetische Decken mit ihren überwiegend 100—200 Millionen Jahre alten Sedimenten wesentlich jüngere Schichten, Beleg für ihren Transport über die Massive hinweg.
Den weiter südlich in der Tethys abgelagerten Gesteinen legten sich weitgehend die Massive der Zentralalpen als Widerlager in den Weg, so daß sie unter größeren Druck gerieten und daher weit stärker in ihrer Struktur verändert wurden. Dennoch liegen sie zum Teil noch auf den helvetischen Decken. Über beide Deckensysteme wurden die ostalpinen Decken geschoben (Schichtserien aus Kalk und Dolomit), die in den Westalpen allerdings bis auf Überreste (z.B. Mythen bei Schwyz) abgetragen sind. Diese Überreste beweisen aber, daß diese Gesteinsschichten auch in den Westalpen bestanden haben müssen.
Die intensive Hebung der Westalpen setzte erst vor etwa 10 Millionen Jahren ein, allerdings wesentlich stärker als in den Ostalpen, so daß die Abtragung ausgeprägter war, das Relief aber noch frischer als dort wirkt.

Topographischer Atlas der Schweiz 1:25 000, «Siegfriedkarte». Blatt 530, Grand Combin. Aufgenommen 1859 von L'hardy, revidiert 1877 von Imfeld. Das Kartenblatt hält die Ausdehnung der Gletscher der zentralen Westalpen kurz nach ihrem Hochstand um die Mitte des 19. Jahrhunderts fest.
Die «Siegfriedkarte» setzte neue Maßstäbe in der Kartographie. Sie ist benannt nach dem Schweizer Topographen und Chef der Landestopographie Hermann Siegfried (1819—1879).

MONTBLANC-MASSIV *Frankreich*
Glacier d'Argentière

Das Montblancmassiv ist das bedeutendste und zugleich bemerkenswerteste vergletscherte Gebiet der Alpen westlich des Großen St. Bernhard. Unter seinen insgesamt 101 Gletschern, die zusammen eine Fläche von 177,69 km² bedecken, befinden sich einige der bekanntesten und meistgerühmten Eisströme der Alpen überhaupt. Im Val Veni auf der italienischen Seite des Montblanc sind dies der Miage- und Brenvagletscher. Im Norden des Massivs, bereits auf Schweizer Boden, zählen der Trient- und der Saleinagletscher zu den hervorstechendsten Erscheinungen. Im Südwesten setzen die Gletscher von Tré la Tête und Bionnassay wichtige Akzente. Der Hauptteil der Eismassen freilich fließt vom höchsten Berg Europas nach Nordwesten ins Tal von Chamonix ab.

Hier, zwischen dem Col de Balme und dem Col de Voza, dominieren fünf große Gletscher mit einer Gesamtfläche von 91,94 km². Neben dem stark zurückgewichenen Glacier du Tour und den Gletschern des Plan des Aiguilles prägten in früheren Zeiten – und bestimmen auch heute noch – die Gletscher von Argentière, Bossons und Taconnaz sowie das Mer de Glace das Landschaftsbild.

Glacier d'Argentière
(Glacier d'Argentière, Glacier des Rognons, Glacier des Rouges du Dolent, Glacier de Tour Noir und Glacier des Améthystes)

Fläche:	14,27 km² (Stand 1965)
Länge:	ca. 9,0 km
Breite:	max. ca. 3,0 km
	mittl. 0,8 km
Höhe:	max. 4122 m ü.M.
	min. 1550 m ü.M.
Lage:	Nordwesten
Moränentypen:	Mittel- und Seitenmoränen, im Gletschervorfeld Seitenmoränen
Gletschertyp:	Talgletscher
Gletscherform:	zusammengesetztes Becken
Gletscherfront:	normal
Längsprofil:	Kaskaden
Ernährung:	Schnee und Lawinen
Zungenaktivität:	leichter Vorstoß
Besonderheiten:	Untergletscherfassung der Abflüsse bei den Séracs de Lognan

Glacier du Tour

Fläche:	8,44 km² (Stand 1965)
Länge:	ca. 5,0 km
Breite:	max. 3,2 km
	min. 1,9 km
Lage:	Nordwesten
Höhe:	max. ca. 3800 m ü.M.
	min. 2160 m ü.M. (Stand 1970)
Moränentypen:	Seitenmoränen
Gletschertyp:	Gebirgsgletscher
Gletscherform:	einfaches Becken
Gletscherfront:	kalbende Front
Ernährung:	Schnee und Lawinen
Zungenaktivität:	leichter Rückzug

Oben: Der rund 9 km lange Argentièregletscher wird durch einen Gürtel schroffer Granitgipfel eingeschnürt, zwischen denen zahlreiche kleine Gletscher lagern. Im Mittelgrund die Aig.-d'Argentière mit Gl. du Chardonnet, Gl. du Milieu und Gl. des Améthystes.

Rechts: Der Glacier d'Argentière um 1915. Damals reichte er noch bis kurz vor die Häuser von Argentière ins Tal von Chamonix hinab.

Ganz rechts: Der Glacier du Tour endet heute hoch über der Ortschaft Le Tour an der Abbruchkante einer Steilstufe. Am 14. August 1949 gegen 16.45 Uhr brach ein Teil der Zunge (0,5 bis 2 Mio m³ Eis) ab.

Links: Das Tal von Chamonix mit dem Montblanc und seinen Gletschern, vom Col de Balme aus gesehen. Ansicht von Jean-Antoine Linck (1766-1843).

Links unten: Touristen um 1910 auf dem Argentièregletscher. Im Hintergrund Mitte der Mont Dolent, der Grenzgipfel zwischen Frankreich, Italien und der Schweiz. Rechts die Eiswände der Aig. de Triolet.

Unten: Blick vom Col du Tour Noir über den Gl. des Améthystes, hinüber zu den eisgepanzerten Nordwänden der Aig. Verte, Droites und Courtes (v. r.).

Wie die Tentakel eines riesigen Polypen griffen diese Gletscher mit ihren Eismassen noch im vorigen Jahrhundert vom Montblanc in das Tal von Chamonix herab. Den Bewohnern des Tales waren sie lebensbedrohender Nachbar: mit furchterregendem Krachen und Knirschen schoben sich die Gletscherzungen gegen die Scheunen und Häuser der Bauern vor und nahmen ihre blumigen Wiesen in Besitz. Auf ihrem rapiden Rückzug in den vergangenen Jahrzehnten hinterließen sie Ödland, das bis heute nur teilweise wieder kultiviert ist. Die Spuren der Gletscher von Argentière, Bois (Mer de Glace) und Bossons sind unübersehbar: ihre mächtigen, zum Teil kühngeschwungenen und mittlerweile mit Bäumen bewachsenen Moränenwälle sind fester Bestandteil der Tallandschaft geworden.

Der nördlichste dieser drei Gletscher ist der Glacier d'Argentière. Betritt man das Tal von Chamonix von Norden her über den Col des Montets oder den Col de Balme, so ist er der zweite Gletscher des Tales. Dem Glacier du Tour gebührt zwar die Ehre, die Reihe der großen Gletscher im Chamonix-Tal zu eröffnen. Er ist jedoch so weit nach oben zurückgewichen, daß die Aufmerksamkeit bereits auf der Fahrt vom Col des Montets hinab nach Argentière auf den gleichnamigen Gletscher gelenkt wird.

Der Argentièregletscher wird durch einen Gürtel schroffer Granitgipfel eingeschnürt, die gleich ungeheuren Bergkristallen in den Himmel ragen. Gegen Süden bilden die steilen Eiswände der Aiguille Verte, der Droites, Courtes und der Aiguille de Triolet eine bis zu 1300 m hohe Mauer, die nur von den wagemutigsten und erprobtesten Eiskletterern überwunden werden kann. Am Dreiländereck im Osten riegelt der Mont Dolent das Nährgebiet ab. Im Norden wirkt die Gratkette der Aiguille du Chardonnet, der Aiguille d'Argentière, des Tour Noir und der Aiguille Rouges du Dolent (alles würdige Dreitausender) als Sperre. Einzig gegen Nordosten, zwischen der Aiguille des Grands Montets und der Aiguille du Chardonnet, öffnet sich der Gürtel eine Handbreit. Hier entleert sich der Gletscher über zwei unterschiedlich geneigte Steilstufen in einer rund 4 km langen und wenige hundert Meter breiten Zunge ins Tal von Chamonix.

Das Nährgebiet setzt sich aus mehreren kleinen Gletschern zusammen. Es sind dies der Glacier des Rognons, der von der Nordflanke der Aiguille des Grands Montets dem Argentièregletscher zufließt, sowie die Gletscher der Rouges du Dolent, des Tour Noir und der Glacier des Améthystes südlich der Aiguille d'Argentière. Der Glacier du Chardonnet und der Glacier du Milieu zwischen der Aiguille du Chardonnet und der Aiguille d'Argentière haben sich vom Hauptstrom gelöst und sind zu kleinen selbständigen Gebirgsgletschern geworden.

Das bis zu 3 km breite Nährgebiet des Glacier d'Argentière endet auf etwa 2500 m bei der Moraine des Rognons, wo sich das Eis über eine erste Stufe absenkt und in einer fast 600 m breiten Zunge in Richtung Argentière bewegt. 2 km weiter talwärts, beim Montagne de Lognan auf etwa 2300 m, bricht die Zunge über eine zweite Steilstufe rund 350 m ab. Diese bildet die imposanten Séracs de Lognan. Schließlich verschwindet die Zunge in einer tiefen Schlucht am Fuße des Pierre à Bosson. Das bizarr aufgeblätterte Gletschertor, aus dem die junge Arveyron schäumt, steht heute gut versteckt und nur schwer zugänglich auf rund 1550 m. Vor weniger als hundert Jahren noch überwand die Zunge den Sperriegel des Pierre à Bosson und reichte bis auf wenige hundert Meter an das Kirchlein von Argentière heran. Sie bildete dann und wann ein schönes Gletschertor, das zahlreiche Schaulustige anlockte. Schon Horace Bénédict de Saussure, der Genfer Forscher und Initiator der Montblanc-Besteigung, war von dem Gletscher mit seinem «Eis von großer Reinheit» sehr angetan. In seiner «Reise durch die Alpen» berichtet er von dem «schönen Gletscher», den er im Jahre 1760 anläßlich seiner ersten Reise nach Chamonix «in Form eines Zickzacks bis in den Grund des Thals hinabsteigen» sah.

Für die Bewohner der Weiler zwischen Les Chosalets und Argentière allerdings war der Gletscher weniger ein schaurigschönes Schaustück als vielmehr wiederholt eine ernste Bedrohung. Bei seinem Vorstoß im Jahre 1643 beispielsweise überrollte er beim Weiler La Rosière, unweit der heutigen Talstation der Luftseilbahn Argentière–Les Grands Montets, sieben Häuser und verwüstete ein beträchtliches Areal von Weideland. Bei späteren Vorstößen (um 1720, 1780 und 1820) verheerte der Gletscher erneut das Land, das ihm die Bauern in mühsamer Arbeit abgerungen hatten. Mehrmals überschwemmten auch Wasserausbrüche des Gletschers die Talebene und richteten Schäden an Feld und Flur an. Beim Ausbruch einer Wasserstube (mit Wasser gefüllter Hohlraum im Gletscherinnern) ertranken am 17. Juni 1904 zwei junge Leute, die sich das Gletschertor von nah besehen wollten, in den hervorbrechenden Wasserfluten.

War der Gletscher im vergangenen Jahrhundert noch gewissermaßen das Markenzeichen von Argentière, so ist er heute vom Dorf aus überhaupt nicht mehr zu sehen. Die Zunge hat sich seit dem Gletscherhochstand, 1819, bis 1967 um 1537 m zurückgezogen und verbirgt sich heute hinter den glattpolierten Granitbuckeln des Pierre à Bosson. Dies entspricht einer jährlichen Schwundrate von 10,4 m. Seit seinem letzten bedeutenderen Vorstoß um 1925 hat der Gletscher massiv Terrain eingebüßt. Von 1920 bis 1967 verlor er über 700 m an Boden. Als deutliches Zeichen seines enormen Massenverlustes kam im Jahre 1923 in der Mitte des unteren Gletscherbruches ein nierenförmiger Felskopf zum Vorschein, der bezeichnenderweise den Namen «Rognon» erhielt. Erst im Jahre 1971 verschwand die Granitniere wieder unter den abstürzenden Eismassen der Séracs de Lognan.

Der Glacier d'Argentière ist dank der Elektrizitätswirtschaft einer der besterforschten Alpengletscher. Denn das französisch-schweizerische Speicherkraftwerk Emosson nutzt unter anderem auch die Abflüsse der Gletscher von Argentière und Tour. Bei der Fassung dieser Abflüsse ging man neue Wege. Im Gegensatz zu dem herkömmlichen Verfahren,

bei dem in der Regel das Schmelzwasser im Gletschervorfeld gefaßt wird, werden die Abflüsse des Argentièregletschers bereits unter dem Gletscher gesammelt und durch einen Stollen der Kraftwerkzentrale Châtelard-Vallorcine und dem Stausee Emosson zugeleitet (siehe auch Glacier du Trient).

Für die Untergletscherfassung waren umfangreiche Sondierungsarbeiten erforderlich, die schon 1955 aufgenommen wurden. Die Hauptarbeiten an der Fassung fielen in die Jahre 1967 bis 1970. Sie liegt knapp oberhalb des Rognon auf 2165 m, gut 200 m von der Front des Gletscherbruches (Séracs de Lognan) entfernt unter dem hier etwa 140 m dicken und fast 600 m breiten Gletscher. Zu Beginn des Bruches hat der Gletscher, der kurz vor der Untergletscherfassung auf einen Granitriegel stößt, eine Mächtigkeit von annähernd 250 m. Die dort entstehende große Querspalte ist im Durchschnitt zwischen 60 und 80 m tief.

Die Hauptwassermenge liefert der Gletscher naturgemäß in den Sommermonaten. Im Winter verpfropfen sich die Zapfstellen mit einem großen Eiszapfen. Dieser schmilzt im Frühjahr ohne Zutun aus, so daß die Anlage automatisch wieder in Gang kommt. Im Frühjahr 1973 jedoch blieb der erhoffte Abfluß nahezu völlig aus. Lediglich 18 Prozent der errechneten Abflüsse sammelten sich in den aus dem Fels gesprengten Trichtern unter dem Gletscher. Untersuchungen ergaben, daß sich im Zuge des Massenzuwachses des Gletschers die Eiskanäle, in denen das Wasser wie in Venen durch den Gletscherkörper fließt, verlagert hatten.

Die Suche nach dem Hauptwasserabfluß gestaltete sich seither zu einem Katz-und-Maus-Spiel zwischen dem Gletscher und den Glaziologen. Trotz gezielter Maßnahmen, wie etwa Abhören des Eiskörpers mit Geophonen oder Anstechen vermuteter Wasseradern mit Warmwassersonden, wurden wasserträchtige Adern nur vereinzelt gefunden. Sie in dem sich dauernd bewegenden Gletscherleib aufzuspüren (er hat im Gebiet der Untergletscherfassung einen Querschnitt von ungefähr 80 000 m²) ist fast genauso hoffungslos wie die Suche nach der berühmten Stecknadel im Heuhaufen. Daß die scheinbar toten Gletscher in Wirklichkeit recht lebendig sind und sich gar nicht so leicht in den Griff der Wissenschaft und Technik nehmen lassen, ist am Beispiel des Argentièregletschers einmal mehr deutlich geworden.

Zur Untergletscherfassung gelangt man über einen 400 m langen Erkundungsstollen (die sogenannte Galerie de reconnaissance, auf 2130 m), der von der Bergstation der Luftseilbahn der Emosson-Kraftwerke oberhalb des Chalet militaire de Lognan in den Granitriegel des Gletscherbruchs getrieben wurde. Von hier führt ein Schacht hinauf zu einer Höhle unter dem Gletscher (auf 2186 m), gewissermaßen zu einem glaziologischen Geheimkabinett, in dem die Wissenschaftler im Juli 1970 einen Cavitometer installiert haben. Dieses mit zwei Potentiometern und einer Temperatursonde versehene Gerät mißt seither unter anderem die Fließgeschwindigkeit der Gletscherbasis. Wie vermutet, zeitigten die Meßergebnisse starke jahreszeitliche Schwankungen der Gletscherbewegung. Während im April und Mai 1971 lediglich eine mittlere Geschwindigkeit von 1,74 cm/h (= 41,76 cm täglich) errechnet wurde, betrug im Juli gleichen Jahres die mittlere Gleitbewegung 3,05 cm/h (= 73,2 cm täglich). Als Extremwerte wurden am Argentièregletscher Geschwindigkeiten von 0,7 cm/h (= 7,2 cm täglich) und 4,4 cm/h (= 105,6 cm täglich) festgestellt.

Gletscherwanderung Der Argentièregletscher ist in Bergsteigerkreisen wohlbekannt. Die eisgepanzerten Nordwände, die das Gletscherbecken von Süden her einkesseln, zählen zu den größten alpinen Herausforderungen. Ausgangspunkt zu

Linke Seite: Untergletscherfassung der Emosson-Kraftwerke am Argentièregletscher an der Kontaktzone zwischen Fels und Eis. Sie liegt knapp oberhalb des Rognon auf 2165 m unter dem hier etwa 140 m mächtigen und fast 600 m breiten Gletscher.

Auf dieser Seite: Die Stirn des Glacier d'Argentière im Sommer 1977. Der Gletscher endet heute in einer tiefen Schlucht am Fuße des Pierre à Bosson. Das bizarr aufgeblätterte Gletschertor, aus dem die junge Arveyron schäumt, steht gut versteckt und nur schwer zugänglich auf rund 1550 m.

diesen Eistouren von höchstem Schwierigkeitsgrad, aber auch zu einer großen Anzahl weniger strapaziöser Hochtouren ist das Refuge d'Argentière (2771 m). Es steht im «Jardin» am Fuße der Aiguille d'Argentière, etwas oberhalb der rechten Seitenmoräne des Glacier des Améthystes, die hier in rechtwinkligem Bogen gleichsam einen schützenden Wall um die Hütte legt. Mit ihren großflächigen, geneigten Panoramafenstern, der vorgesetzten Bauweise, dem großen Aufenthaltsraum und den zahlreichen Schlafräumen ist die Argentièrehütte eine der schönsten in den Alpen.

Wie von der Kommandobrücke eines Eisbrechers schaut man von hier hinab auf den von hoch aufragenden Fels- und Eiswänden umschlossenen Gletscherkessel, der sich gleich einem zugefrorenen Fjord vor dem staunenden Betrachter ausbreitet. Eine geschlossene Welt eisiger Ruhe tut sich hier auf. Von der schützenden, wärmespendenden Insel der Hütte schweift der Blick hinüber zu den nahezu lotrecht aufragenden Eisflanken der Aiguille Verte (4122 m), der Droites (4000 m) und der Courtes (3856 m). Im Südosten sind es die uneinnehmbar scheinenden Festungen der Aiguille de Triolet (3870 m) und des Mont Dolent (3823 m), die den Betrachter das Grauen lehren.

Frankreich, Italien und die Schweiz, die

Unten: Das Nährgebiet des Argentièregletschers wird im Osten vom Mont Dolent (links) und der Aig. de Triolet mit ihrer berüchtigten Eiswand abgeriegelt.

Rechts: Beim Abstieg vom Refuge d'Argentière am Fuße der Aig. d'Argentière wird der Gletscherbruch links umgangen. Der Weg über die glattgeschliffenen Rundhöcker ist durch Ketten, Leitern und in den Fels geschlagene Stufen gesichert.

Ganz unten: Die steilen Eiswände der Aig. Verte, Droites, Courtes und Aig. de Triolet bilden eine bis zu 1300 m hohe Mauer, die nur von wagemutigen und erprobten Eiskletterern überwunden werden kann.

Unten: Bei den Séracs de Lognan bricht der Gletscher effektvoll auseinander. Das Krachen und Poltern zusammenstürzender Eistürme bildet dazu eine schauererregende Begleitmusik.

drei Grundeigentümer des Montblancmassivs, haben sich kaum einen unwirtlicheren und abweisenderen Gipfel als Stätte freundnachbarlicher Begegnung aussuchen können als gerade den Mont Dolent. Ein Gang über das nur leicht ansteigende Nährbecken an den Fuß dieses von allen Seiten schwer zugänglichen Dreitausenders überzeugt sehr schnell, daß dieser «klägliche Berg» alles andere als das ist, wofür ihn sein Name zur Täuschung seiner Besteiger ausgibt. Sein Ostgrat wurde erst im September 1977 in dreitägigem Ringen erstmals bezwungen. Zur Argentièrehütte, die nur über den Gletscher zu erreichen ist, gelangt man am bequemsten von der Aiguille des Grands Montets (3297 m) aus. Auf sie hinauf fährt über zwei Sektionen die zurzeit modernste Luftseilbahn des Chamonix-Tales. Von hier oben überblickt man das gesamte Nährgebiet des Gletschers, von hier aus auch scheint es bloß ein Katzensprung auf die rundum abweisende Aiguille Verte und die finsteren Granithörner der Drus.

Vom Col des Grands Montets (3233 m) bis zur Hütte geht man nicht länger als anderthalb Stunden. Der Besuch der Hütte wird sinnvollerweise mit der Besteigung der Aiguille d'Argentière verbunden (5 Stunden). Wem dies zuviel ist, sollte zumindest über den nahezu spaltenlosen Glacier des Améthystes zum Col du Tour Noir (3535 m) aufsteigen (2 bis 3 Stunden von der Hütte). Dort, zwischen der Aiguille d'Argentière und dem Tour Noir (3937 m), hat man, auf der Staatsgrenze stehend, einen weiten, bis zu den Berner Alpen reichenden Ausblick in die Schweiz. Der Abstieg auf den sich nördlich des Passes an die Aiguille d'Argentière schmiegenden Saleinagletscher ist äußerst steil und nicht zu empfehlen. Ein weit ungefährlicherer Übergang vom Argentièregletscher nach der Schweiz führt über den westlich der Aiguille d'Argentière gelegenen Col du Chardonnet

(3323 m), der über den gleichnamigen Gletscher erstiegen wird.

Beim Abstieg von der Hütte nach Argentière traversiert man zunächst den Gletscher schräg nach drüben zur Moraine des Rognons. Der Gletscherbruch wird auf der linken Seite umgangen. Die glattgeschliffenen granitenen Rundhöcker, über die der Weg bei der Moraine des Rognons verläuft, bilden ein zwar ebenfalls nur schwer passierbares Hindernis, doch sind die schwierigen Passagen durch Ketten, Leitern und künstliche Stufen entschärft und gangbar gemacht.

Unterhalb der Moraine des Rognons betritt man wieder den Gletscher, dem man, sich möglichst links haltend, folgt. Beim Point de Vue auf 2338 m, wo der Gletscher in den großen Eisfall der Séracs de Lognan abbricht, verläßt man den Eisstrom. Zum erstenmal nach kilometerlangem Marsch und stundenlangem Aufenthalt in der toten Welt des Eiskessels von Argentière stößt man hier wieder auf Zeichen belebter Natur. Über die grasbewachsene und mit Gebirgsflora gesegnete linke Ufermoräne geht es hinunter zur Bergstation der Luftseilbahn der Emosson-Kraftwerke, wo sich der Eingang zum Stollen unter dem Gletscher befindet.

Die Ufermoräne fällt da senkrecht zum Gletscherbruch ab: am gegenüberliegenden Ufer kommt dank dem massiven Rückzug des Gletschers sehr schön die Trogflanke zum Vorschein, die er im Laufe vieler Jahrhunderte aus dem harten Untergrund geschliffen hat. Wer sich ein Bild davon machen will, wie die großen Trogtäler der Alpen einst entstanden sind: hier kann er es in etwas verkleiner-

Ausgangspunkt
Argentière, 1245 m

Auffahrt
Argentière: Luftseilbahn Argentière – Lognan – Les Grands Montets

Höchster Punkt
Links des Gletschers: Aiguille des Grands Montets, 3297 m
Rechts des Gletschers: Aiguille d'Argentière, 3902 m

Stütz- und Rastpunkte
Refuge d'Argentière, 2771 m
Refuge Albert Ier, 2702 m
Buvette Chalet du Chapeau, 1576 m
Croix de Lognan, Restaurant, 1975 m

Schrifttum
Karten: Institut Géographique National, Carte touristique 1:25 000 Massif du Mont-Blanc, Blatt 231
Führer: Mont-Blanc, Beaufortain, Editions Didier-Richard
Mont-Blanc, Rebuffat G.

Marschzeiten
Bergsteigen:
Aiguille des Grands Montets – Refuge d'Argentière   1½–2 Stunden
Refuge d'Argentière – Aiguille d'Argentière   5 Std.
Refuge d'Argentière – Col du Tour Noir   2–3 Std.
Refuge d'Argentière – Argentière   3–4 Stunden
Wandern:
Croix de Lognan – Séracs de Lognan   45 Minuten
Séracs de Lognan – Chalet le Chapeau   2 Stunden

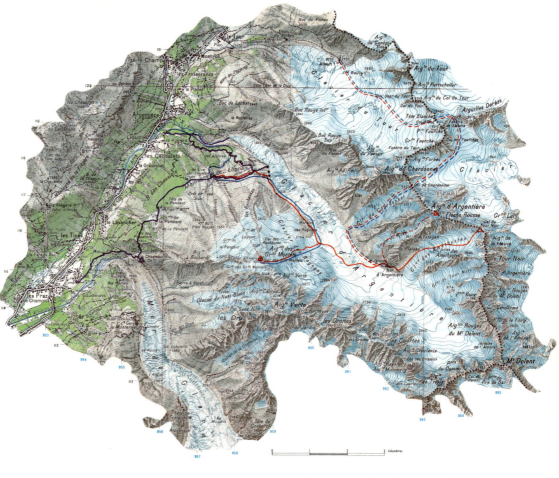

tem Maßstab mit eigenen Augen beobachten. In wunderlichen Ausformungen stürzt bei den Séracs de Lognan das auseinanderbrechende Gletschereis buchstäblich vor den Füßen des Betrachters in die selbstgeschaffene Schlucht.
Hier gilt es nun sich zu entscheiden: entweder am Montagne de Lognan entlang hinüber zur Luftseilbahnstation Lognan (2000 m) und mit dieser zurück nach Argentière oder zu Fuß beim Chalet militaire de Lognan hinab über die saftige Alpweide von Kouffa. Der Weg trifft bald mit der durch Planierraupen der Landschaft gewaltsam aufgezwungenen Skipiste zusammen, auf der im Winter die Skifahrer von Lognan nach Argentière abfahren. Sie bietet ein höchst anschauliches Beispiel des landschaftszerstörenden Terrors eines Massensports, der rücksichtslos die Natur seinen Bedürfnissen unterzuordnen versucht.
Vom Scheitel der dicht bewachsenen, bewaldeten linken Ufermoräne sieht man die Gletscherzunge in der Schlucht beim Pierre à Bosson verschwinden. Um zur Gletscherfront zu gelangen, steigt man gleichwohl bis zur Crèmerie du Glacier (1296 m), einem sehr gemütlichen Restaurant, hinab. Dort befindet sich auch die Talstation der privaten Luftseilbahn der Kraftwerke. Von hier muß man sich den Weg über Stock und Stein zum Gletschertor suchen. Als Wegweiser dienen die gelben Schilder der Kraftwerke, die vor plötzlichem Hochwasser des Arveyron warnen. Von der Crèmerie du Glacier ist man in zehn Minuten wieder am Ausgangspunkt der Gletschertour, der Talstation der Luftseilbahn zur Aiguille des Grands Montets. Die Gletschertour von Argentière zur gleichnamigen Hütte und zurück läßt sich leicht an einem Tag bewältigen.

Wanderung Vom Croix de Lognan (1. Sektion der Luftseilbahn Argentière – Les Grands Montets) kann eine sehr schöne Abstiegswanderung empfohlen werden, die uns sowohl die Bekanntschaft des Glacier d'Argentière als auch des Mer de Glace vermittelt. Vom Croix de Lognan (1975 m) steigt man in einer Dreiviertelstunde bequem zu den Séracs de Lognon bei der Bergstation der Kraftwerkseilbahn auf. Von dort geht es wieder zurück zum Croix de Lognan und in Richtung Südwesten auf etwa 1850 m Höhe durch den Bois des Chosalets zu den Chalets de la Pendant (1778 m) und weiter zum Chalet le Chapeau am Nordufer des Mer de Glace mit dem vielgerühmten Fernblick auf den prächtigen Eisstrom. Von hier durch den Wald über die Côte du Piget nach Les Bois hinunter, stets eingedenk, daß hier noch im vorigen Jahrhundert der Glacier des Bois dem Wanderer Einhalt gebot.

Skifahren Die Seilbahn auf die Grands Montets ermöglicht dem Skifahrer eine zweitägige Hochtour, die gleich mit einer genußreichen Tiefschneeabfahrt beginnt. Über den Glacier des Rognons 600 Höhenmeter ziemlich abschüssig auf den Argentièregletscher hinab, sodann in einstündigem Marsch hinüber zur Argentièrehütte. Am nächsten Tag Aufstieg über den Glacier du Chardonnet zum Col du Chardonnet (3325 m, drei Stunden von der Hütte). Nun das Firnbecken des Saleinagletschers, teils abfahrend, teils aufsteigend, zum Fenêtre de Saleinaz (3267 m) queren. Dort, am südlichsten und obersten Zipfel des Plateau du Trient, scharf links halten und zum nahe gelegenen Col Blanc (3405 m, zwei Stunden vom Col du Chardonnet). Hier Start zur großartigen Abfahrt über den Glacier du Tour zum Refuge Albert Ier (2702 m), der am stärksten frequentierten Berghütte im Montblancgebiet. Nun entlang der rechten Seitenmoräne via Fenêtre du Tour hinunter nach Le Tour und von dort auf der Straße zurück nach Argentière.

MONTBLANC-MASSIV *Frankreich*
Mer de Glace

Das Mer de Glace ist der längste, größte und bekannteste Gletscher der französischen Alpen. Für die Franzosen ist er zudem der schönste Eisstrom der Alpen überhaupt. In einem Katalog der Naturdenkmäler Frankreichs würde er ohne Zweifel an erster Stelle aufgeführt werden. Die Meinungen, was schön sei, differieren naturgemäß: Prämiierungen, die sich nach dem Kriterium des «Schönen» richten, haftet zwangsläufig etwas Subjektives an. Unstrittig jedenfalls ist das Mer de Glace der zu allen Zeiten meistbesuchte Alpengletscher.

Der Beginn der touristischen Erschließung der Alpen im allgemeinen und des Mer de Glace im besonderen ist genau datierbar. Am 18. Juni 1741 brachen acht Herren und fünf Diener, alle gut bewaffnet, von Genf zu einer «Voyage aux Glaciers de Savoie dans la Vallée de Chamouny» auf – einer Reise zu den savoyischen Gletschern im Tal von Chamonix. Anführer der seltsamen Reisegesellschaft waren zwei Engländer, ein gewisser William Windham und der Archäologe und Reiseschriftsteller und spätere anglikanische Bischof Richard Pococke (1704–1765). Auf der Rückreise aus dem Morgenland hatte er in Genf Station gemacht. Als arabischer Emir gekleidet und bis an die Zähne bewaffnet, erreichte er nach drei Tagen mit den anderen Chamonix. Um die Mittagszeit des 28. Juni 1741 stieg die Gruppe zum Montenvers auf, dessen Gipfel sie nach anstrengendem, fast fünfstündigem Marsch erreichte. Ihre Neugier trieb sie zu dem Gletscher hinunter, zu dem sie, auf Händen und Füßen, rutschend und fallend, gelangten. «Nachdem wir uns fast eine halbe Stunde auf dem Gletscher aufgehalten und feierlich auf den Sieg der britischen Waffen getrunken hatten, kletterten wir völlig erschöpft auf den Berg zurück... Als wir uns ein wenig ausgeruht hatten, begannen wir den Abstieg, und bei Einbruch der Nacht erreichten wir Chamouny», vermerkte Windham 1744 in seinem Reisebericht «An account of the glaciers or icealps in Savoy in two letters» (Ein Bericht in zwei Briefen über die Gletscher oder Eisgebirge in Savoyen). Und über seine Eindrücke von dem Gletscher, der damals noch Glacier des Bois genannt wurde, schrieb er: «Man muß sich einen vom Sturm aufgepeitschten See vorstellen, der plötzlich gefriert.»

Dieser Charakterisierung verdankt der Gletscher seinen heutigen Namen: Mer de Glace. Damals freilich wurde er nach der Ortschaft Les Bois benannt, zu der seine oft mit zwei riesigen Gletschertoren geschmückte und zu einem monumentalen Angelhaken gekrümmte Zunge hinabreichte. Die Reiseberichte der ersten Touristen lockten bald zahlreiche Neugierige ins Tal von Chamonix. Und bereits 1751, zehn Jahre nach Windham und Pocockes «Expedition» und zehn Jahre vor Rousseaus Ruf «Zurück zur Natur», boten sich Einheimische als Führer zum Mer de Glace an.

Als der zwanzigjährige Horace Bénédict de Saussure 1760 erstmals nach Chamonix kam, setzte er sich beim Anblick des

Das Mer de Glace um 1770. Stich von Marc Théodore Bourrit.

Unten: «Vue de la Source de l'arvéron et de son amas de Glace à Chamouni.» Der kolorierte Umrißstich von A. Moitte nach einer Zeichnung von M. T. Bourrit zeigt das Gletschertor des Glacier des Bois mit der daraus hervorquellenden Arveyron in der zweiten Hälfte des 18. Jahrhunderts (etwa um 1770).

«Vue de la Vallée de Glace de Chamouni prise du sommet du montanvert.» Das Mer de Glace von Montanvert aus gesehen, etwa um 1770. Kolorierter Umrißstich von A. Moitte nach einer Zeichnung von M. T. Bourrit.

Reisegesellschaft auf dem Mer de Glace um die Jahrhundertwende. Exkursionen auf den Gletscher standen damals groß in Mode. Hinten die Grandes Jorasses.

Mont Maudit (so wurde der Montblanc damals genannt) das Ziel, diesen «Verfluchten Berg» zu besteigen. In zahlreichen Erkundungstouren durchstreifte er die Gletschertäler des Montblancmassivs. Seine Exkursionen führten ihn auch mehrmals auf das Mer de Glace. Lange bevor sich die Alpenvereine durch den Bau von Gebirgswegen und Hütten um die Erschließung dieses Gebiets verdient machten, dachte der Forscher und Pionier Saussure an jene, die dereinst seinen Spuren folgen würden. Im Jahre 1778 ließ er durch Felssprengungen den schlechten Weg verbessern, der von Montenvers hinunter zum Gletscher führte. In seiner «Reise durch die Alpen» bemerkt er: «Diejenigen, die nach uns die hintern Theile des Gletschers besuchen, werden uns danken, daß wir ihnen den Zugang zu diesen gefährlichen Orten bequemer gemacht haben.» Heute ist der einst riskante Weg zusätzlich durch Leitern gesichert, die den Aufstieg vom Gletscher wesentlich erleichtern.

Die ersten Touristen auf dem Montenvers mußten, wollten sie nicht am selben Tag wieder nach Chamonix absteigen, im Freien nächtigen. Zu Saussures Zeiten gab es dort bereits bescheidene Unterkunft. Der Forscher schreibt: «Man schläft daselbst in einem Schlosse; denn so wenigstens nennen die aufgeweckten und lustigen Einwohner von Chamouny ironischerweise die elende Hütte des Hirten, welcher die Herden dieses Berges hütet.» 1798 wurde auf Montenvers die älteste Hütte der Alpen, der «Temple de la Nature», errichtet. 1840 entstand eine weitere kleine Hütte und im Jahre 1880 ein Hotel. Die Maultierführer hatten Hochkonjunktur.

Mit dem Bau der Zahnradbahn nach Montenvers schlug für diesen nun schon weltbekannten Zugangsort zur Gletscherwelt die Stunde des Massentourismus. Über 600 000 Touristen fahren heute während des Sommers dorthin. Tagesspitzen von nahezu 20 000 Besuchern sind an schönen Hochsommertagen keine Seltenheit. Waren es 1741 gerade ein Dutzend Neugierige, die sich zum Gletscher hinunterwagten, so lassen sich heute jährlich rund 140 000 Touristen mit einer Seilschwebebahn hinab zur Grotte bringen, die als Ersatz für die verschwundenen Gletschertore des weggeschmolzenen Glacier des Bois in das Eis gehauen wurde. Die Künstlichkeit dieser Eisgrotten vermag freilich den Eindruck des Bedrohlichen und zugleich Erhabenen nicht zu vermitteln, den die einst bis zu 30 m hohen Gletschertore des Glacier des Bois in den Besuchern weckten.

Die heutigen Einrichtungen auf Montenvers sind den Bedürfnissen des Massentourismus angepaßt. Neben einem großen Hotel und mehreren Aussichtsterrassen gilt dies vor allem für das Stationsgebäude der Bahn mit seinen an Viehgatter gemahnenden Abfertigungszäunen. Der ehemalige «Temple de la Nature» ist zu einem Museum umgestaltet worden, in dem die Geschichte der Erschließung des Mer de Glace und des Montblanc anhand von historischen Zeugnissen anschaulich dargestellt wird. In einem Tierpark unweit des Hotels werden Vertreter der Hochgebirgsfauna und verschiedene Pelztiere gehalten. Da die Chamoniarden in der Vergangenheit die Jagd auf Adler, Steinbock, Gemse und Murmeltier alles andere als zimperlich betrieben, erfüllt dieser Tierpark auf seine Weise die Aufgabe eines Museums.

Insgesamt sind es jährlich rund eine Million Touristen, die sich von Chamonix aus zum Mer de Glace fahren lassen – sei es nach Montenvers, zur Gletscherzunge, oder hoch hinauf auf die Aiguille du Midi und mit der Gondelbahn über das Nährgebiet zur Hellbronnerspitze. Rechnet man dazu noch die Passagiere der italienischen Luftseilbahn von La Palud zur Hellbronnerspitze, über die die Staatsgrenze zwischen Italien und Frankreich verläuft, dann sind es rund 1,4 Millionen Touristen, die jährlich einen Blick auf das Mer de Glace und die umliegenden Gipfel werfen.

Diese Millionenziffer ist um so bemerkenswerter, als sich der Gletscher heute in einem ausgesprochen erbärmlichen Zustand präsentiert. Seit seinem letzten

Mer de Glace
(Mer de Glace, Glacier du Tacul, Glacier des Périades, Glacier du Géant, Vallée Blanche, Glacier d'Envers du Plan, Glacier d'Envers de Blaitière, Glacier de Leschaux, Glacier du Mont Mallet, Glacier de Talèfre)

Fläche:	total 38,73 km² (Glacier du Géant, Vallée Blanche, Glacier des Périades: 17,19 km² Glac. de Leschaux: 7,25 km² Glac. de Talèfre: 8,36 km² Glacier du Tacul: 3,17 km² Mer de Glace: 2,76 km²)
Länge:	max. 12 km
Breite:	mittl. 0,6–0,8 km (Zunge)
Lage:	Norden
Höhe:	max. 3900 m ü.M. min. 1400 m ü.M.
Moränentypen:	Mittel- und Seitenmoränen
Gletschertyp:	Talgletscher
Gletscherform:	zusammengesetzte Becken
Gletscherfront:	normal
Längsprofil:	Kaskaden
Ernährung:	Schnee und Lawinen
Dicke, mittl.:	0,4 km (auf Niveau Tacul)
Volumen:	ca. 4 Milliarden m³
Zungenaktivität:	leichter Rückzug

Besonderheiten: längster Gletscher der westlichen Alpen

Links und unten: Der Glacier des Bois in historischen Fotos aus den Jahren 1866 (unten) und vermutlich 1865 (links). Die Zunge senkt sich, kurz nach dem zweiten Hochstand im 19. Jahrhundert, immer noch als weithin sichtbarer Schweif bis ins Tal von Chamonix hinab. Im unteren Bild vorne die Häuser von Les Praz und Les Bois.

Hochstand im vergangenen Jahrhundert, als er noch bis nach Les Bois hinunterreichte, ist er in geradezu erschreckender Weise «vom Fleisch gefallen». Gänzlich ausgezehrt, liegt er heute wie ein an Schwindsucht Leidender in seinem Bett. An der Höhe seiner Ufermoränen läßt sich ablesen, wie schlecht seine Verfassung ist. Als eine gut 100 m hohe Mauer zieht sich die rechte Ufermoräne in einer Länge von 9 km vom Fuß der Aiguille du Leschaux (2660 m) bis hinunter zum Dorf Les Bois (1100 m). Ihr seltsam gekrümmter Lauf wird lediglich an einzelnen markanten Stellen unterbrochen: etwa bei den Séracs de Talèfre, bei den Echelets am Fuß der bedrohlichen Aiguille du Dru und in der tiefen Schlucht des Arveyron zwischen dem Chalet le Chapeau und den Rochers des Mottets. Eindringlich veranschaulicht dieser kilometerlange Moränenwall die wichtigsten Phasen der Vergletscherung sowie den Massenverlust des Gletschers.

Von Montenvers aus ist der immense Massenverlust besonders deutlich zu erkennen. Einst füllte der Gletscher das Tal bis knapp unterhalb von Montenvers. Ende des vorigen Jahrhunderts überquerten beispielsweise noch des öfteren Viehherden bei Montenvers den Gletscher, um auf den kargen Weiden unterhalb des Glacier du Nant-Blanc zu sommern – ein in unseren Tagen undenkbares Unterfangen. Saussure traf hier 1760 einen alten, langbärtigen Hirten an, der mit seiner Herde «in dieser schauervollen Wüste lebte: seine Kleidung bestand in Kalbfellen, deren haariger Theil auswendig war, und der ganzen Figur ein eben so wildes Aussehen, als die Gegend ist, die er bewohnte, gab».

Heute hat sich das Mer de Glace so weit abgesenkt, daß man selbst von der Talstation der Schwebebahn noch einmal über künstliche Steige zur Grotte absteigen muß.

Dieser gewiß immer noch beachtliche Gletscher hat in der Tat bessere Zeiten gekannt. Jetzt nimmt er sich aus wie ein abgezehrter Greis, der in viel zu weiten Kleidern steckt. Ein Schatten seiner selbst. Nur noch wenig Fleisch ist da am Knochen. Aber auch dies wenige ist immer noch viel, gemessen an den anderen Alpengletschern.

Denn das Mer de Glace schmückt sich auch heute noch mit der schönsten und auffälligsten Bänderung. Seine Ogiven, jene schuppenförmigen Jahresringe, die dem Gletscher etwas Reptilhaftes verleihen, sind von ausgesuchter Gleichmäßigkeit. Sie entstehen in den Séracs du Géant. Dieser markante Gletscherbruch verbindet die Zunge mit dem Glacier du Géant, dem Nährgebiet des Mer de Glace zwischen der Aiguille du Midi und dem Dent du Géant. Er fällt die Schmutzpartikeln, die sich während der Sommermonate auf der schier endlosen Fläche des Nährgebietes ablagern, gleichsam aus. Die grauen Sparren oder Chevrons, wie sie französisch heißen, heben sich kontrastreich vom blanken Eis ab. Ihre sichelförmige Struktur, die die ständige Bewegung des Gletschers deutlich macht, rührt daher, daß die Strömung des Eises an den Randgebieten geringer als in der Gletschermitte ist.

Die Geschwindigkeit des Eises variiert stark. Im obersten Teil der Séracs du Géant, zwischen der Aiguille Noire und dem Petit Rognon auf rund 2700 m, wurde eine mittlere Jahresgeschwindigkeit von 830 m gemessen. Am Fuße des 400 m hohen Gletscherbruchs, dem «Salle à Manger», wo von rechts der Glacier des Periades hinzustößt und mit dem Schutt von der Aiguille Noire eine Mittelmoräne bildet, beträgt die Geschwindigkeit noch rund 300 m im Jahr. Die Vorwärtsbewegung des Eises verringert sich sukzessive bis zur Gletscherfront auf etwa 50 m jährlich.

Samuel Birmann (1793–1847): Der Glacier des Bois im August 1823. Feder, Aquarell und Gouache. 44 × 58,3 cm. Der Gletscher reichte damals bis kurz vor die Häuser von Les Bois. Im Hintergrund Aig. Verte und Aig. du Dru. Die Darstellung des Basler Künstlers zeichnet sich durch genaueste Wiedergabe der topographischen Verhältnisse aus.

Unbeabsichtigte Geschwindigkeitsmessungen in den Jahren 1832 sind den Überresten der Leiter zu verdanken, die H. B. de Saussure am Fuß der Aiguille Noire 1788 zurückgelassen hatte. Auf ihrer insgesamt 57jährigen Reise legte die Leiter eine Strecke von 4370 m zurück. Dies entspricht einem Jahresmittel von 76 m. Wesentlich eiliger hatte es der Tornister, den ein Bergsteiger im Jahre 1846 am Glacier de Talèfre, dem nördlichsten Nebengletscher des Mer de Glace, verloren hatte. Er wurde 1896 am Gletscherende wiedergefunden. Jährlich hatte er im Durchschnitt 131 m zurückgelegt. Am 9. Juli 1973 gab das Eis beim Zusammenfluß des Glacier des Périades mit dem Glacier du Tacul die Leiche eines belgischen Alpinisten frei, der am 5. August 1956 von der Nordwestwand des Dent du Géant in eine Spalte des Glacier des Périades gestürzt war. Im Verlauf von 16 Jahren wurde die Leiche über 800 m talwärts verfrachtet. Das entspricht einer jährlichen Bewegung von 50 m.

Das wellenförmige Aussehen, dem der Gletscher die sinnfällige Bezeichnung «Mer de Glace» verdankt, ist ein noch nicht restlos geklärtes glaziologisches Phänomen. Es sind dies die sogenannten kinematischen Wellen. Sie treten auf dem Mer de Glace ganz besonders deutlich in Erscheinung. Die bis zu mehrere Meter hohen Wellen nehmen, gleich den Ogiven, ebenfalls im Gletscherbruch ihren Anfang. Sie pflanzen sich, niedriger und gestreckter, über die Gletscherzunge fort, bis sie schließlich von den übrigen Unebenheiten der Gletscheroberfläche nicht mehr zu unterscheiden sind. Die Geschwindigkeit des Wellendurchganges soll das Vier- bis Dreizehnfache der Eisbewegung betragen. Auf dem Mer de Glace soll sich in den Jahren 1892–1894 eine kinematische Welle von der Höhe der Echelets bis zum Zungenende mit einer Jahresgeschwindigkeit von 1412 m fortgepflanzt haben. Die Geschwindigkeit des Eises in der Mitte des Gletschers betrug dabei lediglich 120–150 m jährlich. Die kinematischen Wellen, deren Geschwindigkeit größer als die der Eisbewegung ist, werden als Ausdruck von Massenhaushaltsänderungen des Eiskörpers verstanden.

Der Massenhaushalt des Mer de Glace wird auf rund 4 Milliarden Kubikmeter geschätzt. Auf der Höhe der Aiguille du Tacul erreicht der Gletscher eine Mächtigkeit von 400 m. Noch bei Montenvers wurde Anfang der siebziger Jahre bei Profilsondierungen der Electricité de France zum Zwecke einer Wasserfassung unter dem Gletscher eine Tiefe von 100 m gemessen. Seit seinem letzten Hochstand um 1820 hat sich bei Montenvers die Eisdecke um gut die Hälfte verdünnt.

Strenggenommen setzt sich das Mer de Glace aus einer ganzen Reihe kleinerer und größerer Gletscher zusammen, die alle einen eigenen Namen tragen. Lediglich jener Teil der Gletscherzunge, der alle Teilströme in sich vereint, heißt Mer de Glace. Früher, als die Zunge bis nach Les Bois im Chamonix-Tal hinabreichte, trug der Gletscher den Namen dieser Ortschaft. Das eigentliche Mer de Glace ist rund 4 km lang und reicht hinauf bis zum «Salle à Manger» am Fuß der Aiguille du Tacul. Hier nimmt es von rechts den Glacier de Leschaux auf, der seinerseits wieder von rechts vom Glacier de Talèfre Nahrung erhält. Im obersten Nährgebiet stößt von links der Glacier du Mont Mallet zum Leschauxgletscher.

Auf der linken Seite setzt sich das Mer de Glace bruch- und nahtlos im Glacier du Tacul fort. Dieser ist etwa 2 km lang und nimmt von links das Eis des Glacier d'Envers de Blaitière und des Glacier d'Envers du Plan auf. Von rechts gesellt sich der Glacier des Périades hinzu, der als schmaler Teilstrom mit dem Taculgletscher fließt und von ihm durch eine Mittelmoräne getrennt ist. Am Gletscherbruch auf Höhe der Requinhütte

Linke Seite: Der Zusammenfluß von Glacier du Tacul (vorne rechts) und Glacier de Leschaux zum eigentlichen Mer de Glace (links) unterhalb der Aig. du Tacul. Hinten links der Glacier de Talèfre mit dem «Jardin». Rechts hinten die Grandes Jorasses. Blick von der Aig. du Plan (3673 m).

Unten: Oberflächengeschwindigkeiten des Mer de Glace im Chaos der Séracs du Géant und beim Beginn der Sparren zwischen dem 13. April und 20. Juli 1960. (Aus L. Lliboutry: «Traité de Glaciologie», 1965, S. 622.)

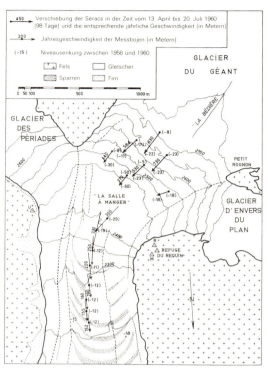

(2516 m) endet der Taculgletscher. Hier beginnt der Glacier du Géant, der sich über die imposanten Séracs du Géant zu seinem riesigen Nährgebiet emporschwingt. Auch dieses spaltet sich. Links, begrenzt durch den Midi-Plan-Grat und die wie eine Insel aus dem Eismeer ragenden Felsen von Gros Rognon, breitet sich das berühmte Vallée Blanche aus. Rechts, in einem 4 km breiten Becken, liegt der eigentliche Géantgletscher.

Das nierenförmige, aus vier großen, selbständigen Nährgebieten bestehende Einzugsgebiet des Mer de Glace erstreckt sich über eine Länge von mehr als 14 km. Eine Kette hoch aufragender Drei- und Viertausender umfaßt es wie eine schützende Mauer. Ihre klangvollen Namen lassen jedes Bergsteigerherz höher schlagen. Von Norden über Osten, Süden und Westen sind es: Aiguille Verte, Les Droites, Les Coutres, Aiguille de Triolet, Aiguille de Talèfre, Aiguille de Leschaux, Grandes-Jorasses, Dent du Géant, Arête de la Brenva, Mont-Blanc-du-Tacul, Aiguille du Midi, Aiguille du Plan und Aiguille du Grépon.

Die Flanken dieser Berge und Felsnadeln werden in dem niemals endenden Prozeß der Verwitterung abgetragen. Der Abtransport des Gesteinsmaterials erfolgt über die Gletscher. Das Mer de Glace übernimmt, wie andere Gletscher auch, die Funktion eines Förderbandes. Der meiste Schutt wird dem Mer de Glace vom Leschauxgletscher zugeleitet, der in seinem unteren Teil die Moränen des Glacier de Talèfre aufnimmt.

Dieser stark zurückgewichene und bei den Séracs de Talèfre auf den Glacier de Leschaux kalbende Gletscher wartet mit einer Besonderheit auf. Inmitten seines Nährgebietes erhebt sich eine mandelförmige Insel mit bescheidener Vegetation: der Jardin de Talèfre (2700–3000 m). «Der ewige Frost, welcher alle diese Gegenden decket, scheint aus Achtung diesen Felsen zu schonen», schrieb schon Saussure. Mittlerweile ist die Insel größer geworden, und der Gletscher hat um den Garten einen schützenden Wall aus Sand und Gesteinstrümmern aufgeschüttet.

Am Fuß der Aiguille du Tacul, wo die Gletscher von Tacul und Leschaux zusammenfließen, treffen sich auch deren rechte beziehungsweise linke Seitenmoräne. Als Mittelmoräne des Mer de Glace ziehen sie weiter und vereinigen sich nur wenige hundert Meter weiter mit der Seitenmoräne des Leschauxgletschers und der Mittelmoräne des Taculgletschers endgültig zur fast 100 m breiten rechten Seitenmoräne des Mer de Glace. Dieses große, graue Schuttband teilt das Mer de

Unten links: Senkrechtaufnahme des Mer de Glace. Deutlich sind die Sparren im Glacier du Tacul und dem eigentlichen Mer de Glace zu erkennen. Oben rechts der Glacier de Talèfre mit dem Jardin. Bildmitte der Glacier de Leschaux. Unten links der Eisbruch der Séracs du Géant.

Unten rechts: Montanvert und das Mer de Glace von La Flegère am Gegenhang des Val de Chamonix aus gesehen.

Glace in eine schwarze und eine weiße Ader, die sogenannte «Veine Noire» und «Veine Blanche». Die schwarze Ader nimmt die Ströme des Glacier des Périades und des Glacier de Leschaux auf. In der weißen Ader fließen die Ströme des großen Glacier du Géant und der beiden kleinen Gletscher von Envers du Blaitière und Envers du Plan. Die Aufspaltung des Mer de Glace in zwei nebeneinanderfließende breite Ströme erklärt auch, weshalb die grauen Sparren, die sich bei den Séracs du Géant bilden, nur auf der weißen Ader erscheinen. Wenngleich kleiner, ist die schwarze Ader einige Meter höher als die weiße. Denn der Schuttmantel schützt das darunterliegende Eis vor der Sonneneinstrahlung.

Beim Zusammenfluß des Tacul- und Leschauxgletschers hatte sich, ähnlich wie beim Gornergletscher heute noch alljährlich, gelegentlich ein See gebildet: der Lac du Tacul. Dieser hat durch Überflutungen wiederholt für Aufregung im Tal von Chamonix gesorgt. Durch den Schwund der Eismassen ist jedoch auch er heute gänzlich verschwunden.

Überschwemmungen kamen aber nicht nur vom Lac du Tacul. Große Verwüstungen des Kulturlandes richteten zu allen Zeiten Durchbrüche von mit Wasser gefüllten Hohlräumen im Gletscherinnern, sogenannte Wasserstuben, an. Überschwemmungen im Chamonix-Tal sind aus den Jahren 1610, 1716 und 1878 bekannt. In der Nacht vom 24. auf den 25. September 1920 wurde der Bois du Buchet durch einen Ausbruch überflutet. Das Wasser stand dort 1,5 m hoch. In Chamonix wurden Keller und Erdgeschosse unter Wasser gesetzt. Der Ausbruch war von solcher Heftigkeit, daß selbst im 70 km entfernten Annemasse noch aus dem Gletscher herausgerissene Eisblöcke gefunden wurden.

Weit verheerender als diese Überschwemmungen wirkten sich freilich die Vorstöße des Gletschers aus. Sie schlugen der Landschaft Wunden, die meist erst im Laufe von Generationen vernarbten.

Bei seinem Vorstoß im Jahre 1605 berührte der Gletscher das Dorf Les Bois, zerstörte zwölf Häuser beim Dorf Chatelard und zwei bei dem Weiler Bonneville. Im Dorf Chatelard blieb nur ein Zwölftel

Luftseilbahn über das Vallée Blanche (Glacier du Géant). In Bildmitte die Felsen des Gros Rognon, dahinter Col du Plan und Rognon du Plan (Midi-Plan-Grat).

des Bodens von den vorrückenden Eismassen verschont. Ein weiterer Vorstoß elf Jahre später, 1616, vernichtete einen Teil der Ortschaft Les Bois sowie viel wertvolles Kulturland. In den folgenden Jahrhunderten stieß der Glacier des Bois noch mehrmals bis zu den Dörfern im Chamonix-Tal vor, so während der Hochstände in den Jahren 1716–1720, 1740, 1770–1780, 1818–1825 und 1840–1850.

Von der Mitte des 19. Jahrhunderts an zog sich der Glacier des Bois kontinuierlich zurück und verschwand nach einem letzten Aufbäumen in den zwanziger Jahren dieses Jahrhunderts schließlich ganz in der Schlucht des Arveyron. Von 1895 bis 1926 verlor der Gletscher 100 m Terrain. In den folgenden Jahren setzte ein rapider Schwund ein. Bis 1970 hatte er weitere 850 m Boden freigegeben. Erst seit 1971 stößt das Mer de Glace wieder vor, allerdings in äußerst bescheidenen Raten.

Nicht erst seit dem Bau des Montblanctunnels und der Seilbahnen von Chamonix nach La Palud besteht eine direkte Verbindung zwischen dem Tal von Chamonix und dem Aostatal. Zu Zeiten ge-

ringer Gletscherstände führte ein gangbarer Weg über das Mer de Glace hinauf zum Col du Géant (3365 m), von wo man nach Entrèves absteigen kann. Noch Ende des 19. Jahrhunderts trieben Bauern über diesen Gletscherpaß Schafherden hinunter ins Aostatal. Lange bevor die ersten Alpinisten diese Verbindung für ihre Besteigungsversuche nutzten, wußten also die Bauern beiderseits des Montblanc von dem Übergang über den Col du Géant, der die unüberwindlich scheinende Barriere des Montblancmassivs wenigstens zeitweise durchbrach.

Die Überquerung des Montblancmassivs mit der Gondel- und Luftseilbahn zählt zu einer der größten touristischen Attraktionen der Alpen. Von Chamonix führt die 1955 in Betrieb genommene Luftseilbahn über zwei Sektionen hinauf zur Aiguille du Midi auf 3795 m. Mit einem Lift im Innern der Granitnadel gelangt man auf die 3842 m hohe Spitze der Aiguille du Midi, wo sich dem Besucher eine Rundsicht von majestätischer Pracht eröffnet. Das kühne Seilbahnprojekt erfährt seine Krönung in der Gondelbahn, die die Aiguille du Midi mit der Punta Hellbronner verbindet.

Die Streckenführung dieser Gondelbahn (sie besteht aus 36 Kabinen mit je 4 Plätzen, die in Dreiergruppen losfahren) geht zunächst über die Felseninsel des Gros Rognon. Dort wird die Bahn an einem Stützjoch aus Beton in Richtung zur Hellbronnerspitze umgelenkt. Die Überquerung des Col des Flambeaux wird mittels einer frei schwebenden Stütze ermöglicht, die an einer zwischen dem Grand und dem Petit Flambeau gespannten Seilkonstruktion verankert ist. Die Gondelbahn ist seit 1958 in Betrieb und überspannt eines der größten Firngebiete der Alpen: das Vallée Blanche und den Glacier du Géant. Lautlos gleiten die Kabinen in halbstündiger Fahrt über eine Eislandschaft von atemberaubender Schönheit. Durch die Bergstation auf der Hellbronnerspitze (3462 m) verläuft die Staatsgrenze zwischen Italien und Frankreich. Über diesen hochgelegenen, bewachten Grenzübergang gelangt man in drei Sektionen hinunter nach La Palud. Insgesamt ist diese Seilbahnanlage über die höchstgelegene Staatsgrenze Europas

15 km lang. Sie ermöglicht eine ebenso beliebte wie außergewöhnliche Halbtagesrundfahrt, das sogenannte «Carrousel du Mont-Blanc». Dies ist eine vertikale Rundtour über und durch den Montblanc von Chamonix oder Entrèves/La Palud aus.

Der Bau der Luftseilbahnen auf die Aiguille du Midi und die Hellbronnerspitze mit der einzigartigen Gondelverbindung über das Vallée Blanche hat den Alpinismus im Montblancgebiet grundlegend verändert. Die Bahnen ermöglichen den Bergsteigern eine ganze Reihe von hochalpinen Touren, die früher nur als mehrtägige Unternehmen realisierbar waren, heute aber in einem Tag bewältigt werden können. Dies hat zur Folge, daß nun recht anspruchsvolle Touren auch von Bergtouristen unternommen werden, die sich früher zu Fuß kaum in solche Höhen gewagt hätten, wie sie mit der Bahn mühelos in 20 Minuten zu erreichen sind.

Bergsteigen als Massensport: nirgendwo in den Alpen können die negativen Begleiterscheinungen dieser bedenklichen

Oben: Der Eisbruch der Séracs du Géant. Das Eis bewegt sich hier mit einer Geschwindigkeit von bis zu 2 m täglich.

Ganz oben: Der Montblanc von der Aig. du Plan aus gesehen. Vorne der zur Aig. du Midi (rechts) führende Midi-Plan-Grat. Dem Montblanc vorgesetzt der Mont Blanc du Tacul.

Entwicklung des Alpinismus besser studiert werden als in Chamonix. Wie ein Druckstollen leitet die Aiguille-du-Midi-Bahn die Touristen- und Bergsteigerströme auf den Gipfel. Der Kanalisierungseffekt der Bahn, die im Hochsommer täglich Tausende von Personen be-

fördert, führt an der Talstation zu Wartezeiten von oft mehreren Stunden.

Die Bergsteiger finden sich deshalb bereits am frühen Morgen, ein bis zwei Stunden vor Öffnung der Fahrkartenschalter, auf dem Vorplatz der Talstation ein. Das Gerangel um die ersten Kabinen führt dabei regelmäßig zu unschönen Szenen. Rücksichtslosigkeit, Aggression bis hin zu Tätlichkeiten und Egoismus treten hier an die Stelle echter Bergsteigertugenden: Kameradschaftlichkeit, Rücksichtnahme und Hilfsbereitschaft. Doch der Ellbogen regiert nicht nur bei der Auffahrt zur Aiguille du Midi. Er bestimmt in übertragenem Sinne oft auch das Verhalten auf den stark frequentierten Hochtouren. Wo Prügelszenen am Beginn einer Bergtour stehen, stellt sich zwangsläufig die Frage nach dem Sinn der Bergsteigerei. Der Massenandrang läßt eine Hochtour mit Ausgangspunkt Aiguille du Midi leicht zu einem etwas zweifelhaften Bergerlebnis werden. Wer aber die Mühe dieser Bergfahrt nicht scheut, kann bei richtiger Zeit- und Routenwahl dennoch voll auf seine Kosten kommen.

Gletschertouren Die sommers wie winters meistbegangene Route ist der Abstieg oder die Abfahrt über den Glacier du Géant und das Mer de Glace nach Montenvers. Der rund 12 km lange Abstieg über den Gletscher bietet mit Ausnahme der Steilstufe bei den Séracs du Géant keine Schwierigkeiten. Dort werden Gleichgewichtssinn und Trittsicherheit auf die Probe gestellt. Dem Bruch wird an seiner ärgsten Stelle ausgewichen, indem man links zur Requinhütte quert (2516 m). Über den Hüttenweg gelangt man dann auf den Taculgletscher hinunter. Die Route ist gut markiert: im Nährgebiet durch die weithin sichtbare, zu einem Gletscherpfad ausgetretene Spur auf dem Firn; unten auf dem Mer de Glace durch farbige Tonnen. Gletschererfahrene Hochtouristen können bedenkenlos auf Führerdienste verzichten.

Eine andere vielgewählte Gletscherwanderung geht von Montenvers aus. Ziel des ersten Tages ist die Couverclehütte (2687 m) unterhalb der Aiguille du Moine an der Zunge des Glacier de Talèfre. Sie erreicht man in zwei- bis dreistündigem Marsch über das Mer de Glace. Der Aufstieg vom Gletscher zur Hütte (rund 400 Höhenmeter) über die steilen Felsen der Egralets ist durch Leitern und Seile gesichert. Am zweiten Tag steht der Besuch des Jardin de Talèfre und der Besuch der Leschauxhütte (2431 m) auf dem Programm. Höhepunkt der Zweitagestour ist zweifellos der grandiose Blick auf die abweisende, fast 2000 m hohe Nordflanke der Grandes Jorasses, die den Eiskessel des Leschauxgletschers brüsk nach Süden abschließt.

Die klassische Hochtour mit der Aiguille du Midi als Ausgangspunkt und Abstieg über das Mer de Glace stellt höhere Ansprüche als der Normalweg über den Géantgletscher. Sie ist ein Hochgenuß für Alpinisten, die Kletterstellen des dritten und vierten Schwierigkeitsgrades souverän meistern, für minder firme Bergsteiger jedoch eine Quälerei und nicht selten ein Spiel mit dem Tod. Denn diese Tour führt über den schmalen Midi-Plan-Grat und gipfelt in der Besteigung der Aiguille du Plan (3673 m). Diese über 2 km lange, mit Hängegletschern gepanzerte Verbindung zwischen der Aiguille du Midi und der Aiguille du Plan schließt die das Tal von Chamonix dominierende und dem Montblanc wie ein Orgelprospekt vorstehende Nadelgruppe der Aiguilles de Chamonix waagrecht ab.

Beim Austritt aus dem Stollen (3795 m) der Aiguille-du-Midi-Bahn in die von den ersten Sonnenstrahlen bestrichene eisige Hochgebirgsszenerie steht man bereits auf dem verfirnten Grat. Er ist zunächst recht abschüssig und schnittig – ein dezenter Hinweis auf das, was weiter drüben, bei den Felsen am Rognon du Plan, zur Regel wird. Diesen ersten Abschwung haben übrigens alle vor sich, die irgendeine Tour von der Aiguille du Midi aus unternehmen. Bei der ersten Verflachung und Verbreiterung des Grates teilt sich die Spur: rechts ins Vallée Blanche und zu den rotgelben Granitfelsen der Aiguille du Midi, geradeaus über den Midi-Plan-Grat zur Aiguille du Plan.

Die objektiven Gefahren dieses Grates sind nicht gering: Wächtenabbrüche oder Schneeausbrüche an der streckenweise messerscharfen Gratschneide. Ein Sturz würde beiderseits des Grates in eine Tiefe von mehreren hundert Metern führen: auf den Glacier des Pèlerins (1,2 km²) an der Nordwestflanke oder ins Vallée Blanche zur Rechten. Die Spitze der Aiguille du Plan wird in leichter Blockkletterei erobert (Schwierigkeitsgrad III). Von ihr hat man einen der vielfältigsten Ausblicke über das Montblancmassiv. Wie Orgelpfeifen bohren sich ringsum die berühmten Nadeln des Massivs in den tiefblauen Himmel: Aiguille du Dru, Aiguille Verte, Aiguille du Triolet, die Grandes Jorasses, der Dent du Géant, überragt von den Schneekuppen des Montblanc und des ihm an die Schulter gestellten Mont-Blanc du Tacul.

Von keiner anderen Warte aus hat man einen so reichen und freien Blick auf das

Rechts: Abstieg von der Aig. du Plan über den Glacier d'Envers du Plan. Im Hintergrund der vom Mont Mallet und dem Dent du Géant abfließende Glacier des Périades. Unten rechts die Séracs du Géant.

Linke Seite außen: Die Aig. du Midi ist auf französischer Seite Ausgangspunkt der Abstiegswanderung über das Mer de Glace.

Links: Montanvert heute. Das Mer de Glace ist seit seinem Hochstand im 19. Jahrhundert stark zusammengeschrumpft. Im Hintergrund Aig. du Tacul und Grandes Jorasses.

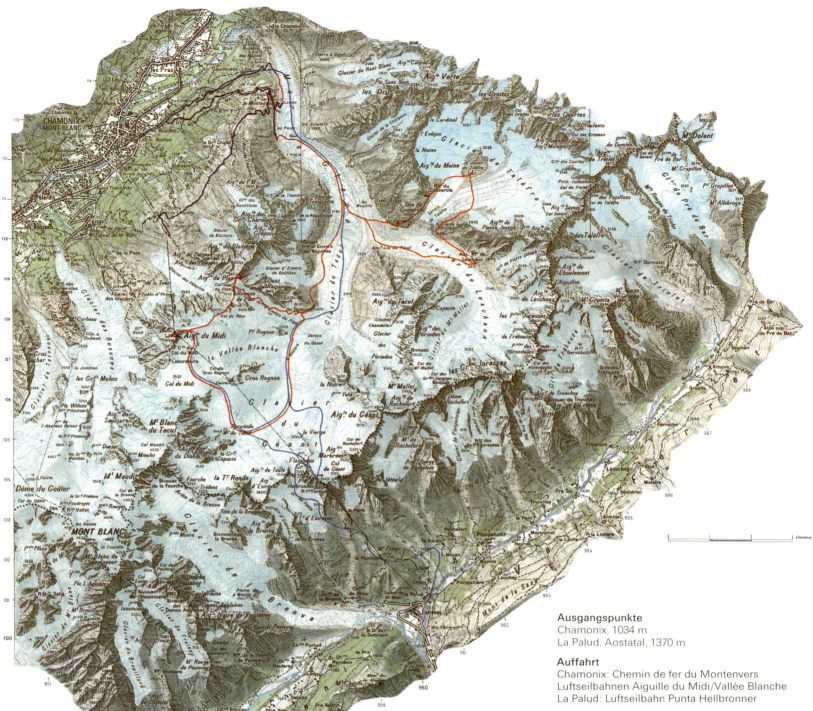

Mer de Glace und sein Nährgebiet, den Glacier du Géant, und gleichzeitig auf die kilometerlange Eisschärpe des ins Chamonix-Tal hinabhängenden Bossonsgletschers. Mit dem Glacier d'Envers du Plan als Vordergrund schiebt sich die auffällig geschuppte Schlangenhaut des Glacier du Tacul ins Bild. Hinter dem Abschwung der Aiguille du Tacul taucht der Glacier de Leschaux hervor und vereint sich mit dem Glacier du Tacul zum Mer de Glace. Im Hintergrund das Firnbecken des Talèfregletschers mit seinem Garten und der über eine 200 m hohe Stufe hinablappenden Zunge. Ein unvergeßliches Panorama.

Von der Aiguille du Plan wird eine Seillänge abgeseilt. Dann geht es auf der Rutschbahn des Glacier d'Envers du Plan steil hinunter zur Requinhütte (2516 m). Nach ausgiebiger Mittagsrast am Eiskatarakt der Séracs du Géant nun auf den Glacier du Tacul und von einer Riesenschuppe zur anderen über den Rücken der Eisschlange namens Mer de Glace Richtung Montenvers. Gegenüber dem Fuß der Aiguille du Dru verlassen wir das Mer de Glace. Ein auffälliges weißes Rechteck markiert, von weitem sichtbar, den Ausstieg über die Moräne. Von Montenvers endlich mit der Zahnradbahn nach Chamonix.

Ausgangspunkte
Chamonix, 1034 m
La Palud, Aostatal, 1370 m

Auffahrt
Chamonix: Chemin de fer du Montenvers
Luftseilbahnen Aiguille du Midi/Vallée Blanche
La Palud: Luftseilbahn Punta Hellbronner

Höchster Punkt
Aiguille du Midi, 3842 m

Stütz- und Rastpunkte
Refuge du Requin, 2516 m
Refuge Couvercle, 2687 m
Refuge de Leschaux, 2431 m
Montenvers, 1913 m

Schrifttum
Karten: Institut Géographique National, Carte touristique 1:25 000 Massif du Mont-Blanc, Blatt 231 oder 232
Führer: Mont-Blanc, Beaufortain
Mont-Blanc, Rébuffat G.

Marschzeiten

Aiguille du Midi—Mer de Glace—Montenvers	4—6 Stunden
Montenvers—Refuge Couvercle	2—3 Stunden
Aiguille du Midi—Midi Plan—Aiguille du Plan	3 Stunden
Aiguille du Plan—Montenvers	4 Stunden
Plan de l'Aiguille—Montenvers—Chamonix	4—6 Stunden

Skifahren Das im Winter tiefverschneite Mer de Glace wird für Skifahrer, die das Vallée Blanche abfahren, zu einer herrlichen Piste von über 15 km Länge. Ob von der Aiguille du Midi oder der rund 400 m tiefer gelegenen Hellbronnerspitze an der Südseite des Glacier du Géant – diese Abfahrt mit einem Höhenunterschied bis zu 2700 m wird für jeden guten Skifahrer zu einem unvergeßlichen Skivergnügen.

Die ganzjährig betriebenen Seilbahnen ermöglichen eine Tagestour, bei der rund 35 km auf Skiern zurückgelegt werden. Ausgangspunkt ist La Palud auf der italienischen Seite des Montblanc. Von dort Bergfahrt zur Hellbronnerspitze. Dann Skifahrt übers Mer de Glace nach Chamonix. Bergfahrt auf die Aiguille du Midi. Nun Überquerung des Glacier du Géant auf Skiern (leichter Gegenanstieg) oder mit der Gondelbahn. Abschließend Skiabfahrt über den Toulagletscher nach Pavillon und weiter nach La Palud. Diese letzte Abfahrt mit insgesamt 2000 m Höhenunterschied hat alpinen Charakter: von der Hellbronnerspitze erreicht man nach kurzer, leichter Skiwanderung den Colle di Toula (3450 m). Dort durch ein mit einer Eisenleiter gesichertes Couloir zum kleinen Glacier de Toula (0,8 km²), wo eine herrliche, 7 km lange Piste beginnt und bis zur Seilbahnstation Pavillon (2174 m) hinunterführt.

Zwei Skilifte am Col du Géant (3440 m) und einer am Col des Flambeaux in der Nähe der Bergstation Hellbronnerspitze ermöglichen auch während der Sommermonate im obersten Teil des Glacier du Géant Skilauf in bescheidenerem Rahmen.

Wanderungen Dem Wanderer sei folgende Tagestour empfohlen: Bergfahrt mit der Aiguille-du-Midi-Bahn bis Plan de l'Aiguille (2308 m). Höhenwanderung über die Alp des Montagnes de Blaitière nach Montenvers (ca. 6 km) – oben die spitzen, drohenden Felsnadeln von Chamonix, zwischen denen sich die Hängegletscher von Blaitière und Nantillons zur Alp hinabzwängen. Von Montenvers entweder den Chemin Montenvers entlang durch den Wald nach Chamonix oder, nach dem Besuch der Eisgrotten, ein kurzes Stück (rund 700 m) zunächst auf der Gletscherzunge hinunter zu den Rochers des Mottets. Dort verläßt man das Mer de Glace und folgt dem Chemin Sortie Vallée Blanche, der ebenfalls durch den

Links: Das Refuge Couvercle (2687 m) am Glacier de Talèfre. Hinten die Geröllinsel des «Jardin».

Links unten: Der Midi-Plan-Grat. Die Überschreitung des über 2 km langen Grates zwischen der Aig. du Midi und der Aig. du Plan gilt als klassische Hochtour im Gebiet des Mer de Glace.

Wald hinab nach Chamonix weist. Unterhalb des Weges wird der Mineraliensucher mit etwas Glück auch heute noch Bergkristalle finden.

Eine Traversierung der Gletscherzunge von Montenvers hinüber zum Chalet Le Chapeau (1576 m), eine früher vielbegangene Route, ist nicht ratsam. Das Chapeau, von dem aus man freilich sehr schön die flach auslaufende Zungenspitze des Mer de Glace sieht, ist heute über den Mauvais Pas (er trägt nicht zu Unrecht seinen Namen) infolge des Rückzugs des Gletschers nur sehr schwer zugänglich. Man erreicht das Chalet Le Chapeau heute über einen abwechslungsreichen Wanderweg, der sich von Les Bois auf der halbmondförmigen und mit dichtem Wald bestandenen Ufermoräne hinaufschlängelt und immer wieder fesselnde Ausblicke in die tiefe Gletscherschlucht freigibt.

MONTBLANC-MASSIV *Frankreich*
Glacier des Bossons
Glacier du Taconnaz

Blickfang des Tales von Chamonix sind die Gletscher von Bossons und Taconnaz. Wie eine durch langes Tragen etwas verrutschte Stola in der weißen liturgischen Farbe der Reinheit und Festesfreude hängen sie, um den Nacken des Montblanc gelegt, von den Schultern hinab bis zu seinen Füßen: der Glacier des Bossons über die rechte Schulter bis fast zu den Zehen, links der Glacier du Taconnaz bis gleichsam unters Knie.

Von welcher Seite man sich diesem Hochtal auch nähert – schon von weitem bilden diese beiden Gletscher sein auffälligstes Merkmal. Man mag hier Gletscher nicht besonders. Denn immer wieder haben sie in der Vergangenheit entschädigungslos enteignet. Neben dem zuweilen sehr raffgierigen Mer de Glace hat sich vor allem der Bossonsgletscher bei der Bevölkerung wiederholt sehr unbeliebt gemacht. Sei es durch lebensbedrohende Ausbrüche von Wasserstuben – urkundlich bereits im Jahre 1643 vermerkt – oder durch Vorstöße auf die Matten und Felder der Bauern.

Bei seinem ebenso schnellen wie wuchtigen Vorstoß im Jahre 1818 bedrohte er sogar das Dorf Montquarts bei Les Bossons, was die Bewohner veranlaßte, einen Bittgang zum Gletscher zu tun und an seinem Zungenende ein Kreuz aufzustellen. Worauf sich der Gletscher tatsächlich über die Talsohle wieder zurückzog. Der Standort des Kreuzes, bis zur Jahrhundertwende auf einer Stirnmoräne postiert, ist so gut bekannt, daß er für die Geschichte der Gletscherschwankungen als verläßlicher Zeuge diente. In den Jahren von 1890–1952 machte der Gletscher einen Krebsgang von über 900 m. Seither aber hat er wieder über 200 m Terrain gutgemacht. Während seines jüngsten Vorstoßes gab er eindringlichen Anschauungsunterricht, wie es so zu- und hergeht, wenn ein Gletscher sich auf Reisen begibt. Bis zu vier Meter hohe Lärchen, die sich ihm zur Seite einen sonnigen Platz gewählt hatten, wurden ohne viel Federlesens entwurzelt.

Der Glacier des Bossons ist der höchste Eisfall in den Alpen. Und dazu noch derjenige, der am weitesten hinauf- und, dem Oberen Grindelwaldgletscher ranggleich, am tiefsten hinabreicht. Sein

Vüe du Glacier des Bossons & du Mont Blanc, prise de Chamouny.

Nährgebiet, das er mit seinem kleinen Bruder, dem Glacier du Taconnaz, teilt, reicht vom Dôme du Goûter über den Montblanc und Mont Maudit bis hinüber zum Mont-Blanc du Tacul.

Erst unterhalb der Grands Mulets, auf Jonction, bei etwa 3000 m, teilen sich die Brüder und steigen nun getrennt ins Tal ab. Der eine links, der andere rechts am Montagne de la Côte vorbei. Von den Grands Mulets (3051 m) fließt der Bossonsgletscher über zwei Terrassen auf 2600 m und 1850 m als eine Kaskade aus Abertausenden von Séracs in den grünbewaldeten Hang über dem Talgrund. Beim Pierre à l'Echelle (2300 m) unterhalb der oberen Terrasse erreicht der Gletscher eine durchschnittliche Geschwindigkeit von 1 m pro Tag. Er ist dort rund 1,2 km breit, verjüngt sich aber in Höhe des Chalet des Pyramides (1895 m) am Montagne de la Côte auf mehr als die Hälfte und fließt in eine ungefähr 200 m breite, am Ende sich zuspitzende Zunge aus.

Der Glacier du Taconnaz ist rund 5,2 km lang. Vom Dôme du Goûter (4304 m) reicht er heute bis auf etwa 1600 m hinunter. Das mittlere Gefälle beträgt 50 Prozent. Er endet in einer steil abfallenden Zunge von ebenfalls gut 200 m Breite. Auf 2300 m, wo er noch 500 m breit ist, stürzen die Séracs über eine 100 m hohe Stufe. Darunter präsentiert er sich praktisch als regenerierender Gletscher. Während der Rückzugsperiode von 1890 bis 1952 zog er sich insgesamt fast 600 m zurück. Seit 1952 ist er aber wieder über 250 m vorgestoßen. Das Nährgebiet des Glacier du Taconnaz wird im Westen durch die Aiguille du Goûter begrenzt.

Der Glacier des Bossons, bis ins 19. Jahrhundert «Buissons» genannt, hat einen festen und gewichtigen Platz in der Besteigungsgeschichte des Montblanc. Denn die Erstbesteigungsversuche führten hauptsächlich über ihn. Im Jahre 1784 erreichte eine größere Expedition, der auch der Genfer Maler Marc Théodore Bourrit und der Dorfarzt von Chamonix, Dr. Michel Paccard, angehörten, den Dôme du Goûter und den Fuß des Bossesgrates. Am 8. August 1786, um 18.23 Uhr, standen die beiden Chamoniarden Dr. Paccard und der Gemsjäger, Bergführer und Kristallsucher (Strahler) Jacques Balmat als erste auf dem Gipfel des Montblanc. Auf ihrer das Zeitalter des Alpinismus einläutenden Expedition waren sie mit Alpenstöcken, Steigeisen, Nagelschuhen und Gamaschen ausgerüstet. Den Alpenstöcken verdankten sie ihr Leben, da sie beim Abstieg im Spaltengewirr des Jonction mehrmals einbrachen. Die Aufstiegsroute führte vom Montagne de la Côte über den oberen Bossonsgletscher via Grand Mulets, Grand Plateau und Rochers Rouges. Bekannt geworden sind vor allem die Darstellungen der Montblanc-Besteigung durch H. B. de Saussure im Jahr darauf. Der Genfer Forscher – er setzte einen Preis für die Bezwingung des Montblanc aus – machte sich am 1. August 1787 mit einem Diener und 18 Bergführern auf den Weg. Unter ihnen waren auch der Erstbesteiger Jacques Balmat – genannt «Mont-Blanc» – sowie Pierre Balmat und Marie Couttet. In dem umfangreichen persönlichen Gepäck des Forschers, der in kurzen Knie-

Linke Seite: Glacier des Bossons und Montblanc von Chamonix aus gesehen. Aus «Description des Glacières, Glaciers et Amas de Glace du Duché de Savoye» von M. T. Bourrit, Genf 1773.

Oben: H. B. de Saussure (1740–1799) mit seinem Sohn und den Führern auf einer seiner zahlreichen Expeditionen im Montblanc-Gebiet. Hier im Aufstieg zum Col du Géant, 1788. Kolorierte Umrißradierung des Genfer Emailmalers Henri L'Evèque (1769–1832).

Rechts: Die Zunge des Bossonsgletschers reicht bis auf 1230 m hinab. Sie dient Bergsteigern und Eisgehern als Klettergarten.

Glacier des Bossons

Fläche:	9,90 km²
Länge:	7,8 km
Breite:	max. ca. 4 km auf 2300 m ü. M. ca. 1,2 km
Höhe:	max. 4807 m ü.M. min. 1230 m ü.M.
Lage:	Nordosten
Moränentyp:	Mittel- und Seitenmoränen
Gletschertyp:	Talgletscher
Längsprofil:	Kaskaden
Zungenaktivität:	stationär

Besonderheiten: Gletscher mit größtem Höhenunterschied und tiefstgelegenem Zungenende in den Alpen

Glacier de Taconnaz

Fläche:	5,8 km²
Länge:	5,2 km
Breite:	max. ca. 1,7 km mittl. 0,2 km (Gletscherzunge)
Höhe:	max. 4300 m ü.M. min. ca. 1600 m ü.M.
Lage:	Nordosten
Moränentypen:	Mittel- und Seitenmoränen
Gletschertyp:	Talgletscher
Längsprofil:	Kaskaden
Zungenaktivität:	stationär

hosen, der Tracht des höfischen Frankreichs, aufstieg, befanden sich unter anderen folgende Utensilien, Nahrungsmittel und Kleidungsstücke: drei Barometer, zwei Stative, vier Hygrometer, zwei Quecksilberbehälter, zwei Brillen, drei Elektrometer, vier Ledertaschen, zwei Kompasse, eine verschließbare Schreibmappe, der Horaz, Fichtenholz, Blei, ein Teleskop, zwei halbe Liter Kirschwasser, sechs halbe Liter Weißwein, Leberpastete, Matratzen, Bettücher, zwei grüne Überzieher, ein Sportanzug, ein weißer Anzug, drei Jacken, große und kleine Gamaschen, ein Paar Schuhe mit großen und eines mit kleinen Nägeln, zwei Paar gewöhnliche Schuhe, eine Flanellweste als Unterwäsche, eine ungefütterte und eine gefütterte Weste, ein Sonnenschirm, zwei Paar kurze Hosen, fünf Tag- und vier Nachthemden. Die Bergführer nahmen zu all dem noch ein Zelt, ein kleines Feldbett, eine Leiter für die Gletscherspalten sowie Strohgarben und Holz mit. Dieser ungeheure und teilweise unsinnige Aufwand vermittelt ein gutes Bild davon, was man sich damals unter einer Hochgebirgsexpedition vorstellte. Saussures Forschungsreisen bildeten den Auftakt zur Erschließung der Alpen und waren Vorbild für weitere wissenschaftliche Erkundungszüge ins Hochgebirge.

So errichtete beispielsweise der Franzose Joseph Vallot im Jahre 1890 am Montblanc in der Nähe des Col du Dôme auf 4358 m ein mit modernstem wissenschaftlichem Gerät ausgestattetes Observatorium. Dieses erregte das Interesse, zugleich aber auch den Neid des Direktors des Observatoriums von Meudon, Dr. Janssen. Der 66jährige ließ sich, bergsteigerisch ebenso unerfahren wie untauglich, über den Bossonsgletscher in einer Sänfte hinauf zu Vallots Observatorium tragen, um die Anlage an Ort und Stelle zu besichtigen. Der eifersüchtige Wissenschaftler faßte darauf den Plan, Vallot mit einem Observatorium auf dem Gipfel des Montblanc zu übertrumpfen. Mit Unterstützung von privater Seite und der Akademie der Wissenschaften realisierte er tatsächlich im Jahre 1893 sein Projekt. Aber es war ein Pyrrhussieg über den rei-

chen Nichtakademiker Vallot. Denn das Observatorium von Janssen war nur bis 1899 in Betrieb. Schließlich wurde es unter den gewaltigen Schneemassen regelrecht begraben und versank für immer in ewigem Firn.

Schreckliche Unglücke haben vor allem die ersten Besteigungen des Montblanc überschattet. Auf makabre Weise ließen sie Messungen der ungefähren Geschwindigkeit des Eises am Bossonsgletscher zu. Am 20. August 1820 fielen drei Führer der zwölfköpfigen Expedition von Doktor Josef Hamel, Hofrat des Zaren, oberhalb der Rochers Rouges (ca. 4450 m) infolge eines Schneerutsches in eine riesige Spalte des Bossonsgletschers. 1861, 41 Jahre später, «spie» der Gletscher, wie die Älpler sagen, die Leichen der drei Führer am Zungenende wieder aus. Ebenso erging es Captain Arkwright und drei Mitgliedern seiner Expedition, die 1866 auf der Höhe des Grand Plateau im

Unten: Das Observatorium Vallot (4358 m) auf dem Montblanc. Oberhalb des Col du Dôme ließ der Franzose Joseph Vallot 1890 diese Forschungsstation errichten.

Unten Mitte: Glacier des Bossons (Mitte), Glacier de Taconnaz (rechts) mit dem Montblanc.

Rechts: Professor Jules Janssen im Jahre 1888 im Bossonsgletscher auf dem Weg zum Gipfel des Montblancs, wo er ebenfalls ein Observatorium errichten ließ.

Ganz unten: Der Bossonsgletscher von Chamonix aus gesehen. Er reicht bis weit in die subalpine Region hinunter.

Gletscher versanken. Dieser gab sie erst 31 Jahre später, im Jahre 1897, wieder frei. In beiden Fällen lag die mittlere, aus der Fortbewegung der Toten errechnete Jahresgeschwindigkeit des Gletschers bei 200 m. Eine Strecke von 3,3 km legten in 17 Jahren die Überreste eines Helikopters vom Typ Sikorsky zurück, der Silvester 1956 bei einem Rettungsflug auf den Bossonsgletscher aus 4000 m Höhe hinunterstürzte.

Der untere Teil des Glacier des Bossons dient seit vielen Jahren Bergsteigern und Eisspezialisten als Klettergarten. Bergführer, Alpenvereine, Militär und die französische Bergführerschule führen hier Ausbildungslehrgänge durch. An schönen Hochsommertagen tummeln sich auf der Gletscherzunge Hunderte von angehenden und erfahrenen Eisgehern, die an steil aufragenden Séracs ihre Fertigkeit erproben. Von weitem nehmen sie sich in ihrem geschäftigen Tun wie aufgestörte Gletscherflöhe aus.

Die auffällige Lage des Glacier des Bossons und dessen Gegenstücks, des Glacier du Taconnaz, bewog Horace Bénédict de Saussure in seinen «Reisen durch die Alpen» (1779–1786) zu einer betont schmeichelhaften Beschreibung der beiden Eisfälle. Er schrieb: «Diese Gletscher gewähren den größten und sonderbarsten Anblick, den man sich vorstellen kann: ihre Lage hat etwas Majestätisches; sie sind durch große Waldungen voneinander getrennt und mit Granitfelsen, die gleich himmelhohen, von Schnee und Eis umgebenen Obelisken emporsteigen, gekrönt.»

Wandervorschlag Mit dem Sessellift gelangt man von Les Bossons zum Chalet du Glacier des Bossons (1410 m). In fünf Minuten erreicht man von dort die Eisgrotte am Bossonsgletscher. Der einige Meter lange Eisstollen muß während des Sommers infolge der relativ hohen Fließgeschwindigkeit mehrmals neu angelegt werden. Bemerkenswert ist hier die Oberflächenstruktur des Eises. Luft und Temperatur mulden das Eis wabenförmig aus. So bricht sich die Sonne darin wie in einem herabströmenden Flusse aus lauter Diamanten, über dessen Absturzkante stolz die finstere Aiguille du Midi thront. Vom Chalet du Glacier durch schattenspendenden Wald in langgezogenen Serpentinen den Montagne de la Côte hinauf zum Chalet des Pyramides auf 1895 m. Die packende Aussicht auf das Gewirr von Eistürmen und Spalten lädt zu einer kleinen Rast. Dann, für die Ausdauernden und Trittfesten unter den Wanderern, links und rechts der Gratfelsen des Mont Corbeau auf gut markiertem Steig zum Gîte à Balmat, dem Unterstand der Erstbesteiger des Montblanc. Hier folgt man den Spuren der Montblanc-Pioniere Balmat, Paccard und Saussure. Beim Gîte à Balmat (2560 m) hat man den Gletscher erreicht. Eisfeste Hochtouristen können von hier nun über den flacher gewordenen, doch kaum minder spaltenreichen Gletscher hinüber zur Gletscherstation der alten Aiguille-du-Midi-Bahn und weiter über die Zunge des Glacier des Pélerins zur Station du Plan de l'Aiguille. Mit der Luftseilbahn oder zu Fuß nun hinunter nach Chamonix, der Bergsteiger Metropole der Westalpen.

Für den Wanderer aber geht es vom Gîte à Balmat wieder auf dem Rücken des Montagne de la Côte zu Tal. Bei Punkt 2221 der Karte hält man links auf den Taconnazgletscher zu. Ein steiler Weg führt hinab zur Gletscherzunge. Dieser Abstieg ist nur etwas für Trittsichere. Längs der rechten Ufermoräne hinab in den nahen Wald und hindurch auf lauschigem Pfad am Abhang des Montagne de la Côte zurück zum Chalet du Glacier. Hier nun zu Fuß auf der linken Ufermoräne mit ihrem hohen Baumbestand nach Les Bossons, den Gletscher zur Rechten. Zwischen dem dunklen Grün der Tannen glitzert das leuchtende Weiß seines Eises.

Das unmittelbare Nebeneinander von hochentwickelter Vegetation und wild aufgetürmten Séracs tat schon immer große Wirkung. Saussure bewog es zu folgender Bemerkung über den Bossonsgletscher: «Die großen, glänzenden und mit den angenehmsten Farben spielenden Pyramiden stellen mitten aus dem Tannen-

Ausgangspunkte
Les Bossons, 1012 m
Chamonix, 1034 m

Auffahrt
Les Bossons: Télésiège du Glacier des Bossons

Höchster Punkt
Gîte à Balmat, 2560 m

Rastpunkte
Chalet du Glacier des Bossons, 1360 m, mit Eisgrotte
Chalet des Pyramides, 1895 m
Chalet de Cerro, 1358 m

Schrifttum
Karten: Institut Géographique National, Carte touristique 1:25 000 Massif du Mont-Blanc, Blatt 232
Führer: Mont-Blanc, Beaufortain, Editions Didier-Richard

Marschzeiten
Chalet du Glacier – Chalet des Pyramides 1 Stunde
Chalet des Pyramides – Gîte à Balmat 1½ Stunden
Gîte à Balmat – Station du Plan de l'Aiguille 3 Std.

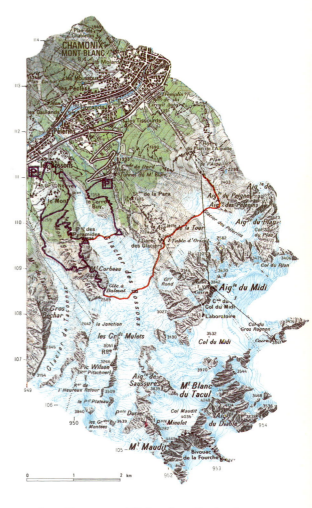

Ganz oben: Blick aus dem Spaltenlabyrinth des Bossonsgletschers gegen Chamonix, die Aiguilles Rouges und den Col des Montets.

Oben: Das Saussure-Denkmal in Chamonix. Ursprünglich befand es sich am linken Arve-Ufer. Wegen Hotelbauten wurde es auf das rechte Ufer versetzt.

Rechts: Blick vom Chalet du Glacier auf den Eisfall des Bossonsgletschers und die Aiguille du Midi (3842 m).

wald, dessen Bäume sie oft an Höhe übertreffen, den außerordentlichsten und wundervollsten Anblick dar.»

Je weiter man talwärts kommt, desto mehr senkt sich der Gletscher zwischen den immer höher werdenden Moränenwällen. Sie erreichen bald eine Höhe von fast 100 m. Zur Zeit seiner Höchststände im 18. und 19. Jahrhundert reichte der Gletscher bis an den oberen Rand der Moränen und überragte die ihn flankie-

renden Tannen. Allein der Gedanke an seine einstige Mächtigkeit weckt ein Gefühl des Schauderns. Aber in der Gewißheit, daß der Bossonsgletscher nicht von heute auf morgen wieder anschwillt, gelangt man beruhigt an den Ausgangspunkt der Wanderung zurück (5 Std.).

Von der Zufahrtstraße zum Montblanctunnel aus kann man in wenigen Minuten zu Fuß den Gletscher in Augenschein nehmen. Ein gut markierter Wanderweg führt vom Parkplatz unterhalb der Abfertigungsgebäude durch den Wald zum Chalet de Cerro (Buvette le Cerro) auf der rechten Seitenmoräne. Zwar ist der Blick auf den Gletscher von hier aus nicht weniger imposant, doch bietet die andere Seite, von der man bequem zum Gletschervorfeld gelangen kann, den Vorteil vielseitigerer Wanderrouten. Immerhin haben gletschererfahrene Bergsteiger die Möglichkeit, vom Chalet de Cerro (1358 m) zur kleinen Gletscherebene über der untersten Steilstufe auf rund 1850 m aufzusteigen. Dort überquert man den Bossonsgletscher, vor sich als Ziel das Chalet des Pyramides am Montagne de la Côte. Jetzt nimmt man den Weg zum Chalet du Glacier, wo man nach Les Bossons entweder absteigt oder mit dem Sessellift in beschaulicher Fahrt, wie mit einem Drachensegler, lautlos hinabschwebt.

MONTBLANC-MASSIV *Frankreich*
Glacier de Bionnassay
Glacier de Tête Rousse

Die Westflanke des Montblanc wird beherrscht vom Glacier de Bionnassay. Dieser kleinste der großen Montblancgletscher auf französischem Gebiet reicht hinauf bis zum Dôme du Goûter (4304 m). Von diesem Rundhöcker aus ewigem Schnee und Eis fließt er zwischen den Graten der Aiguille du Goûter im Norden und der Aiguille du Bionnassay im Süden talwärts. Ungestüm drängt er über mehrere Stufen in Richtung Val Montjoie. Aber schon auf knapp halber Strecke, beim Chalet de l'Are am Mont Lachat, bleibt er liegen. Sein Bett, in das er die Zunge legt, ist ein gestalterisch ebenso kühner wie großartiger Wurf. Die Eleganz der Linienführung seiner Ufermoränen hat nicht ihresgleichen.

Während die linke Moräne ziemlich nackt, wenig erhaben und lediglich rund zwei Kilometer lang ist, zieht sich die rechte in kunstvoll geschwungenem Doppelbogen gut und gern 2650 m weit ins Tal von Bionnassay hinein. An ihrer höchsten Stelle erreicht die rechte Ufermoräne die stolze Höhe von fast 50 m. Und an ihrer Außenseite gewährt sie genügsamen Gräsern eine Art Wohnrecht. Als saftiger grüner Teppich setzen sie sich unterhalb des Moränenraines in einer hübschen, kleinen Alpe fort: ein hochalpines Schlaraffenland für Schafe.

Seine Zunge hat der Gletscher so geschickt in die Landschaft gelegt, daß sie von den Fahrgästen der Tramway du Mont-Blanc nicht übersehen werden kann.

Die Zahnradbahn führt von Le Fayet (591 m) über Saint-Gervais-les-Bains zum Col de Voza (wo es nach Les Houches und Chamonix hinuntergeht) und von da hinauf zum Nid d'Aigle auf 2372 m, dem Adlerhorst am Fuße des Rognes-Grates. Es ist die landschaftlich abwechslungsreichste und reizvollste Bahnfahrt in dem gewiß nicht kleinen Gebiet des Montblanc. Rund 70 Minuten dauert der Genuß. Der kürzeste und müheloseste Anstieg zum Montblanc geht vom Nid d'Aigle aus. Zunächst am Rande der Désert de Pierre Ronde, der Wüste der vom Gletscher glattgeschliffenen Rundhöcker entlang, hinan zur Baraque forestière des Rognes (2768 m). Und dann über die Arête Payot, den Buckelgrat zwischen

Links: Vom Dôme du Goûter (4304 m) fließt der Glacier de Bionnassay in kunstvoll geschwungenen Bogen zu Tal.

Rechts: Die Badeanlagen von Saint-Gervais-les-Bains vor und nach der Katastrophe vom 12. Juli 1892. Damals fanden beim Ausbruch einer Wasserstube des Glacier de Tête Rousse 177 Menschen den Tod.

dem Griaz- und Tête-Rousse-Gletscher, hinauf zum Refuge de l'Aiguille du Goûter (3817 m). Von dort sind es lediglich noch 990 Höhenmeter bis auf den Gipfel des höchsten Berges in Europa. Der Aufstieg führt geradewegs über den Dôme du Goûter, der seine Schneelast gleichmäßig nach allen vier Himmelsrichtungen verteilt. Hier, auf über 4300 m, gelang dem Westschweizer Flugpionier François Durafour mit einem Gaudron-Doppeldecker am 27. Juli 1921 eine Radlandung (!) auf dem harten Firnschnee. Bis zur Baraque forestière des Rognes (Cabane forestière) sollte auch der Wanderer steigen – wenn nicht sogar bis zum Refuge de Tête Rousse (3167 m) südlich der Arête Payot. Ein prächtiger Ausblick ins Chamonix-Tal und zum langgezogenen Massiv der Aiguilles Rouges ist ihm von den Felsen des Rognes-Grates sicher.

Im September 1785 unternahmen H. B. de Saussure und der Maler Bourrit von Bionnassay einen Versuch zur Besteigung des Montblanc. Am Fuß der Aiguille du Goûter hatte Bourrit zu diesem Zweck einen Unterstand aus Trockenmauerwerk erstellen lassen. Mit 14 Bergführern und Trägern stiegen Bourrit, dessen Sohn und Saussure zur Schutzhütte auf. Sie bot fünf Personen Platz; die übrigen mußten draußen schlafen. Schlechter Fels und Neuschnee erschwerten am nächsten Tag ein Weiterkommen. Später beschrieb Saussure die Technik, mit der er sich durch das schwierige Gelände bewegt und gesichert hatte: «Jeder von uns ging zwischen zwei Bergführern, die einen langen Bergstock so hielten, daß er eine Art Geländer bildete, auf das wir uns stützen konnten. Dieses Geländer bewegte sich mit uns und sicherte uns vor dem Absturz... Wenn ich nicht wußte, wo ich mich festhalten sollte, ergriff ich den Fuß des Führers vor mir.» Angesichts der Schwierigkeiten in der Westflanke der Aiguille du Goûter gab die Mannschaft schließlich auf.

Verschiedene Pfade leiten vom Nid d'Aigle direkt zum Glacier de Bionnassay hinauf, hinüber und hinunter. Vom Scheitel der Ufermoräne eröffnen sich respekteinflößende Einblicke in das nach außen gekehrte Innere des heillos zerrissenen Gletschers. Weiter unten, beim Hôtel Bellevue (1786 m) mit dem schönen Blick hinüber zum Gletscher, führt ein beschaulicher Weg zum Chalet de l'Are (1800 m). Von hier sind es bloß noch etwa 200 m bis zur rechten Ufermoräne und der dahinter unter Schutt verborgenen Gletscherzunge. Nördlicher Nachbar des Glacier de Bionnassay ist der winzige Glacier de Tête Rousse. An der Verbindungsstelle der beiden Gletscher liegt das Refuge de Tête Rousse (3167 m). So unscheinbar der Glacier de Tête Rousse heute auch anmutet – noch um die Jahrhundertwende hatte er es ganz gewaltig in sich. Mit seinem Namen verbindet sich eine der folgenschwersten Gletscherkatastrophen der Alpen.

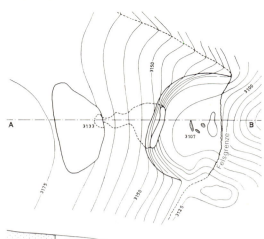

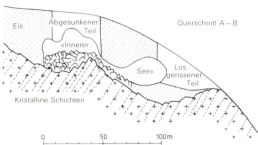

Glacier de Bionnassay

Fläche:	4,5 km²
Maximale Länge:	5,2 km
Lage:	Nordwesten–Norden
Höhe:	max. 4340 m ü.M.
	min. ca. 1760 m ü.M.
Moränentypen:	Seitenmoränen, Schutt
Gletscherform:	zusammengesetzte Becken
Längsprofil:	Kaskaden
Ernährung:	Schnee und Lawinen

Auffahrt
Zahnradbahn Tramway du Mont-Blanc
Saint-Gervais-le-Fayet, 591 m, bis Nid d'Aigle, 2372 m

Stützpunkt
Refuge de Tête Rousse, 3167 m

Schrifttum
Karten: Institut Géographique National, Carte touristique 1:25 000 Massif du Mont-Blanc, Blatt 232
Führer: Mont-Blanc, Beaufortain, Edition Didier-Richard

Marschzeiten
Nid d'Aigle – Refuge de Tête Rousse 2½ Stunden
Hôtel Bellevue – Glacier de Bionnassay 45 Minuten
Nid d'Aigle – Glacier de Bionnassay 30 Minuten

Als in der Mondscheinnacht vom 11. auf den 12. Juli 1892, kurz nach ein Uhr, der Glacier de Tête Rousse barst und aus zwei großen, bis zu 40 m hohen, mit Eistunnels zusammenhängenden Hohlräumen, sogenannten «Wasserstuben», rund 200 000 m³ Wasser ausbrachen, war das Schicksal von 177 Menschen aus Bionnay, Saint-Gervais-les-Bains und Le Fayet besiegelt. Aus einer Höhe von rund 3100 m ü.M. stürzten die Wassermassen über die Désert de Pierre Ronde ins Tal von Bionnassay, große Mengen von Eis und Schutt (schätzungsweise 900 000 m³) mit sich reißend. Beim Eintritt ins Tal Montjoie zerstörte der todbringende, murähnliche Wassersturz den Weiler Bionnay fast vollständig. Zwölf Häuser wurden von der Flut fortgetragen, 24 Bewohner kamen zu Tode. Mit einer Durchschnittsgeschwindigkeit von rund 50 km/h näherte sich die Wasser-, Eis- und Geröllawine – im Französischen «La Lave» genannt – schließlich den pompösen Badeanlagen von Saint-Gervais-les-Bains in der Schlucht der Bon Nant unterhalb des eigentlichen Kurortes. Dieser liegt gut geschützt über dem Talfluß.

Die Wassermassen reichten bis fast an die «Teufelsbrücke» hinauf, die 62 m über dem normalen Wasserstand der Bon Nant die enge Schlucht bei St-Gervais überquert. Neunzehn Minuten nach dem Ausbruch der Wasserstuben hatte die Flut die Badeanlage erreicht. Mit unvorstellbarer Wucht verwüstete sie innerhalb weniger Sekunden das berühmte Bad. Das Badehaus, ein Teil der angrenzenden Wohntrakte für das Personal, der Querflügel des Gebäudekomplexes sowie große Teile des Hotels wurden von der meterhohen Flut hinweggespült. Von den Angestellten überlebten lediglich sieben die Katastrophe. 71 Badegäste ertranken oder wurden von dem Geröll, das die Flut mit sich führte, erschlagen. Nur 36 Leichen von Badegästen konnten später aus dem Schutt geborgen werden.
In Le Fayet endlich riß der Stein- und Schlammstrom noch einmal acht Häuser mit; ein Dutzend Einwohner ertranken. Dann erst ergoß sich der braune Strom, nur noch Sachschaden anrichtend, über die von der Arve durchzogene weite Talebene zwischen Le Fayet und Sallanches. Untersuchungen auf dem Glacier de Tête Rousse nach der Katastrophe ergaben, daß die Bildung der Hohlräume im Gletscher durch die Formen des Felsuntergrundes begünstigt wurde. Die Hohlräume hatten ovale Form. Sie waren annähernd 20 m hoch und bis zu 38 m lang. Die miteinander verbundenen Wasserstuben mußten sich nach Schätzung der Glaziologen in einem Zeitraum von drei bis vier Monaten gefüllt haben. In den Jahren 1894 und 1896 wiederholten sich die Ausbrüche, und 1901 wurde eine weitere Wasserstube entdeckt. Durch zwei bis zu 208 m lange Eis- und Felsstollen hinüber zum Glacier de Bionnassay (gebaut 1899 und 1904) wurde der Abfluß aber so geregelt, daß größere Schäden ausblieben. Der massive Rückzug des Glacier de Tête Rousse in der ersten Hälfte dieses Jahrhunderts schließlich hat die Gefahr einer weiteren Katastrophe endgültig gebannt.

MONTBLANC-MASSIV *Italien (Val Veny)*
Glacier de la Brenva
Glacier du Miage

Eine der merkwürdigsten und sonderbarsten Gletscherlandschaften der Alpen ist ohne Zweifel das Val Veny. Dieses an der Südostseite des Montblanc gelegene Tal erstreckt sich über rund dreizehn Kilometer von Entrèves zum Col de la Seigne, der Italien mit Frankreich verbindet. Berühmt für die Vielfalt und Außergewöhnlichkeit seiner glaziologischen Erscheinungen, wird es beherrscht und geprägt durch die mächtigen Zungen zweier bedeutender Gletscher. An den Beispielen des Glacier de la Brenva und des Glacier du Miage wird im Val Veny die Landschaft gestaltende Kraft der Gletscher in eindrucksvoller Weise vor Augen geführt. Schon der Eintritt in dieses gletscherkundliche Freilichtmuseum ist sehr eindrucksvoll: Als ein riesiger Riegel hat sich hier der Glacier de la Brenva vor den Eingang ins Val Veny geschoben. Der Zutritt ins Tal ist durch die schuttbedeckte Zunge auf ganzer Breite verwehrt.

Dem Autoreisenden, der, durch den Tunnel von Chamonix kommend, oberhalb von Entrèves gleichsam aus dem abgasgeschwängerten Bauch des Montblanc ans Licht der Welt fährt, bietet sich gleich nach Verlassen der rauchigen Röhre rechter Hand ein Anblick von beklemmender Schönheit: bis auf weniger als zweihundert Meter hat sich hier die bullige Gletscherzunge an die Plattform mit den Abfertigungsgebäuden für den Tunnelverkehr herangeschoben.

Über vierzig Meter hoch ragt die dunkle Front der eisigen Masse. Seit einigen Jahren stößt der Brenvagletscher wieder vor, und der Zeitpunkt ist abzusehen, wann er die Böschung der Plattform am Tunneleingang erreicht haben wird. Heute präsentiert er sich in unansehnlichem, feindlich-grauem Kleid; seine Zunge gleicht dem Schuttkegel einer Felslawine. In Frankreich klassifiziert man ihn deshalb als «schwarzen» Gletscher.

Das war nicht immer so. Vor 1920 galt er wegen seiner Reinheit als einer der schönsten überhaupt. Horace Bénédict de Saussure lobte im 18. Jahrhundert seine «seltene und außerordentliche Schönheit, die lebhafte und glänzende Farbe des Eises». Und Hans Conrad Escher von der Linth, Zürcher Staatsmann und Naturforscher, ließ sich im Jahre 1820 als 53jähriger zu einer seiner künstlerisch bedeutendsten Gebirgslandschaften inspirieren: seine vergeistigte Ansicht des «gewaltigen Brenvagletschers» ist eine phantastische Landschaft von stärkster Ausdruckskraft.

Doch als im Jahre 1920 aus der Nordostwand der Aiguille Noire de Peuterey eine Felsplatte von enormen Ausmaßen ausbrach und auf den Gletscher hinunterstürzte, war die einstige Schönheit mit einem Schlag zunichte gemacht. Seither ist die Zunge ein einziges wüstes Trümmerfeld. Heute, Jahrzehnte nach dem Felssturz, sind die Schuttmassen vom Gletscher immer noch nicht abtransportiert, und es wird noch Jahre dauern, bis er sich von ihnen befreit hat.

Aber auch mit seinem Schuttmantel bleibt der Brenvagletscher eine außergewöhnliche Erscheinung. Neben dem Bossonsgletscher ist er der höchste Eisfall der Alpen. Vom Montblanc walzen seine Eismassen über 3500 m in einer nicht enden wollenden Kaskade auf die Talsohle hinab. Wie das Einauge des Zyklopen aus der Stirn, bricht dem Gletscher auf 2200 m der Pierre à Moulin durch den Eispanzer. Über ihn fällt das zerschrundete Eis in donnernden Lawinen auf die Zunge. Strenggenommen ist der Brenvagletscher ein regenerierender Gletscher; er bricht über einer Steilstufe, eben dem Pierre à Moulin, ab und fließt unterhalb derselben weiter.

Rechts oben: Das Val Veny mit seinen Gletschern in der zweiten Hälfte des 18. Jahrhunderts. Stich von A. Topffer nach einer Zeichnung von M.-T. Bourit. Aus «Voyages dans les Alpes» (1779) von H. B. de Saussure.

Rechts: Der Brenvagletscher am 2. August 1820. Aquarell von Hans Conrad Escher von der Linth (1767–1823). Damals war der Gletscher noch größtenteils schuttfrei und endete kurz vor Entrèves.

Le Mont-Blanc vu en face du côté de l'Allée-Blanche

Seine unübersehbare rechte Ufermoräne reicht bis zur gegenüberliegenden Talseite auf der Höhe der Kapelle Notre-Dame-de-la-Guérison und sperrt so das Tal ab. Periodisch staut sich deshalb das Wasser der Doire de Veny (Dora di Veni), die hier einen Durchschlupf ins Aostatal sucht, zu einem kleinen See. Auf der gut anderthalb Kilometer langen und zwischen 30 und 50 Meter hohen Moräne haben sich Birken, Erlen und Kiefern angesiedelt. Sie erreichen aber größtenteils nur eine kümmerliche Höhe von etwa einem Meter. Und sogar auf der Obermoräne des Gletschers wachsen bis zu einem halben Meter hohe Lärchen.

Der Bergsturz von 1920 löste durch den enormen Druck der Schuttmassen, aber auch durch deren ablationshemmende Wirkung auf das Eis, einen massiven Vorstoß des Gletschers aus; ein Ereignis, das in der Gletschergeschichte der Alpen keine Entsprechung kennt. Dieser ungewöhnliche Vorstoß dauerte bei kontinuierlich abnehmender Geschwindigkeit bis ins Jahr 1940, in welchem der Gletscher am Felsen bei der Kapelle von Notre-Dame-de-la-Guérison zum Stehen kam. Dabei staute er den Fluß der Doire de Veny, so daß sich bis nach Partud an der Seitenmoräne ein Stausee analog dem Lac de Combal bildete. Während jener zwanzig Jahre rückte der Gletscher insgesamt 440 m vor. Von 1940 bis 1967 zog er sich vorübergehend wieder etwas zurück. Seither aber ist er erneut im Vormarsch. Der Brenvagletscher war in früherer Zeit mehrmals weit vorgestoßen. Zu Beginn des 14. Jahrhunderts beispielsweise überfuhren seine Eismassen die alte Kapelle von Notre-Dame-de-la-Guérison und zerstörten sie vollständig.

In das Val Veny gelangt man über den zur geteerten Fahrstraße ausgebauten ehemaligen Säumerpfad, der bei La Saxe zwischen Entrèves und Courmayeur abzweigt und am Abhang des Mont-Chétif über dem rechten Ufer der Doire de Veny

Glacier de la Brenva

Fläche:	7,30 km²
Länge:	max. 6 m
Breite:	max. 2 km
Lage:	Südosten–Osten
Höhe:	max. 4807 m ü. M.
	min. ca. 1340 m ü. M.
Moränentypen:	Seitenmoränen, Schutt
Gletscherform:	zusammengesetzte Becken
Längsprofil:	unterbrochen
Ernährung:	Schnee und Lawinen

Besonderheiten: Gletscherzunge versperrt Eingang zum Val Veny. Rechte Seitenmoräne staut periodisch die Wasser der Doire de Veny zu einem kleinen Stausee.

Glacier du Miage
(Glacier de Bionnassay, Italien, Glacier du Dôme, Glacier du Mont-Blanc, Glacier du Miage)

Fläche:	11,29 km² (Stand 1958)
Länge:	max. 10 km
Breite:	0,5–1,3 km (Gletscherzunge)
Lage:	Südosten–Nordosten
Höhe:	max. 4807 m ü. M.
	min. 1740 m ü. M.
Moränentypen:	Seiten-, Mittel- und Endmoränen, Schutt
Gletschertyp:	Talgletscher
Gletscherform:	zusammengesetzte Becken
Ernährung:	Schnee und Lawinen

Besonderheiten: Zwei Zungenlappen beim Jardin du Miage. Gletscherrandseen im Val Veny auf der rechten Seitenmoräne (Lac du Miage) und an der linken Seitenmoräne. Rechte Seitenmoräne sperrt das Val Veny ab und bildet dadurch wiederholt den Lac de Combal im Talschluß.

Miage (1580 m), gegenüber dem Glacier de Freiney, der hoch oben in einer Rinne zwischen der Aiguille Croux und der Aiguille Noire klebt, steigt die bis hierher fast ebene Talfläche plötzlich über rund 400 Höhenmeter an. Diese Talstufe wird gebildet durch die Ufer- und Endmoränen und die Zunge des Miagegletschers. Seit undenklichen Zeiten lagert der Gletscher an dieser Stelle den Schutt ab, der weit hinten im Tal von den steilen Flanken der Aiguille de Tré-la-Tête und ihrer Nebengipfel sowie von den Granitgraten zum Montblanc hinan auf den Eisstrom hinabgepoltert ist.

Die aus einem Seitental ins Val Veny vorstoßende Gletscherzunge versperrt nahezu drei Kilometer lang das Tal auf voller Breite, die daselbst über einen Kilometer beträgt. Kurz nach Austritt aus dem nach Nordwesten weisenden Seitental, das der Glacier du Miage im Laufe der Zeit aus dem Berg geschliffen hat, teilt sich dessen Zunge, die nun um 90 Grad die Richtung gegen Nordosten ändert, in zwei riesige Lappen. Diese umschließen einen alten Moränenteil, auf dem ein kleiner Koniferenwald steht, der Jardin du Miage. Wie die gigantische

zur Kapelle Notre-Dame-de-la-Guérison hinaufführt. Hier hat man die Zunge direkt vor und unter sich. Beim Blick in die oberen Bereiche des Gletschers wird das Auge unwillkürlich zu den Zacken des Peuterey-Grates hingelenkt, die riesenhaft-urweltlichen Flammen gleich in den Himmel ragen. Nichts hat dieser Gletscher bis heute von dem «Schauervollen und gleichsam Drohenden» eingebüßt, wie es Saussure 1779 charakterisiert hat.
Vier Kilometer taleinwärts wartet auf den Besucher das zweite Prachtstück dieser ungewöhnlichen Gegend: der Glacier du Miage. Etwa auf der Höhe des Chalet du

Oben und ganz oben: Seit 1920 ist der Glacier de la Brenva mit einer gewaltigen Schuttmasse bedeckt. Seine wieder vorstoßende Zunge riegelt den Talausgang des Val Veny ab und reicht nahe an die Kapelle Notre-Dame-de-la-Guerison und die Einfahrt zum Montblanc-Tunnel heran.

Der Lac du Miage liegt in einer Ausbuchtung der bis zu 100 m hohen rechten Ufermoräne des Miagegletschers und stößt an seiner nördlichen Seite an den Gletscher, dessen Schmelzwasser er aufnimmt. Der Gletscherrandsee entleert sich gelegentlich. Bild rechts zeigt den ausgelaufenen See im August 1977 mit der Aig. Noir de Peuterey im Hintergrund; Bild ganz rechts: der volle Lac de Miage im Jahre 1975.

Jardin du Miage. Der aus dem Seitental ins Val Veny vorstoßende Glacier du Miage versperrt fast drei Kilometer weit das Tal in voller Breite. Zwei riesige Zungenlappen umschließen einen alten waldbestandenen Moränenteil, den Jardin du Miage. Wie die gigantische Schere eines Riesenhummers greift hier der Gletscher nach der Landschaft.

Schere eines Riesenhummers greift hier der Gletscher nach der Landschaft, seiner Beute.

Eingekeilt zwischen der steilen, schattenspendenden Nordflanke des Mont Favre und der Gletscherzunge, führt die Straße auf der Außenböschung der Ufermoräne hinauf zum oberen Teil des Tales, das nun Vallon de la Lex Blanche heißt. Zwei Eigentümlichkeiten fordern die Aufmerksamkeit des Besuchers: der Lac du Miage und der Lac de Combal. Beide verdanken ihre Existenz der rechten Seitenmoräne, die über den Talboden zum Fuß des Mont Suc abzweigt. Der Lac du Miage liegt in einer Ausbuchtung der bis zu 100 m hohen Ufermoräne und stößt an seiner nördlichen Seite an den Gletscher, dessen Schmelzwasser er aufnimmt. Gelegentlich kalbt der Gletscher in den See.

Im Wasser treibende Eisberge schaffen so einen stimmungsvollen Vordergrund zum hoch über dem See aufragenden Mont-Blanc de Courmayeur, dem Vorgipfel von Europas höchster Erhebung.

Am Ende der geteerten Fahrstraße, wo eine Brücke die Doire überquert, führen zahlreiche verschlungene Wanderpfade über die mit Lärchen bestandenen Moränenhügel hinauf zum See. Diese Bäume sind freilich längst nicht mehr so «schlecht und krüpplicht» wie jene, die Saussure hier vor über zweihundert Jahren angetroffen hatte, sondern erreichen in unmittelbarer, lebensbedrohender Nähe vom Gletscher eine ganz stattliche Höhe. Der Seespiegel liegt normalerweise auf einer Höhe von 2020 m. Gelegentlich jedoch entleert sich der See, zur Enttäuschung der vielen Wanderer und Natur-

Zwischen dem Col de la Seigne (hinten Mitte) und der rechten Ufermoräne (vorne) des Glacier du Miage liegt die Sumpfebene des Lac de Combal. Der einstmals bis zu einem Kilometer lange See ist heute zu einem Netz mäandrierender Bäche zusammengeschrumpft.

Unten Mitte: Aufstieg über den Glacier de Freiney zum Bivouac Eccles, dem Stützpunkt schwierigster Anstiege durch die Montblanc-Ostwand zum höchsten Gipfel der Alpen.

Der Glacier de la Brenva stürzt vom Montblanc als Eiskaskade ins Val Veny hinab. Auf 2200 m bricht der Pierre à Moulin durch den Eispanzer des Gletschers.

freunde, die sich an dem Anblick des idyllisch gelegenen Gletscherseeleins erfreuen möchten. Dann bleibt nur ein unansehnlicher Tümpel übrig, und der ganze Charme des sonst so verträumt an Moräne und Gletscher geschmiegten Seeleins ist verloren. So geschehen in den Jahren 1930, 1950 und 1976.

Beim Lac de Combal wirkt die Ufermoräne als eigentlicher Staudamm. Heute allerdings ist von dem See nicht mehr viel zu sehen. Er ist wie der Lac du Miage ausgelaufen; nur wird er sich, im Unterschied zu letzterem, nicht so bald wieder aufstauen. Denn sein Ausfluß an der rechten Talseite am Fuße der unteren Alp von Arp Vieille ist korrigiert. In früherer Zeit hatte dieser See die beachtliche Ausdehnung von rund einem Kilometer in der Länge und 500 m in der Breite. Vor allem aus strategischen Gründen, um den Zugang ins Piemont zu kontrollieren und nach Bedarf zu sperren, hatte man an seinem Ausfluß im 18. Jahrhundert einen Damm und Schleusen angebracht. Mit ihnen wurde der Seespiegel reguliert. Der See bildete sich hauptsächlich aus den Abflüssen des Glacier de la Lex Blanche (3,45 km²) und des Glacier d'Estellette (0,51 km²) an den Osthängen der Aiguilles des Glaciers und der Aiguille de la Lex Blanche sowie von den Schneefeldern an den Abhängen zum Col de la Seigne hin.

Der Lac de Combal ist heute zu einem Netz teilweise mäandrierender Bäche zusammengeschrumpft, die sich durch die versumpften Wiesen des eiförmigen, 1960 m ü. M. gelegenen Talschlusses schlängeln. Tümpel und Lachen säumen den Fahrweg, der es gestattet, mit dem Auto bis zur unteren Alp der Lex Blanche auf 2258 m vorzudringen, wo als beliebtes Ausflugsziel das Refugio Elisabetta Soldini steht und ein umfassender Überblick ins Tal lockt.

Der Miagegletscher hat sich tief in das Tal hineingelegt, aus dem er ins Val Veny vordringt. Über eine Strecke von gut vier Kilometern steigt er nur unwesentlich, insgesamt etwa 400 Meter an. Doch dann endet dieses schnurgerade Gletschertal abrupt. Vom Montblanc fließen auf ihn gleich drei Gletscher bedrohlich steil herab: es sind dies der Glacier du Mont-Blanc, der Glacier du Dôme und der Glacier de Bionnassay italien. Von der Aiguille de Tré-la-Tête stößt ein weiterer, allerdings kleiner und namenloser Gletscher hinzu. Sie alle bilden das eigentliche Nährgebiet des Gletschers. Zuhinterst im Kessel, auf etwa 2500 m Höhe, vereinigen sie sich zum Hauptstrom, der nun Glacier du Miage genannt wird. Von dem Eis dieses gleichmäßig über 500 m breiten Stromes ist jedoch nichts zu sehen. Es ist zugedeckt mit einem grauen Teppich aus Schutt, der von den hochragenden Felswänden des Montblancmassivs abgetragen wird. Von der «außerordentlichen Reinheit» des Eises, über die Saussure nach seinen beiden Exkursionen auf diesen Gletscher im 18. Jahrhundert berichten konnte, ist nichts als die Erinnerung geblieben.

Wandervorschlag Dem Wanderer eröffnet sich im Gebiet des Val Veny eine der großartigsten Westalpen-Szenerien. Die wohl schönste Wanderung in dieser Gegend, eine unbeschwerliche Höhen- und Abstiegswanderung von vier bis fünf Stunden, nimmt ihren Anfang entweder in Courmayeur oder Entrèves. Von Courmayeur aus läßt man sich mit der Luftseilbahn bis zum Col Chécrouit (1956 m) oder noch etwas höher zum Lac Chécrouit (2165 m) fahren. Von Entrèves aus fährt die 1971 in Betrieb genommene Funivia Val Veny auf die Alp Pré de Pascal (1912 m), über die man in gut einer Stunde den Lac de Chécrouit erreicht.

In sanftem Anstieg gelangt man über einen Höhenweg zur Alpe superiore de l'Arp Vieille (2303 m), weit unter sich zur Rechten das Val Veny, über dem sich die Südostseite des Montblancmassivs auftürmt. Die Aiguille de Tré-la-Tête im Westen und die Grandes Jorasses im Osten bilden die Eckpunkte dieses wahrhaft grandiosen Panoramas, in dessen Mitte der sich zum Montblanc aufschwingende Peuterey-Grat einen beunruhigenden Akzent setzt. Dazwischen die Eisströme des Glacier de Miage und des Glacier de la Brenva, zwischen denen noch einmal zwei stark zerklüftete Gletscher, der Glacier du Brouillard (1,25 km²) und der Glacier de Freiney (1,21 km²), unterhalb des Mont-Blanc de Courmayeur ins Tal hängen. Von der oberen Alp von Arp Vieille geht es in steilem Abstieg zur unteren Alp hinab, im Blickfeld die einzigartige Anlage des Miagegletschers mit dem Lac de Combal, dem Lac du Miage, der zweilappigen Gletscherzunge und dem von ihr umschlossenen Jardin du Miage. Dann weiter hinunter zur Straße, von wo aus im Sommer der Bus nach Entrèves und Courmayeur fährt.

Ausgangspunkt
Entrèves, 1306 m
Courmayeur, 1226 m (beide Val d'Aosta)

Auffahrt
Courmayeur: Telecabina Chécrouit/Funivia Courmayeur
Telecabina Altiporto
Entrèves: Funivia Val Veny

Höchster Punkt
Alp l'Arp Vieille sup., 2303 m

Rastpunkte
Bis Val Veny keine, Proviant mitnehmen

Schrifttum
Karten: Landeskarte der Schweiz
1:50 000 Courmayeur, Blatt 292
Institut Géographique National, Carte touristique
1:25 000 Massif du Mont-Blanc, Blatt 232
Führer: Mont-Blanc, Beaufortain, Editions Didier-Richard

Marschzeiten
Col Chécrouit – Lac Combal – Lac du Miage
4–5 Std.

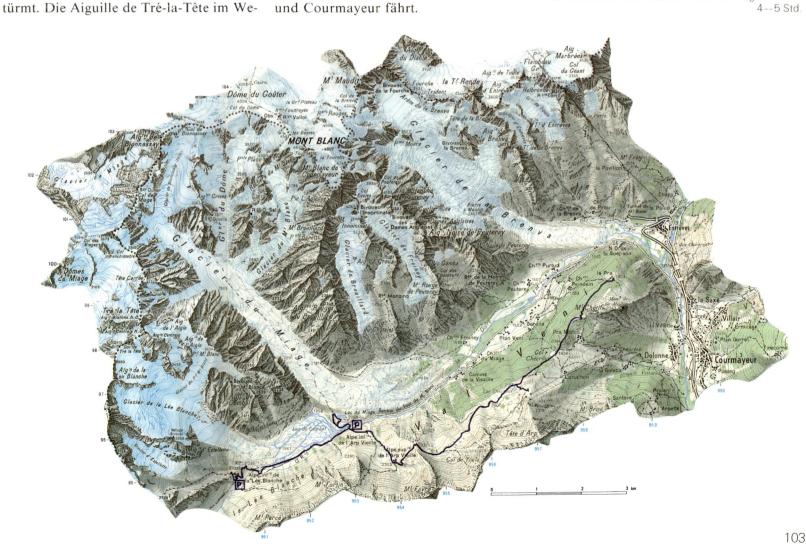

MONTBLANC-MASSIV *Schweiz*
Glacier du Trient
Glacier d'Orny
Glacier de Saleina

Das Tal von Trient – unscheinbar und namenlos. Eine quergestellte lanzettförmige Einkerbung in der Landschaft an der Grenze zu Frankreich. Gerade gut für einen Durchgang vom Unterwallis ins Tal von Chamonix. Dieses Tal westlich des Col de la Forclaz, über den die Straße von Martigny nach Chamonix führt, gibt sich ganz bescheiden. Mögen andere Täler mit ihren Schönheiten paradieren oder gar prahlen und einander die Touristen streitig machen – das Tal von Trient hält die Passanten von und nach Frankreich nicht auf. Es ist kein Tal für Eilige. Sein Schatz liegt im verborgenen, weit hinten, über einer kleinen Talstufe und dem Blick des Durchreisenden entzogen. Ein Tal für Eingeweihte. Wanderer, Menschen mit Muße, sind hier willkommen. Denn dieses Tal will entdeckt sein zu Fuße.

In Trient (1300 m) läßt man das Auto stehen und folgt dem Lauf der jungen Trient nach Südwesten. Schon bald wird die Talsohle verlassen; das Flüßchen zur Rechten, geht es nun durch lichtes Gehölz hinauf zum Chalet du Glacier (1583 m). Der immer enger werdende Pfad schlängelt sich romantisch zwischen engstehenden Arven hindurch. Hochstieliger Farn umstreicht kühlend die Beine. Über eine Holzbrücke wird die Trient gequert. Hier, wo die zweite Talstufe beginnt, entfaltet das Tal erst seine ganze Schönheit.

Überragt von der Felspyramide der Pointe d'Orny, stürzen die Eismassen des Trientgletschers dem Betrachter entgegen. Am Chalet du Glacier, einem sonnig gelegenen Rastpunkt mit Ausschank unweit der Brücke, gabelt sich der Weg. Über den oberen Pfad gelangt man zum Fenêtre d'Arpette (2665 m), von wo entweder zum Lac de Champex abgestiegen oder über einen Blockgletscher und das Fenêtre du Chamois zur Cabane du Trient (3170 m) aufgestiegen wird. Der untere Pfad führt direkt über das mit Erlen und Lärchen bestandene steinige Gletschervorfeld hinauf zum Talschluß.

Alptraumhaft wie eine gigantische Bärentatze greift dort der Trientgletscher vom Plateau du Trient hinab ins Tal. Über den Steilhang in eine endlose Folge von Spalten und Seracs zerrissen, erscheint sein Eisstrom wie der behaarte Arm eines Monstrums. Der Gletscher als unersättlicher, landschaftfressender Moloch: hier hat man das Ungeheuer vor Augen.

Das Tatzenförmige, Aufgeblähte des Zungenendes ist typisch für das Erscheinungsbild eines vorstoßenden Gletschers.

Der Glacier du Trient stößt seit mehreren Jahren stark vor. Er bietet mit seiner tatzenförmigen Zunge eines der eindrucksvollsten Beispiele eines kontinuierlich vorrückenden Alpengletschers.

Oben: Der «Ursprung des Trient in Wallis» mit dem weit ins Tal vorstoßenden Trientgletscher, in einer Darstellung des Zürcher Malers und Dichters Salomon Gessner (1730–1788).

Glacier du Trient

Fläche:	6,58 km²
Länge:	max. 5 km
Breite:	mittl. 1,4 km
Lage:	Norden
Höhe:	max. 3490 m ü. M.
	min. 1764 m ü. M.
Moränentypen:	Seitenmoränen, Schutt
Gletschertyp:	Talgletscher
Gletscherform:	einfaches Becken
Gletscherfront:	normal
Längsprofil:	Kaskaden
Ernährung:	Schnee/Driftschnee
Zungenaktivität:	leichter Vorstoß

Besonderheiten: Hängt mit Glacier d'Orny zusammen; Blockgletscher nordwestlich des Col des Ecandies.

Glacier d'Orny

Fläche:	1,54 km²
Länge:	max. 3 km
Breite:	mittl. 0,6 km
Lage:	Nordosten—Osten
Höhe:	max. 3300 m ü. M.
	min. 2640 m ü. M.
Moränentypen:	Mittel- und Seitenmoränen Moränentyp unsicher
Gletschertyp:	Talgletscher
Gletscherform:	einfaches Becken
Gletscherfront:	normal
Längsprofil:	gleichmäßig
Ernährung:	Schnee/Driftschnee
Zungenaktivität:	stationär

Besonderheiten: Hängt mit Glacier du Trient zusammen.

Glacier de Saleina

Fläche:	5,03 km²
Länge:	max. 6,4 km
Breite:	mittl. 0,9 km
Lage:	Osten—Nordosten
Höhe:	max. 3880 m ü. M.
	min. 1713 m ü. M.
Moränentypen:	Mittel- und Seitenmoränen
Gletschertyp:	Talgletscher
Gletscherform:	zusammengesetzte Becken
Gletscherfront:	normal
Längsprofil:	Kaskaden
Ernährung:	Schnee/Driftschnee
Zungenaktivität:	starker Vorstoß (1974/75)

Der Glacier du Trient zählt zu dieser in unseren Tagen eher raren Spezies alpiner Gletscher. Er bietet eines der eindrucksvollsten Beispiele eines kontinuierlich vorrückenden Gletschers im Alpenraum. Jährlich ist er in den vergangenen Jahren um ein Dutzend und mehr Meter vorgestoßen. Sein gut zwanzig Meter steil aufragendes Zungenende mutet von weitem wie ein riesiger rundgeschliffener und polierter grauer Granithöcker an, in den sich die Schmelzwasser des Gletschers eine Rinne gewaschen haben. Doch der Augenschein in unmittelbarer Nähe bestätigt: alles ist pures Eis.

Das Wasser des Trientgletschers war von jeher begehrt. Wenige Meter unterhalb der Brücke beim Chalet du Glacier befindet sich die Zapfstelle für die Bisse, die von Walliser Bauern vor langer Zeit gebaute Wasserleitung hinüber zum Col de la Forlaz und an die Hänge der Combe, hoch über Martigny. Die Bisse führt heute noch Wasser bis zum Forclazpaß. Ein Wanderweg begleitet die eisigen Wasser, die weiter oben im Wallis «heilig» genannt werden. Über diesen durch viel Wald führenden Pfad gelangt man schließlich wieder zurück nach Trient.

Der Rückweg nach Trient kann aber auch mit einem Abstecher auf den Col de Balme verbunden werden. Dazu folgt man nach Überschreiten der Brücke dem Pfad in Richtung Les Grands (2113 m). Dort oben, nach ein bis zwei Stunden Anstieg, beginnt ein abwechslungsreicher Höhenweg hinüber zum Hôtel Suisse (2191 m) auf dem wegen seiner Aussicht übers Tal von Chamonix und das Montblancmassiv berühmten Grenzpaß. Über die Alpen von Les Herbagères und Tsanton des Aroles geht es dann hinunter nach Trient.

Heute werden die Abflüsse des Trientgletschers und des benachbarten Glacier des Grands (1,99 km² Fläche) der Elektrizitätswirtschaft dienstbar gemacht. Ebenfalls unterhalb des Chalet du Glacier liegt die Fassungsstelle, wo die Trient in den Hauptleitungsstollen Ost der Kraftwerkanlage der Emosson Electricité SA umgeleitet wird. Das Einzugsgebiet der Trient umfaßt hier ein Gebiet von 18,3 km². In Les Esserts mündet dieser 18,3 km lange Stollen, der auch die Abflüsse der Glet-

Die Trient, der Abfluß des Trientgletschers, am 17. Juli 1977. Durch den Ausbruch einer Wasserstube führt das schlammbraun verfärbte Flüßchen Hochwasser. Blick von der Brücke beim Châlet du Glacier gegen den Gletscher im Talschluß.

scher von Treutse-Bô (0,55 km²), Planereuse (0,65 km²) und Saleina aufnimmt, in das gleichnamige Ausgleichsbecken. Ein gepanzerter Schrägschacht verbindet dieses mit der Kraftwerkzentrale Châtelard-Vallorcine, die sich bereits auf französischem Boden befindet. Hier können die Wassermassen direkt verarbeitet oder mittels Pumpen zum Speicher Emosson befördert werden. Die Kraftwerkanlage Emosson wird von Frankreich und der Schweiz kooperativ betrieben. Die zur Nutzbarmachung des Speicherbeckens Emosson notwendigen Abflüsse stammen sowohl aus dem schweizerischen Grenzgebiet als auch aus den französischen Alpen. Wasserlieferanten sind dort hauptsächlich die Gletscher von Tour und Argentière.

Eine Eigentümlichkeit dieses Gletschers darf nicht unerwähnt bleiben, zumal sie eine Gefahr für die Besucher des Tales darstellt. Ungefähr auf der Höhe des Col des Ecandies bildet der Trientgletscher an seiner rechten Seite in seinem Innern Hohlräume, sogenannte «Wasserstuben». Diese füllen sich mit Schmelzwasser und entleeren sich mit schöner Regelmäßigkeit nahezu alljährlich von etwa Mitte Juli bis Mitte August. Die freigesetzten Wassermassen stürzen entlang der rech-

ten Zungenseite hinab ins Gletschervorfeld, wobei sie Geröll und Moränenmaterial mit sich reißen. Der schlammbraune Sturzbach vereint sich schließlich mit dem Abfluß des Gletschers, so daß die Trient gefährlich anschwillt.

Vor allem weiter unten in der Talebene bei Trient im Flußbett badende Naturfreunde sind dadurch gefährdet. Beim Ausbruch der Wasserstube am 17. Juli 1977 gegen 13 Uhr sonnte sich eine Familie auf einer Flußaue. Im letzten Augenblick, bevor der Schlammstrom über sie hereinbrach, konnten sich Eltern und Kinder ans sichere Ufer retten. Einen besonders heftigen Ausbruch gab es am 6. August 1960. 48 Stunden lang ergoß sich damals der Inhalt einer Wasserstube in die Trient. Dabei verursachte das Hochwasser Flur- und Sachschäden von nahezu einer Viertelmillion Schweizer Franken.

Über dem Eisbruch auf etwa 3000 m ü. M. weitet sich der Trientgletscher in eine Hochebene, das Plateau du Trient. Dieses weitläufige Gletscherbecken wird im Süden durch die Aiguilles Dorées begrenzt. Im Westen dominiert die Aiguille du Tour (3542 m). Das Plateau du Trient ist als Gebirgslandeplatz zugelassen. Dies erschließt den Skifahrern beispielsweise eine exklusive Tiefschneeabfahrt über den Glacier des Grands hinab nach Trient. Im Mai 1930 landete auf dem Trient-Plateau in einer aufsehenerregenden Aktion Ernst Udet (1886–1941, Selbstmord), der erfolgreichste überlebende deutsche Jagdflieger des Ersten Weltkrieges und spätere Generalluftzeugmeister.

Angaben zur Kraftwerkanlage Emosson

Eigentümer: Electricité d'Emosson SA

Speicherbecken Emosson:
Bruttoinhalt 227 Mio m³
Nutzinhalt 225 Mio m³
Energieinhalt 683,3 Mio kWh
Seeoberfläche max. 3,27 km²

Charakteristik:
Bogenmauer mit Gewichtsflügelmauer
Kronenhöhe 1931,5 m ü. M., Höhe max. 180 m
Kronenlänge 554 m (inkl. Flügelmauer 130 m)
Mauerstärke max. 48,50 m
Betonvolumen 1 100 000 m³, Bauzeit 1967–1972

Hydrologie: Einzugsgebiet Emosson insg. 175,85 km² (ohne SBB-Einzugsgebiete von insg. 32,21 km²)

Zentrale Chatelard-Vallorcine:
Die Zuleitung Süd zur Kraftwerkzentrale Châtelard Vallorcine ist ein Freispiegelstollen von 8,55 km Länge. Er ist für einen Durchfluß von 12 m³/s ausgebaut und sammelt die Abflüsse der Gletscher von Lognan, Argentière und Tour. Die Abflüsse des Argentièregletschers werden bereits unter dem Gletscher gefaßt.
Die Zentrale Chatelard-Vallorcine wird von der Zentrale La Bâtiaz aus ferngesteuert.

Energieerzeugung: jährlich insg. 631,1 GWh

Emosson ist ein Speicherwerk zur Produktion regulierbarer, konsumangepaßter Spitzenenergie als Ergänzung zur Bandenergie der Kernkraftwerke. Durch die Beteiligung der Electricité de France wird der internationale Verbundbetrieb zwischen der Schweiz und Frankreich erleichtert.

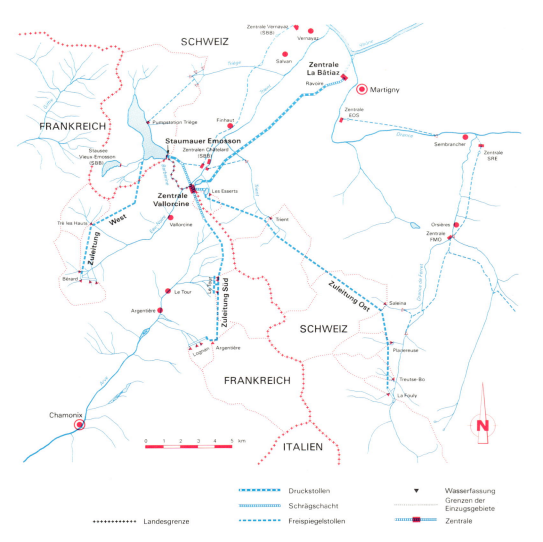

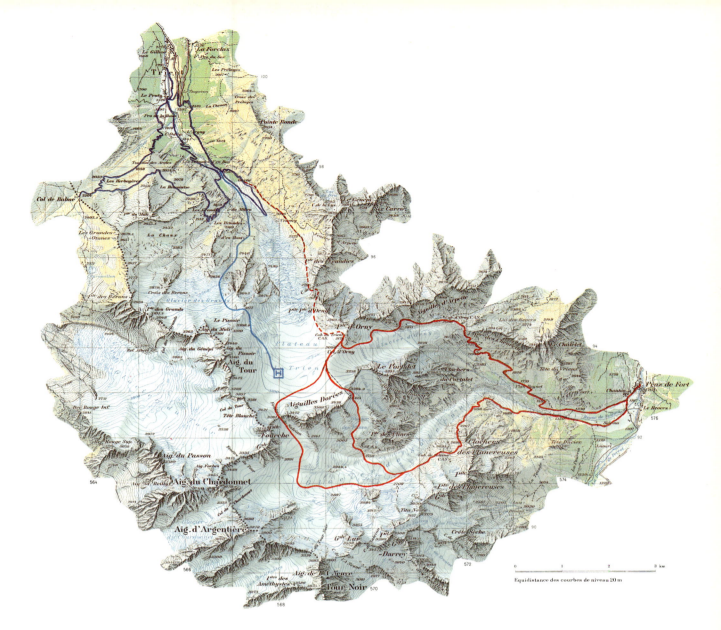

Links: Die Zunge des 6,4 km langen und 5,03 km² großen Glacier de Saleina bildet oberhalb seines gewaltigen Gletscherbruches besonders auffällige Querspalten aus.

Unten: Vom Plateau du Trient fließen in östlicher Richtung die Eismassen als Glacier d'Orny ab. Dieser 3 km lange Talgletscher ist lediglich 1,54 km² groß.

Im Osten hängt der Trientgletscher mit dem Glacier d'Orny zusammen. Dieser hübsche Gletscher ist einen Besuch wert. Man erreicht ihn am besten von Praz-de-Fort im Val Ferret aus. Der Reuse de Saleinaz entlang, mit Blick auf die stark vorstoßende Zunge des Saleinagletschers, die neugierig unterhalb der freistehenden Felszacken der Clochers du Portalet hervorlugt, geht es schließlich in vielen Kehren hinauf zur Cabane d'Orny (3 Stunden). Nun über den Gletscher, an dessen linker Seitenmoräne zu Füßen der Aiguilles d'Arpette sich zwei Seelein stauen, hinauf zum Col d'Orny und zur nahen Cabane du Trient als Stützpunkt (1½ Stunden).

Am nächsten Tag von hier über das Plateau du Trient nach Südwesten zum Fenêtre de Saleina (3267 m), wo von Süden die stolze Aiguille d'Argentière grüßt (1 Stunde ab Cab. du Trient), oder gleich oben am Col d'Orny (scharf links halten!) zum Roc des Plines (ca. 3320 m). Beide Übergänge, der eine westlich, der andere östlich der Aiguilles Dorées, führen zum Glacier de Saleina hinunter. Auf diesem hinab zur Cabane de Saleina (2691 m), unterhalb deren der Gletscher über eine gewaltige Steilstufe rund 400 Meter abbricht und sich zwischen den Felsen ins Tal zwängt. Dann über Schroffen zunächst steil hinab und schließlich der Reuse de Saleina folgend zurück nach Praz-de-Fort (4–5 Stunden vom Fenêtre de Saleina).

Stützpunkte
Cabane du Trient CAS, 3170 m
Cabane d'Orny CAS, 2686 m
Cabane de Saleina CAS, 2691 m

Schrifttum
Karten: Landeskarte der Schweiz
1:50 000 Martigny, Blatt 282
Institut Géographique National, Carte touristique
1:25 000 Massif du Mont-Blanc, Blatt 231
Führer: Vallot III (Trient), Editions Arthaud

Marschzeiten
Trient–Trientgletscher	1½ Stunden
Chalet du Glacier–Col de Balme	2½ Stunden
Col de Balme–Trient	1 Stunde
Praz-de-Fort–Cabane d'Orny	3 Stunden
Cabane d'Orny–Cabane du Trient	1½ Stunden
Cabane du Trient–Cabane de Saleina– Praz-de-Fort	5–6 Stunden

WALLISER ALPEN *Val de Bagnes*
Glacier du Giétroz
Glacier du Brenay   Glacier d'Otemma
Glacier du Mont Durand   Glacier de Tsessette
Glacier de Corbassière

Val de Bagnes

Die Gletscher des Val de Bagnes zählen, zugegeben, nicht zu den schönsten des Landes. Zudem zeigen sie sich wenig publikumsfreundlich. Denn sie haben sich über die steilen Hänge des oberen Haupttales weit hinauf in ihre in hochgelegenen Seitentälern verborgenen Nester zurückgezogen. Und, wie um das Maß an Zurückhaltung vollzumachen, verstecken sie ihre noch durchaus stattlichen Zungen diskret unter dem grauen Schuttkleid schützender Obermoränen. Damit machen sie auch den Glaziologen wenig Freude, die sich über den aktuellen Stand der Zungenaktivität ins Bild setzen möchten.

Um so größer aber ist ihre Bedeutung für die Wasser- und Energiewirtschaft. Ihre Abflüsse werden im Staubecken des Lac de Mauvoisin gesammelt, der auch die übrigen Zuflüsse der Drance de Bagnes aufnimmt. Namentlich sind es die Gletscher von Giétroz, Brenay, Otemma, Epicoune (1,16 km²), Crête Sèche (1,14 km²), Fenêtre (0,68 km²), Mont Durand, Tsessette und Corbassière, die die Hauptwassermenge für das 180 Millionen m³ fassende Staubecken liefern. Zwei Zuleitungsstollen, der eine (6,86 km) auf der rechten und der andere (6,56 km) auf der linken Talseite, führen dem Stausee noch Wasser von sechs Bächen zu, deren einer die Abflüsse des Glacier de Corbassière aufnimmt.

Wegen der starken Vergletscherung (46 Prozent) des durch Beileitungen auf 167 km² vergrößerten Einzugsgebietes ist die Füllung des Beckens auch in hydrologisch ungünstigen Jahren gewährleistet. Der 5 km lange Lac de Mauvoisin wird durch eine 237 m hohe Bogenmauer zwischen dem Pierre à Vire und dem Mont Pleureur oberhalb von Mauvoisin gestaut. Sie ist damit die höchste Bogenmauer der Schweiz. Das imposante Bauwerk mit einer Kronenlänge von 520 m, einer Kronenbreite von 14 m, einem bis zu 53,5 m breiten Mauerfuß und einem Betonvolumen von 2,03 Millionen m³ wurde in den Jahren 1951–1957 erstellt. Bei Vollstau mit der maximalen Staukote von 1961,5 m ü. M. dehnt sich die Seeoberfläche auf 2,08 km² aus.

Glacier du Giétroz

Fläche:	5,94 km²
Länge:	max. 5,4 km
Breite:	mittl. 1,2 km
Höhe:	max. 3820 m ü. M.
	min. 2540 m ü. M.
Lage:	Nordwesten
Firnlinie:	3220 m ü. M.
Nährgebiet, mittl. Höhe:	3300 m ü. M.
Zehrgebiet, mittl. Höhe:	3080 m ü. M.
Moränentypen:	Seitenmoränen
Gletschertyp:	Gebirgsgletscher
Gletscherform:	einfaches Becken
Gletscherfront:	kalbende Front
Längsprofil:	gleichmäßig
Ernährung:	Schnee und Lawinen
Zungenaktivität:	leichter Vorstoß

Glacier du Brenay

Fläche:	total 9,80 km²
	schuttfrei 7,40 km²
Länge:	max. 6,3 km
Breite:	mittl. 1,6 km
Höhe:	max. 3800 m ü. M.
	min. 2560 m ü. M.
Lage:	Südwesten
Moränentypen:	Mittel- und Seitenmoränen
Gletschertyp:	Talgletscher
Gletscherform:	zusammengesetzte Becken
Gletscherfront:	normal
Längsprofil:	kalbende Front
Zungenaktivität:	leichter Rückzug

Besonderheiten: Hängt im obersten Teil mit Glacier de Tsijiore Nouve zusammen. Südlicher Teil der Zunge bis zu Felswand nördlich Pointe d'Otemma mit Schutt und Lawinenschnee bedeckt. Unterhalb Eisfall Ogiven.

Glacier d'Otemma

Fläche:	total 16,55 km²
	schuttfrei 14,76 km²
Länge:	max. 8,5 km
Höhe:	max. 3800 m ü. M.
	min. 2460 m ü. M.
Firnlinie:	3200 m ü. M.
Nährgebiet, mittl. Höhe:	3240 m ü. M.
Zehrgebiet, mittl. Höhe:	2920 m ü. M.
Moränentypen:	Mittel- und Seitenmoränen
Gletschertyp:	Talgletscher
Gletscherform:	zusammengesetzte Becken
Gletscherfront:	normal/verschieden
Längsprofil:	gleichmäßig
Ernährung:	Schnee/Driftschnee
Zungenaktivität:	leichter Rückzug

Besonderheiten: Hängt mit Glacier de Pièce, über Col de Chermotane und Col du Petit Mont Collon mit Glacier du Mont Collon zusammen. Südlich Seitengletscher über Steilstufen in Hauptstrom übergehend. Gletschertor. Rinnsale auf der nördlichen Seite der Gletscherzunge verschwinden in subglazialen Höhlen.

Glacier du Mont Durand

Fläche:	total 7,59 km²
	schuttfrei 6,09 km²
Länge:	max. 6,0 km
Breite:	mittl. 1,4 km
Höhe:	max. 4200 m ü. M.
	min. 2280 m ü. M.
Lage:	Osten
Moränentypen:	Mittel- und Seitenmoränen
Gletschertyp:	Talgletscher
Gletscherform:	zusammengesetztes Becken
Gletscherfront:	normal
Längsprofil:	Eisfall
Ernährung:	Schnee/Driftschnee
Zungenaktivität:	stationär

(Daten: Stand 1973)

Glacier de Tsessette

Fläche:	total 2,44 km²
	schuttfrei 1,37 km²
Länge:	max. 2,8 km
Breite:	mittl. 1,3 km
Höhe:	max. 3260 m ü. M.
	min. 2500 m ü. M.
Lage:	Nordosten
Moränentypen:	Mittel-, Seiten- und Endmoränen; im Gletschervorfeld Seiten- und Endmoränen
Gletschertyp:	Gebirgsgletscher
Gletscherform:	Kar
Gletscherfront:	normal
Längsprofil:	gleichmäßig
Ernährung:	Schnee/Driftschnee
Zungenaktivität:	ungewiß

Besonderheiten: Thermokarst-Struktur im Schutt.
(Daten: Stand 1973)

Glacier de Corbassière

Fläche:	total 17,44 km²
	schuttfrei 16,33 km²
Länge:	max. 9,8 km
Breite:	mittl. 2,7 km
Höhe:	max. 4300 m ü. M.
	min. 2220 m ü. M.
Lage:	Nordosten—Norden
Firnlinie:	3120 m ü. M.
Nährgebiet, mittl. Höhe:	3400 m ü. M.
Zehrgebiet, mittl. Höhe:	2780 m ü. M.
Moränentypen:	Mittel- und Seitenmoränen; im Gletschervorfeld Seitenmoränen
Gletschertyp:	Talgletscher
Gletscherform:	zusammengesetzte Becken
Gletscherfront:	normal/verschieden
Längsprofil:	Kaskaden
Ernährung:	Schnee/Driftschnee
Zungenaktivität:	leichter Vorstoß

Besonderheiten: Bei Mulets de la Tsessette stürzen Eismassen über Felswand auf Glacier de Tsessette hinunter.
(Daten: Stand 1973)

An der rechten Seite der Bogenmauer befindet sich im Fels des Mont Pleureur die Kavernenzentrale Chanrion. Diese nutzt die Zuflüsse des obersten Teils vom Val de Bagnes unter Ausnützung eines Gefälles von 380 m (gemessen von der Front der Gletscher von Otemma und Epicoune bis zur maximalen Staukote des Sees) und führt das Wasser durch einen 9 km langen Druckstollen und einen Druckschacht (478 m) der unterirdischen Zentrale zu, deren installierte Leistung auf 28 000 kW angesetzt ist.

Glacier du Giétroz und Lac de Mauvoisin. Der Gletscher endet heute an der Abbruchkante einer Steilstufe oberhalb der Talverengung von Mauvoisin. Stößt er vor, so schiebt er die Eismassen über die Steilwand hinaus.

Das Wasser des Lac de Mauvoisin wird durch einen 4,75 km langen Druckstollen und einen gepanzerten Druckschacht von 440 m Länge nach der Kavernenzentrale Fionnay (1490 m) geleitet. Diese ist mit drei Maschinengruppen ausgerüstet, die zusammen 127 500 kW Leistung abgeben. Der Unterwasserstollen der Zentrale Fionnay mündet in ein Ausgleichsbecken. Von dort gelangt das Wasser durch einen Druckstollen (14,72 km) und zwei daran anschließende parallele Druckleitungen (1800 m) in die Zentrale Riddes (477 m) im Rhonetal. Diese verfügt über fünf Maschinengruppen mit einer maximalen Gesamtleistung von 225 000 kW.

Das 1947 entworfene Projekt der Kraftwerkgruppe Mauvoisin (sie liefert insgesamt 760 GWh) stellte sowohl vom wirtschaftlichen als auch vom technischen Gesichtspunkt für die damalige Zeit eine

Getroz Gletscher zwischen dem Mont Pleureur & Mont Mauvoisin, mit dem Überrest des aufgedämmten Sees im Bagnesthal im Wallis. Den 23 Juli 1818 n. d. Nat. gezeit v. H. C. Escher.

außerst kühne Konzeption dar. Für die Schweiz der Nachkriegsjahre waren die Ausmaße dieses als Vorbild für andere Kraftwerkanlagen dienenden Werks noch etwas Ungewohntes. Bis heute hat es als Produzent konsumangepaßter Spitzenenergie seine Bedeutung behalten.

Das Val de Bagnes hat aber nicht erst durch den Bau der Staumauer von Mauvoisin Bedeutung erlangt. Bereits im 6. Jahrhundert machte es mit seinen Gletschern von sich reden. Im besonderen war es der Glacier du Giétroz, der wiederholt unrühmlich in Erscheinung trat.

Dieser vom Mont-Blanc de Cheilon (3869 m) und der Ruinette (3875 m) in der gekrümmten Form einer Narrenkappe zunächst nach Nordwesten abfließende schuttfreie Gletscher bricht auf etwa 2450 m Höhe über die steile Westflanke des Pleureur (3703 m) bei der Talverengung von Mauvoisin in das Val de Bagnes ab. Stößt er vor, so schiebt er seine Eismassen über die Steilwand hinaus.

Dies führte in der Folge mehrmals zu verheerenden Katastrophen im Tal. Denn die abbrechenden Eistrümmer, die noch durch Schneelawinen verstärkt wurden, häuften sich am Fuße einer Steilrinne auf 1710 m Höhe in der schattigen Talverengung zwischen dem Mont Pleureur und dem Pierre à Vire oberhalb Mauvoisin. Dort bildete sich dann gewissermaßen ein sekundärer, vom Nachschub des Glacier du Giétroz abhängiger Gletscher. Zeitweise wuchs dieser Gletscherkegel so stark an, daß er als gewaltige Eisbarriere das Tal abriegelte und die Drance de Bagnes zu einem kilometerlangen temporären See staute, in dem Eisschollen und Eisberge trieben. Dieser Eisdamm lag nur wenig oberhalb der Stelle (etwa 400 m), wo heute die Staumauer das Tal sperrt. War nun der Eiswall dem Wasserdruck nicht mehr gewachsen, so brach er zusammen, und der See floß mehr oder minder rasch aus. Verheerende Überschwemmungen talaus waren die Folge. Ein Vorgang, der auch beim Vernagtferner mehrmals zu beobachten war.

Früheste Kunde von einer solchen Überschwemmung gibt der Domherr Boccard vom Bistum Sitten. So soll bereits im Jahre 580 Martigny überflutet worden sein, was zur Folge hatte, daß man den Bischofssitz von Martigny nach Sitten verlegte. Eine weitere Hochwasserkatastrophe ist vom 7. August 1549 verbürgt. Am 4. Juni 1595 brach der vom Giétrozgletscher gestaute See erneut aus. Die Flut verwüstete die Dörfer des Tales und einen Teil von Martigny. Gegen 150 Menschen, davon die Hälfte in Martigny, fanden dabei den Tod. Ein weiterer Wasserausbruch ereignete sich im September 1640.

Der Ausbruch vom 16. Juni 1818, der 50 Todesopfer forderte und die Dörfer (etwa 500 Häuser) und Kulturen der ganzen Talschaft bis ins Rhonetal hinaus entsetzlich verwüstete, war zwar vorausgesehen worden, konnte aber trotz Gegenmaßnahmen nicht verhindert werden. Damals hatte sich ein 135 m hoher Eiskegel gebildet, der sich an der gegenüberliegenden Felswand bis in 87 m Höhe als Talsperre anlehnte. Bis zum 14. Juni hatte sich hinter dem Eisdamm ein 3 km langer, 200 m breiter und 70 m tiefer See gebildet. Der Walliser Kantonsingenieur J. Venetz unternahm angesichts der drohenden Katastrophe den Versuch, den See künstlich zu entleeren. Er ließ einen 180 m langen Stollen durch das Eis brechen. Rund ein Drittel des Sees floß auch tatsächlich durch diese Galerie ab. Beim Ausgang des Stollens bildete sich ein Wasserfall. Die thermoerosive Wirkung des Wassers, die der Kantonsingenieur falsch eingeschätzt hatte, wirkte sich dabei fatal aus. Sie schuf dort einen Kolk, der sich immer weiter ins Eis einfraß. Drei Tage nach Inbetriebnahme des Abflußstollens brach der Damm. In etwa anderthalb Stunden entleerte sich der See, der erst um 13,5 m abgesenkt werden konnte. Eine Tod und

Linke Seite:
Der Eisschuttkegel des Giétrozgletschers am 23. Juli 1818. Aquarell von H. C. Escher (1767–1823). Der Sturzkegel staute wiederholt die Drance bei Mauvoisin zu einem See, dessen Durchbruch das Val de Bagnes verwüstete. Das Bild entstand fünf Wochen nach dem verheerenden Ausbruch im Jahre 1818.

Unten:
H. C. Escher: «Hintergrund des Bagnethals im Unter Wallis» am 7. August 1820. Die Alp Chanrion war damals völlig von Gletschern überflutet. Von links stößt der Glacier de Brenay, in der Bildmitte der Glacier du Mont Durand an den Gegenhang des Tales. Beide Gletscher haben sich seither weit nach oben zurückgezogen.

Verderben bringende Sturzflut von 20 Millionen m³ Wasser und Schlamm wälzte sich das Val de Bagnes hinaus ins Rhonetal.

Mit Ausnahme der Ausbrüche von 1595 und 1818 lassen die historischen Dokumente offen, ob die Überschwemmungen des Bagnes-Tales nicht auch von Schmelzwasserausbrüchen des Glacier de Crête Sèche im Talschluß herrühren könnten. Denn dieser kleine Gebirgsgletscher an der Nordostflanke des Mont Gelé an der Grenze zu Italien, der bei Hochständen mit dem Otemmagletscher zusammenfloß, scheint sich wie während des allgemeinen Gletscherschwundes nach 1850 in Zeiten früherer Klimagunst rascher zurückgebildet zu haben. Dabei stauten sich seine Schmelzwasser im Sommer jeweils an der linken Zungenseite des Otemmagletschers.

Da das Wasser oberflächlich nicht abfließen konnte, suchte es sich seinen Weg durch den Otemmagletscher. Hatte es einen ausreichend großen Durchgang herausgeschmolzen, brach der See aus, so am 28. Juni 1894 und 18. Juni 1895. Der Ausbruch vom 17. Juli 1898 hatte katastrophale Folgen. Zwölf Brücken, zahlreiche Mühlen und andere Gebäude wurden von den Wassermassen weggespült. Die Jahresernte des gesamten Tales wurde vollständig vernichtet. Mit mehr oder weniger gutem Erfolg versuchte man daraufhin, den sich alljährlich bildenden See abzuleiten. Die Gefahr von Überschwemmungen durch Ausbrüche von Gletscherseen im Val de Bagnes scheint allerdings erst durch den Bau der Staumauer endgültig gebannt. Durch Beobachtungsflüge und ständige Messungen am Giétrozgletscher ist gesichert, daß bei einem starken Vorstoß rechtzeitig Gegenmaßnahmen eingeleitet werden. Denn ein Eisabbruch könnte im Lac de Mauvoisin eine Flutwelle auslösen und dadurch eventuell die Staumauer beschädigen.

Neueste Untersuchungen von Gletscherschwankungen im Val de Bagnes ergaben, daß die dortigen Gletscher bei ihren Vorstößen seit etwa 2000 v. Chr. nicht oder nur unwesentlich weiter vorgerückt sind als während des Hochstandes von 1850. Bei diesem letzten großen nacheiszeitlichen Eishochstand, der dank der amtlichen Kartenwerke eine sichere Bestimmung ermöglichte, reichten die Gletscher von Brenay, Mont Durand und Otemma bis in die Talsohle hinab oder sogar bis an den gegenüberliegenden Talhang.

In exakten historischen Darstellungen vor allem von H. C. Escher von der Linth und Johann Rudolf Bühlmann (1802–1890) sind diese Gletscherstände anschaulich festgehalten. Der Brenaygletscher hat sich seit seinem Hochstand um 1820, bei dem er noch auf die Drance hinabreichte, fast 600 Höhenmeter nach oben zurückgezogen. Allein in den Jahren 1859 bis 1877 verkürzte er sich um 1250 m, was einer durchschnittlichen Schwundrate von 70 m pro Jahr entspricht. Direkt hinter seine Zunge legte sich diejenige des Glacier du Mont Durand. Dessen Eismassen stauten sich zur Zeit der Hochstände jeweils am rechten Gegenhang, wobei sich die Zunge hammerförmig ausbreitete. Der Otemmagletscher verband sich mit den Gletschern von Epicoune und Crête Sèche und reichte bis auf die Alp Chanrion hinunter. Und der Glacier de Tsessette brach in einem prächtigen Eisfall unterhalb der Ostwand des Grand Combin (4141 m) effektvoll zur Drance ab.

Heute sieht es im obersten Teil dieses einsamen Tales recht öde aus. Das «prächtige Amphitheater von ewigem Eise», von dem Gottlieb Sigmund Gruner 1760 in seiner Schrift über die «Eisgebirge des Schweizerlandes» berichtet, ist einer trostlosen Ansammlung von Geröll und Geschiebe gewichen. Man muß schon sehr weit hinaufsteigen, will man sich ein Bild vom heutigen Zustand dieser Gletscher machen. Auch zum Glacier de Cor-

Oben: Der Glacier de Corbassière windet sich in einem langgestreckten S vom Grand Combin nach Norden.

Rechts: Gletschertor am Glacier d'Otemma. Über den 8,5 km langen Gletscher geht die Streckenführung der berühmten Haute Route.

Unten: Der Lac de Mauvoisin liegt in einer von der Außenwelt nahezu völlig abgeschiedenen Hochgebirgslandschaft von starkem Reiz.

bassière, der sich parallel zum oberen Drance-Tal vom Grand Combin in einem langgestreckten S zwischen den furchteinflößenden Wänden des Tournelon (3707 m) und dem Combin de Corbassière (3715 m) nach Norden windet, ist der Anstieg länger geworden. Von Fionnay (1490 m) muß man sich heute gut 1000 Höhenmeter hochmühen, um wenigstens einen Blick auf die Zunge werfen zu können, die sich schlaff und müde auf die abgewetzte Felsunterlage legt. Wer hier nicht Großes vorhat, etwa die Besteigung des Grand Combin, für den bleibt die Cabane de Panossière (2671 m, 3 bis 4 Stunden von Fionnay) oberer Zielpunkt einer Wanderung zum Gletscher, der mit zunehmender Höhe ein grimmigeres, spaltendurchfurchtes Gesicht macht.

Zum Lac de Mauvoisin gelangt man müheloser. Bis nach Mauvoisin (1821 m) führt im Schatten der Staumauer über unzählige Kehren die öffentliche, vom

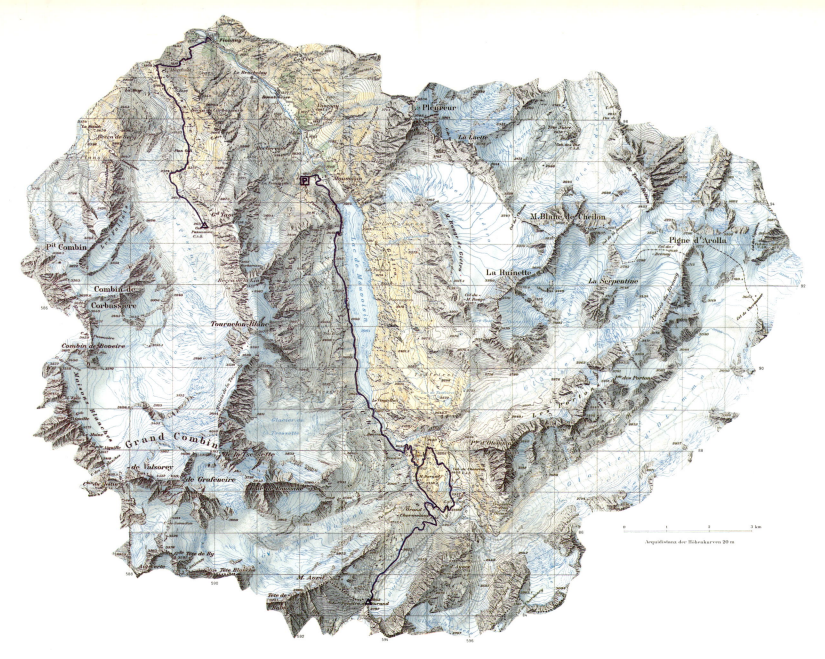

Kraftwerk gebaute Straße. Ab hier ist der Autoverkehr über den Fahrweg hinauf zur Staumauer und am linken Ufer entlang nach Chermotane am Ende des Sees nur mit Bewilligung gestattet. Zu Fuß ist es ein langer Weg. Bis zur Cabane de Chanrion (2462 m) am See der gleichnamigen Alp gegenüber dem Glacier du Mont Durand sind es gut drei Stunden. Doch wer eine von der Außenwelt nahezu völlig abgeschiedene, nur die Laute der Natur wiedergebende Hochgebirgslandschaft sucht, der hat hier richtig gewählt.

Nach der Staumauer führt der Wanderweg zunächst in den Fels des Pierre à Vire, in den eine Galerie von gut 1 km Länge gesprengt ist. In regelmäßigen Abständen geben aus dem Gestein geschlagene mannshohe Fenster den Blick auf die Staumauer, den See und den weit über ihm sich zur Abbruchkante vorschiebenden und zugleich den hochgelegenen Horizont bildenden Giétrozgletscher frei. Durch die Galerie hallt das Rauschen des imposanten Wasserfalles, der draußen die im Zuleitungsstollen zugeführten Abflüsse des Corbassièregletschers aus einem Loch in der steilen Felswand des Pierre à Vire dem Stausee übergibt. Am Ende der Galerie tritt man in eine andere Welt. Eine Welt, die sich im Spätsommer, wenn die Alpenflora im rauhen Gebirgsklima zur vollen Blüte gelangt ist, am schönsten zeigt. Dem Wanderer bringt der Gang entlang des Sees hinauf zur Alp Chanrion und zum Fenêtre de Durand (2807 m) an der Scheide zum Aostatal (wo man in die sieben «Augen» verträumter Bergseelein hinabblickt) Stunden der Erfüllung.

Die Cabane de Chanrion dient den Hochtouristen als Stützpunkt auf der berühmten Haute Route, der Traversierung der Westalpen auf Skiern. Hier ist ihnen vor allem der Otemmagletscher ein Begriff. Ob diese schönste aller Skitouren nun von Westen nach Osten oder, wie es sich gehört, von Osten nach Westen angegangen wird – in beiden Fällen steht der Otemmagletscher nicht in der Gunst der Skifahrer. Denn dieser 8,5 km lange, nur allmählich absteigende Eisstrom erlaubt weder eine zügige Abfahrt, noch macht er den Aufstieg, der kein Ende nehmen will, zu einem Vergnügen. Doch welcher wahre Hochtourist wäre nicht bereit, auch diesem Gletscher am Ende der Welt ein Opfer darzubringen!

Ausgangspunkte
Fionnay, 1490 m
Mauvoisin, 1821 m

Höchster Punkt
Fenêtre de Durand, 2805 m

Stütz- und Rastpunkte
Cabane de Panossière CAS, 2671 m
Cabane de Chanrion CAS, 2462 m
Mauvoisin, Hotel, 1821 m

Schrifttum
Karten: Landeskarte der Schweiz
1:50 000 Arolla, Blatt 283
1:50 000 Valpelline, Blatt 293

Marschzeiten
Fionnay–Cabane de Panossière 3–4 Stunden
Mauvoisin–Cabane de Chanrion 3 Stunden

WALLISER ALPEN *Val d'Hérens/Val d'Hérémence*
Glacier de Cheilon Haut Glacier d'Arolla
Glacier du Mont Collon Glacier de Tsijiore Nouve
Glacier de Ferpècle Glacier du Mont Miné

Ins Tal der Täler, das Wallis, mündet bei Sitten eines der merkwürdigsten Seitentäler der Alpen: das Val d'Hérens oder Eringertal. Dieses sich durch eine hohe Stufenmündung vom Haupttal absetzende Nebental ist mehrmals aufgegabelt. Im unteren Drittel zweigt das Val d'Hérémence ab, und in seinem hintersten Teil spaltet es sich in das Val d'Arolla und das Val de Ferpècle. Hoch über der Talsohle, in die die Borgne viele Schluchten gefressen hat, thronen auf den von tiefen Runsen durchzogenen Terrassenleisten der Tallehnen abgeschiedene Dörfer. Das von der Sonne geschwärzte Lärchenholz ihrer Häuser hat die Farbe des Viehs, das den Namen des Tales trägt und die Eigenschaften der Bewohner teilt: Zähigkeit und Ausdauer.

Denn in diesem langgestreckten vielverzweigten Tal, wo die moränenüberkrusteten Eiszungen der Gletscher auch heute noch bis tief in die Waldstufe hinablappen, kann sich nur behaupten, wer bereit ist, sich der Umgebung bedingungslos anzupassen. Diese aber erreicht hier in der vertikalen Ausdehnung extreme Ausmaße. Der stets gegenwärtige Kontrast zwischen blendendweißen Firnkämmen und der geometrischen Struktur unzähliger auf steilen Talflanken dem kargen Boden abgetrotzter Felder schafft eine faszinierende, dem Besucher des Tales unvergeßliche Szenerie.

Unverfälscht haben sich hier die alten Sitten und Bräuche erhalten. Die Eringerin geht noch heute in ihrer Arbeitstracht

Unverfälscht haben sich im Val d'Hérens die alten Sitten und Bräuche erhalten. Die Eringerin geht, wie hier in Ferpècle, noch heute in ihrer Arbeitstracht aufs Feld. Die Tracht bietet Schutz auch vor den frischen «Gletscherwinden».

Glacier de Cheilon

Fläche:	total 4,73 km²
	schuttfrei 3,33 km²
Länge:	max. 4,0 km
Breite:	mittl. 1,2 km
Höhe:	max. 3820 m ü. M.
	min. 2660 m ü. M.
Lage:	Norden
Firnlinie:	3160 m ü. M.
Nährgebiet, mittl. Höhe:	3380 m ü. M.
Zehrgebiet, mittl. Höhe:	2900 m ü. M.
Moränentypen:	Mittel-, Seiten- und Endmoränen; im Gletschervorfeld Seitenmoränen
Gletschertyp:	Talgletscher
Gletscherform:	zusammengesetzte Becken
Gletscherfront:	normal/verschieden
Längsprofil:	Eisfall
Ernährung:	Schnee/Driftschnee
Zungenaktivität:	starker Rückzug

Besonderheiten: Hängt im Akkumulationsgebiet mit Glacier de Tsijiore Nouve zusammen.
(Daten: Stand 1973)

Haut Glacier d'Arolla

Fläche:	total 5,76 km²
	schuttfrei 4,50 km²
Länge:	max. 4,2 km
Breite:	mittl. 1,4 km
Höhe:	max. 3480 m ü. M.
	min. 2560 m ü. M.
Lage:	Norden
Firnlinie:	3140 m ü. M.
Moränentypen:	Mittel-, Seiten- und Endmoränen
Gletschertyp:	Talgletscher
Gletscherform:	zusammengesetztes Becken
Längsprofil:	gleichmäßig
Ernährung:	Schnee/Driftschnee
Zungenaktivität:	ungewiß

Besonderheiten: Hängt über Landesgrenze mit mehreren Gletschern in Italien zusammen.

Glacier du Mont Collon
(Glacier du Mont Collon, Bas Glacier d'Arolla)

Fläche:	total 6,02 km²
	schuttfrei 5,29 km²
Länge:	max. 5,0 km
Breite:	mittl. 1,6 km
Höhe:	max. 3520 m ü. M.
	min. 2140 m ü. M.
Lage:	Norden
Firnlinie:	3100 m ü. M.
Nährgebiet, mittl. Höhe:	3200 m ü. M.
Zehrgebiet, mittl. Höhe:	2980 m ü. M.
Moränentypen:	Mittel-, Seiten- und Endmoränen; im Gletschervorfeld Seiten- und Endmoränen
Gletschertyp:	Talgletscher
Gletscherform:	zusammengesetztes Becken
Gletscherfront:	normal
Längsprofil:	Kaskaden
Ernährung:	Schnee/Driftschnee
Zungenaktivität:	leichter Vorstoß

Besonderheiten: Hängt über Col de l'Evêque mit namenlosem Gletscher in Italien, über Col de Chermotane und Col du Petit Mont Collon mit Glacier d'Otemma zusammen. Unterhalb des Eisfalls auf Bas Glacier d'Arolla Ogiven.

Links unten und oben: Die Erdpyramiden bei Euseigne. Durch jahrhundertelange Erosion sind hier aus verkittetem Moränenmaterial der eiszeitlichen Talgletscher des Val d'Hérémence und Val d'Hérens diese bizarren Zacken und Türmchen entstanden. Einzelne von ihnen tragen einen schweren Steinblock, der das darunterliegende weichere Material vor Abschwemmung schützt.

aufs Feld. Der braunschwarze Wollrock, die weißen Strümpfe, das als leuchtendrotes Dreieck um den Hals geschlungene Tuch, die buntbestickte Schürze und der mit schwarzem Samt bezogene Strohhut sind mehr als bloße Freude am Schönen: die Tracht ist auch Schutz vor der strahlenden Sonne und den aus den oberen Eistälern durchs Tal streichenden frischen «Gletscherwinden».

Bei Euseigne, wo sich das Tal ins Val d'Hérémence und ins Val d'Hérens verzweigt, schaffen Erdpyramiden am Eingang zum Kernstück des Eringertales einen unübersehbaren landschaftlichen Akzent. Diese mauerartig aufragenden hellen Zacken und Türmchen, von denen einzelne an der Spitze einen dunklen Steinbrocken tragen, bestehen aus Moränenmaterial eiszeitlicher Talgletscher, die

---

Glacier de Tsijiore Nouve

Fläche:	total 3,12 km²
	schuttfrei 2,24 km²
Länge:	max. 5,0 km
Breite:	mittl. 0,7 km
Höhe:	max. 3780 m ü. M.
	min. 2280 m ü. M.
Lage:	Norden—Nordosten
Firnlinie:	3320 m ü. M.
Nährgebiet, mittl. Höhe:	3600 m ü. M.
Zehrgebiet, mittl. Höhe:	2700 m ü. M.
Moränentypen:	Mittel-, Seiten- und Endmoränen; im Gletschervorfeld Seitenmoränen
Gletschertyp:	Talgletscher
Gletscherfront:	normal
Längsprofil:	Kaskaden
Ernährung:	Schnee und/oder Driftschnee
Zungenaktivität:	leichter Vorstoß

Besonderheiten: Hängt im Akkumulationsgebiet mit Glacier du Brenay, mit Glacier de Pièce und mit dem Glacier de Cheilon zusammen.

(Daten: Stand 1973)

Glacier de Ferpècle

Fläche:	9,79 km²
Länge:	max. 6,0 km
Breite:	mittl. 2,0 km
Höhe:	max. 3660 m ü. M.
	min. 2140 m ü. M.
Lage:	Nordwesten—Norden
Firnlinie:	3200 m ü. M.
Nährgebiet, mittl. Höhe:	3400 m ü. M.
Zehrgebiet, mittl. Höhe:	2860 m ü. M.
Moränentypen:	Mittel- und Seitenmoränen
Gletschertyp:	Talgletscher
Gletscherform:	einfaches Becken
Gletscherfront:	normal/verschieden
Längsprofil:	Kaskaden
Ernährung:	Schnee und/oder Driftschnee
Zungenaktivität:	leichter Vorstoß

Besonderheiten: Hängt im Akkumulationsgebiet mit Glacier des Manzettes, Glacier du Mont Miné und über Col de la Tête-Blanche mit Zmuttgletscher zusammen. Am Fuße des Mont Miné Thermokarststrukturen auf dem Gletscher.

Glacier du Mont Miné

Fläche:	10,89 km²
Länge:	max. 8,1 km
Breite:	mittl. 1,7 km
Höhe:	max. 3720 m ü. M.
	min. 1980 m ü. M.
Lage:	Norden
Firnlinie:	3240 m ü. M.
Nährgebiet, mittl. Höhe:	3320 m ü. M.
Zehrgebiet, mittl. Höhe:	2960 m ü. M.
Moränentypen:	Mittel-, Seiten- und Endmoränen
Gletschertyp:	Talgletscher
Gletscherform:	zusammengesetztes Becken
Gletscherfront:	normal
Längsprofil:	Kaskaden
Ernährung:	Schnee/Driftschnee
Zungenaktivität:	leichter Vorstoß

Besonderheiten: Hängt im Akkumulationsgebiet mit dem Glacier de Ferpècle und über den Col des Bouquetins mit dem Haut Glacier de Tsa de Tsan in Italien zusammen. Unterhalb des Eisfalls bei Kote 2600 Ogiven. In Moränen des Vorfeldes See.

(Daten: Stand 1973)

hier am Fuße des Bergspornes, der die beiden Täler trennt, zusammenströmten. Steigende Temperaturen haben die beiden gewaltigen Gletscher, die einst das Material für die Erdpyramiden von Euseigne heranschafften, wieder in ihre heutige Höhenlage zurückgebunden.

Die witterungsanfälligen bizarren Skulpturen sind in jahrhundertelangem Prozeß vom Regenwasser aus den Seitenmoränen herausgespült worden. Als reizvolle, doch vergängliche Accessoires der Tallandschaft einverleibt, sind sie ein auffallendes Beispiel für die stetige Veränderung unserer Gebirgslandschaft durch Erosion. Denn die den Pyramiden wie eine Baskenmütze aufsitzenden Steine werden eines Tages hinunterstürzen und jene so der zerstörenden Kraft des Wetters preisgeben. Einige der Steine hat ein Erdbeben bereits aus dem Gleichgewicht gebracht. Andere wurden vor vielen Jahren ein Opfer gedankenloser Artilleristen, die an diesen zerbrechlichen Naturdenkmälern Landesverteidigung übten.

Vom Gletscher, der das Val d'Hérémence ausschliff, ist nur ein kümmerlicher Rest in Gestalt des Glacier de Cheilon übriggeblieben. Obwohl dieser vom Mont Blanc de Cheilon (3869 m) abfließende Gletscher nicht länger als 4 km ist und auch mit einer Fläche von 4,73 km² nicht zu beeindrucken vermag, ist das Val d'Hérémence dennoch eines der bestbekannten Gletschertäler der Schweiz. Denn im hinteren Talabschnitt, dem Val des Dix, staut die mächtigste Sperrmauer der Alpen und zugleich höchste Gewichtsmauer der Welt nicht nur die Abflüsse des Glacier de Cheilon, sondern auch die der gesamten Gletscherregion bis ins große Zermatter Tal zum Lac des Dix. 400 Millionen m³ Wasser faßt dieser 5,2 km lange See bei Vollstau. Dann liegt sein 4 km² großer Spiegel auf 2364 m ü. M.

Das zur Hälfte vergletscherte Einzugsgebiet von insgesamt 396 km² verteilt sich auf drei Regionen: das Einzugsgebiet im eigenen Tal mit 49 km², das östliche benachbarte Val d'Hérens mit 102 km² und das Zermatter Tal mit 254 km². Durch 40 Wasserfassungen und mit Hilfe von vier großen Pumpwerken in Zmutt, Stafel, Ferpècle und Arolla werden jährlich 380 Millionen m² Wasser während des Sommers durch ein 100 km langes Netz von Zuleitungsstollen in den Lac des Dix geleitet. Dabei unterquert der Hauptsammelstollen in einem riesigen Düker den Gornergletscher.

In den Stollen, die stellenweise den Querschnitt eines Eisenbahntunnels erreichen, fließen u. a. die Schmelzwasser der großen Monte-Rosa-Gletscher (Gorner, Findeln), des Zmuttgletschers und der Gletscher von Ferpècle und Arolla westwärts, parallel zum Stammfluß des Wallis in einer Art Nebenrhone hoch droben im gewaltigen Bergmassiv der Walliser Alpen. Als mächtiger Wassersturz ergießen sie sich aus der Stollenmündung (zuhinterst im Tal, am Anfang des Sees) in den Stausee. Bei Vollwasser führt der Stollen eine Wassermenge (80 m³/s), die 83 Prozent des Jahresmittels der Zürcher Limmat entspricht.

Zum Bau der 285 m hohen Staumauer, der in die Jahre 1955–1961 fiel, wurden 5,957 Millionen m³ Beton benötigt. Für diese unvorstellbar große Betonmasse mußten mehr als 20 Millionen Zementsäcke mit einem Gewicht von je einem Zentner aus der Talebene heraufgeschafft werden. Die 695 m lange Mauerkrone ist 15 m breit. An seiner dicksten Stelle mißt der Mauerfuß 198 m. Die Pyramiden Ägyptens sowie ein paar gotische Kathe-

Linke Seite: Die Barrage de la Dixence ist die mächtigste Sperrmauer der Alpen und zugleich die höchste Gewichtsmauer der Welt. Sie ist 285 m hoch, 695 m lang und am Mauerfuß 198 m dick. Sie staut die Abflüsse der gesamten Gletscherregion vom Val d'Hérens bis zum Zermatter Tal zum 5,2 km langen Lac des Dix.

Der Glacier de Tsijiore Nouve (links) hängt im Nährgebiet mit dem Glacier de Cheilon (rechts) zusammen. Die Luftaufnahme zeigt deutlich die nach Arolla (links) hinabweisenden Moränenwälle früherer Hochstände. Sehr schön kommt hier auch die S-förmige Biegung des von der Pigne d'Arolla (Mitte) herabziehenden Gletschers zur Geltung.

Arolla und seine Gletscher am 1. August 1836, festgehalten von Johann Rudolf Bühlmann. Im Hintergrund der Arollagletscher (Bas Glacier d'Arolla). Rechts der von der Pigne d'Arolla damals bis auf den Talboden herabstoßende Glacier de Tsijiore Nouve.

Der Glacier de Cheilon im Talschluß des Val des Dix hängt im Akkumulationsgebiet mit dem Glacier de Tsijiore Nouve zusammen. Dieser Gletscher liegt an der Pigne d'Arolla (3796 m) und hängt seine Zunge nordostwärts nach Arolla hinunter. Die kürzeste Verbindung vom Val des Dix, dem obersten Abschnitt des Val d'Hérémence, ins Val d'Arolla führt über den Glacier de Cheilon und den Col de Riedmatten (2919 m) oder den Col de Chèvres (2855 m).

Von diesen beiden Pässen ist es nicht weiter als 2 km bis zum Glacier de Tsijiore Nouve. Ursprünglich hieß er Zigiore Nouve, was soviel wie «Neue Käserei» heißt. Das Wort Zigiore ist mit dem deutschen Zieger oder Ziger (Quarkkäse) verwandt und stammt vermutlich von den über den Col d'Hérens vom Mattertal her eingewanderten Walsern. Im Nährgebiet hängt dieser 5 km lange und wieder leicht vorstoßende Gletscher außer mit dem Cheilongletscher noch mit dem Glacier du Brenay (Gebirgslandeplatz) und dem Glacier de Pièce (2,04 km²) zusammen. Geknicktes Längsprofil und bescheidene Ausdehnung (3,12 km²) lassen ihn sehr sensibel auf einzelne Klimaänderungen reagieren, weshalb er den Glaziologen als beliebtes Studienobjekt dient.

Nach einem steilen Abbruch zwischen dem Nordgrat der Pigne d'Arolla und den Felsnadeln der Tsena Réfien strömt seine Zunge über einen flachen Hang und mündet quer ins Haupttal. Der wie ein gekrümmter Zeigefinger nach Arolla hinunterweisende Gletscher hat seine Zunge mit zwei bis zu 60 m hohen Ufermoränen umgeben. Wie ein Strom in einem künstlichen Dammkanal fließt das Eis zwischen ihnen talwärts.

dralen fänden in der gigantischen Mauer bequem Platz. Dennoch relativieren die umliegenden Dreitausender die enormen Ausmaße dieser Mauer, die sich weitaus harmonischer in die herbe Landschaft des Oberen Val d'Hérémence einfügt, als man vermuten möchte.

Wer am Fuß dieses größten Bauwerks der Alpen steht und entlang der steilen Betonwand zur Mauerkrone hinaufblickt, für den gewinnen die Ausmaße der Mauer wieder die für ihn maßgebenden Proportionen. Und wer dabei bedenkt, daß sich hinter dieser Betonbarriere von der Höhe des Eiffelturmes 400 Millionen m³ Wasser stauen, den überkommt beim Gedanken, daß diese bersten könnte, das nackte Grauen. Um eine solche Katastrophe zu vermeiden, die für das Tal und die Städte und Dörfer im Unteren Wallis verheerende Folgen hätte, ist die Staumauer von Stollen und Schächten mit einer Gesamtlänge von 32 km durchzogen. Sie gewähren jederzeit Zutritt zu den Pendeln und übrigen Meßinstrumenten, die zur Kontrolle der Mauer angebracht sind.

Zur Energieproduktion wird das gestaute Gletscherwasser den beiden Kavernenkraftwerken Fionnay (1490 m) im Val de Bagnes und Nendaz (478 m) im Rhonetal zugeleitet. Die beiden Produktionszentralen mit 321 und 367 MW Maschinenleistung erbringen mit je sechs Generatoren jährlich eine Energie von 1560 GWh, davon 1400 GWh im Winter. Die kurze Distanz zwischen der Zentrale in Fionnay und den Kraftwerken von Mauvoisin hat es ermöglicht, zwischen ihren Ausgleichsbecken eine Verbindung zu schaffen. Durch diese kann Wasser aus dem Lac des Dix oder dem Lac de Mauvoisin der jeweils anderen Unterstufenzentrale zugeführt werden. Die Realisierung des Grande-Dixence-Projektes war eine bewundernswerte technische Großtat, die allerdings 110 Arbeitstote forderte.

Wie eine riesige Eiskrawatte scheint der Arollagletscher (Glacier de Mont Collon) um den breiten Hals des Mont Collon gebunden, wobei die Zunge als silbergraues Plastron ihm an die Brust gelegt ist.

Ganz unten: Der Arollagletscher am 1. August 1836. Während der neuzeitlichen Hochstände (1820, 1850) überfuhr er einen Teil des Arvenwaldes in der Talsohle vor Arolla. In der Zeichnung von J. R. Bühlmann (1802–1896) ist der Vorstoß des Gletschers gegen den Arvenwald eindrucksvoll festgehalten.

Die linken Moränenwälle, vier an der Zahl, sind nicht zu übersehen. Sie dokumentieren mit seltener Anschaulichkeit frühere Gletscherstände. Das Alter der einzelnen Moränenwälle wurde, von außen nach innen, auf 6050 v. Chr., 550 v. Chr., 450 n. Chr. und 1050 n. Chr. bestimmt. Bei seinen Hochständen breitete sich der Gletscher in der Talsohle hammerförmig aus. Dabei begrub es einen Lärchen- und Arvenwald unter sich und floß bei höchster Ausdehnung mit dem Unteren Arollagletscher zusammen. Am gegenüberliegenden Hangfuß markiert eine Endmoräne den Hochstand von 1817. Heute reicht die Zunge auf etwa 250 Höhenmeter an Arolla heran.

Der Hauptgletscher des Tales, der Untere Arollagletscher, müßte heute eigentlich Glacier du Mont Collon heißen. Denn er ist nach der Lostrennung vom zurückgewichenen Oberen Arollagletscher nichts anderes als die ins Tal von Arolla ausfließende Zunge des Glacier du Mont Collon. Der Arollagletscher bietet ein kurioses Bild. Denn er liegt als grauer Fladen vor der noch graueren, senkrecht hochragenden Nordwand des Mont Collon (3637 m), der dem Val d'Arolla brüsk ein Ende setzt. Man fragt sich unwillkürlich, woher diese Gletscherzunge genährt wird, die förmlich aus der Felswand herausgestreckt erscheint. Die Eiskappe auf dem massigen Kopf des Mont Collon kann es nicht sein, dafür ist sie zu klein. Erst beim Herankommen an die Zunge erkennt man beiderseits des Berges, in den Ecken des Tales, Durchlässe, aus denen der Zunge Eis zuströmen muß.

Und wirklich – von rechts stößt der Glacier du Mont Collon seine Eismassen über einen Absturz in den Talschluß hinab. Links könnte man das Gegenstück sehen, wenn der Obere Arollagletscher noch besser genährt wäre. Das Bild ist einmalig: Wie eine riesige Eiskrawatte scheint der Arollagletscher um den breiten Hals des Mont Collon gebunden, wobei die Zunge als silbergraues Plastron ihm an die Brust gelegt ist.

Während der neuzeitlichen Hochstände (1820, 1850) hat der Arollagletscher einen Teil des Arvenwaldes überfahren, der sich in der Talsohle breitgemacht hatte. Die Arve, dieser ausgesprochene Gebirgsbaum, hat Tal und Gletscher den Namen gegeben. Denn Arolla heißt Arve. Von der Stelle seiner größten Ausdehnung (etwa bei der Luftseilbahn des Kraftwerkes) hat sich der Gletscher um gut 2 km zurückgezogen. Das Ausmaß seiner einstigen Ausdehnung ist sehr gut an den Talflanken zu erkennen, an denen er entlanggestrichen war und tiefe, weithin sichtbare Spuren hinterlassen hat. Die Zunge wirkte wie ein Hobel und glättete die schroffen Felswände des Talschlusses zu einem trogähnlichen Halbrund.

Von Arolla gelangt man am schnellsten, wenn auch nicht am bequemsten, über den Col de Bertol (3322 m) zu den Gletschern im Nachbartal, dem Val de Ferpècle. Das Val d'Arolla und das Val de Ferpècle vereinigen sich bei Les Haudères (11 km unterhalb Arolla) zum Eringertal und sind durch gut ausgebaute Straßen miteinander verbunden. Der Weg zum Col de Bertol und zu der gleichnamigen Hütte führt von Arolla durch das Gletschervorfeld und dann über den rechten Talhang hinauf zu den Dents de Bertol, drunter der immer kleiner werdende graue Zungenlappen des Unteren Arollagletschers.

Je höher man steigt, desto mehr gibt der Pfad den Blick zum Glacier du Mont Collon mit seinem fast 500 m hohen Eiskatarakt und dem nach ihm benannten Paß (3087 m) nach Italien frei, der schon in prähistorischer Zeit benützt wurde. Zwischen der Pigne d'Arolla und dem Petit Mont Collon bildet der weite Sattel

Links: Wie eine Rindszunge liegt der Glacier de Mont Miné in seinem heute viel zu weiten Bett. Seine linke Ufermoräne (rechts) ist durch Erosionsfurchen auffällig gerippt.

Glacier de Ferpècle (links) und Glacier de Mont Miné (rechts). Noch Ende der vierziger Jahre dieses Jahrhunderts flossen die beiden Gletscherzungen am Fuße des Mont Miné (Mitte) wieder zusammen und drangen dann gemeinsam als Glacier de Ferpècle ins gleichnamige Tal vor.

J. R. Bühlmann hat den Zustand der beiden Gletscher festgehalten. Die Zeichnung links unten zeigt, daß der Glacier de Ferpècle damals (31. Juli 1835) bis auf wenige Meter vor die Alphütten nahe der Schlucht von Ferpècle reichte.

des Col de Chermotane (3053 m), der zum Otemmagletscher und dem Val de Bagnes weist, den Horizont für einzigartige Sonnenuntergänge.

Am Col de Bertol steht, wie ein Kristall, die 1976 neuerbaute Bertolhütte (sie ersetzt diejenige aus dem Jahr 1898) auf dem südlichen Felssporn des Clocher de Bertol (3499 m). Dieser eigenartige Sporn fällt auf drei Seiten auf den Bertolgletscher und den Glacier du Mont Miné ab. Der Bau dieser SAC-Hütte (4 Stunden von Arolla), ein wichtiger Stützpunkt auf der Haute Route, ist Beispiel einer erstaunlichen Inkonsequenz. Denn der Schweizerische Alpenclub, der seit Jahren gegen die touristische Gebirgsfliegerei zu Felde zieht und mit dem Argument der Ruhestörung zu deren Boykott aufruft, nimmt wie keine andere schweizerische Organisation mit sportlicher Zielsetzung das schnellste und bequemste Transportmittel im Gebirgsraum in Anspruch: den Helikopter. Allein für den Transport des Baumaterials für die Bertolhütte waren 340 Helikopterflüge notwendig. Und für die Versorgung der rund 150 SAC-Hütten, deren Unterhalt, Ausbau, Vergrößerung oder Neubau sind jährlich Hunderte von Transportflügen notwendig. Diese werden aber u. a. mit denselben Helikoptern durchgeführt, die Tote und Verletzte von den Gletschern und Felsen ins Tal fliegen oder in denen sich eine Minderheit begeisterter Skifahrer auf

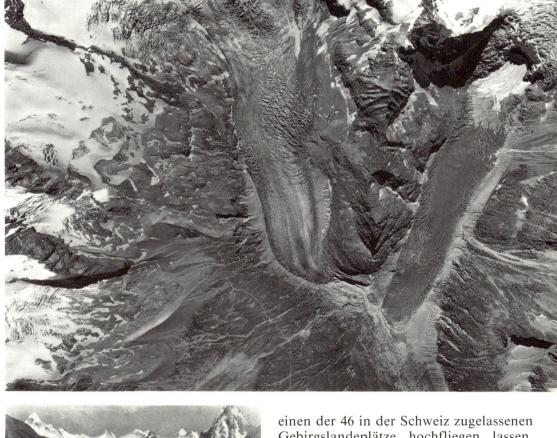

einen der 46 in der Schweiz zugelassenen Gebirgslandeplätze hochfliegen lassen, um das legitime Abenteuer einer Tiefschneeabfahrt abseits der Pisten erleben zu können.

Auf dem Col de Bertol steht man auf der Scheide zwischen den Tälern von Arolla und Ferpècle. Von Nordosten grüßt die wie ein Prisma in den Hochgebirgshimmel blitzende Dent Blanche (4356 m). Der Blick folgt dem Südgrat dieses königlichen Viertausenders zum Col d'Hérens

119

und weiter zur Tête Blanche (3724 m), an der sich die Firnbecken des Glacier de Ferpècle und des Glacier du Mont Miné berühren. Der Mont Miné «schlüpft» gewissermaßen unter der Eisdecke der beiden Gletscher hervor, wodurch er diese teilt, so daß ihn deren Zungen umfließen. Noch Ende der vierziger Jahre dieses Jahrhunderts flossen die beiden Gletscherzungen am Fuße des Mont Miné (2798 m) wieder zusammen und drangen dann gemeinsam als Glacier de Ferpècle ins gleichnamige Tal vor.

Nach dem Ausbruch des Sees, der sich am Zusammenfluß der beiden Gletscher unter dem Eis bildete, beschleunigte sich der Rückzug, vor allem des «kümmernden» Ferpèclegletschers, der sich alsbald vom anderen trennte. Dieser hatte ihn ohnehin regelrecht zur Seite gedrückt und sich ihm wie eine Eisbarriere vor die Zunge gelegt. Der Gletschersee (er brach am 23. 8. 1943 aus) war etwa 600 m lang und 350 m breit. Seine Flutwelle zwängte sich durch die Schlucht von Ferpècle und spülte Eistrümmer bis ins Rhonetal hinaus. Außer ein paar weggerissenen Stegen, havarierten Holzschuppen und etwas Landschaden wurden aber keine anderen nennenswerten Zerstörungen festgestellt.

Bei den Hochständen überfuhr der Ferpèclegletscher die Alp mit gleichem Namen, die sich heute im Gletschervorfeld befindet. 1869 reichte er bis auf wenige Meter vor die Alphütten nahe der Schlucht von Ferpècle. Wiederholt überfuhr er einen Arven-Lärchen-Wald (teilweise auch Fichten), der in klimagünstigen Zeiten im Vorfeld gewachsen war. Vor allem in den fünfziger Jahren gab der Gletscher recht viele Baumstämme und Strünke frei. Und nach der Trennung der Gletscherzungen kam an der Stirn des Glacier du Mont Miné Holz zutage. Neuste Forschungen ergaben, daß während früherer Zeiten der Klimagunst (ca. 2000–1000 v. Chr.) am Mont Miné Arven standen. Heute wächst dort außer einer Lärche auf der Mittelmoräne kein einziger Baum.

Der Ferpèclegletscher wuchs auf seinen Vorstößen zu einem stattlichen Eisstrom an und erreichte eine beachtliche Höhe. Während des Maximalstandes in der Mitte des 19. Jahrhunderts gestattete dies den Älplern von Bricola, ihre Schafe über den Gletscher zu treiben und sie auf den Hängen des Mont Miné zu weiden. Seit dem starken Abschmelzen des Eises ist der Übergang wegen zutage gekommener abschüssiger Felsplatten und steiler Moränen nicht mehr möglich. Diese sind von tief eingeschnittenen Erosionsrinnen, sogenannten Racheln, durchzogen und schaffen so ein zwar vergängliches, aber reizvolles Muster, das durch seine regelmäßige Schattenbildung in lebhaftem Kontrast zur Einöde des Gletschervorfeldes steht.

Steigt man von Ferpècle über dem Gletschervorfeld zur Alp Bricola (2415 m, 1 Stunde), so erkennt man oberhalb des markierten Pfades zur Bricolahütte ein zweites Trassé. Dieses steigt sehr gleichmäßig an. Es überwindet, ohne einer einzigen Kehre zu bedürfen, die rund 600 Höhenmeter von Salay nach Bricola. Dieses Trassé, welches das Gelände optimal ausnützt, ist Teil eines Verbindungsweges aus der Römerzeit von Sitten über den Col d'Hérens und den Theodulpaß in das Val Tournanche und ins Aostatal.

Die Gletscher diesseits und jenseits des Col d'Hérens (Glacier de Ferpècle und Zmuttgletscher) wurden also lange vor der Ära des Alpinismus begangen. Der hochgelegene Gletscherpaß (3462 m) stellte einst eine wichtige Verbindung

Links: Die Fels- und Eispyramide der Dent Blanche (4356 m) bildet den alles überragenden Abschluß des Val d'Hérens.

Rechts: Das Plateau d'Hérens mit Wandfluejoch (links) und Col d'Hérens (rechts). Dieser hochgelegene Gletscherpaß stellte einst eine wichtige Verbindung zwischen dem Eringertal und Zermatt dar. Er wurde schon von den Römern benutzt.

zwischen dem Val d'Hérens und Zermatt dar. Im Hoch- und Spätmittelalter wurde der Paß vor allem von den Walsern benützt, die von Zermatt aus im Val d'Hérens Tochterkolonien gründeten. Die verwandtschaftlichen Beziehungen wurden lange Zeit intensiv gepflegt. Sie waren zu Beginn sogar so stark, daß der Überlieferung nach selbst die Toten aus dem Val d'Hérens über den Gletscherpaß nach Zermatt zu Grabe getragen wurden.
Bis ins Jahr 1665 überstieg eine Delegation der Zermatter, bestehend aus dem Pfarrer und acht Männern, alljährlich den Paß, um in Sitten ein Gelübde einzulösen, womit die Zermatter die zahlreichen Unwetter abzuwenden hofften, von denen sie, wie die Sage berichtet, seit urdenklichen Zeiten heimgesucht wurden. Diese Prozession bildet auch den Kern der Sage von der Totenprozession, die von nächtlichen, unendlich langen Heereszügen Verstorbener über den Zmuttgletscher nach dem Eringertal berichtet. Mit dem Beginn der neuzeitlichen Gletschervorstöße Ende des 16. Jahrhunderts setzt auch die langsame Verödung des Passes ein, der infolge der zunehmenden Klimaverschlechterung bald nur noch unter großen Schwierigkeiten überquert werden konnte. Heute nimmt der Col d'Hérens eine Schlüsselstellung in der Hochtouristik ein. Als Übergang vom Mattertal nach Arolla ist er, auf der Linienführung der Haute Route liegend, einer der meistbegangenen Gletscherpässe.

Gletscherwanderung Die Verbindung der oberen Nebentäler des Val d'Hérens durch gut gangbare Hochgebirgspässe drängt eine Hochwanderung vom Val des Dix hinüber in die Gletschertäler von Arolla und Ferpècle geradezu auf. Als Zweitageswanderung geplant, ist sie ohne

Strapazen und auf ihrer ersten Etappe sogar ohne alpine Erfahrung zu bewältigen. Ausgangspunkt der kombinierten Berg- und Gletscherwanderung ist Le Chargeur (2102 m) am Fuße der Staumauer der Grande Dixence. Von hier gelangt man mit der Luftseilbahn hinauf zur Mauerkrone. Auf linker Seite folgt man zunächst dem in den Fels gesprengten Weg am linken Seeufer. Über sich erblickt man bald die Rosa Blanche (3336 m, Gebirgslandeplatz). Im Süden leuchtet, den Weg weisend, der firnweiße Dreizack des Mont Blanc de Cheilon (3869 m). Von weitem schon sieht man am rechten Ufer den aus dem Berg schäumenden Wasserfall des Hauptsammelstollens, der zuhinterst im Val des Dix den See speist. Eine Hängebrücke über die hinterste Bucht, in die der Glacier de Cheilon seine Abflüsse ergießt, verbindet die Talseiten. Über sie geht auch der Touristenpfad des Pas de Chèvres. Auf der rechten Seitenmoräne des «schwarzen», weil schuttbeladenen Cheilongletschers geht es in leichter Steigung zum Col de Riedmatten. Hier steigt man hinab ins Tal von Arolla. Im Südosten setzen die Pigne d'Arolla und der Mont Collon den Horizont bestimmende Akzente. Im Osten aber dominieren die Viertausender den überwältigenden Rundblick, allen voran die Dent Blanche und die Dent d'Hérens.

Der Abstieg nach Arolla wird mit einem Abstecher auf die linke Ufermoräne des Glacier de Tsijiore Nouve verschönert. Auf dieser Moräne gelangt man schließlich hinunter ins schmucke Walliser Bergdorf (4 bis 5 Stunden von der Barrage de la Dixence). Hier ist die Wanderung für jene zu Ende, denen ein Gang über die Gletscher zu gefährlich scheint. Sie entschädigen sich mit dem Besuch der wie ein mächtiger Kuhfladen daliegenden Zunge des Unteren Arollagletschers (30 Minuten von Arolla).

Nach der Mittagsrast wird in gut vier Stunden zur Bertolhütte (3311 m) aufgestiegen. Den beschwerlichen Anstieg in der Nachmittagssonne belohnt diese auf der Hütte, wo Nachtlager bezogen wird, mit einem stimmungsvollen Untergang. Am nächsten Morgen geht es auf zur großen Gletschertour. Je früher, desto besser. Denn mit jeder Stunde wird der Firn weicher und somit das Auf und Ab in den Eislabyrinthen des Glacier du Mont Miné und des Ferpècletgletschers anstrengender. Spätestens nach drei Stunden ist über das Plateau d'Hérens die Cabane de la Dent Blanche (3507 m) erreicht.

Vom Plateau d'Hérens (Firnbecken des Glacier de Ferpècle) ist es nur noch einen Steinwurf weit bis hinauf zum Col d'Hérens, der einen faszinierenden Ausblick auf das Nährgebiet des Zmuttgletschers mit dem Tiefmatten- und Stockjigletscher sowie auf die nicht weniger beeindruckende Rückseite des Matterhorns und die respektheischende Eisnordwand der Dent d'Hérens freigibt. Hier fällt die Entscheidung nicht leicht: Soll man nun nordwärts hinüber zur Cabane de la Dent Blanche oder die Rundtour sein lassen und den Fuß über den Paß setzen? Denn bis zur Schönbielhütte (2694 m) oberhalb der vorspringenden Ufermoräne des

Links: Der Arollagletscher (Glacier de Mont Collon) im September 1977. An der Stirn lagert der wieder vorstoßende Gletscher das Obermoränenmaterial ab. Im Hintergrund der Mont Collon.

Unten: Über die Gletscher des Val d'Hérens verläuft die Streckenführung der Haute Route, der berühmtesten Skihochtour der Alpen.

Zmuttgletschers und damit hinunter ins Reich der Zermatter Viertausender ist es kaum weiter als zur Hütte der Dent Blanche. Trotz aller Verlockungen entscheiden wir uns für die Cabane de la Dent Blanche. Kein Alpinist wird von diesem hochgelegenen Stützpunkt absteigen wollen, ohne vorher über den griffigen Südgrat die Felspyramide der Dent Blanche erstiegen zu haben. Ohne Führer muß man sich seiner Sache hier jedoch sehr sicher sien. Über den Glacier des Manzettes (1,31 km²) geht es hinunter auf die Alp von Bricola, hoch über der Zunge des Ferpècletgletschers.

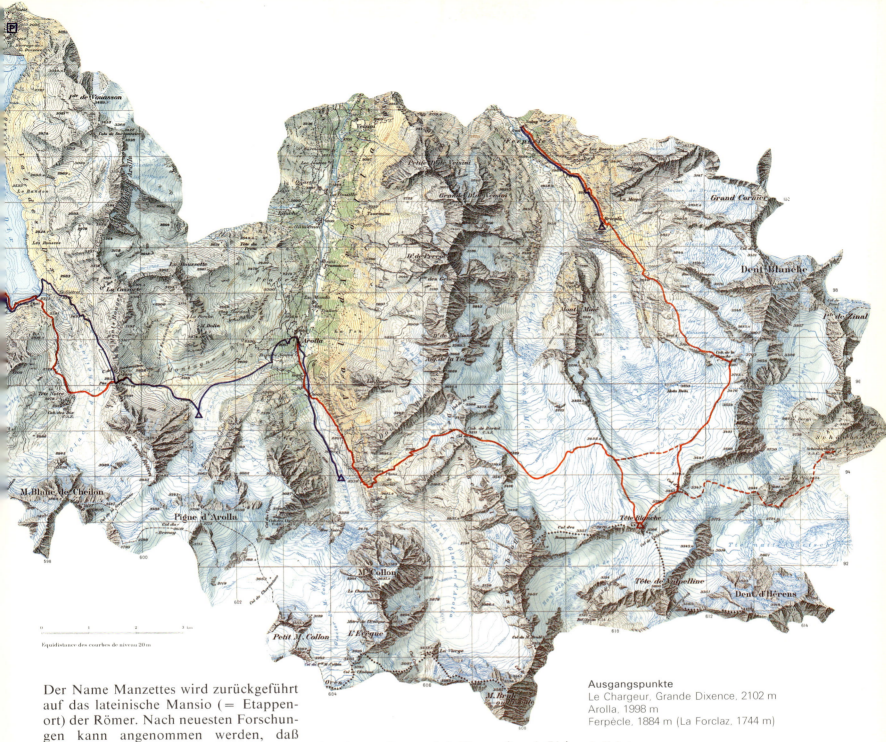

Der Name Manzettes wird zurückgeführt auf das lateinische Mansio (= Etappenort) der Römer. Nach neuesten Forschungen kann angenommen werden, daß diese bei Les Manzettes unterhalb des gleichnamigen kleinen Gebirgsgletschers, wo 1790 eine römische Inschrift entdeckt wurde, eine Etappenstation für eine ihrer Süd-Nord-Verbindungen über die Alpen unterhielten.

Von Bricola gelangt man schließlich nach Ferpècle, nicht ohne einen Blick zurückzuwerfen auf den Glacier du Mont Miné, dessen ausladende Zunge zwischen dem Mont Miné und der Dent de Perroc eingebettet liegt. Über La Forclaz, wo die Eringerinnen in ihrer schönen Arbeitstracht auf steilen Wiesen das Heu sammeln helfen, erreicht man nach zwei Tagen den Ausgangspunkt der Tour, sei dies nun Arolla oder irgendeines der hübschen Dörfchen an den sonnigen Terrassen hoch über dem Wildwasser der Borgne.

Angaben zur Barrage de la Dixence (Lac de Dix)

Eigentümerin: Grande Dixence AG (Partner: S.A. l'Energie de l'Ouest-Suisse, Kanton Basel-Stadt, Bernische Kraftwerke AG, Nordostschweizerische Kraftwerke AG)

Lac des Dix: Stauziel 2364 m
Nutzraum 400 Millionen m³, Energieinhalt 1812 GWh
Seefläche 4,0 km², Spiegelschwankung 194 m

Staumauer: Höhe 285 m
Kronenlänge 696 m, Kronenbreite 15 m
Größte Mauerbreite 198 m
Betonvolumen 5,957 m³, Bauzeit 1955–1961

Einzugsgebiet: 396 km²
40 Wasserfassungen, 4 Pumpwerke
100 km Zuleitungsstollen

Kraftwerke Fionnay und Nendaz: Je 6 Maschinensätze zu 75 000 PS bzw. 90 000 PS
Gesamtjahresproduktion 1600 GWH, davon 1400 GWh im Winter

Ausgangspunkte
Le Chargeur, Grande Dixence, 2102 m
Arolla, 1998 m
Ferpècle, 1884 m (La Forclaz, 1744 m)

Auffahrt
Barrage de la Dixence: Luftseilbahn Le Chargeur–Grande Dixence

Höchste Punkte
Col d'Hérens, 3462 m (Gletscherwanderung)
Dent Blanche, 4356 m

Stütz- und Rastpunkte
Cabane de Bertol CAS, 3311 m
Cabane de la Dent Blanche CAS, 3507 m

Schrifttum
Karten: Landeskarte der Schweiz
1 : 50 000 Arolla, Blatt 283

Führer: Clubhütten SAC

Marschzeiten
Barrage de la Dixence–Col de Riedmatten–Arolla 4–5 Stunden
Arolla–Arollagletscher 30 Minuten
Arolla–Bertolhütte 4 Stunden
Bertolhütte–Cabane de la Dent Blanche 3 Stunden
Cabane de la Dent Blanche–Ferpècle 2½ Stunden

WALLISER ALPEN *Val d'Anniviers*
Glacier de Moiry
Glacier de Zinal

Val d'Anniviers

Wie eine Stimmgabel ragt das Val d'Anniviers oder, wie es auf deutsch heißt, das Eifischtal von Siders im Sonnentrichter des Wallis, dem Rhonetal, hinauf zu den Kühlkammern der Alpen mit ihren Eiskesseln im Schatten mächtig sich auftürmender Viertausender. Die Natur hat es den Eifischern oder Anniviarden (so werden die tüchtigen Talleute auch genannt) nicht leicht gemacht. Denn sie hat, gleichsam am Griff der Gabel, eingangs des Tales bei Les Pontis-Fribouge als Sperre eine gewaltige Schlucht quergelegt. Diese liegt im rechten Winkel zur abgrundtiefen Hauptschlucht, die die Navisence auf ihrem bewegten Lauf zur Rhone in ihr Tal gegraben hat. Wie die Parierstange eines Säbels wehrt dieses imposante Schluchtenkreuz jeden Angriff fremder Eindringlinge ins Tal ab. Kein Wunder, daß bei solchermaßen erschwertem Zugang in dieses Seitental seine Bewohner Sitten und Lebensart besser zu bewahren vermochten als anderswo.

Während Jahrtausenden führte die Verbindung mit der Außenwelt über Vercorin hoch oben an der linken Trogflanke des Rhonetales und dann über diese hinunter oder über die Alp Ponchette und den Pfynberg, auch entlang dem Illgraben, dieser gigantischen Erosionsfurche oberhalb von Siders. Nie versuchten die Anniviarden einen Weg längs der Navisence durch die Schluchten von Les Pontis zu legen. Zu Beginn des 13. Jahrhunderts hauten sie weit über der Querschlucht von Fribouge von Hand einen Saumpfad in den Fels. Dieser wurde 1613 ausgebessert und verbreitert. 1854 wurde, dem alten Trasse weitgehend folgend, die erste Fahrstraße durch die steilen Felswände mit fünf weiteren Tunnels gebaut. Gut ein Jahrhundert später erst wurde anläßlich des Baues der Staumauer zum Speicherbecken Moiry die Straße auf die heutige Breite (neue Tunnelbauten) ausgebaut.

Oberhalb von St-Jean teilt sich die Gabel des Val d'Anniviers in die Talzinken von Moiry und Zinal. Das Val de Moiry oder Gougratal (bekannt nach dem Talfluß) zeigt mit seinem Speicherbecken, daß kein anderes Gebiet der Schweiz so reich

Im Val de Moiry wird der Abfluß des Glacier de Moiry, die Gougra, im Lac de Moiry gesammelt. Stausee und Gletscher sind dank der bis ins Gletschervorfeld führenden Straße ein beliebtes Ausflugsziel.

an vom Menschen ausgenützten Wasserkräften ist wie das Wallis. Zur Erschließung des Tales für die Wasserwirtschaft war ein umfangreiches Straßenbauprogramm erforderlich. Um den Zement für 815 000 m³ Mauerbeton vom Rhonetal zur Baustelle bringen zu können, mußte die bestehende Straße bis Grimentz verbreitert und von dort neu angelegt werden. Das kommt heute den Besuchern des Lac de Moiry zugute. Hier ist, einmal wenigstens, die Autofahrt nicht an der Staumauer zu Ende. Als rühmliche Ausnahme führt die Straße am rechten Ufer des Lac de Moiry entlang bis ins Vorfeld des Moirygletschers. Dennoch brauchen die Wanderer nicht auf einen Spaziergang zu verzichten: ihnen ist das linke Seeufer überlassen.

Die Sperrstelle der Mauer liegt beim Felsriegel von Châteaupré, 8,5 km oberhalb von Grimentz im Casannaschiefer, einem hochwertigen Paragneis. Dort wird die Gougra gestaut. Die mit Parabolbögen gestaltete Gewölbemauer ist 148 m hoch. Sie ist an der 7 m breiten Krone 610 m lang. Bei Vollstau faßt das Becken 77 Millionen m³ Wasser, das dann 1,29 km² Fläche bedeckt. Mit einem Stauziel von 2249 m ü. M. wird der 2,5 km lange Stausee in der Höhenlage unter den großen Becken der Schweiz nur vom Stausee Gries und dem Lac des Dix übertroffen. Zur Sicherung der Beckenfüllung nimmt der Stausee neben den Abflüssen des Moirygletschers (Einzugsgebiet: 35,5 km² einschl. 6,2 km² Beileitung von der Lona) auch die Abflüsse aus dem obersten Gebiet des Turtmanntales (Einzugsgebiet: 36,6 km²) auf. Ferner besteht die Möglichkeit, Wasser aus der Navisence vom Ausgleichsbecken unterhalb Zinal (Einzugsgebiet: 107,6 km²) in den Moirysee zu pumpen.

Das Wasser aus dem Turtmanntal wird im Ausgleichsbecken Turtmann (2177 m) gesammelt. Dieses nutzt eine glaziale Mulde unterhalb der Gletscherzunge. Die Einzugsgebiete sind stark vergletschert;

Glacier de Moiry

Fläche:	total 6,11 km²
	schuttfrei 5,56 km²
Länge:	max. 5,6 km
Breite:	mittl. 1,4 km
Höhe:	max. 3820 m ü. M.
	min. 2420 m ü. M.
Lage:	Norden
Firnlinie:	3120 m ü. M.
Nährgebiet, mittl. Höhe:	3340 m ü. M.
Zehrgebiet, mittl. Höhe:	2840 m ü. M.
Moränentypen:	Seiten- und Endmoränen; im Gletschervorfeld Seitenmoränen
Gletschertyp:	Talgletscher
Gletscherform:	zusammengesetzte Becken
Gletscherfront:	normal
Längsprofil:	Kaskaden
Ernährung:	Schnee und/oder Driftschnee
Zungenaktivität:	leichter Rückzug

Besonderheiten: Vom Grat der Bouquetins stürzen Eismassen auf Glacier de Zinal hinunter. In Moränen des Vorfeldes See. *(Daten: Stand 1973)*

Glacier de Zinal

(Glacier de Zinal, Glacier du Grand Cornier, Glacier Durand, Glacier du Mountet)

Fläche:	total 16,24 km²
	schuttfrei 12,54 km²
Länge:	max. 8,0 km
Höhe:	max. 4140 m ü. M.
	min. 2000 m ü. M.
Lage:	Norden
Firnlinie:	3400 m ü. M.
Nährgebiet, mittl. Höhe:	3360 m ü. M.
Zehrgebiet, mittl. Höhe:	2820 m ü. M.
Moränentypen:	Mittel-, Seiten- und Endmoränen; im Gletschervorfeld Seitenmoränen
Gletschertyp:	Talgletscher
Gletscherform:	zusammengesetzte Becken
Gletscherfront:	normal
Längsprofil:	Kaskaden
Ernährung:	Schnee und/oder Driftschnee
Zungenaktivität:	starker Rückzug

Besonderheiten: Hängt über Col Durand mit Hohwänggletscher zusammen. Auf Gletscherzunge sichelförmige Einbrüche der Gletscheroberfläche.

Glacier de Moming

Fläche:	5,77 km²
Länge:	max. 3,8 km
Breite:	mittl. 1,8 km
Höhe:	max. 4060 m ü. M.
	min. 2460 m ü. M.
Lage:	Nordwesten
Firnlinie:	3080 m ü. M.
Nährgebiet, mittl. Höhe:	3340 m ü. M.
Zehrgebiet, mittl. Höhe:	2800 m ü. M.
Moränentypen:	Mittel-, Seiten- und Endmoränen
Gletschertyp:	Gebirgsgletscher
Längsprofil:	Kaskaden
Ernährung:	Schnee und/oder Driftschnee
Zungenaktivität:	leichter Rückzug

Besonderheiten: Zwei Zungen.

(Daten: Stand 1973)

Turtmanngletscher

Fläche:	total 13,10 km²
	schuttfrei 12,80 km²
Länge:	max. 5,8 km
Breite:	mittl. 2,5 km
Höhe:	max. 4140 m ü. M.
	min. 2260 m ü. M.
Lage:	Nordwesten — Norden
Firnlinie:	3220 m ü. M.
Moränentypen:	Seitenmoränen
Gletschertyp:	Talgletscher
Gletscherform:	zusammengesetzte Becken
Längsprofil:	Kaskaden
Ernährung:	Schnee/Driftschnee
Zungenaktivität:	leichter Rückzug

Besonderheiten: Zwei Zungen. Unterhalb Eisfall auf westlicher Zunge bei Kote 2600 Ogiven. In Moräne der westlichen Gletscherzunge Thermokarst-Strukturen. (Daten: Stand 1973)

Ganz oben: Der Glacier de Moiry reicht am Grand Cornier bis auf 3820 m hinauf. Er ist 5,6 km lang und im oberen Teil von tiefen Spalten durchzogen.

Oben: Zwischen den Moränen des Vorfeldes hat sich ein kleiner See gebildet. In seiner Nähe sömmert schwarzes Eringervieh.

dasjenige der oberen Turtmänna sogar zu 56 Prozent. Die aus den Kraftwerken Motec, Vissoie und Chippis bestehende Werkgruppe liefert eine Energie von 570 GWh.

Das Val de Moiry mit seinem Stausee und dem Gletscher ist dank der bis ins Gletschervorfeld reichenden Straße ein beliebtes Ausflugsziel. In den Moränen des Vorfeldes hat sich ein beachtlicher, rund 400 m breiter und ebenso langer See gebildet. Dahinter baut sich der Glacier de Moiry auf. Wie er seine Eismassen um die Nordflanke des Grand Cornier und unter den Felsnadeln der Dent des Rosses und Pointe de Bricola drapiert hat, verrät den Künstler. Aus Wenig Viel zu machen, ist die Devise dieses Landschaftsdekorateurs.

Wer nur halbwegs gut zu Fuß ist, wird beim Anblick des 5,6 km langen Gletschers nicht zögern, links oder rechts der mit Eleganz in einer langgestreckten Doppelkurve auslaufenden Zunge auf den Ufermoränen aufzusteigen. Hinter der linken Moräne wird er bald die Quelle des Alpgeläutes erspähen, dessen vertrauter Klang vom Gletscherwind über das Eis geweht wird. Es ist eine Herde schwarzen Eringerviehs, das gut versteckt zwischen der Moräne und der Ostwand der Couronne de Bréona weidet und mit hochgestimmten Almglocken eine zauberhafte Kulissenmusik spielt.

Der Glacier de Zinal von der Pigne de la Lé aus gesehen. Er setzt sich aus den Teilströmen Glacier du Mountet, Glacier Durand und Glacier Cornier (v. l.) zusammen. Das verzweigte Firnbecken wird im Südosten durch das Ober Gabelhorn begrenzt.

Ein Aufstieg zur rund 500 m höhergelegenen Cabane de Moiry (2825 m, 1 Stunde) ist angesichts der kunstvoll angelegten Eiskaskade unterhalb der Pigne de la Lé (3396 m) geradezu eine Pflicht. Er führt unterhalb der schönen Alp von Fêta d'Août de Châteaupré über die rechte Ufermoräne und gewährt einen ungehinderten Tiefblick auf die behäbig daliegende Zunge. Vor der Hütte sitzt man wie in der Loge eines kleinen, aber feinen Hoftheaters, in dem die Natur ein Schauspiel darbietet. Die Hauptrolle spielt ohne Zweifel der Gletscher, der zuweilen zornig kracht und poltert, wenn in seinem Eisbruch die Türme übereinanderstürzen. Eine Besteigung der Pigne de la Lé würde den Tagesausflug zum Gletscher krönen. Dazu allerdings braucht es etwas alpine Erfahrung. Über eine Schutthalde und ein Firnfeld steigt man zum Col du Pigne (3141 m) auf. Bis hierher dürfen sich auch Wanderer noch hochwagen. Nun geht es in leichter Blockkletterei über den Nordgrat auf die Pigne de la Lé (anderthalb Stunden von der Hütte entfernt). Hier wird man reichlich beschenkt. Das ganze Nährgebiet des Zinalgletschers liegt einem gegen Osten hin zu Füßen. Es wird eingefaßt von einem Kranz höchster Gipfel: Ober Gabelhorn, Zinalrothorn, Weißhorn. Im Süden über dem Col Durand baut sich die Nordwand des Matterhorns auf. Eine Aussicht wie auf einem Titelbild auf Hochglanzpapier. Von der Westwand des Weißhorns stürzt der Weißhorngletscher, vom Zinalrothorn stoßen, geteilt durch den Westgrat, die Gletscher von Moming und Mountet ins Tal und vom Ober Gabelhorn brechen Hängegletscher auf den Glacier Durand ab. Nur vom Grand Cornier oder der Dent Blanche ist der Rundblick auf die Gletscher des Val de Zinal noch schöner. Zum Abstieg von der Pigne de la Lé wählt man den Weg über den Moirygletscher. Auf ihm geht es zunächst nach Südwesten auf das Firnplateau hinunter. Dort trifft man auf die vom Grand Cornier kommende, streng nach Norden weisende Spur. Ihr folgt man, einige Spalten oberhalb des großen Eisbruches umgehend, bis zum Gletscherrand. Von dort nun wieder über die Schutthalde zurück zur Hütte (1 Std. von der Pigne de la Lé).

Links: Schmelzwasserbach auf dem Zinalgletscher. 3,7 km² seiner Oberfläche sind mit Moränenschutt bedeckt. Im Hintergrund das Ober Gabelhorn (4062 m).

Unten: Das Tal von Zinal mit dem gleichnamigen Bergdorf. Der Talfluß des Val d'Anniviers ist die Navisence. Sie entspringt im Zinalgletscher. In der Ebene vor Zinal lagert sie Moränenschutt des Gletschers ab.

Rechts: Der Turtmanngletscher an der Nordabdachung des Weißhorns. Beim Col de Tracuit lappt er in das Tal von Zinal hinab. Blick von der Tracuithütte über das westliche Firnbecken hinauf zum Bishorn und dem Weißhorn-Nordgrat.

Wer größere Ambitionen hat als diese ausgesprochen lohnende Tagestour auf einen leichten Dreitausender, wird zum Grand Cornier (3961 m, 4 Stunden) aufsteigen. Dieser schöne Gipfel (eigentlich ein zu kurz geratener Viertausender) eignet sich vorzüglich für eine Überschreitung. Für Kletterer ist sie ein genußvoller Übergang vom Gougratal ins Tal von Zinal und umgekehrt. Vorzuziehen allerdings ist die zweite Variante, da der schwierigere Teil, der Ostgrat, im Aufstieg bewältigt wird. Ausgangspunkt für diese Kletter- und Gletschertour wäre dann die Cabane du Mountet über dem Zinalgletscher.

Der kürzeste Übergang für Wanderer ins Nachbartal von Moiry geht von der Staumauer über den Col de Sorebois mit Aufstieg zum Horn (2896 m), das dem Paß den Namen gab. Von dort sind es nur 20 Minuten zur Pointe de Tsirouc (2778 m), die den schönsten Ausblick auf das gesamte Eifischtal bietet. Der Abstieg führt zur Alp Sorebois, von wo man mit der Luftseilbahn hinunter nach Zinal gelangt (2 Stunden vom Lac de Moiry).

Der Talfluß des Val d'Anniviers ist die Navisence. Ihre Quelle liegt ganz hinten im Tal von Zinal. Dort entrinnt sie dem dunklen Tor des Zinalgletschers und breitet ihr Geröll auf dem weiten Gletschervorfeld aus. Wenngleich der größte Teil der Zunge wie mit einem großen schwarzen Tuch von Moränenschutt zugedeckt ist, so ist ein Besuch des Gletschers und seiner unmittelbaren Umgebung ein Unterfangen von zwar herbem, aber nicht geringem Reiz. Zur Gletscherzunge führen zwei Wege beidseits der ungezähmten Navisence, wobei derjenige rechts des Flusses der schattigere und ansprechendere ist. Über einen Steg, genau gegenüber der Schlucht unterhalb von Le Vichiesso, wechselt man auf die linke Seite und nimmt den romantischen Hüttenpfad zum Restaurant Petit Mountet (Übernachtungsmöglichkeit).

Le Vichiesso (1862 m) ist eine Gruppe alter Alphütten auf einer schmalen Ebene, welche die Schlucht der Navisence überragt. Donnerndes Gepolter, welches das Tosen des Gletscherwassers in der Schlucht untermalt, ist ein untrügliches Zeichen, daß der junge Fluß schwere Fracht mit sich führt. Diese lädt er in der Ebene vor Zinal teilweise ab. Geröllhalden zeugen von der Schwerarbeit, die das Wasser bereits auf dieser kurzen Strecke vollbringt.

Vom Restaurant Petit Mountet (2142 m, 2 Stunden von Zinal), das auf einer alten, sehr hohen Ufermoräne des Zinalgletschers liegt, sieht man direkt auf die tief zwischen dem Besso und der Pigne de la Lé eingezwängte Zunge. Der Anblick macht nicht froh. Zu düster ist die Szenerie und zu nah steigen die jäh abstürzenden Wände der Viertausender an. Um ihre Gipfel zu erspähen, muß man schon den Kopf in den Nacken legen. Zur Cabane du Mountet (2886 m) sollten sich von hier aus nur geübte Wanderer oder Alpinisten vorwagen. Der Weg ist teilweise schlecht und geht weiter hinten über den Gletscher, den ersten Abbruch links umgehend und vor dem zweiten den Eisstrom verlassend.

Von der Hütte (4 Stunden von Zinal) freilich hat man eine einzigartige Aussicht. Sie steht im Mittelpunkt der «Couronne impériale», umgeben von berühmten Viertausendern und Gletschern, die nicht näher sein könnten. Sie ist der Stützpunkt für anspruchsvolle Besteigungen des Zinalrothornes, des Ober Gabelhornes, der Dent Blanche und des Grand Cornier. Die Hütte ist auch Etappenort zum nicht mehr allzuweit entfernten Col Durand (3451 m, 3 Stunden von der Hütte), der als direkte Verbindung zwischen dem Eifischtal und dem Zermatter Tal seit undenklichen Zeiten begangen wird. Kurz unterhalb der Paßhöhe bereitet ein steiler Firn- oder Eishang meistens Probleme. Oft ist der Übergang nur möglich, indem in mühsamer Arbeit Stufen ins Eis geschlagen werden. Über den Hohwänggletscher (2,51 km²) gelangt man auf der anderen Seite zur Schönbielhütte am Zmuttgletscher: Die beiden Gletscherbrüche werden rechts umgangen, und man weicht über die Felsen vom Oberen Blausatz durch die Kumme ins Geröll oberhalb der Hütte aus.

Vom Wanderweg nach Petit Mountet zweigt kurz hinter den Hütten von Le Vichiesso ein Pfad nach L'Ar Pitetta

127

Rechts: Das Weißhorn mit seinem berühmten Nordgrat und die Firnkuppe des Bishorns. Die Hängegletscher an der Ostwand von Weißhorn und Bishorn haben zusammen mit dem Bisgletscher wiederholt durch Abbrüche das Dorf Randa im Mattertal bedroht.

Oben: Der Turtmanngletscher besteht aus zwei großen Firnbecken, die durch den Nordwestgrat des Bishorns getrennt werden und zwei verschieden lange Zungen ausbilden. Er ist 13,10 km² groß und 5,8 km lang.

Rechts: In einem riesigen Firnkessel zwischen Weißhorn und Bishorn sammelt sich der Bisgletscher, um in einem gigantischen Sturz nach Randa abzubrechen.

heit den Wanderer durch den unvorstellbaren Ausblick auf Gletscher und Gipfel zu beglücken vermag.

Ein Höhepunkt der unzähligen Wandermöglichkeiten ist gewiß der Besuch der hochgelegenen Tracuithütte (3256 m). Sie liegt 1600 Höhenmeter über Zinal und ist Ausgangspunkt zur Besteigung des Weißhorns (4505 m) über den Nordgrat – ein Leckerbissen für konditionsstarke, gewandte Alpinisten. Der Anstieg zur Hütte läßt sich gut mit dem Abstieg von der Cabane d'Ar Pitetta verbinden. Dazu steigt man über dem Lac de Louchelet auf der Alp von Pitetta zum Roc de la Vache (2581 m) auf. Dort erblickt man die Alphütten von Combautanna (2578 m) (2786 m) ab. Dort, wo sich der Gletscherbach des Zinalgletschers mit jenem des Weißhorngletschers vereint, steht eine Brücke über dem schäumenden Wasser. Der Weg wurde bei Vorstößen des Zinalgletschers zuweilen zerstört. Nahe der Brücke unterbrechen mehrere kleinere und größere Wasserfälle den lebhaften Lauf der eben dem Gletscher entwichenen Navisence.

Auf der Alp Pitetta mit dem hübschen Seelein von Louchelet (2 Stunden von Zinal) ist man dem Glacier de Moming und dem Gletscher am Fuß der übermächtigen Weißhornwestwand schon sehr nahe. Einen noch unmittelbareren Eindruck von diesen beiden zerklüfteten Gebirgsgletschern verschafft lediglich der Aufstieg zur Cabane d'Ar Pitetta (2786 m), die, umgeben von hohen Moränenwällen des Weißhorngletschers, in ihrer Einfachheit den Wanderer durch den unvorstellbaren Ausblick auf Gletscher und Gipfel zu beglücken vermag.

Sie stehen auf gleicher Höhe auf der anderen Seite des hohen Tälchens von Tracuit, am Rande eines munter plätschernden Bächleins. Einen derart verträumt gelegenen Rastpunkt hätte man kaum vermutet. Wer von Zinal den steilen Pfad hochgekommen ist, wird hier, wo sich das Terrain ebnet, jauchzen wollen (3 Stunden von Zinal).

Noch aber liegen rund 700 Höhenmeter am Weg. Bald geht es auch wieder in starkem Anstieg hinauf. Gut 4 Stunden rechnet man von Zinal bis zur Klubhütte am Paß von Tracuit. Sie steht dicht am 5,8 km langen Turtmanngletscher, über den die Aufstiegsrouten zum Bishorn (4155 m), dem Damenberg der Walliseralpen, und dem Weißhorn verlaufen. Unterhalb der Hütte bricht der Gletscher mit dramatischem Effekt über zwei hohe Stufen ab. Er bedeckt eine bemerkenswerte Fläche von 13,1 km² und streckt gleich zwei Zungen, von denen die linke Ogiven aufweist, genau in Richtung zum Nordpol aus. Der Fernblick von der Hütte ist von ausgesuchter Vielfalt. Nur erste Namen werden hier vorgestellt. Das grandiose Panorama, in dem die Gipfel des Zinalrothornes, der Dent Blanche und des Matterhornes effektvolle Höhepunkte setzen, schenkt denn auch dem Bergfreund einen tiefen Frieden.

Ist man schon einmal hier oben, so wäre es ein Jammer, nicht zum nördlichen Ausläufer des Weißhorns, dem Bishorn, aufzusteigen. Der nicht schwierige Anstieg ist in 2½ bis 3 Stunden zu bewältigen. Er geht über den steilen Turtmanngletscher, in dem tiefe Spalten klaffen und zur Vorsicht mahnen. Dann steht man auf der Firnkuppe des Bishorns: Das Weißhorn, das von der Tracuithütte lediglich als dunkler, zackiger Kamm erschien, zeigt hier seine wildeste Seite – die mit Hängegletschern bewehrte Nordostwand. Warum dieser Viertausender bei vielen als der schönste der Alpen gilt, wird jetzt begreiflich.

In einem riesigen Firnkessel direkt unter der Ostwand von Bishorn und Weißhorn sammelt sich der Bisgletscher (4,79 km² Fläche, 3,8 km Länge), um in einem gigantischen Sturz nach Randa abzubrechen. Die Eislawinen seiner Doppelzunge bedrohten mehrmals das hübsche Dorf tief unten im Mattertal. Abbrechende Eismassen des tausendfach zerklüfteten Gletschers zerstörten die Siedlung und brachten Tod und Not ins Tal. Bei der Gletscherkatastrophe von 1636 kamen 36 Menschen um. Am 27. Dezember 1819 verwüstete eine immense Eislawine von schätzungsweise 13 Millionen m³ erneut das Dorf. Der durch den Absturz verursachte Eisstaubsturm fegte 113 Gebäude hinweg. Erstaunlicherweise verloren nur zwei Bewohner dabei ihr Leben.

Die weite Rundsicht auf dem Bishorn (4153 m), dem nicht alle Bergsteiger eine Eigenrolle zugestehen wollen, sondern in ihm bestenfalls einen markanten Ausläufer des Weißhorn-Nordgrates erkennen, ist eines Viertausenders würdig. Sie reicht zur berühmten Galerie stolzer Gipfel der Mischabel- und Monte-Rosa-Gruppe sowie hinein ins Massiv der Dent Blanche.

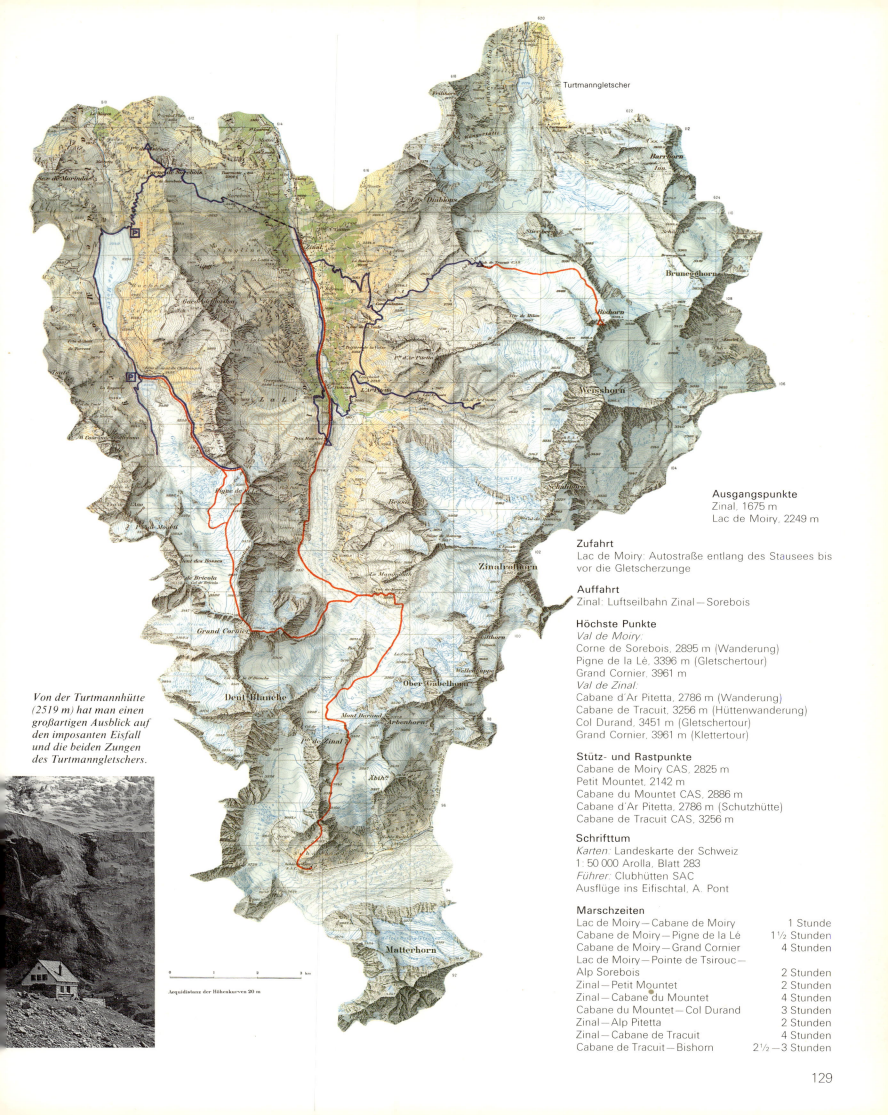

Von der Turtmannhütte (2519 m) hat man einen großartigen Ausblick auf den imposanten Eisfall und die beiden Zungen des Turtmanngletschers.

Ausgangspunkte
Zinal, 1675 m
Lac de Moiry, 2249 m

Zufahrt
Lac de Moiry: Autostraße entlang des Stausees bis vor die Gletscherzunge

Auffahrt
Zinal: Luftseilbahn Zinal—Sorebois

Höchste Punkte
Val de Moiry:
Corne de Sorebois, 2895 m (Wanderung)
Pigne de la Lé, 3396 m (Gletschertour)
Grand Cornier, 3961 m
Val de Zinal:
Cabane d'Ar Pitetta, 2786 m (Wanderung)
Cabane de Tracuit, 3256 m (Hüttenwanderung)
Col Durand, 3451 m (Gletschertour)
Grand Cornier, 3961 m (Klettertour)

Stütz- und Rastpunkte
Cabane de Moiry CAS, 2825 m
Petit Mountet, 2142 m
Cabane du Mountet CAS, 2886 m
Cabane d'Ar Pitetta, 2786 m (Schutzhütte)
Cabane de Tracuit CAS, 3256 m

Schrifttum
Karten: Landeskarte der Schweiz
1 : 50 000 Arolla, Blatt 283
Führer: Clubhütten SAC
Ausflüge ins Eifischtal, A. Pont

Marschzeiten
Lac de Moiry—Cabane de Moiry	1 Stunde
Cabane de Moiry—Pigne de la Lé	1½ Stunden
Cabane de Moiry—Grand Cornier	4 Stunden
Lac de Moiry—Pointe de Tsirouc— Alp Sorebois	2 Stunden
Zinal—Petit Mountet	2 Stunden
Zinal—Cabane du Mountet	4 Stunden
Cabane du Mountet—Col Durand	3 Stunden
Zinal—Alp Pitetta	2 Stunden
Zinal—Cabane de Tracuit	4 Stunden
Cabane de Tracuit—Bishorn	2½—3 Stunden

WALLISER ALPEN *Mattertal*

Zmuttgletscher

Matterhorngletscher
Hohwänggletscher

Bei Visp zweigt das Nikolaital vom Rhonetal im rechten Winkel links nach Süden hin ab und teilt sich bei Stalden ins Mattertal und Saasertal. Wie eine Wünschelrute reicht diese Talgruppe, von eisigen Viertausendern um den Bauch der Mischabelkette gehalten, zur Hauptwasserader des größten Westalpentales hinab. Am südlichen Ende, auf 1606 m ü. M., liegt in einem geschützten Talkessel das Bergsteigerzentrum Zermatt. Hier stehen die Viertausender nur so herum: 32 an der Zahl. Alle mit klangvollen Namen, soweit das Auge reicht. Die Gestaltungskraft der Natur hat hier wahre Meisterwerke der Gebirgsarchitektonik entstehen lassen. Ihr Anblick zwingt zu neuen Maßstäben. Jeden Rahmen sprengend, fassen sie das Hochtal von Zermatt wie eine schützende Mauer ein.

Diese allseitige Umschließung des Hochtals durch das Monte-Rosa-Massiv, die Dent-Blanche-Kette und die Mischabelgruppe bleibt nicht ohne Folgen: Nirgendwo in der Schweiz wachsen die Bäume höher hinauf als hier. Die Arve, dieser zäheste und widerstandsfähigste der Walliser Bäume, ist in verkrüppelten Exemplaren noch auf 2700 m (Höhe des Säntis: 2502 m) anzutreffen. Zu diesem Höhenrekord gesellt sich noch jener der Kornäcker bei Findeln (2200 m), die sogar als die höchstgelegenen Europas gelten. Die Firngrenze liegt hier denn auch auf rund 3300 Meter; eine Höhe, in der auf der Alpennordseite und erst recht in den Ostalpen der obere Rand der Firnbecken bereits an den Himmel stößt.

Aber trotz des oft fast mediterranen Klimas von Zermatt findet sich in unmittelbarer Nähe dieser zur «Metropolis Alpina» aufgestiegenen ehemaligen Bergbauernsiedlung die vielleicht großartigste Gletscherlandschaft der Alpen. Denn die vertikale Ausdehnung vom grünen Talkessel bis zu den höchsten Firnspitzen beträgt hier rund 3000 m. Genug, um drei großen Gletschern oder Gletscherkomplexen Raum und Nahrung zu geben: Zmuttgletscher, Gornergletscher, Findelngletscher. Sie bedecken zusammen eine Fläche von über 112 km². Das sind Zweidrittel des vergletscherten Areals des Montblancmassivs. Von drei Seiten fließen die Zungen der Zermatter Gletscher dem grünen Talkessel zu: Aus einem Seitental stößt von Westen der Zmuttgletscher vor; im Süden bilden die Eisfelder des Furgg- und des Oberen Theodulgletschers einen natürlichen Talabschluß; und von Osten drängen gleich aus zwei vom Gornergrat getrennten Gletschertälern die Zungen des Gorner- und Findelngletschers herab, in die das Monte-Rosa-Massiv seine Eismassen auf Schweizer Boden entleert.

Am südlichen Ende des Mattertales liegt in einem geschützten Talkessel das Bergsteigerzentrum Zermatt. Die vertikale Ausdehnung vom grünen Talrund bis zu den höchsten Firnspitzen beträgt hier, wo die Baumgrenze bis auf 2700 m steigt, rund 3000 m. Den natürlichen Talabschluß bilden die Eisfelder des Furgg- und des Oberen Theodulgletschers, überragt vom «Denkmal der Alpen», dem Matterhorn.

Unten: Die eindrucksvolle Kette der Mischabelhörner mit (v. l.) Lenzspitze, Dom, Täschhorn und Alphubel und ihren Gletschern (Festigletscher, Kingletscher, v. l.) umschließt zusammen mit dem Monte-Rosa-Massiv und der Dent-Blanche-Kette das Hochtal von Zermatt.

Am Eingang zum Eistal des Zmuttgletschers steht – Wahrzeichen Zermatts und Denkmal der Alpen – das Matterhorn. Riesenhaft und kühn geformt, blickt es als Hüter einer grandiosen alpinen Urwelt unnahbar und stolz über Gletscher und Gipfel. Dieser mit magischer Zentripetalkraft alles an sich ziehende, 4477,5 m hohe Felsobelisk ist der souveräne Dompteur im Zermatter Gletscherzirkus. Alles scheint auf ihn ausgerichtet zu sein, alles ihm zu Füßen zu liegen. Kein Berg übt eine stärkere Faszination aus als dieser. Keiner auch bekommt die Kehrseite dieser Ausstrahlungs- und Anziehungskraft deutlicher zu Gesicht als er.

Kloake der Alpen, nacktes Ungeheuer, schöne Abscheulichkeit, Finger Gottes, König der Berge – das ist eine kleine Auswahl der Komplimente und Insulte, mit denen man diesen Berg der Berge bedacht hat.

Am Fuße seiner berüchtigten Nordwand klebt ein kleiner Gletscher (2,22 km²), der, könnte er sprechen, nur tragische Geschichten zu erzählen hätte. Auf ihm, dem Matterhorngletscher, haben nach abgrundtiefem Fall über die mörderische, 1000 m hohe Steilwand unzählige Bergsteiger ihr Leben gelassen. Viele sind dabei in den Bergschrund oder in Gletscherspalten gestürzt. Diese Eisklüfte sind ihnen zum eisigen Grab geworden. Gelegentlich spuckt der Gletscher ihre Leichen, oder was nach jahrelangem Zermalmungsprozeß im hangabwärts fließenden Gletschereis davon noch übrig ist, an der gut 2 km langen Front wieder aus, als sei er die traurige Fracht leid.

Die berühmtesten Opfer, die das Matterhorn forderte und die auf seine Eisflanke abstürzten, sind vier seiner Bezwinger. Beim Abstieg am 14. Juli 1865 vom Gipfel des Matterhorns glitt der von der Erstbesteigung geschwächte Harrow-Universitäts-Student Douglas Hadow aus. Dabei warf er den vorauskletternden Bergführer Michel Croz aus Chamonix aus seiner Sicherung und riß Reverend Charles Hudson, damals vielleicht der bekannteste Bergsteiger, sowie Edward Whympers Freund Lord Francis Douglas in die Tiefe. Die beiden Zermatter Taugwalder (Vater und Sohn) und Whymper, der als letzter abstieg, stemmten sich mit aller Kraft; doch das die siebenköpfige Gruppe sichernde Seil riß zwischen Taugwalder und Douglas. Die vier Unglücklichen fielen etwa 1200 m tief auf den Matterhorngletscher hinab. Der stolze Sieg über das Matterhorn, mit dem das Goldene Zeitalter des Alpinismus seinen Abschluß fand, wurde zu einer furchtbaren Tragödie. Die Walliser Regierung gab 21 Führern den traurigen und gefährlichen

Zmuttgletscher

(Zmuttgletscher, Tiefmattengletscher, Stockjigletscher, Schönbielgletscher)

Fläche:	insg. 16,98 km²
	schuttfrei 12,70 km²
Länge:	max. 8,0 km
Breite:	mittl. 2,4 km
Höhe:	max. 4080 m ü. M.
	min. 2280 m ü. M.
Lage:	Osten (Zunge)
Firnlinie:	2980 m ü. M.
Moränentypen:	Mittel- und Seitenmoränen; im Gletschervorfeld Seiten- und Endmoränen
Gletschertyp:	Talgletscher
Gletscherform:	zusammengesetzte Becken
Gletscherfront:	normal
Längsprofil:	Kaskaden
Ernährung:	Schnee und Lawinen
Zungenaktivität:	starker Rückzug

Besonderheiten: Hängt mit Haut Glacier de Tsa de Tsan in Italien und über Col de la Tête Blanche mit Glacier de Ferpècle zusammen. Auf unterem Teil der stark schuttbedeckten Zunge mäandrierende Bäche und sichelförmige Einbrüche der Gletscheroberfläche.

Matterhorngletscher

Fläche:	2,22 km²
Länge:	max. 2,0 km
Breite:	mittl. 1,7 km
Höhe:	max. 4080 m ü. M.
	min. 2280 m ü. M.
Lage:	Norden – Nordosten
Firnlinie:	2980 m ü. M.
Moränentypen:	Seiten- und Endmoränen
Gletschertyp:	Gebirgsgletscher
Gletscherfront:	kalbende Front
Längsprofil:	Kaskaden
Ernährung:	Schnee und Lawinen
Zungenaktivität:	ungewiß

Hohwänggletscher

Fläche:	2,51 km²
Länge:	max. 2,7 km
Breite:	mittl. 1,2 km
Höhe:	max. 3680 m ü. M.
	min. 2780 m ü. M.
Lage:	Süden
Moränentypen:	keine Moränen; im Gletschervorfeld Seitenmoränen
Gletschertyp:	Gebirgsgletscher
Gletscherform:	einfaches Becken
Gletscherfront:	kalbende Front
Längsprofil:	Kaskaden
Ernährung:	Schnee und/oder Driftschnee
Zungenaktivität:	ungewiß

Besonderheiten: Hängt über Col Durand mit Glacier de Zinal zusammen. (Daten: Stand 1973)

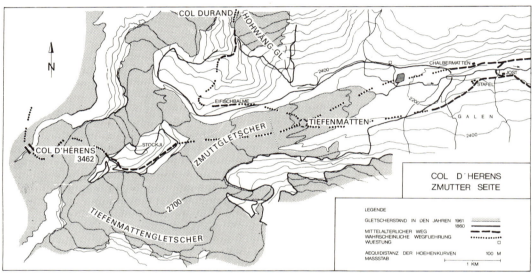

Oben und oben rechts: Zmutt- und Matterhorngletscher im Jahre 1977 und am 24. Juli 1835 (Zeichnung von J. R. Bühlmann) 1802–1890). Der von einer gewaltigen Obermoräne zugedeckte Zmuttgletscher hat sich seit 1860 um 1,5 km zurückgezogen. Das Bild zeigt auch deutlich, wie der Matterhorngletscher der Bergschulter als dicke Eiskruste aufliegt.

Links: Im Mittelalter soll sich im Vorfeld des damals stark zurückgeschmolzenen Zmuttgletschers das Dörfchen Tiefenmatten befunden haben. Neueste Forschungen lassen die Existenz des Weilers als gesichert erscheinen.

Auftrag, die Leichen auf dem Gletscher zu bergen.

Der Matterhorngletscher liegt der Nordseite der majestätischen Felspyramide als mehrere Dutzend Meter dicker Eispanzer an. Er ist in den vergangenen Jahrzehnten stark zurückgeschmolzen und kalbt der ganzen Front entlang über den untersten Steilhang des Bergfußes. Das hat eine starke Wirkung, besonders wenn man von Zermatt zur Schönbielhütte aufsteigt. Im Nährgebiet stößt der Gletscher an den Zmuttgrat, dessen unteren Teil er mit ausgesuchter Eleganz formt. Weit schwingt der mit großer Geste entworfene, blendendweiße Firngrat auf den Felssockel des alpinen Monuments hinunter.

In kälteren Zeiten stieß der Matterhorngletscher bis zum Zmuttgletscher hinab. Dieser schiebt im Schatten des Matterhorns seine fast vollständig mit Gesteinstrümmern bedeckte Zunge talauswärts. Sie ist etwa 1 km breit und 4 km lang. Auf dem unteren Teil haben mäandrierende Bäche und sichelförmige Einbrüche auf der Gletscheroberfläche eigenwillige Muster gestaltet. Gleichwohl bleibt die graue Zunge, der eigentliche Zmuttgletscher, unansehnlich.

Sein Firngebiet allerdings zwingt auch den durch eindrucksvolle Landschaften verwöhnten Berggänger zur Reverenz. Gleich drei Gletscher stürzen hier auf ihn ein. Von der Dent d'Hérens (4171 m) fällt über die Nordflanke der stattliche Tiefmattengletscher ab; zwischen Tête de Valpelline und Tête Blanche nimmt der Stockjigletscher seinen Anfang und tut sich nach jähem Absturz mit dem Schönbielgletscher zusammen; dieser windet sich aus einem Kessel am Südfuß der Dent Blanche (4356 m) und bildet zusammen mit dem Tiefmattengletscher den Zmuttgletscher.

Am Zusammenfluß von Schönbiel- und Zmuttgletscher steht die Schönbielhütte (2694 m). Ihr Standort könnte nicht besser gewählt sein, um das überwältigende Gletscherpanorama ganz zu umfassen. Der Weg zu ihr folgt stellenweise dem Kamm der großzügig aufgehäuften linken Ufermoräne. Sie ist vom Regen stark erodiert; Hunderte sogenannter Racheln reihen sich dicht aneinander und geben der Moräne durch das Schattenspiel der Sonne eine Zeichnung von auffallender Regelmäßigkeit.

Die Moräne gibt den Höchststand des Gletschers in den vergangenen Jahrhunderten an. 1860 reichte der Zmuttgletscher bis auf wenige hundert Meter an die Hütten von Stafel und Chalbermatten heran. Seither hat er sich um 1,5 km zurückgezogen. Hätte ihn das Schuttkleid nicht vor weiterem Abschmelzen bewahrt, so wäre von der Zunge heute nur noch ein kläglicher Rest übrig. Zu Zeiten der Klimagunst, als im Alpenraum die Gletscher infolge wärmerer Witterung schmolzen, krebste der Zmuttgletscher bis zu 1,5 km gegenüber seiner heutigen Ausdehnung zurück. Dann siedelte sich jeweils im Gletschervorfeld ein Lärchenwald an: zwischen 6150 und 5550 v. Chr. etwa, danach von ca. 150 bis 550 n. Chr. und wahrscheinlich von 1150 bis 1450 n. Chr.

Der geringe Gletscherstand ermöglichte zur Römerzeit (1.–4. Jh. n. Chr.) und im Mittelalter den Übergang vom Mattertal über den Col d'Hérens ins Eringertal und hinaus nach Sitten. Die Römer unterhielten damals über den Theodulpaß (siehe Gornergletscher) und den Col d'Hérens (siehe Val d'Hérens) eine nicht unbedeutende Süd-Nord-Verbindung zu den nördlich der Alpen gelegenen Provinzen. Beiderseits des Col d'Hérens legten sie Etappenstationen an; man vermutet, daß

Unten links: Die Schönbielhütte ist Ausgangs- und Zielpunkt großer Alpenfahrten und genußreicher Wanderungen im Zermatter Raum. Sie steht hoch über dem Zmuttgletscher am Kliff eines bizarr aufgewühlten Eismeeres.

Unten: Hoch über dem Zmuttgletscher mit seiner von Racheln gerippten Ufermoräne klebt zwischen der Pointe de Zinal (Mitte) und dem Mont Durand (rechts) der Hohwänggletscher. Über ihn führt der Weg zum Col Durand. Dieser hochalpine Übergang ins Eifischtal wurde bereits im Mittelalter von den Walsern benützt. Hinten links die Dent Blanche.

diese im oberen Tal von Ferpècle bei Les Manzettes und im Vorfeld des Zmuttgletschers bei Jost vor Stafel am Fuße des Matterhorns standen. In Jost (2066 m), an der römischen Trasse des Theodulgletschers, soll später auch das älteste Wirtshaus von Zermatt gestanden haben.

Im Hoch- und Spätmittelalter wurde der Gletscherpaß hauptsächlich von den Walsern benützt (siehe Val d'Hérens). Der nach 1600 einsetzende starke Gletschervorstoß ließ den Paß bald veröden. «Wegen der großen Wegschwierigkeiten» wurden die Zermatter, die bis dahin alljährlich eine Prozession über den Paß nach Sitten durchführten, Anno 1666 vom Bischof ihres Gelübdes entbunden. Als Ersatz mußten sie von dieser Zeit an lediglich einen Bittgang ins benachbarte Täsch unternehmen.

Stieß der Gletscher vor, so wurde der im Vorfeld gewachsene Lärchenwald einfach überrollt. Im Mittelalter soll sich dort, am Schnittpunkt der Saumpfade von Zermatt und Theodulpaß zum Col d'Hérens und Col Durand, das Dörfchen Tiefenmatten befunden haben. Der Sage nach soll es durch einen Bergsturz verschüttet und schließlich vom Zmuttgletscher überfahren worden sein. Es müßte demnach heute unter der Gletscherzunge, u. zw. in deren Mitte, etwa auf der Höhe von «Hohle Bielen» gegenüber dem Matterhorn zu suchen sein. Durch den Zmuttbach vom Gletscher angespülte Stall- und Hausgeräte sind ein Indiz dafür. Zudem gibt es einen gleichnamigen Gletscher. Auch ist der Name des Dorfes bekannt, und sogar ein Standort, nämlich am Fuße des Hohwäng- und Schönbielberges, wird im Sagenschatz genannt. Neueste Forschungen lassen die Existenz dieses Dörfchens, das aus einigen wenigen Alpsta-

deln bestanden haben mag, als gesichert erscheinen. Der Zmuttgletscher gibt somit ein eindrucksvolles Beispiel von der lebensbedrohenden Gewalt der vorrückenden Gletscher, aber auch von der Anpassung der Bergbevölkerung an die jeweiligen, durch Klimawechsel veränderten Verhältnisse im Alpenraum.

Wanderung Die unvergleichliche Lage der Schönbielhütte legt eine Wanderung zu diesem Stützpunkt am Kliff eines bizarr aufgewühlten Eismeeres nahe. Sie läßt sich dank der in Überfülle von Zermatt ausgehenden Aufstiegshilfen mit einem Besuch des Hotels Belvedere am Fuße des populärsten Matterhorngrates, des Hörnligrats, verbinden. Von Zermatt gelangt man mit der Luftseilbahn über

Links: Vom Fuße der Dent Blanche zieht der Schönbielgletscher (vorne) südwärts gegen das Matterhorn, das sich von hier von ungewohnter Seite (mit dem Hörnligrat im Profil, links) zeigt. Im Gebiet der Schönbielhütte mündet er in den breiten Strom des Zmuttgletschers.

Unten rechts: An schönen Hochsommertagen brechen oft über hundert Partien zur Matterhornbesteigung auf. In der Solvay-Hütte (4003 m) auf dem Hörnligrat, der Normalroute, darf allerdings nur in Notfällen übernachtet werden.

Furi nach Schwarzsee (2583 m) an den Schenkel des Matterhorns. Hier genießt man einen befreienden Blick hinüber zum Gornergletscher, der seine Zunge zwischen dem Riffelhorn und den «Lichenbrettern» in die Gornerschlucht hinabstreckt. Am östlichen Horizont zieht von Norden nach Süden die eindrucksvolle Kette der Mischabelhörner vorbei und kulminiert in dem sich massig aufbauenden Gebirgsstock des Monte Rosa. Von Schwarzsee führt ein vielbegangener, weil wirklich schöner Weg über die Stafelalp hinunter zum Zmuttgletscher. Unsere Wanderung sieht jedoch zunächst einen Aufstieg zum Hotel Belvedere/ Hörnli-Hütte SAC (3260 m) vor. In gut zwei Stunden auf abwechslungsreichem Pfad ist diese Hauptbasis der Matterhornbesteiger erreicht. Von hier oben, fast 700 m höher als Schwarzsee, ist der Rundblick natürlich um vieles packender und informativer – eine der prächtigsten Aussichten im ganzen Zermatter Ausflugsgebiet überhaupt. Zum Matterhorngletscher in der sich erschreckend steil aufbauenden Nordwand ist es nur ein Steinwurf. Hier zeigen sich auch die flachen Eisfelder des Furgg- und Oberen Theodulgletschers, über den der alte Römerweg ins italienische Valtournanche führte, in voller Größe. Sie sind freilich nur noch ein Abglanz früherer Pracht, und der Anblick dieser stark zurückschmelzenden Gletscher mag den einen oder anderen Wanderer ihnen besseres, will heißen: kälteres Wetter wünschen lassen.

Der Vormittag ist gerade die rechte Zeit für einen Besuch dieser Hütte. Jetzt kommen die Helden müde vom Berg zurück. Sechs bis zehn Stunden sind sie unterwegs gewesen – die meisten vernünftigerweise mit Führer. Die Führerlosen treffen erfahrungsgemäß später ein. Bei keinem Walliser Viertausender ist die Regel «Je früher, desto sicherer» für den Normalanstieg so ernst zu nehmen wie beim Matterhorn, wo an schönen Hochsommertagen über hundert Partien einsteigen. Denn die Ostwand (in ihr verläuft im unteren Drittel teilweise die Route) ist nichts anderes als eine gigantische Geröll- und Schutthalde, in der immerfort – und erst recht, wenn Matterhorntouristen Steine lostretend nach dem rechten Weg suchen – der Tod mitklettert.

Vom Hotel Belvedere bricht man noch vor Mittag zum Zmuttgletscher auf. Bei Punkt 2931 der Landeskarte zweigt vom Hüttenweg ein steiler Pfad nach links ab. Auf ihm geht es recht abschüssig durch die «Seickren» zur Oberen Stafelalp. Linker Hand wälzt sich der Matterhorngletscher über eine Felsstufe, dabei in hundert Spalten auseinanderbrechend. Auf der Alp stößt man auf den Weg, der von Schwarzsee zum Hotel Stafelalp (2199 m) hinabführt. Diesem entlang zur verdienten Mittagsrast auf der Sonnenterrasse des Berghotels (1 Stunde von der Hörnlihütte). Das Matterhorn zeigt sich hier von seiner schönsten Seite. Während des ganzen Aufstiegs zur Schönbielhütte wird es nicht aus dem Gesichtsfeld weichen. Seine Präsenz ist übermächtig und allgegenwärtig. Ein Berg wird hier zur «Idée fixe».

Vom Berghotel über das Gletschervorfeld hinüber auf die linke Ufermoräne; der Weg führt durch eine tote Landschaft, in der die Schuttanhäufungen der Gletscherzunge wie Dünen aus dem Boden wachsen. Ein rund 200 m breites Ausgleichsbecken weist darauf hin, daß die Abflüsse des Zmuttgletschers zur Energieerzeugung genutzt werden. In dem nicht weit davon im Vorfeld stehenden Pumpwerk Stafel wird das Wasser in den Hauptsammelstollen der Grande-Dixence-Kraftwerke (siehe Val d'Hérens/d'Hérémence) hochgepumpt. Auf der Moräne geht es gemächlich zur Schönbielhütte. Bei den Hohlen Bielen sammeln sich hinter der Moräne in zwei hübschen Seelein die Abflüsse des Hohwänggletschers. Dieser bricht, wie schon sein Name sagt, hoch droben, zwischen den auf den Meter

Auf dem unteren Teil der stark schuttbedeckten Zunge des Zmuttgletschers formen mäandrierende Bäche und sichelförmige Einbrüche die Gletscheroberfläche. Die hohe Ufermoräne rechts dokumentiert den Gletscherstand von 1860.

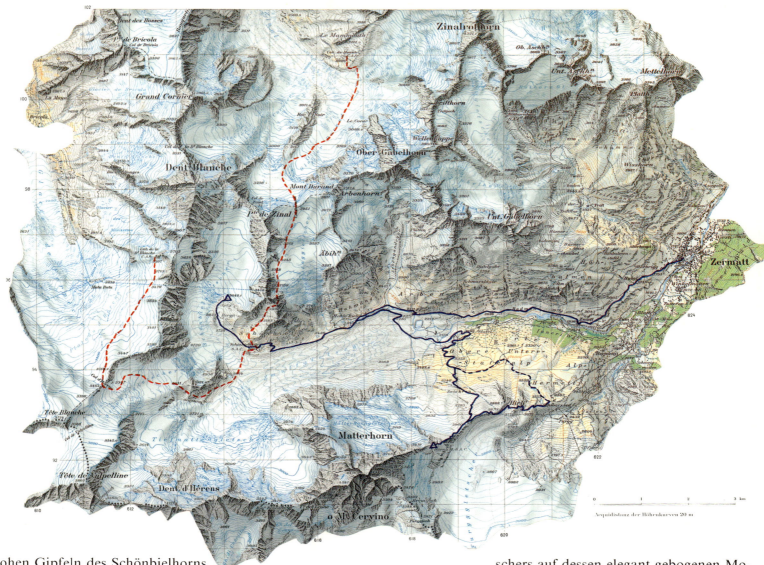

gleich hohen Gipfeln des Schönbielhorns und des Äbihorns (3472 m), über eine hohe Wand ab. Seine kalbende Front stellt eine gewisse Gefahr für die weit unter ihr vorbeiziehenden Bergwanderer dar.

Die letzten 200 Höhenmeter steigt der Weg zur Hütte etwas an (1½ Stunden von Stafel). Hier genießt man die Stille einer zerrissenen Gletscherwelt, die durch die Nordwände von Dent d'Hérens und Matterhorn im Süden begrenzt wird und starke Eindrücke bietet. Vom Stockjigletscher und Tiefmattengletscher umströmt, steht mitten in dem von den Naturgewalten aufgepeitschten Eismeer unerschütterlich die Felseninsel des Stockji. Über sie führt von alters her der Weg zum Col d'Hérens.

Die Schönbielhütte ist Ausgangspunkt für eine ganze Reihe anspruchsvollster Hochgebirgstouren. Aber auch die Gletschertouren über den Col d'Hérens ins Eringertal hinüber (Arolla oder Ferpècle) und über den Col Durand hinunter nach Zinal im oberen Eifischtal werden von hier aus unternommen (siehe Val d'Hérens und Val d'Anniviers). Als Ausflug von der Hütte sei dem Bergwanderer ein Gang in den Kessel des Schönbielglet-

Ausgangspunkt
Zermatt, 1606 m

Auffahrt
Luftseilbahn Zermatt–Schwarzsee

Höchste Punkte
Hotel Belvedere/Hörnli-Hütte SAC, 3260 m (Wanderung)
Col Durand, 3451 m (Gletschertour)
Col d'Hérens, 3462 m (Gletschertour)

Stütz- und Rastpunkte
Hotel Belvedere/Hörnli-Hütte SAC, 3260 m
Schönbielhütte SAC, 2694 m
Berghotel Stafel, 2199 m
Zmutt, Restaurant, 1936 m

Schrifttum
Karten: Landeskarte der Schweiz
1:50 000 Arolla, Blatt 283
1:50 000 Mischabel, Blatt 284
1:50 000 Exkursionskarte Zermatt
1:25 000 Matterhorn, Blatt 1347
1:25 000 Zermatt, Blatt 1348
Führer: Clubhütten SAC

Marschzeiten
Schwarzsee–Hotel Belvedere	1½–2 Stunden
Hotel Belvedere–Hotel Stafelalp	1 Stunde
Hotel Stafelalp–Schönbielhütte	1½ Stunden
Schönbielhütte–Zermatt	2 Stunden

schers auf dessen elegant gebogenen Moränen empfohlen. Hier baut sich übermächtig und Furcht einflößend die grausige Südwand der Dent Blanche auf.

Zum Abstieg nach Zermatt (2 Stunden) folgt man zunächst wieder dem Moränenweg, bleibt dann jedoch am linken Talhang. Hoch über der Schlucht des Zmuttbaches, der in einem Ausgleichsbecken oberhalb von Zmutt gestaut wird, geht es an sonnendurchfluteten Hängen entlang über die Alpstadel von Hubel und Herbrigg oder vorbei am schmucken Dörfchen Zmutt mit seinem Kapellchen hinunter nach Zermatt.

Die malerischen Häuschen und Stadel aus sonnengeschwärztem Lärchenholz sind größtenteils nur noch tote Staffage inmitten einer vom Tourismus in Besitz genommenen Landschaft. Verlassen stehen schon viele der alten Sommerdörfer hoch über Zermatt. Ungenützt zerfallen nach und nach die Gebäude. Ihre Bewohner sind ins Tal gezogen, wo sie im Dienste des Fremdenverkehrs ein besseres Auskommen haben. Was heute dem Wanderer noch als pittoreskes Requisit im Fundus der Zermatter Tallandschaft erscheint, wird bald nur noch Ruine und Wüstung sein.

WALLISER ALPEN *Mattertal*
Gornergletscher
Findelengletscher
Ghiacciaio del Belvedere
Ghiacciaio del Lys

Rechts über dem Talkessel von Zermatt beginnt das eisige Reich des Findelen- und Gornergletschers. Dieses dehnt sich an der Nordwestabdachung des Hauptgebirgsstockes der Walliser Alpen, dem Monte Rosa, über fast 90 km² aus. Das entspricht ziemlich genau der Fläche des Grossen Aletschgletschers. Das 4634 m hohe Monte-Rosa-Massiv ist nach dem Mont-Blanc der höchste Gebirgsstock der Alpen. Es erhebt sich in Italien von Süden und Osten als steil aufragende, eisgepanzerte Felsmauer und senkt sich nördlich und westlich der Staatsgrenze, die genau auf dem Kamm des Massivs verläuft, relativ flach geneigt zur Schweiz ab. Von der Dufourspitze, der höchsten Erhebung des Massivs und damit der Schweiz, läuft der nördliche Kamm in den Weißgrat aus und endet brüsk am Fuß des Strahlhorn-Südgrates, wo die Kette der prächtigen Mischabelhörner beginnt. Der Weißgrat schliesst nach Osten ein riesiges Firngebiet ab, in das die Natur als gewaltigen Keil den Gornergrat hineingetrieben hat. Dieser spaltet es auf in den Findelen- und den Gornergletscher, deren Zungen zu beiden Seiten des Grates, nördlich und südlich, entlangströmen. Wie an den Becken zusammengewachsene siamesische Zwillinge kleben diese beiden größten Zermatter Gletscher in ihrem Nährgebiet auf einer Länge von über einem Kilometer zusammen. Die Sprengkraft des Gornergrates hat sie zwar nicht ganz zu trennen vermocht. Dennoch sind sie als zwei vollwertige und selbständige Gletscherindividuen zu betrachten, die beide ihre eigene Geschichte haben.

Der westliche Kamm des Gebirgsstockes schmückt sich mit den Gipfeln von vier berühmten Viertausendern; Liskamm, Castor und Pollux sowie Breithorn. Er endet am Theodulpaß, der tiefsten Einsattelung zwischen dem Monte-Rosa-Massiv und der benachbarten Matterhorngruppe. Der 3290 m ü. M. gelegene Theodulpaß diente denn auch von alters her als Übergang vom Wallis ins südliche Valtournanche und Aostatal. Westlich des Passes nimmt der Furggrat seinen Anfang und steigt nach zunächst horizontalem Verlauf jäh zum Gipfel des Matterhorns hinan. Der Furggrat begrenzt das Firnbecken des Oberen Theodulgletschers und des Furggletschers, der am Fuße der Matterhorn-Ostwand entlang in einer Rechtskurve talwärts streicht.

Diese beiden Gletscher sind die westlichsten Komponenten der großartigsten Gletscheranlage der Alpen. Sie besteht aus insgesamt zwölf Gletschern und zwei Eisplateaus. Zusammen bilden sie den Gornergletscher. Herausragendstes und schönstes Beispiel eines dendritischen Gletschersystems in den Alpen, bedeckt der Gornergletscher insgesamt eine Fläche von 68,86 km². Damit ist er nach dem Großen Aletschgletscher der größte Alpengletscher. Lediglich sieben der

Gornergletscher
(Bodengletscher, Gornergletscher, Furggletscher, Oberer Theodulgletscher, Unterer Theodulgletscher, Plateau Rosa, Breithornplateau, Chlimatterhorngletscher, Triftjigletscher, Breithorngletscher, Schwärzegletscher, Zwillingsgletscher, Grenzgletscher, Monte-Rosa-Gletscher)

Fläche:	total 68,86 km²
	schuttfrei 64,09 km²
Länge:	max. 14,1 km
Breite:	mittl. 7,5 km
Höhe:	max. 4600 m ü. M.
	min. 2120 m ü. M.
Lage:	Nordwesten
Firnlinie:	3360 m ü. M.
Nährgebiet, mittl. Höhe:	3660 m ü. M.
Zehrgebiet, mittl. Höhe:	2940 m ü. M.
Moränentypen:	Mittel-, Seiten- und Endmoränen; im Gletschervorfeld Seiten- und Endmoränen
Gletschertyp:	Talgletscher
Gletscherform:	zusammengesetzte Becken
Gletscherfront:	normal/verschieden
Längsprofil:	Kaskaden
Ernährung:	Schnee/Driftschnee
Zungenaktivität:	starker Rückzug

Besonderheiten: Hängt im Akkumulationsgebiet mit Findelengletscher und mit folgenden Gletschern in Italien zusammen: Gh. di Valtournanche, Gh. del Monte Rosa, Gh. della Sessia, Gh. del Lis, Gde. Gh. di Verra, Gh. di Ventina. Mehrere Zungen. Unterhalb der Monte-Rosa-Hütte des SAC kalbt der Gletscher seitlich in den Gletscherstausee. An Zusammenflußstellen der verschiedenen Gletscherarme Toteismassen. Zwischen Kote 2500 und 2700 viele Entonnoirs. An der Zunge des Oberen Theodulgletschers mehrere Gletscherrandseen.

(Daten: Stand 1973)

Gletscher vereinigen sich nacheinander mit dem auch als Gletscherzunge mehrfach zusammengesetzten Eisstrom des eigentlichen Gornergletschers. Im Westen beginnend, sind es folgende Gletscher: Unterer Theodulgletscher, Triftjigletscher, Breithorngletscher, Schwärzegletscher, Zwillingsgletscher, Grenzgletscher und Gornergletscher.

Den zweifellos überwältigendsten Gesamtanblick dieser imposanten Anlage genießt man vom Gornergrat (3135 m) aus. Er gilt zu Recht als glanzvollster Aussichtspunkt der Alpen. Denn er steht im Zentrum des Zermatter Bergkreises mit seinen 32 Viertausendern und bietet als «Aussichtsturm auf die Eiszeit» den vollständigsten Rundblick auf die Gletscherwunder des hinteren Mattertales. Dieser klassische Panoramaberg, der dem Betrachter alles Bedeutsame und Große im Hochtal von Zermatt offenbart, bildet mit seiner südlichen Flanke gewissermaßen den Prallhang, an dem die vom Monte-Rosa-Massiv abfließenden Eisströme nach Westen abgeleitet werden. Deutlich ist von hier der Verlauf der durch Moränen getrennten sieben Quellströme zu erkennen.

Linke Seite: Der Gornergletscher ist das schönste Beispiel eines dendritischen Gletschersystems in den Alpen. Er besteht aus insgesamt zwölf Gletschern. Sieben Quellströme verfrachten riesige Eismassen von der Nordabdachung des Monte-Rosa-Stockes talwärts und vereinigen sich im Zungenbecken zu einem einzigen Hauptstrom. Die einzelnen Zuflüsse sind durch Mittelmoränen deutlich getrennt.

Ganz oben: Ausgehend vom Nordend (4609 m) und der Dufourspitze (4634 m), der höchsten Erhebung des Monte-Rosa-Massivs und damit der Schweiz, fließt der Monte-Rosa-Gletscher über den Rücken des eigentlichen Monte Rosa.

Oben: Selbst auf der vegetationsarmen Ufermoräne an der Südflanke des Gornergrates finden die genügsamen Schafe noch Nahrung.

Als Hauptstrom des Systems ist der Grenzgletscher der einzige, der direkt vom Monte Rosa bis zur Gletscherfront hinabreicht. Seine Eismassen sind es auch hauptsächlich, die nach einem Absturz zwischen den «Lichenbrettern» und dem Gakihaupt unterhalb des Riffelhorns die schmale Zungenspitze bilden, den sogenannten Bodengletscher. Damit bestimmt er die Länge des gesamten Gletscherkomplexes. Sie beträgt, gemessen von den Monte-Rosa-Gipfeln bis zum Gletschertor, 14,1 km.

Der vom Grenzgletscher gespeiste Hauptstrom besteht aus hellerem Eis als der von rechts zufließende Gornergletscher, denn sein Eis entstammt den höchstgelegenen Firnbecken des Massivs. Es weist deshalb einen höheren Gehalt an blasenförmigen Lufteinschlüssen auf als das «graue» Eis des Gornerzuflusses, das in den stärker durchnäßten, tiefergelegenen Firnregionen am Weißgrat gebildet wird.

Zwischen Grenzgletscher und Gornergletscher fließt, ausgehend vom Nordend (4609 m) und von der Dufourspitze, der Monte-Rosa-Gletscher über den Rücken des eigentlichen Monte Rosa. Mit einem Seitenarm stößt er rechts an den Gorner-

Die Geburt der Gorneraa: Beim alljährlich wiederkehrenden Ausbruch des Gornersees wird durch den verstärkten Abfluß ein großes Gletschertor am Bodengletscher ausgebrochen. Der Größenvergleich mit der Person links im Bild gibt eine Vorstellung von der zerstörerischen Kraft der aus dem Gletscher hervorbrechenden Wassermassen. Aufnahme vom 31. Juli 1974.

Links: Der Monte-Rosa-Gletscher gestern und heute: 1926 reichte er noch bis in den Gornersee hinab und stieß dort an den Grenzgletscher. 1977 endet seine stark zurückgeschmolzene Zunge hoch über dem Gornersee zwischen den markanten Moränenwällen des 1850er Hochstandes.

Mitte ganz unten: Beim Zusammentreffen von Gorner- und Grenzgletscher sammeln sich die Schmelzwasser in einer Mulde zum Gornersee, der alljährlich im Sommer ausbricht. Im Hintergrund Castor und Pollux und die Breithorn-Nordostwand.

gletscher. Die Zunge jedoch hat sich im Laufe der vergangenen Jahrzehnte vom Hauptstrom getrennt und auf den Felsrücken zurückgezogen. Seine Schmelzwasser bilden am Zusammenfluß von Gorner- und Grenzgletscher einen See, in den der Grenzgletscher kalbt und Eisberge von beachtlicher Größe hineinstößt.

Dieser Gletscherstausee ist als sogenannter Gornersee seit 1682 bekannt. Er hat heute bei Hochstand einen Durchmesser von nahezu einem halben Kilometer. Sein alljährlicher Ausbruch im Sommer (meistens im August) kommt so gewiß wie der nächste Winter. Das gestaute Gletscherwasser (bis zu 6 Millionen m³) braucht gewöhnlich drei Tage, bis es sich den gut 7 km langen Weg zur Front ausgeschmolzen hat. Meist dauert die Entleerung des Stausees einige Tage. Dann schießt die Gorner Aa, die sich weiter unten mit dem Furggbach, Zmuttbach und Findelenbach zur reißenden Matter Vispa vereint, als dunkelbraune Brühe aus dem Gletscher. Es ist bisher nicht beobachtet worden, daß der See mehrmals in einem Jahr oder gar nicht ausgebrochen wäre.

Vier stattliche, zum See hinführende Ufermoränen (je eine äußere vom Grenz- und vom Gornergletscher, die beiden inneren vom Monte-Rosa-Gletscher) dokumentieren den immensen Massenverlust des Gletschers in den vergangenen Jahrzehnten. Nur wenige Schritte hinter der rechten Ufermoräne des Grenzgletschers ist die Monte-Rosa-Hütte des SAC zu erkennen. Sie steht auf den vom Gletscher einst spiegelglatt polierten Felsen der Unteren Platte.

Zwischen Pollux (4092 m) und Liskamm (4479 m) liegt das Nährgebiet des Zwillingsgletschers. An der Felsrippe am Fuß der Liskamm-Nordwestwand trifft er auf den Grenzgletscher. Zwischen ihm und dem Felsblock der schuttbedeckten Schwärze drängt er ins Zungenbecken hinab. Dabei setzt er sich durch eine Mittelmoräne vom Hauptstrom des Grenzgletschers ab, der sich seinerseits durch eine auffallend breite Mittelmoräne gegen den Gornergletscher abgrenzt. Diese beiden markanten Mittelmoränen ziehen wie zwei gigantische Wagenspuren durch das 6 km lange Zungenbecken hinunter zum Bodengletscher. Dabei halten sie annähernd gleichen Abstand voneinander ein, so daß sie durch die Verengung des Zungenbeckens beim Riffelhorn und den Lichenbrettern zu Seitenmoränen werden.

An die linke Mittelmoräne stoßen fortlaufend noch vier Moränen. Jede zeichnet die Strömung der vier Zuflüsse nach, die am Breithorn quellen. Dem Zwillingsgletscher ist der stark zerschrundete Schwärzegletscher am nächsten. Er liegt an der Breithorn-Ostflanke und kriecht den Younggrat abwärts. Unterhalb des Felskopfes von Chli Triftji erhält er Gesellschaft in Gestalt des Breithorngletschers, der von dessen Nordwand herabkommt. Von der Nordwestseite des Breithorns zieht der Triftjigletscher hinab. Bei einer auffälligen Felseninsel tut er sich mit dem Unteren Theodulgletscher zusammen. Dieser führt die Eismassen des

Links: Der Gornergletscher und sein Gletschertor im Jahre 1840, festgehalten von Joseph Bettanier. Beim Maximalstand reichte die Gletscherzunge, der eigentliche Bodengletscher, als weithin im Tal sichtbarer Schweif bis zu den Wiesen von Schweigmatten hinunter.

Der Gornergletscher in der 1. Hälfte des 19. Jahrhunderts, Joseph Bettanier fertigte die beiden Darstellungen für Louis Agassiz an, der sie in seinen bahnbrechenden «Etudes sur les glaciers» 1840 veröffentlichte.

Folgende Doppelseite: An der Nordseite der Zwillinge Castor und Pollux lagert der Zwillings-Gletscher. Er fließt dem von links herabziehenden Grenzgletscher zu, der seinerseits mit dem im Vordergrund in Querspalten aufbrechenden Gornergletscher zusammenströmt. Links auf den Felsen in der Nähe eines Moränenwalles die Monte-Rosa-Hütte.

Breithornplateaus, des Plateaus Rosa und des kleinen Chlimatterhorngletschers mit sich. In eleganten Bogen schwingt er, mit drei schmalen Moränenstreifen dezent garniert, als westlichster Quellstrom zum Abflußtrichter des Zungenbeckens hinab. Dort zwängt er sich mit dem aus den anderen Teilströmen bestehenden Hauptstrom durch den Flaschenhals unterhalb des Riffelhorns, wo sich der Gornergletscher über eine Steilstufe absenkt und als Bodengletscher endet.

Der Bodengletscher präsentiert sich heute als schmaler, kurzer Zungenlappen, der am Ende einer frisch aufgeschwemmten Talsohle durch ein bescheidenes Gletschertor die milchigschäumende Gorner Aa aus seinem Bauch ans Tageslicht treten läßt. Die Zunge endet heute auf 2120 m ü. M. Zur Zeit seines Höchststandes in der Mitte des vorigen Jahrhunderts reichte der Bodengletscher allerdings als im Tal weithin sichtbarer Schweif bis zu den Wiesen von Schweigmatten auf 1830 m ü. M. Er war damals rund 2 km länger als heute. Auf diesem letzten großen Vorstoß soll er in einem Zeitraum von 60 Jahren (1798–1858) 44 Alpstadel im Gebiet von Schweigmatten und Furi zerstört und etliches Weideland überfahren haben. Bei seinem Rückzug gab er dort eine imposante Schlucht frei, die er in jahrhundertelanger Arbeit in den Felsuntergrund gesägt hatte.

Unweit des vom Gletscher glattgeschliffenen Felskopfes (Plattelen), an dem die Schlucht vorbeiführt, wurden 1966 beim sogenannten Dossen zahlreiche Glet-

Gletschertisch auf der Mittelmoräne beim Zusammenfluß von Gorner- und Grenzgletscher. Der Felsblock mißt in der Länge rund 2,5 m. Links der Lyskamm, in der Bildmitte Castor und Pollux, dazwischen das Zwillingsjoch.

schertöpfe freigelegt. Der größte dieser Strudeltöpfe ist 3,4 m tief und hat einen Durchmesser von 2–3 m. Da der Gletscher seit dem Ende der letzten Eiszeit nie weiter vorgestoßen ist als während der bekannten Hochstände im 17. und 19. Jahrhundert, können sie frühestens während dieser letzten Eiszeit entstanden sein. Sie haben demnach ein Alter von 10 000 Jahren oder mehr und sind somit Zeugen einer weitaus größeren Ausdehnung des eiszeitlichen Gornergletschers.

Um die Entstehung dieser Gletschertöpfe zu verstehen, ist ein Blick auf den heute bestehenden Gornergletscher sehr hilfreich. Wie kein anderer Alpengletscher ist er geeignet, die zur Strudeltopfbildung führenden Vorgänge auf dem Gletscher zu beobachten. Blickt man vom Gornergrat den Gletscher hinunter, so fallen sogleich die großen, teilweise mit Wasser gefüllten Wannen und Kessel, tief eingefurchten Rinnen sowie mäandrisch gewundenen Bachläufe auf. Sie führen und sammeln das Schmelzwasser des an der Oberfläche unterhalb der Firngrenze tauenden Gletschereises. Einige dieser Schmelzwasserkanäle sind so beachtlich, daß sie nicht bloß vom Gornergrat aus zu erkennen, sondern, ebenso wie die Wannen, auf der Landeskarte der Schweiz eingetragen sind.

In diesen Rinnen (eigentlich sind es Bachbetten aus blankem Eis) schießt das Wasser über den Gletscher. Oft verschwindet es plötzlich in Spalten oder Löchern, in deren Dunkel es im riesigen Gletscherleib dröhnend einen Ausgang sucht. Dabei schmelzt und schürft es runde, schlauchförmige Schächte aus, die sogenannten Gletschermühlen. Treffen diese Schächte nun auf den Felsuntergrund, wird er durch die mit enormer Wucht herabstürzenden Wassermassen ausgekolkt – es entstehen die Gletscher- oder Strudeltöpfe.

Die gleich im Dutzend in die Gletscheroberfläche eingelegten Wannen sind eine besondere Spezialität des Gornergletschers. Auf keinem anderen Alpengletscher erreichen sie solche Ausmaße wie hier. Diese dolinenartigen Eistrichter, auch Entonnoirs genannt, sind hier nicht selten bis zu 30 m tief und 50 m breit. Steigt man in sie hinab, fühlt man sich in eine arktische Eislandschaft versetzt. Kirchturmhoch bauen sich die Wannenwände über dem meist tiefliegenden Wasserspiegel auf und versperren jede Sicht nach außen. Am Horizont grüßen nun nicht mehr Matterhorn, Breithorn und Monte Rosa. Über dem Eisrand der Wanne geht der Blick in einen unbekannten blauen Himmel.

Das Netz Tausender Rinnsale und Bäche, in denen das Schmelzwasser glucksend und rauschend dahinströmt, spannt sich über den ganzen träge aus dem Zungenbecken abfließenden Hauptstrom. Vom Gornergrat ist es wie von keinem anderen Aussichtspunkt am Gletscher zu erkennen. In das filigrane Geflecht der unzähligen Schmelzwasserkanäle und -kanälchen haben die Wannen große Löcher gerissen. Das verleiht dem Gletscher morbide Züge. Wie ein von Maden angefressener und ausgehöhlter Riesenschinken liegt der Gornergletscher auf dem Präsentierteller der Natur.

Von der Nordwand des Breithorns fließt links der Breithorngletscher dem Hauptstrom zu. Weiter westlich stößt der mit einer auffälligen Mittelmoräne gezeichnete Untere Theodulgletscher hinzu.

Bild links: Auf keinem anderen Alpengletscher erreichen die Eiswannen, die sogenannten Entonnoirs, solch gewaltige Ausmaße wie auf dem Gornergletscher. Diese dolinenartigen Eistrichter sind hier nicht selten bis zu 30 m tief und 50 m breit. In ihnen bilden sich aus dem zulaufenden Schmelzwasser oft kleine Seen.

Oben: Mit Wasser gefüllte Wannen und Eiskessel, tiefeingefurchte Rinnen und mäandrisch gewundene Bachläufe, die das Schmelzwasser des abtauenden Gletschereises führen, zeichnen neben mächtigen Moränenbändern die Oberfläche des Gornergletschers. Links der langgestreckte Gornergrat. Rechts der Zufluß des Schwärzegletschers.

Das komplexe Gletschersystem des Monte-Rosa-Massivs bietet zweifellos den umfassendsten und informativsten Überblick über die verschiedenen Erscheinungsformen der alpinen Gletscherwelt. Hier sind die wichtigsten Gletschertypen genauso vertreten wie die verschiedenen Spalten- und Moränentypen. Am Breithorn zum Beispiel kann man, zum Greifen nahe, den Typus des Hängegletschers studieren, der sein Eis in dicken Brocken an die steilen Flanken pflastert. (Das Breithornplateau erinnert an den Plateaugletscher.) Im Monte-Rosa-Gletscher erkennt man einen Gebirgsgletscher, und die ausladende Zunge des Hauptstroms typisiert den Talgletscher. Auf seinem Rücken ziehen in wohlgeordneten Bahnen Mittel- und Seitenmoränen talwärts und schließen sich am Zungenende zu einer die Gletscherfront bedeckenden Obermoräne zusammen. Diese schließlich bildet kleine Stirnmoränen, die bald vom vorstoßenden Gletscher überfahren werden, bald bei einem Rückzug als Endmoräne zurückbleiben. Am

Zusammenfluß der verschiedenen Gletscherarme finden sich Toteismassen, die durch Moränenschutt vor dem Abschmelzen geschützt werden.

Randspalten, Quer-, Längs- und Kreuzspalten sind auf nahezu jedem Teilstrom des Gletschers auszumachen, nicht zu reden von den ungezählten mehr oder minder steilen Gletscherbrüchen mit ihren oft zu wunderlichen Eisplastiken geformten Séracs und Eistürmchen. Auch die verschiedenen Formen von Gletscherseen präsentieren sich hier: so etwa der Gornersee als Gletscherstausee, dann die Sammelbecken der riesigen Eiswannen und endlich die Gletscherrandseen des Oberen Theodulgletschers. In der Tat: der Gornergletscher ist das eigentliche Meisterstück alpiner Gletscherlandschaft.

Obwohl der Furgg- und der Obere Theodulgletscher zum Komplex des Gornergletschers gerechnet werden, führen sie an seinem westlichen Rande ein recht selbständiges Dasein. Ihre Zungen fließen nicht dem Hauptstrom zu, sondern enden auf breiter Front (rund 3,5 km) zwischen dem Ausläufer des Hörnligrates und den Lichenbrettern. Im Nährgebiet gehen die beiden Gletscher fugenlos ineinander über. Eine genaue Trennung ist kaum möglich. Zur Zeit der Hochstände floß der westliche Zungenlappen des Theodulgletschers mit der Zunge des Furggletschers zusammen und reichte über Furgg, wo heute die Seilbahnstation steht, in die Gornerschlucht zum Bodengletscher hinunter. Der östliche Zungenlappen des Theodulgletschers legte sich über die Lichenbretter, jene kahle, durch Glimmerschiefereinlagen im Sonnenlicht funkelnde Einöde unterhalb des Trockenen Stegs.

In den vom Theodulgletscher ausgeschliffenen Mulden und Wannen im Gletschervorfeld westlich vom Trockenen Steg haben die Abflüsse des Gletschers kleine Seen gebildet. In diesen Gletscherrandseen unterschiedlicher Größe spiegelt sich im Sommer effektvoll die nackte Ostwand des Matterhorns.

Nicht bloß den Skiläufern, unzähligen Wanderern und Bergsteigern, die sich im Sommer auf dem Oberen Theodulgletscher sportlich betätigen, zur nahen Gandegghütte aufsteigen oder aufs Breithorn hinauf wollen, prägt sich dieses grandiose Bild ein. Gewiß hat es auch schon in frü-

Rechts: Der Gornergletscher vom Gandegg aus gesehen. Im Vordergrund der in markanten Querspalten über eine Stufe abbrechende Untere Theodulgletscher. Er ist der westlichste Quellstrom des Gornergletschers. Im Hintergrund zwischen Stockhorn und Monte Rosa das schneebedeckte Nährgebiet des Gornergletschers, des nördlichsten Teilstromes des Gletscherkomplexes. Am Horizont v. l. Rimpfischhorn, Strahlhorn, Cima di Jazzi, Monte Rosa und Lyskamm.

hester Zeit die Menschen beeindruckt, die hier vorbeigekommen sind. Denn über den Oberen Theodulgletscher führt der Weg zum Theodulpaß.
Dieser 3290 m ü. M. gelegene Gletscherpaß nach Italien wird seit undenklichen Zeiten begangen. In der Gegend von Zermatt (Hubelwäng) wie auch andernorts am Fuße von Gletscherpässen der Region gefundene Schalensteine lassen darauf schließen, daß der Theodulpaß bereits in der Jungsteinzeit benützt wurde. Denn an diesen ältesten Wegweisern über die Alpenpässe führt beispielsweise bei Zmutt die römische Trasse aus dem 1.–4. Jahrhundert n. Chr. vorbei. Die Römer unterhielten über den Theodulpaß eine Verbindung zur Alpennordseite (siehe auch Val d'Hérens). In lateinischen Urkunden erscheint er 1516 als «Passus Pratoborni». Der romanische Name «Prato Bornum» (was soviel heißt wie «Matte im Quellgebiet») des Dorfes Zermatt wird sogar 1280 erstmals urkundlich erwähnt. Auf dem Theodulpaß fand man am 24. August 1895 in einer Felsnische, etwa 50 m oberhalb des normalen Weges, 54 römische Münzen aus dem 3. und 4. Jahrhundert n. Chr. Sie wurden dort wohl als Votivgabe deponiert, was vermuten läßt, daß der Paß damals nur wenig oder kaum vereist war. Im Sagenschatz des Tales erscheint denn auch immer wieder die Figur des Ewigen Juden. Er soll die große und schöne Stadt, die der Sage nach einst auf dem Theodulpaß gestanden hat, verwünscht haben, weil sie ihm auf der Durchreise ins Wallis kein Obdach gewährte. Darauf wurde sie vom Eis der Gletscher überfahren und zerstört. Die Mauerreste, die heute noch auf dem Paß zu sehen sind, stammen allerdings nicht von dieser sagenhaften Stadt. Sie sind die Überreste der Bastion, die die Herzöge von Savoyen um 1688 hatten bauen lassen, um den Paßverkehr nach dem Wallis zu kontrollieren.
Im Mittelalter und noch bis in die Anfänge dieses Jahrhunderts hinein wurde über den Theodulpaß reger Handel getrieben. Er wurde zwar durch die Gletscherhochstände im 17. und 19. Jahrhundert behindert, aber nicht unterbrochen. Johann Jacob Scheuchzer schreibt 1746 in seiner «Natur-Geschichte des

Links: Eisklettern im Gletscherbruch des Gornergletschers. Im Hintergrund Unterer und Oberer Theodulgletscher, daneben in Bildmitte das Matterhorn.

Unten: Der Theodulpaß (3290 m) am Fuße des Theodulhorns wird seit undenklichen Zeiten begangen. Schon die Römer benützten diesen Alpenübergang. Das Bild von R. Bühlmann zeigt die Ruinen der Bastion, die die Herzöge von Savoyen im 17. Jahrhundert auf dem Paß errichteten, um den Paßverkehr nach dem Wallis zu kontrollieren.

Schweizerlandes», daß der Paß zur «Sommerzeit zu Pferde und zu Fuß» begangen wurde. Auch Gottlieb Sigmund Gruner berichtet 1760 über den Paß und die Gletscher ob Zermatt: «Die Gletscher sind auf diesem Gebirge oder Bergthale breit, tief und scheußlich: die Straße über dieselben aber ist nur im Sommer wandelbar.» Und Johann Gottfried Ebel vermerkt 1804 in seiner köstlichen «Anleitung auf die nützlichste und genußvollste Art die Schweiz zu bereisen» folgendes: «Der Paß übers Joch des Matter-Horns ist für Maulthiere und Felsenpferde gangbar; die Dünnheit der Luft wird in dieser Höhe den Thieren so beschwerlich, daß sie kläglich keichen.»
Daß der Handel über den Paß aber vor allem während der Hochstände nicht ungefährlich war, dokumentieren sehr eindrucksvoll verschiedene Funde am oder auf dem Theodulgletscher. So wurden 1973 auf dem Gletscher Skeletteile, Bastzeug und Hufeisen eines Maulesels gefunden, der wohl beim Säumen in eine Gletscherspalte gestürzt war. Möglicherweise handelt es sich bei diesem bedauernswerten Tier um das Saumtier jenes Franz Inderbinen, der 1848 mit einem Pack über den Theodulpaß wollte und seither vermißt wurde. Genau hundert Jahre später, 1948 also, fand man am Rande des Oberen Theodulgletschers Reste seiner Kleider und Teile seines Skeletts.
Der rege Handel über den Paß nahm erst ein Ende, als 1906 der Simplontunnel eröffnet wurde, durch den sich der Warenverkehr von und nach Italien weit schneller und bequemer abwickeln konnte. Vorher war Zermatt, heute Touristenumschlagplatz für Ausflüge ins Hochgebirge, vor allem ein Umschlagplatz für Reis, Mais und hauptsächlich Rotwein aus dem Aostatal. In diesen Augstwein, den «Chambave», der in großen Fuhren über den Paß geschafft wurde und mit dem die Zermatter gutes Geld machten, waren die Walliser regelrecht vernarrt. Schon damals bezahlte man für den Valdostaner Roten unten im Walliser Hauptal trotz eines Zwischengewinnes der Säumer von bis zu 1000 Prozent erheblich weniger als für den Wein der eigenen Gegend. Dies mag zu seiner Beliebtheit einiges beigetragen haben. Die Säumerkolonnen, regelrechte Karawanen, bestanden oft aus zwei Dutzend und mehr Tieren,

Rechts: Der Findelengletscher wie er sich etwa in der 1. Hälfte des 19. Jahrhunderts präsentierte, aus «Etudes sur les glaciers» (1840) von Louis Agassiz.

Rechts außen: Reisegesellschaft auf dem Findelengletscher um die Jahrhundertwende. Damals verwendete man bei Ausflügen auf die Gletscher noch die Alpenstange. Im Hintergrund das Rimpfischhorn, rechts davon Strahlhorn und Adlerhorn.

Rechts unten: Von der steil abfallenden Ostwand des Monte-Rosa stürzt der Ghiacciaio del Monte Rosa ins Anzascatal und setzt sich am Fuß der höchsten Eiswand der Alpen im Ghiacciaio del Belvedere fort. Dieser ist fast vollständig von einer Obermoräne bedeckt.

die «mit prächtigem Geschell», wie es in der Zermatter Chronik heißt, über den Geltscherpaß zogen.

Findelengletscher

Der Findelengletscher nördlich des Gornergrates ist sehr schön vom Stockhorn, der östlichen Verlängerung des Gornergrates, einzusehen. Eine Luftseilbahn bringt den Gast in zwei Sektionen über Hohtälli hinauf auf den 3405 m hohen Aussichtspunkt. An der Nordflanke des Stockhorns klebt der Triftjigletscher (1,66 km²). Er hängt mit dem westlichst gelegenen Akkumulationsgebiet des Findelengletschers zusammen, der unterhalb des Stockhorns eine zweite kleinere Zunge ausbildet. Die Hauptzunge nimmt den zwischen Adlerhorn (3988 m) und Rimpfischhorn (4199 m) angesiedelten Adlergletscher auf und fließt zwischen der Rimpfischwäng (Mineralienfundgebiet) und der sogenannten Grieschumme unterhalb von Stockhorn und Gornergrat westwärts zur Findelenalp. Dieser 19,09 km² große Talgletscher gilt mit seinen Moränenständen als Schulbeispiel glazialer Morphologie. Während der Gletscher bei seinen Vorstößen an der Grieschumme (linke Talseite) lediglich eine einzige große Moräne aufschüttete, hat er an seiner rechten Seite zwischen Findeln- und Fluhalp zahlreiche Moränenwälle nebeneinandergelagert.

Diese treten unterhalb des Stellisees auf der Findelnalp besonders ausgeprägt in Erscheinung. An ihnen führt ein Pfad vorbei auf den Hauptkamm der rechten Ufermoräne, so daß sie vom Wanderer gar nicht übersehen werden können. Diese grasbewachsenen Moränenwälle geben anschaulich Zeugnis von der früheren Ausdehnung des heute 9,3 km langen Gletschers. In den seitlichen Hauptmoränenwällen im oberen Zungenbereich (2500–2600 m ü. M.) sind alle seine Gletscherstände der letzten 5000 Jahre ersichtlich.

Der Findelengletscher ist einer der am stärksten geschwundenen Alpengletscher überhaupt. In der Mitte des vorigen Jahrhunderts, zur Zeit seines Höchststandes, reichte er bis fast nach Findeln hinunter. Seither hat sich die Gletscherfront um 2,7 km nach oben auf 2320 m ü. M. zurückgezogen. Das entspricht einer jährlichen Rückzugsrate von 22,5 m. Eine Vorstellung von seiner einstigen Ausdehnung und der Randhöhe des Eistromes gibt der Standort des Hotels Findelngletscher (Ze Seewjinen) beim Grüensee am Nordhangfuß des Gornergrates. Es steht auf 2296 m ü. M. auf einer alten Seitenmoräne. Wie andere Gletscher auch, überfuhr der Findelengletscher wiederholt den Lärchen/Arven-Wald, der sich in Zeiten günstigen Klimas in seinem Vorfeld angesiedelt hatte. Bei nacheiszeitlichen Vorstößen übertraf die Gletscherbreite jene von 1850 auf der rechten Talseite um einige Dutzend Meter. Seit etwa 2250 v. Chr. ist der Gletscher jedoch nie weiter als in der Mitte des 19. Jahrhunderts vorgestoßen. Wie das Originalmeßtischblatt der Dufourkarte von Bétemps aus dem Jahre 1859 zeigt, endete der Gletscher damals auf der Höhe des Mosjesees (2140 m), der sich nach seinem Rückzug gebildet hatte, und füllte das Zungenbecken zwischen Grüensee und Grindjisee nahezu aus.

Findelengletscher
(Findelengletscher, Adlergletscher)

Fläche:	total 19,09 km²
	schuttfrei 18,05 km²
Länge:	max. 9,3 km
Breite:	mittl. 2,3 km
Höhe:	max. 4200 m ü. M.
	min. 2320 m ü. M.
Lage:	Nordwesten
Firnlinie:	3460 m ü. M.
Nährgebiet, mittl. Höhe:	3500 m ü. M.
Zehrgebiet, mittl. Höhe:	3120 m ü. M.
Moränentypen:	Mittel-, Seiten- und Endmoränen, im Gletschervorfeld Seitenmoränen
Gletschertyp:	Talgletscher
Gletscherform:	zusammengesetzte Becken
Gletscherfront:	normal
Längsprofil:	Eisfall
Ernährung:	Schnee/Driftschnee
Zungenaktivität:	leichter Rückzug

Besonderheiten: Hängt im Akkumulationsgebiet mit Triftjigletscher und Gornergletscher zusammen. Zweite, kleinere Zunge unterhalb des Stockhorns.

(Daten: Stand 1973)

Der 9,3 km lange und 19,09 km² große Findelengletscher ist einer der am stärksten geschwundenen Alpengletscher überhaupt. Hohe Ufermoränen markieren seine Ausdehnung beim Maximalstand um 1850. Seither hat er sich um 2,7 km nach oben zurückgezogen. Deutlich sind unterhalb des Hotels Fluealp in Bildmitte mehrere kleinere Moränenwälle zu erkennen. Aus ihnen sind die Gletscherstände der letzten 5000 Jahre ersichtlich.

Ghiacciaio del Belvedere

Die italienische Seite des Monte-Rosa-Massivs ist geprägt durch gewaltige, steil abstürzende Fels- und Eiswände, wie sie in ihrer Wildheit und Ausgesetztheit in den Alpen kaum anderswo zu finden sind. An der Ostseite baut sich sogar die höchste und eindrucksvollste Eiswand der Alpen auf. Ihre Durchsteigung hinauf zur Dufourspitze über den Marinelligrat oder durch die Eisrinne des Canalone Marinelli zählt zu den stärksten alpinen Herausforderungen. Es ist der Ghiacciaio del Monte Rosa, der sich an dieser gräßlich steilen Ostwand festgesetzt hat. Er bedeckt eine Fläche von 5,11 km² und ist insgesamt 6 km lang. Nach einem Absturz von über 2300 m (vom Silbersattel, 4515 m, auf 2200 m) fließt er in der flachen und mehrfach gewundenen Zunge des Ghiacciaio del Belvedere aus. Sie ist rund 3,5 km lang und umströmt (ähnlich wie beim Miagegletscher) mit der in zwei unterschiedlich große Lappen gespaltenen Zunge den Wald von Belvedere (Wengwald), der wie eine Halbinsel in den Gletscherstrom ragt. Von Pecetto oberhalb von Macugnaga im Valle Anzasca gelangt man mit einem Sessellift zum Wengwald (1932 m), von wo man einen prächtigen Ausblick auf den Gletscher und die Monte-Rosa-Ostwand hat.

Chiacciaio del Belvedere
(Ghiacciaio del Monte Rosa, Chiacciaio del Signal, Ghiacciaio del Belvedere)

Fläche:	5,11 km²
Länge:	6,0 km (Zunge 3,5 km)
Breite:	mittl. 0,7 km
Höhe:	max. 4630 m ü. M.
	min. 1690 m ü. M.
Lage:	Nordosten
Moränentypen:	Seiten- und Mittelmoränen
Gletschertyp:	Talgletscher
Gletscherform:	zusammengesetzte Becken

Besonderheiten: zwei Zungen (kleinerer Zungenlappen fließt rechts am Belvedere vorbei)

Ghiacciaio del Lys

Der Lysgletscher ist mit 10,78 km² der größte Gletscher auf der italienischen Seite des Monte Rosa. Sein über 4 km breites Nährgebiet an der Südflanke des Lyskamms wird durch den 1,5 km langen Felsgrat der Cresta del Naso geteilt. Der 5,3 km lange Gletscher läuft in einer fast 500 m breiten und etwa 1300 m langen Zunge aus, dem sogenannten Plateau du Lys. Vom Rifugio Gnifetti (3647 m), das auf dem obersten Felsen einer schmalen Felsrippe zwischen dem Lysgletscher und dem kleinen Garsteletgletscher steht, führt die Aufstiegsroute zum Monte Rosa.

Ghiacciaio del Lys (Lysgletscher)

Fläche:	10,78 km²
Länge:	5,3 km
Breite:	max. 4,25 km
Höhe:	max. 4480 m ü. M.
	min. 2160 m ü. M.
Lage:	Südwesten
Moränentypen:	Seitenmoränen
Gletschertyp:	Talgletscher
Gletscherform:	zusammengesetzte Becken

Tourenvorschläge

Die Gletscherwelt von Zermatt ist heute für den Sommer- und Wintertourismus optimal zugänglich gemacht. Über 30 Bergbahnen und Skilifte erschließen außer einem 388 km langen Wanderwegnetz in allen Höhenlagen auch das größte organisierte Sommerskigebiet der Alpen sowie eines der landschaftlich verlockendsten Wintersportgebiete Europas. Bergsteiger, Wanderer und Skifahrer finden hier Sommer und Winter ein einzigartiges Betätigungsfeld. Angesichts der Fülle und Vielfalt der Möglichkeiten können die nachfolgend gegebenen Vorschläge nur als Anregung verstanden werden, in eigener Regie mit Hilfe der so zahlreich vorliegenden Führerliteratur die Zermatter Gletscherlandschaft zu entdecken.

Wandern Beliebtestes Zermatter Ausflugsziel ist ohne Zweifel der Gornergrat. Im Jahre 1976 ließen sich beispielsweise 2 167 681 Touristen mit der am 20. August 1898 in Betrieb genommenen Gornergratbahn auf diesen klassischen Panoramaberg fahren. Allein schon die Fahrt mit dieser Zahnradbahn ist ein besonderes Erlebnis. Als Tageswanderung, die sowohl zum Findelen- als auch zum Gornergletscher führt, sei folgender Weg empfohlen: Vom Gornergrat an seiner Nordflanke hinab zum Hotel Findelengletscher (Ze Seewjinen, 2296 m). Von dort hinüber an die Zunge des Findelengletschers und weiter über seine rechte Ufermoräne zum Berghotel Fluhalp (2616 m) und danach an den Stellisee auf der Findelenalp (1½ Stunden). Über die Findelenalp hinab nach Eggen, dem hochgelegenen Sommerdorf auf Maiensäßstufe (2177 m). Nun über den Findelenbach leicht ansteigend zur Riffelalp (2227 m, 1½ Stunden vom Stellisee) und dann durch das Arvenparadies der Vorderen Wälder hinunter nach Schweigmatten (1822 m). Von hier ist es

Im Eisbruch des Gornergletschers. Bergführer Max Imboden beim Sprung vom Sérac.

nicht mehr weit zum Gletschergarten am Dossen (1933 m), wo die während einer Rückzugsphase des Gornergletschers am Ende der Würmeiszeit entstandenen Gletschertöpfe besichtigt werden können.

An den Besuch des Gletschergartens schließt sich ein Gang zur Front des Gornergletschers, des kleinen Bodengletschers an. Aus seinem Gletschertor sprudelt schon als ansehnlicher, Geröll und Schlamm führender Bach die Gorner Aa. Sie wird im Vorfeld teilweise für die Stauwerkanlage der Grande-Dixence-Kraftwerke gefaßt. Man folgt dem Bach, der bald in der Schlucht verschwindet, wo er mächtig rauschend über Felskanten stürzt und stiebt und tosend an glattgeschliffenen Wänden entlangschießt. Über die entzückenden Sommerdörfer von Furi, Zum See und Blatten sowie links vorbei an Winkelmatten mit seiner 1607 erbauten Kapelle erreicht man schließlich Zermatt (2 Stunden von Riffelalp).

Gletschertouren Die Zermatter Eisarena kann gleichsam von hundert Seiten betreten werden. Aus der unübersehbaren Vielzahl der möglichen Gletschertouren seien hier drei vorgestellt.

1. *Gornergletscher:* Diese anspruchsvolle Ganztagestour setzt einige Ausdauer voraus. Sie beginnt auf dem Stockhorn, wohin man mit der Gornergratbahn und der 1958 in Betrieb genommenen Luftseilbahn gelangt. Die Luftseilbahn zum Stockhorn war mit einer Höhe von 3407 m ü. M. bis zum Bau der Luftseilbahn auf das Klein-Matterhorn (3883 m) die höchstgelegene der Schweiz. Von hier geht man genau ostwärts über den Stockhorngipfel (3532 m) zum Stockhornpaß (3394 m). Über ihn hängen der Findelen- und Gornergletscher bis hinaus zum Weißgrat zusammen. Vom Paß über den Firnschnee zur Cima di Jazzi (3803 m), wo man am Rande eines 2000 m tiefen Abgrundes steht: Der Blick in die gefürchtete Ostwand des Monte Rosa sowie auf den an seinem Fuße entlangströmenden Ghiacciaio del Belvedere zählt zu den stärksten Eindrücken dieser Tour (3 Stunden vom Stockhorn).

Nun steigt man über das Firngebiet des Gornergletschers zur Monte-Rosa-Hütte ab (früher Bétempshütte, 2795 m). Dem Gletscherbruch beim Stockchnubel weicht man nach links auf die Felsen Ob dem See aus. Dort führt eine Steinwildkolonie ein zurückgezogenes, ungestörtes Dasein. Den Gornersee über den Gletscher umgehend, erreicht man nach kurzem Anstieg die Monte-Rosa-Hütte. Nach der Mittagsrast Aufbruch zum 7 km langen Marsch über den Hauptstrom des Gornergletschers. Drei Stunden sind für diese Wanderung durch das Zungenbecken einzuplanen, denn hier geht es über unzählige Spalten und Rinnen, entlang wasserführenden Kanälen und vorbei an den riesigen Wannen. Als Wegweiser steht unübersehbar im Westen das Matterhorn, das seine Wolkenfahne nach Süden hin flattern läßt.

Der Abstieg zum Bodengletscher über die Steilstufe unterhalb des Riffelhorns birgt die einzige Schwierigkeit dieser Tour. Hier geht es recht steil hinunter, so daß man sich ganz auf die Steigeisen verlassen muß. Die Zunge endet heute direkt unterhalb des Bruches und bildet ein kleines Gletschertor aus. Hier ist die längste Gletschertour im Zermatter Raum zu Ende, der Gornergletscher in seiner ganzen Länge vom Weißgrat bis zum Gletschertor abgeschritten. Nun der Schlucht der Corner Aa entlang nach Furi und von dort entweder weiter zu Fuß oder mit der Luftseilbahn nach Zermatt.

2. *Findelengletscher:* Vom Stockhorn wie bei Route 1 zur Cima di Jazzi. Von hier über den Findelengletscher in Richtung Strahlchnubel, der markanten Felsinsel am Zusammenfluß des Adlergletschers mit dem Findelengletscher. Mehrere Spaltensysteme mahnen zu besonderer Vorsicht. Bei der Rimpfischwäng ersteigt man die rechte Ufermoräne. Zunächst nun auf dieser entlang, dann über die schönen Matten der Fluhalp und vorbei am spiegelglatten Stellisee, in dem das Matterhorn zu baden scheint, nach Blauherd (3 Stunden von der Cima di Jazzi). Nun von Blauherd mit der Gondelbahn oder zu Fuß nach Sunnegga und weiter mit der Sesselbahn oder auf lauschigem Pfad durch den Lärchen/Arven-Wald (Üsseri Wälder) hinunter nach Zermatt (1½ Stunden von Blauherd).

3. *Theodulgletscher:* Fahrt mit der Luftseilbahn nach Trockener Steg (2939 m). Aufstieg zum Theodulhorn über den Oberen Theodulgletscher via Gandegghütte.

Hochgebirgsbaustelle am Klein-Matterhorn (3883 m): Die höchstgelegene Luftseilbahnstation Europas wurde in den Jahren 1977/1978 aus Gründen des Landschaftsschutzes unter großem technischen Aufwand 60 m unterhalb des Gipfels in den Fels eingebaut. Von der Bergstation hat man einen prächtigen Ausblick hinüber zur grandiosen Eispyramide des Weißhorns (4505 m).

Links: Der Obere Theodulgletscher ist für den Skisport ganzjährig erschlossen. Mit dem Bau der Luftseilbahn zum Klein-Matterhorn ist der touristische Ausbau im Gebiet des Gornergletschers vorerst abgeschlossen.

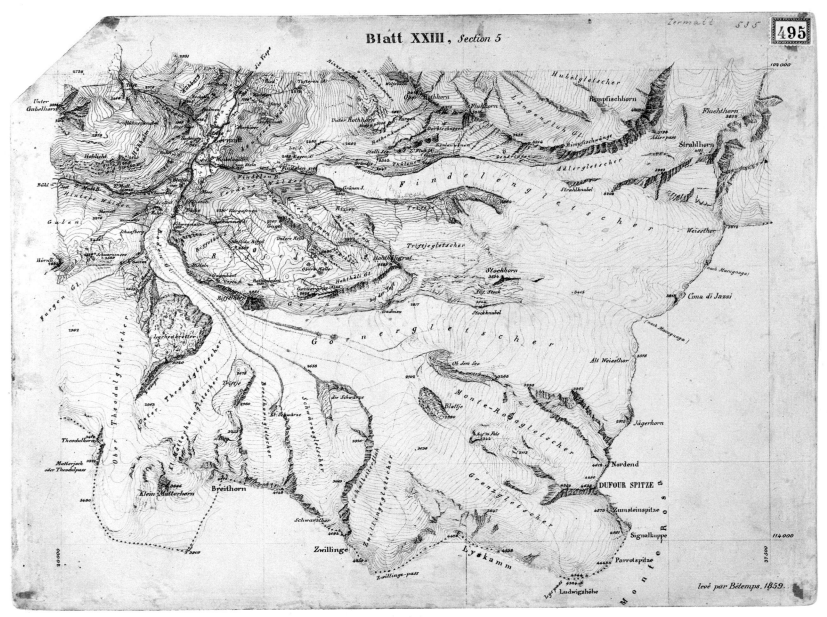

Originalmeßtischblatt der Dufourkarte von Bétemps (1859). Ein Vergleich mit der heutigen Landeskarte (rechts) macht den veränderten Gletscherstand deutlich.

Traversierung des Theodulhorns (3468 m) vom Furggsattel zum Theodulpaß (2½–3 Stunden). Abstieg über den Unteren Theodulgletscher (wegen Gletscherbruch links halten!) Nach dem Zusammenfluß von Theodul- und Gornergletscher wie Route 1 weiter nach Zermatt (2 Stunden vom Theodulpaß zum Bodengletscher).
Als Variante bietet sich die Fahrt hinauf zum Klein-Matterhorn an. Von dort über das Breithornplateau und Plateau Rosa zum Theodulhorn (45 Minuten). Dann wie oben über den Unteren Theodulgletscher nach Zermatt.

Skifahren Als größtes organisiertes Sommerskigebiet der Alpen bieten die Firnbecken des Oberen Theodulgletschers und des zwischen Testa Grigia und Klein-Matterhorn gelegenen Plateau Rosa ein weites Betätigungsfeld. Seit den Nachkriegsjahren ist das Plateau Rosa, das sich ganz auf Schweizer Boden zwischen 3500 und 3800 m ü. M. befindet, durch die Luftseilbahn Cervinia–Testa Grigia von Italien her bequem erreichbar. Der Bau der Luftseilbahn vom Trockenen Steg auf das Klein-Matterhorn (3883 m) erschließt Abfahrten von alpinem Charakter auch während des Sommers. Sie vervollständigt vorteilhaft den Seilbahnkomplex, der von italienischer (Cervinia) und schweizerischer (Zermatt) Seite auf die Gletscher führt.
Vom Klein-Matterhorn, der höchstgelegenen Luftseilbahnstation Europas (sie übertrifft diejenige der Aiguille du Midi um über ein Dutzend Meter), ist es bei schönem Wetter nur noch ein Spaziergang auf das sich direkt danebenaufbauende Breithorn (4164 m).
Die Luftseilbahn Trockener Steg–Klein-Matterhorn (Inbetriebnahme 1979) eröffnet auch dem Tourenskifahrer bequemere Anstiege aufs Breithorn und erleichtert ganz erheblich den Zugang zu den anspruchsvollen Tiefschneeabfahrten durch das Spaltenlabyrinth des Schwärzegletschers.
Die vorzügliche Erschließung der hochalpinen Regionen im Breithorngebiet ist jedoch nicht unproblematisch. Denn sie kann unvorsichtige Skifahrer zu fahrlässigem Verhalten verleiten. Wo sich bei schönem Wetter ein herrliches, leicht zu meisterndes Skigebiet ausbreitet, kann das Terrain bei plötzlichem Wetterumschwung zur Todesfalle werden. Tragisches Beispiel für die Folgen des Leichtsinns im Hochgebirge (mangelhafte Ausrüstung, ungenügende alpine Erfahrung und Mißachtung der Wettervorhersage) ist der Tod jener fünf deutschen Hochtouristen, die im April 1977 auf dem Breithornplateau erfroren. Nach der Besteigung des Breithorns wurde die Gruppe von einem Schlechtwettereinbruch überrascht. Für hochalpines Schlechtwetter nur mangelhaft oder gar nicht ausgerüstet, irrten die Skifahrer im Schnee- und Eissturm auf dem Breithornplateau umher, bis sie schließlich völlig erschöpft in den Schnee sanken. Trotz Karte, Kompaß und Höhenmesser waren die fünf Hoch-

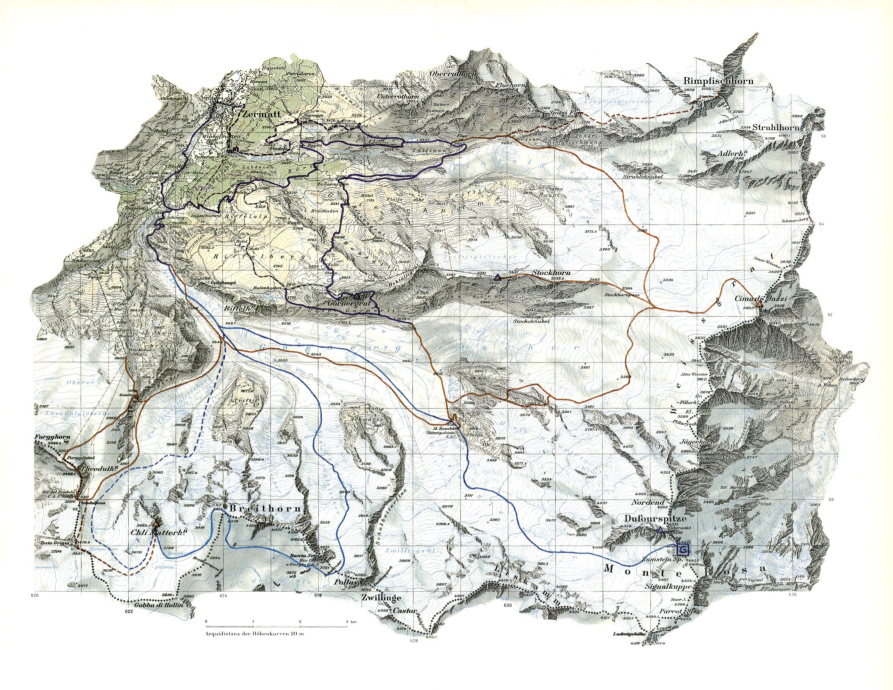

touristen nicht fähig, sich im Sturm zu orientieren und zur rettenden Station auf Testa Grigia abzusteigen. Die Leichen der fünf Erfrorenen, unter ihnen eine Frau, fand man endlich wenig unterhalb der Gobba di Rollin (3899 m) verstreut im Schnee liegend. Nach ziellosem Umherirren hatten sie nicht mehr die Kraft gefunden, sich ein schützendes Schneeloch zu graben.

Wer als passionierter Tiefschneeabfahrer das Risiko eines Wetterumschwunges und der damit verbundenen Gefahren nicht eingehen will, läßt sich von Zermatt mit dem Helikopter auf den Monte Rosa fliegen. Dort befindet sich auf dem Grenzsattel ein Gebirgslandeplatz. Von hier eröffnet sich ihm eine unbeschreiblich schöne und aufregende Abfahrt über den Grenzgletscher und den Gornergletscher. Bei guten Schneeverhältnissen geht die rund 18 km lange Abfahrt bis hinunter nach Zermatt. Da sie im oberen Bereich des Grenzgletschers durch gefährliche Spaltensysteme führt, ist diese wundervolle Abfahrt in der Kombination mit dem Helikopterflug aus Sicherheitsgründen nur in Begleitung eines Bergführers möglich.

Ausgangspunkt
Zermatt, 1606 m

Auffahrt
Luftseilbahn Zermatt–Furgg-Trockener Steg–Klein-Matterhorn
Sesselbahn/Gondelbahn
Zermatt–Sunnegga–Blauherd
Zahnradbahn Zermatt–Gornergrat
Luftseilbahn Gornergrat–Hohtälli–Stockhorn

Höchste Punkte
Gornergrat/Stockhorn, 3135/3405 m (Wandern)
Cima di Jazzi, 3803 m
Klein-Matterhorn, 3883 m (Gletschertour)
Breithorn, 4164 m (Skitour)
Monte-Rosa-Grenzsattel, 4452 m
(Helikopter/Abfahrt)

Stütz- und Rastpunkte
Monte-Rosa-Hütte SAC (Bétempshütte), 2795 m
Gandegghütte, 3029 m
Hotel Fluhalp, 2607 m
Hotel Findelengletscher, 2296 m

Schrifttum
Karten: Landeskarte der Schweiz
1:25 000 Zermatt, Blatt 1348
1:50 000 Exkursionskarte Zermatt

Führer: Clubhütten SAC
Walliser Alpen, Königer F.

Marschzeiten
Wandern:
Gornergrat–Fluhalp–Findelenalp 1½ Stunden
Findelenalp–Riffelalp 1½ Stunden
Riffelalp–Dossen–Zermatt 2–2½ Stunden

Gletschertouren:
Stockhorn–Cima di Jazzi 3 Stunden
Cima di Jazzi–Gornergletscher–Furi 4–5 Stunden
Cima di Jazzi–Findelengletscher–Blauherd 3 Std.
Trockener Steg–Theodulhorn–
Theodulpaß 2½–3 Stunden
Theodulpaß–Bodengletscher–Furi 2½ Stunden

WALLISER ALPEN *Saastal*
Allalingletscher/Feegletscher

Saastal

Mit dem Saastal hatte es die Natur nicht ganz so gut gemeint wie mit seinem westlichen Verwandten, dem Mattertal, als sie an die Verteilung der Gletscher und Viertausender ging. Offenkundig ist das Mattertal bei der Vergabe der alpinen Preziosen bevorzugt worden. Gewiß, auch das Saastal hat seine Gletscher und Berge, und Saas Fee ist sicher nicht die «scheußlichste Wildnis der Schweiz», wie Gottlieb Sigmund Gruner noch 1760 glauben machen wollte. Dem Menschen sind Berge und Gletscher hier sogar näher als im weiträumigen Hochtal von Zermatt. Auf der Gletscheralp von Saas Fee, dem heutigen Hauptort des Saastales, sind sie so allgegenwärtig wie kaum anderswo. Den Bergen näher läßt sich's fast nicht wohnen.

Von der majestätischen Erhabenheit und der vornehmen Distanz, mit denen Gletscher und Gipfel bei Zermatt eine Aura des Unnahbaren schaffen, ist in Saas Fee wenig zu spüren. Die Mischabelhörner sind hier zum Greifen nahe, und die «Stimmen» der Gletscher dringen bis in die Stuben der Talbewohner.

Doch diese Nähe schafft Enge. Erst recht, wenn man um die befreiende Weite der Zermatter Hochgebirgsszenerie weiß. Diese Enge treibt einen hinauf auf den Kamm der Mischabelgruppe, um von dort einen Blick nach Westen zu werfen in das Paradies der Viertausender mit dem Matterhorn als magischem Berg der Versuchung. Die Lage von Saas Fee und Zermatt läßt sich folgendermaßen charakterisieren; im Saastal wird das Verlangen nach Abstand, Weite und Höhe geweckt und im Hochtal von Zermatt gestillt. In Saas Fee befindet man sich gewissermaßen auf der Rückseite der großartigen Zermatter Gebirgs- und Gletscherkulisse. Das obere Saastal ist folglich die Hinterbühne des Freilichttheaters, in dem die Walliser Alpen ihr Festspiel geben. Die Prozeniumslogen dagegen stehen im Hochtal von Zermatt.

Die Gletscher des Saastales sind, verglichen mit jenen des Mattertales (man muß es sagen), zweite Wahl. Das besagt jedoch nicht, daß diese Gletscher nicht verstanden hätten, sich immer wieder in den Vordergrund zu spielen. Was ihnen an Größe und Schönheit abgeht, machen sie durch aufsehenerregende Eskapaden wett. Ist das Mattertal die Heimat der großen Gletscher, so ist das Saastal die der großen Katastrophen.

Die insgesamt 61 im Gletscherinventar der Schweiz aufgeführten Gletscher des Saastales bedecken zusammen eine Fläche von 57,88 km². Das sind gerade 84 Prozent der Fläche eines einzigen Zermatter Gletschers, nämlich des Gornergletschers. Von diesen 61 Gletschern weisen lediglich 3 eine Fläche von mehr als 3 km² auf. Der größte der Saaser Gletscher ist der Feegletscher oberhalb von Saas Fee. Mit 16,66 km² Fläche ist er nahezu gleich groß wie der Zmuttgletscher (16,98 km²) im Nachbartal. Ihm folgt der Allalingletscher mit 9,94 km². Drittgrößter ist der Schwarzberggletscher mit 6,2 km².

Allalingletscher

Der bekannteste Gletscher des Saastales ist der Allalingletscher. Furchtbare Katastrophen begleiten seine Geschichte. Sein hochgelegenes weiträumiges Nährgebiet erstreckt sich vom Allalinhorn (4027 m) im Norden zum Rimpfischhorn (4199 m) im Westen und dem Strahlhorn (4190 m) im Süden. Das Zungenende zeigt auf steilem Hang gegen die Saaser Vispa. Die Zunge war es denn auch, die immer wieder Tod und Not ins Tal brachte, sei es unmittel- oder mittelbar.

Allgemein werden zwei Erscheinungsformen von Gletscherkatastrophen unterschieden. Die eine (unmittelbare) besteht aus dem Abbruch eines Gletscherteiles, durch dessen Eismassen daruntergelegene Siedlungen zerstört werden. Bei der zweiten (mittelbaren) Art stoßen Gletscherzungen durch kräftige Massenvermehrung aus Seitentälern in die Haupttäler vor, wobei sie den Abfluß der höhergelegenen Einzugsgebiete zu Seen aufstauen. Beim Ausbruch des so entstandenen Stausees können seine Wassermassen noch in großer Entfernung fürchterliche Schäden anrichten.

Der Allalingletscher ist der einzige Alpengletscher, von dem bedeutende Katastrophen beider Erscheinungsformen bekannt sind. Schon ein Anwachsen der Zunge um 500–800 m gegenüber dem heutigen Stand reicht aus, um den oberen Talabschnitt der Saaser Vispa zu blockieren. Dieser als Mattmarkgebiet bekannte oberste Teil des Saastales wird heute durch einen in den Jahren 1960–1967 erstellten Staudamm gesperrt. Er übernimmt in weit zuverlässigerer Weise die Funktion der Gletscherzunge. Die Anordnung dieses 120 m hohen und 780 m langen Dammes (einer der mächtigsten der Alpen) läßt ein mögliches starkes Wiederanwachsen des Gletschers zu, ohne das Bauwerk in Mitleidenschaft zu ziehen. Zudem verhindert der Staudamm eine Wiederholung der in den vergangenen Jahrhunderten mehrmals vorgekommenen Stauungen der Saaser Vispa durch die bis ins Tal vorgestoßene Zunge. Die-

Feegletscher

Fläche:	total 16,66 km²
	schuttfrei 15,81 km²
Länge:	max. 5,1 km
Breite:	ca. 7,5 km
Höhe:	max. 4360 m ü.M.
	min. 2040 m ü. M.
Lage:	Nordosten
Firnlinie:	2980 m ü.M.
Nährgebiet, mittl. Höhe:	3520 m ü. M.
Zehrgebiet, mittl. Höhe:	2960 m ü. M.
Moränentypen:	Mittel-, Seiten- und Endmoränen; im Gletschervorfeld Seiten- und Endmoränen
Gletschertyp:	Gebirgsgletscher
Längsprofil:	Kaskaden
Ernährung:	Schnee und/oder Driftschnee
Zungenaktivität:	leichter Vorstoß

Besonderheiten: Hängt im Akkumulationsgebiet mit Hohlaubgletscher, Chessjengletscher, Weingartengletscher und über Alphubeljoch mit Alphubelgletscher zusammen.

Chessjengletscher Ost

Fläche:	0,61 km²
Länge:	max. 0,9 km
Breite:	mittl. 0,9 km
	max. 3220 m ü. M.
	min. 2840 m ü. M.
Lage:	Nordosten
Moränentypen:	Schutt; nicht sicher, ob Moräne
Gletschertyp:	Gebirgsgletscher
Längsprofil:	gleichmäßig
Ernährung:	Schnee und Lawinen
Zungenaktivität:	leichter Rückzug

Besonderheiten: Hängt mit Feegletscher zusammen.

Der Allalingletscher am 5. 8. 1936. Damals hing er noch weit gegen die Talsohle hinab. Heute endet er an der Absturzkante einer mehrere hundert Meter hohen Steilstufe. Schon ein Anwachsen der Zunge von 500 bis 800 m gegenüber dem heutigen Stand reicht aus, um den oberen Talabschnitt der Saaser Vispa zu blokkieren.

Allalingletscher

Fläche:	9,94 km²
Länge:	max. 6,5 km
Breite:	mittl. 1,8 km
Höhe:	max. 4200 m ü. M.
	min. 2340 m ü. M.
Lage:	Norden—Osten
Firnlinie:	3160 m ü. M.
Nährgebiet, mittl. Höhe:	3500 m ü. M.
Zehrgebiet, mittl. Höhe:	3080 m ü. M.
Moränentypen:	Mittel-, Seiten- und Endmoränen; im Gletschervorfeld Seitenmoränen
Gletschertyp:	Gebirgsgletscher
Gletscherform:	zusammengesetztes Becken
Gletscherfront:	kalbende Front
Längsprofil:	Eisfall
Ernährung:	Schnee/Driftschnee
Zungenaktivität:	starker Vorstoß

Besonderheiten: Hängt im Akkumulationsgebiet mit Mellichgletscher zusammen.

Hohlaubgletscher

Fläche:	2,39 km²
Länge:	max. 3,8 km
Breite:	mittl. 0,7 km
Höhe:	max. 3860 m ü. M.
	min. 2680 m ü. M.
Lage:	Nordosten—Osten
Moränentypen:	Seitenmoränen, ebenso im Gletschervorfeld
Gletschertyp:	Gebirgsgletscher
Gletscherform:	einfaches Becken
gletscherfront:	normal
Längsprofil:	Eisfall
Ernährung:	Schnee/Driftschnee
Zungenaktivität:	leichter Rückzug

Besonderheiten: Hängt im obersten Teil mit Feegletscher zusammen.

Schwarzberggletscher

Fläche:	total 6,20 km²
	schuttfrei 5,90 km²
Länge:	max. 4,3 km
Breite:	mittl. 1,7 km
Höhe:	max. 3580 m ü. M.
	min. 2660 m ü. M.
Lage:	Nordosten
Firnlinie:	3080 m ü. M.
Nährgebiet, mittl. Höhe:	3240 m ü. M.
Zehrgebiet, mittl. Höhe:	2960 m ü. M.
Moränentypen:	Seitenmoränen, ebenso im Gletschervorfeld
Gletschertyp:	Gebirgsgletscher
Gletscherform:	zusammengesetztes Becken
Gletscherfront:	normal
Längsprofil:	Eisfall
Ernährung:	Schnee/Driftschnee
Zungenaktivität:	leichter Rückzug

Besonderheiten: Hängt im Akkumulationsgebiet mit Seewjinengletscher zusammen.

(Daten: Stand 1973)

Von links oben bis unten rechts: Die Gletscherkatastrophe von Mattmark: Am 30. August 1965 gegen 17 Uhr 15 brach am Allalingletscher ein riesiges Stück der weit nach oben zurückgewichenen Front ab. Als rund 30 m hohe Lawine donnerten schätzungsweise 0,5–1 Million m³ Eis über den 600 m langen und 30 Grad geneigten Steilhang, an dessen Fuß das Barackenlager für die Arbeiter am Mattmark-Staudamm stand. Es wurde von den Eismassen vollständig zerstört. 88 Arbeiter und Angestellte fanden dabei den Tod.

immerhin noch bis an den auffälligen Felskopf «Auf der Schanz» am gegenüberliegenden Talhang. Über diesem Felssporn, bei der sogenannten Chrizegge (Kreuzecke), stellten die Talbewohner, sobald sie ein Anschwellen des Sees bemerkten, Kreuze auf, die zum Gebet auffordern sollten. Daher der Name Chrizegge. Der Name des Allalingletschers wird vom lateinischen Aquilina (kleiner Adler) hergeleitet. In einer Urkunde aus dem Jahre 1290 wird das aus dem Rhone-

sem wiederholten Vorgang folgten oft verheerende Seeausbrüche. Denn die zum Mattmarksee gestauten Abflüsse des oberen Saastales fraßen sich von selbst durch die sperrende Eismauer der Gletscherzunge oder durchbrachen diese urplötzlich, wenn sie dem Wasserdruck nicht mehr standzuhalten vermochten.

Besonders schwer war der früheste bekannte Ausbruch des Mattmarksees. Er verwüstete im Jahre 1633 den ganzen Talboden bis nach Saas Grud, zerstörte im 33 km entfernten Visp noch 18 Häuser, vernichtete rund 6000 Bäume und zwang viele dadurch verarmten Talbewohner zum Auswandern. Der nächste Ausbruch erfolgte 1680. Damals reichte der See bis zu den Hütten der Distelalp, die heute von dem Mattmarkstausee überflutet ist. Auch diesmal wurde das Tal weit hinaus verwüstet, was die Talbewohner veranlaßte, ein «scharpfes Gelübt» abzulegen und fortan auf 40 Jahre hinaus «mit dem Tanzen und Spillen» aufzuhören. Aus dem folgenden 18. Jahrhundert sind allein 15 Ausbrüche bekannt. Im Jahre 1740, gerade nach Ablauf der 40 Jahre des Gelübdes, riß eine gewaltige Wasserwoge mit Ausnahme einer einzigen sämtliche Brücken des Saastales weg. Über den Ausbruch des Jahres 1772 berichtet der Saaser Chronist Zurbriggen: «Anno 1772 den 17. Herbstmonath, nachdem es zuvor einige Mahl geregnet, broch abermals der See in Mattmark aus bey schönem Sonnenschein. Das Wasser stieg allgemein, füllte von einem Berg bis zu dem anderen alles an. Neder mann wußte, der See kommt, die Brigen und Mauren und Gebäude sanken wie ein Strohhalm um und so wurden noch jene Güter verhergt, denen die Ruffinen schonten. In der Kirche gingte das Wasser bis über den oberst Staffel des großen Altars...»

Im 19. Jahrhundert wurden verschiedene Versuche unternommen, um einem drohenden Ausbruch vorzubeugen. So sprengte 1834 der Kantonsingenieur Venetz, der bei einer ähnlichen Maßnahme am Giétrozgletscher ein Debakel erlebte, eine Galerie durch das Eis, was den gewünschten Erfolg (die Senkung des Sees) erbrachte.

Im 20. Jahrhundert, von 1917 bis 1924, stieß der Allalinletscher noch einmal bis in die Talsohle vor und überfuhr dabei zeitweise die Visp. Zur Sicherheit trieb man deshalb als künstlichen Abfluß einen Stollen in den Fels. Bei diesem letzten großen Vorstoß reichte der Gletscher tal zum Griesgletscher führende Aeginental «Ayguelina» genannt, eine Form, die an Allalin erinnert. Der Allalingletscher selbst wird schon um 1300 als eine Schranke zwischen dem aufwärts gelegenen Mattmarkgebiet und dem Saastal erwähnt. Ähnliche Gletscherseeausbrüche im Saastal sind vom Grubengletscher in der Weißmiesgruppe bekannt. Dort brach in den Jahren 1968 und 1970 ein Gletscherrandsee aus. Dabei zog das auftretende Hochwasser das Dorf Saas Balen (unterhalb von Saas Grund) schwer in Mitleidenschaft.

Der Bau des Staudammes, durch den die periodisch wiederkehrenden Ausbrüche des Mattmarksees nun gebannt sind, wurde von einer der schwersten Glet-

Deutlich ist an der hochgelegenen Gletscherstirn die Abrißstelle zu sehen. Die unglückliche Standortwahl der Wohnbaracken der Mattmark-Baustelle ist augenfällig: Sie lagen mitten im Durchflußgebiet der Eislawine.

scherkatastrophen im Alpenraum überschattet. Bei dieser unmittelbar vom Gletscher verursachten Katastrophe handelte es sich um einen Gletschersturz. Er ereignete sich am 30. August 1965. An diesem Tag im Hochsommer brach gegen 17.15 Uhr ein gewaltiges Stück von der weit nach oben zurückgewichenen Gletscherfront heraus. Als riesige, rund 30 m hohe Lawine donnerten schätzungsweise 0,5–1 Million m³ Eis über den Steilhang, an dessen Fuß das Barackenlager für die Arbeiter des Mattmarkstaudammes stand.

Trotz eines kleineren Gletscherabbruchs im September 1949 und weiteren Rutschen von Eisblöcken der Zunge in den Jahren 1954, 1961 und 1963 wurden die Baubaracken mit einem Abstand von

Bewegungen des Gletschers, nicht gerechnet.

Die im wahrsten Sinne des Wortes unglückliche Standortwahl der Baracken bedeutete für 88 Arbeiter und Angestellte des Staudammprojektes den sicheren Tod. 56 Italiener, 23 Schweizer, 4 Spanier, 2 Österreicher, 2 Deutsche und 1 Staatenloser wurden von den ungeheuren Eismassen bis zur Unkenntlichkeit zermalmt. Die Bergungsarbeiten der gräßlich verstümmelten Opfer nahmen mehrere Monate in Anspruch. Noch zu Beginn des folgenden Jahres galten zwei Opfer der Katastrophe als vermißt.

Nach 6½jähriger Untersuchung wurde in einem Prozeß die Schuldfrage bei der sicherlich vermeidbaren Katastrophe zu klären versucht. Vom Kreisgericht in Visp wurden alle 17 der fahrlässigen Tötung von 88 Arbeitern angeklagten Bauunternehmer, Ingenieure und Beamten von Schuld, Strafe und Kosten freigesprochen. Das Urteil entfachte in Italien, woher die meisten der Opfer stammten, einen Sturm der Empörung. Der Bau des Dammes forderte neben den 88 Katastrophenopfern noch 17 weitere Arbeitstote, so daß die Zahl der während des Baues tödlich verunglückten Arbeiter annä-

etwa 200 m an den Fuß des 600 m langen und 30 Grad geneigten Felshanges gestellt. Denn dieser Standort bot als einziger unterhalb des im Bau befindlichen Dammes während des Winters Sicherheit gegen Schneelawinen. Mit einer Eislawine hatte man, trotz gelegentlicher kleinerer Abbrüche infolge wechselweiser

56 Italiener, 23 Schweizer, 4 Spanier, 2 Österreicher, 2 Deutsche und 1 Staatenloser wurden von den ungeheuren Eismassen bis zur Unkenntlichkeit zermalmt. Die Bergungsarbeiten nahmen mehrere Monate in Anspruch.

hernd so hoch ist wie jene bei der Grand-Dixence-Baustelle. Dort kamen 110 Arbeiter zu Tode.
Der Damm staut heute 100 Millionen m³ Wasser. Der 3,3 km lange Mattmarksee (2197 m) ist in eine landschaftlich reizvolle Hochgebirgsgegend gebettet. Das natürliche Einzugsgebiet umfaßt eine Fläche von 37,1 km². Es wird durch Beileitungen aus beiden Talflanken auf 88,2 km² vergrößert. Die rechte Seitenmoräne des Allalingletschers konnte beim Bau des Dammes teilweise miteinbezogen werden. Der Damm ist mit einer einzig im Sperrengebiet gewonnenen Schuttmasse von 10,4 Millionen m³ aufgebaut. Die zweistufige Kraftwerkanlage produziert 567 GWh jährlich, davon im Winter 60 Prozent.

Feegletscher

Mit einer Fläche von 16,66 km² ist der Feegletscher der größte im Tal. Sein Firngebiet dehnt sich in flachem Bogen auf einer Breite von 7,5 km am Osthang der Mischabelkette von der Lenzspitze (4294 m) im Norden bis zum Allalinhorn (4027 m) im Süden aus. Seine maximale Höhe erreicht er mit 4360 m an der Ostwand der höchsten Mischabelhörner, dem Täschhorn (4490 m) und dem Dom (4545 m). Er hängt im Nährgebiet über den Kamm der Mischabelgruppe im Westen mit dem Weingartengletscher und dem Alphubelgletscher zusammen. Im Süden verbindet er sich mit dem Chessjengletscher und dem Hohlaubgletscher. Seine breite Front wird durch den Felsrücken und die Gletscheralp von Längflue und Spielboden durchbrochen. Nördlich davon stößt der 5,1 km lange

Das Mattmarkgebiet vor dem Bau des Staudamms. Noch um 1930 reichte der Allalingletscher bis auf den Talgrund und riegelte so das obere Saastal ab, wo sich hinter der rechten Ufermoräne der Mattmarksee staute. Dessen Ausbrüche waren gefürchtet. Wiederholt verwüsteten sie das Saastal bis hinaus nach Visp im Rhonetal.

Das Mattmarkgebiet nach der Katastrophe von 1965. Der im Bau befindliche Damm staut bereits die Saaser Vispa zum Mattmark-Stausee. Die Eislawine des Gletschersturzes glitt etwa gleich weit über die Steilstufe ins Saastal hinab wie der Gletscher bei seinem letzten großen Vorstoß von 1917–1924.

*Unten rechts:
Der Feegletscher ist durch Luftseilbahnen auf die Längfluh und das Felskinn touristisch erschlossen.*

Gletscher als «kleiner Feegletscher» mit einer schmalen Zunge stark vor. Die südlich der Gletscheralp liegende Front des «großen Feegletschers» ist gut 2,5 km breit und dringt über die abgeschliffenen Felshöcker ebenfalls vor.
Zu Beginn des 19. Jahrhunderts flossen die beiden unterschiedlich großen Zungenteile am Fuße der Gletscheralp zusammen. Dies zwang die Sennerinnen, mit ihrem Vieh, das sie zu den Matten auf der Gletscheralp trieben, ein Stück des Weges über den Gletscher zu ziehen. Beim letzten großen Vorstoß in den Jahren 1915 bis 1922 füllte die nördliche Zunge noch die Mulde beim Gand auf. Die Abflüsse des zurückgehenden Gletschers haben sie inzwischen zu einem hübschen Seelein angefüllt.
Noch bis in die dreißiger Jahre unseres Jahrhunderts wurden an der tiefliegenden Zunge Eisbarren geschlagen. Von den damals noch nicht mit Kühlschränken ausgestatteten Hotels wurden sie zur Kühllagerung der Lebensmittel und zur Herstellung von Speiseeis benötigt. Auf eigens dafür konstruierten Gestellen beförderten Träger und Trägerinnen die eisige Last auf dem Rücken in die Keller der großen Hotels. In der Nähe der bis zum heutigen Gletschersee herabstoßenden Zunge betrieb von ca. 1885 bis 1897 die Saaserin Klara Imseng ein Café. Im Gletscher selbst unterhielt sie als Touristenattraktion eine Grotte. Wirtin, Café und Grotte wurden alsbald zu einem Begriff. Unter dem Namen «Gletscherklara» war die Wirtin des «Café Gletschergrotte» international bekannt. Das heutige Café Gletschergrotte liegt rund 50 Meter oberhalb des früheren Standortes am Fuße der Gletscheralp. Die Grotte ist wegen der Gletscherschmelze verschwunden. Ein Ersatz für sie findet sich heute am Felskinn auf 3000 m Höhe am südöstlichen Ende des «Großen Feegletschers».

Unten: Die Mischabelgruppe mit der breiten Firnkuppe des Alphubels und den steilen Ostwänden von Täschhorn und Dom bildet die großartige Umrahmung des Feegletschers. Von der Bergstation Felskinn (3000 m) führt ein gut gangbarer Gletscherpfad zur Britannia-Hütte.

Rechts: Racheln an der linken Ufermoräne des Feegletschers. Bei schrägem Lichteinfall kommen die vom Regen- und Schmelzwasser aus dem Moränenschutt gespülten Erosionsrinnen besonders augenfällig zur Geltung.

Ganz unten: Mächtige Firnbänke durchziehen am Allalinhorn (4027 m) das Nährgebiet des Feegletschers.

Wanderungen Der Feegletscher ist durch zwei Luftseilbahnen ausgezeichnet erschlossen. In das obere Zungengebiet führt über zwei Sektionen die Luftseilbahn nach Spielboden und Längfluh (2870 m). Die Schwebebahn zum Felskinn (3000 m) dagegen bringt den Wanderer in den südlichen Teil des Nährgebietes. Wer in den Genuß einer beeindruckenden Rundsicht auf die Saaser Gletscher- und Bergwelt kommen möchte, ohne selbst den Fuß aufs Eis setzen zu wollen, der ist mit einer Fahrt nach Längfluh bestens beraten. Schon die Fahrt nach Spielboden, der ersten Seilbahnsektion, ist sehr aufschlußreich. Sie führt über den kleinen See in der Mulde

des ehemaligen Zungenbeckens. Deutlich erkennt man die hohe, markant gebogene linke Ufermoräne, die der Gletscher nach seinen Hochständen zurückgelassen hat und die nun von tiefen Erosionsrinnen, den Racheln, durchzogen ist.

Auf der Längfluh eröffnet sich dem Wanderer das weite Panorama des Saastales mit der unübersehbaren firnglänzenden Weißmiesgruppe am nordöstlichen Horizont. Man steht hier gleichsam auf einer von den Eiswogen des Feegletschers umbrandeten Insel. Links sammeln sich die von den schroffen Ostwänden der Mischabelgruppe niederbrechenden Hängegletscher mit dem vom Alphubel herkommenden zerschrundenen Eisstrom zur schmalen, aber um so längeren Zunge des «Kleinen Feegletschers». Rechts liegt das ausgedehnte Nährgebiet des stark zerklüfteten «Großen Feegletschers», über dem sich das Allalinhorn mit seinen sanften, schneebedeckten Rundungen gut sichtbar und alles überragend aufbaut.

Der massive Eispanzer, mit dem sich Dom und Lenzspitze vor heftigen Sturmwinden schützen, scheint sie zu erwärmen. Als ob sie unter der Last des Eises schwitzten, fließen unzählige Bächlein hervor und stürzen in malerischen Wasserfällen über die fast senkrechte Wand. Von weitem erweckt sie so den Eindruck, als sei sie mit unzähligen Silberfäden behangen.

In anderthalbstündiger Wanderung steigt man von Längfluh auf abwechslungsreichem Pfad hinab nach Saas Fee. Fauna und Flora geben sich, umgeben von ewigem Eis, auf den Matten von Spielboden und Gletscheralp ein Stelldichein. Silberwurz, Schwefelanemone, Alpenrose, Kreuzkraut, Gelbe Arnika und Gemswurz sind die auffälligsten Vertreter der Alpenflora, die sich hier ein schönes Plätzchen ausgesucht haben. In den steilen, zur Gletscherzunge abfallenden Schrofen hat Steinwild Revier bezogen. Und zahllose dunkle Erdlöcher verraten

In den steilen, zum Feegletscher bei der Längfluh abfallenden Schrofen hat Steinwild Revier bezogen.

Ganz rechts: Die Britannia-Hütte (3030 m) am kleinen Chessjengletscher ist ein vielbesuchtes Ausflugsziel im Raum von Saas-Fee und erschließt eine imposante Hochgebirgslandschaft, die vom Allalingletscher und Hohlaubgletscher sowie dem Rimpfischhorn, Allalinhorn und Strahlhorn dominiert wird.

Unten Mitte: Im Gletschervorfeld des Feegletschers führt ein abwechslungsreicher Pfad mitten durch vom Gletscher ausgeschliffene Felsschluchten.

Unten: Das weltweit bewährte Kurzstart- und -landeflugzeug «Pilatus Porter» auf dem Feegletscher oberhalb der Längfluh.

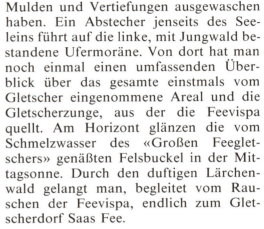

Mulden und Vertiefungen ausgewaschen haben. Ein Abstecher jenseits des Seeleins führt auf die linke, mit Jungwald bestandene Ufermoräne. Von dort hat man noch einmal einen umfassenden Überblick über das gesamte einstmals vom Gletscher eingenommene Areal und die Gletscherzunge, aus der die Feevispa quellt. Am Horizont glänzen die vom Schmelzwasser des «Großen Feegletschers» genäßten Felsbuckel in der Mittagsonne. Durch den duftigen Lärchenwald gelangt man, begleitet vom Rauschen der Feevispa, endlich zum Gletscherdorf Saas Fee.

Vom 3000 m hoch gelegenen Felskinn läßt sich eine bezaubernde Rundtour in Angriff nehmen. Sie beginnt beim Felskinn sozusagen mit einem glaziologischen Seminar. Es wird in den Eisgrotten unweit der Bergstation im Bauch des Feegletschers abgehalten. Eine ausführliche Dokumentation gibt dort den wißbegierigen Besuchern anhand von Diagrammen und Tiefenprofilen Auskunft über die Gletscherbewegung und orientiert u.a. über die Temperatur des Gletschereises, seine Dicke und das dort anzutreffende Spaltensystem.

Spalten sind es auch, die als erste auf dem Weg zur Britannia-Hütte überquert werden müssen. Der Gletscherpfad ist nicht zu übersehen, da die Hütte ein vielbesuchtes Ausflugsziel ist. Über die eventuell vorhandenen Spalten sind Bretter gelegt, je nach Schneelage. Eine Traversierung des Firnfeldes, das nahtlos über das Egginerjoch in den geschrumpften Chessjengletscher übergeht, bietet auch

die hier stark vertretenen Murmeltiere auch dann, wenn sie nicht durch Warnpfiffe ungewollt die Aufmerksamkeit auf sich lenken.

Unten beim Gletscherseelein geht der beschauliche Pfad zwischen großen Felsen hindurch, die der Gletscher rundgeschliffen hat und in die seine Abflüsse schöne

Wie eine zu Eis erstarrte Brandungswelle schwingt sich der Feegletscher oberhalb der Längfluh auf breiter Front vom Nährgebiet am Alphubel hinunter.

Unten Mitte: Séracs im Eisbruch des Feegletschers.

Ungeübten keine Probleme, zumal der Weg bis zur Hütte horizontal verläuft. Gefährlicher als die kleinen Spalten sind auf diesem Hüttenspaziergang die Steine, die von den Wänden des Hinteren Allalins zuweilen auf das Firnfeld hinuntersausen.

Zur Hütte geht man nicht länger als eine Dreiviertelstunde. Sie liegt 3030 m hoch und erschließt ein weites, von Saas Fee aus nicht einsehbares Gebiet, das vom Allalingletscher, dem Rimpfischhorn und dem Strahlhorn dominiert wird. Eine Besteigung des Kleinen Allalin (3069 m) unmittelbar neben der Hütte darf nicht fehlen. Eine großartige Aussicht auf das ganze Mattmarkgebiet mit dem Stausee und den Monte-Moro-Paß im Talschluß tut sich hier nach Süden auf. Von Norden, talauswärts, grüßen die Gipfel der Berner Alpen: Eiger, Mönch, Jungfrau, Petersgrat, Blümlisalp. Im Osten rundet die Saaser Bergwelt das prächtige Panorama ab: Fletschhorn, Weißmies, Protjengrat, Sonnighorn und Stellihorn. Zu Füßen der Hütte liegt der Hohlaubgletscher, über den Bergsteiger aufs Allalinhorn gelangen.

Der Wanderer aber setzt seinen Rundgang nach Norden über den Firnschnee des Chessjengletschers fort. Der Weg geht nun unter dem Egginer (3366 m) und dem Mittaghorn (3143 m) nach Plattjen (2567 m), wohin eine Gondelbahn von Chalbermatten bei Saas Fee hinaufführt. Am Ostgratfuß des Egginer beim sogenannten Heidefriedhof, überhaupt im ganzen Gebiet, findet der aufmerksame Wanderer mit etwas Glück und mineralogischem Gespür schöne Steine. Kein Wunder auch, denn er geht entlang dem geologischen Wanderweg (45 Minuten bis Plattjen).

Von den Plattjen geht es zunächst durch waldlose Alpweiden talwärts. Die Plattjen haben vor langer Zeit durch einen Bergsturz ihr prägnantes Aussehen erhalten. Große, übereinanderliegende Steinplatten, die dem Ort wohl den Namen gaben, sind die stummen Zeugen dieses Naturereignisses. Die Alpweiden gehen bald über in Arven- und Lärchenwald, wo die Hitze der Hochsommersonne angenehm gedämpft wird. In den ersten Morgenstunden (bei Sonnenaufgang) oder abends vor der Dämmerung sind hier bei einiger Aufmerksamkeit und Vorsicht Gemsen beim Äsen zu beobachten. In stetem Abstieg durch den Wald ist nach einer guten Stunde Chalbermatten und damit das autofreie Gletscherdorf Saas Fee erreicht.

Gletscherwanderung Gleich über vier Gletscher führt die folgende Gletscherwanderung, die zudem noch bequem an einem Tag durchzuführen ist. Da sie durch spaltenreiche Zonen geht, ist besondere Vorsicht geboten. Wenig erfahrene Hochgebirgswanderer sollten nicht ohne Führer auf diese Tour gehen. Von der Längfluh aus, wohin man mit der Luftseilbahn gelangt, traversiert man den Feegletscher in leichtem Anstieg zum Felskinn. Der nicht markierte Weg über das Eis ist vorgezeichnet durch die Topographie des Gletschers. Zwischen den Spaltenzonen führen gut sichtbare, meist ebene, spaltenarme Flächen. Über sie erreicht man in anderthalb Stunden die Bergstation Felskinn. Von dort geht es jetzt mühelos zur Britannia-Hütte (2–2½ Stunden von Längfluh). Obwohl sehr vielseitig, erfordert die Traversierung des Feegletschers keine körperlichen Hochleistungen. Gerade Kindern sowie Jugendlichen wird auf dieser Tour die

Unten: Die Gletscherwanderung von der Britannia-Hütte über den Allalingletscher hinab zum Mattmark-Stausee ist sehr beliebt wegen der prächtigen Aussicht hinüber zur Weißmiesgruppe.

Gletschertische auf dem Allalingletscher. Größere Felsblöcke, die das darunterliegende Eis vor dem Abschmelzen schützen und als Gletschertische über der allgemeinen Gletscheroberfläche stehen, sind in der Regel im Alpenraum nach Süden geneigt, wo die stehengebliebene Eissäule am stärksten abschmilzt. Die Felsblöcke gleiten deshalb meistens in südlicher Richtung vom Eissockel. Im Hintergrund das Allalinhorn.

Schönheit der Gletscherwelt erschlossen, ohne daß sie ihnen durch Strapazen vergällt würde.

Bei der Britannia-Hütte steigt man über eine Schutthalde auf die Zunge des Hohlaubgletschers hinab. Er «tastete» sich einst, wie sein Nachbar, mit einer allerdings bemerkenswert schmalen Zunge bis hinunter ins Tal vor. Über die frühere Mittelmoräne der beiden Gletscher betritt man nun den Allalingletscher. Er wird fast horizontal passiert und auf Höhe des Schwarzbergchopfes (2868 m) verlassen. Der Gletscher ist hier, kurz bevor er über die Steilstufe ins Saastal abbricht, bereits stark zerklüftet, weshalb man tunlichst nicht zu tief geht. Auf einer nach rechts verlagerten Mittelmoräne steht eine Reihe schöner Gletschertische von teils beträchtlicher Größe. Zusammen mit dem Rimpfischhorn mit seinem kurzen, aber steilen Südgrat im Hintergrund sind sie dem Fotografen ein dankbares und kontrastreiches Sujet.

Vom Schwarzbergchopf überblickt man den Schwarzberggletscher in seiner ganzen Größe (6,20 km²). Er ist, gemeinsam mit dem recht kleinen Seewjinengletscher (1,82 km²), mit dem er zusammenhängt, der südlichste und letzte Gletscher des Saastales. Am Schwarzberghorn erreicht er mit 3580 m seine größte Höhe. Dort (bei Schwarzberg-Weißtor) gelangt der Hochtourist hinüber in Firngebiet des Findelengletschers, wo sich ihm mehrere herrliche Tiefschneeabfahrten über den Findelen- oder den Gornergletscher anbieten.

Vom Schwarzbergchopf am Allalingletscher steigt man über einen Ziegenpfad, der sich gelegentlich verliert, aber durch Steinmännchen markiert ist und an dem Edelweiß blüht, zur Schwarzbergalp hinunter (Mattmarkalp, 2372 m). Dort sömmern Saaser Sennerinnen eine kleine Viehherde, die durch das Geläut der Almglocken erfreut. Südlich der Alphütte dehnt sich die Moränenlandschaft des

heute nur noch 4,3 km langen Schwarzberggletschers aus. Fast unübersehbare Schutthalden zeugen davon, daß er einmal von beachtlicher Größe war. Im Jahre 1822 drängte er sich sogar über die heute vom Stausee überflutete Talmulde an den gegenüberliegenden Berghang und versperrte dadurch, genau wie der Allalingletscher, der Saaser Vispa den Weg.

Von der Alp ist es nicht mehr weit zur Fahrstraße, die den Mattmarksee entlang zum Monte-Moro-Paß weist. Einst hatte dieser Alpenübergang für den Verkehr zwischen dem Wallis und Italien ebenso große Bedeutung wie der benachbarte Simplon. Heute ist er nur noch ein empfehlenswertes Ziel für Wanderer, die von seiner Höhe (2868 m) einen Blick auf die furchterregende Monte-Rosa-Ostwand mit ihren Gletschern (Ghiacciaio del Monte Rosa und Ghiacciaio del Belvedere) werfen wollen. Der Fahrweg geht durch eine Tunnelgalerie bis zum Damm, von dort bringt das Postauto den Wanderer zurück nach Saas Fee – vorbei an der Eyenalp, der gemeinsamen Alp der vier Saaser Gemeinden, und vorbei am Ausgleichsbecken der Mattmark-Kraftwerke, dem die alten sonnenverbrannten Stadel und Wohnhäuser der Siedlung Zer Meiggern im Jahre 1960 zum Opfer fielen.

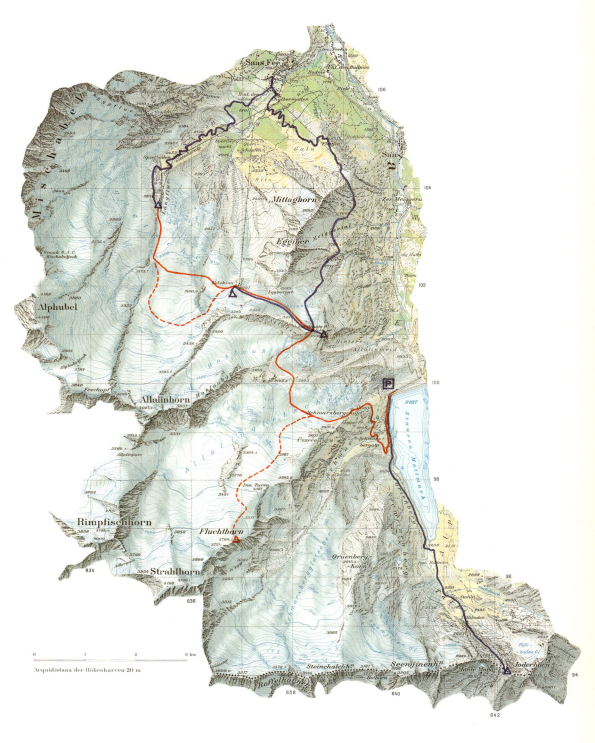

Ausgangspunkt
Saas Fee, 1800 m

Auffahrt
Luftseilbahn Saas Fee – Felskinn
Luftseilbahn Saas Fee – Spielboden – Längfluh

Höchster Punkt
Klein – Allalin, 3069 m

Stütz- und Rastpunkte
Britannia-Hütte SAC, 3030 m
Plattjen, Bergrestaurant, 2570 m

Schrifttum
Karten: Landeskarte der Schweiz
1:50 000 Mischabel, Blatt 284
1:25 000 Randa, Blatt 1328
1:25 000 Saas, Blatt 1329
1:25 000 Exkursionskarte Saas Fee
Führer: Clubhütten SAC
Walliser Alpen, Königer F.
Der Sommer in Saas Fee, Imseng W.
Der Winter in Saas Fee, Imseng W.

Marschzeiten
Längflüh – Saas Fee	1½ Stunden
Längflüh – Britannia-Hütte	2–2½ Stunden
Telskinn – Britannia-Hütte	45 Minuten
Britannia-Hütte – Saas Fee	2 Stunden
Britannia-Hütte – Allalingletscher – Mattmark	2–3 Stunden
Mattmark – Monte-Moro-Paß	2½ Stunden

Angaben zum Staubecken Mattmark
Eigentümerin: Kraftwerk Mattmark AG (Partner u. a.: Elektro-Watt AG, Lonza AG, Bernische Kraftwerke AG, CKW Luzern)

Stausee Mattmark: Stauziel 2197 m
Nutzraum 100 Mio m³, Energieinhalt 386 GWh
Seefläche 1,76 km², Spiegelschwankung 87 m
Staudamm: Höhe 120 m
Länge der Dammkrone 780 m, Breite der Dammkrone 9,0 m
Größte Breite des Dammfußes 372 m
Gesamtvolumen des Dammkörpers 10,5 Mio m³
Einzugsgebiet: 82,2 km²
Kraftwerkstufen: Zermeiggern, Stalden
Gesamtjahresproduktion: 567 GWh
(Winter 347 GWh = 60 Prozent; Sommer 220 GWh = 40 Prozent)

LEPONTINISCHE ALPEN   *Aeginental*
Griesgletscher

Wäre der Individualist unter den Talgletschern der Schweizer Alpen zu küren, die Wahl fiele auf den Griesgletscher. Fernab von den Ballungszentren ewigen Eises hat er sich am Blinnenhorn entlang der Grenze zu Italien in streng nordöstlicher Richtung niedergelassen. Gesellschaft ist ihm, dem Einzelgänger, nicht wichtig. In seiner Nachbarschaft befindet sich zwar (neben einigen unbedeutenden Gletscherchen) der ganz auf italienischem Boden liegende, stark zurückgeschmolzene Hohsandgletscher oder Ghiacciaio del Sabbione. Doch unterhält er mit ihm keinen Kontakt mehr. Nur mit einem namenlosen Gletscher, mit dem er über den nach Italien führenden Rothornpaß zusammenhängt, pflegt er noch Beziehungen.

Für sein Einsiedlerleben wählte sich der Griesgletscher sichtlich keine unpassende Gegend. Doch mit der Stille und Abgeschiedenheit, die einst sein Revier auszeichneten, ist es seit den sechziger Jahren dieses Jahrhunderts endgültig vorbei. Als 1963 Baukolonnen der Aegina-Kraftwerke sich zuhinterst im Aeginental an dem kleinen Bergsee in der natürlichen Talmulde am Fuße der Gletscherzunge zu schaffen machten, da war auch für den Griesgletscher die Zeit der Ausbeutung durch die Elektrizitätswirtschaft angebrochen: Die Ruhe und Unberührtheit eines stillen Berggebietes wurden dem gestiegenen Energiebedarf des Landes geopfert.

Wenngleich durch den Bau des Speicherbeckens Gries die Landschaft in der unmittelbaren Umgebung des Gletschers relativ wenig umgestaltet wurde, so war doch die mit dem Kraftwerkbau im Aeginen- und Bedrettotal verbundene Entstehung neuer Straßen um so folgenreicher. Da war vor allem der Ausbau einer zweispurigen Straßenverbindung von Ulrichen im Goms über den Nufenenpaß ins Bedrettotal, die 1969 für den Verkehr freigegeben wurde. Damit erhielt das Wallis seine kürzeste Verbindung mit dem Tessin. Gleichzeitig erschloß sie dem Bergfreund eine bisher nur umständlich und mühsam zu erreichende Hochgebirgslandschaft von großem Reiz.

Über die neugeschaffene, mit 2478 m ü. M. höchste vollständig in der Schweiz liegende Paßstraße ist somit der Stausee am Griesgletscher sowohl von Airolo im Tessin als auch von Ulrichen im Wallis sehr bequem zu erreichen. Führt die Anfahrt vom Bedrettotal her, so bietet sich bereits auf der Paßhöhe ein beeindruckendes Bild vom Gletscher und von der Stauwerkanlage, die wie kaum sonstwo in den Alpen dank der ausgezeichneten Überschaubarkeit den Eindruck einer in sich geschlossenen Einheit vermitteln.

Bei der zweiten Kehre der Nufenenstraße im Aeginental unterhalb der Paßhöhe zweigt die ehemalige Werkstraße ab zur Staumauer. Die leicht ansteigende Naturstraße ist jedoch mit einem Fahrverbot belegt, so daß die rund 1,5 km lange Strecke bis zum Stausee zu Fuß zurückgelegt werden muß. Dies ist keineswegs ein Nachteil, bietet sich doch so Gelegenheit, sich auf dem zwanzigminütigen Weg auf die Besonderheiten der Landschaft einzustimmen. Das Blickfeld wird dabei beherrscht durch die düstere, über 300 m nahezu senkrecht abfallende Ostwand des Faulhorns (2864 m), in der die vertikale Schichtung des Bündnerschiefers, der hier bestimmenden Gesteinsart, markant hervortritt.

An der Staumauer angelangt, hat der Wanderer zwei Möglichkeiten, die Schönheiten dieser bis vor kurzem vom technischen Zeitalter noch unberührten Gegend zu entdecken. Die erste führt ihn in Richtung Cornopaß zum Griespaß, wo die Landesgrenze verläuft, und am rechten Seeuferweg entlang wieder zurück zur Staumauer. Die zweite weist den Weg über die Mauer selbst zur Gletscherzunge. Durch den Bau der 60 m hohen Gewichtsstaumauer, die den Spiegel des früheren Bergseeleins um rund 50 m anhob und es zu einem stattlichen Stausee – mit einem Stauziel von 2386,5 m ü. M. der gegenwärtig höchstgelegene der Schweiz – anwachsen ließ, ist der Griesgletscher zu einem der wenigen kalbenden Alpengletscher avanciert. Während früher seine Zunge in die von ihm selbst ausgeschürfte Talmulde auslief, bricht sie heute in größeren und kleineren Stücken in seine hochgestauten Abflüsse ab. Im See treibende Eisschollen und kleine Eisberge sind die spektakuläre Folge.

Der Bergwanderer, der ein paar Stunden hier verweilen will, wird den Weg zum Griespaß wählen. Hat er sich für die höhergelegene Route in Richtung Cornopaß entschieden (sie ist als Hüttenweg zur Cornohütte markiert), so bedeutet das zwar zunächst einen unbeschwerlichen Anstieg von rund 100 Höhenmetern auf 2500 m ü. M. Die kleine Mühe lohnt sich aber, denn nachher geht es immer nur gemächlich abwärts.

Auf diesem Weg hat man wohl den vollständigsten Überblick über Gletscher und Stausee. Vom obersten Nährgebiet am rund 7 km entfernten, über dem südwestlichen Horizont aufragenden Blinnen-

Für Kurzweil auf dem Weg zum Cornopaß sorgen die Murmeltiere. Hier sind sie noch scheu, nicht an den Menschen gewöhnt. Daher auch die Eile, mit der sie sich, aufgeschreckt aus dem Sonnenbad auf wärmenden Steinblöcken, in ihre Erdlöcher verziehen.

Griesgletscher

Fläche:	insg. 6,60 km²
	schuttfrei 6,46 km²
Länge:	max. 6,2 km
Breite:	mittl. 1,3 km
Höhe:	max. 3360 m ü. M.
	min. 2380 m ü. M.
Lage:	Nordosten
Firnlinie:	3020 m ü. M.
Nährgebiet, mittl. Höhe:	3080 m ü. M.
Zehrgebiet, mittl. Höhe:	2760 m ü. M.
Moränentypen:	Seitenmoränen; im Gletschervorfeld Moränen unsicheren Typs
Gletschertyp:	Talgletscher
Gletscherform:	einfaches Becken
Gletscherfront:	kalbende Front
Längsprofil:	gleichmäßig
Ernährung:	Schnee/Driftschnee
Zungenaktivität:	starker Rückzug

Besonderheiten: Zunge kalbt in Griessee; hängt über Rothornpaß mit namenlosem Gletscher in Italien zusammen.   (Daten: Stand 1973)

Der Griesgletscher im hintersten Aeginental ist mit einer Fläche von 6,60 km² der größte Gletscher der lepontinischen Alpen. Bei früheren Hochständen lappte seine Zunge über den Griespaß (links), über den die Landesgrenze zwischen Italien und der Schweiz verläuft, ins Pomatt hinab.

horn ist der 6,6 km² große Griesgletscher bis zu der auf ihrer ganzen Breite in den See abbrechenden Zunge einzusehen. Sehr deutlich erkennt man dabei die riesige Mulde, die sich der Gletscher im Laufe vieler Jahrhunderte zwischen dem Bettelmatthorn und den Ritzhörnern ausgeschabt hat und in der er nun träge dahinfließt. Seine Oberfläche ist nahezu schuttfrei. Nur zwei dünne Moränenbänder bedecken die sonst blanke Oberfläche an seinen Flanken unterhalb der Firnlinie. Vom Cornopaß geht es südwestwärts unter dem Grieshorn zur Linken vorbei zum Griespaß.

Ein granitenes Kreuz markiert dort die Landesgrenze. Unweit davon, bereits auf italienischem Boden, steht ein Kapellchen. Es wurde zur Erinnerung an drei Bergführer aus Italien errichtet, die im Winter 1959 hier zu Tode kamen.

Von der Paßhöhe (2462 m) überblickt man gegen Norden den rund fünfzig Hektar großen Stausee, in den von links der Gletscher stößt. Sehr schön sind von hier aus die Ufermoränen zu erkennen, die der Gletscher bei einem früheren Hochstand abgelagert hat und die jetzt die natürliche, nur schwer begehbare Uferböschung abgeben. Gegen Süden geht der Blick in das zunächst steil abfallende Griestal mit dem über 600 m tiefer gelegenen Lago di Morasco (Muraschg), einem Stausee. Noch weiter südlich ist das Val Formazza, das Pomatt der Walser, auszumachen. Im Südwesten begrenzen das Hohsandhorn (3182 m) und das Ofenhorn (3235 m) den Horizont. An ihrer Nord- bzw. Ostflanke klebt der Hohsandgletscher, dessen Abflüsse im Lago di Sabbione gestaut werden. Von ihm sieht man allerdings kaum mehr als die Staumauer, denn er liegt auf gleicher Höhe wie der Griespaß.

Der unscheinbare Gebirgspfad, der hinunter ins Pomatt führt, läßt nicht vermuten, daß hier einstmals reger Verkehr herrschte. Im 13. Jahrhundert vom Oberwallis aus über den Gries- und Albrunpaß durch die Walser besiedelt, erfüllte das Pomatt als Durchgangsstation im Nord-Süd-Handel eine wichtige Funktion. Der lebhafte Handel der Pomatter, zu dem auch der intensiv betriebene Schmuggel zählte, wickelte sich vor allem zwischen dem Haslital jenseits der Grimsel im Berner Oberland und Domodossola am Eingang des Val Antigorio ab. Das Goms, in das der Saumpfad vom Griespaß durch das Aeginental (in einer Urkunde vom Jahre 1240 «Ayguelina» genannt) hinunterführte, war dabei lediglich Zwischenstation. Bis zu einhundert Saumtiere überquerten in den besten Jahren des vorigen Jahrhunderts täglich das Gries – beladen mit je zwei Lägel (ovalen Fässern) Wein oder Schnaps und einem darübergebundenen Sack Reis oder Polenta für die Händler im Norden und mit Käse oder landwirtschaftlichem Gerät für die Kundschaft im Süden. Selbst ganze Braunviehherden nahmen den Weg über den Griespaß nach Italien.

Dabei stellte sich den Säumerkolonnen der heute stark zurückgeschmolzene Griesgletscher in den Weg. Seine Zunge reichte damals noch bis zur Paßhöhe und erschwerte so den Übergang beträchtlich. Die Säumer wußten sich jedoch auf höchst praktische Weise zu helfen: Um den Maultieren beim Trott über den Gletscher besseren Halt zu geben, legten sie kurzerhand den eisigen Pfad mit Steinplatten aus. Mit der Eröffnung der Gotthardbahnlinie im Jahre 1882 fand der schwunghafte Handel über den Griespaß jedoch ein jähes Ende.

Vor gar nicht so langer Zeit war der Griesgletscher noch so stattlich, daß seine gewaltige Zunge über den Paß ins Griestal oder Valle di Morasco hinunterlappte und so seine Schmelzwasser gleich zwei Flüssen in verschiedenen Ländern zuteilte – der zur Rhone fließenden Aegina nördlich des Passes und der in den Lago Maggiore mündenden Toce oder Tosa im Süden, deren berühmter, 143 m hoher Wasserfall unweit von La Frua (Frütt) im Pomatt einst (als er noch nicht Opfer der Elektrizitätswirtschaft Italiens geworden war) zu den imposantesten der Alpen überhaupt zählte. Als der schweizerische

Die kalbende Stirn des Griesgletschers. Auf breiter Front bricht die Zunge in den Griessee ab, in dem losgetrennte Eisblöcke als «Eisberge» treiben.

Unten: Der frühere Bergsee unterhalb des vom Blinnenhorn (hinten Mitte) herabziehenden Griesgletschers ist durch eine Staumauer vergrößert worden. Mit einem Stauziel von 2386,5 m ist das Speicherbecken Gries der höchstgelegene Stausee der Schweiz.

Naturforscher Horace Bénédict de Saussure im Jahre 1777 auf einer seiner Reisen durch die Alpen in diese Gegend kam, notierte er, daß «der Gletscher auf dem Griesberge auf beiden Seiten der hohen Alpenkette hinabläuft; und sein höchster Teil, welcher eine kleine Ebene von Eis ausmacht, dient zu einer Grenzscheidung zwischen Wallis und Piemont».

Vom Griespaß führt ein kaum erkennbarer Weg, der einige Trittsicherheit erfordert, hinunter zu der Stelle, wo der Gletscher in den See kalbt. Dort, wo die Moräne sich zu einem kleinen Strand verflacht, ist ein schöner Platz, von dem aus man das Abbrechen der Eismassen in den See aus allernächster Nähe und dennoch gefahrlos beobachten kann. Für den Rückweg zur Staumauer steigt man am besten wieder in Richtung zum Paß auf und nimmt von dort den Weg, der sich in munterem Auf und Ab in der Nähe des Moränenkammes entlangschlängelt. Der Rundgang dauert etwa eine Stunde.

Der Autotourist wird sich vor allem der Besichtigung der Stauwerkanlage widmen. Ihm bietet sich Gelegenheit, die Staumauer in ihrer vollen Länge abzuschreiten. Das sind vierhundert Meter. Dabei wird er 251 000 m³ Beton (so viel Baustoff wurde für die Gewichtsstaumauer verwendet) unter seinen Füßen haben. Am westlichen Ende des Betonwalles setzt eine Werkstraße den Weg zunächst fort. Sie verliert sich jedoch bald im Moränenschutt, über den nur noch ein schmaler Bergpfad zum Gletscher hinzieht, so daß für den Halbschuhträger die Exkursion hier wohl ein Ende findet. Aber auch so gibt es viel zu bestaunen, da ja die Kalbungsfront des Gletschers stets präsent bleibt und die Eisschollen bis zur leicht geschwungenen Staumauer herantreiben.

Im rund 400 m tiefer gelegenen Kraftwerk Altstafel wird das Wasser des Griesgletschers zum erstenmal genutzt. Danach fließt es nicht etwa ins Wallis zur Rhone, sondern durch einen 13,1 km langen Freilaufstollen ins Tessin zum Lago di Robiei im obersten Teil des Val Bavone. Von hier gelangt es schließlich, zusammen mit dem Wasser des Basodinogletschers, über mehrere Kraftwerkstufen in den Lago Maggiore. Auf diese Weise gelingt es, auf einem totalen Nutzgefälle von 2200 m (dem höchsten in der Schweiz) jährlich rund 140 Mio kWh Energie zu erzeugen.

Für den Hochtouristen ist im Gebiet des Griesgletschers das 3374 m hohe Blinnenhorn ohne Frage das attraktivste Ziel. Die Besteigung dieses höchsten Grenzgipfels der Region stellt keine Probleme. Auf der Normalroute, und nur diese ist überhaupt von Interesse, ist das Blinnenhorn schlicht das, was man einen Damenberg nennt. Ein Gipfel also für die ganze Familie. Seine Besteigung hat nur den einen Haken, daß die Route über den Gletscher in seiner vollen Länge führt. Das sind über 6 km, wobei noch ein Höhenunterschied von fast genau 1000 m zu überwinden ist. Das setzt einige Ausdauer voraus; alpine Erfahrung jedoch praktisch keine. Es ist so recht eine Tour für hochalpinistische Novizen. Sie sollten sich allerdings der Führung eines erprobten Alpinisten anvertrauen.

Obwohl die Tour sowohl im Aufstieg als auch im Abstieg ausschließlich über den Gletscher führt, ist sie ungefährlich, da dieser nahezu spaltenlos ist. Ein kleines Spaltensystem über einem Buckel in der Mitte des Gletschers knapp unterhalb der Firnlinie (etwa 3000 m) wird beiderseits mühelos umgangen.

Da es außer der im Cornotal doch etwas abgelegenen Cornohütte in der Nähe des Stausees keine Übernachtungsmöglichkeiten gibt, empfiehlt es sich, in Ulrichen zu nächtigen und am Tag des Abstiegs mit dem Auto die Nufenenstraße bis zur Abzweigung der Werkstraße zum Stausee hinaufzufahren. Von dort geht es sodann zu Fuß zur Staumauer und über diese zur linken Ufermoräne des Gletschers. Der einige hundert Meter lange Moränenweg dorthin ist durch Steinmännchen markiert. Er ist aus zwei (von der Tour über den Gletscher unabhängigen) Gründen bemerkenswert: zum einen gewährt er auf etwa halber Strecke einen eindrucksvollen Blick auf die unter ihm in Querspalten aufgebrochene, mit lautem Knacken in den See hineinstoßende Gletscherzunge, zum andern hält der Weg für den Mineralienfreund eine ganze Reihe ansehnlicher Gesteine bereit, in denen einzelne Gemengteile abnorm groß und gut entwickelt sind und somit begehrte Sam-

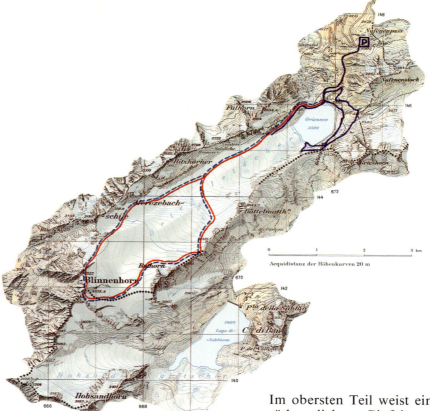

melobjekte abgeben. Bei einiger Aufmerksamkeit findet man hier und besonders am Cornopaß beispielsweise Hornblende als Garben, deren dekorativer Wert nicht geringzuschätzen ist.

Überhaupt ist das gesamte Gebiet am Griesgletscher ein kleines Dorado für Strahler. Je höher und weiter oben in Richtung Ritzhörner und Merezebachschije gesucht wird, desto größer sind die Aussichten auf repräsentative Funde. Aus dem sehr brüchigen und deshalb nicht leicht zu erkletternden Ostgrat des Blinnenhorns sind noch einige schöne Stufen zu brechen, unter ihnen auch Zinkblende.

Beim Marsch über den Gletscher in Richtung Blinnenhorn hält man zweckmäßigerweise zunächst auf das kleine Spaltensystem in Höhe des Bettelmatthornes zu, um sodann nach Süden zu einer Einsattelung zwischen Punkt 3021 der Landeskarte und dem Rothorn aufzusteigen. Diese Lücke im stark verwitterten Grat, der über seine ganze Länge vom Rothorn bis hinunter zum Griespaß die Grenze zwischen der Schweiz und Italien bildet, bietet sich für einen kleinen Zwischenhalt geradezu an. Auf italienischer Seite fällt dieser Grat über fast 400 m beinahe senkrecht ab. An die Steilwand, die etwas weiter westlich die Südwand des Rothorns (3287 m) formt, drückt sich ziemlich verängstigt durch das lose Gestein, das reichlich aus der Wand auf ihn hinabfliegt, der klitzekleine Ghiacciaio dei Camosci.

Von hier hat man nun gute Sicht auf den Lago di Sabbione am Fuße des Hohsandhorns und des Ofenhorns sowie den Hohsandgletscher. Der Blick in diesen Kessel hinunter vermittelt nur Grautöne und den Eindruck des Trostlosen. Im Osten geben sich zwei in der Sonne spiegelnde Wasserflächen als das Bacino del Toggia und der Lago Castel im Toggiatal zu erkennen. Es sind ebenfalls Stauseen, deren es im Pomatt sieben gibt. Das ist eine stattliche Zahl. Sie erklärt sich daraus, daß seit 1907 hier ununterbrochen Kraftwerke gebaut wurden (im Unterschied zur schweizerischen Seite jenseits des Griespasses). Denn die Wasser der Toce gehören zu den wichtigsten Lieferanten elektrischer Energie in Italien.

Auf die einstige Schönheit dieser Landschaft wurde, genau wie anderswo auch, keine Rücksicht genommen. Überall künden zurückgelassene Schutthalden von der jahrzehntelangen Bauerei.

Dem Fortschritt fielen leider auch die Tosafälle zum Opfer, einst – und heute nur noch sporadisch – ein touristischer Anziehungspunkt erster Güte, über den schon 1804 J. G. Ebel in seiner «Anleitung, auf die nützlichste und genußreichste Art die Schweitz zu bereisen» berichtet: «Nach dem Rhein-Fall ist der Tosa-Fall allerdings der prächtigste und außerordentlichste in der Schweiz, und nur zu bedauern, daß man nicht anders als über hohe Felsen und Gletscher nach Pomatt gelangen kann.»

Das Schauspiel der über die mächtigen Felsen bei Frütt hinuntertosenden Tosa wird heute, konzessionsgemäß, nur noch an Sonntagen im Sommer und täglich jeweils vom 10. bis 20. August durch Ablassen der gestauten Wasser inszeniert. Das klägliche Rinnsal, als das sich die Tosa sonst durch die tiefen Schluchten quält, steht sinnbildlich auch für die Auszehrung und Abwanderung der einheimischen Bevölkerung, der Pomatter Walser.

Bei der Einsattelung auf dem Grat ist auch schon die Firnlinie erreicht, so daß beim Weitermarsch auf eventuell verborgene Spalten am Fuße des Rothorns, an dem die Route vorbeiführt, geachtet werden muß. Auf dem Plateau, das der Rothornpaß bildet, geht man zuerst in südwestlicher Richtung und steigt dann nach Nordwesten zur Südseite des Blinnenhorns auf. Das ist der leichteste Anstieg. Im obersten Teil weist ein Pfad auf dem südwestlichen Gipfelgrat, der zugleich Staatsgrenze ist, zum Gipfelkreuz. Die Aussicht entschädigt in großzügiger Weise für den recht langen Anstieg.

Für den Abstieg wählt man vorzugsweise wieder denselben Weg. Eine Überschreitung des Blinnenhorns ist zwar möglich, doch bleibt sie dem etwas erfahreneren Hochtouristen vorbehalten, da im obersten Teil einige Meter abgeklettert werden muß.

Ausgangspunkte
Ulrichen (Goms), 1346 m
Nufenenpaß, 2478 m

Anfahrt zum Griessee (Staubecken Gries) vom Wallis oder Tessin über die Nufenenpaßstraße bis zur zweiten Kehre unterhalb der Paßhöhe im Aegineental. Von dort zu Fuß über die Werkstraße zum Staubecken (20 Minuten).

Höchster Punkt
Blinnenhorn, 3373 m (Gletschertour)
Cornopaß, 2540 m (Wanderung)

Stützpunkt
Capanna Corno-Cries SAC, 2338 m

Schrifttum
Karten: Landeskarte der Schweiz
1:50 000 Nufenenpaß, Blatt 265
1:25 000 Binntal, Blatt 1270
Führer: Clubhütten SAC

Anforderungen
Für Gletscherwanderung Höhenanpassung und alpine Erfahrung.

Marschzeiten
Bergwanderung:
Staumauer–Cornopaß–Griespaß–Gletscherzunge–Griespaß–Staumauer 1 bis 1½ Stunden
Gletscherwanderung:
Staumauer–Gletscher–Blinenhorn–Staumauer 4 bis 5 Stunden

BERNER ALPEN *Finsteraarhorn-Gruppe*

Großer Aletschgletscher

Mittelaletschgletscher
Oberaletschgletscher
Fieschergletscher
Langgletscher

Aletschgletscher

«Zwischen der vordern und hintern Jungfrau, und Mittag- und Abendwerts derselben liegen gräßliche Schlünde, ungeheure Tiefen und Klüfte, welche eine der fürchterlichsten Wüsten in einem Gemenge von Schnee, Eis und Steinen, vor Augen legen. Hinter der Jungfrau und den Innereigers-Bergen liegt zwischen diesen und den Walliser Bergen ein Eisthal, welches sich bald enge durchdrängt, bald weit öffnet, an vielen Orten aber verschieden unterbrochen ist. Eine wilde und unzugängliche Gegend.»

Mit diesen wenig einladenden Worten beschrieb im Jahre 1768 der Zürcher Johann Conrad Fäsi in seiner «Genauen und vollständigen Staats- und Erdbeschreibung der ganzen Helvetischen Eidgenoßschaft, derselben gemeinen Herrschaften und zugewandten Orten» das größte zusammenhängende Eisgebiet der Alpen: den Großen Aletschgletscher.

Damals zu kaum mehr als einer Randbemerkung für wert befunden, ist der Aletschgletscher inzwischen längst zu einem Gegenstand nationaler Wertschätzung und Bedeutung geworden. Die Gründe dafür liegen auf der Hand. Denn dieser Gletscherriese sticht jeden seiner Gattung aus, der sich in den Alpen mit ihm messen möchte. Alles an diesem Eisgiganten ist superlativisch: die Masse, die Fläche und die Länge. Wie ein kolossales Schwert durchstoßen seine enormen Eismassen den hochaufgetürmten Granitwall des Aaremassivs und dringen als breite, gebogene Klinge zum Herzen des Wallis, dem Rhonetal, vor.

Mit einer Länge von 24,7 km und einer Fläche von 86,76 km² ist der Große Aletschgletscher der längste und größte Eisstrom der Alpen. Auch seine Masse wird von keinem anderen Alpengletscher übertroffen. Als breiter, träger Strom fließt er in großem, weitem Bogen vom Jungfraujoch bis hinab zur Massaschlucht oberhalb von Naters im Wallis. Dabei verzichtet er auf großartige Effekte: er ist ein Gletscher ohne Mätzchen, ohne Firlefanz und Tand. Er ist ein glaziales Monumentalkunstwerk. Eine einzige große und unnachahmliche Geste. Kurz: der Große Aletschgletscher

---

Großer Aletschgletscher
(Großer Aletschgletscher, Großer Aletschfirn, Ebnefluhfirn, Gletscherhornfirn, Kranzbergfirn, Jungfraufirn, Ewigschneefeld, Grüneggfirn)

Fläche:	total 86,76 km²
	schuttfrei 80,86 km²
Länge:	max. 24,7 km
Breite:	mittl. 3,8 km
Höhe:	max. 4140 m ü. M.
	min. 1520 m ü. M.
Lage:	Südosten–Süden–Südwesten
Firnlinie:	3320 m ü. M.
Moränentypen:	Mittel- und Seitenmoränen; im Gletschervorfeld Seitenmoränen
Gletschertyp:	Talgletscher
Gletscherform:	zusammengesetzte Becken
Gletscherfront:	normal
Längsprofil:	Eisfall
Ernährung:	Schnee/Driftschnee
Zungenaktivität:	starker Rückzug

Besonderheiten: Längster, größter und mächtigster Alpengletscher. Hängt über Nordostgrat des Aletschhorns mit Mittelaletschgletscher, über Gletscherjoch mit Stüfesteigletscher und über Jungfraujoch mit Guggigletscher zusammen. Gletscherzunge ist seit 1957 merklich schmaler geworden und hat sich um mehr als 400 m zurückgezogen. Zungenpartien am Rand östlich Dreieckhorn und westlich Wannenhorn teilweise von kleinen kalbenden Gletschern ernährt. Hängt nicht mehr mit Zunge des Mittelaletschgletschers zusammen. An früherer Zusammenflußstelle Thermokarst-Erscheinungen. Auf beiden Seiten der Gletscherzunge mit Moränen bedecktes Toteis, an einigen Stellen verschwinden Rinnsale von den seitlichen Talhängen in subglazialen Höhlen. Toteismassen ebenfalls an Zusammenflußstellen von Grüneggfirn und Ewigschneefeld sowie von Jungfraufirn und Ewigschneefeld. Gletscherstauseen an letzterer Zusammenflußstelle und nördlich Eggishorn (Märjelensee). Unterhalb Eisfall des Ewigschneefeldes Ogiven.

(Daten: Stand 1973)

---

ist ein tiefgekühlter Superlativ, ist das alpine Nonplusultra.

Glaziologisch repräsentiert der Aletschgletscher den Typus des Firnmuldengletschers. Sein Hauptstrom setzt sich aus vier Teilströmen zusammen, die vom Großen Aletschfirn, Jungfraufirn, Ewigschneefeld und Grüneggfirn gespeist werden. Diese vier Quellströme laufen am Konkordiaplatz zusammen. Von hier fließen sie, durch Mittelmoränen voneinander getrennt, als immenser Hauptstrom in großem Bogen durch das weite und kilometerlange Zungenbecken.

Die Mittelmoränen geben deutlich Auskunft über die Bewegungsrichtung des Eises. Es sind dies die Kranzbergmoräne und die Trugbergmoräne. Die Namen weisen auf die Stellen hin, wo die Moränen ihren Anfang nehmen: am Fuße des Kranzberges und des Trugberges, die beide den Jungfraufirn birnenförmig einkesseln und ihn vom Großen Aletschfirn und dem Ewigschneefeld trennen.

Die beiden den Jungfraufirn begrenzenden Moränen nähern sich von etwa 1,6 km Abstand am Fuße von Kranzberg und Trugberg bis zum Ausfluß aus dem Konkordiaplatz auf etwa 160 m, um sodann auf dem Hauptstrom wieder zu divergieren. Als nahezu parallele Schuttbahnen ziehen sie in der Mitte des Gletschers im Abstand von 200 bis 300 m Richtung Zungenende. Doch nur die rechte, die Kranzbergmoräne, erreicht die schmale Gletscherfront, die sie mit ihrem Schutt gänzlich bedeckt. Die Trugbergmoräne keilt unterhalb des Bettmerhorns bei den «Katzlöchern» aus. Sie legt sich dort als graue Decke über das Eis des Teilstromes, der vom Ewigschneefeld herabkommt und zusammen mit dem Eis des Grüneggfirnes den äußeren linken Grenzstrom der Zunge bildet. Dieser linke Teilstrom ist insofern der bemerkenswerteste, weil er als einziger ein wenig für Abwechslung im gleichmäßigen Erscheinungsbild des Gletschers sorgt. Denn zwischen Grünhorn und Trugberg stürzt er über eine rund 400 m hohe Stufe als prachtvoll sich auffaltender Eisfall ab und bildet darunter Ogiven aus.

Die grotesken Formen des Gletscherbruchs und die ringförmig sich zum Konkordiaplatz ausbreitenden Eiswellen der Ogiven wirken hier wie ein zu Eis erstarrter Wasserfall, dessen stürzende und zu hohen Wellen aufgeworfene Wasser und die donnernd aufstiebende Gischt wie in einer Momentaufnahme festgehalten scheinen. Ohne den durch Eisfall und Ogiven des Ewigschneefeldes gebildeten Schönheitsfleck würde das von klassischem Ebenmaß gezeichnete «Gesicht» des Aletschgletschers fast unpersönlich und langweilig wirken.

Der mächtigste Teilstrom wird vom Großen Aletschfirn gespiesen. Er bildet die rechte Begrenzung der Zunge und nahm noch vor wenigen Jahrzehnten den Teilstrom des Mittelaletschgletschers sowie

Links: Der Aletschgletscher, nicht ohne Grund «der Große» genannt, ist ein Gletscher ohne Tand. Er ist ein glaziales Monumentalkunstwerk: groß und flach und gewaltig, gelassen in einer einzigartigen, unnachahmlichen Geste in sich ruhend. Am Horizont (v. l.) Jungfrau, Jungfraujoch, Mönch und Eiger.

Unten: Im unteren Drittel wird der Eisstrom durch den Felsriegel von Eggis- und Bettmerhorn (Mitte) nach Südwesten gelenkt.

Unten: Unterhalb des Jungfraujochs setzten am 17. August 1919 zum erstenmal in der Geschichte des Gletscherfluges die Schweizer Piloten Oblt Robert Ackermann und Major Arnold Isler mit einem Doppeldecker vom Typ Haefeli DH-3 auf 3300 m zur Landung auf dem Jungfraufirn an.

bei den Höchstständen im 17. und 19. Jahrhundert jenen des Oberaletschgletschers auf. Infolge sukzessiven Massenverlustes haben sich diese beiden Gletscher im Zungenbereich vom Großen Aletschgletscher getrennt.

Die vier großen Firnmulden des Aletschgletschers gruppieren sich halbkreisförmig um den Konkordiaplatz. In einer Südwest-Nordost-Achse stehen sich der Große Aletschfirn und der Grüneggfirn gegenüber. Sie stellen gewissermaßen die Parierstange des todbringenden Eisschwertes dar. Griff und Knauf formt der geradlinig aus dem Hauptstrom, der Schwertklinge, herausragende Jungfraufirn. Und der kunstvoll verzierte Griffbügel wird vom Ewigschneefeld und seinem Eisfall gestaltet.

Der Aletschfirn hängt über den Nordostgrat des Aletschhorns mit dem Mittelaletschgletscher und über das Gletscherjoch (3769 m) mit dem Stüfesteigletscher im Rottal zusammen. Über die Lötschenlücke schafft er nach Südwesten die Verbindung zum Langgletscher im Lötschental. Sein Firnbecken wird im Norden durch die Dreitausenderfront von Mittaghorn, Ebnefluh (Gebirgslandeplatz), Gletscherhorn und Kranzberg begrenzt. Die südliche Grenze bestimmen das Aletschhorn (4195 m) und das Dreieckhorn (3810 m).

Der Jungfraufirn liegt in einem Kessel, der aus den Wänden des Kranzbergs, der Jungfrau, des Mönchs und des Trugbergs zusammengesetzt ist. Über die Eiskalotte des Jungfraujochs verbindet er sich mit dem ins Trümmeltal abstürzenden Guggigletscher. Diese rund 50 m dicke Eiskalotte stellt sozusagen ein winziges Modell des grönländischen Inlandeises dar. Mit diesem gemeinsam hat es das Vorhandensein einer Permafrostzone, einer kalten Zone also, deren Temperatur dauernd unter dem Gefrierpunkt liegt. Die Bewegung dieser Kalotte, in der sich infolge zweiseitiger Zugbeanspruchung innere Spalten bilden, ist sehr gering. Dies ermöglichte den Bau eines Eispalastes 20 m unter der Oberfläche im eisgepanzerten Scheitel des Jungfraujochs.

Das Ewigschneefeld liegt auf einer durchschnittlichen Höhe von 3300 m als weite, leicht gekrümmte Ebene zwischen dem Trugberg (3932 m) und dem elegant geschwungenen Gratzug von Fiescherhorn

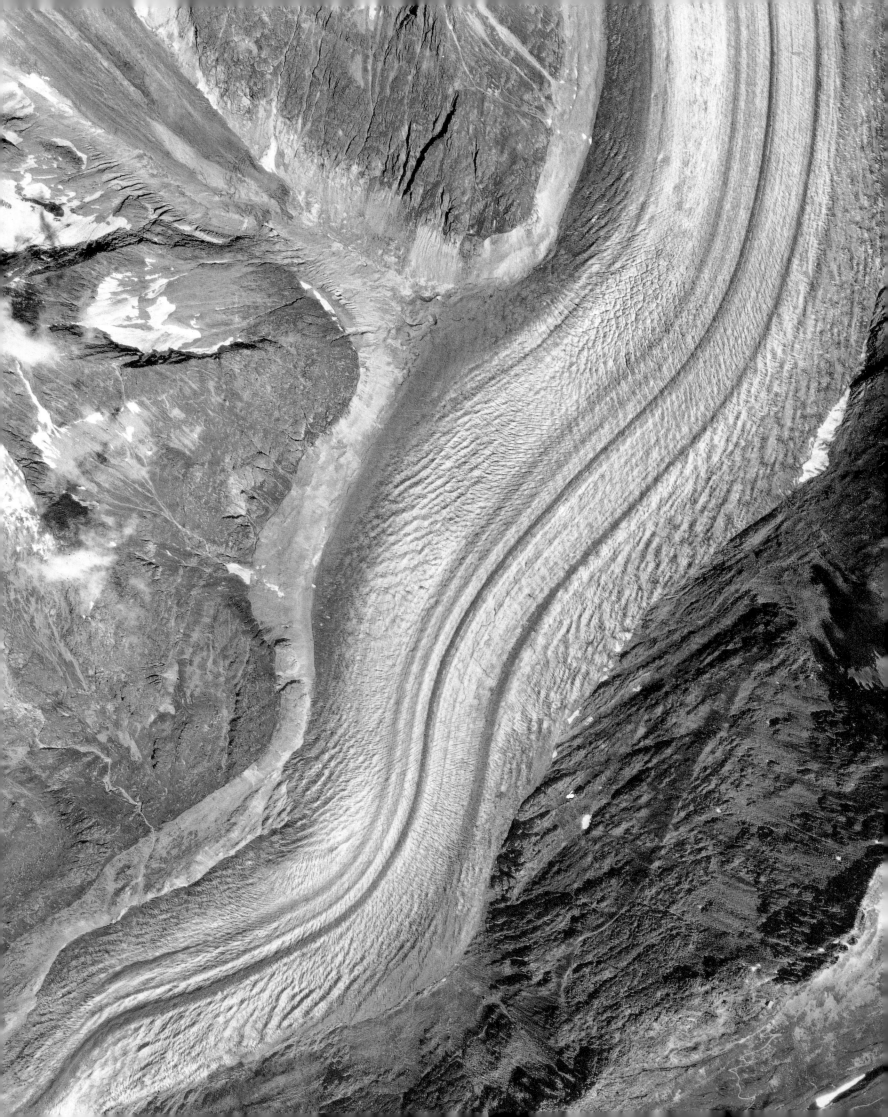

(4048 m) und Grünhorn (4043 m). Über seine nördlichste Einsattelung, das Untere Mönchjoch (3529 m), öffnet es sich zum Firnkessel des Grindelwaldner Fieschergletschers.
Der Grüneggfirn zieht sich zwischen dem Faulberg und dem Südwestgrat des Grüneggghorns als steile Firnmulde hinauf zur Grünhornlücke (3286 m), über die man in den Herrschaftsbereich des Walliser Fieschergletschers gelangt.
Der Raum, wo diese vier Firnbecken «konkordieren», ist der sogenannte Konkordiaplatz. Er mißt gut 2 km im Durchmesser, Platz genug für eine Stadt mit 100 000 Einwohnern. Im Gebiet des Konkordiaplatzes wurde bereits 1929 durch Echolotung eine größte Tiefe der Eisdecke von 792 m ermittelt. Bei weiteren Messungen im Jahre 1958 wurde sogar eine Eisdicke von 890 m festgestellt. Dies ist die größte bisher an Alpengletschern gemessene Tiefe. Die seismische Ausmessung am Ausgang des Konkordiaplatzes ergab eine maximale Mächtigkeit von rund 550 m. Die damit nachgewiesene bedeutende Hintertiefung am Konkordiaplatz läßt vermuten, daß das Aushobeln dieser tiefen Wanne durch den Zusammenfluß der vier Teilgletscher begünstigt wird. Über das Alter des Gletschereises liegen noch keine gesicherten Erkenntnisse vor. Dasjenige der untersten Schicht wird auf über ein halbes Jahrtausend geschätzt.
Der als Großer Aletschgletscher bezeichnete Hauptstrom des Gletscherkomplexes zwischen Aletschhorn, Jungfrau, Mönch und Fiescherhorn erstreckt sich vom Konkordiaplatz als rund 15 km lange Zunge in weitgeschwungenem Bogen in zuletzt südwestlicher Richtung talauswärts. Dabei behält die Zunge über eine Strecke von gut 10 km, vom Konkordiaplatz bis zum Bettmerhorn, annähernd eine Breite von 1,6 km bei. Erst im letzten Drittel spitzt sie sich zusehends zu und endet heute an der Seite des Aletschwaldes oberhalb der Massaschlucht auf 1520 m Höhe.
Ziemlich genau in der Mitte weist der gewaltige Felsriegel, der das Zungenbecken auf der linken Seite begrenzt und vom Riederhorn (2230 m) bis zum Fiescher Gabelhorn (3875 m) gleichmäßig ansteigt,

Links: Als nahezu parallele Schuttbahnen ziehen die Kranzberg- und die Trugbergmoräne in der Mitte des Gletschers in Richtung Zungenende. Oben links der vom Hauptstrom abgetrennte Mittelaletschgletscher. Unten rechts das Bettmerhorn. Luftaufnahme vom 8. September 1977.

Unten: Das Zungenende des Aletschgletschers reicht weit in die subalpine Region hinab. Im Hintergrund der unter Naturschutz stehende Aletschwald.

eine kolossale Einkerbung auf. Als hätte ein Gigant mit einer riesigen Axt zwischen Eggishorn (2926 m) und Strahlhorn (3050 m) eine Kerbe geschlagen, klafft dort eine gewaltige Lücke. In ihrer Senkung sammeln sich die Abflüsse der Strahlhörner zum Märjelensee; es scheint, als hätte die Natur hier einen Überlauf geschaffen für den Fall, daß der Gletscher das Zungenbecken bis an den Rand füllt. Dieser Austritt ist vor allem jenen Hochtouristen willkommen, die der Einsamkeit auf der kilometerlangen, schier endlosen Wanderung über den mächtigen Hauptstrom wieder entfliehen möchten, bevor das Zungenende erreicht ist.
Die Firn- und Eismassen des Aletschgletschers fließen mit unterschiedlicher Geschwindigkeit zu Tal. Die beträchtliche Gletscherbewegung konnte in den vergangenen Jahrzehnten sehr gut aus der Position eines mit dem Namen «Konkordiablock» angeschriebenen Felsblockes berechnet werden. Dieser Block war um das Jahr 1920 am Fuße des Kranzberg-Südostgrates auf das Eis gerollt, seither wandert er mit dem Gletscher. Bis 1951 hatte er bereits einen Weg von rund 4,5 km zurückgelegt, was einer mittleren

Jahresgeschwindigkeit von 145 m oder einer Tagesbewegung von 40 cm entspricht.
In den Jahren 1951 bis 1962 ermittelte Fließgeschwindigkeiten ergaben für den Bereich des Jungfraufirns folgende Werte: Jungfraujoch–Jungfraufirnmitte 36–38 m/Jahr, Jungfraufirnmitte–Konkordiaplatz 100–116 m/Jahr. Vom Konkordiaplatz nimmt die maximale Oberflächengeschwindigkeit von 185–195 m/Jahr bis zum Profil Märjelensee auf ungefähr 136–144 m/Jahr ab. Bis in das untere Zungengebiet verändert sich die Geschwindigkeit kaum. Erst unterhalb des Profils Aletschwald verlangsamt sich die Fließgeschwindigkeit des in der Massaschlucht auskeilenden Zungenendes auf 74–86 m/Jahr (23 cm/Tag).
Trotz der hohen Fließgeschwindigkeit vermag jedoch der Gletscher das alljährlich wegschmelzende Eis seit mehreren Jahrzehnten nicht mehr zu ersetzen. So war der Standort des heutigen Gletscherendes Ende der zwanziger Jahre dieses Jahrhunderts von einer annähernd 200 m hohen Eisdecke überlagert. Das Querprofil Aletschwald weist von 1927–1957 eine Abnahme der Eisdicke von rund 100 m auf der Seite des Aletschwaldes und von etwa 150 m am Fuße des gegenüberliegenden Hanges (Inneraletsch) auf. Noch viel bedeutender ist der Schwund seit dem Hochstand in der Mitte des letzten Jahrhunderts. Deutlich unterscheidet sich das vom zurückweichenden Gletscher im Laufe von etwas mehr als einem Jahrhundert freigegebene Gebiet durch die helle Farbe des erst von karger Pioniervegetation eingenommenen Bodens der Jungmoränen.
Seit dem letzten Höchststand hat sich die Gletscherfront um ungefähr 2,5 km aus der Massaschlucht nach oben zurückgezogen. Die Zunge legte sich um 1850 zwischen Tiefwald und Oberaletsch tief in die Massaschlucht und reichte fast bis nach Gebidem hinunter. Etwa gleich weit stieß der Gletscher im 17. Jahrhundert vor. Denn in das Dezennium von 1643–1653 fiel die Zeit der strengsten Winter in Westeuropa seit dem Ende der letzten Eiszeit. So erreichte der Aletschgletscher denn auch 1653 einen Maximalstand, wobei er zu beiden Seiten des Ta-

169

Der Märjelensee im Jahre 1840. Lithographie von J. Bettanier. Die Bäche der Märjelenalp wurden durch den Gletscher zu einem großen See gestaut, der wiederholt ausbrach und dabei mehrfach Überschwemmungen im Rhonetal verursachte. Die Dörfer Fieschertal und Fiesch standen des öfteren unter Wasser.

seine einstige Gefährlichkeit. Noch im Jahre 1878, als der Gletscher um einige Dutzend Meter mächtiger war als heute, hatte der Märjelensee eine größte Tiefe von 78,55 m. Er maß in der Länge 1712 m und war 460 m breit. Sein Inhalt wurde auf rund 11 Millionen m³ geschätzt.

Mit dieser bedrohlichen Größe hielt er die Bevölkerung von Fieschertal und Fiesch in Angst und Schrecken. Denn bei diesem Hochstand bedurfte es lediglich eines kräftigen Unwetters, um den See ins Fieschertal hinab ausbrechen zu lassen. Da das vom Gletscher gestaute Wasser die Eisflanke angreift, löst es mehr oder minder große Teile der in den See vorgeschobenen Eismasse ab, die dann als «Eisberge» davonschwimmen: der Gletscher kalbt. So genügte beim Hochstand des Märjelensees auch schon der Abbruch eines großen Eisblockes, um den See überschwappen zu lassen.

Die schwergeprüfte Talbevölkerung ließ sich deshalb wiederholt zu kaum erfüllba-

les Wald und Weiden ummähte und mit Schutt und Eis bedeckte. Dies veranlaßte die Bauern auf der Riederalp, zum Gletscher einen Bittgang zu tun, um das beängstigende Vorrücken der Eiswalze abzuwenden. Auch zu Beginn des 13. Jahrhunderts begrub der stark anschwellende Eisstrom einen ausgewachsenen Lärchenwald unter sich.

Der Massenhaushalt des Großen Aletschgletschers wird seit vielen Jahren untersucht. Erleichtert wird den Glaziologen ihre Arbeit auf dem größten Eismeer der Alpen durch die Forschungsstation auf dem Jungfraujoch, die ihnen als Basis für ihre Untersuchungen dient. Der jährliche Firnzuwachs auf der Höhe des Jungfraujochs beträgt in Jahren mittlerer Niederschlagsmengen 4 bis 6 m, was 2 bis 3 m Wasser entspricht.

Der Abtrag des Eises an der Front erreicht Beträge von über 20 m. Die stark schuttbedeckten Partien schmelzen dabei weniger schnell ab. Daher überragen die kräftigen Mittelmoränen (Kranzberg- und Trugbergmoräne) im Zungengebiet die übrige, blanke Gletscherfläche. Bei nur geringer Schuttbedeckung jedoch wird das Abschmelzen (Ablation) beschleunigt. Deshalb liegen beispielsweise

Rechts: Als der wohl berühmteste Gletscherrandsee der Alpen wird der Märjelensee alljährlich von Tausenden von Wanderern besucht. Ihre Rückbleibsel sind eine der unerfreulichen Begleiterscheinungen des alpinen Massentourismus.

die Moränen auf der Höhe des Märjelensees in Rinnen.

Dieser sonderbare See ist sozusagen die Erkennungsmarke des Großen Aletschgletschers. Er liegt auf der Märjelenalp zwischen Eggishorn und Strahlhorn etwa auf halber Höhe der rund 15 km langen Gletscherzunge und wird durch deren linke Seite aufgestaut. Er gilt als der schönste Gletscherrandsee der Alpen. Kleine Bäche von den Strahlhörnern führen ihm das Wasser zu. Seine heutige bescheidene Ausdehnung erinnert kaum an

ren Gelübden hinreißen, durch deren Befolgung die verheerenden Seeausbrüche vermieden werden sollten. Die Gelübde aber brachten den Bauern auf die Dauer Schaden. So sah zum Beispiel ein Gelübde den Verzicht der künstlichen Bewässerung der Felder von Samstag- bis Sonntagabend vor. Im Nachhinein wurden die untauglichen Gelübde auf Gesuch der Bauern vom Papst umgewandelt. Eines der eigenartigsten Versprechen, mit denen die Fiescher das Wasser des Märjelensees bannen wollten, entbehrte sogar nicht einer gewissen Pikanterie. Es ging dahin, daß jeweils am 31. Juli ein Bittgang in den Ernerwald am Nordosthang des Rhonetales über dem Dorf Ernen getan werden mußte. Dabei durften die Frauen keine farbige Unterwäsche tragen.

Kaum weniger gefürchtet war der Ausbruch des Sees an der Gletscherseite, wenn die hohe Eiswand dem starken Wasserdruck nicht mehr standzuhalten vermochte. Dann ergoß sich der See über und unter dem Gletscher durch die Massaschlucht ins Rhonetal. Durch die Gletscherspalten spritzten infolge des hohen Wasserdruckes über 100 m hohe Fontänen in die Luft. Allein von 1813 bis 1900 brach der See 19mal aus.

Für diese subglazialen Entleerungen hatten die Walliser, denen der Aletschgletscher dadurch verhaßt war, eine einfache Erklärung: Es war der Rollibock, der bei seinen Wutanfällen gegen die Zivilisation mit fürchterlichem Getöse und Krachen aus der Tiefe des Aletschgletschers hervorbrach. In seinem wütenden Lauf über den Gletscher schleuderte der «Bozo», wie dieser Tunichtgut auch noch genannt wurde, die Bäume des Aletschwaldes hoch in die Luft, die auf fürchterliche Weise erzitterte, wenn er seinen zottigen Pelz schüttelte, an dem riesige Eisschollen hingen.

Seit 1931, dem letzten großen Ausbruch, hat sich der «Bozo» nicht mehr vernehmen lassen. Schon der Bau eines 547 m langen Abflußstollens (1,85 m hoch und 1,20 m breit) im Jahre 1894, durch den bei Hochwasserstand der See ins Fieschertal abfließen sollte, erwies sich wegen der zunehmenden Rückbildung des Gletschers als fürderhin überflüssig. Der Stollen verfiel bald. Doch sein Eingang auf der Märjelenalp ist heute noch auszumachen. Der Rollibock hält offenbar einen langen, tiefen Schlaf. Es ist aber nicht zu befürchten, daß er so bald wieder erwacht. Die noch heute periodisch auftretenden Entleerungen des Sees haben wegen des massiven Gletscherschwundes und der damit einhergehenden Verkleinerung des Sees ihren Schrecken verloren. Sie sind zu harmlosen Spülungen des Gletscherleibes geworden.

Die Abflüsse des Aletschgletschers werden heute in dem 1964–1967 gebauten kleinen Speicher Gebidem (1437 m) in der Massaschlucht gestaut. Er erfaßt ein Einzugsgebiet von 197 km², das zu drei Vierteln vergletschert ist. Hinter der 122 m hohen, stark gekrümmten Bogenmauer (Länge 327 m) schwemmt die abflußreiche Massa jährlich schätzungsweise 500 000 m³ Geschiebe an. Diese enorme Geschiebeabfuhr erfordert periodische Spülungen des Beckens. Es ist daher mit drei großen Grundablaßöffnungen versehen. Der Abfluß der Massa variiert sehr stark. Ihre Abflußmengen liegen zwischen 200 l/s und 100 m³/s.

Seit vielen Jahrhunderten bereits werden die Abflüsse des Aletschgletschers ge-

Der Aletschgletscher seit der letzten Eiszeit. Im Daun-Stadium vor etwa 10 000 Jahren stieß er ins Rhonetal vor, wo er sich im Gebiet von Brig hammerförmig ausbreitete. Er bedeckte damals eine Fläche von 180 km² (links). Um 1600 und 1860 erreichte er mit einer Fläche von 145 km² seine historische Maximalausdehnung (Mitte). Im Jahre 1957 betrug die Fläche noch 130 km² (rechts). Durch die Lostrennung des Mittelaletschgletschers hat sich die Gesamtfläche bis 1973 auf 86,76 km² verringert.

nutzt. Wohl als erste führten die Römer die Walliser Gletscherwasser in langen Wasserfuhren, den Suonen, auf die wasserarmen Alpen, Felder und Wiesen. Noch heute nennen die Bauern ob Visp ihre Wasserleitungen «Suone», wie etwa die Suone Otgeri, die vom Riedgletscher das kostbare Naß auf die Weiden von Grächen führt. Im trockenen Aletschge-

biet mußte das Wasser den von Verödung bedrohten Feldern bis in unsere Zeit in künstlichen Kanälen zugeleitet werden.
Die massiven Schwankungen des Aletschgletschers und die häufigen Felsstürze und Lawinen erzwangen in den vergangenen Jahrhunderten mehrmals eine Verlegung der Wasserleitungen. So spiegelt sich in der Inanspruchnahme der Gletscherwasser die wechselvolle Geschichte einer Bergbevölkerung, die auf Gedeih und Verderb vom jeweiligen Massenhaushalt des Aletschgletschers abhing. Stand der Gletscher hoch, hatten es die Bergbauern relativ leicht. Lag er dagegen nur noch als Schatten seiner selbst in seinem Bett, dann stand es um ihre Felder eher schlecht.
Der Kampf um sein Wasser kann bis ins 11. Jahrhundert zurückverfolgt werden. Damals schon bauten die Bürger von Ried auf der Südterrasse des Bergrükkens, hinter dem der Gletscher ruht, Leitungen zur Bewässerung ihrer trockenen Felder. Spuren davon sind noch heute im Aletschwald sichtbar. Die wohl älteste Leitung führte vom hochstehenden Gletscher in einem etwa 4 km langen Kanal auf die Riederfurka und über die gleichnamige Alp hinunter nach Ried. Durch den Rückgang des Gletschers wurde das Werk unbrauchbar.
Die Rieder sahen sich gezwungen, eine zweite Leitung zu erstellen. Ihre Fassung, die sogenannte Schöpfe, lag beim Märjelensee. Das Wasser wurde nun in einer etwa 12 km langen Leitung entlang der Roten Kumme und unter dem Bettmerhorn hinaus auf die Moosfluh und weiter zur Riederalp geführt. Auch diese Leitung mußte bald einmal des weiteren Gletscherschwundes, mit dem ein Absinken des Märjelensees einherging, und der starken Anfälligkeit wegen aufgegeben werden. Damit war das Wasser für die Riederalp endgültig verloren.
Die dritte Leitung aus dem Hochmittelalter wurde schließlich um den Riederhornstock und durch den «tiefen Wald» entlang den lotrechten Wänden der Massaschlucht nach Ried gelegt. In den harten Gneis gehauene Löcher sind noch heute erhalten. Da diese Leitung Oberried berührte, wurde sie die «Oberriederi» geheißen. Ihr Unterhalt war zeitraubend,

Unten: Nach dem verheerenden Brand des Aletschwaldes im Mai 1944 wurden an mehreren Stellen Feuerlöschteiche angelegt, die den landschaftlichen Reiz des Naturschutzgebietes noch erhöhen.

Ganz unten: Überreste der «Oberriederi», einer Wasserleitung aus dem 14. Jahrhundert im Gebiet des Aletschwaldes. Mit dem 1946 in Betrieb genommenen Riederhornstollen wurden diese Wasserkanäle, deren Unterhalt kostspielig und gefährlich war, überflüssig.

kostspielig und gefährlich und forderte viele Menschenopfer. Der Sage nach stürzte jedes Jahr der beste und schönste Mann bei der Ausbesserungsarbeit in der steilen Felswand zu Tode.
Vom 17. bis ins 19. Jahrhundert sahen sich die Rieder genötigt, das Wasser aus gemeindefremdem Gebiet gegen Bezahlung von der Belalp über die Massaschlucht herbeizuschaffen. Die Leitungen hießen nun «Rischinen» und «Belalp» nach dem Ort der Wasserfassung. Auch

sie erwiesen sich mit der Zeit als ungenügend. So versuchte man, das Wasser unmittelbar in der Massaschlucht zu fassen. In einem 18 m langen Luftkanal wurde das Massawasser über die Schlucht geführt. Wiederholt wurde er aber vom reißenden Fluß und durch das Wüten des Rollibocks weggespült und zerstört. Sein Unterhalt wurde so teuer, daß, bei einem Stundenlohn von 30 Rappen, für eine Stunde Bewässerung bis zu 12 Franken entrichtet werden mußten. Doch teurer als mit Geld bezahlten die Rieder das «heilige», milchigtrübe und mineralreiche Gletscherwasser mit dem Leben vieler ihrer besten Männer.
Seit dem Frühjahr 1946 wird den Riedern das Wasser der Massa durch den Riederhornstollen zugeleitet. Damit ist nach jahrhundertelangem Kampf die Wasserversorgung der Gemeinde Ried-Mörel an der sonnigen Halde über der Rhone, unabhängig vom Gletscherstand, gesichert. Der sprunghaft gestiegene Wasserbedarf des Feriengebietes Riederalp und Bettmeralp hat die Ausarbeitung eines Bewässerungsprojektes gefördert, das zum erstenmal in der wechselhaften Geschichte des Aletschgebietes zu allen Jahreszeiten eine ausreichende Wasserversorgung der Gemeinden Bitsch, Ried-Mörel, Greich, Goppisberg, Martisberg und Lax sichern soll. Das genehmigte Projekt sieht ein Staubecken mit einem Fassungsvermögen von 450 000 m³ im Gebiet der Märjelenalp vor. Von dort soll das Wasser an der linken Seite des Aletschgletschers, nördlich des Eggishorns und des Bettmerhorns, hinauf zur Moosalp geleitet werden, wo es über Verteilleitungen den verschiedenen Gemeinden zugeführt wird.
Der Bau des Riederhornstollens kam nicht zuletzt dank finanzieller Unterstützung des Schweizerischen Bundes für Naturschutz zustande. Dieser hatte als Gegenleistung von den Riedern den Verzicht auf jede wirtschaftliche Nutzung des Aletschwaldes gefordert. Am 21. April 1933 wurden die Dokumente von der Bürgergemeinde Ried und der Alpgenossenschaft Riederalp, den Eigentümern des Waldes, sowie vom Schweizerischen Bund für Naturschutz unterzeichnet. Damit war der Aletschwald im Umfang von 256 ha als Reservation auf die Dauer von

Links und oben: Der Mittelaletschgletscher hing noch 1930 mit dem Großen Aletschgletscher zusammen. Er befindet sich seit Jahren auf dem Rückzug und hat sich mittlerweile vom Hauptstrom getrennt.

Unten: Der Oberaletschgletscher ist mit 21,71 km² der fünftgrößte Gletscher der Schweiz. Durch eine Bresche zwischen dem Groß-Fußhorn und dem Hohstock entleert er seine Eismassen zum Großen Aletschgletscher hin.

99 Jahren unter Schutz gestellt. Dieser prächtige Arven-Lärchen-Wald am Abhang der Hohfluh (2227 m) über der in die Massaschlucht hinablappenden Zunge des Aletschgletschers war vor der Umwandlung in eines der schönsten Reservate der Alpen von Ausplünderung und Übernutzung bedroht. In unmittelbarer Nachbarschaft zum Gletscher gelegen, ist dieser einst durch Weidgang, Beerensammeln und Holzschlag in seiner Existenz gefährdete Wald heute als einzigartiges Kleinod der Natur eines der schönsten Wandergebiete der Alpen.

Mittelaletschgletscher Oberaletschgletscher

Wie bereits erwähnt, nahm der Große Aletschgletscher bei seinem letzten Höchststand in der Mitte des 19. Jahrhunderts auch die Teilströme des Mittelaletschgletschers und des Oberaletschgletschers auf. Infolge des starken Massenverlustes trennten sich aber ihre Zungen mit der Zeit vom Hauptstrom und zogen sich in ihre Seitentäler zurück. Sie sind deshalb als selbständige Gletscher zu betrachten.

Der 8,50 km² große Mittelaletschgletscher hat sich erst vor wenigen Jahren vom Hauptstrom abgesetzt. Heute hängt er lediglich noch in seinem Akkumulationsgebiet über dem Nordostgrat des Aletschhorns mit dem Großen Aletschfirn (Teil des Aletschgletschers) zusammen. Er wird begrenzt durch die langen, vom Zenbächenhorn und Olmenhorn abgeblockten Südostgrate von Aletschhorn und Dreieckhorn. Das Ende der Zunge besteht aus Toteis. Der 5,9 km lange Nebengletscher liegt genau dem Nordosthang von Bettmerhorn und Eggishorn gegenüber.

Der Oberaletschgletscher ist zweieinhalbmal größer als sein östlicher Nachbar, der Mittelaletschgletscher. Mit einer Ge-

---

Mittelaletschgletscher

Fläche:	total 8,50 km²
	schuttfrei 7,36 km²
Länge:	max. 5,9 km
Breite:	mittl. 1,8 km
Höhe:	max. 4200 m ü. M.
	min. 2260 m ü. M.
Lage:	Südosten
Firnlinie:	3000 m ü. M.
Nährgebiet, mittl. Höhe:	3360 m ü. M.
Zehrgebiet, mittl. Höhe:	2280 m ü. M.
Moränentypen:	Mittel- und Seitenmoränen; im Gletschervorfeld Seitenmoränen
Gletschertyp:	Talgletscher
Gletscherform:	zusammengesetzte Becken
Gletscherfront:	normal
Längsprofil:	Kaskaden
Ernährung:	Schnee/Driftschnee
Zungenaktivität:	leichter Rückzug

Besonderheiten: Hängt nicht mehr mit Aletschgletscher zusammen. Ende der Gletscherzunge besteht aus Toteis. Unterhalb Eisfall bei P. 2888,5 schwach ausgeprägte Ogiven. Hängt über Nordostgrat des Aletschhorns mit Großem Aletschfirn (Teil des Aletschgletschers) zusammen.

Oberaletschgletscher
(Oberaletschgletscher, Beichgletscher, Nesthorngletscher)

Fläche:	total 21,71 km²
	schuttfrei 16,09 km²
Länge:	max. 9,1 km
Breite:	mittl. 2,9 km
Höhe:	max. 3860 m ü. M.
	min. 2180 m ü. M.
Lage:	Südosten
Firnlinie:	3120 m ü. M.
Moränentypen:	Mittel-, Seiten- und Endmoränen
Gletschertyp:	Talgletscher
Gletscherform:	zusammengesetzte Becken
Ernährung:	Schnee/Driftschnee
Zungenaktivität:	leichter Rückzug

Besonderheiten: Beidseits der Gletscherzunge unter Moränenmaterial Toteis. Auf unterem Teil der Gletscherzunge mäandrierende Bäche und sichelförmige Einbrüche der Gletscheroberfläche, vermutlich als Folge von Unterhöhlung.

Der Oberaletschgletscher gabelt sich am Fuße des Torbergs in zwei Ströme, die zu zwei unterschiedlich großen Firnbecken führen. Markante Mittelmoränen veranschaulichen den Zusammenfluß der beiden Teilströme. Der untere Zungenteil ist weitgehend schuttbedeckt und von mäandrierenden Bächen und sichelförmigen Einbrüchen gezeichnet. Luftaufnahme vom 8. September 1977.

Fiegschergletscher
(Fieschergletscher, Galmigletscher, Studerfirn)

Fläche:	total 33,06 km²
	schuttfrei 30,31 km²
Länge:	max. 16,0 km
Breite:	mittl. 2,7 km
Höhe:	max. 4180 m ü. M.
	min. 1640 m ü. M.
Lage:	Südosten—Süden
Firnlinie:	3100 m ü. M.
Moränentypen:	Mittel- und Seitenmoränen; im Gletschervorfeld Seitenmoränen
Gletschertyp:	Talgletscher
Gletscherform:	zusammengesetzte Becken
Längsprofil:	ungewiß
Zungenaktivität:	starker Rückzug

Besonderheiten: Beidseits der Gletscherzunge Toteis, vor allem in durch Felsnischen hervorgerufenen Ausbuchtungen des Gletscherrandes. Hängt mit Triftgletscher zusammen.

Langgletscher

Fläche:	total 10,03 km²
	schuttfrei 8,83 km²
Länge:	max. 7,7 km
Breite:	mittl. 2,0 km
Höhe:	max. 3900 m ü. M.
	min. 2140 m ü. M.
Lage:	Süd—Südwesten
Firnlinie:	3000 m ü. M.
Moränentypen:	Seiten- und Endmoränen, auch im Gletschervorfeld
Gletschertyp:	Talgletscher
Gletscherform:	zusammengesetzte Becken
Längsprofil:	Kaskaden
Zungenaktivität:	leichter Rückzug

(Daten: Stand 1973)

Triftgletscher

Fläche:	2,77 km²
Länge:	max. 3,4 km
Breite:	mittl. 1,5 km
Höhe:	max. 3900 m ü. M.
	min. 2520 m. ü. M.
Lage:	Südosten
Gletschertyp:	Gebirgsgletscher

Besonderheiten: Hängt im obersten Teil mit Fieschergletscher zusammen. *(Daten: Stand 1973)*

samtfläche von 21,71 km² (ein Viertel des Großen Aletschgletschers) ist er der fünftgrößte Gletscher der Schweiz. Er hat sich wesentlich früher als sein Nachbar vom Aletschgletscher getrennt und sich weit nach oben über die Schlucht beim Tälli zurückgezogen. Beidseits seiner Gletscherzunge findet sich unter dem reichlich vorhandenen Moränenmaterial Toteis. Der untere Zungenteil ist von mäandrierenden Bächen und sichelförmigen Einbrüchen gezeichnet.

Fast die gesamte Zunge ist schuttbedeckt (5,62 km²). Sie gabelt sich am Fuß des Torbergs in zwei Ströme, die zu zwei unterschiedlich großen Firnbecken führen. Das westlich gelegene sammelt die Firnmassen des Nesthorn- und des Beichgletschers. Das östliche, von Schinhorn, Aletschhorn und Geißhorn eingefaßte Firngebiet nährt den oberen Teilstrom des Oberaletschgletschers. Ausgeprägte Mittelmoränen veranschaulichen den Zusammenfluß der beiden Teilströme am Torberg.

Der 9,1 km lange Oberaletschgletscher wird von einem Kranz hoher und steiler Dreitausender eingefaßt. Die beiden Firnkessel vermitteln durch ihre Lage das Gefühl völliger Abgeschiedenheit. Als wollte der Gletscher aus diesem Eiskäfig ausbrechen, hat er mit seiner etwa 800 m breiten Zunge zwischen dem Groß-Fußhorn (3626 m) und dem Hohstock (3228 m) eine Bresche durch den 1000 m hohen Felsriegel geschlagen, der ihm nach Südosten den Ausgang versperrt. Beim Austritt in die Weite des Rhonetales wachen die Oberaletschhütten (2640 m) auf dem Ausläufer des Fußhorn-Westgrates als Grenzposten zu einer Welt der eisigen Enge.

Fieschergletscher Langgletscher

Diese beiden Nachbargletscher des Großen Aletschgletschers verhalten sich in ihrer Größe umgekehrt proportional zu den an sie angrenzenden Firnmulden des Aletschgletschers. Im Westen stößt der Langgletscher im Gebiet der Lötschenlücke an den Großen Aletschfirn, das größte Firnbecken des Aletschgletschers. Im Osten berühren sich an der Grünhornlücke (3286 m) der kleine Grüneggfirn und der eindrucksvolle Fieschergletscher. Dieser östliche Nachbar des Großen Aletschgletschers ist der drittgrößte der Schweizer Gletscher. Er ist nach dem Aletschgletscher der längste der Alpen.

Die rund 7 km lange Zunge macht einen wenig einladenden Eindruck; denn sie ist nichts anderes als ein einziges endlos langes Spaltensystem. In ihrer Mitte erhebt sich ein eisiger Kamm, gebildet aus Tausenden von Séracs. Kein Alpengletscher erinnert durch das Erscheinungsbild seiner Oberfläche mehr an jene fürchterlichen Drachen, die der Sage nach in den hohen Eistälern unserer Gebirge hausen und dort ihr Unwesen treiben.

Der Fieschergletscher hängt in seinem vom Finsteraarhorn beherrschten Firngebiet mit dem Triftgletscher (2,77 km²) zusammen. Dieser stieß früher, von der Wannenhorn-Südostwand abfließend, an die Zunge des Fieschergletschers. Der Gletscher endet heute auf 1640 m Höhe unter einer gewaltigen Schuttdecke, die 2,75 km² seiner Oberfläche bedeckt.

Links: der «Viescher-Gletscher» im Jahre 1840. Lithographie von J. Bettanier in L. Agassiz' «Etudes sur les glaciers».

Unten: Aus einem verzweigten Firnbecken fließen die Eismassen des Fieschergletschers in einer schmalen Zunge gegen Fieschertal. Wie der Hals eines urweltlichen Drachens lagert die zerklüftete Zunge in einer wilden Schlucht, die er in den Berg geschlagen zu haben scheint.

Die tief eingesenkte Lötschenlücke (3178 m) schafft die Verbindung zwischen dem Großen Aletschfirn und dem Langgletscher. Über sie gelangt man in das Lötschental, das als Paradebeispiel einer von eiszeitlichen Gletschern modellierten Längstalmulde gilt. Deutlich erkennt man an der Bietschhornkette auch die Schliffgrenze des eiszeitlichen Gletschers, der dieses prächtige Seitental der Rhone aus dem Aaregranit gehobelt hat. Der 7,7 km lange Langgletscher, aus dem zuhinterst auf der Fafleralp die Lonza entspringt, bildet den großartigen Abschluß dieser zauberhaften, von einer ganzen Serie schillernder kleiner Hängegletscher eingefaßten Tallandschaft.

Der Langgletscher mit der berühmten Lötschenlücke bildet den großartigen Abschluß des Lötschentales. Aus dem 7,7 km langen Gletscher entspringt zuhinterst auf der Fafleralp die Lonza.

Folgende Doppelseite: Sonnenaufgang auf der Lötschenlücke. Blick von der Hollandia-Hütte über den Großen Aletschfirn in Richtung Konkordiaplatz. Links die Fiescher- und Grünhörner mit dem Eisbruch des Ewigschneefeldes. Dahinter das Finsteraarhorn.

Jungfraujoch: Durch den Bau der Jungfraubahn zu Beginn dieses Jahrhunderts ist der Aletschgletscher für den Gebirgstourismus erschlossen worden. Eingefaßt von Mönch und Jungfrau, nimmt hier der längste Gletscher der Alpen seinen Anfang.

Unten rechts: Eine Wanderung über den Aletschgletscher vom Jungfraujoch nach der Riederalp führt dem Hochtouristen die Mannigfaltigkeit der glaziologischen Phänomene vor Augen.

Rechte Seite unten: Aufziehendes Gewitter über dem Aletschgletscher. Blick vom Märjelensee nach Südwesten. Links Riederfurka und Aletschwald; rechts die langgestreckten Grate von Rothorn und Geißhorn.

Rechte Seite oben: Die Station Eigergletscher der Jungfraubahn befindet sich in unmittelbarer Nähe des als imposanter Eisfall zwischen Eiger und Mönch (Mitte) herabstürzenden Eigergletschers.

Tourismus

Der Große Aletschgletscher ist im Jahre 1912 durch das wohl kühnste Bergbahnprojekt der Alpen, die Jungfraubahn, für den Gebirgstourismus erschlossen worden. Die geniale Konzeption des Zürcher Oberländer Unternehmers Adolf Guyer-Zeller wurde in 16jähriger Bauzeit stufenweise realisiert. Das ursprüngliche Projekt sah eine Gipfelstation auf der Jungfrau vor: Der Erste Weltkrieg verhinderte jedoch die Ausführung des letzten Teilstücks der Bahn. Sie endet heute auf 3454 m auf dem Jungfraujoch, das damit die höchste Eisenbahnstation Europas ist. Die Jungfraubahn führt von der Kleinen Scheidegg (2061 m) durch den Fels von Eiger und Mönch auf einem 9,3 km langen Trasse hinauf zum Jungfraujoch, wo sich der Große Aletschgletscher dem Betrachter zu Füßen legt. Die Fahrt in das Wunderland der Gletscher wird mit zunehmendem Höhengewinn durch immer imposanter werdende Höhepunkte gesteigert. Einen ersten Höhepunkt bietet allein schon die Station Eigergletscher (2320 m). Hier baut sich an der eindrucksvollen Nordostfassade des Mönchs der Eigergletscher auf. Er tut dies mit solchem Effekt, daß es ihm leicht gelingt, die Zuschauer über seine wahre Größe (2,27 km² Fläche, 2,6 km Länge) hinwegzutäuschen.

Auf der Station Eigergletscher spielte sich schon während der Bauzeit Ende des 19. Jahrhunderts inmitten eines Bauplatzes von beeindruckendem Ausmaß ein sommerlich heiterer Touristenverkehr ab. Als unbestrittene Attraktion galt der Besuch der damals noch bis unter die Hotel- und Stationsgebäude herabhängenden Zunge des Eigergletschers.

Nach einem schauderregenden Blick aus den Panoramafenstern der Station Eigerwand auf die gefürchtete Eiger-Nordwand bietet sich als weiterer Höhepunkt die Station Eismeer (3160 m). Hier drängt die zu Eis erstarrte Brandung des Eismeeres im Grindelwaldner Firnkessel an die Felsen der Eiger-Ostwand. Das ganze ebenso weite wie furchterregende aufgewölbte Firnbecken des Grindelwaldner Fieschergletschers und der Einbruch des Unteren Grindelwaldgletschers breiten sich hier vor der stolzen Westfront von Lauteraarhorn und Schreckhorn auf.

Auf dem Jungfraujoch schließlich wartet das eindrücklichste Schaustück der Alpen: der Große Aletschgletscher. Als flacher, träger Eisstrom verliert er sich in der unendlichen Weite der Walliser Hochgebirgskulisse. Umschlossen von Mönch und Jungfrau, nimmt hier der längste Gletscher der Alpen seinen Anfang. Riesige Spalten und haushoch aufgetürmte Firnschichten machen unmißverständlich jedem klar, daß mit diesem friedlich daliegenden Eisgiganten nicht zu spaßen ist. Denn schon mancher ist in seinem tiefen Rachen auf Nimmerwiedersehen verschwunden.

Mit welchen Ambitionen auch immer die Touristen aufs Jungfraujoch kommen – sie werden nicht enttäuscht. Wer nur schauen will, wird beim Blick von der Terrasse der Hochalpinen Forschungsstation in der jäh abfallenden Nordostwand unterhalb des Jungfraujochs den gräßlich zerklüfteten Guggigletscher (2,08 km²) entdecken. Würde der Betrachter auf dem Mönch stehen, so könnte er gar noch den Giesengletscher (2,23 km²) von der Jungfrau-Nordostwand herabhängen sehen. Ein in die Eiskalotte am Jungfraujoch gehauener Eispalast, eine Dokumentation und Tonbildschau über glaziologische Aspekte und über die Auswirkungen der Höhe auf den menschlichen Organismus, ein Panoramarestaurant sowie Fahrten mit Hundeschlitten, dies alles findet sich im Angebot für jene Touristen, die den Gletscher nur sehen, ihn aber nicht erwandern wollen.

Gletscherwanderung/Skihochtour
Eine Wanderung vom Jungfraujoch nach der Riederalp führt dem Hochtouristen die ganze Mannigfaltigkeit der glaziologischen Erscheinungen vor Augen. Durch den Sphinxstollen verläßt man die schützenden Felskavernen der Jungfraujochstation und setzt seinen Fuß in eine Eislandschaft von stiller Großartigkeit. Über den Jungfraufirn gelangt man, an abgrundtiefen Spalten vorbei, hinab zum Konkordiaplatz. Diese riesige Eisfläche im Herzen der Alpen ist gewissermaßen die Drehscheibe des größten vergletscherten Areals der Alpen. Denn die Finsteraarhorngruppe ist auf einer Fläche von über 280 km² mit Eis bedeckt. Hier laufen die vielbegangenen Routen anspruchsvoller Skihochtouren zusammen.

An diesem hochalpinen Verkehrsknotenpunkt muß man sich für eine der fünf möglichen Routen entscheiden: Nach Westen geht es zur Hollandia-Hütte auf der berühmten Lötschenlücke, nach Nordwesten zurück zum Jungfraujoch, nach Norden über das Untere Mönchjoch zur Berglihütte (3299 m), nach Osten über die Grünhornlücke zum Finsteraarhorn und seiner Hütte (3050 m) und nach Süden über den Aletschgletscher ins Wallis.

An diesem merkwürdigen wie gottverlassenen Platz ist auch der Tod stets Begleiter. Nicht weit vom Konkordiaplatz haben im Juli 1976 fünf Menschen ihr Leben gelassen. Ein 69 Jahre alter Bergführer und seine vier Gäste, alles Frauen. Sie stürzten auf dem Weg von der Konkordiahütte zur Hollandia-Hütte in eine riesige Gletscherspalte. Über den Unfallhergang ist nichts bekannt.

Über den Konkordiaplatz führte auch der Leichenzug, der die sechs am 15. Juli 1887 von der Jungfrau auf den Firn abgestürzten Bergsteiger ins Wallis brachte. 15 Bergführer transportierten damals in dichtem Nebel in einer gespenstischen Prozession die Leichen der sechs Unglücklichen auf Schlitten über den Aletschgletscher zum Märjelensee. Dort wurden sie in Boote umgeladen und ans andere Ende des Sees (damals noch rund 1,5 km lang) geschifft, von da in mühsamem Abstieg nach Fiesch geschafft.

Ende der fünfziger Jahre dieses Jahrhunderts fand ein Fiescher Bergführer auf einer Mittelmoräne unterhalb der Kon-

Eigergletscher

Fläche:	2,27 km²
Länge:	max. 2,6 km
Breite:	mittl. 0,8 km
Höhe:	max. 4100 m ü. M.
	min. 2200 m ü. M.
Lage:	Westen — Nordwesten
Moränentypen:	Mittel- und Seitenmoränen; im Gletschervorfeld Seitenmoränen
Gletschertyp:	Gebirgsgletscher
Gletscherform:	zusammengesetzte Becken
Gletscherfront:	normal
Längsprofil:	hängend
Ernährung:	Schnee und Lawinen
Zungenaktivität:	leichter Vorstoß

Guggigletscher

Fläche:	2,08 km²
Länge:	max. 2,3 km
Breite:	mittl. 1,2 km
Höhe:	max. 3360 m ü. M.
	min. 2260 m ü. M.
Lage:	Nordwesten
Moränentypen:	Seitenmoränen
Gletschertyp:	Gebirgsgletscher
Gletscherform:	zusammengesetztes Becken
Gletscherfront:	normal
Längsprofil:	Kaskaden
Ernährung:	Schnee und Lawinen
Zungenaktivität:	stationär

Besonderheiten: Hängt über Jungfraujoch mit Aletschgletscher zusammen.

Giesengletscher

Fläche:	2,23 km²
Länge:	max. 2,4 km
Breite:	mittl. 1,2 km
Höhe:	max. 3980 m ü. M.
	min. 2100 m ü. M.
Lage:	Nordwesten
Moränentypen:	Schutt; nicht sicher, ob Moräne
Gletschertyp:	Gebirgsgletscher
Gletscherform:	ungewiß
Gletscherfront:	normal
Längsprofil:	hängend
Ernährung:	Schnee und Lawinen
Zungenaktivität:	stationär

Düsenjäger der Schweizer Flugwaffe auf Patrouillenflug über dem Konkordiaplatz. Im Hintergrund die Lötschenlücke.

Unten rechts: Versorgungsflug über den Aletschgletscher hinauf zur Konkordiahütte. Für den Bau der neuen Konkordiahütte wurden 13 Tonnen Baumaterial eingeflogen. In Bildmitte der Märjelensee; links das Strahlhorn.

kordiahütte ein komplettes menschliches Skelett, an dem noch Stoffreste und Teile des Seiles hingen. Der verunglückte Berggänger mußte vor vielen Jahren auf die Moräne abgestürzt sein. In unendlich langsamer Bewegung schob die Mittelmoräne die tote Fracht über den Konkordiaplatz.

Eingedenk dieser tragischen Unglücksfälle wird der Gletschertourist mit erhöhter Aufmerksamkeit und Vorsicht den Marsch über den harmlos erscheinenden Gletscher antreten. Obwohl das sich unter den Füßen ausbreitende Blankeis des Konkordiaplatzes sehr gegenwärtig ist, läßt sich die Gefahr und Gewalttätigkeit der Natur hier lediglich erahnen. Erst der Blick zum wüst zerzausten Eisbruch des Ewigschneefeldes belehrt eines Besseren. Am steilen Ausläufer des Faulbergs stehen auf einem Felsvorsprung etwa 80 m über dem Eisfeld die Konkordiahütten. Im vergangenen Jahrhundert, als die erste Hütte erstellt wurde, reichte der Gletscher noch bis an sie heran. Nirgendwo wird der Massenverlust des Aletschgletschers deutlicher vor Augen geführt als hier. Die beliebte Unterkunft auf 2840 m Höhe ist von allen Seiten nur durch mehrstündige Gletschermärsche zu erreichen. Sie wurde 1976 durch einen Neubau oberhalb der alten Hütte erweitert. Eine stabile Metallkonstruktion ersetzt nun auch den alten, unsicher gewordenen Holztreppenaufstieg vom Gletscher zur Hütte.

Zweieinhalb bis vier Stunden rechnet man vom Jungfraujoch bis zu den Konkordiahütten. Über die Wochenenden herrscht dort Hochbetrieb. Dann beherbergen sie die Karawanen von Hochtouristen, die unter kundiger Führung zum langen Marsch über den Aletschgletscher aufgebrochen sind. Ein Dutzend Bergfreunde an einer Leine, das ist hier kein seltenes Bild. Der gletscherüberschreitende Verkehr erreicht hier an schönen Hochsommertagen ungewöhnliche, fast beunruhigende Ausmaße. Doch, was gibt es Erhabeneres als die stille Großartigkeit der Szenerie von arktischem Zuschnitt, die sich einem von der Konkordiahütte aus darbietet, auf sich wirken zu lassen? Allzuoft freilich wird die Stille jäh zerrissen durch Düsenjäger, die im Tiefflug über den gleißenden Gletscher dröhnen und hinter dem Jungfraujoch in das Tiefblau des wolkenlosen Himmels tauchen: jahraus, jahrein probt in diesem längst nicht mehr einsamen Gebiet die Schweizer Flugwaffe Landesverteidigung. Gegenüber dem furchterregenden Höllenlärm dieser Kampfflugzeuge wirkt die «Ruhestörung» durch Helikopter wie akustisches Labsal, gewissermaßen als beruhigende Bestätigung, daß man auf dem weiten Gletscher nicht ganz alleine ist. Und die Proteste des Schweizerischen Alpenclubs gegen Helikopterflüge zu touristischen Zwecken im Hochgebirge werden zum schlechten Witz. Ganz besonders, wenn man sich erinnert, daß die 13 Tonnen Baumaterial für die neue Konkordiahütte mit Helikoptern herangeflogen wurden und die Versorgung dieser hochalpinen Bergsteigeroase ebenfalls durch den Maulesel der Lüfte gewährleistet wird.

Obwohl die Wanderung über den ganzen Gletscher durchaus an einem Tag zu schaffen ist, sollte auf einen Besuch der Konkordiahütten keinesfalls verzichtet werden. Die Aussicht auf den Gletscher, der wie ein endloser, durch zwei Mittelmoränen gleichmäßig gemusterter Teppich in weitem Bogen in das selbstgeschürfte Tal gelegt scheint, zählt zum Eindrücklichsten alpiner Gletscherlandschaft.

Drei Marschstunden unterhalb der Konkordiahütten wartet auf den Hochtouristen das Naturschauspiel des Märjelensees. Hier kann die Gletscherwanderung zu Ende sein. Ein hübscher Weg führt dann in gut zwei Stunden nach Kühbodenstafel, vorbei am Fieschergletscher, der sich wie ein urweltliches, geheimnisvolles Reptil durch ein tiefes, enges und dunkles Tal schlängelt.

Bis zum Aletschwald ist es vom Märjelensee über den Gletscher noch einmal so weit. Über sanfte Wellen geht es zunächst endlos weiter. Dann und wann aber türmen sich riesige Wellengebirge auf. Man fühlt sich versetzt in eine gefrorene Hochsee. Doch bald beruhigt sich der Gletscher wieder, den man nun endgültig bei den Katzlöchern unterhalb der Moosfluh oder noch weiter unten am Fuß der Hohfluh verläßt. Hier beginnt das Paradies der Wanderer, die im Aletschwaldreservat Erholung finden und die Natur in ihrer ungezähmten Wildheit erleben wollen (6 Stunden von der Konkordiahütte).

Beim Konkordiaplatz kann man sich auch nach rechts zur Hollandia-Hütte (Lötschenhütte, 3238 m) wenden. Sowohl im Sommer als auch zur Skitourenzeit ist diese als «Lötschentour» bekannte Route stark frequentiert. Über den Großen Aletschfirn geht es im Schatten des Aletschhorns hinauf zur Hollandia-Hütte (4–5 Stunden vom Jungfraujoch). Dort, an der Lötschenlücke (3184 m), wird die Sicht nach Süden frei: am Horizont baut sich der silbern glänzende Gipfelkranz der Walliser Viertausender auf.

Wie der Schulp eines Kopffüßlers ragt der Langgletscher von hier in das Lötschental hinein, ihm Halt und zugleich Nahrung spendend. Der Abstieg über den Gletscher geht zuerst durch die Mulde der «Großen Dole». Dann sucht man sich, möglichst rechts haltend, einen Weg an den nun folgenden Spalten vorbei. Wo die rechte Seitenmoräne des Anengletschers an die Zunge des Langgletschers stößt, geht man vom Eis. Jetzt steht man auch schon auf der Guggialp. Auf dem ungemein reizvollen Alppfad (er führt an dem niedlichen Guggisee vorbei) kommt man nach Gletscherstafel (1772 m) und zur Fafleralp (1788 m). Diese liegt auf einem Moränenhügel, der die Ausdehnung des Langgletschers in früher Zeit eindrücklich markiert. Von hier ist durch das Postauto die Rückkehr nach Interlaken, dem Ausgangspunkt der Rundtour, gewährleistet (2–3 Stunden von der Lötschenlücke).

Der Skitourist freut sich oben auf der Lötschenlücke auf eine 13 km lange Abfahrt, die ihn über 1600 Höhenmeter hinunter nach Blatten (1540 m) bringt. Vom

Oben: Der Mönch (4099 m) ist auf seiner Normalroute, dem Südostgrat, vom Jungfraujoch aus der am schnellsten und leichtesten zu besteigende Viertausender im Gebiet des Aletschgletschers.

Ganz oben: Der Aletschgletscher wird von einem gewaltigen Felsriegel gelenkt, der vom Riederhorn über die Wannenhörner (vorn) zum Fiescher Gabelhorn zieht, und vom Fieschertal und Rhonetal (Mittelgrund) getrennt.

Nachbardorf Wiler aus (10 Minuten mit dem Postauto) hat er die Möglichkeit, die Lötschentour durch den Aufstieg zum Petersgrat zur großen Jungfrautour zu runden (siehe Kanderfirn/Tschingelfirn).

Wanderung Als gigantische Stützmauer stellt sich im Wallis zwischen Naters und Fieschertal die monumentale grüne Felsrampe des Riederalpsporns vor den größten Eisstrom der Alpen und leitet ihn so nach Südwesten um, als wolle sie verhindern, daß er ins Rhonetal vorstößt und dort Schaden anrichtet. Am Südosthang dieser riesigen Rampe liegen die Sonnenterrassen der Rieder- und Bettmeralp. Sie sind durch mehrere Seilbahnen bequem zu erreichen und bilden die Ausgangspunkte zu unvergleichlich schönen und erlebnisreichen Wanderungen im Aletschgebiet. Die folgende Tageswanderung erschließt wohl am vollständigsten die Vielfalt dieser einzigartigen Gegend:

Von Fiesch nimmt man die Luftseilbahn hinauf zum Eggishorn. Ihre erste Sektion reicht nach Kühbodenstafel (2221 m), von wo zum Märjelensee oder zur Riederalp gewandert werden kann. Von der Bergstation sind es noch gut zehn Minuten bis zum eigentlichen Eggishorngipfel (2926 m). Dieser höchste Punkt der Rieder-Felsrampe bildet zugleich ihren nördlichen Eckpunkt. Er galt schon lange vor dem Bau der Luftseilbahn den Kennern alpiner Landschaften als eine ausgesuchte Kostbarkeit des Hochgebirges.

Der Rundblick von diesem Aussichtsberg (eigentlich ein etwas knapp geratener Dreitausender) kann sich mit den berühmtesten Alpenpanoramen messen. Die Walliser Viertausender mit ihren Renommiergipfeln wie Matterhorn, Weißhorn und andere erscheinen hier als ein in der Ferne glimmerndes Gegenstück zu den im Norden aus dem ewigen Schnee hervorbrechenden Glanzstücken des Aaremassivs: Finsteraarhorn, Eiger und Mönch. Vor diesem Logenplatz der Schweizer Alpen zieht der Große Aletschgletscher seine Ein-Mann-Gala-Schau über die Granitbühne der festlich drapierten Berner Alpen. Nichts verbirgt hier der zwei Dutzend Kilometer lange Eisstrom von seiner Größe. Vom Jungfraujoch bis zur Gletscherfront oberhalb der Massaschlucht offenbart er sich in seiner ganzen, erdrückenden Riesenhaftigkeit.

Herbstlich verfärbte Lärchen im Aletschwald. Das Aletschwaldreservat umfaßt ein Areal von 2,5 km². Es liegt über der Gletscherzunge und der Massaschlucht. Rechts das Bettmerhorn; im Hintergrund die Wannenhörner. In Bildmitte die nach links weiterziehende Kranzbergmoräne sowie die nach rechts zu den Katzlöchern ausscherende Trugbergmoräne.

Unten: Der Große Aletschgletscher mit Fieschergletscher und Unter- und Oberaargletscher. Am 11. September 1973 durch die Besatzung des amerikanischen Weltraumlabors Skylab III (Beau, Garrit, Lousma) aus dem Weltraum fotografiert.

Die Tageswanderung beginnt mit einem Abstieg. Über den Tälligrat gelangt man von der verwitterten Granitpyramide des Eggishorns auf die Märjelenalp hinab. Östlich der Wannenhörner entdeckt man den grobgeschuppten Rücken des als Fieschergletscher bekannten gigantischen Eisreptils, das Richtung Fieschertal hinabkriecht.

Beim Märjelensee verwandelt sich die alpine Szenerie in eine arktische Landschaft. An den Eisbergen vorbei steigt man über die vom Gletscher rundpolierten Granitbuckel und wandert durch die Rote Kumme am Nordosthang von Eggishorn und Bettmerhorn über die Schafalp zum Bettmergrat (2484 m, 3 Stunden vom Eggishorn). Zur Rechten stößt der Aletschgletscher an den Fuß des Bettmerhornes. Nun geht es auf verträumtem Alpweg hinab auf die Bettmeralp und entlang den lieblichen Gestaden des Bettmersees (2006 m) und Blausees (2204 m), in denen sich die Firnspitzen der Zermatter Berge spiegeln, hinauf zur Hohfluh auf dem Scheitel des Riederalphorns.

Über die Krete setzt man den Fuß ins Aletschwaldreservat. Mehrere Wege führen mitten durch dieses seit 1933 wieder unberührte Reich der tausendjährigen Arven und Lärchen. In unmittelbarer Nachbarschaft des Gletschers, im Einflußbereich von Eis, Schnee und rauhen Gletscherwinden, bildet der Aletschwald eine vielgestaltige Lebensgemeinschaft, in der auch die Tierwelt ein geschütztes Dasein hat. Die Gemse ist hier deshalb genauso gerne zu Hause wie Murmeltier, Birkwild, Schneehuhn, Rot- und Rehwild und sogar (beobachtet im Herbst 1977) die Wildkatze.

Über den Moränenweg, die Linie des Würmeiszeitstandes, steigt man am grauschwarzen Gletscher zu den Katzlöchern hinab, um das eisige Ungetüm noch einmal aus der Nähe zu bestaunen. Von dieser «Hohen Promenade» des Moränenweges genießt man zwischen den Lärchen- und Arvenwipfeln hindurch immer wieder faszinierende Ausblicke auf den in ausladender Massigkeit majestätisch dahinströmenden Gletscher und die Gipfelkulisse der Wellenhörner.

Auf der Jungmoräne, wo sich Pioniervegetation angesiedelt hat und der Kampfzonenwald sich zäh behauptet, geht es wieder zurück und dann durch das Herzstück des Waldes hinauf zur Riederfurka (2 Stunden vom Bettmergrat). Bizarren Gestalten gleich mit zerschundenen Stämmen und zerzausten Wipfeln säumen Arven den Weg. Sie sind die ältesten Kämpfer am Vorplatz zur lebensfeindlichen Eiswelt. Von der Riederfurka bis zur Seilbahnstation auf der Riederalp, wo man nach Mörel ins Rhonetal hinabfährt, ist es von hier nur noch eine kurze Viertelstunde.

Auf der Riederfurka lädt jedoch vor dem Abstieg der Schweizerische Bund für Naturschutz zum Besuch des ersten Naturschutzzentrums der Schweiz ein. Es befindet sich in der Villa Cassel. Der englische Bankier Sir Ernest Cassel hat sie um die Jahrhundertwende als herrschaftlichen Sommersitz hoch über dem Aletschgletscher errichten lassen. Das 1976 eröffnete Naturschutzzentrum informiert in einer ständigen Ausstellung über die Naturgeschichte der Aletschregion und ihre wissenschaftliche Erforschung. Auch eine Tonbildschau und ein botanischer Demonstrationsgarten weisen den Naturfreund auf die kleinen und großen Wunder des Aletschgebietes hin, denen er auf Schritt und Tritt begegnet. Ein Besuch des Zentrums, in dem Naturschutz zur lebendigen Erfahrung wird, setzt einen lehrreichen Schlußpunkt unter die Tageswanderung.

Ausgangspunkte
Interlaken, 566 m
Fiesch, 1050 m

Höchste Punkte
Jungfraujoch, Observatorium, 3573 m
Eggishorn, 2926 m

Stütz- und Rastpunkte
Konkordiahütten SAC, 2840 m
Hollandia-Hütte (Lötschenhütte, 3238 m)
Riederfurka, Restaurant, 2064 m

Schrifttum
Karten: Landeskarte der Schweiz
1:50 000 Jungfrau, Blatt 264
1:50 000 Exkursionskarte Aletschgebiet

Führer: Clubhütten SAC
Berner Alpen SAC
Aletsch, naturkundliche Einführung, U. Halder, SBN, 1976
Der Aletschwald, SBN, Schweiz. Bund für Naturschutz

Marschzeiten
Gletschertour:
Jungfraujoch — Konkordiahütten	2½ – 4 Stunden
Konkordiahütten — Märjelensee	3 Stunden
Jungfraujoch — Lötschenlücke	4–5 Stunden
Lötschenlücke — Blatten	2–3 Stunden

Wanderung:
Eggishorn — Märjelensee	1 Stunde
Märjelensee — Bettmergrat	3 Stunden
Bettmergrat — Riederfurka	2–3 Stunden

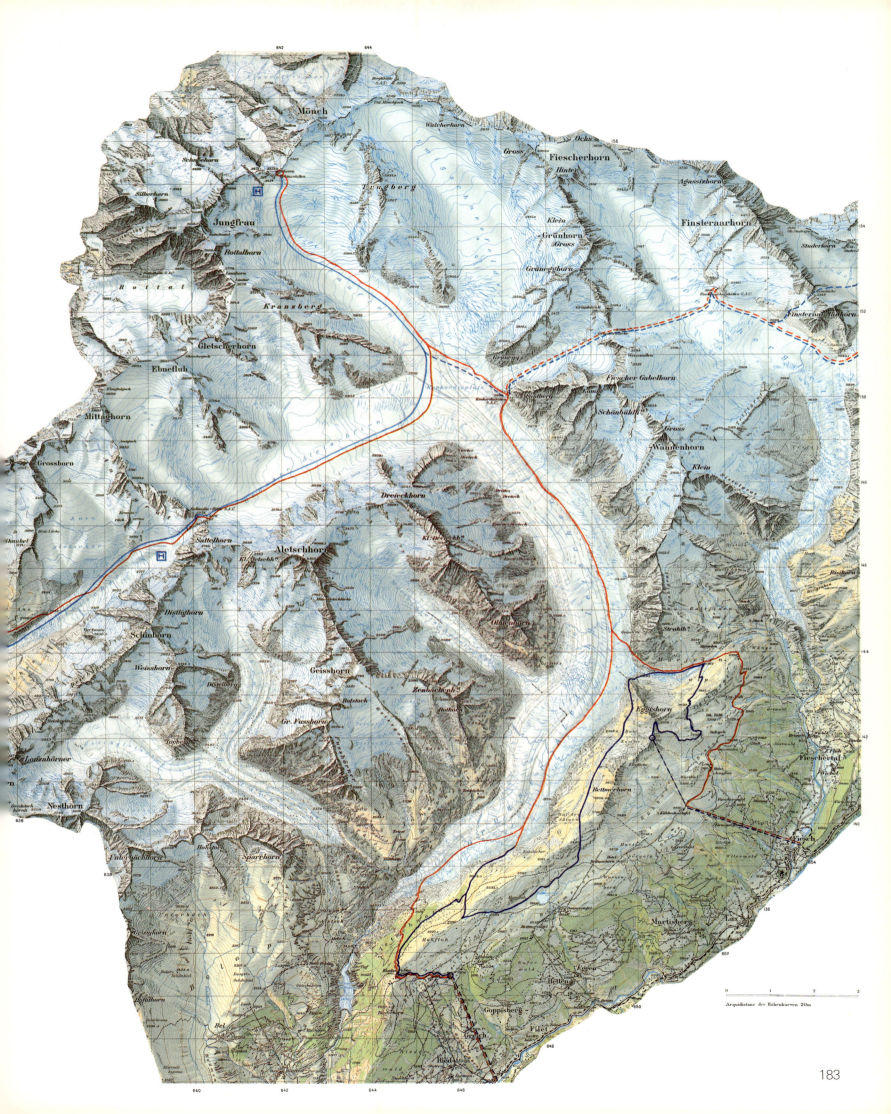

BERNER ALPEN *Finsteraarhorn-Gruppe*
Unteraargletscher/Oberaargletscher

Die Finsteraarhorngruppe ist auf einer Fläche von über 280 km² von Eis und Firn bedeckt und damit das größte vergletscherte Gebiet der Alpen. Sie endet im Osten am Grimselpaß. Dieser Verbindungsweg vom Haslital im Berner Oberland ins Goms im Oberwallis führt zwischen der Alpennord- und Alpensüdseite als Wetterscheide in eine der eindrücklichsten Gebirgs- und Gletscherlandschaften der Schweiz. Kein Alpenübergang macht die Inbesitznahme und Umgestaltung der Hochgebirgslandschaft durch den Menschen so sichtbar wie der Grimselpaß. Denn das ganze Grimselgebiet ist seit vielen Jahren von der Energiegewinnung gezeichnet. Drei unterschiedlich große Stauseen, an denen die Paßstraße vorbeiführt, zeugen von der intensiven Nutzung der hier reichlich vorhandenen Firn- und Gletscherwasser.

Diese künstlichen Seen sind aus früheren Alpmulden und Naturseen entstanden. Sie bilden zusammen mit den Staumauern und Druckleitungen den sichtbaren und längst in das Landschaftsbild integrierten Teil einer komplexen Kraftwerkgruppe zwischen dem Grimselpaß und Innertkirchen im Berner Oberland. Die zu diesem Stauwerkkomplex gehörenden Kraftwerke, in denen die Bewegungsenergie des Wassers in Elektrizität umgewandelt wird, befinden sich aus strategischen Gründen meistens in tief in den Berg gesprengten Kavernen.

Hauptwasserlieferant für die Hochdruckspeicherwerke an der Grimsel sind die Aaregletscher. Sie speisen zwei große Stauseen, deren Wasserkraft in einer ersten, obersten Zentrale auf Räterichsboden genutzt wird: Grimselsee und Oberaarsee. Die Gletscher liegen heute weit hinten in zwei westlich des Passes sich langziehenden Seitentälern und sind vom Paß aus nicht einsehbar. Dennoch sind sie dem Reisenden durch die Spuren ihres eiszeitlichen Ahnen, des Aaregletschers, allgegenwärtig. Denn die Paßstraße ist in mühsamer Arbeit aus dem harten Granit gesprengt, die der eiszeitliche Aaregletscher in jahrtausendelangem Schleifprozeß fast spiegelglatt poliert hat. Und selbst die ausgeschliffene Paßmulde der Grimsel, in der sich der Totensee niedergelassen hat, ist stummer Zeuge der einstmals gewaltigen Ausdehnung des Aaregletschers. Deutlich ist auch an den Hängen beidseits der Paßstraße und der Gletschertäler die Grenze zwischen den eisgeschliffenen, gerundeten und den vom Aaregletscher in grauer Vorzeit nicht mehr bearbeiteten Felspartien zu erkennen: die sogenannte Schliffgrenze. Das Einzugsgebiet des eiszeitlichen Aaregletschers umfaßte das gesamte Berner Oberland mit Ausnahme des Saanetales. Das während der Eiszeit entstandene Zungenbecken im Raume Brienz–Thun ist nun vom Brienzer- und Thunersee ausgefüllt;

beide Seen sind durch die Geschiebemasse der Lütschine getrennt.

Als kolossaler Rundbuckel erhebt sich heute der Grimselnollen zwischen den beiden Staumauern aus dem milchigtrüben Wasser des rund 6 km langen Grimselsees. Auch dieser titanische Granitbuckel am Ende des Stausees erinnert an den eiszeitlichen Gletscherstand. Wie er sich damals dem Eis in den Weg gestellt hat, so ragt er heute als eine zu allen Seiten steil abfallende granitene Halbinsel in den See hinein. Auf dem Nollen thront wie eine Burg am Tor zur Eiszeit das neue Grimsel Hospiz (1960 m). Das alte «Spit-

Der Unteraargletscher ist durch eine gewaltige, vom sogenannten Abschwung am Fuße der Lauteraarhörner ausgehende Mittelmoräne gekennzeichnet. Vom Lauteraarjoch (rechts) fließt ihm der Quellstrom des Lauteraargletschers (Firnfeld rechts der Mittelmoräne) zu.

Links unten: Die Finsteraarhorngruppe mit dem Oberaargletscher und dem Oberaarsee (links) sowie dem Unteraargletscher und dem Grimselsee (Mitte). Vorn rechts der Juchlistock, an dessen nach Westen verlaufendem Kamm die Schliffgrenze des eiszeitlichen Aaregletschers zu erkennen ist.

Unteraargletscher
(Finsteraargletscher, Strahleggletscher, Tierberggletscher, Lauteraargletscher, Unteraargletscher)

Fläche:	total 28,41 km²
	schuttfrei 20,55 km²
Länge:	max. 13,5 km
Breite:	mittl. 2,4 km
Höhe:	max. 4080 m ü. M.
	min. 1900 m ü. M.
Lage:	Osten
Moränentypen:	Mittel- und Seitenmoränen; im Gletschervorfeld Seitenmoränen
Gletschertyp:	Talgletscher
Gletscherform:	zusammengesetzte Becken
Gletscherfront:	normal
Längsprofil:	Kaskaden
Ernährung:	Schnee/Driftschnee
Zungenaktivität:	leichter Rückzug

Besonderheiten: Auf unterem Teil der Gletscherzunge mäandrierende Bäche und sichelförmige Einbrüche der Gletscheroberfläche. In Moränen des Abschwungs kleiner Gletscherstausee. Ogiven unterhalb Eisfall auf Finsteraargletscher. Zunge endet in Grimselsee. *(Daten: Stand 1973)*

Oberaargletscher

Fläche:	5,23 km²
Länge:	max. 5,2 km
Breite:	mittl. 1,1 km
Höhe:	max. 3420 m ü. M.
	min. 2300 m ü. M.
Lage:	Osten—Nordosten
Nährgebiet, mittl. Höhe:	3140 m ü. M.
Zehrgebiet, mittl. Höhe:	2680 m ü. M.
Moränentypen:	Seitenmoränen
Gletschertyp:	Talgletscher
Gletscherform:	zusammengesetztes Becken
Gletscherfront:	kalbende Front
Längsprofil:	Eisfall
Ernährung:	Schnee und Lawinen
Zungenaktivität:	leichter Vorstoß

Besonderheiten: Zunge kalbt in Oberaarsee.

(Daten: Stand 1973)

---

tel», wie das Hospiz genannt wurde, und ein Teil des Saumweges liegen heute 37 m tief im Stausee versunken.

Mit dem Gebäude des alten Hospizes, einst Stützpunkt eines weltweiten Verkehrs, ist freilich nicht auch seine bewegte Geschichte unter der spiegelglatten Wasserfläche versunken. Es wurde vermutlich bereits zwischen 1382 und 1397 als Zufluchtsstätte erbaut; arme Reisende wurden hier unentgeltlich verpflegt. 1557 wurde ein neues Hospiz gebaut. Es wurde selbst im Winter offengehalten und war zwischen Guttannen im Haslital und Obergesteln im Oberwallis das einzige Haus weit und breit.

Ein «Spitalmeister» sorgte während des Sommers für die Betreuung der Reisenden. Über dessen Pflichten schreibt der Zürcher Chronist Johann Conrad Fäsi in seiner «Genauen und vollständigen Staatsbeschreibung...» von 1768: «Um dieser Einöde wegen sezt die Landschaft Hasli einen Spitalmeister hierher. Er hat einige Stüke Weyden daselbst zu nuzen. Für den Spital werden jährlich in der ganzen Eidgenoßschaft Steuern gesammelt; hingegen ist der Spitalmeister verpflichet, alle durchreisenden Armen ohne Bezahlung zu bewirthen, und die Straße in Ehren zu halten. Die Wohnung aber ist schlecht, das Lager wegen Unreinlichkeit ziemlich unruhig, hingegen die Kost und Aufwart in einer solchen Wüste noch gut genug. Bey einbrechender Nacht muß der Spitalmeister zum öftern, in einer ziemlichen Entfernung von dem Spital, laut rufen, und so ihm jemand antwortet, demselben entgegen gehen. Er zieht im Merz dahin, und auf St. Andreastag wieder weg.»

Im zweiten Koalitionskrieg (1799) brannte das Hospiz bis auf den Grund nieder. Das Schicksal des daraufhin erstellten Hospizes war 1932 mit dem Aufstau des ehemaligen Natursees zum Grimselsee besiegelt. Das heutige Grimsel-Hospiz ist ein modern eingerichtetes Berghotel, dessen Zimmer selbst verwöhnten Komfortansprüchen zu entsprechen vermögen – vor seinen Fenstern der am Gletscherfuß nagende Grimselsee.

«Lauteraargletscher am Grimsel.» Die als Eiswand jäh endende Front und das Gletschertor des Unteraargletschers mit der aus ihm hervorstoßenden Aare. Hinten die Lauteraarhörner. Gezeichnet am 19. August 1794 von Hans Conrad Escher von der Linth (1767–1823).

Rechte Seite oben links: «Der Lauteraar Gletscher.» Gestochen von Adrian Zingg nach einer Zeichnung von S. H. Grim. In «Die Eisgebirge des Schweizerlandes» von G. S. Gruner, 1760.

Rechte Seite oben rechts: «Der Zinke Gletscher oder die Eiswand des Lauteraar Gletschers.» Die von einer Obermoräne bedeckte Front des Unteraargletschers endet auf diesem Stich von A. Zingg nach S. H. Grim im Gebiet des Vorderen Zinggenstocks. Links bei a die Steilstufe am Ende der Oberaar-Talsohle. Aus «Die Eisgebirge des Schweizerlandes» von G. S. Gruner, 1760.

Unteraargletscher

Der fast nordische Charakter der Grimsellandschaft erhält seine stärkste Ausprägung im Gebiet des Grimselsees. Wie ein Fjord windet er sich vom Grimselnollen an der Staumauer kilometerlang zwischen gleich steilen wie hohen Granitflanken zum Unteraargletscher hin. Als das Tal noch nicht vom Stausee überflutet war, fraß sich die junge Aare schlängelnd durch das von ihr im Talboden abgelagerte Geschiebe. Zuhinterst im Tal greift heute der zum Grimselsee gestaute Abfluß des Unteraargletschers dessen Eisfront an. Dieses Längstal zwischen den Gratzügen von Hühnerstock und Scheuchzerhorn ist, wie Gottlieb Sigmund Gruner 1760 anmerkte, «mit einem ungeheuren Klumpe von Eis in einem Stücke angefüllt».

Der Unteraargletscher ist der größte Eisstrom im Einzugsgebiet des Rheins und – zusammen mit dem etwas kürzeren Mer de Glace (12 km) – der größte auf der Alpennordseite. Seine geringe, gleichmäßige Neigung und entsprechend schwache Zerklüftung macht ihn unter den Gletschern des Berner Oberlandes zu einer Ausnahmeerscheinung. Wegen der großen Dimension und seines geringen Gefälles reagiert er nur wenig und mit starker Verzögerung auf meteorologisch anormale Perioden und ist so ein wirksamer und langfristiger Abflußausgleicher des Grimselsees.

Der Unteraargletscher wird von zwei Firnfeldern gespeist, deren Gletscher beim sogenannten Abschwung (einem Ausläufer der Lauteraarhörner) im Hauptstrom, dem Unteraargletscher, zusammenfließen. Der von links zufließende Teilstrom ist der Lauteraargletscher, der von rechts anstoßende der Finsteraargletscher. Der Lauteraargletscher liegt in einem rechteckigen Becken, das auf der südwestlichen Seite von den Gipfeln der Lauteraarhorngruppe (Nässihorn, Schreckhorn, Lauteraarhorn, Lauteraar-Rothörner) und im Nordosten vom Berglistock, Ewigschneehorn und den Trifthörnern umrandet ist. Der Lauteraarsattel (3125 m) zuhinterst im Firnbecken bildet den direkten Übergang zum Oberen Grindelwaldgletscher und somit die kürzeste Verbindung vom Grimselpaß nach Grindelwald.

Den Finsteraargletscher überragen das Oberaarhorn (3638 m) und das Finsteraarhorn (4273 m). Er unterteilt sich in den Strahlegggletscher und in ein Firnbecken, das von der Nassen Strahlegg, vom Agassizhorn, Finsteraarhorn und Oberaarhorn begrenzt wird und einen prächtigen Gletscherbruch ausbildet. Unterhalb dieses Eisfalles bringt der Gletscher gut sichtbare Ogiven hervor. Der Strahlegggletscher geht von der Südwand des Lauteraarhorns ab und vereinigt sich unterhalb der Nassen Strahlegg mit dem südlichen Firnbecken zum eigentlichen Finsteraargletscher. Auch der Finsteraargletscher schafft eine Verbindung nach Grindelwald. Sie führt über das Finsteraarjoch (3290 m) oder den schwer überwindbaren Strahleggpaß zum Oberen Eismeer und auf den Unteren Grindelwaldgletscher.

Beim Zusammenfluß von Finsteraar- und Lauteraargletscher am Abschwung, wo sich ein kleiner Gletscherstausee befindet, formt der Hauptstrom aus dem auf das Eis herabstürzenden Geröll eine gewaltige Mittelmoräne. Zusammen mit einer nicht minder breiten Seitenmoräne, die vom Finsteraargletscher herzieht, bedeckt sie 7,86 km² der Gletscherzunge. Das sind fast 28 Prozent der gesamten Gletscherfläche. Damit zählt der Unteraargletscher zu den schuttreichsten großen Eisströmen der gesamten Alpen. Die Seitenmoräne nimmt den Abtrag aus den seitlichen Gletscherkaren am Felsrücken des Scheuchzerhorns auf.

Die Mittelmoräne, die wie eine riesige Trümmerschlange über das Eis zum See hinschleicht, keilt auf der Höhe der Lauteraar-Hütte nach links aus. So schmilzt das Eis im mittleren Bereich der Gletscheroberfläche, wo kein Geröll lagert, schneller ab als an den moränenbedeckten Seiten. Der untere, gänzlich von Schutt bedeckte Zungenteil wird durch mäandrierende Bäche und große sichelförmige Einbrüche der Eisdecke eigenwillig gestaltet, die gegen die Gletscherfront hin deshalb wie aufgespalten erscheinen.

Wegen seiner regelmäßigen Gestalt und seiner leichten Zugänglichkeit und Begehbarkeit ist der Unteraargletscher schon in der ersten Hälfte des 19. Jahrhunderts untersucht und vermessen worden. Er gilt als die klassische Stätte der Gletscherkunde überhaupt. Die Namen einiger Gipfel und Sättel in der unmittelbaren Umgrenzung erinnern an schweizerische Pioniere in der Beschreibung und Erforschung der Gletscherwelt: Scheuchzerhorn, Grunerhorn, Altmann, Studer-

horn, Agassizhorn, Escherhorn, Desorstock und Hugisattel. Als erste Unterkunft bei den Feldarbeiten der Wissenschaftler dienten Felsblöcke auf der Mittelmoräne des Gletschers.

Die erste Forschungsstation im Gletscherreich überhaupt errichtete der Solothurner Gymnasialprofessor Franz Josef Hugi. 1827 baute er auf der Mittelmoräne des Unteraargletschers eine Hütte. Er war der erste, der es wagte, die Eisströme seiner heimatlichen Berge, die er unermüdlich durchwanderte, auch im Winter zu betreten und dort unter schwierigsten Verhältnissen auszuharren. Diese sogenannte Hugihütte war nichts anderes als eine mit Steinen seitlich zugemauerte Überdachung, die ein riesiger Felsblock auf der Moräne gebildet hatte. Hugi unternahm 1828/1829 drei erfolglose Versuche zur Besteigung des Finsteraarhorns. Er kam wegen einer Fußverletzung nur bis zu dem nach ihm benannten Hugisattel, während seine Begleiter den Gipfel erreichten. 1830 faßte er seine in der Welt der Gletscher gemachten Beobachtungen in seiner «Naturhistorischen Alpenreise» zusammen. Als erster hatte Hugi die Kornstruktur des Gletschereises erkannt.

Die Hugihütte wanderte jährlich rund 110 m talauswärts. Als 1839 der Schweizer Naturforscher, Anatom und Paläontologe und spätere Professor am Harvard College in Cambridge Louis Agassiz den Gletscher aufsuchte, fand er die Hütte um über 1200 m verschoben und noch weitgehend intakt vor. Nach Untersuchungen am Mer de Glace und Gornergletscher wandte er sich im folgenden Jahr der Erforschung des Unteraargletschers zu. Die Hugihütte war inzwischen zerfallen und 1428 m von ihrem ursprünglichen Standort abgerückt. Heute befindet sich der als «Hugiblock» bekannt gewordene Felsbrocken am Gletscherende.

Mitte, oberstes Bild: Das «Hôtel des Neuchâtelois», eine primitive Steinhütte, die Louis Agassiz 1840 auf der Mittelmoräne des Unteraargletschers errichten ließ. Lithographie von Joseph Bettanier, 1840.

Mittleres Bild: 1827 baute der Solothurner F. J. Hugi auf der Mittelmoräne des Unteraargletschers unter einem Felsblock einen Unterstand, die später berühmt gewordene Hugihütte. Lithographie von J. Bettanier, 1840.

Unterstes Bild: Caspar Wolf: Der Lauteraargletscher um 1775. Im Vordergrund die Mittelmoräne des Unteraargletschers.

So errichtete Agassiz unter einem großen Glimmerschieferblock, der wie ein Dach vorsprang und Unterschlupf bot, auf der Mittelmoräne einen neuen Zufluchtsort. Sein Bergführer Hans Währen, von Beruf Maurer, baute auf der freien Seite eine Schutzwand. Auf einigen Schieferplatten war Heu aufgeschichtet und am Eingang ein Wachstuch gespannt worden. Noch in der ersten Nacht, am 6. August 1840, die Agassiz mit seinen Gefährten Ernst Desor, Carl Vogt, Célestin Nicolet, Henri Coulon und François de Pourtalès dort weilte, wurde diese Steinhütte ironisch «Hôtel des Neuchâtelois» getauft.

Hier hauste Agassiz wochenlang mit seinen Gefährten. Von 1840–1843 verbrachte er die Sommer auf dem Gletscher und untersuchte die Phänomene des Eisstromes. Damit wurde er zum Pionier einer neuen Wissenschaft, der Glaziologie. Er ersann eine Bohrvorrichtung, mit der das Innere des Gletschers zu Temperaturmessungen erschlossen wurde (der Bohrer hängt nun im Alpinen Museum in Bern). Auch die inneren Strukturen waren Gegenstand der Untersuchungen. Im Schacht einer Gletschermühle lotete er eine Tiefe von 260 m aus.

Nach einem von ihm ausgedachten rechnerischen Verfahren ermittelte er für die Eisdicke in der Nähe des Abschwunges einen Annäherungswert von 360 m. In den Jahren 1936 bis 1939 unternommene seismische Tiefenmessungen ergaben am Abschwung eine größte gemessene Tiefe von 440 m. Bei den unteren Zungenabschnitten kam man bis auf eine Tiefe von 368 m. In Zusammenarbeit mit dem Schweizer Topographen Johannes Wild entstand in den Jahren 1841 bis 1846 die erste genaue Karte vom Unteraargletscher im Maßstab 1:10 000. Bereits 1840 veröffentlichte Agassiz ein Buch «Etudes sur les glaciers», dem ein Folioatlas mit 32 Tafeln von Joseph Bettanier beigege-

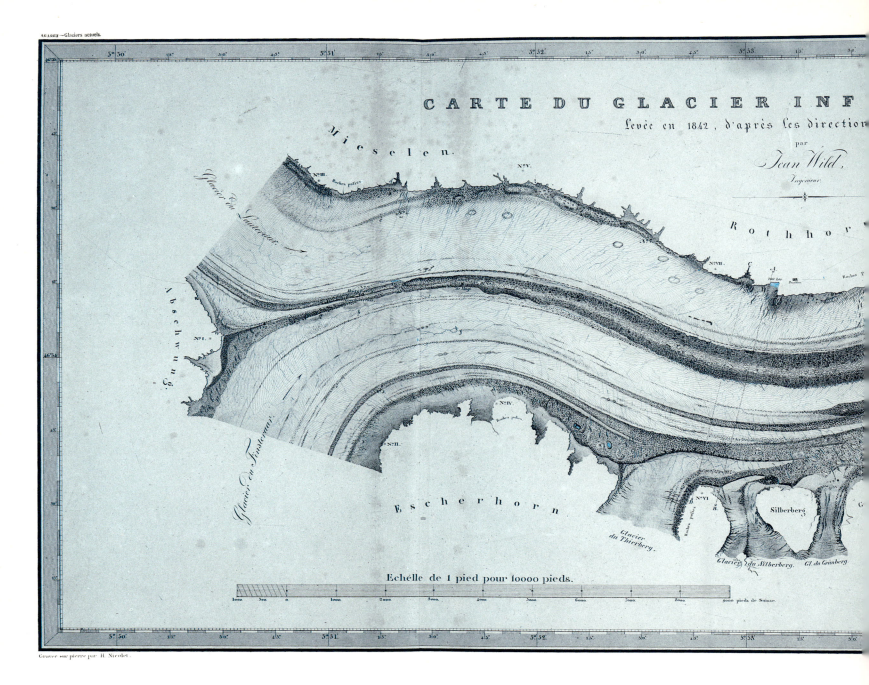

ben war. Die Ergebnisse seiner seit 1840 namentlich am Unteraargletscher gesammelten Beobachtungen und Studien faßte er in seinem Hauptwerk «Nouvelles études et expériences sur les glaciers actuels» zusammen. Es erschien 1847 in Paris und stellt noch heute ein umfassendes Monumentalwerk der Gletscherkunde dar, als deren Begründer Agassiz gelten darf.

Schon vor der systematischen Erforschung des Gletschers im 19. Jahrhundert hatte das Zungenbecken des Unteraargletschers eine gewisse Berühmtheit erlangt. Denn das Grimselgebiet war seit alters wegen seines Mineralienreichtums von den Strahlern besonders geschätzt. Eine größere Kristallkluft wurde beispielsweise bereits 1622 ganz in der Nähe des Grimsel-Hospizes ausgebeutet. Der größte Fund, der je im Kanton Bern und (soweit schriftliche Belege vorliegen) in den Schweizer Alpen gemacht wurde, ist derjenige der Zinggischen Société.

Im Sommer 1719 stießen Berner Strahler am Nordhang des Vorderen Zinggenstocks (2920 m) über der Zunge des Unteraargletschers auf eine Riesenkluft, aus der bis 1721 rund 20 Tonnen farbloser Bergkristalle gehoben wurden. Ihren Wert schätzte man auf 30 000 Kronen damaliger Währung. Der größte Teil der immensen Ausbeute wurde an die Bergkristallschleifereien in Italien verkauft. Kleinere Mengen gingen nach Bern, Genf, England und Holland. Im 16. und 17. Jahrhundert erlebte das Kunsthandwerk der Bergkristallschleiferei seinen Höhepunkt. Für einen Bergkristall erster Qualität wurden Höchstpreise von bis zu Fr. 300.– das Kilogramm (nach heutigem Wert) bezahlt; diese Qualität, die nur farblose und einschlußfreie Kristalle besaßen, wurde von den Strahlern als Mailänder Ware bezeichnet. Dies erklärt die hohe Summe, die der Verkauf der Riesenkristalle einbrachte.

Tiefbohrungen mit Heißwasserstrahl am Unteraargletscher. Sie ergaben im Jahre 1975 eine maximale Tiefe von 335 m.

Ganz oben: Karte des Unteraargletschers im Maßstab 1:10 000. 1842 aufgenommen vom Schweizer Topographen Johannes Wild in Zusammenarbeit mit dem Schweizer Naturforscher Louis Agassiz.

Rechts: Gletschertisch auf dem Unteraargletscher um 1775. Diese ideale Darstellung ist ein Werk des Schweizer Landschaftsmalers Caspar Wolf (1735–1783).

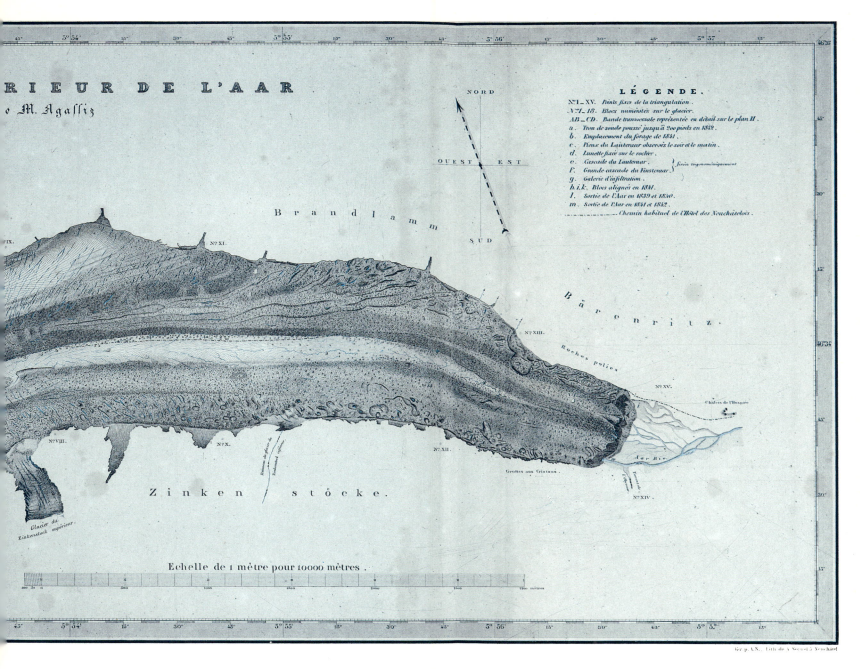

Der spektakuläre Kristallfund inspirierte den Berner Universalgelehrten und Dichter Albrecht von Haller (1708–1777), nachdem er einen der schönsten Kristalle 1733 zu Gesicht bekommen hatte, zu einer Strophe seines für die Alpenbewegung höchst bedeutsamen Gedichtes «Die Alpen». Dort heißt es:

Wohin auch nie die milde Sonne bliket,
Wo ungestörter Frost das öde Thal entlaubt,
Wird holer Felsen Gruft mit einer Pracht geschmüket,
Die keine Zeit versehrt, und nie der Winter raubt.
Im nie erhellten Grund von unterird'schen Pfühlen
Wölbt sich der feuchte Leim mit funkelndem Krystall.
Ein Fels von Edelstein, wo tausend Farben spielen,
Blizt durch die düstre Luft, und stralet überall.
O Reichtum der Natur! verkriecht euch, welsche Zwerge;
Europens Diamant blüht hier, und wächst zum Berge.

Auch in diesem Jahrhundert wurde am Vorderen Zinggenstock immer wieder etwas gefunden. 1966 öffneten zwei Strahler eine Rauchquarzkluft von großem

Der Kristallfund von 1719 am Vorderen Zinggenstock. Von den über 20 Tonnen farbloser Bergkristalle sind drei rund 50 cm hohe Quarzkristalle, wohl eine Zehntenabgabe an die «Gnädigen Herren von Bern», erhalten geblieben. Sie sind heute im Naturhistorischen Museum in Bern zu sehen.

Rechts: Die Front des Unteraargletschers (F) in der ersten Hälfte des 18. Jahrhunderts mit dem Vorderen Zinggenstock (A) und der Lagebeschreibung der Kristallhöhlen. Aus Joh. Georg Altmanns «Versuch Einer Historischen und Physischen Beschreibung Der Helvetischen Eisbergen», 1751.

Rechts oben: Die Abflüsse des vom Oberaarjoch und Oberaarhorn (Mitte) herabziehenden Oberaargletschers werden von einer 100 m hohen Gewichtsmauer zum Oberaarsee gestaut.

Rechts Mitte: Der 5,2 km lange Oberaargletscher kalbt an seiner Front in den Oberaarsee. In seinem Vorfeld finden sich schöne Gletscherschliffe und Rundhöcker (vorn). Hinten rechts Oberaarhorn und Oberaarjoch; nach links verläuft der Aargrat.

Unten: Anlagen der Kraftwerke Oberhasli AG, Innertkirchen. Im Endausbau wird die mögliche Gesamtenergieproduktion rund 3600 GWh betragen.

Reichtum. Diese alpine Zerrkluft gab mehr Gwindel schönster Gestalt preis als jede andere. Die Hebung des Kristallschatzes aber wurde vom schwersten Unglück der ganzen bekannten Strahlertätigkeit in den Alpen überschattet. Fünf Menschen wurde die Ausbeutung dieser 200 m unter dem Gipfel gelegenen Kluft zum Verhängnis. Beim Abseilen einer großen, schweren Kristallstufe am 29. August 1971 wurden sie (unter ihnen einer der Entdecker mit seinen Zwillingssöhnen) von der entzweibrechenden Quarzstufe erschlagen.

Wie alle Alpengletscher hat auch der Unteraargletscher auf die Klimaschwankungen der vergangenen Jahrhunderte reagiert. Er weist heute einen Minimalstand auf. Wie weit er noch in der Mitte des 19. Jahrhunderts an die Wände des Zungenbeckens hochreichte, wird vor allem im Gebiet der Lauteraar-Hütte (2392 m) deutlich vor Augen geführt. Dort markiert die helle Zone der hohen Ufermoräne aus dem vorigen Jahrhundert gut sichtbar den historischen Hochstand. Der frühere Pavillon Dollfuß stand am Platz der Lauteraar-Hütte, nur mit dem Unterschied, daß man von ihm damals bequem zum Gletscher gelangen konnte und nicht, wie heute, erst über einen 100 m hohen Abstieg über senkrechte Leitern.

Zu Zeiten der Klimagunst standen im Gletschervorfeld Arven. Sie wurden vom vorstoßenden Gletscher verschiedentlich überfahren. So zum Beispiel nach 2650 v. Chr. Im vergangenen Jahrhundert haben Bewohner des Grimsel-Hospizes in der baumlosen Gegend ihren Holzbedarf mit Wurzeln, Arvenstrünken und Baumstämmen gedeckt, die sie am Unteraargletscher fanden. Blümlisalpsagen sind auch vom Gebiet des Unteraargletschers bekannt. Sie erzählen, daß das Tal bis weit nach hinten eine fruchtbare Ebene gewesen sei. So konnten die Weiden bei der Vorderen Trift unterhalb der Lauteraar-Hütte, zu denen die Schafe seit langer Zeit wieder «einige Stunden weit über den hellen Gletscher gehen müssen» (Gruner), «Die Eisgebirge des Schweizerlandes», 1760), problemlos und ohne Gefahr bestoßen werden.

Die Lauteraar, die aus dem harten und kalten Leib des Unteraargletschers geboren wird, führt heute nur mehr ein kurzes Leben. Kaum dem Gletscher entronnen, stirbt sie schon in den Fluten des Grimselsees. Diesen verläßt sie als stattlicher Gebirgsfluß und trägt fortan nur noch den Namen Aare. Der Grimselsee (1909 m) mit 101,7 Millionen m³ Nutzinhalt wird durch zwei Sperren aufgestaut: die massive Bogenschwergewichtsmauer in der Spitallamm (114 m Höhe) und die Seeufereggsperre (42 m Höhe). Zwischen ihnen steht gleichsam zur Verankerung der Nollen. Der Energieinhalt beträgt 284 GWh. Das Wasser des Grimselsees wird in einem 5,2 km langen Verbindungsstollen zum Gelmersee (1849 m) auf der anderen Talseite geleitet. Von dort wird es in einem gepanzerten Druckschacht der Zentrale Handeck I im Haslital zugeführt.

Der direkt unterhalb des Grimselsees an der Grimselpaßstraße gelegene Räterichsbodensee wird nicht nur, wie man vermuten könnte, durch den höher gelegenen Grimselsee gefüllt, sondern er nimmt hauptsächlich Abflüsse des Oberaarstausees auf, die unter dem Grimselsee hindurch zum Kraftwerk Grimsel I geleitet und von dort teilweise an den Stausee Räterichsboden weitergegeben werden. Dieser ist durch eine 92 m hohe Schwergewichtsmauer abgesperrt und hat einen Nutzinhalt von 27 Millionen m³. Zusammen mit den Zuflüssen vom Gebiet des Gauli- und des Grubengletschers beliefert er die Kavernenzentrale Handeck II.

Oberaargletscher

Der Oberaargletscher ist das höhergelegene und erheblich kleinere Pendant zum Unteraargletscher. Genau wie beim größeren nördlichen Nachbarn werden seine Abflüsse in einem See gestaut, dem Oberaarsee, der zweieinhalbmal kürzer ist als der Grimselsee.

Vor Beginn der Werkarbeiten am 12. Juli 1949 am Oberaar-Kraftwerk präsentierte sich die Oberaar-Talsohle mit dem in sie herabstoßenden Gletscher als in sich abgeschlossenes, intaktes hochalpines Biotop von seltenem Reiz. Die Überflutung dieser einzigartigen Talmulde ist ein drastisches Beispiel für Landschaftszerstörung, wie sie in der Nachkriegszeit zur Erschließung neuer Energiereserven in der Schweiz in Kauf genommen wurde.

Der Oberaargletscher wird durch zwei parallel nach Nordosten verlaufende Gratzüge eingerahmt. Im Süden ist es der Aaregrat; er zieht sich vom Oberaar-Rothorn bis zum Sidelhorn beim Grimselpaß hin und bildet die Wetterscheide. Im Norden ist es die Gratkette, die vom Scheuchzerhorn über die Tierberge bis zu den Zinggenstöcken verläuft. Den Talabschluß markiert die nackte Ostwand des spitz aufragenden Oberaarhorns (3638 m). Am Fuße seines Südgrates, genau in der Mitte des Talschlusses, bildet die runde Einsattelung des Oberaarjoches (3231 m) einen hochgelegenen Ausgang aus dem Gletschertal. Er ist zugleich der Übergang zu den weiten Firnfeldern des ins Wallis ausströmenden Fiescher- und des Großen Aletschgletschers. Durch die Aufstauung seiner Abflüsse zum Oberaarsee zeigt sich der Oberaargletscher heute als kalbender Talgletscher. Denn seine Zunge stößt in den See vor, wo sie vom Wasser angefressen wird. Der See hat dem Gletscher in den vergangenen Jahren ziemlich zugesetzt. Vor dem Bau der Staumauer reichte die Zunge, die sich unterhalb eines Eisfalles als geradegerichteter kleiner Eisstrom formt, um einiges weiter in die Talsohle hinab.

In früher Zeit drang die Zunge, dem Lauf der jungen Oberaar folgend, sogar über den Hang ausgangs des Tales zum tiefergelegenen Unteraargletscher vor. 1952 wurden in einer neuzeitlichen Endmoräne Arvenstrünke gefunden, deren Holz sich in ausgezeichnetem Zustand befand und auf ein Alter von rund 4600 (± 80 Jahre) geschätzt wurde. Dies läßt darauf schließen, daß die heute baumlose Talmulde über dem Seespiegel einst mit Arven bestanden war. In einer darauffolgenden Vorstoßperiode (nach 2650 v. Chr.) überschritt der Oberaargletscher die Ausdehnung des einmaligen Hochstandes von 1850.

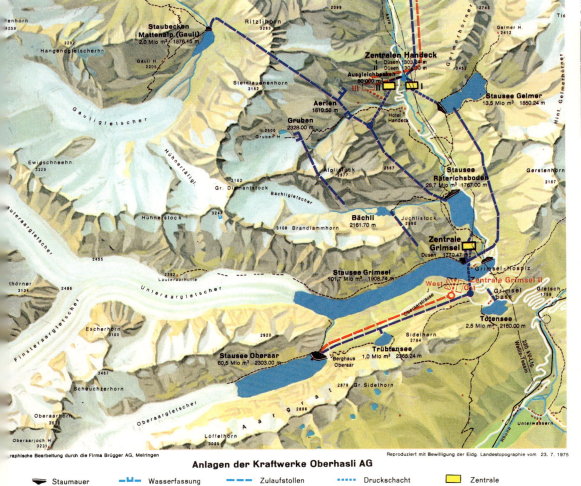

Anlagen der Kraftwerke Oberhasli AG

Der Oberaarsee (2303 m) hat mit seiner Länge von 2,7 km bei Vollstau einen Stauinhalt von 60,5 Millionen m³. Der Sommerzufluß beträgt rund 40 Millionen m³. Die fehlenden 20 Millionen m³ werden durch eine in der Zentrale Grimsel aufgestellte Speicherpumpe dem Grimselsee entnommen und während der Sommermonate zum Oberaarsee gefördert. Der See wird durch eine 100 m hohe Gewichtsmauer, die ein Betonvolumen von 470 000 m³ aufweist, gestaut. Zu ihrem Bau wurde eine 6 km lange Straße von der Grimselpaßhöhe bis nach der Oberaar erstellt. Sie steht heute auch dem öffentlichen Verkehr zur Verfügung, so daß die in den Jahren 1950 – 1954 erbaute Stauwerkanlage mit dem Gletscher im Hintergrund auch mit dem Auto besichtigt werden kann.

1973 wurde mit dem Ausbau der Kraftwerkanlage Oberaar begonnen. Sie wird nun ergänzt durch das vollständig im Fels

Unten: In der vom eiszeitlichen Aaregletscher ausgeschliffenen Paßmulde der Grimsel liegt der Totensee (2160 m). Er wurde zur Energiegewinnung vergrößert und hat bei einem Nutzinhalt von 2,5 Mio m³ einen Energieinhalt von 7 GWh.

untergebrachte Umwälzwerk Oberaar-Grimsel mit der Zentrale Grimsel II Ost an der rechten Grimselseeseite. Das Umwälzwerk ermöglicht es, in Zeiten weniger großen Energiebedarfs Wasser aus dem Grimselsee in den Oberaarsee hochzupumpen, und umgekehrt. Die Gesamtenergieproduktion wird nach dem Endausbau auf rund 3600 GWh ansteigen.

Wanderungen/Gletschertouren

Nachdem das Grimselgebiet von der Energie- und Wasserwirtschaft in Beschlag genommen und die Landschaft tiefgreifend umgestaltet worden war, wurde das ganze Gebiet auf einer Fläche von 72 km² unter Naturschutz gestellt. Die Grimsel ist gleichermaßen Ausgangspunkt für erlebnisreiche Wanderungen zu den Gletschern als auch für große Unternehmungen, wie etwa die Überschreitung des größten zusammenhängenden Gletscherareals der Alpen vom Unter- und Oberaargletscher nach Grindelwald, zum Jungfraujoch, ins Lötschen- und Rhonetal.

Ausgangspunkt für die Touren im Gebiet des Unteraargletschers ist der Grimselnollen. Vom Grimsel-Hospiz geht es über Treppen 50 Höhenmeter hinab auf die Mauerkrone der Spitallamm. Diese überquerend, gelangt man auf die linke Seeseite. Hier steigt man wieder 50 m hoch und kommt durch einen Stollen endlich zum Wanderweg, der am sonnigen Südhang den Brunberg entlang zur Lauteraar-Hütte leitet. Das mühsame Auf und Ab gleich zu Beginn der Wanderung ist typisch für diesen Hüttenweg.

So ungemütlich der fast 6 km lange Pfad zum Gletscher auch sein mag, er ist in eine Landschaft von eigenartigem, herbem Charme gebettet. Vorbei an vom Gletscher polierten und von farbigen Flechten betupften Granitbuckeln und zwischen Legföhren und kümmernden Birken hindurch erreicht man in gut zweieinhalb Stunden die vollständig mit einer Obermoräne bedeckte Gletscherfront.

Bis hierher gibt es auch einen weit bequemeren und schnelleren Weg: er führt im Motorboot über das Wasser des Grimselstausees. Vorzugsweise wird deshalb der Besuch der Gletscherzunge mit einer Bootsfahrt durch den Fjord des Grimselsees eröffnet. Der Rückweg erschließt dann die kleine Berg- und Talwanderung über dem linken Seeufer.

Bis zur Hütte geht es nun eine knappe Stunde über den Gletscher. Dann folgt bei den Weiden der Vorderen Trift der einzige größere Anstieg. Die Lauteraar-Hütte steht auf einem rund 150 m hohen Felskliff direkt über dem Gletscher. Besonders im Herbst sind in ihrer unmittelbaren Umgebung zahlreiche Gemsen zu beobachten. Die Fauna wird hier auch durch den Steinkauz angereichert, der bei Tage in der Nähe der Hütte, in Felsspalten ruhend, anzutreffen ist. Wenn auch heute hier keine Adler mehr anzutreffen sind, so weisen doch die Namen der Gletscher sowie der Gipfel dieser Region (Aar = Adler) darauf hin, daß dieser hier einst sein Reich hatte.

Die Hütte ist Stützpunkt für die Besteigungen der Gipfel, die hier den nahen Horizont bilden: Scheuchzerhorn, Lauteraarhorn, Schreckhorn. Aber auch für eine ausschließliche, wenn auch anspruchsvolle Gletschertour nach Grindelwald ist das Gebiet gut. Bis zum Lauteraarsattel (3125 m) am Ende des Lauteraargletschers ist es problemlos. Man folgt hier auf der Mittelmoräne gewissermaßen den Spuren von Agassiz.

Diesen Weg über den Lauteraarsattel nach Grindelwald nahm am 18. Juli 1880 auch der Burgdorfer Physiker Dr. Haller in Begleitung zweier Bergführer. Vom Grimsel-Hospiz war das Trio aufgebrochen, um am Abend des gleichen Tages, einem Sonntag, am Eröffnungsfest der eben erstellten Glecksteinhütte am Fuße des Wetterhorns teilzunehmen. Sie waren dort nie angekommen und blieben spurlos verschwunden. Diese Tour bleibt wegen des nicht unproblematischen Abstiegs auf der Grindelwaldner Seite bewährten Alpinisten vorbehalten. Auch dem Erstbesteiger der Jungfrau, Johann Rudolph Meyer Sohn, ist der Unteraargletscher zum Verhängnis geworden. In Begleitung eines Hirtenknaben erforschte er am 25. Juli 1812 die Gangbarkeit der Gegend für einen Übergang nach Grindelwald. Von seinem Marsch ist er nicht zurückgekehrt.

Eine Rundtour, die sowohl zum Unteraargletscher als auch zum Oberaargletscher und zurück zur Grimsel führt, geht über das Scheuchzerjoch (3079 m). Es liegt direkt gegenüber der Lauteraar-Hütte. Man quert den Unteraargletscher hinüber zum Tierberggletscher, der vom Scheuchzerhorn hinunterzieht. Über diesen geht es hoch zum Joch (2 Stunden). Zum Gipfel des Scheuchzerhorns ist es noch einmal eine gute Stunde. Hat man schon vor der Hütte aus den Rundblick auf den ausladenden Eisstrom bewundert, so weitet sich das Panorama hier oben nun zu seiner ganzen Schönheit.

Zu unseren Füßen breitet sich am Südhang des Scheuchzerhorns der Oberaargletscher aus. Über ihn geht's hinab auf die Zunge und dann am linken Ufer des

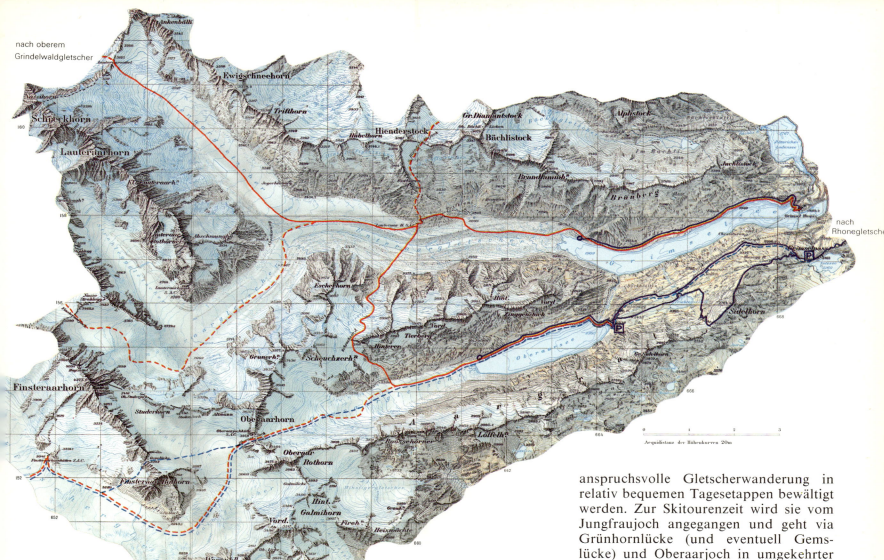

Oberaarsees unter den Zinggenstöcken vorbei zur Staumauer (2 Stunden vom Scheuchzerhorn). Bis hierher führt die Straße vom Grimselpaß herüber, so daß auch der Autotourist in den Genuß der einzigartigen Stauseelandschaft mit dem kalbenden Gletscher im Hintergrund gelangen kann. Zur Gletscherfront weist ein hübscher Weg durch die Matten der Großen Wang am Ufer des Oberaarsees.

Wer vom Grimselpaß die Aussicht auf den Oberaarsee erwandern will, verbindet den Weg dorthin mit einer Besteigung des Sidelhorns (2754 m). Sein Gipfelaufbau wird in lustiger Blockkletterei ohne Schwierigkeiten erreicht (2 Stunden vom Grimselpaß). Hier weitet sich die Sicht nicht bloß zu den beiden Gletschern und Stauseen, sondern auch tief nach Süden, über das Goms hinweg zu den Grenzbergen am Nufenenpaß und der weißleuchtenden Firnspitze des Blinnenhorns. Nicht weniger als sechs künstliche Bergseen sind auszumachen. Einige von ihnen sammeln die trübe Gletschermilch. In auffälliger Weise kommt die Trübung beim Oberaarsee und Grimselsee zum Ausdruck, während sie im Räterichsbodensee schon merklich abgeschwächt ist. Der Abstieg vom Sidelhorn führt nach Südwesten in die Trübtenlücke. Dann folgt man dem schmalen Weglein am Trübtensee vorbei zur Staumauer (1 Stunde vom Sidelhorn). Hier genießt man einen entspannenden Spaziergang zum Zungenende. Auf dem Sträßchen schlendert man schließlich hoch über dem Grimselsee, mit dem Unteraargletscher im Rücken und den Gerstenhörnern als Blickfang, wieder zurück zum Grimselpaß (1 Stunde vom Oberaarsee).

Über den Oberaargletscher freilich führt auch eine der längsten Gletschertouren in den Alpen. Sie ist allein schon ihrer Länge, aber auch des nicht unschwierigen Gletschergeländes wegen nur etwas für erfahrene Bergsteiger. In der Regel wird sie mit der Besteigung des Finsteraarhorns verbunden. Durch die Stützpunkte der Oberaarjochhütte, der Finsteraarhornhütten, der Konkordiahütten und eventuell der Hollandiahütte kann diese anspruchsvolle Gletscherwanderung in relativ bequemen Tagesetappen bewältigt werden. Zur Skitourenzeit wird sie vom Jungfraujoch angegangen und geht via Grünhornlücke (und eventuell Gemslücke) und Oberaarjoch in umgekehrter Richtung hinüber zur Grimsel. 900 Höhenmeter Anstieg stehen bei dieser prächtigen Skitour 2100 Höhenmetern Abfahrt auf einer rund 24 km langen Piste in der unberührten Hochgebirgsszenerie der Berner Alpen gegenüber.

Ausgangspunkte
Grimsel-Hospiz, 1960 m
Grimselpaß, 2165 m
Staumauer Oberaar, 2310 m (öffentlich zugängliche Privatstraße)

Höchste Punkte
Sidelhorn, 2764 m (Wanderung Oberaar)
Scheuchzerhorn, 3467 m (Gletschertour)

Stütz- und Rastpunkte
Berghaus Oberaar, 2338 m
Lauteraar-Hütte SAC, 2392 m
Oberaarjochhütte SAC, 3258 m
Finsteraarhornhütten SAC, 3050 m

Schrifttum
Karten: Landeskarte der Schweiz 1:50 000 Susten, Nufenen, Interlaken, Jungfrau; Blätter 255, 265, 254, 264
Führer: Clubhütten SAC
Berner Alpen SAC

Marschzeiten
Grimsel-Hospiz–Unteraargletscher	2½–3 Std.
Grimsel-Hospiz–Lauteraar-Hütte	4 Stunden
Lauteraar-Hütte–Scheuchzerhorn–Oberaarsee–Grimsel	6–7 Stunden
Grimsel–Sidelhorn–Oberaarsee–Grimsel	4–5 Stunden
Oberaarstaumauer–Oberaargletscher	45 Minuten

BERNER ALPEN *Finsteraarhorn-Gruppe*
Grindelwaldgletscher

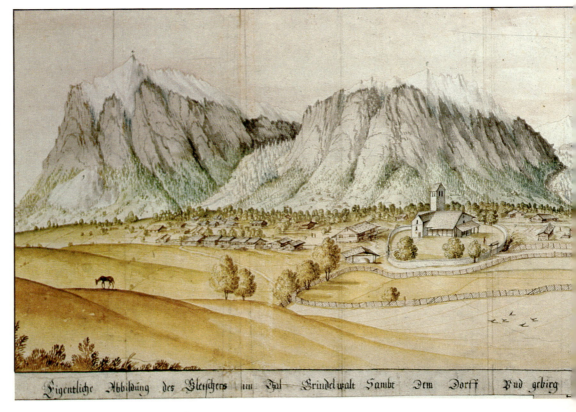

Vom Zentrum der Berner Hochalpen, der eisgepanzerten Finsteraarhorngruppe, zieht südwärts der Große Aletschgletscher als längster Eisstrom der Alpen auf flacher Bahn zum Rhonetal hinaus, während nordwärts das gewaltige Granitmassiv seine immensen Eismassen durch zwei enge Urgesteinsschluchten in die Grindelwaldner Talsohle entleert. So offenbart das Dorf am Fuß von Wetterhorn, Mettenberg und Eiger einzigartige landschaftliche Kontraste: hier, zwischen ihren Fels- und Eisgipfeln, gegen den Talgrund hinunterstoßende Gletscher, dort, ihnen gegenüber am Sonnenhang, grüne Wiesen und Wälder.

Diese unvergleichliche Naturszenerie war deshalb für den Fremdenverkehr von Grindelwald stets bedeutsam und begünstigte dessen Aufschwung. Das angestammte und auch heute noch kaum veränderte Siedlungsbild der für den Voralpenraum charakteristischen bäuerlichen Streusiedlung schafft die vom Touristen erwartete idyllisch-verträumte Szenerie und macht zusammen mit dem typischen Gebüsch- und Baumwuchs einen wichtigen Teil der Landschaftsästhetik von Grindelwald aus.

«Grindel» (auch «Grindle, Grendel») geht auf ein keltisches Wort mit der Bedeutung «Riegel, Balken» zurück. Die einstmals geschlossene Gegend voll Waldes um Grindelwald hat also diesem durch Rodung urbar gemachten Talgrund den Namen gegeben.

Das im Sommer – heute dank der Skihänge auch im Winter – wichtigste Kapital der Gegend, die kontrastreiche Gebirgslandschaft, hat schon in früherer Zeit auswärtige Gäste nach Grindelwald gelockt. Die Alpenpropaganda Albrecht von Hallers und die Naturbegeisterung Rousseaus im 18. Jahrhundert gelten als die treibenden Faktoren der um 1760 in Mode gekommenen Schweizreise. Dabei galt es als unerläßlich, Sehenswürdigkeiten wie den Rheinfall oder die Pässe von Simplon und St. Gotthard gesehen zu haben.

Vor allem aber zählte das Berner Oberland mit seinen «Merkwürdigkeiten» zum wichtigsten Punkt im Pflichtenheft eines Schweizreisenden. Wer nicht in Lauterbrunnen den Staubbachfall bewundert, auf der Wengernalp der Jungfrau ins Antlitz geschaut und in Grindelwald das Eis der Gletscher berührt hatte, der war nicht im Oberland gewesen.

Denn die beiden Grindelwaldgletscher zählen, neben den großen Gletschern im Tal von Chamonix, zu den am tiefsten hinabreichenden Eisströmen der Alpen. So lag zum Beispiel die Front des Unteren Grindelwaldgletschers um 1850 noch unter der 1000-m-Höhengrenze inmitten der Matten und Häuser eines bequem und schnell erreichbaren Alpentales. Dies trug dem mit einem markanten Schweif zwischen den Bergen hervorstoßenden Eisstrom den Spottnamen «Gletscher der Damen und Stutzer» ein. Für erlebnishungrige Damen und Herren in feiner Stadtkleidung wurden an ihm Trassen und Steigen aus dem Eis geschlagen.

Ganz aus Eis, erweckte der Gletscher bis in die zweite Hälfte des vergangenen Jahrhunderts inmitten einer von blühendem Leben durchpulsten Natur Bewunderung und Schaudern zugleich. So wurden die beiden Grindelwaldgletscher zur klassischen Stätte der Gletscherbewunderung.

Sie erreichte wohl ihren Höhepunkt mit dem Bau der Jungfraubahn, durch die jedermann der großartigste Naheinblick in alle Gletscherstufen der Alpen möglich wurde. Aber auch der Wetterhorn-Aufzug am Oberen Grindelwaldgletscher ist Ausdruck eines Zeitgeistes, dem Umweltschutz und Naturverschandelung Fremdworte waren und der zur Erschließung der Hochgebirgswelt keine Anstrengungen scheute. Ziel der ersten Luftseilbahn für Personentransporte in der Schweiz war der 3701 m hohe Gipfel des Wetter-

«Eigentliche Abbildung des Gletschers im Thal Grindelwalt Sambt Dem Dorff und gebirg daselbsten. In der Land vogtey Jnterlaken. Im Oberlandt.» Die aquarellierte Federzeichnung von Albrecht Kauw (1621 bis 1681) aus dem Jahre 1669 ist das älteste Halbpanorama von Grindelwald und umfaßt einen Bildwinkel von 172°. In der Legende «1. Die Eyß Schropfen so wachsen» wird auf den Vorstoß beider Grindelwaldgletscher verwiesen, die damals in die Talebene hinabreichten. Die so ländlich wirkende Idylle der Darstellung trügt. Denn von Weihnachten 1668 bis 1. August 1669 wütete in Grindelwald der schlimmste Seuchenzug seiner Geschichte. Dem «großen Sterbet», der Pest, fielen damals in 7 Monaten 788 Einwohner Grindelwalds zum Opfer. Das entspricht rund zwei Dritteln der damaligen Bevölkerung. Das Kauwsche Halbpanorama muß im Spätsommer oder Herbst 1669 entstanden sein, da während der Pest der Verkehr zwischen Grindelwald und anderen Ortschaften verboten war.

Ganz unten: Zwischen dem Kauwschen Halbpanorama und dieser Fotorundsicht von 1975 liegen 306 Jahre.

Unterer Grindelwaldgletscher

«Von diesem Gletscher ist bereits des Schreibens viel gemacht worden... Nicht anderst, als wenn dieser Gletscher der einzige, oder mindestens vorzüglich der schönste in der Schweiz wäre: Und dieses haben auch die Ausländer in der That daher geschlossen», meinte etwas despektierlich 1760 Gottlieb Sigmund Gruner, der frühe Beschreiber der schweizerischen «Eisgebirge». Ein «miraculum naturae» hingegen nannte über ein Jahrhundert zuvor, um 1642, Martin Zeiller in Merians «Topographia Helvetiae, Raetiae et Valesiae» den Gletscher. Dort

Unterer Grindelwaldgletscher
(Fieschergletscher, Obers Ischmeer, Unterer Grindelwaldgletscher, Unders Ischmeer, Challifirn)

Fläche:	total 21,71 km²
	schuttfrei 19,76 km²
Länge:	max. 9,0 km
Höhe:	max. 4100 m ü. M.
	min. 1260 m ü. M.
Lage:	Norden
Firnlinie:	3020 m ü. M.
Nährgebiet, mittl. Höhe:	3140 m ü. M.
Zehrgebiet, mittl. Höhe:	2540 m ü. M.
Moränentypen:	Mittel-, Seitenmoränen
Gletschertyp:	Talgletscher
Gletscherform:	zusammengesetzte Becken
Gletscherfront:	normal
Längsprofil:	Kaskaden
Ernährung:	Schnee/Driftschnee
Zungenaktivität:	stationär
Besonderheiten:	Unterhalb Eisfall nördlich Heißi Blatta Ogiven. Östlicher Seitenarm (Unders Ischmeer) scheint oberflächlich nicht mehr mit westlichem (Fieschergletscher) zusammenzuhängen.

horns. Von den vier geplanten Sektionen wurde jedoch nur die erste verwirklicht. Von ihr hatte man einen schaudererregenden Einblick in das Spaltenlabyrinth des Oberen Grindelwaldgletschers, dessen Zunge als aufgewühlte Eiskaskade in den Talgrund stürzte. Der Wetterhorn-Aufzug wurde in den Jahren von 1908–1915 betrieben. Der Krieg setzte ihm jedoch ein Ende. Heute gemahnen lediglich noch die Ruinen der Tal- und Bergstation an den Unternehmergeist um die Jahrhundertwende.

Das im 18. Jahrhundert geweckte und bis heute wachgebliebene Interesse an den Gletschern ist mit ein Grund für den überraschend großen Reichtum an Quellenmaterial über die beiden Grindelwaldgletscher. Vor allem der untere gilt als einer der bestdokumentierten Gletscher der Alpen überhaupt. So sind aus der Zeit vor 1900 bis heute 238 Bilddokumente, davon 34 Fotografien, des Unteren Grindelwaldgletschers bekannt. Denn die in Mode gekommene Schweizreise führte zu einem zunehmenden Bedarf an Souvenirbildern der besuchten Naturwunder und weckte so auch das Interesse der bekannten Schweizer Kleinmeister und bedeutenden Landschaftsmaler jener Zeit an den Gletschern von Grindelwald.
Aber schon lange vor dem einsetzenden Tourismus erlangten die Grindelwaldgletscher eine gewisse Berühmtheit durch ihre Landnahme während der zahlreichen Vorstöße. Die früheste gesicherte Erwähnung des Unteren Grindelwaldgletschers geht ins 12. Jahrhundert zurück: In einer Urkunde von König Konrad III. vom 21. Juli 1146 wird er als Grenzmarke («ad glaciem inferiorem») erwähnt.

Oberer Grindelwaldgletscher

Fläche:	total 10,07 km²
	schuttfrei 9,82 km²
Länge:	max. 5,5 km
Breite:	mittl. 2,0 km
Höhe:	max. 3740 m ü. M.
	min. 1240 m ü. M.
Lage:	Nordwesten
Moränentypen:	Seitenmoränen
Gletschertyp:	Talgletscher
Gletscherform:	zusammengesetztes Becken
Gletscherfront:	normal
Längsprofil:	Kaskaden
Ernährung:	Schnee/Driftschnee
Zungenaktivität:	starker Vorstoß
Besonderheiten:	Hängt mit Gauligletscher zusammen.

(Daten: Stand 1973)

Auf einer der ältesten Fotografien des Unteren Grindelwaldgletschers, vermutlich aus dem Jahre 1860, weist der Eisstrom 4 bis 5 Jahre nach seiner letzten Maximalausdehnung immer noch einen hohen Stand auf.

findet sich auch die älteste bisher bekannte Abbildung des Unteren Grindelwaldgletschers (siehe Abb. unten).
Der «große Gletscher» weist auf dieser Darstellung einen hohen Stand auf und reicht mit seiner zum Schweif ausgebildeten, in unzählige Eistürme zerspaltenen Zunge bis in den Talgrund hinab. Wie Zeiller berichtet, «hanget er an vielen Orthen weit und breit herfür und benimbt durch sein wachsen ... dem Bauersmann die Weyde, Allemd und Häuser.» Damit ist erklärt, weshalb dieser Gletscher schon früh von sich reden machte: Wiederholt überfuhr er bei seinen Vorstößen gutes Weideland im Talgrund, was die Bauern beispielsweise 1603 und 1606 veranlaßte, den Berner Rat um Nachlaß der Zinsen zu ersuchen. Das offenbar damals weiterum bekannte Vorrücken des Gletschers, der angefangen habe «zu schweinen und hinder sich zu rucken», fand auch in poetischer Form Ausdruck. In einem Riesensonett mit dem umständlich-barocken (gekürzten) Titel «Ein Neuw Lustig Ernsthafft Poetisch Gastmal und Gespräch zweyer Bergen In der Löblichen Eydgenoßschaft und im Berner Gebiet gelegen: Nemlich deß Niesend und Stockhorns als zweyer alter Nachbaren ...» besingt 1606 der Pfarrer Hans Rudolph Räbmann den Gletscher:

*Bey Petronell am berg fürwar
Ein großer Glettscher hanget dar,
Hat gantz bedeckt dasselbig ort
Mit Heusren muß man rucken fort.
Stoßt vor im weg das Erderich
Böum/Heuser/Felsen/wunderlich ...*

Durch den Sohn V. Räbmann 1620 «gebesseret» und «vermehret», illustriert das Sonett das bemerkenswert gut beobachtete Vorrücken des Gletschers noch eindrücklicher:

*Im Erdtreich wachst er immerdar,
Das Landleut klarlich nemmen war,
Wie er den grund stoßt fürer baß,
Da vor ein schöne Matte was,
Ist jetzt grewlich wüst bedeckt,
Mit Gletscher, der offt kracht und kleckt,
Wirfft thieffe Schründ, herd, sand, un stein,
Holtz, und was sonst für wust gemein,
Wirffts auß Morgens und Abends zwar,
Wan es in heyßen tagen war,
Gwint er sein spält und schründ mit krache,
Als wolt er einen Donner machen,
...
Also wachßt er fürbas all Jahr,
Ihr Gwild die Jeger henchen dreyn,
Da mags ein lange zeit frisch seyn ...*

Hinweise auf das Vorrücken des Gletschers gehen bis in die erste Hälfte des 16. Jahrhunderts zurück. In seiner Chronik von 1547/1548 berichtet Johannes Stumpff vom «großen Gletscher in dem Grindelwald», wobei freilich nicht völlig klar ist, welcher der beiden nun gemeint ist. Denn während bei Merian der Untere Grindelwaldgletscher der «große» genannt wird, ist es bei Gruner der Obere Grindelwaldgletscher. Stumpff also schreibt: «... sonderlich ist aber berühmt der sogenannte große Gletscher in dem Grindelwald..., welcher seit etlichen Seculis nach und nach so gewachsen, daß er nicht nur die nah-gelegene Erde, Wiesen und Bäume weggeschoben, sondern auch die benachbarten Einwohner ihre Wohnungen anders wohin zu setzen genöthigt.» Es ist anzunehmen, daß Stumpff damit den unteren Gletscher meinte.
Zum vorläufig letzten Mal hat der Gletscher 1919 bei seinem Vorstoß Schutt, Rasen und Bäume vor sich her gewuchtet. Danach hat er einen gründlichen Rückzug angetreten und ist seit seinem Maximalstand von 1855/1856 um mehr als 1800 m zurückgeschmolzen. Von seinem einstmals prächtigen Schweif ist nichts als die Erinnerung geblieben. Dieser hatte sich von 1100 bis 1900 sicher dreimal, vermutlich jedoch fünfmal gebildet.
Bewiesen sind die Hochstände um 1600, um 1778/1797 und von 1820–1865. Vermutet werden sie im 12./13. Jahrhundert und in der ersten Hälfte des 18. Jahrhunderts. Mit dem Maximalstand von 1600

erreichte der Gletscher seine größte historische Ausdehnung. Er bedeckte damals das Gebiet «Im Aspi» mit seinen schönen Matten und die Nellenbalm, wo der Standort der vielerwähnten Petronella-Kapelle vermutet wird. Die lang andauernde Hochphase im 19. Jahrhundert mit dem (gegenüber 1600 nur unwesentlich geringeren) Maximalstand von 1855/1856 dauerte bis etwa 1865.

Heute endet der Gletscher in der Schlucht, die er auf seinem Rückzug teilweise freigegeben hat und durch welche die Weiße Lütschine schäumend tost. Das Eis der Zunge dringt bis zu 200 m tief in die ausgeschürfte Schlucht hinab. Diese ersetzt nun die Grotte, die einst als Touristenattraktion in die Gletscherstirn getrieben wurde. Eine kleine Grotte befindet sich seit 1976 am Oberen Grindelwaldgletscher. Diese vermag aber kaum jene Eindrücke zu vermitteln, die im vergangenen Jahrhundert die Reisenden vom Besuch der Grotte am Unteren Grindelwaldgletscher mit nach Hause nahmen. Denn in letzterer spielte, sozusagen tief im Bauch des Eiswurmes, eine zum Schutz vor der Eiseskälte tiefvermummte Frau bei flackerndem Kerzenlicht die Zither. Der im Eisstollen widerhallende Klang der ätherischen Musik muß einen fantastischen Effekt gemacht haben.

Links: Die älteste bisher bekannte Abbildung des Unteren Grindelwaldgletschers, gestochen nach einer Zeichnung des Berner Architekten und Feldmessers Joseph Plepp (1595–1642), erstmals erschienen 1642 in der «Topographia Helvetiae...» von Merian/Zeiller.

Oben: Die Stirn des Unteren Grindelwaldgletschers mit der Lütschine und dem Mettenberg, vermutlich um 1773/74. Aquarellierte und teilweise gouachierte Bleistiftzeichnung von Caspar Wolf (1735–1783).

Trotz des massiven Schwundes ist der Gletscher immer noch gut 9 km lang und bedeckt eine Fläche von 21,71 km². Sein Eis sammelt sich in zwei unterschiedlich großen Becken. Das größere, westlich gelegene, erstreckt sich zwischen Eiger und Groß-Fiescherhorn und erreicht am Mönch (4099 m) seine größte Höhe. Es besteht aus dem Challifirn und dem Fiescherglescher, der unterhalb des Eisfalls, wo er in den eigentlichen Unteren Grindelwaldgletscher übergeht, Ogiven bildet. Mitten im Eisfall, etwa auf halber Höhe, erscheint als dunkles Zyklopenauge eine nahezu senkrecht abfallende eisfreie Stelle: die sogenannte «Heißi Blatta». Die abschüssigen Felsplatten erhielten diesen Namen, weil, wie vermutet wurde, auf ihnen das «Eis beständig wegschmilzt». Auch während der Hochstände blieb diese Stelle eisfrei.

Das östliche Firnbecken wird durch den Zäsenberg, der in den Fiescherhorn-Nordostgrat übergeht, vom Fiescherglescher getrennt. Es wird effektvoll überragt durch die imposante Gipfelgruppe von Schreckhorn und Lauteraarhorn. Im Süden wird es nach oben abgeschlossen durch Ochs und Agassizhorn und bildet zwischen diesem und der Nassen Strahlegg über das Finsteraarjoch (3290 m) eine Verbindung zum Finsteraargletscher und damit hinüber zur Grimsel.

Dieses von tausend Meter hohen Wänden eingekesselte Firnbecken wird Obers Ischmeer (Oberes Eismeer) genannt. Es stürzt in einem Eisfall von überwältigender Zerrissenheit bei der Schwarzegg rund 500 m tief ab und heißt nun Unders Ischmeer (Unteres Eismeer). Dieser östliche Zustrom fließt am Zäsenberg vorbei. Er scheint oberflächlich nicht mehr mit dem vom Fiescherglescher kommenden Seitenarm zusammenzuhängen.

Immer wieder taucht in alten Schriften die Legende eines früheren Paßüberganges von Grindelwald über das Mönchjoch ins Wallis auf, der noch im 16. Jahrhundert existiert haben soll. So ist die Rede von einem starken Rückgang um 1540. Auch wird erwähnt, daß die Höhen

Das westliche Firnbecken des Unteren Grindelwaldgletschers besteht aus dem kleinen Challifirn und dem zerklüfteten Fieschergletscher. Das Bild links zeigt den an der Ostflanke des Eigers (Mitte) lagernden und zum Unteren Grindelwaldgletscher abstürzenden Fieschergletscher. Vorne der Absturz des Oberen Eismeeres beim Roten Gufer. Bild rechts: Blick aus der Eiger-Ostwand (Station Eismeer) über den Fieschergletscher hinüber zum Schreck-, Lauteraar- und Finsteraarhorn.

Unten: In Bildmitte der Eisbruch des Unteren Grindelwaldgletschers (Obers Ischmeer). Links am Horizont das Wetterhorn.

Rechts: «Vue d'une Partie du Glacier du Grindelwald». Die aquarellierte Federzeichnung von Johann Ludwig Aberli zeigt die auf der Unteren Schopffelsterrasse endende, rund 30 m hohe Stirn des Unteren Grindelwaldgletschers um 1762 (oder 1768). Aberli (1723 bis 1786) ist der Begründer der sogenannten Aberlischen Manier, einer aquarellkolorierten Umrißradierung. Abbildung in Originalgröße.

einst «viel milder und fruchtbarer gewesen» seien und oberhalb der Heißi Blatta Lärchenstämme aus dem Eis ragten. Dies würde bedeuten, daß der untere Teil des Fieschergletschers, wohl gegen den Zäsenberg hinüber, einst mit Lärchen bestanden war.

In diesen Zusammenhang wird auch die alte Glocke der Petronella-Kapelle gestellt. Sie wurde beim großen Brand von Grindelwald am 18. August 1892 zerstört und war wohl das älteste Denkmal des Tales. Da eine gleiche Glocke mit der Inschrift «Sanctae Peterenella ora pro nobis» in einer Kapelle bei Titer oberhalb Fieschertal im Wallis gehangen haben soll, vermutete man, sie sei über die Gletscher nach Fiesch getragen worden. Die Kapelle wurde vom vorstoßenden Walliser Fieschergletscher zerstört. Sie lag am Weg zur Stockalp, über die man zum Märjelensee hochsteigt, wo man auf den Aletschgletscher gelangt. Über ihn könnte der Weg via Mönchjoch nach Grindelwald geführt haben. Es wäre dies auch die relativ unbeschwerlichste und ungefährlichste Route, die für einen Gletscherweg von Fiesch nach Grindelwald in Frage käme.

Es ist wohl möglich, daß dieser Weg von einzelnen verwegenen Gemsjägern begangen wurde, wenig wahrscheinlich aber ist, daß auf ihm die Talbevölkerung von Grindelwald und dem Wallis verkehrte. Denn es spricht kein historisches Dokument dafür, daß sich der Untere Grindelwaldgletscher vom 12. (sicher 16.) bis zum 20. Jahrhundert so weit zurückgebildet hat, wie dies zurzeit der Fall ist. Es ist anzunehmen, daß der legendäre Gletscherpaß vom Wallis nach Grindelwald vom Lötschental über die Wetterlücke oder den Petersgrat ins Lauterbrunnental oder sogar über den Lötschenpaß führte. Diese Übergänge waren auf ihrer Südseite zu Zeiten der Klimagunst fast oder ganz eisfrei und sind auch heute um ein Vielfaches kürzer und unbeschwerlicher als der lange und risikoreiche Weg über den Aletschgletscher.

Petronella, eine dem heiligen Petrus zugesprochene Tochter, galt als Schutzheilige der Berge, weshalb sie an verschiedenen Orten in den Alpen verehrt wurde. Die Petronella-Kapelle wurde vermutlich im 15. Jahrhundert am Fuße des Eigers errichtet und diente wohl zeitweise, von einem Klosterbruder bewohnt, als kleine Einsiedelei. Sie stand mit großer Wahrscheinlichkeit bei der sogenannten Nellenbalm links der Gletscherschlucht. Ein Indiz dafür ist der Name der Höhlung, der wohl eine volkstümliche Abkürzung für die Petronella-Kapelle ist. Ein weiterer Hinweis auf den Standort gibt Räbmann in seinem Sonett, dessen 18 000 Verse auf 642 Seiten untergebracht sind (siehe oben).

Da die Nellenbalm bei den Hochständen vom Gletscher eingenommen wurde, nahm man an, daß die Kapelle ein Opfer der vorstoßenden Eismassen geworden sei. Es gilt heute aber als sicher, daß die Petronella-Kapelle im 16. Jahrhundert abgerissen wurde. Denn eine Verfügung des Rats der Stadt und Republik Bern aus dem Jahre 1534 befahl, alle Feldkapellen und unbenützten Klosterkirchen im bernischen Gebiet abzureißen. Zur Nellenbalm führt heute ein schöner Spazierweg in duftreichem Wald.

Obwohl die Abflüsse der Grindelwaldgletscher für die Energie- und Wasserwirtschaft nur relativ geringe Bedeutung haben, leisten auch sie ihren Beitrag zur Wirtschaftsgeschichte der Gletscher. Sie werden im Kraftwerk Burglauenen unterhalb von Grindelwald genutzt. Das zur Jungfraubahn gehörende und dessen Stromversorgung sichernde Kraftwerk erzeugt 33,5 GWh im Jahr.

In ganz anderer Weise diente der Untere Grindelwaldgletscher den Menschen in früheren Zeiten, vor der künstlichen Eiserzeugung. So war er seit alters der Kühlschrank der Grindelwaldner, die dort Fleisch und Wildbret lagerten. Um das gleiche andernorts zu ermöglichen, wurde sein Eis abgebaut und weiterum als «Kühlschrankeis» verkauft. Der Eisabbau erreichte dabei zeitweise ein beträchtliches Ausmaß. Im Sommer 1876 beispielsweise waren mit dem Abbau 60 Arbeiter beschäftigt. Diese brachen das Eis kunstgerecht wie den Stein im nahe-

Vue d'une Partie du Glacier du Grindewald. Ds: par J. L. Aberli.

Finsteraarhorn und Agassizhorn (v.l.) mit dem «Obers Ischmeer» genannten östlichen Firnkessel des Unteren Grindelwaldgletschers. Über das Finsteraarjoch (Bildmitte) gelangt man zum Finsteraargletscher und damit hinüber zur Grimsel.

Ganz unten: Blick von Zybachs Platten auf den unteren Eiskatarakt des 10,07 km² großen Oberen Grindelwaldgletschers.

Rechts: Der 5,5 km lange Obere Grindelwaldgletscher stößt seit einigen Jahren aus dem Eiskessel zwischen Wetterhorn und Mettenberg (Bild) wieder massiv gegen den Talgrund bei Grindelwald vor. Seine Stirn endet heute (1977) auf 1230 m ü. M.

Oberer Grindelwaldgletscher

Heute ist der Obere Grindelwaldgletscher unbestritten der «große». Er ist der am weitesten hinunterreichende Schweizer Gletscher und endet heute auf 1230 m. Während die Zunge des unteren Gletschers in der Schlucht verschwindet und von Grindelwald aus nicht mehr zu sehen ist, bildet der stark vorstoßende obere mit seiner fast wieder auf den Talgrund hinabreichenden Zunge den Blickfang. Er ist in den vergangenen Jahren derart massiv vorgerückt, daß seit 1976 an der seitlichen Frontpartie wieder eine Grotte ausgeschlagen werden konnte. Seine historischen Hochstände fallen mit denjenigen des Unteren Grindelwaldgletschers zusammen. Bei seinen Vorstößen überfuhr er regelmäßig den Wald, der sich an der Ufermoräne bis hinauf zur Halsegg (Chalet Milchbach) und im sogenannten Gletschersand ausgebreitet hatte. Bis in das Gebiet Ufem Brendli, wo die Schwarze Lütschine mit dem Briggbach (seinem dunklen Geschiebe verdankt die Lütschine den Beinamen «schwarz») zusammenkommt, reichte der Gletscher zu den Zeiten seiner größten Ausdehnung in den vergangenen Jahrhunderten. Bei einem Vorstoß um 2650 v. Chr. überschritt der Gletscher die Ausdehnung von 1850. Während seines letzten großen Vorstoßes von 1911–1923 zerstörte er verschiedene touristische Einrichtungen.

In unmittelbarer Nähe der Zunge befand sich die Talstation «Oberer Gletscher» des 1915 außer Betrieb gestellten und

gelegenen Marmorbruch in kubischen Blöcken zu je 75 kg aus dem Gletscher. Die tägliche Ausbeute erreichte Spitzen von 600 Blöcken. Sie wurden weithin ausgeliefert, was freilich mit einem beträchtlichen Abschmelzen verbunden war. So wiesen die Blöcke in Interlaken bereits einen Schwund von 25 kg auf.

Im Jahre 1865, als der Gletscher rapid und konstant zurückging, traten zur Verwunderung des Wirts, der damals die Gletschergrotten betrieb, an seiner «Gletscherhütte» große behauene Marmorblöcke aus dem Eis. Zwei Jahre später gab der Gletscher die ganze Marmorgrube frei, die er während mehr als 100 Jahren mit seiner Zunge bedeckt hatte. Der farbige Grindelwaldner Marmor wurde vor allem im 18. Jahrhundert bearbeitet und war von der Berner Kunsthandwerkerfamilie Funk sehr geschätzt. So verwendete Mathäus Funk (1697–1783) den Marmor als Deckblatt der bekannten Funk-Kommoden.

Grindelwaldner Marmor wurde auch bei der Ausstattung der Wandelhalle im Bundeshaus zu Bern verwendet. So bestehen die vier Türeinfassungen (u. a. jene zum Bundesratszimmer) aus dem farbigen und lebhaften Marmor. Der Abbau wurde 1903 endgültig eingestellt. Nun ist der Marmorbruch mit der unmittelbar daneben gelegenen Gletscherschlucht und dem 23 m langen, in einer geräumigen Kaverne endenden Stollen ein beliebtes Grindelwaldner Touristenziel.

1934 demontierten Wetterhorn-Aufzuges. Eine Nachbildung der Kabine der ersten Luftseilbahn für Personentransport in der Schweiz steht heute beim Hotel Wetterhorn, in dessen Nähe sich die Talstation befand.

Wanderungen, Gletschertouren

«Außer durch die Bettelei wird dem Reisenden der Besuch von Grindelwald noch durch die Zudringlichkeit der Kellner, Führer, Träger, Pferdeverleiher und ähnlicher Plagegeister mit ihren unverschämten Forderungen verleidet, die über jeden Touristen wie über eine willkommene Beute herfallen.» Diese Klage eines geplagten Grindelwaldreisenden aus dem letzten Jahrhundert erinnert daran, daß in den Anfängen des Tourismus der auf den Geschmack gekommenen Bergbevölkerung jedes Mittel recht schien, sich durch Andienerei willkommenen Nebenverdienst zu sichern. Heute geht es in Grindelwald (und auch anderswo) diesbezüglich sittsamer zu. Die üblen Gebräuche sind schon längst ausgemerzt. Wie eh und je aber drängt es die Bergsteiger hinauf aufs Wetterhorn und die Wander- und Schaulustigen zu den Zungen der beiden Gletscher. Aus dem Damengletscher von einst, dem Unteren Grindelwaldgletscher, ist allerdings mittlerweile ein Schaugletscher für wanderfreudige Familien geworden.

Von der Bergstation der Luftseilbahn Pfingstegg am Nordwesthang des Mettenberges (3104 m) zieht sich ein abwechslungsreicher Steg am steilen Mettenberg entlang hinauf ins Herz der Berner Alpen: ins Eismeer des Unteren Grindelwaldgletschers. Es war und ist das Schau- und Glanzstück der Berner Gletscherwelt. Kein Wunder also, daß sich an diesem Weg die älteste Schutzhütte des Berner Oberlandes befindet. Sie wurde um 1820 erbaut und stand auf einem Felssporn bei der Stieregg. Der heutige Weg ist in diesen Sporn gesprengt und geht am Felsen entlang zur Stieregg (1650 m), wo im Sommer in einer Alphütte bewirtet wird. Von hier hat man den prächtigsten Einblick in den Eiskessel des Fieschergletschers, der von der beklemmend aufragenden Fiescherhorn-Nordwand nach Süden abgeblockt wird.

Von den steilen Flanken und über die Heißi Blatta (den schwarzen Felsfleck im Gletscherbruch) donnern und poltern in nimmermüder Geschäftigkeit Schnee- und Eislawinen und erfüllen den Kessel mit grauenvollem Getöne, durch das der Gletscher mit den Menschen spricht. Wen wundert's angesichts dieser unheimlichen Szenerie, in der der Gletscher als «agitator naturae» wütet und tobt, daß in diesen finsteren und gleichwohl erhabenen Gegenden die Heimat der Drachen und Geister vermutet wurde?

Von der Stieregg geht es über einen sonnigen Hang, der jäh als Ufermoräne abbricht (wo sich aus dem Schutt einzelne steinbedeckte Pyramiden bilden) hinauf zur Bänisegg (1807 m). Hier steht man am Zusammenfluß von Fieschergletscher und Unterem Eismeer; jenseits des Eisstromes, so nah, daß man mit der Hand hinübergreifen möchte, der Zäsenberg. Dort hinüber schickte man, als der Gletscher noch höher stand, einen Teil der gut 800 Schafe auf Weidgang, die auf den Wiesen ob der Bänisegg sömmerten.

Als im Jahre 1790 von hier ein Grindelwaldner seine Schafherde über den Gletscher zum Zäsenberg treiben wollte, stürzte er in einen Spalt. Zum Glück war

«Bedauerlichen Tod des J. A. Meuron in den Gletschern des Grindelwalds». Beim Sturz in das «Walchiloch», eine fast 60 m tiefe Gletschermühle im Unteren Grindelwaldgletscher, kam am 30. August 1821 der Waadtländer Pfarrer Meuron zu Tode. Die Bergung der Leiche beschäftigte nicht weniger als 64 Personen, die später alle um eine Entschädigung vorstellig wurden. Holzschnitt aus dem Jahre 1821.

Unten Mitte: Noch in der ersten Hälfte des 18. Jahrhunderts galt die Hochalpenregion mit ihrem ewigen Gletschereis als eine mit Schrecken erfüllte Wildnis und als die Heimat der Drachen. Diese beschrieb in Wort und Bild der Zürcher Naturforscher Johann Jakob Scheuchzer in seinem Werk «Itinera per Helvetiae Alpinas Regiones» (1723).

Der Weg zur Glecksteinhütte führt hoch über dem Oberen Grindelwaldgletscher unter dem Wasserfall des Wyßbaches hindurch. Im Hintergrund die bäuerliche Streusiedlung von Grindelwald.

er in der Nähe eines Eistunnels in den Gletscher gefallen. So kroch er unter dem Eis in dem Tunnel abwärts und kam wohlerhalten weiter unten wieder zu Tage. Er hatte sich beim Sturz lediglich den Arm gebrochen.

Von der Bäniseg bis zum Roten Gufer folgt der Weg einer alten Ufermoräne. Am Roten Gufer gilt es, gut 500 Höhenmeter in Tuchfühlung mit dem hier abstürzenden Eisstrom zu überwinden. Eine gesicherte Steiganlage mit Leitern, Eisenstiften und Seilen gibt dem Hüttenwanderer Halt. Wem dieser Aufstieg mit dem unmittelbarsten und somit auch erregendsten Einblick in einen Gletscherbruch zuviel ist, dem bleibt nur noch der Abstieg. Aber bis hierher hat er schon eine Wanderung ohnegleichen von mehr als zwei Stunden hinter sich.

Oberhalb des Eisbruchs kommt man an der alten und fast gänzlich zerfallenen Schwarzegghütte vorbei. Von hier erreicht man in einer guten halben Stunde auf fast ebenem Gletscherweg die wie ein Adlerhorst über dem Oberen Eismeer unter dem Strahlegghorn-Westgrat klebende Strahlegghütte. Obwohl sie nur auf 2688 m liegt, geht man bis zu ihr gut vier, wenn nicht gar fünf Stunden. Eine Lawine hat die kleine Hütte im schneereichen Winter von 1976/1977 so arg in Mitleidenschaft gezogen, daß ein Neubau geplant ist. Er soll am Platz der Schwarzegghütte erstellt werden. Dies würde jeder

bedauern, der einmal fernab der Welt auf der Strahlegghütte den Tag in der eisigen Urwildnis des Firnkessels mit seinen düsteren und trotzigen Wächtern Agassizhorn und Ochs hat «sterben» sehen.

Die Strahlegghütte ist Stützpunkt für eine leichte Gipfelbesteigung. Sie geht auf das Strahlegghorn (3461 m), wo sich die Pracht der Berner Alpen offenbart. In fast erdrückender Nähe reckt sich das Lauteraarhorn finster und abweisend. Dahinter doppelt das Schreckhorn nach, und man ahnt, weshalb es diesen Namen trägt. Über dem Finsteraarjoch baut sich im Süden die gräßliche Ostwand des Finsteraarhorns auf.

Noch gewaltiger ist die Aussicht natürlich vom Schreckhorn (4078 m). Es ist aber, wie das Lauteraarhorn, nur etwas für bewährte Alpinisten. Das nahgelegene Finsteraarjoch schafft die Verbindung hinüber zur Grimsel. Doch auch dieser Übergang bleibt wegen der Eiskaskaden des Finsteraargletschers erfahrenen Bergsteigern vorbehalten.

Eine hübsche Wanderung über blumenreiche Matten, schattige Wege und an bizarren Eistürmen vorbei führt am Mettenberg entlang. Sie beginnt mit dem Besuch der Nellenbalm am Fuße des Eigers. Eine Visite der imposanten Gletscherschlucht und des Marmorbruchs rechts der Weißen Lütschine schließt sich an. Dann steigt man durch den kühlen Wald hinauf zur Pfingstegg und schlendert gemächlich immer auf gleicher Höhe hinüber zur Halsegg (1348 m), wo am Rand des mächtig stoßenden Oberen Grindelwaldgletschers das Café Milchbach zu einem geruhsamen Ausblick auf die formenreich aufgeblätterte Zunge einlädt.

Von der Halsegg kann, gegen Entgelt, über einen gesicherten Steig zum Underen Wächsel hochgestiegen werden, immer hautnah mit dem zerzausten Eisstrom in Kontakt. Im Underen Wächsel tummeln sich Murmeltiere und Steinwild, das sich hier weitgehend an die Besucher gewöhnt hat. Der Abstieg von der Halsegg kann noch mit dem Besuch der neuen Grotte verbunden werden. Sie ist aber das

Blick vom Bänisegg über das Untere Eismeer des Unteren Grindelwaldgletschers zum Gletscherbruch beim Roten Gufer. Rechts der Zäsenberg. In Bildmitte das Strahlegghorn.

Rechts: Nicht weit oberhalb der Gleckensteinhütte am Wetterhorn lebt in den Schratten des Chrinnenhorns eine Steinwildkolonie. Im Hintergrund Mettenberg und Eiger (v. l.).

Ausgangspunkt
Grindelwald, 1034 m

Auffahrt
Grindelwald: Luftseilbahn Grindelwald – Pfingstegg (1392 m)

Höchste Punkte
Strahlegghorn, 3461 m
Wetterhorn, 3701 m
Strahlegghütte, 2688 m (Hüttenwanderung)
Gleckensteinhütte, 2317 m (Hüttenwanderung)
Im Underen Wächsel, 1700 m (Wanderung)

Stütz- und Rastpunkte
Strahlegghütte SAC, 2688 m
Gleckensteinhütte SAC, 2317 m
Stieregg, 1650 m, Ausschank
Pfingstegg, 1392 m, Bergrestaurant
Café Milchbach, 1348 m

Schrifttum
Karten: Landeskarte der Schweiz
1:25 000 Grindelwald, Blatt 1229
1:50 000 Interlaken, Blatt 254
1:50 000 Jungfrau, Blatt 264
Führer: Clubhütten SAC
Berner Alpen SAC
Literatur: Der Marmorbruch in Grindelwald, B. Wieland, 1975
Die Schwankungen des Unteren Grindelwaldgletschers seit dem Mittelalter, H. J. Zumbühl, 1975

Marschzeiten
Pfingstegg – Strahlegghütte	3⅓ – 5 Stunden
Nellenbalm – Pfingstegg – Halsegg – Oberer Gletscher	2½ Stunden
Hotel Wetterhorn – Gleckensteinhütte	3½ Stunden
Strahlegghütte – Strahlegghorn	2½ Stunden
Gleckensteinhütte – Wetterhorn	4 – 5 Stunden

Eintrittsgeld kaum wert. Besser, man steigt noch etwas weiter ab und nähert sich vom Gletschervorfeld her der in zartem Blau sich hundertfach aufspaltenden Zunge.

Mehr vom Gletscher, ja nahezu den ganzen, sieht, wer die Gleckensteinhütte (2317 m) als Ziel ins Auge gefaßt hat. Vom Hotel Wetterhorn am oberen Gletscher steigt man durch den Undren Berg hinan und sodann auf dem Ischpfad zur Engi, wo noch die Ruine der Bergstation des Wetterhorn-Aufzuges ins Tal gähnt. Unter dem Wasserfall des Wyßbaches geht es schließlich über Zybachs Platten in unzähligen Serpentinen hinauf zur Hütte.

Dieser großzügig ausgebaute Stützpunkt thront weit über der Eiszunge auf der Schulter des Wetterhorns und gibt den Blick in die zerschrundete Eisarena frei. Über dem Mettenberg schiebt sich sogar der Eiger ins Bild. Der Blick ins weite Tal hinaus erfaßt die ausgedehnte Grindelwaldner Streusiedlung. Hier lockt natürlich der wuchtige, firngekrönte Felskoloß des Wetterhorns, auch «Hasli-Jungfrau» genannt (3701 m). Er ist leicht über das Wildsgrätli zu ersteigen, vorausgesetzt, man bringt in die Berge etwelche Erfahrung mit. Wenn nicht, wäre es sträflicher Leichtsinn, sich ohne Führer auf diesen ebenso kühnen wie stolzen Gipfel hinaufzuwagen.

Nicht weit oberhalb der Gleckensteinhütte lebt in den Schratten des Chrinnenhorns eine Steinwildkolonie. Die Steinböcke und ihre Geißen geben sich hier oben so zutraulich, als wollten sie sich damit für den Besuch des Bergwanderers bedanken.

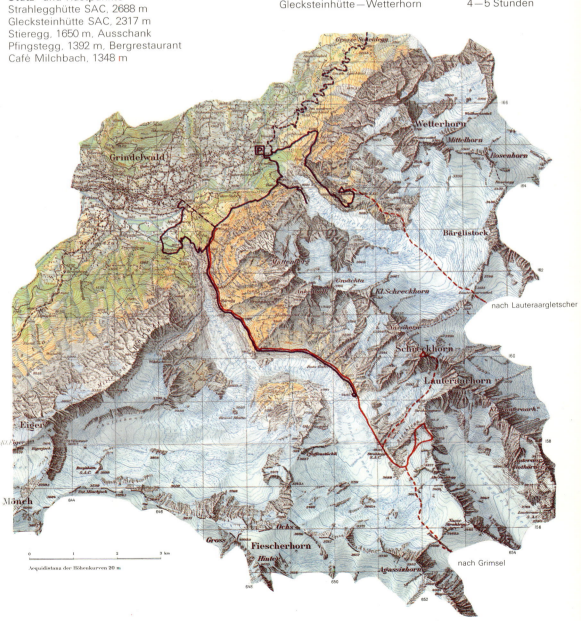

203

BERNER ALPEN *Finsteraarhorn-Gruppe*
Rosenlauigletscher
Gauligletscher

Nicht anders als die Grindelwaldgletscher zählte der Rosenlauigletscher zu den «Besonderheiten» der vor allem im 19. Jahrhundert groß in Mode gekommenen Schweizreise. War man schon einmal in Grindelwald, so ließ man es sich nicht nehmen, über die Große Scheidegg in guten drei Stunden gemächlich nach Rosenlaui zu wandern, um dort den nicht minder berühmten Gletscher zu bewundern. Allein der Spaziergang am Felskoloß des Wetterhorns entlang, von dem gefährlich überstehende Hängegletscher ins Tal grüßen, vermittelte erhabene und starke Eindrücke und stillte das Natursehnen der mit großen Erwartungen angereisten Touristen. Um wieviel größer mußte die Verwunderung beim Anblick des über endlose Klippen ins liebliche Rosenlauital abbrechenden Gletschers sein!

Dieses verborgene Juwel im Berner Oberland hat bis heute nichts von seiner Anziehungskraft verloren. Im Schutz seiner etwas versteckten Lage ist es trotz permanenter touristischer Attacken unversehrt geblieben. Längst hat der Gletscher den Schweif verloren, den er in die Schatten gewaltiger Fichten hinuntertrieb. Von den steilen Felspartien hat er sich längst auf flachere zurückgezogen, wo sich seine Zunge allmählich auflöst: ein Gletscher im Stadium des Zerfalls. Vielleicht ist es eben dies, was heute seine Faszination ausmacht. Denn gerade wegen seines Zerfalls formt er die phantastischsten Eisgebilde, die durch ihr ebenso unvermitteltes Entstehen wie unerwartetes Zusammenstürzen dem Betrachter ein Spiegelbild des Lebenszyklus vorhalten.

Schon der Name weist auf den eigentümlichen Charakter des Gletschers hin: schön und gefährlich. Er bedeutet Eislawine, und bis heute macht er ihm Ehre. Noch 1977 wurde ein größerer Abrutsch seiner aufgebrochenen Eisfront beobachtet, und nichts ist unvernünftiger, als sich ihm über den «Gletschhubel» hinaus zu nähern. Denn immer wieder poltern einzelne Eisbrocken weiter hinab, als die Eiskegel in den Felsmulden seines Bettes vermuten lassen.

Diese unberechenbaren Einzelgänger können entsetzliches Unheil anrichten, zumal die lautere Schönheit des himmelblau gefärbten Eises die Neugierde weckt und den Besucher anlockt. Deshalb ist Distanz hier oberstes Gebot.

Der Rosenlauigletscher bedeckt heute noch eine Fläche von 6,20 km². Er ist 5,2 km lang und endet, wieder leicht vorstoßend, auf etwa 1860 m ü. M. Seine in pittoresken Wasserfällen abflutenden Schmelzwasser haben, nur 10 km von der gewaltigen Aareschlucht zwischen Meiringen und Innertkirchen entfernt, eine der schönsten Gletscherschluchten ausgespült, mit denen die Alpen aufwarten können. Diese riesige, vom Gletscherwasser durchtoste Schlucht ist eines der Naturwunder der Alpen. Über gesicherte, zu wunderlichen Formen ausgewaschene Wege kann heute der Besucher in das Labyrinth der Nischen, Mulden und Töpfe vordringen, an denen das Wasser brüllend vorbeischießt. Hier, eingezwängt zwischen kirchturmhoch aufragenden Felswänden, kann man im Halbdunkel der Schlucht das Wasser als Naturgewalt bei der Arbeit beobachten.

Während der Gletscher in der Höhe den obersten Kamm des Wetterhornstockes erreicht (Mittelhorn, 3704 m), steigt er in rascher Neigung zwischen den hellen Kalkabbrüchen der Wellhörner und den plattigen Kalkriffen der Engelhörner als kilometerlange Eiskaskade tausendfach gezackt herab. Hier das Chaos des Eiskatarakts, dort die wildromantische Gletscherschlucht, vor der sich die Idylle eines verträumten Hochtales ausbreitet. Und über all dem die schroffen Gipfel und Grate als Krone der Landschaftskomposition – eine bizarre Welt.

Ein Aufstieg zur Dossenhütte (2663 m) erschließt auf das eindrucksvollste diese Welt. Unten zunächst an der Gletscherschlucht vorbei, führt er weiter oben auf

Oben: Das 3701 m hohe Wetterhorn (von Grindelwald aus gesehen) ist stark vergletschert. An der Nordostflanke des Wetterhornstockes stürzt der zerrissene Rosenlauigletscher zu Tal.

Die Gletscherschlucht von Rosenlaui: In jahrtausendelanger Arbeit haben die Abflüsse des Rosenlauigletschers eine großartige, mehrere hundert Meter lange und abgrundtiefe Schlucht aus dem Kalkfels geschliffen.

Rosenlauigletscher

Fläche:	6,20 km²
Länge:	max. 5,2 km
Breite:	mittl. 1,5 km
Höhe:	max. 3700 m ü. M.
	min. 1860 m ü.M.
Lage:	Nordosten
Moränentypen:	Seiten- und Endmoränen; im Gletschervorfeld Seitenmoränen
Gletschertyp:	Talgletscher
Gletscherform:	einfaches Becken
Gletscherfront:	normal/verschieden
Längsprofil:	Kaskaden
Ernährung:	Schnee und/oder Driftschnee
Zungenaktivität:	leichter Vorstoß

Besonderheiten: Hängt im Akkumulationsgebiet mit Gauligletscher, Ränfengletscher und mit Hengsterengletscher zusammen.

Unten: Die weit nach oben zurückgeschmolzene Zunge des Rosenlauigletschers im Oktober 1977. Das lichte Blau des in unzählige Spalten und Türme aufgebrochenen Eises machte den Gletscher zu einer der «Merkwürdigkeiten» der vor allem im 19. Jahrhundert groß in Mode gekommenen Schweizer Reise.

Unten Mitte: «Der Rosenlauigletscher auf dem Scheidek» im 18. Jahrhundert, gezeichnet nach der Natur von D. Dürringer und «gegraben» von Adrian Zingg. Die Ansicht erschien im Jahre 1760 in G. S. Gruners Werk über «Die Eisgebirge des Schweizerlandes».

Links: Der Rosenlauigletscher im Juni 1828. Dieses topographisch sehr genaue, einer Fotografie ebenbürtige Aquarell des Baslers Samuel Birmann (1793–1847) zeigt die weit gegen die Gletscherschlucht ob der Rosenlaui hinabstoßende Zunge. Links die Engelhörner, rechts das Kleine Wetterhorn.

Unten: Die Front des Rosenlauigletschers im Jahre 1808, festgehalten in einem kolorierten Stich des Winterthurer Landschaftsmalers Jos. Jakob Biedermann (1763–1830).

den Kamm der rechten Ufermoräne, die einen früheren Gletscherhochstand markiert. Dann erleichtert ein gesicherter Felsensteig mit Leitern, fixen Seilen und künstlichen Tritten den Anstieg durch die jäh zum Gletscher abstürzende Dossenwand. Unauslöschlich prägt sich hier das Bild der erstarrten Wasserwelt des labyrinthisch aufgebrochenen Rosenlauigletschers und der wuchtigen Wände der Wellhörner ein. Von der Hütte schweift der Blick auch zum Gstellihorn, dem höchsten der Engelhörner, und hinüber ins Urbachtal und die Gaulialp, die einst der Gauligletscher bedeckte. Aus dieser wilden und urtümlichen Gletscherlandschaft führt über die Wetterlimmi (3250 m) der hochalpine Übergang zur Gaulihütte und ermöglicht so dem Skitouristen eine einsame Abfahrt über den Gauligletscher ins Urbachtal. Dem Hochtouristen dient die Gaulihütte als Zwi-

schenstation auf dem Weg vom Rosenlauital zur Grimsel; ein hochalpiner Gletscherweg, der über das Hühnertälijoch führt und an der Lauteraarhütte vorbei dem Ufer des Grimselsees folgt.

An der Dossenwand, 200 m unterhalb der verloren auf den Grat gestellten Dossen-

hütte, befindet sich das neu errichtete Dossenbiwak, das dem Hochtouristen die Besteigung des Wetterhornes während der Skitourenzeit wesentlich erleichtert. Die Anstiegsrouten auf die Hasli-Jungfrau führen mitten durch das Spaltengewirr des Gletschers. Über den Wellhornsattel erreicht man nach vier Stunden den Wettersattel (3508 m), wo das Skidepot errichtet wird. Die letzten 200 Höhenmeter bewältigt der Skitourist zu Fuß über eine steile Schneeflanke.

Der Rosenlauigletscher, heute eine etwas kümmerliche Schönheit, repräsentiert fast nur noch rudimentär den Typus des Talgletschers. Er besteht aus einem einfachen Becken und hängt im Akkumulationsgebiet im Norden über den Wellhornsattel, im Osten über das Ränfenjoch mit dem unbedeutenden Ränfengletscher (1,79 km²) und im Süden über die Wetterlimmi mit dem Gauligletscher zusammen.

Die Zunge des Gauligletschers bedeckt heute einen Teil der Mattenalp, die einst fruchtbar und Besitztum einer reichen, frevelhaften Sennerin gewesen sein soll. Der Sage nach spukt die Sennerin noch heute in der Gestalt des «Gauliwiblis» auf Firn und Fels umher.

Das Dakota-Flugzeug, das am 24. November 1946 auf dem Gauligletscher notlandete. Deutlich heben sich die Einschlagtrichter des abgeworfenen Rettungsmaterials von der auf dem Gletscher liegenden Neuschneedecke ab. Die Dakota verschwand mit der Zeit vollständig unter dem Firn.

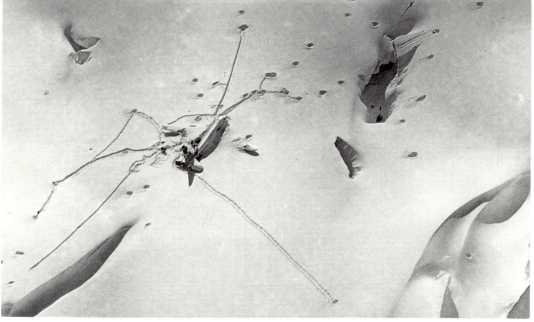

Gauligletscher

Fläche:	total 13,70 km²
	schuttfrei 12,90 km²
Länge:	max. 6,8 km
Höhe:	max. 3600 m ü. M.
	min. 2140 m ü. M.
Lage:	Osten
Firnlinie:	2900 m ü. M.
Nährgebiet:	3120 m ü. M.
Zehrgebiet:	2660 m ü. M.
Moränentypen:	Mittel-, Seiten- und Endmoränen; im Gletschervorfeld Seitenmoränen
Gletschertyp:	Talgletscher
Gletscherform:	zusammengesetzte Becken
Gletscherfront:	normal
Längsprofil:	Kaskaden
Ernährung:	Schnee und/oder Driftschnee
Zungenaktivität:	leichter Rückzug

Besonderheiten: Hängt mit Rosenlauigletscher und mit Oberem Grindelwaldgletscher zusammen.

(Daten: Stand 1973)

Gauligletscher

Dieser 6,8 km lange Gletscher im hintersten Urbachtal führt ein sehr zurückgezogenes Leben. Mit einer Fläche von 13,70 km² beherrscht er ein erstaunlich großes Gebiet, und es hat den Anschein, als habe er sich als direkter Nachbar des großen Unteraargletschers absichtlich dieses stille Plätzchen ausgesucht, um ungestört dahinträumen zu können. Aus diesem Träumen und Schlummern wurde er allerdings am 24. November 1946 jählings aufgeschreckt. Damals mußte – für ihn natürlich ganz unerwartet – ein Dakota-Flugzeug auf ihm notlanden. Die dadurch ausgelöste großangelegte Rettungsaktion brachte ihm eine weltweite und gewiß unerwünschte Publizität. Mit dem ersten Langsamflugzeug der Welt, dem wendigen Fieseler Storch Fi-156 C-3, der damals bei der Schweizer Flugwaffe hoch im Kurs stand, wurden Besatzung und Passagiere aus dem eisigen Gelände geborgen. Die Dakota selbst verschwand vollständig unter dem Firn, und die Zeit ist abzusehen, wann Teile davon an der Gletscherfront zutage treten.

Dort fanden sich schon 1829 Trümmer einer alten Hütte, die der Gletscher ausgespien hatte. Sie bezeugen die frühen Nachrichten, nach denen die Gaulialp vor langer Zeit bewohnt gewesen sei. Denn damals soll sie noch fruchtbar gewesen sein und den Namen Blümlisalp geführt haben. Besitztum einer reichen Sennerin, die sich Böses zuschulden kommen ließ, sei sie jedoch auf ewige Zeiten verflucht und unter der Eisdecke des Gletschers begraben worden. Der Sage nach geht die Sennerin noch heute in Gestalt des «Gauliwibli» (Gauliweibchen) auf Firn und Fels um.

Die Abflüsse des Gauligletschers werden im Staubecken Mattenalp gesammelt und über einen Zulaufstollen der unterirdischen Kraftwerkzentrale Handeck II der Kraftwerke Oberhasli zugeführt. Die Staumauer ist 25 m hoch und staut 2 Millionen m³ Wasser. Zur Zeit seiner Hochstände hat der Gauligletscher wohl das Gebiet des Mattensees bedeckt und seine Zunge bis weit in die Schlucht oberhalb der Schrätternalp im hintersten Urbachtal hinausgestreckt. Durch dieses Tal voll wilder Schönheit mit der langgestreckten Alp von Urbach zieht sich der lange Weg zur Gaulihütte; er führt durch die Hochwäng hoch über der Schlucht des Urbachwassers am Mattenstausee (1875 m) vorbei.

Von der Gaulihütte geht ein anstrengender Weg das Hühnertäli hinauf zum gleichnamigen Joch, das den Übergang ins Eistal des Unteraargletschers bildet. Hier oben, auf 3120 m, erwartet den Bergsteiger einer der stärksten Eindrücke, die die Gletscherwelt der Berner Alpen zu bieten hat. Scheuchzerhorn, Finsteraarhorn, Lauteraarhörner und Schreckhorn stellen sich über den Eisströmen des Unteraargletschers dem Betrachter mit solch unvermittelter Pracht und Wucht entgegen, daß ihm für Augenblicke Puls und Atem stocken.

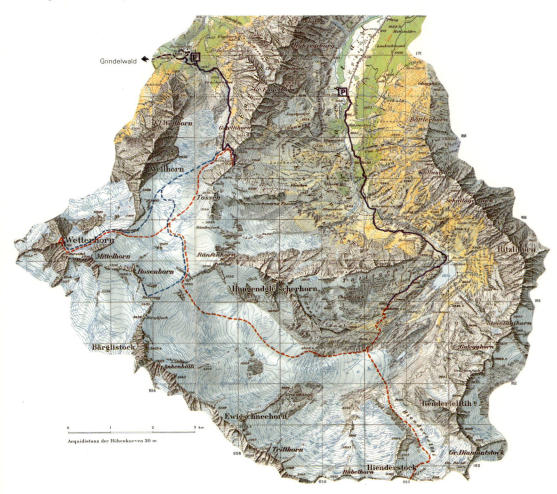

Ausgangspunkt
Rosenlaui, 1328 m
Urbach, 853 m

Höchste Punkte
Dossenhütte, 2663 m (Hüttenwanderung)
Wetterhorn, 3701 m (Skitour)
Wetterlimmi, 3250 m (Gletschertour)
Gaulihütte, 2205 m (Hüttenwanderung)

Stütz- und Rastpunkte
Dossenhütte SAC, 2663 m
Dossenbiwak SAC, 2488 m
Gaulihütte SAC, 2205 m
Lauteraarhütte SAC, 2392 m
Große Scheidegg, 1962 m

Schrifttum
Karten: Landeskarte der Schweiz
1:25 000 Grindelwald, Blatt 1229
1:25 000 Guttannen, Blatt 1230
1:50 000 Interlaken, Blatt 254
1:50 000 Sustenpaß, Blatt 255
Führer: Clubhütten SAC, Berner Alpen SAC

Marschzeiten
Grindelwald – Rosenlaui	3 Stunden
Rosenlaui – Dossenhütte	2½ – 3½ Stunden
Dossenhütte – Wetterhorn	4½ Stunden (Skitour)
Dossenhütte – Gaulihütte	4 – 5 Stunden
Gaulihütte – Lauteraarhütte	4½ Stunden

BERNER ALPEN *Blümlisalp*
Kanderfirn/Tschingelfirn
Telligletscher
Breithorngletscher

Kanderfirn, Petersgrat, Tschingelfirn – diese Anziehungspunkte für eingefleischte Hochtouristen bedeuten für den Glaziologen ein vergletschertes Areal von über 27 km², das sich von den bis tausend Meter hohen Südwestwänden der Blümlisalpgruppe bis zur rechten oberen Flanke des Lötschentales erstreckt.

Kanderfirn und Tschingelfirn gehören zusammen wie siamesische Zwillinge. Am Tschingelpaß sowie zwischen Mutthorn und Tschingelhorn sind sie miteinander fest verwachsen. So wirken sie als Bindeglied zwischen zwei Tälern, die beide gleicherweise in eine Sackgasse führen: das Gasterntal im Westen und das Lauterbrunnental im Osten. Dieses zweite Tal, das am Fuße des Jungfraumassivs seinen Anfang nimmt, darf sich rühmen, in seinem hintersten Teil als eine der «allerwildesten und fürchterlichsten Gegenden unseres Erdtheils» (Gruner) gegolten zu haben. Wenngleich die Gletscher in dieser Alpenhölle mittlerweile stark zurückgewichen sind, so hat dieser Talabschluß seinen wilden Charakter zu wahren gewußt. Auch der Eingang zum Rottal, in das der Stüfesteigletscher vom Gletscherhorn und der Ebnefluh steil hinabhängt und der schließlich zur Weißen Lütschine im Talgrund abbricht, ist bis heute nicht einladender geworden.

Eines jedoch hat sich wohl geändert: Die Poltergeister dieser unheimlichen Gegend werden heute nicht mehr in Felsen- und Eisschründen am Eingang zum Rottal in verschließbare Gefäße gebannt. Die Gespenster und unseligen Geister, die in dieser unwirtlichen Gegend bald die Trommel geschlagen, bald auf entsetzliche Weise geheult haben sollen, sind endgültig dem heutigen Wissen zum Opfer gefallen. Es waren und sind der Gletscher, auf ihn niederdonnernde Lawinen und stürmische Winde, die diese schauerliche Alpenmusik spielen.

Der Sage nach soll einst vom Lauterbrunnental ein gangbarer Weg ins Wallis ge-

Zwischen dem Petersgrat (rechts) und der Blümlisalpgruppe (links) mit dem Doldenhorn im Vordergrund lagert der Kanderfirn. Über den Tschingelpaß (Bildmitte) hängt er mit dem Tschingelfirn zusammen. Am Horizont Eiger, Mönch, Jungfrau und Aletschhorn.

Die Mutthornhütte (2901 m) am Fuße des Mutthorns liegt am Scheidepunkt zwischen Tschingelfirn und Kanderfirn. Im Hintergrund das Tschingelhorn.

Kanderfirn

Fläche:	total 14,02 km²
	schuttfrei 13,40 km²
Länge:	max. 6,8 km
Breite:	mittl. 3,1 km
Höhe:	max. 3260 m ü. M.
	min. 2320 m ü. M.
Lage:	Nordwesten–Südwesten
Firnlinie:	2780 m ü. M.
Nährgebiet, mittl. Höhe:	2980 m ü. M.
Zehrgebiet, mittl. Höhe:	2660 m ü. M.
Moränentypen:	Seitenmoränen
Gletschertyp:	Talgletscher
Gletscherform:	einfaches Becken
Gletscherfront:	normal/verschieden
Längsprofil:	gleichmäßig
Ernährung:	Schnee/Driftschnee
Zungenaktivität:	leichter Rückzug

Besonderheiten: Hängt mit dem Tschingelfirn und über Petersgrat mit dem Telligletscher zusammen.

Tschingelfirn

Fläche:	total 6,18 km²
	schuttfrei 5,32 km²
Länge:	max. 3,8 km
Breite:	mittl. 1,9 km
Höhe:	max. 3500 m ü. M.
	min. 2240 m ü. M.
Lage:	Nordosten–Osten
Firnlinie:	2840 m ü. M.
Nährgebiet, mittl. Höhe:	3020 m ü. M.
Zehrgebiet, mittl. Höhe:	2600 m ü. M.
Moränentypen:	Mittel-, Seiten- und Endmoränen; im Gletschervorfeld Seitenmoränen
Gletschertyp:	Gebirgsgletscher
Gletscherform:	zusammengesetztes Becken
Gletscherfront:	normal/verschieden
Längsprofil:	gleichmäßig
Ernährung:	Schnee/Driftschnee
Zungenaktivität:	leichter Rückzug

Besonderheiten: Hängt mit Kanderfirn zusammen.

Breithorngletscher

Fläche:	3,45 km²
Länge:	max. 2,8 km
Breite:	mittl. 1,4 km
Höhe:	max. 3460 m ü. M.
	min. 2120 m ü. M.
Lage:	Nordosten
Firnlinie:	2860 m ü. M.
Nährgebiet, mittl. Höhe:	3060 m ü. M.
Zehrgebiet, mittl. Höhe:	2420 m ü. M.
Moränentypen:	Mittel-, Seiten- und Endmoränen; im Gletschervorfeld Seitenmoränen
Gletschertyp:	Gebirgsgletscher
Gletscherform:	ungewiß/verschieden
Gletscherfront:	Berührungsfronten
Längsprofil:	unterbrochen
Ernährung:	Schnee und Lawinen
Zungenaktivität:	ungewiß

Besonderheiten: Zwei Zungen. Hängt über die Wetterlücke mit dem Telligletscher zusammen.

Telligletscher

Fläche:	9,57 km²
Länge:	max. 2,5 km
Breite:	mittl. 8,0 km
Höhe:	max. 3440 m ü. M.
	min. 2580 m ü. M.
Lage:	Südosten
Firnlinie:	3040 m ü. M.
Nährgebiet, mittl. Höhe:	3120 m ü. M.
Zehrgebiet, mittl. Höhe:	2940 m ü. M.
Moränentypen:	Schutt, nicht sicher, ob Moränen; im Gletschervorfeld Seitenmoränen
Gletschertyp:	Gebirgsgletscher
Längsprofil:	gleichmäßig
Ernährung:	Schnee/Driftschnee
Zungenaktivität:	stationär

Besonderheiten: Hängt über den Petersgrat mit dem Kanderfirn und über die Wetterlücke mit dem Breithorngletscher zusammen. Breiter, sich über mehrere Talkessel erstreckender Gletscher an der Südflanke des Petersgrates.

Stüfesteigletscher

Fläche:	4,36 km²
Länge:	3,2 km
Breite:	mittl. 1,5 km
Höhe:	max. 3920 m ü. M.
	min. 2140 m ü. M.
Lage:	Nordwesten–Westen
Moränentypen:	Mittel- und Seitenmoränen
Gletschertyp:	Gebirgsgletscher
Gletscherform:	zusammengesetztes Becken
Gletscherfront:	normal/verschieden
Längsprofil:	Kaskaden
Ernährung:	Schnee und Lawinen
Zungenaktivität:	leichter Rückzug

Besonderheiten: Hängt über das Gletscherjoch mit dem Aletschgletscher zusammen.

Breitlouwenengletscher

Fläche:	1,76 km²
Länge:	max. 1,5 km
Höhe:	max. 3700 m ü. M.
	min. 2220 m ü. M.
Lage:	Nordosten
Moränentypen:	Endmoränen; im Gletschervorfeld Seitenmoränen
Gletschertyp:	Talgletscher
Längsprofil:	hängend
Ernährung:	Schnee und Lawinen
Zungenaktivität:	stationär

Besonderheiten: Mehrere parallele Nischengletscher, die seitlich zusammenhängen.
(Daten: Stand 1973)

Blümlisalpgletscher

Fläche:	2,98 km²
Länge:	max. 2,9 km
Breite:	mittl. 1,3 km
Höhe:	max. 3660 m ü. M.
	min. 2200 m ü. M.
Lage:	Nordwesten
Firnlinie:	3000 m ü. M.
Nährgebiet, mittl. Höhe:	3100 m ü. M.
Zehrgebiet, mittl. Höhe:	2800 m ü. M.
Moränentypen:	Mittel-, Seiten- und Endmoränen; im Gletschervorfeld Seitenmoränen
Gletschertyp:	Gebirgsgletscher
Längsprofil:	hängend
Ernährung:	Schnee und/oder Driftschnee
Zungenaktivität:	stationär

Besonderheiten: Zwei nischenartige Gletscherbecken, die seitlich zusammenhängen. Beim Blümlisalphorn stürzen Eismassen hinunter. Hängt mit dem Morgenhorngletscher zusammen.
(Daten: Stand 1973)

Der Breithorngletscher im Lauterbrunnental um 1776. Stich von Schellenberg nach Caspar Wolf (1735–1783). Der Aargauer Aquarellist und Radierer Wolf gilt als bedeutendster Alpenmaler des 18. Jahrhunderts. In der Darstellung hochalpiner Landschaften war er seinerzeit unerreicht.

Rechte Seite: «Prospekt der Reparierten Straß über den Lötschenberg im Ampt Frutingen». Aquarellierte Zeichnung aus dem Jahre 1698, anonym, 40 × 40 cm, Staatsarchiv Bern

führt und bei der Alp Ammerten zuhinterst im Tal ein Dorf von beträchtlicher Größe gestanden haben. Ein dort gefundener Mühlstein sowie daselbst tief in die Felsen eingeschnittene Wagengeleise gaben schon im frühen 18. Jahrhundert Anlaß zur Vermutung, daß es mit der Sage etwas auf sich hat.

Der Weg ins Wallis hat aller Wahrscheinlichkeit nach entweder über den Breithorngletscher und die Wetterlücke oder über den Tschingelfirn und den Petersgrat ins Lötschental geführt. Daß er noch im 18. Jahrhundert begangen wurde, geht aus einem Unglücksbericht hervor, der in Gruners Werk von 1760 über die Eisgebirge des Schweizerlandes (S. 208) nachzulesen ist. Gruner berichtet: «Vor noch nicht langen Jahren wolte ein Hutmacher mit einer Bürde von seiner Waar, nach Wallis zu Markte gehen, und nahme seinen Weg über den damals noch wandelbaren, wiewohl allzeit gefährlichen, Gletscher im Lauterbrunnen. Er hatte aber das Unglück mit seiner Bürde in einen solchen Schrund zu versinken, und Niemand wußte wo er hingekommen ware. Viele Jahre nachher wurde sein Körper samt der auf sich habenden Bürde durch das außerordenlich angewachsene Schmelzwasser, unter dem Gletscher hervorgetrieben; so frisch, als wenn er erst hätte aufgehört zu leben.»

Dank der guten Zugänglichkeit wurde das Lauterbrunnental schon zu Beginn der Alpenbewegung wegen seiner Naturschönheiten von wohlhabenden Reisenden besucht. Neben den Staubbachfällen bei Lauterbrunnen und der Aussicht auf Jungfrau, Mönch und Eiger von Gimmelwald und Mürren aus zählte auch ein Blick in die hinterste Talecke zum Programm. Denn dort, wo die Unwirtlichkeit Triumphe feiert, verbüßten nach Meinung der Talbevölkerung die alten Talherren in ewiger Strafe ihre Freveltaten. Landschaftsmaler trugen schon früh dazu bei, diese fürchterliche Gegend durch Verbreitung ihrer vervielfältigten Stimmungsbilder weit herum bekannt zu machen. So sind aus der Hälfte des 18. Jahrhunderts eine ganze Reihe eindrucksvoller Darstellungen überliefert. Genaue Auskunft über den Zustand der Gletscher in jener Zeit im hintersten Lauterbrunnental geben vor allem die Ansichten von Caspar Wolf. Dieser bedeutendste Alpenmaler des 18. Jahrhunderts bereiste in den Jahren 1773/1774 und 1776 das Berner Oberland. Seine künstlerisch wertvollen Darstellungen des Breitlouwenengletschers und des Breithorngletschers im Lauterbrunnental zeichnen sich durch genaue Übernahme der topographischen Verhältnisse und der Farbgebung der Landschaft (bedingt durch Vegetation und Geologie) aus.

Bergsteigen Die Überschreitung des Tschingel- und Kanderfirns vom Lauterbrunnental ins Gasterntal oder umgekehrt wird meist mit einer Besteigung des Tschingelhorns oder sogar des Lauterbrunner Breithorns verbunden. Als frühester bekannter Überschreiter der beiden Gletscher über den Tschingelpaß gilt Samuel Bodmer, bernischer «Stucklieutenant und wohlbestellter Feldmesser». Er erhielt im Jahre 1705 den Auftrag, die Grenzen des bernischen Landes zu vermessen. Eine solche Überschreitung aber hat für den Bergsteiger einen nicht geringen Nachteil: Der Ausgangspunkt der Tour ist mit dem Auto oder öffentlichen Verkehrsmitteln nur in einem langen Umweg über Spiez und Interlaken zu erreichen. Einer Rundtour um die Blümlisalpgruppe gebührt allein deshalb schon der Vorzug. Ausgangspunkt dieser Zwei- bis Dreitagestour mit Übernachtungen in der Mutthornhütte und gegebenenfalls in der Blümlisalphütte ist Kandersteg. Die rund zehn Kilometer lange Strecke durchs Hintere Kandertal nach Selden im Gasterntal wird im Postauto oder, wenn dieses nicht mehr verkehrt, im Taxi zurückgelegt. In Selden/Gastern, wo der Paßweg über den Lötschberg abzweigt, beginnt der Aufstieg über den Kanderfirn zur Mutthornhütte.

Ein Blick in Richtung Lötschberg bringt in Erinnerung, daß hier einst eine Straße bis auf die Paßhöhe führte. Im Jahre 1695 begann der Kanton Bern mit dem Bau der Paßstraße, die von Gasterndörfli an der rechten Seite des Lötschengletschers entlang bis auf die Höhe des Lötschbergs, der Grenze zwischen Bern und Wallis, geführt wurde. Die Walliser jedoch vermuteten, daß der Straßenbau einen strategischen Vorteil für die andersgläubigen Berner bilde, und widersetzten sich einer Weiterführung der Straße ins Lötschental hinunter. So verfiel der Weg mit der Zeit, und heute führt der Pfad hinauf zum Lötschenpaß im oberen Teil wieder über den Lötschengletscher (0,91 km² Fläche). In einem «Prospect der Reparierten Straß über den Lötschenberg im Ampt Frutingen», einer Handzeichnung von 1698 (Staatsarchiv Bern), ist der Verlauf der Straße entlang dem Gletscher erklärt und dargestellt.

Gut 1500 Höhenmeter sind von Selden bis hinauf zum Mutthorn zu überwinden. Rund drei Stunden werden für den zunächst ziemlich steilen Anstieg benötigt. Auf der Höhe des Gletscherzungenendes, wo die Kander entspringt und munter

Legende:
A. Wo der neüwe oder Reparierte wäg sich von dem alten scheidet.
BBB. Die alte Straaß von gasteren über den Lötschenberg
CCC. Die wider auffgerichte neüwe Straaß
D. Die gandegg alwo die neüwe Straaß wider in die alte geht.
E. Der breite flache gletscher voll schründ und Spält zu dessen vermeidung die Straß CC. wider auffgerichtet ist.
F. Daß alte kreütz auff der höhe deß bärgß so die landtmarch ist der herrschafft fruetingen laut alten Lateinischen brieffs.
GGG. Die Straaß welche im winter über den gletscher gebraucht wirt das Veich darüber in Italien zeführen.
H.H.H. Undterschidliche schneelauwenen welche auff dem alten wäg viel mentschen bedekt und getödtet haben.
j. j. Undterschidliche stuk von alten mauren über welch dißer Sogenannte neüwe wäg Schon vor vielen Jahren gebraucht ware.
K. Daß dorfflin gasteren.
L. Die Cander von zweÿen gletscheren kommend.

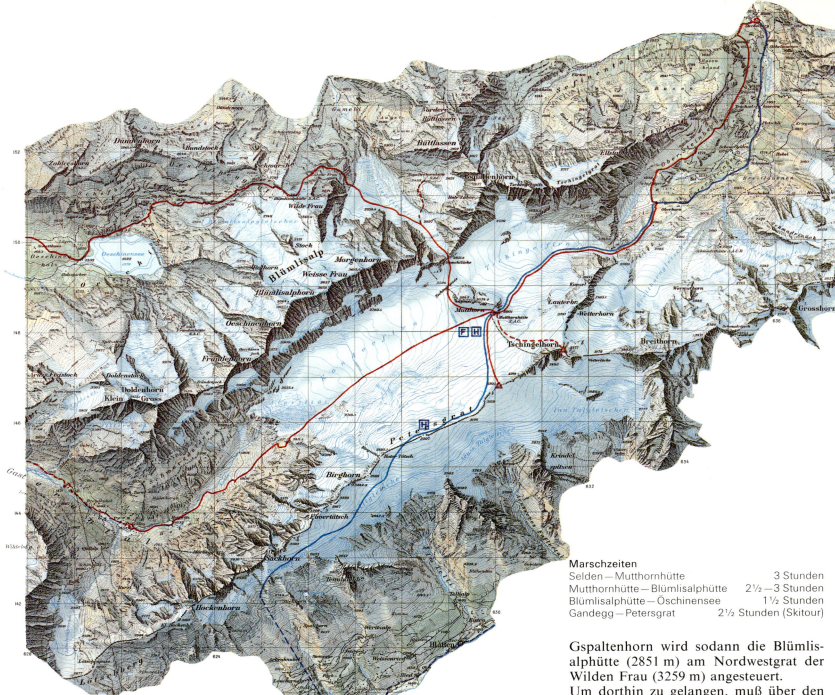

Marschzeiten

Selden—Mutthornhütte	3 Stunden
Mutthornhütte—Blümlisalphütte	2½—3 Stunden
Blümlisalphütte—Öschinensee	1½ Stunden
Gandegg—Petersgrat	2½ Stunden (Skitour)

über die steilen, rundgeschiffenen Felsen ins Tal plätschert, springt die schwungvoll gebogene linke Ufermoräne des Kanderfirns ins Auge. Unter ihr entlang erreicht man den linken Zungenlappen, ein Überbleibsel des Alpetligletschers, der früher einmal bis nach Heimritz, der hintersten Alpsiedlung, reichte. Bei der Zunge beginnt der lange Marsch hinauf zur Mutthornhütte, gute fünf Kilometer, kontinuierlich ansteigend.

Wie eine Insel ragt das Mutthorn, an dessen südlichem Ausläufer die Mutthornhütte Platz gefunden hat, aus dem langgestreckten Eisfeld. Hier, am Zusammenfluß von Tschingelfirn und Kanderfirn, ist der Stützpunkt für hochalpine Klettertouren. Das Morgenhorn der Blümlisalpgruppe lockt genauso wie das Gspaltenhorn im Norden oder Tschingelhorn und Lauterbrunner Breithorn im Süden. Freilich sind das schon recht gewagte Unternehmungen, die sich nur erfahrene Bergsteiger zutrauen dürfen.

Der Gletschertourist wird sich am zweiten Tag mit einem Aufstieg zum Petersgrat begnügen. Dort erwartet ihn ein überwältigender Ausblick hinüber zur Lötschenlücke und zur Nordwand des Bietschhorns mit seinen zahllosen Hängegletscherchen, aber auch hinunter ins Lötschental. Über den Tschingelpaß (2807 m) und die nahe Gamchilücke (2851 m) zwischen Morgenhorn und Gspaltenhorn wird sodann die Blümlisalphütte (2851 m) am Nordwestgrat der Wilden Frau (3259 m) angesteuert.

Um dorthin zu gelangen, muß über den kleinen Gamchigletscher (1,73 km² Fläche) bis auf etwa 2200 m ü. M. abgestiegen werden. Er wird nach links zu den Schrofen der Zahmen Frau hin gequert. Von dort sind es 600 Höhenmeter Aufstieg zur Blümlisalphütte. Die eisige Blümlisalp gleichsam vor der Hüttentür, wird man hier nur zu gerne rasten. Eine Besteigung der Weißen Frau oder des Blümlisalphorns wäre gewiß Höhepunkt dieser Rundtour. In steilem Firn und Eis weniger erprobte Bergsteiger sollten sich bei solchem Ziel unbedingt einem Bergführer anvertrauen. Wer bis zur Blümlisalphütte gut zu Fuß war, hat noch genügend Zeit, um am zweiten Tag zum Oeschinensee abzusteigen. Von dort bringt ihn die Sesselbahn bequem zurück nach Kandersteg.

Allerdings zählt der Oeschinensee zu den stillen Naturwundern der Berner Alpen. In der Tiefe des gewaltigen Kraters aus

Fels und Eis, den Oeschengrat und Blümlisalp bilden, sammeln sich die Abflüsse von nicht weniger als fünf Hängegletschern zum Oeschinensee, in dessen azurblauem Wasser sich die eisgepanzerten Dreitausender spiegeln. Hier einen Tag zu verweilen kann nie verlorene Zeit sein.

Skifahren Vom Lauterbrunnental aus lassen sich eine Reihe schöner Hochtouren mit Stützpunkt auf der Mutthornhütte unternehmen. Die wohl genußreichste Skitour über Kander- und Tschingelfirn nimmt ihren Anfang hoch oben am Jungfraujoch. Sie ist gewissermaßen der krönende Abschluß der «Lötschentour» (siehe Aletschgletscher), deren sportlicher Teil im Lötschental bekanntlich ihr Ende hat, und ergänzt diese zur Rundtour um die Jungfrau. Wem das Wichtigste auch bei einer Skitour das Skifahren und nicht das Aufsteigen ist, der kommt hier voll auf seine Kosten. Bei dieser Fortsetzung der vielbegangenen Lötschentour erwartet den im hochalpinen Gelände Erfahrenen das Nonplusultra: 4500 m Abfahrt bei nur 900 m Gegenanstieg. Der Hauptanstieg wird der Jungfraubahn überlassen. Lauterbrunnen, Ausgangspunkt dieses einmaligen Unternehmens, wird nach zwei Tagen wieder erreicht.

In Wiler unterhalb Blatten im Lötschental beginnt der zweite Teil der Jungfrau-Rundtour (siehe auch Aletschgletscher). Mit der Luftseilbahn läßt man sich zunächst auf die Lauchernalp und sodann mit dem Skilift nach Gandegg auf 2700 m Höhe bringen. Dort nimmt der rund zweieinhalbstündige Aufstieg quer über den Telligletscher hinüber zum Petersgrat (3207 m) seinen Anfang. Vom Petersgrat aus folgt eine hochalpine Abfahrt über 2300 Höhenmeter hinunter nach Stechelberg im Lauterbrunnental. Sie beginnt mit einer langen Schußfahrt über den spaltenarmen Kanderfirn zur Mutthornhütte, um die der Gletscher einen weiten Bogen macht, als hätte er etwas gegen sie: Der Wind hat ihn, ähnlich wie bei der Planurahütte am Hüfifirn, unermüdlich und mit stetem Fleiß aus dem Firn geblasen. Hier ist der richtige Platz für eine Mittagsrast. Durch den Eiskolk, der Hütte und Firn trennt, geht es wieder auf den Gletscher, der sich nun Tschingelfirn nennt. Über ihn schießt man hinunter und quert schließlich an seiner rechten Ufermoräne zur Alp Oberhorn, die Weiße Lütschine – sie entspringt dem Tschingelfirn – links liegenlassend. Über den Unteren Steinberg, die Krönung dieser Abfahrt (und ein Fest für Könner), geht es zwischen Felsplatten und Arven hinab nach Stechelberg und von dort nach Lauterbrunnen.

Wem als passioniertem Tiefschneefahrer der Aufstieg zum Petersgrat auf Fellen zu beschwerlich ist, der braucht dennoch nicht auf die herrliche Abfahrt zu verzichten. Denn sowohl der Petersgrat als auch der Kanderfirn stehen erfreulicherweise als Gebirgslandeplätze für sportliche oder touristische Zwecke zur Verfügung. Der Anflug im Helikopter oder im Flächenflugzeug auf den Petersgrat oder den Kanderfirn, der überwältigende Tiefblicke auf eine der schönsten Hochgebirgslandschaften beschert, wird, sei es vom Wallis oder vom Mittelland her, vollends zum atemberaubenden fliegerischen Bergerlebnis, wenn man ihn mit einem Alpenflug über das nahe Jungfraumassiv und den in majestätischer Gelassenheit dahinströmenden Aletschgletscher verbindet.

Der Aufstieg zum Blümlisalphorn geht über den Blümlisalpgletscher und an mächtigen Firnbänken vorbei.

Zu den stillen Naturwundern der Berner Alpen zählt der Oeschinensee. In ihm sammeln sich die Abflüsse der Gletscher der Blümlisalpgruppe.

BERNER ALPEN *Wildstrubel*
Glacier de la Plaine Morte
Wildstrubelgletscher
Lämmerengletscher

«Der Simmenthal oder Räzliberg Gletscher», gezeichnet 1759 nach der Natur von J. H. Koch, radiert von Adrian Zingg.

Das gesamte Gebiet vom Wildstrubel bis zum Weißhorn gehörte vor langer Zeit einem reichen Älpler. Eines Tages besuchte ihn sein altes, fast völlig erblindetes Mütterchen auf seiner Alp, die dem Vieh so gutes Futter bescherte, daß die Kühe dreimal täglich gemolken werden mußten. Aus Geiz und Habsucht setzte der Sohn seiner Mutter statt Sahne, wie es bei den Sennen Brauch war, verdünnten Kuhdünger vor. Daraufhin verfluchte das Mütterchen Berg und Alp. Schon im nächsten Jahr wuchs dort kein Grashalm mehr. Die Alp vereiste zusehends, und schon bald war die ehemals so fruchtbare Ebene nur noch eine riesige tote Fläche aus purem Eis: die Plaine Morte. Seither irrt der Sohn in Gestalt einer Kuh auf dem Gletscher umher. Diese jedoch ist alljährlich nur in der Heiligen Nacht während einer Stunde zu sehen. So erzählt die Sage.

Der Glacier de la Plaine Morte ist der größte Gletscher der Wildstrubelgruppe, deren Gipfel durch ihre Lage zwischen den Voralpen und der Rhone mit überwältigenden Fern- und Tiefblicken aufwarten. Begrenzt vom Weißhorn im Westen und dem Tothorn oder Sex Mort im Süden, erstreckt sich der Gletscher als nahezu ebene und spaltenlose Eisfläche bis zur Südwand des Wildstrubels und zum Schneehorn und Rothorn im Osten. Zwischen dem Gletscherhorn und dem Wildstrubel fließen seine Eismassen in einer stark zerspaltenen Zunge, den Überresten des Rezligletschers, nach Norden aus. Noch um die Mitte des 18. Jahrhunderts reichte diese Zunge über drei Steilstufen auf den Rezliberg oberhalb Lenk im Simmental hinab und bildete als gewaltige Eiskaskade ein vielbewundertes Naturschauspiel.

Wie weit die Zunge damals ins Tal hinabhing, darüber berichtet Johann Conrad Fäsi in seiner Staatsbeschreibung von 1768 (S. 783): «Auf der Höhe des Räzlibergs kommt es einem Fremden seltsam vor, wenn er zu gleicher Zeit ein großes Feld von dem reinsten und lautersten Eise, darneben aber eines, das ganz grün, und mit wohlriechenden Kräutern angefüllet ist, vor sich siehet.»

Glacier de la Plaine Morte

Fläche:	total 9,80 km²
	schuttfrei 9,67 km²
Länge:	max. 4,0 km
Breite:	max. ca. 5,5 km
Höhe:	max. 2960 m ü. M.
	min. 2320 m ü. M.
Lage:	Nordwesten
Moränentypen:	keine Moränen; im Gletschervorfeld Seiten- und Endmoränen
Gletschertyp:	Gebirgsgletscher
Längsprofil:	Eisfall
Ernährung:	Schnee und/oder Driftschnee
Zungenaktivität:	leichter Rückzug

Besonderheiten: Weite, fast ebene Gletscherfläche ohne bedeutende Spalten. Geht im Norden über in stark zerspaltete Gletscherzunge. Nach SO und SW abfließende Zungen nur noch im Ansatz vorhanden. Bei Pte. de Vatserat kleine Gletscherrandseen. Zwischen den Moränen des Gletschervorfeldes im Norden liegt das Rezligletscherseeli.

Wildstrubelgletscher

Fläche:	3,35 km²
Länge:	max. 2,5 km
Breite:	mittl. 1,8 km
Höhe:	max. 3240 m ü. M.
	min. 2540 m ü. M.
Lage:	Osten
Firnlinie:	3040 m ü. M.
Nährgebiet, mittl. Höhe:	3120 m ü. M.
Zehrgebiet, mittl. Höhe:	2760 m ü. M.
Moränentypen:	Seiten- und Endmoränen; im Gletschervorfeld Mittel-, Seiten- und Endmoränen
Gletschertyp:	Gebirgsgletscher
Gletscherform:	einfaches Becken
Längsprofil:	Eisfall
Ernährung:	Schnee und Lawinen
Zungenaktivität:	leichter Rückzug

Besonderheiten: Hängt im obersten Teil mit Ammertengletscher zusammen. Randpartien unterhalb Steghorngletscher bestehen aus Toteis.

Lämmerengletscher

Fläche:	0,76 km²
Länge:	max. 1,2 km
Breite:	mittl. 0,8 km
Höhe:	max. 3080 m ü. M.
	min. 2520 m ü. M.
Lage:	Nordwesten—Norden
Moränentypen:	Seiten- und Endmoränen
Gletschertyp:	Gebirgsgletscher
Gletscherform:	einfaches Becken
Gletscherfront:	kalbende Front
Längsprofil:	Eisfall
Ernährung:	Schnee und/oder Driftschnee
Zungenaktivität:	leichter Rückzug

Besonderheiten: Ältere, eishaltige Mittelmoräne zwischen Lämmerengletscher und Wildstrubelgletscher.

(Daten: Stand 1973)

Damals bereits wurden auch Ratschläge erteilt, wie am besten zu diesem und auf diesen, aus «dreyen besonderen Stockwerken» bestehenden Gletscher zu gelangen sei. Gottlieb Sigmund Gruner zum Beispiel riet 1760 in seinem umfassenden Werk über die Eisgebirge des Schweizerlandes (S. 146 f.): «Man kan ohne Gefahr bis zu der großen Gletschertafel hinauf steigen ... Man kan sogar über die Gletscher selbst gehen; diese Reise aber, die beynahe drey Stunden erfordert, ist allzeit gefährlich: Nicht nur wegen den Spälten und Schründen, die sich an vielen Orten in diesen Eistafeln befinden, in die man leicht ohne Rettung hinunter fallen kan; sondern auch, weil man Gefahr läuft, von dem Eise, sonderlich wenn die Sonne darauf scheint, dergestalt geblendet zu werden, als wenn man des Gesichts völlig beraubt wäre, folglich die auf dem Gletscher vorkommenden Gefährlichkeiten weder erkennen, noch ausweichen kan. Diejenigen, die der Sache nicht gewohnt sind, laufen auch die Gefahr, daß von den durchdringenden Nordwinden, denen dieser Gletscher vor andern ausgesetzt ist, sich die Haut ihres Angesichts abschellt. Dennoch bringen die Gemsejäger oft ganze Nächte auf diesen Gletschern zu, um des Morgens den Gemsen, wenn sie über den Eisschrund laufen, desto früher aufzupassen. Sie bedienen sich aber hiebey dieser Vorsicht, Säcke von Pelz mit zu tragen, in denen sie die Nächte zubringen, um den sonst unvermeidlichen Tod auszuweichen.»

Heute, da sich die Zunge rund 800 Höhenmeter nach oben zurückgezogen hat und auf 2261 Meter Höhe ein Seelein speist, ist ihre Pracht längst Geschichte. Und auch der Aufstieg auf die «Tote Ebene» erfolgt kaum mehr von Lenk aus, sondern weitaus bequemer und schneller von Süden her. Seit 1969 führt eine Gondel- und Luftseilbahn von Montana-Les Barzettes via Violettes hinauf zur Pointe de la Plaine Morte.

Hier, auf 2927 m ü. M., eröffnet sich dem Betrachter die Pracht der Wildstrubelgruppe, und zu seinen Füßen breitet sich die Plaine Morte wie gigantisches weißes Linnen aus. Der Blick schweift über dieses eisige «Leichentuch» nordostwärts hinüber zum Wildstrubel, der von hier aus in gut zweieinhalb Stunden erstiegen werden kann.

Die Wildstrubelgruppe ist sowohl für den Bergsteiger als auch für den Skifahrer wie geschaffen. Obwohl die Hauptgipfel dieser Gruppe – vor allem der mehrgipflige Wildstrubel – recht ansehnliche Dreitausender sind, ist ihre Besteigung auf den Normalrouten weder im Sommer noch zur Hochtourenzeit im Frühjahr ein Wagnis. Trotz der starken Vergletscherung der Gruppe ist die Spaltengefahr gering, so daß kaum am Seil gegangen werden muß, wenn man sich an die richtige Routenführung hält.

Folgende Doppelseite: Firnschichtung im Lämmerengletscher. Ausgangspunkt der Skihochtouren in der Wildstrubelgruppe, einem Dorado für Hochtouristen, ist die Lämmerenhütte.

Der Glacier de la Plaine Morte ist der größte Gletscher der Wildstrubelgruppe. Als nahezu ebene und spaltenlose Eisfläche erstreckt er sich vom Weißhorn im Westen bis zum Wildstrubel (links) und Schneehorn (rechts) im Osten.

«Die Eisgebirge und Gletscher des Strubels», radiert von Adrian Zingg nach einer Zeichnung von J. H. Koch. G. S. Gruner veröffentlichte diese Ansicht 1760 in seinem Werk über die «Eisgebirge des Schweizerlandes». Auf dem Gletscher in der Bildmitte ist eine Gletschermühle mit den sternförmig zusammenlaufenden Schmelzwasserbächen dargestellt.

Bergsteigen Dank der Luftseilbahn auf die Pointe de la Plaine Morte ist die Wildstrubelbesteigung zu einer Tagestour geworden. Diese läßt sich auch zu einer erlebnisreichen, zweitägigen Rundtour erweitern.

Von der Bergstation am Plaine-Morte-Gletscher geht es zunächst in Richtung Tothorn, unterhalb dessen der Sommerskilift gequert wird. Dann nimmt man die zumeist vorhandene Spur auf, die sich in nordöstlicher Richtung über den Glacier de la Plaine Morte zum Südwestgrat des Wildstrubels zieht. Nach knapp einstündiger Wanderung über den spaltenlosen Gletscher ist der Grat erreicht, über den unbeschwerlich in anderthalb Stunden der westlichste Gipfel (3243 m) des Wildstrubels erstiegen wird.

Die unvergleichliche Aussicht macht die ohnehin geringen Mühen des Aufstiegs schnell vergessen. Im Süden bilden die Walliser Alpen den Horizont: Ihre mächtigen Viertausender scheinen wie zu einer Perlenkette aufgereiht. Nicht minder imposant ist der Tiefblick auf den Plaine-Morte-Gletscher und die zum Rezligletscherseelein abstürzende Zunge. Gegen Osten blickt man hinunter in den hufeisenförmigen Eiskessel des Wildstrubelgletschers, über den zur Lämmerenhütte abgestiegen wird. Wer freilich diesen Abstieg über den Gletscher scheut, wählt den schnee- und eisfreien Südwestgrat, über den er hochgekommen ist. Zur Lämmerenhütte gelangt man in diesem Fall über das Schneejoch (3020 m), zwischen Schneehorn und Rothorn, und den kleinen Lämmerengletscher an der Nordseite des Joches.

Doch vor dem Abstieg sollte man den rund 3,5 km langen Gipfelgrat bis zum Großstrubel (3242 m), dem östlichsten Wildstrubelgipfel, abschreiten. Denn der Kontrast, der sich hier auftut zwischen Voralpenlandschaft und den Fels- und Eisflanken der Wildstrubelgruppe und der Balmhorngruppe mit der Altels im Osten, ist ohne Vergleich.

Endziel des ersten Tages ist die Lämmerenhütte. Sie liegt nicht mehr, wie die alte Hütte, an den Felsen des Lämmerenhornes, sondern einige Minuten Fußmarsch weiter nordöstlich auf einem flachen Rücken des Lämmerengrates. Die Übernachtung in der Lämmerenhütte ermöglicht es dem Wanderer, anderntags zum Steghorn (3146 m) aufzusteigen.

Am zweiten Tag wird gemütlich über die Lämmerenalp und den Gemmipaß nach Leukerbad abgestiegen. Hier sollte man sich Zeit nehmen und die Luftseilbahn Leukerbad–Gemmi in des Wortes eigentlicher Bedeutung links liegenlassen. Denn es gibt wohl kaum einen romantischeren Paßweg als den mit «unsäglicher Mühe und Kösten zum Vortheile des Leukerbades» (Gruner) in den Felsen gehauenen Abstieg ins Wallis. Bis zum Jahre 1741 war dieser Weg mit den «wurmförmichten oder mäandrischen Krümmungen» so schmal, daß auf ihm gerade ein Wanderer entlanggehen konnte. Von Leukerbad aus, wo die Tour zu Ende geht, ist man mit den öffentlichen Verkehrsmitteln schnell am Ausgangspunkt (Sierre oder Montana) der Zweitagesreise zurück.

Wer freilich Muße hat, sollte den Abstieg nach Adelboden ins Auge fassen. Beim Gemmipaß, der einen völlig überraschenden Ausblick hinunter ins Wallis erlaubt, nimmt man den Weg zum Daubensee. In ihm sammeln sich die Schmelzwasser des Wildstrubel- bzw. Lämmerengletschers. Entlang seinem linken Ufer geht es nordwärts, bis kurz vor Ende des anderthalb Kilometer langen Bergsees der Aufstieg über die Rote Chumme beginnt. Das sind rund 400 Höhenmeter hinauf. Doch dann geht es hinunter auf die wie in einem Krater liegende Engstligenalp und von da nach Adelboden.

Von der Pointe de la Plaine Morte, der Bergstation der Luftseilbahn Montana–Plaine Morte, überblickt man die weite tote Fläche aus Eis in ihrer ganzen Ausdehnung. Dank der Luftseilbahn ist die Besteigung des Wildstrubels (Mitte) zu einer Tagestour geworden.

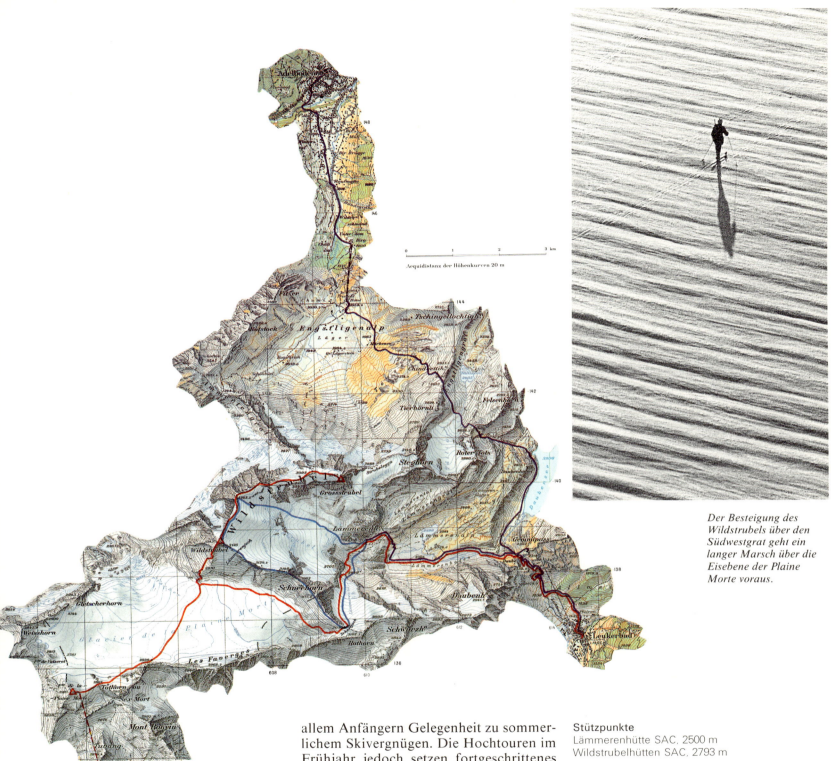

Der Besteigung des Wildstrubels über den Südwestgrat geht ein langer Marsch über die Eisebene der Plaine Morte voraus.

Skifahren Skifahren wird im Gebiet des Glacier de la Plaine Morte seit dem 7. Januar 1911 großgeschrieben. Damals wurde dort das erste Rennen vom Gletscher nach Montana hinunter ausgetragen. Lord Kandahar stiftete dazu den ersten Preis. Die 17 km lange Strecke bewältigte der Sieger in der stolzen Zeit von 61 Minuten. Heute wird auch im Sommer auf dem Gletscher Ski gefahren. Ein 880 Meter langer Skilift am Tothorn gibt vor allem Anfängern Gelegenheit zu sommerlichem Skivergnügen. Die Hochtouren im Frühjahr jedoch setzen fortgeschrittenes Fahrvermögen und alpine Erfahrung voraus.

Ausgangpunkt der Skihochtouren in der Wildstrubelgruppe, einem Dorado für Hochtouristen, ist die Lämmerenhütte. Die Tourenmöglichkeiten sind hier so mannigfaltig, daß auf die Führerliteratur verwiesen werden muß. Immerhin sei stellvertretend die kleine Wildstrubel-Rundtour erwähnt. Diese großzügige Hochtour geht über den Lämmerengletscher zum Schneejoch, wo der Wildstrubel entweder über das Schneehorn oder über seinen Südwestgrat erstiegen wird. Die Abfahrt führt über den Wildstrubelgletscher zurück zur Lämmerenhütte.

Stützpunkte
Lämmerenhütte SAC, 2500 m
Wildstrubelhütten SAC, 2793 m

Schrifttum
Karten: Landeskarte der Schweiz
1:50 000 Wildstrubel, Blatt 263
1:25 000 Gemmi, Blatt 1267

Führer:
Hochgebirgsführer duch die Berner Alpen I, SAC
Königer, Berner Alpen, Rother
Alpinismus, Heft 10/1971 und Heft 1/1977, Seckler

Anforderungen
Ausrüstung: Hochalpin (Seil, Steigeisen, Pickel). Ungeübte sollten die Besteigung des Wildstrubels nicht ohne Bergführer unternehmen.

Marschzeiten
Pointe de la Plaine Morte—Wildstrubel 1½–2 Std.
Wildstrubel—Lämmerenhütte 2–2½ Stunden
Lämmerenhütte—Leukerbad 3½–4½ Stunden

BERNER ALPEN *Les Diablerets*
Glacier de Tsanfleuron
Glacier des Diablerets
Glacier du Sex Rouge

Les Diablerets

Als westlicher Eckpfeiler der Berner Alpen ist der massige Gebirgsstock der Diablerets zugleich die einzige Erhebung der Waadtländer Alpen, die an die Schneegrenze heranreicht. An seine nördliche Kalkfront stößt der landschaftlich so ungemein abwechslungsreiche Übergangsraum zwischen Mittelland und Alpen. Hier, wo sich das Mittelland mit dem Alpenkörper verzahnt, wo die weichen Flyschmassen von hartem Kalk überlagert werden, beginnen die eigentlichen Alpen. Schroff erheben sich die von der Verwitterung gezeichneten Kalkgipfel der Diablerets über die grünen Talsohlen und sanften Hügelzüge der Waadt und des Berner Oberlandes. Über einer markanten, Wind und Wetter aus Südwest trotzig entgegengehaltenen Faltenstirn liegt diesem zerrissenen Kalkklotz wie eine Nonnenhaube in jungfräulichem Weiß ein sich über die Bergschulter weit ausbreitender Eisschild auf. Er setzt sich aus drei ineinanderfließenden Gletschern unterschiedlicher Größe zusammen.

Am weitesten nach Westen vorgeschoben, erreicht der Glacier des Diablerets zugleich auch die größte Höhe. Vom Gipfel der Diablerets (3209 m) zieht er sich nach Nordosten in leichtem Bogen am Kamm hinunter zum Dôme (3016 m) und verbindet sich dort mit dem dreieinhalbmal größeren Glacier de Tsanfleuron. Als echte Eiskappe, die dem flachen Gipfelaufbau wie maßgeschneidert aufsitzt, bildet der Diableretsgletscher keine Zunge aus. Denn dafür ist auf dem nach Süden und Osten senkrecht abfallenden Kalkstock kein Platz. Auf einer Länge von rund 600 m kalbt deshalb die abrupt abbrechende Gletscherfront auf den rund 400 m tiefer in einer winzigen Nische auf 2400 m gelegenen Glacier de Tchiffa (0,09 km²).

Hauptgletscher der Diablerets ist der Glacier de Tsanfleuron. Vom Dôme fließt er sanft geneigt an der wie die Seitenfläche einer Pyramide aufragenden braunen Südwand des Oldenhorns (3122 m) entlang. Nach rund 3,6 km endet er auf einer Breite von gut 1,5 Kilometern im Niemandsland einer grauen Kalkwüste, in der die Spiegel Tausender kleiner und kleinster Seen blitzen. Ihre Becken hat der Gletscher in jahrhundertelangem Schleifprozeß ausgehöhlt. Der zurückweichende Eisschild schließlich hat diese Felswannen freigegeben und mit Schmelzwasser gefüllt.

Zwischen Sex Rouge und Oldenhorn hängt der Glacier de Tsanfleuron über den Paß gleichen Namens mit dem kleinen Glacier du Sex Rouge zusammen. Dieser klebt an der Nordwestflanke des Oldenhorns und bricht über ein Kalkband in das mehrere hundert Meter tiefe Geröllkar von Dar Dessus ab.

Über diese muschelförmige, schuttreiche Einöde spannt sich die dritte Sektion der Luftseilbahn Reusch–Glacier des Diablerets. Schon die Fahrt mit dieser aus drei Abschnitten bestehenden Anlage ist ein Erlebnis besonderer Art. Nirgendwo sonst ist der Wechsel von Wäldern und

Die Eiskappe der Diablerets. Auf einer Länge von 600 m kalbt die abrupt abbrechende Front des Glacier des Diablerets über die steile Kalkwand auf den darunterliegenden Glacier de Tchiffa.

Glacier de Tsanfleuron

Fläche:	3,78 km²
Länge:	max. 3,6 km
Breite:	mittl. 1,5 km
Höhe:	max. 3020 m ü. M.
	min. 2440 m ü. M.
Lage:	Osten
Firnlinie:	2800 m ü. M.
Nährgebiet, mittl. Höhe:	2840 m ü. M.
Zehrgebiet, mittl. Höhe:	2720 m ü. M.
Moränentypen:	Seitenmoränen; im Gletschervorfeld Endmoränen
Gletschertyp:	Gebirgsgletscher
Längsprofil:	gleichmäßig
Ernährung:	Schnee und/oder Driftschnee
Zungenaktivität:	leichter Rückzug

Besonderheiten: Hängt mit dem Glacier des Diablerets und über den Col de Tsanfleuron mit dem Glacier du Sex Rouge zusammen. Im Vorfeld zahlreiche kleine Seen in durch Gletscher ausgeschliffenen Felswannen.

Glacier des Diablerets

Fläche:	1,04 km²
Länge:	max. 1,3 km
Höhe:	max. 3220 m ü. M.
	min. 2780 m ü. M.
Lage:	Nordosten–Süden
Firnlinie:	2960 m ü. M.
Nährgebiet, mittl. Höhe:	3080 m ü. M.
Zehrgebiet, mittl. Höhe:	2900 m ü. M.
Moränentypen:	keine Moränen
Gletschertyp:	Gebirgsgletscher
Gletscherfront:	kalbende Front
Längsprofil:	gleichmäßig
Ernährung:	Schnee und/oder Driftschnee
Zungenaktivität:	ungewiß

Besonderheiten: Hängt im östlichen Teil mit dem Glacier de Tsanfleuron zusammen. Westlicher Teil der Front kalbt auf den Glacier de Tchiffa hinunter.

(Daten: Stand 1973)

Glacier du Sex Rouge

Fläche:	0,72 km²
Länge:	max. 1,2 km
Breite:	mittl. 1,0 km
Höhe:	max. 2900 m ü. M.
	min. 2400 m ü. M.
Lage:	Norden
Moränentypen:	Schutt, nicht sicher, ob Moräne; im Gletschervorfeld Seitenmoränen
Gletschertyp:	Gebirgsgletscher
Gletscherfront:	normal
Längsprofil:	unterbrochen
Ernährung:	Schnee und Lawinen
Zungenaktivität:	leichter Rückzug

Besonderheiten: Hängt über den Col de Tsanfleuron mit dem Glacier de Tsanfleuron zusammen.

Wie der Überrest einer sumerischen Zikkurat ragt das Oldenhorn aus der Eisdecke des Glacier du Sex Rouge (links) und des Glacier de Tsanfleuron empor. Blick von der Sex Rouge über den Col de Tsanfleuron.

Unten: Der St.-Martins-Turm. Wie ein riesenhafter versteinerter Kaktus steht dieser rund 45 m hohe Kalkturm in der Firnwüste des Glacier de Tsanfleuron. Quille du Diable, Kegel des Teufels, nennen ihn die Walliser. Am Horizont die Walliser Viertausender.

Wiesen mit überwachsenen Schutthalden, schroffen Kalkfelsen und eisgeschmückten Zinnen eindrucksvoller und lebendiger als hier. Mit den Stationen auf Oldenegg (1919 m), Tête aux Chamois (2525 m), etwas oberhalb der Cabane des Diablerets, und Sex Rouge (2940 m) erreicht man stufenweise zugleich Höhen, die mit völlig anders gearteten Vegetationsformen aufwarten.

Vom Gipfel der Sex Rouge (er liegt 31 m höher als die Bergstation) hat man den vielleicht umfassendsten Überblick über den Gebirgsstock der Diablerets. Gegen Südwesten zieht der Hauptgipfel mit der auffälligen waagrechten Gliederung seiner Kalkbänder das Auge auf sich. Nur Schwindelfreie werden in gleicher Richtung ohne Zaudern den Blick in die Tiefe richten können: in einen gewaltigen, über 1500 m tiefen Kessel, in dem vom Gipfelkranz der Sex Rouge, Diablerets und Tête Ronde abstürzende Kalkblöcke wie in einem riesigen Abfalleimer gesammelt werden. Der düstere Kessel zeigt lediglich an seinem Rand eine etwas freundlichere Tönung. Denn dort, an der nördlichen Seite des Gipfelkranzes, fristen kleine Eisansammlungen ein kümmerliches Dasein. Ihre klangvollen Namen (sie heißen Glacier de Culan, Glacier de Pierredar, Mauvais Glacier und Glacier de Prapio) vermögen nicht über ihre Bedeutungslosigkeit hinwegzutäuschen.

Blickfang vom Panoramagipfel der Sex Rouge (2971 m) aus ist trotz seiner größten Höhe freilich nicht der Gipfelaufschwung der Diablerets. Denn im Osten, nur einen Kilometer entfernt, durchbricht das dunkelbraune Oldenhorn die Eisdecken des Glacier du Sex Rouge und des Glacier de Tsanfleuron. Dieser Berg ist eine der wunderlichsten Erhebungen des ganzen Gebirgsstockes. Geradezu gespenstisch wechselt er, je nach Standort des Betrachters, sein Aussehen. Von der Sex Rouge erscheint er mit seinen mauerartig aus den Geröllhalden aufsteigenden Kalkflühen als Überrest einer gigantischen sumerischen Zikkurat. Dieser wuchtige turmartige Stufentempel inmitten einer eisigen Wüste verwandelt sich, steht man auf dem Col de Tsanfleuron (2884 m), einhundert Höhenmeter unterhalb der Aussichtsterrassen der Bergstation Sex Rouge, in den messerscharfen Bug eines riesigen Eisbrechers, der sich durch das Eismeer der Diableretsgletscher Richtung Südwesten einen Weg zu bahnen scheint. Und befindet sich der Betrachter endlich inmitten der weiten Ebene des Glacier de Tsanfleuron, so glaubt er sich in eine von einer Eiszeit überraschten ägyptische Landschaft versetzt, aus der das Oldenhorn wie eine der großen Pyramiden von Gizeh als gleichschenkliges Dreieck in den Himmel ragt. Eine Wanderung über die Gletscher der Diablerets wird jedoch nicht allein wegen der erstaunlichen Verwandlungskunst des Oldenhorns, das sich auch Becca d'Audon nennt, zu einem großartigen landschaftlichen Erlebnis. Ob man nun in anderthalb Stunden leicht den Gipfel der Diablerets gewinnt oder sich lediglich unterhalb der Firnkuppe des Dôme über den Glacier de Tsanfleuron an dessen südlichsten Punkt begibt – die Landschaft belohnt, wohin man sich auf diesem vereisten Kalkstock auch wendet, jeden Schritt mit einer Überraschung.

Geht man von der Sex Rouge genau Richtung Südost über den Glacier de Tsanfleuron, so zeigt sich bald am Horizont ein seltsamer dunkler Felsklotz. Je näher man ihm kommt, desto drohender scheint er aus dem Firn zu wachsen. Es ist der Tour St-Martin (2908 m). Wie ein riesenhafter versteinerter Kaktus steht dieser rund 45 m hohe Kalkturm in der blütenweißen Firnwüste. Spätestens bei seinem Anblick wird auch dem Begriffsstut-

zigsten klar, weshalb der Gebirgsstock der Diablerets diesen Namen trägt: seine Gipfel sehen aus wie Teufelshörner.

Vom St.-Martins-Turm, dessen Spitze man in luftiger Kletterei (III. Schwierigkeitsgrad) gewinnt, aber auch von seiner Basis blickt man geradewegs ins Reich des Teufels: Von der Front des Diableretsgletschers donnern mächtige Eisblöcke über die senkrechte Südostwand auf den Glacier de Tchiffa hinab, Felsblöcke aus den Kalkbändern mit in die Tiefe reißend. Am Fuß des 1600 m hohen Südabsturzes der Diablerets zeugen enorme Trümmerhäufungen und ungeheure Felsbrocken vom Zerstörungswerk der Natur. Ein sehr weit auskeilender Schuttkegel, auf dem zaghaft ein junger Urwald Fuß fassen will, weist auf häufige Bergstürze von der Südflanke der Diablerets hin.

Noch bis in unser Jahrhundert waren Walliser Sennen überzeugt, daß auf den Diablerets und ihren Gletschern Teufel und Dämonen einander in die Haare geraten oder in wildem Wettstreit Kegel schieben. Mit Felsbrocken, der Flanke des Oldenhorns entrissen, soll diese wüste Gesellschaft auf den St.-Martins-Turm zielen, den die Walliser Quille du Diable, Kegel des Teufels, nennen. Die über den Kegel hinausschießenden Blöcke stürzen dann polternd über die Südwand auf die 1500 m tiefer gelegene Alp Derborance.

Blick vom Oldensattel über den Gletschersumpf des Glacier de Tsanfleuron gegen Süden, wo die Gipfelkette der Walliser Alpen über den Dunstschichten des Rhonetales in eisklare Höhen aufragt.

In Wirklichkeit jedoch waren es die Eismassen des kalbenden Gletschers, die Schutt und Geröll in Bewegung brachten und Bergstürze auslösten. Der folgenschwerste war jener vom 23. Juni 1714. Zwischen 14 und 15 Uhr löste sich an jenem Tag ein Teil der Kalkwand und stürzte auf die Alp Derborance. Mindestens 14 Menschen, etwa 100 Kühe und zahlreiches Kleinvieh wurden unter Schutt und Staub begraben. In einer der 25 verschütteten Alphütten blieb ein Hirte monatelang gefangen. Als Nahrung dienten ihm lediglich Käse und Wasser. Schließlich gelang es dem längst Totgeglaubten, sich aus der schuttbedeckten Hütte zu befreien. Seine Verwandten im Heimatort Aven jedoch hielten den wieder aufgetauchten Hirten zunächst für einen Geist und ließen ihn durch den Pfarrer beschwören. Charles Ferdinand Ramuz hat dieses Geschehnis in seinem Roman «Der Bergsturz», einem klassischen Werk der welschschweizerischen Literatur, verarbeitet.

Der nächste Bergsturz im Jahre 1749 ließ den so idyllisch gelegenen Lac de Derborence (1449 m) entstehen. Er ist damit einer der jüngsten natürlichen Seen der Schweiz. Die «scheußliche Einöde», die der Zürcher Naturforscher und Staatsmann Hans Conrad Escher von der Linth 54 Jahre nach der Katastrophe auf einem seiner unzähligen Streifzüge durch die Alpen hier sah, ist heute zu einem Großteil von Wald bewachsen. Auf der Schutthalde des Bergsturzes vermochte sich sogenannter Pionierwald anzusiedeln. Diese alpine Urwaldlandschaft mit Föhren- und Tannenbeständen ist heute allerdings durch Eingriffe der zuständigen Kraftwerksverwaltung, die ganz in der Nähe die junge Lizerne in einem kleinen Becken staut, gefährdet. Das Bergsturzgebiet (der letzte Bergsturz erfolgte 1944) ist im «Inventar der zu erhaltenden Landschaften und Naturdenkmäler von nationaler Bedeutung» beschrieben.

Vom Kegel des Teufels, dem St.-Martins-Turm, an dessen Fuß eine kleine Berghütte steht, hat man den vielleicht umfassendsten Fernblick auf die am südlichen Horizont über den Dunstschichten des Rhonetales in eisklare Höhen aufragende Gipfelkette der Walliser Alpen. Allein diese Panoramaschau lohnt schon den halbstündigen Spaziergang von der Bergstation Sex Rouge über den Glacier de Tsanfleuron. Dieser ist, weil praktisch spaltenlos, ohne Gefahr zu begehen. Sein ebenes Firnbecken bietet sich als Flugzeugpiste geradezu an. Seit die Luftseilbahn bis zum Gletscher hinaufreicht, hat dieser Gebirgslandeplatz allerdings etwas an Reiz und Bedeutung eingebüßt.

Will man ganz in den Genuß der landschaftlichen Vielfalt der Diablerets kommen, steigt man zu Fuß über den Oldensattel auf die Oldenalp und weiter nach Reusch ab. Zum Sattel am Fuß des Oldenhorn-Ostgrates, über den man in einer Stunde leicht den Gipfel des Dreiländerberges (die Kantone Wallis, Waadt und Bern berühren sich hier) ersteigt, quert man den Gletscher in nördlicher Richtung. Der Abstieg vom Sattel in das steile Halbrund der ebenso grauen wie tiefen Schuttmulde des Ober-Olden ist nur trittsicheren Wanderern zu empfehlen. Hier tut sich vor dem Berggänger eine Land-

Die Alp Derborance wurde wiederholt durch Bergstürze aus der Südflanke der Diablerets verwüstet. Der letzte Bergsturz erfolgte 1944. Blick vom Tour St-Martin auf die Alp, wo sich heute eine alpine Urwaldlandschaft ausbreitet.

schaft auf, die Gefühle des Schauderns und der Ehrfurcht zugleich zu wecken vermag. Vom Grund der Oldenalp türmen sich die harten, fast senkrecht abstürzenden und in seltsamen Krümmungen eine eigenartige Ornamentik malenden Felsbänder des Sanetschhornes und seiner nördlichen Ausläufer auf. Die ihre Wände verzierenden Feinheiten der Gesteinsschichtung sind hier, wo alle Stilelemente der Kalkarchitektur vorkommen, deutlicher als anderswo erkennbar.

Blickt man vom Oldensattel hinaus ins nahe Saanetal, so muß man sich freilich auch in Erinnerung rufen, daß von hier oben der eiszeitliche Saanegletscher durch die Furche des Saanetales hinaus ins Mittelland drängte. Als der Glacier de Tsanfleuron noch bessere Zeiten kannte, lappte er über den Sattel zur Oldenalp hinab. Und seine Zunge teilte sich beim Sanetschpaß in zwei Lappen, deren einer nördlich des Passes vordrang, während der andere über die 300 m hohe Steilstufe der Lapis de Genièvre nach Tsarein (1645 m) hinabhing.

Über schlüpfrigen Schiefer geht es auf der Nordseite des Oldensattels steil auf eine Terrasse hinab, unterhalb deren sich die unbewachsenen Schutthalden nach einem Absturz zunächst fortsetzen. Erst unterhalb einer weiteren Kalkfluh vermag sich das Pflanzenleben gegen das Geröll zu behaupten. Je weiter man in die Mulde absteigt, desto beklemmender schwingen sich die zerklüfteten Wände zu den Kalktürmen des Nägelihorns (2595 m), des Oldenhorns, des Sanetschhorns (2923 m) und des Gstellihorns (2817 m) auf. Nur der frei nach Norden schweifende Blick in die lichte Weite über dem zusehends ruhiger werdenden Relief des Berner Oberlandes löst die Beklemmung. Erst auf der Oldenalp mit ihren saftiggrünen Weiden fühlt man sich von dem Reich der Teufel und Dämonen befreit und der Erde zurückgegeben.

Vom Oldensattel bis zur Oldenegg rechnet man gut anderthalb Stunden. Der einstündige Abstieg nach Reusch (sofern man nicht der Luftseilbahn den Vorzug gibt) führt durch einen schönen Tannenwald, über dessen Wipfel die pittoresken Felsformen und Zinnen der Diablerets zum Abschied grüßen.

Skilauf Im Schneekleid des Winters verwandeln sich die Diablerets in ein lohnendes Skigebiet. Von der Sex Rouge fährt man hinab zum Skilift auf dem Glacier de Tsanfleuron (2817 m) und läßt sich auf den Dôme (3016 m) ziehen, wo der schmale Grat zum Gipfel der Diablerets beginnt. Dort startet man zur Abfahrt über den Gletscher und zieht hinüber zum Oldensattel. Von hier geht es in anspruchsvoller Steilfahrt hinunter zur Oldenalp. Ein Lift schafft die Skifahrer hinüber zur Station Oldenegg, von wo aus die Rundtour um das Oldenhorn wiederholt werden kann.

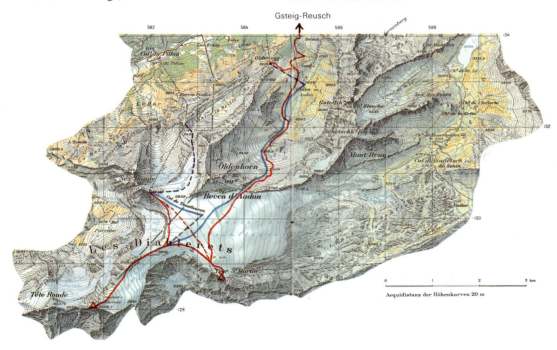

Ausgangspunkte
Reusch bei Gstaad, 1343 m
Col du Pillon, 1546 m

Auffahrt
Reusch:
Luftseilbahn Reusch—Glacier des Diablerets (Oldenegg—Cabane des Diablerets—Sex Rouge)

Col du Pillon: Gondelbahn Col du Pillon—Cabane des Diablerets

Höchster Punkt
Gipfel der Diablerets, 3209 m

Stütz- und Rastpunkte
Cabane Diablerets CAS, 2485 m
Sex Rouge, Restaurant, 2940 m
Oldenegg, Restaurant, 1919 m

Schrifttum
Karten: Landeskarte der Schweiz
1 : 25 000 Les Diablerets, Blatt 1285
1 : 25 000 St-Léonard, Blatt 1286

Führer: Clubhütten SAC

Marschzeiten
Sex Rouge—Tour St-Martin	30 Minuten
Sex Rouge—Oldensattel—Oldenalp	2½ Stunden
Oldensattel—Oldenhorn	1—1½ Stunden
Sex Rouge—Diablaretsgipfel	1½—2 Stunden

URNER ALPEN *Damma-Gruppe*

Rhonegletscher

Triftgletscher
Tiefengletscher

Die Dammagruppe ist der bedeutendste Gebirgsstock der Urner Alpen. Sie weist auch die größte Vergletscherung dieser Alpenregion auf. Auf die Kantone Uri, Bern und Wallis verteilt, wird sie von wichtigen Paßstraßen in einer Art Schlinge umfangen. Die leichte und rasche Zugänglichkeit von allen Seiten hat diese vielgestaltige Gletscherwelt mit ihrer Fülle schönster Gipfel zu einem der meistbegangenen Tourengebiete der Alpen werden lassen.

Die Dammagruppe wird durch langgestreckte Gipfel- und Gratzüge gegliedert, zwischen denen die Firnbecken der großen Gletscher liegen. Die beiden längsten, rund 14 km langen und nahezu parallel in Nord-Süd-Richtung zueinander verlaufenden Hauptkämme werden durch die Tieralplistockkette und Dammastock-Tierberg-Kette gebildet. Sie haben eine leicht girlandenartige Zickzacklinienführung. Denn die Firnbecken, welche die Basis der Gratwände einkerben, entwickeln sich abwechslungsweise auf der einen oder anderen Seite dieser Gratzüge. Sie umfassen die beiden Becken des Rhone- und Triftgletschers, die in ihrem obersten Teil zusammenhängen. Die Trennlinie dieser beiden gleich großen Gletscher zieht sich vom Dreiländerpunkt (Uri, Bern, Wallis) beim Eggstock auf der Dammakette südwestwärts zum Tieralplistock, der höchsten Erhebung der gleichnamigen Gratkette. Sie bezeichnet die Wasserscheide zwischen dem Rhone- und Aare/Rhein-Becken. Obwohl in ihrem Firngebiet zusammenhängend, schicken diese beiden Gletscher ihre Abflüsse (ihrer geografischen Ausrichtung entsprechend) in genau entgegengesetzte Richtung: der Triftgletscher zur Nordsee, der Rhonegletscher zum Mittelmeer.

So bildet die Dammagruppe mit den Quellgebieten von Rhone und Reuß sowie den obersten Zuflüssen der Aare ein auch hydrologisch bedeutsames und interessantes Gebiet. Geologisch dem Aaremassiv zugehörig, ist die Dammagruppe aber auch eine mineralogische Fundgrube. Die riesigen Bergkristallfunde im Grimselgebiet (Gerstenhörner), am Rhonegletscher-Ende und am Tiefengletscher, wo die größten Quarze der Schweizer Alpen ausgebeutet wurden, sowie die Rauchquarzfunde im Göschenertal und bemerkenswerte Stufen von Adular im Großtal (Urseren) haben den Ruf dieser mineralreichen Gebirgsgruppe begründet.

Rhonegletscher

Der bekannteste Gletscher der Dammagruppe und einer der berühmtesten überhaupt ist der Rhonegletscher. In unmittelbarer Nähe einer wichtigen und schon während der Bronzezeit begangenen inneralpinen Längsverbindung, dem Furkapaß, gelegen, ist der Gletscher bereits früh zum begehrten Ziel neugieriger Reisender geworden. Mit der Eröffnung der Furkastraße im Jahre 1868 schließlich wurde die Voraussetzung geschaffen, den Gletscher als Attraktion für den Massentourismus zu erschließen.

Während er im vergangenen Jahrhundert einen historischen Höchststand erreichte und Dichter und Literaten zu überschwenglichen Beschreibungen seiner in den Talboden von Gletsch herabstoßenden Zunge hinriß, zeigt er heute ein jammervolles Bild.

Von dem einst riesigen Gletscher, der in der Eiszeit als gewaltiger Eisstrom seine Zungen bis gegen Solothurn im schweizerischen Mittelland und gegen Lyon im französischen Rhonetal geschickt hatte, ist nur noch ein vergleichsweise kläglicher Eisrest von 17,38 km² übriggeblieben. Seine Zunge ist seit dem letzten

Die Dammagruppe mit dem Dammastock (Mitte) als höchster Erhebung weist die stärkste Vergletscherung der Urner Alpen auf. Größter Gletscher der Gruppe ist der Rhonegletscher. Vom einst riesigen Eisstrom ist nur noch ein vergleichsweise kümmerlicher Rest von 17,38 km² übriggeblieben. Seit dem Hochstand von 1818 hat er sich rund 2200 m bis auf die Höhe des Hotels Belvedere an der Furkastraße zurückgezogen.

Paßfahrt der Furka-Post zum Rhonegletscher im offenen PTT-Alpenwagen Modell Saurer AD, Baujahr 1921. Der 30 PS starke Postwagen bot 17 Personen Platz und wurde ab 1923 mit Pneubereifung versehen.

Hochstand um 1856 unaufhörlich über die Steilstufe bei der Furkastraße hinaufgeklettert und endet heute direkt an der Abbruchkante des oberen Zungenbeckens knapp unterhalb des Hotels Belvédère auf 2125 m. Damit bedroht er beinahe die Existenz des Hotels, das zwecks Bewunderung seiner Eispracht an dieser exponierten Stelle erbaut wurde. Noch um 1880 berührte er an der zweitobersten Kurve beim Hotel den Straßendamm.

Und doch: Obwohl der Rhonegletscher in der Agonie zu liegen scheint, hat er nichts an Faszination eingebüßt. Vielleicht ist es gerade das Bild eines sterbenden Gletschers, das heute so viele Touristen anlockt. Ganz gewiß aber verdankt er den Zustrom ganzer Touristenheere der Tatsache, daß bei ihm der Ursprung der Rhone, eines der stolzesten Flüsse Westeuropas, zu finden ist. Dort, wo noch vor wenigen Jahrzehnten der Rücken des Gletschers in ein phantastisches Gewirr von Spalten und Eistürmen aufriß und sich das Licht in den wunderbarsten Blautönen brach, plätschert heute die junge Rhone in einem perlenden Spiel unzähliger kleiner Rinnsale unter der zerrissenen Gletscherstirn hervor und über die glattpolierten Felsen der Steilstufe hinab auf den Boden von Gletsch. Rotten nennen die Oberwalliser den eben ans Licht der Welt gesetzten Fluß. In munterem Lauf sucht er sich durch den flachen Talboden einen Weg in Richtung Gletsch.

Dieser Talboden, das alte Zungenbecken des Rhonegletschers, war noch 1818 vollständig von Eis bedeckt. Bis auf 160 m kam der Gletscher damals an den Standort von Seilers Hôtel Glacier du Rhône heran. Dieses großzügig gestaltete Berghotel nimmt den Platz des ersten Gebäudes von Gletsch ein. Bezeichnenderweise war es eine Herberge. Sie wurde 1834 unmittelbar bei den Thermalquellen errichtet, die unterhalb der Grimsel entdeckt worden waren. Noch im Jahre 1856 reichte der Gletscher bis auf 250 m an die Herberge heran.

Am Schnittpunkt zweier wichtiger Alpenpässe, Grimsel und Furka, gelegen, ist die Ortschaft Gletsch ein Verkehrsknotenpunkt von beachtlicher Bedeutung. Treffen doch hier die Postautolinien aus dem Wallis, dem Berner Oberland und der Zentral- und Urschweiz mit der Furka-Oberalp-Bahn zusammen, deren berühmter «Glacier-Expreß» hier hält und St. Moritz im Engadin mit Zermatt im Wallis verbindet. Die schon fast historischen Gebäude von Gletsch, die vor allem aus dem großen Hotelkomplex und den Stationsgebäuden bestehen, repräsentieren die wohl älteste Ortschaft der Schweiz, die aus touristischer Zielsetzung entstand. Der stattliche Hotelbau bei Gletsch mit 150 Betten verdeutlicht sehr anschaulich, welcher Popularität sich der Rhonegletscher erfreute.

In umfassender Weise wurde das Gebiet des Rhonegletschers schon früh wissenschaftlich untersucht. Seit 1874 wird er einer dauernden Beobachtung unterzogen. Möglich wurde dies durch die 1869 vom Schweizerischen Alpenclub und der Schweizerischen Naturforschenden Gesellschaft ins Leben gerufenen Gletscher-Kommission. Bei Dickenmessungen im Jahre 1931 ermittelte man im sogenannten «Sumpf» auf 2570 m eine größte Tiefe des Eisstromes von 237 m.

Rhonegletscher

Fläche:	total 17,38 km²
	schuttfrei 16,91 km²
Länge:	max. 10,2 km
Breite:	mittl. 2,2 km
Höhe:	max. 3620 m ü. M.
	min. 2140 m ü. M.
Lage:	Süden
Firnlinie:	2960 m ü. M.
Nährgebiet, mittl. Höhe:	3180 m ü. M.
Zehrgebiet, mittl. Höhe:	2720 m ü. M.
Moränentypen:	Mittel- und Seitenmoränen; im Gletschervorfeld Seiten- und Endmoränen
Gletschertyp:	Talgletscher
Gletscherform:	zusammengesetzte Becken
Gletscherfront:	kalbende Front
Längsprofil:	Kaskasen
Ernährung:	Eis- und/oder Driftschnee
Zungenaktivität:	leichter Rückzug
Besonderheiten:	Hängt im obersten Teil mit Triftgletscher zusammen.
	(Daten: Stand 1973)

Der Rhonegletscher in der ersten Hälfte des 18. Jahrhunderts. Stich von Adrian Zingg nach einer Zeichnung von F. Meyer. Aus «Die Eisgebirge des Schweizerlandes» von G. S. Gruner, 1760.

Der Rhonegletscher in den Jahren 1870 (links) und 1970 (rechts). Im Laufe der 100 Jahre hat sich die Zunge aus dem Talboden von Gletsch über die Steilstufe hinauf bis zur Abbruchkante zurückgezogen. Als vegetationskundliches Forschungsfeld hat der freigewordene Gletschboden Berühmtheit erlangt.

Ganz unten: Im 19. Jahrhundert stieß der Rhonegletscher zweimal bis kurz vor die Häuser von Gletsch vor. Im Situationsplan des Gletscherstandes von 1870 von Ch. Dufour und F. A. Forel sind die Moränen der Hochstände von 1818 und 1856 eingezeichnet. Die mit «Ancienne Moraine» bezeichneten Wallreste in der Nähe des Hotels sind einem Vorstoß um 1602 und Anfang des 19. Jahrhunderts zuzuschreiben. Damals erreichte der Gletscher seinen historischen Maximalstand.

Der Rhonegletscher ist heute noch 10,2 km lang, hat sich seit 1856 um rund 2,3 km zurückgezogen und befindet sich weiter auf leichtem Rückzug. Seine Zunge kalbt über die fast 500 m hohe Steilwand auf den vom Gletscher freigegebenen Talboden, der sich zögernd mit Vegetation bedeckt. Von weitem erweckt der Gletschboden, wie das alte Zungenbecken genannt wird, den Eindruck einer trostlosen Schutteinöde. Doch dieses Vorgelände des Rhonegletschers ist für zahlreiche Bereiche der Naturwissenschaften von großer Bedeutung.

Als vegetationskundliches Forschungsfeld, in dem die Wiederbesiedlung eines vom Gletscher allmählich freigegebenen Gebietes unter optimalen Bedingungen beobachtet werden kann, hat der Gletschboden internationale Berühmtheit erlangt. Als ein Beispiel der Vielfältigkeit der Pioniervegetation, die sich hier innerhalb weniger Jahrzehnte anzusiedeln vermochte, seien die Weiden genannt, die hier in dreizehn Arten vorkommen.

Diese hochalpine Urbrache in einer Landschaft von außerordentlicher touristischer Bedeutung aber ist gefährdet. Denn sie soll einem großen Pumpspeicherwerk geopfert werden. Das gewaltige Kraftwerkprojekt im Raume Oberwald–Gletsch–Totensee (Grimsel) sieht die Überflutung der Ebene von Gletsch mit seinen Gebäuden vor. In einem riesigen Staubecken mit einem Fassungsvermögen von 60 Millionen m³ sollen die Abflüsse des Rhonegletschers zu einem mehrere Kilometer langen See gestaut werden. Dem landschaftszerstörerischen Projekt haben Natur-, Heimat- und Landschaftsschutz sowie der Schweizerische Alpenclub und andere Organisationen den Kampf angesagt.

In der Ebene des Gletschbodens stehen Steinmänner, aufgemauerte Blockpyramiden, mit Jahreszahlen. Sie geben die Hochstände des Gletschers von 1818 und 1856 an. Zu den beiden durch die Steinmänner fixierten Gletscherhalten sind im Vorfeld unschwer auch zugehörige Moränenwälle zu erkennen, die mit Legföhren und Gras bewachsen sind.

Auf seinem Rückzug hat der Rhonegletscher am Steilhang unterhalb der Abbruchkante Quarzbänder freigegeben, hinter denen sich zum Teil beachtliche Mineralklüfte verbargen. In den vergangenen Jahren wurden dort immer wieder bedeutende Quarz-, Adular- und Apatitvorkommen ausgebeutet. 1960 stieß ein Strahler auf eine besonders reichhaltige Quarzkluft, aus der er außergewöhnlich schöne, schwach rauchig gefärbte, wasserklare Bergkristalle von Halbmetergröße bergen konnte. Der Hauptkristall mißt 65 cm in der Höhe und 91 cm im Umfang. Diese prächtige Kristallstufe bildet heute eine Sehenswürdigkeit im Naturhistorischen Museum in Bern.

Zwischen Wiß Nollen und Tieralplistock verbindet sich der Rhonegletscher mit dem Triftgletscher. Die Obere und Untere Triftlimmi (3285 m und 3080 m) bilden den Übergang im obersten Nährgebiet der beiden Gletscher. Trift- und Rhonegletscher sollen schon seit alters benutzt worden sein. Die erste touristische Überschreitung von Rhonegletscher und Triftgletscher gelang G. Studer am 5. August 1839.

Triftgletscher

«Dieser Triftgletscher ist so schön als immer einer in dem Canton», befand 1768 der Pfarrer Johann Conrad Fäsi. Daran hat sich bis heute nichts geändert.

Die Anlage des Triftgletschers ist in ihrer Übersichtlichkeit und klaren Gliederung, aber auch hinsichtlich der modellhaften Darstellung zahlreicher Gletscherphänomene in den Alpen ohne Vorbild. Wenn das Bild vom eiserstarrten Wasserfall bei

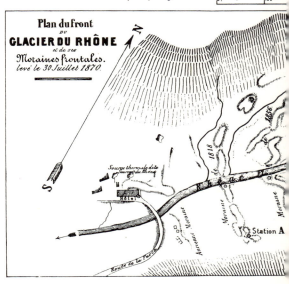

einem Gletscher zutrifft, dann bei diesem. Er liefert sozusagen die Momentaufnahme jenes Augenblickes, wo der Berg in mächtiger Anstrengung sich seiner Eismassen entledigt und sie aus dem felsigen Becken ins nahe Tal auskippt.

Die Einzigartigkeit dieser Momentaufnahme freilich eröffnet sich nur jenem, der sich dieser singulären Erscheinung von hoher Individualität aus der Luft nähert. Denn der Triftgletscher hat sich in einem hoch über dem Gadmertal gelegenen Kessel zwischen der Tierberg- und Tieralplistockkette wohlig eingenistet.

Mit einer Fläche von 17,07 km² ist er praktisch gleich groß wie sein südlicher Vetter, der Rhonegletscher. Obwohl von gleicher Größe, sind sie doch von völlig unterschiedlicher Statur. Während sich der Rhonegletscher als breiter Strom kilo-

Oben und darüber: Am Triftgletscher finden sich die Ogiven, konzentrische Druckwälle, in geradezu modellhafter Ausprägung. Wie kaum ein anderer macht er auch sichtbar, daß Gletscher fließende Eisströme sind. Die Luftbilder halten jene Phase fest, wo der Eisstrom die Austrittsöffnung des Firnbeckens gerade durchfließt und sich in einer darunter gelegenen Vertiefung staut.

meterlang durch das Zungenbecken windet, entleert der 7,1 km lange Triftgletscher das Firnbecken über einen grandiosen Eisfall in eine völlig gerade, flache und nicht einmal zwei Kilometer lange Zunge.

Doch diese Zunge, gleichsam das Gelbe vom Ei, ist ein Fotomodell ohnegleichen. Sie trägt den Festschmuck der Ogiven, jener konzentrischen Druckwälle, die durch Geschwindigkeitsschwankungen im Eisbruch entstehen. Vom Eiskatarakt, der in das spiegelglatte Eisbecken der Zunge hinabstürzt, breiten sich die Ogiven in unerreichtem Gleichmaß wie Wellen halbkreisförmig über die ganze Zungenfläche aus. Nirgendwo wird dieses Phänomen so prächtig und vollständig zur Schau gestellt wie hier.

Der Triftgletscher ist in seiner Einsamkeit von einer Schönheit, die einfach da ist und in sich ruht. Schön wie das Volk der Landschaft, in der er verborgen ist.

Über dieses Volk, das unweit von ihm das Gadmertal bewohnt, wußte Johann Conrad Fäsi in seinem Bericht über die Helvetische Eidgenoßenschaft 1768 genauso Gutes wie über den Triftgletscher zu berichten: «Das Volk ist schön, gesund und stark ... Die Mannschaft ist wol gewachsen und kriegerisch. Sie haben insgemein

Triftgletscher

Fläche:	17,07 km²
Länge:	max. 7,1 km
Breite:	mittl. 2,9 km
Höhe:	max. 3380 m ü. M.
	min. 1720 m ü. M.
Lage:	Nordwesten
Firnlinie:	2980 m ü. M.
Nährgebiet, mittl. Höhe:	3020 m ü. M.
Zehrgebiet, mittl. Höhe:	2620 m ü. M.
Moränentypen:	Seiten- und Endmoränen; im Gletschervorfeld Seitenmoränen
Gletschertyp:	Talgletscher
Gletscherform:	zusammengesetzte Becken
Gletscherfront:	normal
Längsprofil:	Kaskaden
Ernährung:	Schnee/Driftschnee
Zungenaktivität:	ungewiß
Besonderheiten:	Unterhalb Obre Absturz Ogiven. Im obersten Teil des Obre Triftchessels zusammenhängend mit Rhonegletscher.

(Daten: Stand 1973)

Der Tiefengletscher liegt, überragt vom Galenstock (links), an der Ostflanke der Dammastockkette. Er wurde berühmt durch die Erschließung einer riesigen Mineralkluft am Gletschhorn (Mitte) im 19. Jahrhundert.

«Halt der I. Brigade am Rhonegletscher 1861». Lavierte Zeichnung, weiss gehöht, von Eugen Adam, München (1817–1880), aus dem Jahre 1862. Das Bild zeigt den Rhonegletscher kurz nach seinem zweiten Hochstand im 19. Jahrhundert.

Unten rechts: Die kürzeste Verbindung zwischen Grimsel und Furka bildet der Nägelisgrätliweg. Dabei muß auch die Zunge des Rhonegletschers überquert werden.

An der Schwarz-Weiß-Grenze des Gletschers, zwischen dem Gletscherrand und dem Felsuntergrund, bilden sich oft geräumige Kavernen.

grosse Begriffe von der Freyheit.» Damit hat er aufs treffendste die Eigenschaften von Talbevölkerung und Gletscher zugleich charakterisiert.

Das Firnbecken des Triftgletschers ist in seiner Wildheit und Zerrissenheit ein Ausbund an Gegensätzlichkeit zum Ebenmaß der wohlgeformten Zunge. «Dieses ungeheure Eisthal stellt eine grausam verwildete und mit Schrecken erfüllte Gegend vor», meinte schon 1760 Gottlieb Sigmund Gruner in seiner Darstellung der «Eisgebirge des Schweizerlandes». Das Akkumulationsgebiet ist gekennzeichnet durch die großen Gletschermulden des Oberen und Unteren Triftkessels sowie des in einem Kar zwischen dem Wiß Nollen und dem Grat des Winterbergs eingelassenen Triftsackes. Wüste, unwegsame Spaltensysteme stellen die Verbindung zwischen diesen ebenen Firnterrassen her.

Von ihnen fließen die Firnmassen treppenartig über die Steilstufen der Eisbrüche ab, um sich schließlich durch einen einzigen, schmalen Ausguß nach einem letzten gewaltigen Eisfall im Zungenbecken zu sammeln. Das Bild dieser imposanten Eiskaskade bildet das gefrorene Gegenstück zu den nicht minder beeindruckenden Sinterterrassen im Yellowstone-Nationalpark (USA), auf denen sich der Mineralabsatz der heißen Quellen effektvoll lagert.

Der 7,1 km lange Triftgletscher wird vom Dreizack des Hinter-Tierbergs überragt. Dieser verschafft mit seiner Höhe von 3447 m eine überwältigende Rundsicht und einen nicht minder erregenden Tiefblick auf das gesamte Gletscherareal. Seine größte historische Längenausdehnung hat der Triftgletscher wohl während eines Vorstoßes um 1600 erreicht.

Tiefengletscher

Der Tiefengletscher liegt an der Ostflanke der Dammastockkette in einer ausgedehnten Mulde zwischen Büelenhorn, Galenstock, Tiefenstock, Gletschhorn und Winterstock. Er ist also umschlossen von einem Kranz kühner Felsgipfel und zackiger Grate, zu denen zum Teil schwierigste Klettertouren führen.

Berühmt wurde der Tiefengletscher im vergangenen Jahrhundert durch die Erschließung einer riesigen Kluft auf der Südwestseite des Gletschhorns. Aus ihr wurden eine große Zahl gutentwickelter Rauchquarze, sogenannte Morione, entnommen, die bis zu 135 Kilogramm wogen. Die Kristalle lagen allesamt von den Kluftwänden gelöst im Lehm, der den fast 50 m³ großen Raum anfüllte. So hatten die Entdecker aus Guttannen im bernischen Haslital relativ leichtes Spiel, den wertvollen, im Kanton Uri gelegenen Fund zu bergen. In einer Nacht- und Nebel-Aktion schafften die Berner den kostbaren Schatz über den Gletscher und die Furka auf heimisches Gebiet, bevor die Urner Behörden einschreiten konnten. Die schönsten Tiefengletscherquarze sind heute im Naturhistorischen Museum in Bern ausgestellt. Ähnlich große Quarze wurden in neuerer Zeit nördlich des Büelenhorns aufgedeckt, neben Hämatit am Furka- und Milartit am Gletschhorn. Der massive Rückzug des Gletschers hat das Grundrißbild der Zunge völlig verändert. Während er im vergangenen Jahrhundert mit drei Zungenlappen nach Tiefenbach an der Furkastraße und Realp auf Urseren vorstieß und dabei den Felsbuckel umströmte, auf dem die Albert-Heim-Hütte (2541 m) steht, endet er heute in respektabler Distanz zur Hütte in einer einzigen flachen Zunge. Der einstmals wie eine Insel aus dem Eismeer aufragende Granitbuckel ist heute von allen Seiten über das vom Gletscher freigegebene Ge-

Tiefengletscher

Fläche:	3,17 km²
Länge:	max. 3,4 km
Breite:	mittl. 1,2 km
Höhe:	max. 3400 m ü. M.
	min. 2480 m ü. M.
Lage:	Südosten
Firnlinie:	3060 m ü. M.
Nährgebiet, mittl. Höhe:	3180 m ü. M.
Zehrgebiet, mittl. Höhe:	2820 m ü. M.
Moränentypen:	Mittel-, Seiten- und Endmoränen
Gletschertyp:	Talgletscher
Gletscherform:	zusammengesetzte Becken
Gletscherfront:	normal
Längsprofil:	gleichmäßig
Ernährung:	Schnee/Driftschnee
Zungenaktivität:	leichter Rückzug

(Daten: Stand 1973)

lände erreichbar. Hier hat das Eis schöne Gletscherschliffe freigegeben.

Aber obwohl sich der Gletscher weit zurückgezogen hat, bleibt der Blick von der Hütte unvergeßlich. Mit dem prächtigen und mit einem festen Eispanzer bewehrten Galenstock als Blickfang bezaubert die Gletscher- und Moränenlandschaft durch den Kontrast, den sie zu den vorgelagerten grasbewachsenen Kuppen und Hängen bildet. Die Albert-Heim-Hütte, 1918 erbaut und dem Altmeister der Geologie, Professor Albert Heim, gewidmet, ist der Ausgangspunkt für unzählige Fahrten rund um den Tiefengletscher.

Wanderungen Gletscher- und Skitouren

Die Dammagruppe ist eines jener hochgeschätzten Gebiete im Alpenraum, wo sich die klassischen Bergfahrten, Klettereien aller Schwierigkeitsgrade und Skitouren in einer unerschöpflichen Konzentration anbieten, die eine Wahl zur Qual machen. Die Vielfalt an schönen und schwierigsten Touren stellt sich neben den Mineralienreichtum der Region. Den Kletterern gelten der Salbitschijen mit seinem grandiosen Westgrat oder die Graue Wand des Gletschhorns als Erfül-

Zu den klassischen Paßfahrten im Alpenraum zählt jene über die Furka (hinten rechts) und Grimsel (vorne). Sie führt am Rhonegletscher vorbei und durch die glazial überformte Stauseelandschaft im Grimselgebiet, wo an den Gratzügen die Schliffgrenze des eiszeitlichen Aare- und Rhonegletschers zu erkennen ist.

lung alpinistischen Strebens. Dem Skitouristen sind die Abfahrten vom Sustenhorn, Galenstock und Dammastock eigentliche Leckerbissen. Der erfahrene Bergsteiger findet an den steilen und vereisten Ostwänden der Winterberge ein anspruchsvolles Gelände. Und der Hochtourist schätzt die herrlichen Gletscheranlagen, die ebenso kühn wie kunstvoll zwischen die Grat- und Gipfelketten drapiert sind. Doch nicht nur die Bergsteiger aller Klassen finden hier ein wahres Paradies, auch der Wanderer und der Autotourist werden auf ihre Kosten kommen.

Paß- und Gletscherfahrt Drei Paßstraßen (Furka, Grimsel, Susten) und die Gotthardstraße durch die Schöllenenschlucht erschließen die Dammagruppe, die sie gleichsam umzäunen, und führen so hautnah an den großartigen Sehenswürdigkeiten vorbei. Deshalb drängt sich eine Umrundung der Gruppe im Auto geradezu auf. Ganz gleich, wo man den Kreis der gut ausgebauten Alpenstraßen beginnt, sei es in Andermatt, Wassen, Innertkirchen oder Gletsch: Man begibt sich auf die Route der schönsten und mannigfaltigsten Gletscher- und Pässefahrt der Alpen. Auf der Grimsel lädt der Oberaargletscher zu einem Abstecher an die Staumauer seines Sees. Am Furkapaß beherrscht immer noch der Rhonegletscher die überwältigende Szenerie und fordert zur Besichtigung seines Inneren auf. Auf der Göscheneralp, im westlichen Seitental von Göschenen, staut der Göscheneralpsee die Abflüsse des Damma- und Chelengletschers. Und am Sustenpaß spielt der Steingletscher seit undenklichen Zeiten das Spiel von der Schönheit der Gletscherwelt.

Wanderungen Als Wanderung im Gebiet des Rhonegletschers bietet sich der häufig begangene Nägelisgrätliweg an. Er ist die kürzeste Verbindung zwischen Grimsel und Furka und gewährt herrliche Ausblicke ins Goms, besonders aber auf den Gletschboden und den Rhonegletscher. Die Überquerung der Gletscherzunge ist im Hochsommer, wenn die Restschneebedeckung abgeschmolzen und der Gletscher aper ist, problemlos. Richtige Wegführung und Trittsicherheit vorausgesetzt, kann der hier spaltenarme Gletscher ausnahmsweise auch ungesichert von Wanderern überschritten werden. Das Zungengebiet ist stark frequentiert, hauptsächlich von Alpinisten, die im Spaltensystem am Zungenende ihre Eistechnik erproben.

Das Hotel Belvédère ist auch Ausgangspunkt für eine hübsche Gipfelwanderung zum Klein-Furkahorn (3026 m). Wanderern ist lediglich der Gipfelaufbau verwehrt, der in leichter Kletterei gewonnen wird. Die Aussicht auf den Gletscher lohnt auf jeden Fall die zweieinhalbstündige Tour. Das Klein-Furkahorn ist der Klettergarten der Gegend, so daß stets viel Betrieb in den Felsen herrscht.

Von Gletsch aus durchwandert man in einer schönen Stunde das fast 2 km lange Vorfeld des Rhonegletschers. Pflanzenfreunde erfreuen sich hier auf dem vom jungen Rotten durchzogenen Gletschboden der hochalpinen Pioniervegetation.

Eine besinnliche Wanderung zur vortrefflich gelegenen Albert-Heim-Hütte geht von Tiefenbach an der Furkastraße aus und wieder dorthin zurück (Postauto-Haltestelle). Übers Älpetli steigt man in einer guten Stunde entlang dem Tiefenbach zur Hütte. Dort genießt man den Ausblick auf den Galenstock und die wie ein geräuchertes Lachsstück gezeichnete, platt ausgebreitete Zunge des Tiefengletschers. Durch das Lochbergtal am Fuße des beliebten Skiberges gleichen Namens wird die Wanderung fortgesetzt. Am Lochbergegg verläßt man den Weg, der nach Realp hinabweist, und sucht in südwestlicher Richtung den sich teilweise verlierenden Pfad über die Ochsenalp zum sogenannten Tätsch. Von dort folgt man dem Fahrsträßchen hinab zum Weiler Tiefenbach.

Längst hat sich der Rhonegletscher aus dem Rhonetal (hinten) zurückgezogen. Während der Eiszeit streckte er seine Zunge als gewaltigen Strom bis gegen Lyon aus. Im 19. Jahrhundert noch füllte er den Talboden von Gletsch aus (Mitte). Rechts der Grimselpaß. Am Horizont die Walliser Viertausender mit (v. l.) Monte Rosa, Mischabelgruppe, Matterhorn und Weißhorn.

Gletscher- und Skitour Die Albert-Heim-Hütte ist Ausgangspunkt für die Überschreitung des Galenstocks und einer genußreichen Skitour auf seinen Gipfel. Die Besteigung des Galenstocks über den Südostgrat ist ein mittelschweres Unternehmen im III. Schwierigkeitsgrad, sofern man den heiklen ersten Gratturm mit einer Fünfer-Stelle ausläßt. Klettererfahrung ist unerläßlich. Die Normalroute von der Albert-Heim-Hütte führt über den Nordgrat, über den man leicht auf dem felsdurchsetzten Firngrat nach gut 5 Stunden den Gipfel erreicht. Der Anstieg über den Gletscher ist vom Gelände klar vorgezeichnet.

Während die Überschreitung des Galenstocks mit anschließender Abfahrt über die Südwestseite zum Rhonegletscher als Wintertour schwierig und anstrengend ist, zählt sie als Sommertour zu den schönsten Unternehmungen in diesem Gebiet. Der Abstieg erfolgt über den Galensattel und einen steilen Firnhang, an dessen Fuß man auf den Rhonegletscher stößt. Für den Abstieg bis zum Hotel Belvédère rechnet man zwei Stunden. Der Galenstock kann mit den Skiern auch von der Westseite erstiegen werden. Die Anstiegsroute deckt sich mit jener des Sommerabstiegs. Das Skidepot befindet sich an der steilen Südwestkuppe kurz unterhalb des Gipfels. Die Abfahrt über die steile Westflanke ist jedoch nur sehr sicheren Fahrern anzuraten. Die Besteigung des Dammastockes (3630 m) und seiner nördlichen Vasallen Schneestock (3608 m), Eggstock und Wiß Nollen ist nicht mit klettertechnischen Schwierigkeiten verbunden. In den Gipfelpartien ist allerdings erhöhte Vorsicht wegen großer Wächten geboten, die in die bis fast 2000 m hohe Ostwand des Winterbergs abbrechen können.

Der Winterberg ist die vom Tiefenstock bis zum Hinter-Tierberg sich erstreckende Ostseite der Dammastockkette. Die Durchsteigung dieser riesigen eisgepanzerten und gut 6 km breiten Wand auf ihren steilen Rippen oder durch die Couloirs ist ein ziemlich langes und schwieriges Unternehmen und setzt beste alpinistische Kenntnisse voraus.

Über die Obere Triftlimmi betritt man nach der Dammastock-Besteigung das Herrschaftsgebiet des Triftgletschers. Bis zur Trifthütte sind es über die Firnterrassen des Oberen und Unteren Triftkessels je nach Verhältnissen 1½–3 Stunden. Die Trifthütte liegt auf 2520 m am Fuße des Westgrates vom Hinter-Tierberg, hoch über dem unvergleichlichen Eisfall des Triftgletschers. Der dreigipflige Berg ist ein lohnendes Ziel, das leicht in drei Stunden über den Firngrat und lose Felsen erreicht wird. Auf dem Hinter-Tierberg (3443 m) bietet sich dem Bergsteiger eine berauschende Rundsicht in die Kessel und auf die Zunge des Triftgletschers sowie auf den Chelengletscher im hintersten Göschenertal. Der Abstieg von der Trifthütte ins Nessental geht im oberen Teil durch die Wunderwelt der Triftgletscherzunge. Die eisigen Druckwülste auf der Zunge querend, erfährt man höchst eindringlich die Wellenbewegung des im Zungenkessel gestauchten Eises, dem nur ein winziger Ausfluß in die jäh abfallende Triftschlucht gelassen ist (bis zur Sustenstraße bei Schwendi 2 Stunden, Postautohalt).

Die Trifthütte freilich kann auch Etappenstation sein für eine zwei- bis dreitägige Gipfel- und Gletschertour von der Furka zum Sustenpaß hinüber. Der Übergang von der Trifthütte zur Tierberglihütte am Steingletscher geht durch die Gletschermulde Zwischen Tierbergen nördlich der Trifthütte und über den zwischen Vorder- und Mittlerem Tierberg gelegenen Firnsattel (2991 m, 1 Stunde bis Tierbergli). Von der Tierberglihütte aus (2797 m) werden die Besteigungen von Gwächtenhorn und Sustenhorn unternommen (siehe Kapitel «Steingletscher»). Eine großartige mehrtägige Rundtour, die über fünf Gletscher und auf die Gipfel von sieben der schönsten Dreitausender der Dammagruppe führt, kann vorteilhaft vom Hotel Belvédère aus in Angriff genommen werden. Sie ist nur etwas für erfahrene Bergsteiger und geht zunächst über den Rhonegletscher. Erster und höchster Gipfel der Tour ist der Dammastock, von dem aus auf dem Abstieg Schneestock und Eggstock genommen werden. Durch die Obere Triftlimmi zieht man über den großen Firnkessel des Triftgletschers zur Trifthütte hinunter.

Hier steht eine Besteigung des Hinter-Tierbergs an. Dann wechselt man über Zwischen Tierbergen zur Tierberglihütte, dem Ausgangspunkt der Besteigung von Gwächtenhorn und Sustenhorn. Dabei wird das Gwächtenhorn von Westen nach Osten überschritten. Auf dem Sustenhorn hat man dann zugleich den obersten Rand des Steingletschers erreicht. Über die Sustenlimmi gelangt man im Abstieg zur Kehlenalphütte (2350 m) im Bannbereich des Chelengletschers im Talschluß der Göscheneralp. Eine leichte Höhenwanderung zur Zunge des Dammagletschers und hoch über dem rechten Ufer dem Göscheneralpsee entlang schließt sich an.

Der Übergang über den vielbegangenen Hochpaß der Aelpergenlücke (2782 m) zwischen Lochberg und Blauberg hinab zur Albert-Heim-Hütte leitet zur letzten Etappe über. Sie bringt die Überschreitung des Galenstockes. Dieser wohl glanzvollste Gipfel der Tour wird über den Nordgrat erstiegen, den man vom Tiefengletscher leicht erreicht. Der Abstieg über die Westflanke mit dem unvergeßlichen Tiefblick auf den breiten Strom des Rhonegletschers rundet die Prachttour zum guten Ende.

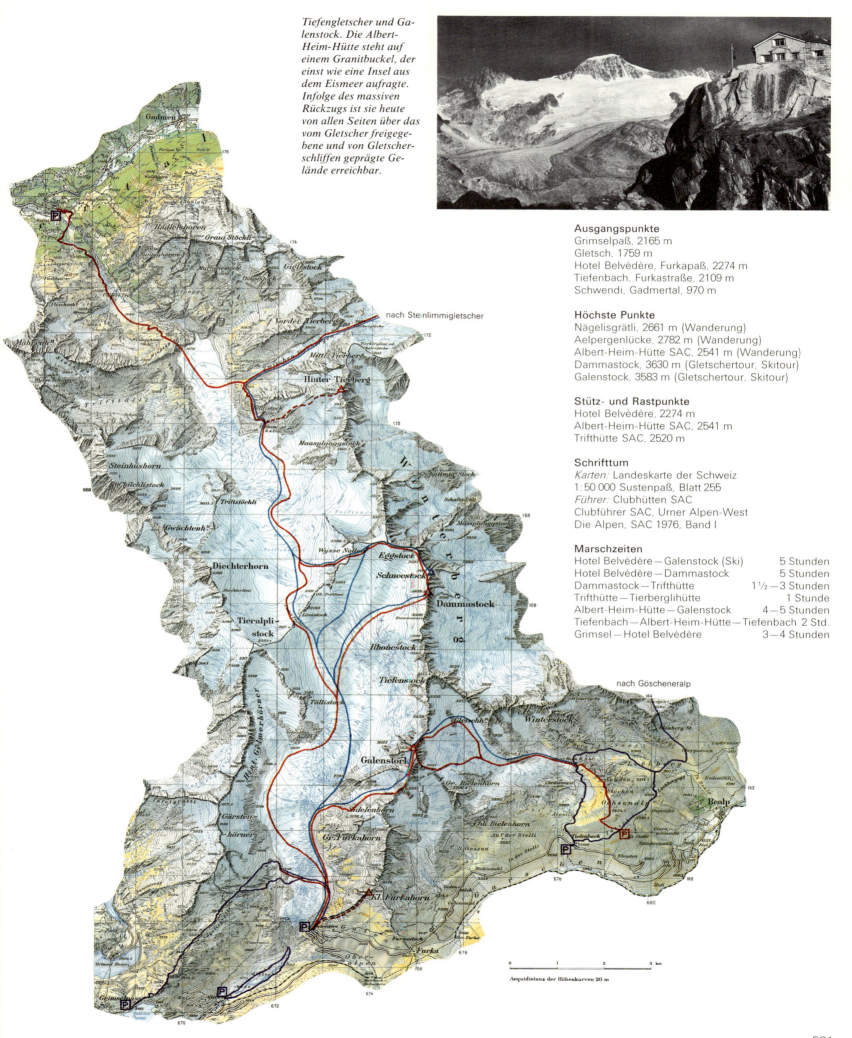

Tiefengletscher und Galenstock. Die Albert-Heim-Hütte steht auf einem Granitbuckel, der einst wie eine Insel aus dem Eismeer aufragte. Infolge des massiven Rückzugs ist sie heute von allen Seiten über das vom Gletscher freigegebene und von Gletscherschliffen geprägte Gelände erreichbar.

Ausgangspunkte

Grimselpaß, 2165 m
Gletsch, 1759 m
Hotel Belvédère, Furkapaß, 2274 m
Tiefenbach, Furkastraße, 2109 m
Schwendi, Gadmertal, 970 m

Höchste Punkte

Nägelisgrätli, 2661 m (Wanderung)
Aelpergenlücke, 2782 m (Wanderung)
Albert-Heim-Hütte SAC, 2541 m (Wanderung)
Dammastock, 3630 m (Gletschertour, Skitour)
Galenstock, 3583 m (Gletschertour, Skitour)

Stütz- und Rastpunkte

Hotel Belvédère, 2274 m
Albert-Heim-Hütte SAC, 2541 m
Trifthütte SAC, 2520 m

Schrifttum

Karten: Landeskarte der Schweiz
1:50 000 Sustenpaß, Blatt 255
Führer: Clubhütten SAC
Clubführer SAC, Urner Alpen-West
Die Alpen, SAC 1976, Band I

Marschzeiten

Hotel Belvédère—Galenstock (Ski)	5 Stunden
Hotel Belvédère—Dammastock	5 Stunden
Dammastock—Trifthütte	1½—3 Stunden
Trifthütte—Tierberglihütte	1 Stunde
Albert-Heim-Hütte—Galenstock	4—5 Stunden
Tiefenbach—Albert-Heim-Hütte—Tiefenbach	2 Std.
Grimsel—Hotel Belvédère	3—4 Stunden

Aequidistanz der Höhenkurven 20 m

URNER ALPEN *Damma-Gruppe*

Steingletscher

Dammagletscher
Chelengletscher

Eine in ihrer Eigenart eindrucksvolle Anlage bildet der Steingletscher mit seinem kleinen Nachbarn Steinlimmigletscher im hintersten Gadmental im Oberhasli am Fuße des Sustenpasses. Ihr Einzugsgebiet reicht vom Sustenhorn (3508 m) im Osten über Vorder-Sustenlimmihorn (3316 m), Rotstock (3183 m) und Gwächtenhorn (3425 m) zu den Tierbergen (3311 m, 3095 m). Es wird im Westen vom Giglistock (2900 m) und Taleggigrat, seinem Nordostgrat, begrenzt. Aus diesem zusammenhängenden Firngebiet fließt das Eis des Steingletschers in drei getrennten Gletscherzungen höchst effektvoll über steile Abbrüche. Der unauffällig in einer Nische unter dem Giglistock nistende Steinlimmigletscher bildet dagegen lediglich eine unscheinbare Zunge aus.

Die Hauptzunge des nach Norden exponierten Steingletschers streicht, einen Bogen beschreibend, an der Westflanke der Sustenhörner entlang und endet nach wirkungsvollem Absturz über zwei Steilstufen vor dem Steinsee (1934 m). Sie ist an ihrer rechten Seite stark mit Schutt bedeckt, der von Abbrüchen und Felswänden zwischen Sustenspitz und Sustenhorn stammt.

Westlich der Hauptzunge, zwischen Bockberg und Tierbergli, stürzt die kleinere, mittlere Zunge über eine fast senkrecht abfallende Felswand. Die stark kalbende Front hinterläßt am Fuße der Wand beachtliche Eislawinenmassen.

Die dritte, westliche Zunge hat ihr Nährgebiet zwischen Gwächtenhorn und Mittler- und Vorder-Tierberg und fließt, beim Tierbergli einen imposanten Gletscherbruch bildend, bis auf den hinteren Talboden hinunter. Diese eindrucksvolle Zunge wird in der Landeskarte der Schweiz in den Namen Steinlimmigletscher mit einbezogen. Sie scheint diesen winzigen, stark schuttbedeckten und selbständigen Gletscher regelrecht zu überfahren.

Die Gletscherfront der Hauptzunge liegt kaum mehr als einen Kilometer von der Sustenpaßstraße entfernt. Dank der hervorragenden Übersichtlichkeit des Gletschergebietes von der Paßstraße aus bildet die vielfältig gegliederte Gletschergruppe von Steingletscher und Steinlimmigletscher ein glaziologisches Schaustück von modellhafter Güte.

Zahlreiche Gletscherphänomene lassen sich hier aus allernächster Nähe beobachten. So zeigt der seit 1968 wieder vorrückende Steingletscher an seiner Hauptzunge, aber auch an der westlichen Seitenzunge die typische Tatzenform vorstoßender Gletscherzungen. Mit seiner mittleren Zunge liefert er hingegen ein beeindruckendes Beispiel eines kalbenden Gletschers. Der in einer Nische am Giglistock hausende Steinlimmigletscher aber gibt mit seiner gegen die Front zu verflachenden Zunge ein Beispiel eines zurückschmelzenden Gletschers.

Auch die Verschiedenartigkeit der Längsprofile wird hier sehr prägnant veranschaulicht. Die Hauptzunge zeigt mit ihren beiden Gletscherbrüchen die über mehrere Terrassen abfließende Eiskaskade, während die westliche Seitenzunge als einziger gewaltiger, Hunderte Meter hoher Eisfall hinabstürzt. Ein gleichmäßiges, bruchloses Längsprofil liegt dagegen beim Steinlimmigletscher vor. Auch die Verschiedenartigkeit von Gletschertyp und Gletscherform wird hier deutlich. Der Steinlimmigletscher liegt als Gebirgsgletscher in einer kleinen Nische. Der Steingletscher aber repräsentiert den Typus des Talgletschers und sammelt seine Eismassen in mehreren Firnmulden.

«Gletscher am Sustenpaß.» Der Steingletscher im Jahre 1856, Ölgemälde von Rudolf Koller (1828-1905). Kunsthaus Zürich.

Rechte Seite oben links: Die Eismassen des Steingletschers fließen aus dem Firnbecken zwischen Sustenhorn (links) und Gwächtenhorn (Mitte) in drei Zungen gegen die Steinalp ab. Im Vorfeld der Hauptzunge hat sich innerhalb eines Moränenkranzes um 1930 der Steinsee gebildet. Vorne links der Sustenpaß.

Oben rechts: Die Hauptzunge des Steingletschers stürzt über mehrere Terrassen als Eiskaskade ab, wobei sie in rechtem Winkel von Nordosten nach Nordwesten abgeknickt wird. An der gegenüberliegenden Talflanke die Sustenpaßstraße.

Mitte: Im untersten Gletscherbruch bildet die Hauptzunge auffällige Querspalten aus.

Steingletscher

Fläche:	8,08 km²
Länge:	max. 4,7 km
Breite:	mittl. 2,2 km
Höhe:	max. 3500 m ü. M.
	min. 1960 m ü. M.
Lage:	Norden
Firnlinie:	2840 m ü. M.
Nährgebiet, mittl. Höhe:	3080 m ü. M.
Zehrgebiet, mittl. Höhe:	2560 m ü. M.
Moränentypen:	Mittel- und Seitenmoränen; im Gletschervorfeld Seitenmoränen
Gletschertyp:	Talgletscher
Gletscherfront:	normal
Längsprofil:	Kaskaden
Ernährung:	Schnee/Driftschnee
Zungenaktivität:	leichter Vorstoß

Besonderheiten: Drei Zungen. Westlichste Zunge scheint Steinlimmigletscher zu überfahren; diese Zunge wird in der Landeskarte in den Namen Steinlimmigletscher mit einbezogen. Zwischen Bockberg und Tierbergli endet der Gletscher unterhalb kalbender Front mit Eislawinenmassen. Über Chelenlücke mit Chelengletscher, über Tierberglücke mit Firnfeld Zwischen-Tierbergen zusammenhängend. Zwischen den Moränen des Gletschervorfeldes der östlichsten Zunge liegt der Steinsee.

Steinlimmigletscher

Fläche:	0,65 km²
Länge:	max. 1,5 km
Breite:	mittl. 0,4 km
Höhe:	max. 2860 m ü. M.
	min. 2140 m ü. M.
Lage:	Nordosten
Firnlinie:	2680 m ü. M.
Nährgebiet, mittl. Höhe:	2740 m ü. M.
Zehrgebiet, mittl. Höhe:	2420 m ü. M.
Moränentypen:	Schutt, nicht sicher, ob Moräne; im Gletschervorfeld Seitenmoränen
Gletschertyp:	Gebirgsgletscher
Gletscherform:	Nische
Gletscherfront:	normal
Längsprofil:	gleichmäßig
Ernährung:	Schnee und Lawinen
Zungenaktivität:	ungewiß

(Daten: Stand 1973)

Auch die verschiedenen Spaltentypen sind hier vertreten. Besonders schön ausgeprägt erscheinen die Querspalten an der Bruchstelle des unteren Eisbruches, unterhalb dessen die Zunge in Längsspalten ausbricht. Gegen das Zungenende hin finden sich schließlich Radialspalten. Die zahlreichen Moränenformen sind ebenfalls in teilweise mustergültigen Beispielen präsent. Auffallend ist die rechte Seitenmoräne der Hauptzunge, die gegen die Gletscherfront immer stärker zur Mitte der Zunge drängt und diese schließlich ganz als Obermoräne bedeckt. Die Ufer- und Endmoränen der Hauptzunge sind die tüchtigen und hervorstechenden Gestalter des Steingletschervorfeldes.

Dort liegt einer der schönsten Gletscherseen der Alpen. In einem von der rechten Ufermoräne und verschiedenen Moränenwällen seines Vorstoßes von 1920 gebildeten natürlichen Becken stauen sich heute die Abflüsse der Hauptzunge. Der See ist ein Produkt des kontinuierlichen und massiven Rückzuges des Gletschers seit 1924. Ab 1930 etwa hatte sich auf dem Gletschereis und am Rande der Zunge ein kleiner See gebildet. Durch das rasche Rückschmelzen hat er sich in den folgenden Jahren stark vergrößert. Er ist heute rund 300 m lang und 250 m breit. Sein Wasser fließt durch eine rund 10 m tiefe Schlucht, die sogenannte Steinwasserschlucht, gegen das Gadmental ab.

Diese Schlucht entstand durch den Ausbruch des Sees am 30. Juli 1956. Das Rückwärtseinschneiden des Steinwassers in die den See umgebenden Moränenwälle hatte damals während eines Hochwassers zu dem katastrophenähnlichen Ausbruch geführt. Schätzungsweise 800 000 m³ Wasser durchschnitten die abdämmenden Moränenwälle mit dem darin enthaltenen Toteis und bildeten so die Steinwasserschlucht. Dabei wurde ein Regulierwehr am Seeausfluß weggerissen. Der Seespiegel sank um fast 6 m, wodurch vor der Gletscherzunge ein auch heute noch bestehendes kleines Delta trockengelegt wurde.

Die Moränenwälle des Gletschervorfeldes geben sehr deutlich die historischen Hochstände des Steingletschers an. Der fast lückenlos um das ganze Vorfeld verfolgbare Wall markiert den Hochstand um die Mitte des vorigen Jahrhunderts. Die Größe dieses Vorstoßes ist durch eine markante Vegetationsgrenze (hell/dunkel) und die Ufermoräne entlang der rechten Seite des Steinsees zu erkennen. Außerhalb dieser Ufermoräne findet sich ein weiteres Wallsystem, das Gletschervorstößen um 1600 und 1780 zugeschrieben wird.

Im vergangenen Jahrhundert hat der Steingletscher zweimal die alte Sustenstraße überrollt und teilweise zerstört. So mußte während der Hochstandsperiode um 1820 und um 1850–1860 anstelle der überfahrenen Straße ein behelfsmäßiger Weg benützt werden, der mehr hangwärts

Die Steinalp mit dem Steingletscher, Sustenpaß und Sustenhorn im Jahre 1813. Der Gletscher stieß damals gegen die alte Sustenpaßstraße vor. Der Stich von F. Hegi (nach F. N. König) zeigt eine stark mit Spalten und Séracs durchsetzte Gletscheroberfläche, was auf einen stark vorstoßenden Gletscher hinweist.

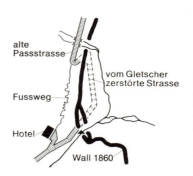

Links: Im 19. Jahrhundert hat der Steingletscher zweimal, während der Hochstandsperiode um 1820 und um 1850–1860, die alte Sustenstraße überrollt und teilweise zerstört.

Unten: Deutlich sind im Gletschervorfeld auf der Steinalp anhand von markanten Moränenwällen die Gletscherhochstände von 1860 und 1920 zu erkennen.

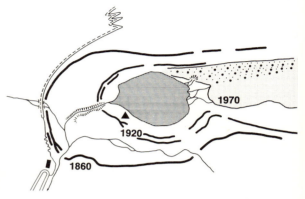

lag. Die alte Sustenpaßstraße wurde als schmaler Fahrweg in den Jahren 1811–1818 erstellt. Sie diente als Ersatz für die während der französischen Besetzung des Wallis für den Warenverkehr geschlossene Grimsel. Nach der Wiedereröffnung des Grimselpasses im Jahre 1815 aber wurde der alte Sustenweg kaum mehr begangen. Viele Straßenteile zerfielen bald und waren kaum mehr begehbar. Ein zwischen den Moränenwällen der Vorstöße von 1820 und 1850–1860 gelegenes Straßenstück ist ausgegraben worden. Es bildet heute einen Bestandteil des ausgeschilderten Gletscherpfades, der vom Hotel Steingletscher aus durch das Gletschervorfeld führt.

Die neue Sustenstraße schlägt bei Stein, wo der alte Weg vom Gletscher überfahren wurde, nun die entgegengesetzte Richtung ein und zieht sich an der Sonnenflanke der Fünffingerstöcke in drei Schleifen hinauf zur Paßhöhe. Sie wurde in den Jahren 1938–1945 erbaut. «In schwerer Zeit dem Frieden geweiht», ist sie eine im besten Sinne in die Natur einbezogene Paßstraße. Keine nackten Betonmauern stören das ursprüngliche Landschaftsbild, sondern die Stützmauern sind mit dem urwüchsigen Granit der Region verkleidet.

Bei seinem letzten bedeutenden Vorstoß um 1920 lagerte der Steingletscher einen doppelten Moränenwall ab, der heute den Steinsee innerhalb der Moränenwälle von 1860 umgibt. Nach diesem letzten Hochstand hat er sich bis 1968 um 700 m zurückgezogen. Seither ist er wieder ein beträchtliches Stück vorgerückt.

Dammagletscher Chelengletscher

Im Göschenertal sind zwei Gletscher beheimatet, die vor allem für die Wasserwirtschaft von Bedeutung sind: Dammagletscher und Chelengletscher. Mit einer Fläche von zusammen 9,47 km² sind sie nur wenig größer als der Steinlimmigletscher und Steingletscher zusammen. Der größere der beiden ist der Dammagletscher. Seine Eisfläche von 6,32 km² verteilt er recht gleichmäßig an der steilen Ostflanke des Winterberges, der im Dammastock (3630 m) seine größte Erhebung hat. An seiner südlichen Seite bildet er eine dem Typus des Talgletschers ähnliche Zunge aus. Er wird jedoch zu den Gebirgsgletschern gerechnet und verstreut nördlich noch mehrere kleine Zungen über die Winterbergflanke. Nach massivem Rückzug in den vergangenen Jahrzehnten stößt er seit mehreren Jahren wieder recht kräftig vor und zeigt unterhalb des Planggenstocks eine schön angeschwollene Zunge. Der Planggenstock bildet zusammen mit Lochberg, Winterstock und Gletschhorn die südliche Begrenzung des Firngebietes. Gegen Westen wird es von der Dammastock- und Tierbergkette, dem Gratkamm des Winterbergs, begrenzt.

Der 3,15 km² große Chelengletscher liegt eingekeilt zwischen der Tierberg- und Sustenhornkette im Talschluß der Göschenerreuß. Er ist bei halber Fläche gleich lang wie der Dammagletscher und zählt wie dieser zu den Gebirgsgletschern. Er stößt mit einer über zwei Steilstufen von der Chelenlücke (3202 m) abfließenden Zunge seit mehreren Jahren gegen die Chelenalp vor.

Der Chelengletscher hat einst erheblich weiter auf die Hintere Göscheneralp hinabgereicht. Davon zeugt auch eine markante Ufermoräne im Bereich der Kehlenalphütte. Erhebliche Schuttablagerungen im Gebiet des heutigen Göscheneralpsees lassen vermuten, daß der Chelengletscher einmal sogar bis zum heutigen Staudamm vorgestoßen war. Untersuchungen lassen den Schluß zu, daß der Gletscher vor etwa 1650 bis 2280 Jahren in einem sogenannten *Surge* (katastrophaler Gletschervorstoß) innerhalb kurzer Zeit um mehrere Kilometer vorstieß und dabei eine Schuttmasse von 1,5–2 Millionen m³ transportiert haben muß. Es wird angenommen, daß dieser ungewöhnliche Vorstoß durch einen Bergsturz auf die Gletscherzunge ausgelöst wurde.

Der Dammagletscher erstreckt sich über die Ostflanke des Winterberges, der im Dammastock seine größte Erhebung hat. Er bildet mehrere Zungen. Seine maximale Länge von 3,3 km erreicht er im Gebiet der Hauptzunge (links).

Unten Mitte: Im hintersten Göschenertal dringt ein als Rotfirn-Nord bezeichneter Gletscher (links) gegen die Chelenalp vor. Seine Zunge erreicht heute den Talboden. Bei weiterem Vorrücken besteht die Gefahr, daß die Eismassen die Abflüsse des Chelengletschers (hinten) stauen.

Rechts: Der Chelengletscher bildet den Talschluß des Göschenertales. Er stößt seit mehreren Jahren gegen die Chelenalp vor. Seine Abflüsse, die Chelenreuß, werden im Göscheneralpsee (vorn rechts) gestaut. Im Hintergrund (v. l.) die Tierberge und das Gwächtenhorn.

Dammagletscher

Fläche:	6,32 km²
Länge:	max. 3,3 km
Breite:	mittl. 2,6 km
Höhe:	max. 3520 m ü. M.
	min. 2040 m ü. M.
Lage:	Osten
Nährgebiet, mittl. Höhe:	3180 m ü. M.
Zehrgebiet, mittl. Höhe:	2820 m ü. M.
Moränentypen:	Mittel-, Seiten- und Endmoränen
Gletschertyp:	Gebirgsgletscher
Gletscherform:	ungewiß
Gletscherfront:	normal
Längsprofil:	ungewiß
Ernährung:	Schnee und Lawinen
Zungenaktivität:	leichter Vorstoß
Besonderheiten:	mehrere Zungen

Chelengletscher

Fläche:	3,15 km²
Länge:	max. 3,3 km
Breite:	mittl. 1,4 km
Höhe:	max. 3420 m ü. M.
	min. 2120 m ü. M.
Lage:	Südosten
Nährgebiet, mittl. Höhe:	2900 m ü. M.
Zehrgebiet, mittl. Höhe:	2580 m ü. M.
Moränentypen:	Mittel-, Seiten- und Endmoränen
Gletschertyp:	Gebirgsgletscher
Gletscherform:	zusammengesetzte Becken
Gletscherfront:	normal
Längsprofil:	Kaskaden
Ernährung:	Schnee und Lawinen
Zungenaktivität:	leichter Vorstoß
Besonderheiten:	über Chelenlücke mit Steingletscher zusammenhängend

(Daten: Stand 1973)

Zwischen dem Dammagletscher und dem Chelengletscher fließt nördlich vom Eggstock (3554 m) ein als Rotfirn-Nord bezeichneter (in der Landeskarte jedoch namenloser) Gletscher auf die Chelenalp hinab. Er ist lediglich 1,12 km² groß. Seine Zunge erreicht heute aber den Talboden. Bei weiterem Vorrücken wird er das Tal abriegeln und möglicherweise die Abflüsse des Chelengletschers stauen. Dieser Vorgang war beim Allalingletscher (siehe dort) und beim Vernagtferner wiederholt zu beobachten und hat zu beträchtlichen Aufstauungen und verheerenden Wasserausbrüchen geführt.

Die Abflüsse des Chelen- und des Dammagletschers, Chelenreuß und Dammareuß, werden seit Jahren im Göscheneralpsee gestaut, dessen Standort durch den Namen präzise bezeichnet ist. Der 2,4 km lange Hochgebirgssee wird durch den höchsten Staudamm der Schweiz gestaut. Er liegt in prachtvoller Umgebung unter dem Dammastock in einem Gletschertrog und überflutet die ehemalige Göscheneralp, auf der früher das höchstgelegene Urner Dörfchen gleichen Namens lag (1715 m), welches in harten Wintern im Mittel für acht Monate in einen Dornröschenschlaf fiel. 10 Wohnhäuser, 28 Ställe, 1 Hotel, 1 Gasthaus, 1 Schulhaus und 1 Kapelle sind in den Fluten untergegangen. Für die Bewohner der Göscheneralp wurde unterhalb des Dammes ein neues Dörfchen erstellt.

Für den Staudammbau wurde in den Jahren 1952–1955 eine gut ausgebaute, 11 km lange Zufahrtsstraße durch das Göschenertal gelegt, so daß das Bauwerk heute leicht mit dem Motorfahrzeug zu erreichen ist. Die eigentlichen Bauarbeiten wurden im Jahre 1955 aufgenommen und dauerten bis 1962. Der Damm ist bis 155 m hoch. Seine 540 m lange Krone ist 11 m breit und liegt 5 m über dem Stauziel von 1972 m. Sie ist mit einer 4 m dicken Schutzkappe aus schwersten Granitblöcken bewehrt.

Der Nutzinhalt des Göscheneralpsees liegt bei 75 Millionen m³. Das natürliche Einzugsgebiet des Sees von 42,3 km² wurde durch Zuleitungen aus dem Voralpertal (Flachensteinfirn) und dem Hinteren Urserental (Tiefengletscher) auf 91,4 km² vergrößert. Im Kraftwerk Göschenen (160 MW installierte Leistung) und in den anschließenden Reußstufen Wassen und Amsteg wird das Wasser verarbeitet. Insgesamt beträgt die mittlere jährliche Energieproduktion des Kraftwerks Göschenen 450 GWh, davon

Aufstieg über den Steingletscher zum Sustenhorn. Es zählt neben dem Gwächtenhorn zu den bekanntesten und am stärksten begangenen Skibergen der Urner Alpen.

Ganz unten: Der Göscheneralpsee mit seinem Staudamm, dem höchsten der Schweiz, ist ein vielbesuchtes Ausflugsziel. Um den 2,4 km langen Stausee führt ein abwechslungsreicher Wanderweg.

240 GWh im Winter. Der erzeugte Strom kommt in erster Linie der Gotthardbahn zugute.

Das Göschenertal ist berühmt für seinen Mineralienreichtum. Es birgt die dunkelsten Rauchquarze der Schweizer Alpen, die sogenannten Morione. Sie finden sich nur in der Gipfelregion zwischen 2500 und 3000 m, so daß mit der Suche oft gefährliche Klettereien in den steilen Wänden der Gletschhorn-Spitzberg-Kette verbunden sind. Ein weiteres Typenmineral der Gegend ist der Rosa Fluorit. Er hat hier und im Grimselgebiet seine klassischen Fundstellen.

Wanderungen
Gletscher- und Skitouren

Steingletscher Als ganz in der Nähe der Sustenpaßstraße gelegenes Schaustück ist der Steingletscher ein vielbesuchtes Ausflugsziel und eines der beliebtesten Skitourengebiete der Urner Alpen. Der Autotourist genießt auf der Strecke von Stein (1863 m) bis zur Paßhöhe (2224 m) prächtige Ausblicke auf den Gletscher. In der Kurve bei Stein mit dem Hotel Steingletscher und der Alpkäserei beginnt ein gutmarkierter Gletscherpfad, auf dem man sich von der Autofahrt erholen kann.

Der blau-gelb bezeichnete und mit Hinweistafeln über die Geschichte des Steingletschers versehene Lehrpfad führt in einer Viertelstunde zur Gletscherzunge, vorbei an der alten Sustenpaßstraße, der Steinwasserschlucht, den Moränenwällen und dem Steinsee direkt vor das Gletschertor. Ein blau-weiß markierter Gletscherweg hat das Chüebergli zum Ziel und offenbart auf der zweistündigen Wanderung die ganze Pracht der Gletscheranlage. Diese gletschergeschichtlichen Lehrpfade im Gebiet der Steinalp werden zurzeit weiter ausgebaut.

Das Gebiet des Steingletschers bietet sich für eine Reihe schönster und dennoch nicht schwieriger Hochtouren an. Als Stützpunkt dient das Hotel Steingletscher (1863 m) oder aber die Tierberglihütte (2749 m) auf dem Felsstock zwischen der mittleren und der westlichen Zunge des Steingletschers. Die Hütte ist vom Parkplatz beim Hotel Steingletscher in zwei Stunden zu erreichen. Der steile Pfad über das Tierbergli hinauf vermittelt abwechselnd eindrucksvolle Tiefblicke auf den imposanten Eisfall der westlichen Zunge und auf die kalbende Front der mittleren Zunge. Als reine Hüttentour ist der Anstieg zur Tierberglihütte eine landschaftlich sehr lohnende Wanderung.

Die Besteigung des Sustenhornes ist nicht schwierig. Dank seiner Höhe (3504 m) ist der über den Gletscher leicht zugängliche Berg einer der hervorragendsten Aussichtsberge der Zentralschweiz. Seine Gletscherflanken gestatten auch prachtvolle Skiaufstiege und -abfahrten. Für die Besteigung von der Tierberglihütte rechnet man nicht mehr als 3 Stunden. Sie läßt sich sehr gut mit einer Überschreitung des Gwächtenhorns verbinden. Hierzu steigt man zur Tierberglimmi (3202 m) auf und übersteigt sodann das Gwächtenhorn in östlicher Richtung. Dann nimmt man bei der Sustenlimmi die direkte Route auf, die von der Hütte zum Sustenhorn weist (4–5 Stunden von der Hütte).

Der Abstieg von der Hütte über die Hauptzunge des Steingletschers ist eine empfehlenswerte zweistündige Gletscherwanderung, die in eine Welt bizarrer Abbrüche und Spaltensysteme führt, denen aber immer ausgewichen werden kann. Beim untersten Gletscherbruch verläßt man das Eis nach links zum Chüebergli, will man sich nicht durch das Gewirr der Querspalten mühen.

Über die Tierberglimmi und Sustenlimmi gelangt man ins Göschenertal. Der Weg über die Sustenlimmi (3091 m) ist vorzuziehen, da sie 100 Höhenmeter tiefer als die Tierberglimmi/Chelenlücke liegt. Die Überschreitung des Gwächtenhorns mit anschließender Besteigung des Sustenhorns und dem Abstieg über die Sustenlimmi zur Kehlenalphütte ist Teil der großen Damma-Rundtour, die vom Furkapaß (Hotel Belvédère) aus auf sieben Dreitausender führt.

Sustenhorn und Gwächtenhorn zählen zu den bekanntesten und am stärksten begangenen Skibergen der Urner Alpen. Die Aufstiegs- und Abfahrtsrouten sind mit jenen der Sommertouren nahezu identisch. Einzig der Winteraufstieg zur Tierberglihütte nimmt einen anderen Weg. Er führt nicht über das Tierbergli, sondern man folgt der Hauptzunge des Steingletschers.

Wer sich den Aufstieg ersparen will, läßt sich mit dem Helikopter auf den Gebirgs-

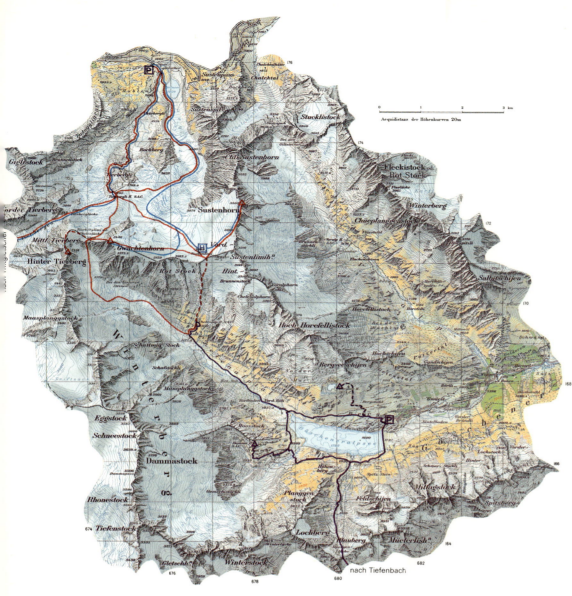

landeplatz an der Sustenlimmi fliegen. Von hier ist es auf den Gipfel des Sustenhorns nur noch eine gute Stunde. Die rund 8 km lange Abfahrt vom Sustenhorn zum Hotel Steingletscher gilt als eines der klassischen Skivergnügen im Gebiet des Steingletschers.

Göscheneralp Das Göschenertal ist durch die Kraftwerkstraße für den Autoverkehr gut erschlossen. Eine sommerliche Ausflugsfahrt an den Staudamm auf der Göscheneralp führt in eine strahlende Bergwelt. In prächtiger Umgebung liegt der Göscheneralpsee unter dem Winterberg, dessen Gipfel und die an ihm klebenden Gletscher sich in seinem dunkelgrün getrübten Wasser spiegeln. Am Staudamm befindet sich das Berggasthaus Dammagletscher. Von hier führt ein schöner Wanderweg um den Göscheneralpsee, der von der zackigen Dammagruppe und dem an ihr hängenden Dammagletscher beherrscht wird. Man nimmt vorzugsweise den Weg zur Kehlenalphütte, der an den Tümpeln des Hochmoors vom «Berg» vorbeigeht. Hier zweigt auch ein Pfad ab zur hochgelegenen Bergseehütte (2346 m), die man vom Staudamm in 1½ Stunden erreicht. Sie ist an dem verträumt in einer Mulde des Bergseeschijen eingebetteten Bergsee (2340 m) gelegen und wartet mit einem grandiosen Rundblick über die steile und eisgepanzerte Ostflanke des Winterbergs mit dem höchsten Urner Gipfel in der Mitte, dem Dammastock, auf.

Der Rundgang um den Göscheneralpsee aber führt am «Berg» entlang zur Chelenalp. Von hier wären es, das Tal weiter hinauf in Richtung Chelengletscher, noch etwa 2 Stunden zur Kehlenalphütte. Wer auf diese Hüttenwanderung verzichten will, überquert nun die Chelenreuß und folgt dem hübschen Pfad, der bald recht steil zur Dammahütte hochführt.

Diese am vielzackigen Mosstock postierte Hütte ist der Stützpunkt für die anspruchsvollen Touren durch die Winterberg-Ostwand. Gletscher und Gipfel der Dammagruppe könnten nicht näher sein. Vom Damm bis zur 2440 m hoch gelegenen Hütte sind es 2½–3 Stunden.

Der Seewanderweg zweigt unterhalb der Zunge des Dammagletschers vom Hüttenweg ab und leitet nach der Überquerung der Dammareuß hoch über dem Stausee am Höhenberg entlang zurück zum Restaurant am Damm (3 Stunden). Vorher noch, bei der Aelpergenalp, geht ein Steig steil über die Aelpergenplatten hinauf zur Aelpergenlücke zwischen dem Lochberg und Blauberg (der eine ein beliebter Skitourengipfel, der andere ein recht schwieriger Kletterberg). Über sie gelangt man hinab ins Tal von Urseren und zur Albert-Heim-Hütte, dem letzten Stützpunkt auf der großartigen Damma-Rundtour (siehe auch Rhonegletscher).

Ausgangspunkte
Stein, 1863 m (Sustenpaß)
Göschenen, 1101 m (Postbusverbindung zum Göscheneralpsee)
Staudamm Göscheneralp, 1797 m (Zufahrt mit Auto möglich)

Höchste Punkte
Sustenhorn, 3504 m
Gwächtenhorn, 3425 m
Tierberglihütte SAC, 2749 m (Hüttenwanderung)
Kehlenalphütte SAC, 2350 m (Hüttenwanderung)
Dammahütte SAC, 2440 m (Hüttenwanderung)
Bergseehütte SAC, 2370 m (Hüttenwanderung)
Höhenberg, 2000 m (Rundgang Göscheneralpsee)

Stütz- und Rastpunkte
Hotel Steingletscher, Stein, 1863 m
Berggasthaus Dammagletscher, Göscheneralp, 1797 m
Tierberglihütte SAC, 2749 m
Kehlenalphütte SAC, 2350 m
Dammahütte SAC, 2440 m

Schrifttum
Karten: Landeskarte der Schweiz 1:50 000 Sustenpaß, Blatt 255
Führer: Clubhütten SAC
Clubführer SAC Urner Alpen West
Das Göscheneralptal, G. Binder

Marschzeiten
Gletschertour:
Tierberglihütte–Sustenhorn 3 Stunden
Tierberglihütte–Gwächtenhorn–Sustenhorn 5–6 Stunden
Tierberglihütte–Steingletscher–Stein 2 Stunden
Sustenhorn–Kehlenalphütte 2 Stunden
Tierberglihütte–Kehlenalphütte 3–3 ½ Stunden
Wanderung:
Stein–Gletscherpfad 15–30 Minuten
Stein–Tierberglihütte 2 Stunden
Staudamm Göscheneralp, Rundgang 3 Stunden
Staudamm Göscheneralp–Bergseehütte 1 ½ Std.
Staudamm Göscheneralp–Kehlenalphütte 2 ½ Stunden
Kehlenalphütte–Aelpergenlücke–Albert-Heim-Hütte 5–6 Stunden

URNER ALPEN *Titlis*
Titlisgletscher
Wendengletscher

Als höchstgelegener Aussichtspunkt der Zentralschweiz hat der Titlis (3239 m) gewissermaßen auch Anspruch auf einen Gletscher. Zwar ist mit 1,83 km² Fläche nicht viel Staat zu machen, aber es reicht allemal zu einem regionalen Superlativ: Der Titlis, an dessen Nordwestflanke sein Gletscher wie eine zweite Haut klebt, ist das einzige Sommerskigebiet der Zentralschweiz. Damit ist auch bereits das Stichwort gegeben: Skisport.

Während des ganzen Jahres kann und wird hier Ski gefahren. Möglich wurde dies für die breiten Volksschichten im Jahre 1967, als die oberste Sektion der Bergbahnanlage Engelberg–Gerschnialp–Trübsee–Titlis in Betrieb genommen wurde. Über vier Sektionen gelangt der Skifahrer in rund fünfzig Minuten von Engelberg auf die Gipfelstation am Chli Titlis (3020 m). Dort ermöglichen Skilifte auf dem Titlisgletscher bescheidenes Skivergnügen im Hochsommer. Im Winter und Frühjahr jedoch eröffnen sich dem geübten Skifahrer hier eine Reihe prächtiger Abfahrten.

Die Beliebtheit dieses Aussichts- und Skiberges spiegelt sich in den Beförderungszahlen der Titlisbahnen: 1976 wurden durch sie nahezu 900 000 Personen befördert. Doch auch vor Eröffnung der Titlisbahnen wurde dieser «heilige Berg» der Zentralschweiz an schönen Wintertagen von tausend und mehr Skifahrern besucht. Diese allerdings mußten sich das Skivergnügen in einem mühevollen sechs- bis achtstündigen Aufstieg mit Steigfellen erst verdienen. Heute muß lediglich noch der sanft geschwungene Grat von der Gipfelstation am Chli Titlis zum Hauptgipfel unter die Füße genommen werden.

Die zweihundert Höhenmeter schafft man in einer knappen halben Stunde, sowohl mit Skiern als auch, im Sommer und Herbst, zu Fuß über den gut signalisierten Gletscherweg.

Auf einen Gipfelbesuch sollte keinesfalls verzichtet werden. Das Titlis-Panorama wird zu Recht als eines der umfassendsten der Alpen gerühmt: Vom Montblanc, über die Walliser Eisriesen, den Jura, die Vogesen, den Schwarzwald und die Bündner Alpen bis selbst zum Dachstein fern im Südosten reicht an klaren, schönen Tagen die wahrhaft grandiose Rundsicht.

Aber nicht nur der Blick in weite Fernen lohnt den unbeschwerlichen Aufstieg. Genau im Süden erheben sich, von den nahen Fünffingerstöcken kaum verdeckt, Susten- und Gwächtenhorn mit dem dazwischenliegenden Steingletscher. Dieser zeigt sich hier von seiner Breitseite mit den drei besonders charakteristischen Zungen.

Gleichsam unter den Füßen, rund 700 Höhenmeter tiefer, liegt zum Greifen nahe der Wendengletscher, über den die Spuren der Kletterer zu den Einstiegen in die Titlis-Südwand und den Südostpfeiler weisen. Nördlich des Wendenjoches drückt sich der kleine Firnalpeligletscher an die senkrechte Ostwand des Titlis.

Erstmals in den Genuß dieses Panoramas kamen zwei Klosterbrüder von der Benediktinerabtei in Engelberg sowie die beiden einheimischen Bauern J. Hess und

Am Roteggabbruch des Titlisgletschers wird alljährlich vor Beginn der Skisaison ein rund 150 m langer und 4 bis 5 m breiter Skiweg mit Wendeplatte aus dem an dieser Stelle steil abstürzenden Gletscher gesprengt.

Titlisgletscher

Fläche:	1,83 km²
Länge:	max. 1,8 km
Breite:	mittl. 1,4 km
Höhe:	max. 3220 m ü. M.
	min. 2220 m ü. M.
Lage:	Nordwesten
Firnlinie:	2840 m ü. M.
Nährgebiet, mittl. Höhe:	2900 m ü. M.
Zehrgebiet, mittl. Höhe:	2600 m ü. M.
Moränentypen:	Schutt, nicht sicher ob Moräne; im Gletschervorfeld Mittel- und Seitenmoränen
Gletschertyp:	Gebirgsgletscher
Gletscherform:	ungewiß
Gletscherfront:	normal
Längsprofil:	Kaskaden
Ernährung:	Schnee und/oder Driftschnee
Zungenaktivität:	stationär
Besonderheiten:	mehrere Zungen

Wendengletscher

Fläche:	1,90 km²
Länge:	max. 1,9 km
Breite:	mittl. 1,1 km
Höhe:	max. 2960 m ü. M.
	min. 2180 m ü. M
Lage:	Westen
Firnlinie:	2460 m ü. M.
Nährgebiet, mittl. Höhe:	2520 m ü. M.
Zehrgebiet, mittl. Höhe:	2400 m ü. M.
Moränentypen:	Seiten- und Endmoränen
Gletschertyp:	Gebirgsgletscher
Gletscherform:	zusammengesetztes Becken
Gletscherfront:	normal
Längsprofil:	Kaskaden
Ernährung:	Schnee und Lawinen
Zungenaktivität:	stationär

(Daten: Stand 1973)

J. E. Waser. Wie Johann Conrad Fäsi in seiner «Genauen und Vollständigen Staatsbeschreibung...» mitteilt, mußten die vier «Waghälse» bei ihrer Erstbesteigung im Jahre 1739 «wegen den vielen und breiten Schründen in dem Eise große Mühseligkeiten und Gefahren überwinden».

Für die Kletterer gibt es selbst heute noch ungelöste Probleme am Titlis: Die größtenteils senkrecht abfallende Ostwand beispielsweise ist in der direkten Route immer noch nicht bezwungen. Nur erstklassige und wagemutige Kletterer, für die der sehr schwierige Titlis-Südostpfeiler kein Neuland mehr ist, können sich mit Aussicht auf Erfolg an diese Aufgabe heranwagen.

Folgende Doppelseite: Wind als Aufstiegshilfe. Beim Skisegeln nützt der Skifahrer die Windkraft aus und läßt sich mit einem fallschirmähnlichen Skisegel über den Gletscher (hier die Firnkuppe des Titlisgipfels) schleppen. Skiliftanlagen ermöglichen auf dem Titlisgletscher ganzjährigen Skibetrieb.

Ganz links: Der Titlisgletscher von der Station Stand (2450 m) aus gesehen. Seit 1967 ist er durch eine Luftseilbahn touristisch erschlossen. Diese führt in drei Sektionen bis auf den 3020 m hohen Vorgipfel des Titlis.

Links: Skisegeln auf dem Titlisgletscher: Diese vom Freiburger Chemiker Dr. Dieter Strasilla erst vor wenigen Jahren initiierte neue Sportart bleibt, der Gefährlichkeit des Geländes wegen, bergerfahrenen und sicheren Skiläufern vorbehalten.

Im obersten Teilabschnitt (Station Stand–Titlis) schwebt die Luftseilbahn direkt über den in mehreren Stufen abbrechenden Gletscher und gestattet so eindrucksvolle Tiefblicke in die gewaltigen Querspalten des Eisbruches.

Der Titlisgletscher weist mehrere Zungen auf. Die im Westen zwischen Hinterem Titlisjoch und Ober Rotegg sich ausbreitende Zunge reichte einstmals bis zum Trübsee hinunter. Die Schmelzwasser dieser Zunge werden in dem zauberhaft in die Alpenlandschaft auf Ober-Trübsee eingebetteten Seelein gesammelt. Über die Zunge führt von der Station Stand die vierte Sektion der Titlisbahn zum Chli Titlis. Die Fahrt geht mitten über den wild zerfurchten Gletscher und gestattet aus allernächster Nähe, gleichsam mit den Augen der hier zahlreichen Alpendohlen, Einblick in die Spalten. Von der Station Stand aus sieht man auch die Ufermoränen, die der Gletscher nach dem letzten Hochstand zurückgelassen hat.

Aufstieg Der Aufstieg von der Gipfelstation auf Chli Titlis (3020 m) zum Titlisgipfel (3239 m) ist mit gutem Schuhwerk (mindestens Wanderschuhe) problemlos und auch für Ungeübte in einer guten halben Stunde zu schaffen. Halbschuhe sind für diesen Gipfelspaziergang in hochalpiner Region völlig ungeeignet.

Abfahrt Die Skiabfahrt vom Titlis mit einer Höhendifferenz zwischen Titlis und Engelberg von rund 2200 Metern und einer Länge von 12 km ist ein rasantes Vergnügen. Im obersten Teil geht die Abfahrt über den Gletscher und verlangt vom Skifahrer fortgeschrittenes Können. Denn an der Rotegg bricht der Titlisgletscher nahezu lotrecht in die Schutthalden beim Stand ab. Hier ist die Schlüsselstelle der hochalpinen Abfahrt Titlis–Stand.

Dieser extreme Steilhang wird seit Bestehen der Titlisbahn entschärft: Alljährlich vor Beginn der Wintersaison wird in den Gletscherabbruch ein Skiweg von rund 150 Metern Länge und vier bis fünf Metern Breite mit einer eigentlichen Wendeplatte gesprengt und durch Netze gesichert. Trotz dieser Erleichterung bleibt die Abfahrt über den Titlisgletscher jedoch mittleren bis guten Skifahrern vorbehalten. Eine zweite Abfahrt geht durch den Abbruch der westlichen Gletscherzunge zwischen Ober Rotegg und Hinterem Titlisjoch. Diese Abfahrt mit ausgeprägtem alpinem Charakter ist etwas für Könner, ebenso wie die Titlis-Rundtour, eine anspruchsvolle Hochtour über einen Dreitausender, zwei Hochpässe und vier Gletscher.

Schrifttum
Karten: Landeskarte der Schweiz
1:25 000 Meiental, Blatt 1211
1:25 000 Engelberg, Blatt 1191
Führer: Urner Alpen West, Clubführer SAC
Alpine Skitouren, Verlag SAC
Alpinismus, Heft 2/70 Seckler und Heft 3/75 Hiebeler

GLARNER ALPEN *Tödi-Gruppe*
Hüfifirn/Claridenfirn
Bifertenfirn
Limmerenfirn

Die wuchtige Tödigruppe, der höchste Gebirgsstock der Glarner Alpen, bildet mit ihren weiten Firnfeldern und Gletschern das am nördlichsten gelegene große Gletscherareal der Schweiz. Sie ist auf einer Fläche von mehr als 57 km² vergletschert und umfaßt ein Gebiet komplizierter geologischer Verhältnisse, die vor allem vom Aaremassiv, seiner Sedimenthülle und den helvetischen Decken bestimmt werden. Der komplexe geologische Aufbau bedingt eine ebenso vielfältige topographische Gliederung, die durch langgestreckte Gratzüge und massige Felsstöcke geprägt ist.

In diesem geologischen Übergangsbereich, an den Nahtstellen zwischen dem Kalk der helvetischen Decken und dem Granit des Aaremassivs, behaupten sich zwei beachtliche Gletscher verschiedenen Typs und unterschiedlicher Größe: der Claridenfirn als alpine Ausprägung des Plateaugletschers und der Hüfifirn als prächtig ausgeformter Talgletscher. Sie ziehen sich in entgegengesetzter Richtung an der Clariden- und Windgällenkette entlang, die die Tödigruppe gegen Nordwesten begrenzt: der Claridenfirn nach Nordosten, der Hüfifirn nach Südwesten. Untrennbar sind sie an ihren Firnschultern beim breiten Paß zwischen dem Claridenhorn und Spitzalpelistock miteinander verschweißt. Dieser Paß wird je nach der Richtung, in die man geht, Clariden- oder Hüfipaß genannt.

Von dieser Firnscheide streben die beiden ungleichen Gletscher in zwei gänzlich verschiedene Tallandschaften auseinander. Während sich der Hüfifirn in das Hintere Maderanertal hinabsenkt, schließt der Claridenfirn die öde, wüste Urlandschaft des «Sand» am Fuße des imposanten Tödistockes ab. In dieser wilden und schroffen Gebirgslandschaft östlich des Claridenpasses hausen noch zwei kleine Gletscher, die aber für die Wasserwirtschaft des Linthtales von großer Bedeutung sind: Bifertenfirn und Limmerenfirn.

Der Hüfifirn ist der größte und längste Gletscher der Tödigruppe. Die Firnmulde wird im Norden eingerahmt durch Schärhorn (Mitte) und Chammliberg (rechts), zwischen denen die Chammlilücke liegt. Vorne der Heimstock.

Hüfifirn

Fläche:	13,73 km²
Länge:	max. 7,0 km
Breite:	mittl. 2,5 km
Höhe:	max. 3220 m ü. M.
	min. 1740 m ü. M.
Lage:	Süden—Westen
Firnlinie:	2860 m ü. M.
Moränentypen:	Seitenmoränen
Gletschertyp:	Talgletscher
Gletscherform:	zusammengesetzte Becken
Gletscherfront:	normal
Längsprofil:	Kaskaden
Ernährung:	Schnee/Driftschnee
Zungenaktivität:	leichter Vorstoß

Besonderheiten: Hängt zusammen mit dem Sandfirn, über den Claridenpaß mit dem Claridenfirn, über das Chammlijoch mit der Iswand und über die Chammlilücke mit dem Grießfirn. Die Front des Ober-Hüfifirns gegenüber 1959 verdickt und im Vorstoß, kalbt auf den Hauptgletscher. Unterhalb der Planurahütte und P. 3007 wächtenartiger, sichelförmiger Gletscherrand.

Claridenfirn

Fläche:	5,64 km²
Länge:	max. 2,9 km
Breite:	mittl. 2,8 km
Höhe:	max. 3240 m ü. M.
	min. 2540 m ü. M.
Lage:	Osten
Firnlinie:	2900 m ü. M.
Nährgebiet, mittl. Höhe:	2900 m ü. M.
Zehrgebiet, mittl. Höhe:	2680 m ü. M.
Moränentypen:	keine Moränen; Seitenmoränen im Gletschervorfeld
Gletschertyp:	Gebirgsgletscher
Gletscherform:	ungewiß
Gletscherfront:	normal
Längsprofil:	Eisfall
Ernährung:	Schnee/Driftschnee
Zungenaktivität:	ungewiß

Besonderheiten: Der Gletscher liegt auf einer Felsterrasse, von der mehrere Zungen steil ins Tal hinunterfließen. Hängt über den Claridenpaß mit dem Hüfifirn zusammen.

Grießfirn

Fläche:	2,48 km²
Länge:	max. 1,3 km
Breite:	mittl. 2,0 km
Höhe:	max. 3240 m ü. M.
	min. 2160 m ü. M.
Lage:	Norden
Moränentypen:	Schutt, nicht sicher, ob Moräne
Gletschertyp:	Gebirgsgletscher
Gletscherform:	zusammengesetzte Becken
Gletscherfront:	normal
Längsprofil:	Eisfall
Ernährung:	Schnee und Lawinen
Zungenaktivität:	leichter Rückzug

Besonderheiten: Über die Chammlilücke mit dem Hüfifirn zusammenhängend. (Daten: Stand 1973)

Tödi und Bifertenfirn am 8. August 1807. Aquarell von H. C. Escher von der Linth (1767–1823).

Vom Tödi stürzt der Eisfall des Bifertenfirns, dessen Wasser den Ursprung der Linth bilden, in weitem Bogen um seine südliche Flanke bis an den östlichen Bergfuß. Sein Eisbruch im Gebiet der Grünhornhütte (sie ist die erste Hütte des Schweizerischen Alpenclubs) ist von ungestümer Wildheit. Die geringe Fläche von 2,86 km² macht der wieder leicht vorstoßende Bifertenfirn durch eine erstaunliche Länge von immerhin 4,2 km wett. Er endet heute auf 1880 m im Eistrümmerhang der «Tentiwäng» unterhalb der Fridolinshütten. Im Gletschervorfeld, das sich am Fuße der Steilstufe als weite Mulde nach Norden hinzieht, finden sich schöne Gletscherschliffe und Drumlins, die die Hochstände des kleinen Talgletschers um 1600 und 1820 dokumentieren. Der Limmerenfirn fließt am Nordhang der Bifertenstockkette entlang, die eine Art Ostflügel der Tödigruppe darstellt. Er reicht bis zum Gipfel des Bifertenstockes (3421 m) hinauf und präsentiert sich heute als 2,39 km² großes, im unteren Teil schuttbedecktes Firn- und Eisfeld. Seine Abflüsse werden im 2,7 km langen Limmerensee gestaut. Dieser 1857 m hoch gelegene Stausee nimmt auch die Schmelzwasser des Claridenfirns und des winzigen Sandfirns (0,92 km²) auf.

Der Limmerensee liegt im unzugänglichen, von steilen Kalkwänden umschlossenen Becken des ehemaligen Limmerenbodens. Die Baustelle der 145 m hohen Bogenmauer konnte nur durch Seilbahnen vom 1000 m tiefer gelegenen Talboden Tierfehd erschlossen werden. Die Sperrmauer wird durch einen 2,9 km langen Zufahrtsstollen von der in einer Kaverne untergebrachten Bergstation der Werkseilbahn erreicht. Wesentliche Teile der Baueinrichtungen, wie Magazine, Werkstätten und ein großes Unterkunftshaus mit 400 Schlafplätzen, mußten in Felskavernen oder Felsanschnitten angelegt werden – ein in diesem Ausmaß in den Alpen bisher einmaliges Unterfangen.

Ganz in der Nähe des Limmerenstausees liegt in einer glazial überformten Doline zwischen Nüschenstock und Ruchi der natürliche Muttsee (2446 m). Durch Absenkung ist auch er der Wasserwirtschaft dienstbar gemacht. Früher verschwand sein Abfluß kurz nach dem Seeaustritt im sogenannten Muttenloch, einer riesigen Karsthöhle am rechten Steilhang des Limmerentales hoch über der Schlucht des Limmerenbachs, und speiste im Talboden von Tierfehd die Brunngüetliquellen. Als Hauptwasserspeicher faßt der Limmerensee 90 Millionen m³, was hier einem Energieinhalt vom 258 GWh entspricht. Die Stauanlage wurde in den Jahren 1959–1963 errichtet.

Mit ihren hohen Gipfeln, langgezogenen Gratzügen und tiefen Schluchten ist die Tödigruppe eine ungemein vielfältig und abwechslungsreich gegliederte Gletscherlandschaft, die ihrer starken Kontraste wegen lebhafte Eindrücke vermittelt.

Hüfifirn

Mit einer Fläche von 13,73 km² und einer Länge von 7 km ist der Hüfifirn der größte und längste Gletscher der Tödigruppe. Seine nur wenig geneigte Firnmulde entleert sich zwischen den eindrucksvollen Gipfeln von Schärhorn und Groß-Düssi in einer ebenso steilen wie spaltenreichen Zunge ins Maderanertal. Die Firnmulde selbst wird eingerahmt von der Gipfelkette von Schärhorn, Chammliberg und Clariden im Norden und dem vom Piz Cambrialas im Süden zum Piz Cazarauls nordostwärts ziehenden Kamm.

Durch Lücken in dieser großartigen Umrahmung verbindet sich der Hüfifirn mit anderen Gletschern. So über die Chammlilücke zwischen Schärhorn und Chammliberg mit dem Grießfirn, über das markante Chammlijoch zwischen Chammliberg und Claridenstock mit der berühmten Iswand und über den Firnscheitel der «Planura» mit dem Claridenfirn und dem Sandfirn.

Der Eissporn seiner wildzerrissenen Zunge zeugt, mit Vehemenz in das hintere Maderanertal hinabstoßend, den Chärstelenbach. Dieser wächst in der Geborgenheit des Maderanertales zu einem stattlichen Gebirgsbach an und verläßt das paradiesische Hochtal durch eine tiefe Schlucht vor Amsteg, wo er von der Reuß aufgenommen wird und oft schon Unheil gestiftet hat. Seine Wasser werden noch vor der Zuteilung in die Reuß im Kraftwerk Amsteg genutzt.

Bifertenfirn

Fläche:	2,86 km²
Länge:	max. 4,2 km
Breite:	min. 0,7 km
Höhe:	max. 3620 m ü. M.
	min. 2540 m ü. M.
Lage:	Osten
Moränentypen:	Mittel-, Seiten- und Endmoränen
Gletschertyp:	Nische
Gletscherform:	einfaches Becken
Gletscherfront:	normal
Längsprofil:	Eisfall
Ernährung:	Schnee und Lawinen
Zungenaktivität:	leichter Vorstoß

Limmerenfirn

Fläche:	2,39 km²
Länge:	max. 2,9 km
Breite:	mittl. 1,0 km
Höhe:	max. 3420 m ü. M.
	min. 2260 m ü. M.
Lage:	Osten
Moränentypen	Mittel-, Seiten- und Endmoränen
Gletschertyp:	Gebirgsgletscher
Gletscherform:	einfaches Becken
Gletscherfront:	normal
Längsprofil:	Eisfall
Ernährung:	Schnee und Lawinen
Zungenaktivität:	leichter Rückzug

(Daten: Stand 1973)

Die Zunge des Hüfifirns hat sich in den vergangenen Jahrzehnten tief in die Schlucht zwischen dem Groß-Düssi und den Schärhörnern zurückgezogen und dort verkrochen. Noch um die Mitte des 19. Jahrhunderts stieß die Gletscherstirn an den Felsriegel bei Grießbrüggen (1462 m) ob Blindensee. Heute endet sie auf etwa 1740 m oberhalb einer Porphyrschwelle an einem kleinen See im Gletschervorfeld.

Die tief eingeschnittene Schlucht in den Schaflochfelsen, in die sich der Chärstelenbach hineingefressen hat, bildet eine nicht leicht überwindbare Barriere. Damit ist die Zunge des Hüfifirns eine der unzugänglichsten der Alpen.

Seit seinem Hochstand um 1850 hat sich der Gletscher um etwa 1,8 km zurückgezogen. Seine Zunge liegt heute wie ein im Auflauftopf zusammengefallenes Soufflé geschrumpft und von wüsten Falten durchzogen zwischen den hohen Kalkwänden der Schlucht.

Auf dem Firnplateau bei der Planurahütte wartet der ganz im Malmkalk liegende Hüfifirn mit einer ganz besonderen Attraktion auf. Dort weist der Gletscher um den Felsstock, auf dem die Planurahütte thront, und vor allem um den westlichen Gipfel des Hinteren Spitzalpelistockes (3007 m) riesige sichelförmige Auslassungen auf. Winde, die um diese Felsstöcke streichen, haben sie aus dem Eis geformt. Der östliche dieser beiden gewaltigen Windkessel legt sich wie die Steilkurve einer gigantischen Rennbahn an die Eiswand des Gletschers. Die langgestreckte Kurve ist gut 60 Meter hoch und über einen halben Kilometer lang.

Claridenfirn

Östlich der Firnscheide, die sich vom Claridenstock 3 km weit in südlicher Richtung zum Piz Cazarauls hinüberzieht, lagert auf einer langgestreckten Kalkterrasse an der Südseite der Claridenkette der Claridenfirn. Dieser zwittrige Gletscher ist so breit wie lang (rund 2,8 km) und bedeckt eine Fläche von 5,64 km². Mit einer Vielzahl kleiner und größerer Zungen, die er dem schräg abgestutzten pyramidalen Felsstock des Tödi entgegenstreckt, lappt er von der Terrasse über jäh abfallende Felswände ins Trümmerfeld der Hinteren Sandalp hinab. Er scheint hier im Wettbewerb mit dem gewaltigen und mit Eiscouloirs durchsetzten Felstrapez der Nordwestwand des Tödi zu treten, der sich dem Gletscher unüberwindlich und uneinnehmbar entgegenstellt. Am Claridenstock erreicht dieser sonderbare Gebirgsgletscher mit 3240 m seine größte Höhe. Der östliche Zungenlappen verliert sich rund einen Kilometer vor der Claridenhütte auf 2540 m im Geröll am Südhang des Gemsfairenstocks (2972 m).

Wanderung und Gletschertour Im 18. Jahrhundert noch so unbekannt, «als wenn sie inmitten Grönlands gelegen wäre» (Gruner, «Die Eisgebirge des Schweizerlandes»), ist die Gletscherlandschaft der Tödigruppe heute einer der beliebtesten Tummelplätze für Bergsteiger und Skitouristen. «Die mächtigen Eisthäler, die hinwiedrum durch scheußliche Gletscher sich in die untern Thäler ausleeren», wie Gruner sie 1760 beschreibt, haben es längst all jenen Bergfreunden angetan, die in relativ kurzer Zeit und ohne allzu große körperliche Anstren-

Links oben: Bei der Planurahütte finden sich gigantische, vom Wind modellierte Leerräume zwischen Fels und Eis. Die Mittel, mit denen die Natur hier wirkt, sind so flüchtig wie das Geschaffene selbst: Wind und Wasser.

Der Windkessel am Hüfifirn ist bis zu 60 m hoch und über 500 m lang: Ein Naturwunder, das durch Eleganz der Linienführung und Ebenmaß der steilen Böschung besticht.

Unten: Der Claridenfirn am 16. August 1854 vom Beggistock (2634 m) aus gesehen. Der Gletscher lagert auf einer langgestreckten Kalkterrasse an der Südseite der Claridenkette.

gung das faszinierende Szenarium des vergletscherten Hochgebirges mit allen Sinnen erleben wollen.

Seit im Jahre 1899 die Klausenpaßstraße eröffnet wurde, ist die Besteigung der beiden beliebtesten Dreitausender am Hüfifirn, Schärhorn und Claridenstock, fast zu einem Spaziergang geworden. Beide Gipfel lassen sich vom Klausenpaß aus leicht an einem Tag ersteigen und sind auf ihren Normalanstiegen ohne Kletterei zu gewinnen. Wer freilich das ganze Gebiet in seiner reichen Vielfalt kennenlernen möchte, wird sich mehr Zeit nehmen müssen. Für ihn sind die nachfolgenden Vorschläge bestimmt.

Ausgangspunkt der Gletschertour im Claridengebiet ist der Klausenpaß, als dessen Stützpunkt das etwas tiefer gelegene Hotel Klausenpaß dient. Die auffälligen Kalkbänder unter dem Raustöckli passierend, strebt man auf gut markiertem Pfad zum Tieralpligrat empor. Hier gibt die Natur ein Lehrstück über den unabänderlichen Prozeß des landschaftsverändernden Waltens ihrer Kräfte. Magisch ziehen das Felsenamphitheater der Clariden-Nordwand und der Gletscherkessel am Tüfelsfridhof (Teufelsfriedhof) den Blick auf sich. Über schiefrigen Grund und verwitterte Kalkblöcke erreicht man das Iswandli (2 Stunden vom Paß). Seit der Gletscher an Mächtigkeit eingebüßt hat, hat auch das einst berüchtigte Eiswändchen viel von seinem Schrecken verloren. Hier wird angeseilt. Über dem Sattel am Chammlijoch nach Osten, steht man nach einer guten Stunde bereits auf dem Gipfel des Claridenstockes (3267 m).

Eine prächtige Aussicht erwartet den Bergsteiger hier oben: Im Norden bauen sich die senkrechten Kalkwände der wilden Jägerstöcke auf; darunter breitet sich stolz und gelassen die größte Schweizer Alp aus, der Urner Boden, auf dessen saftige Weiden alljährlich rund 800 Stück Großvieh aus dem Unterland hinaufgetrieben werden, um daselbst einen schönen Sommer zu genießen. Gegen Osten folgt das Auge der messerscharfen Claridenkette, an die sich das Eisparkett der Clarider Firnterrasse schmiegt. Im Südosten, unübersehbar und alles überragend, der Tödi. Er beherrscht mit seinem Silberhaupt und der trotzig bereitgestellten Nordostwand das weite Rund der Szenerie. Sein Gipfel offenbart ein grandioses Panorama, das nördlich bis nach Süddeutschland hinein, östlich bis zum Ortler und zu den Tiroler Bergen, südlich über die gesamte Bündner Bergwelt und westlich sogar bis zum Montblanc reicht. Das Malerische der grünen Tallandschaft des Urner Bodens verbindet sich auf dem Claridenstock gleichsam auf einen Blick mit der Großartigkeit der eisigen Hochgebirgswelt. Gegen Süden und nach Westen breitet sich das weite Gletschermeer des Hüfifirns aus, der im Südwesten gegen das kantig aufsteigende Prisma des Groß-Düssi brandet. Genau im Süden erhebt sich aus dem lilienweiß schimmernden Schneefeld die Planurahütte. Zu ihr geht es nun hinüber: zunächst durch die steile Ostwand des Clariden und dann auf der ebenen Firnscheide zwischen Hüfifirn und Claridenfirn. Man ist hier auf dem Scheitel des Clariden- oder Hüfipasses. Dieser Gletscherpaß ist schon vor der Zeit des Alpinismus von den Gemsjägern begangen worden, wie alte Schriften zu berichten wissen.

Gleich einem fernen Schiff auf offener See verschwindet und erscheint am Horizont die Planurahütte. Nach anderthalb Stunden steht man ihr gegenüber, getrennt allein durch den tief ins Eis gerundeten Windkessel. Wie eine Trutzburg steht sie auf dem Felssporn am Scheidepunkt zwischen Sandfirn und Hüfifirn, einsam und prächtig. Man muß diese Hütte besucht haben, denn sie steht nur wenige hundert Meter nördlich des Piz Cazarauls. Dort aber befindet sich der geographische Treffpunkt dreier Alpenzonen: Urner Alpen, Glarner Alpen und Bündner Alpen.

Zwischen der Hütte und dem Hinteren Spitzalpelistock liegt der gigantische Windkessel. Man kann ihn leicht verfehlen. Denn obwohl der Weg nah an ihm vorbeiführt, bleibt er wegen des leicht ansteigenden Firnfeldes so lange unentdeckt, bis man direkt an seinem jäh abstürzenden oberen Rand steht. Dieser ist stellenweise verwächtet, so daß man sich nur mit großer Vorsicht nähern darf. Aber welch ein Schauspiel der Natur offenbart sich dann! Als gigantische Steilkurve einer in der Unendlichkeit sich verlierenden Rennbahn, auf der Titanen sich messen, breitet sich der tiefe, majestätisch geschwungene Kessel buchstäblich unter den Füßen aus. Keine Frage: Hier blickt man auf eine der großen wundervollen Erscheinungen, mit denen die an Überraschungen so reiche Gletscherwelt der Alpen ihre Großartigkeit dartut.

Die Planurahütte könnte nicht besser liegen, will man die Nordostwand des Tödi studieren. Diese ist nur etwas für mutige Bergsteiger. Ein leichter Anstieg führt durch die Südwestwand. Der zweite Tag der Gletschertour hat aber nicht die Königin der Glarner Alpen, sondern einen nicht minder bekannten und obendrein sonderbaren Dreitausender zum Ziel: das Schärhorn. Über das Firnfeld geht man zunächst nordwärts in Richtung Clari-

Von der Chammlilücke zwischen Schärhorn und Chammliberg bricht nordwärts der kleine Griessfirn ab. Hinten das Klein-Schärhorn.

Unten rechts: Das weite, ebene Firnplateau von Hüfifirn und Claridenfirn bietet sich als Gebirgslandeplatz geradezu an.

denhorn. Das Firnplateau bietet sich als Gebirgslandeplatz geradezu an. Und so ist es kein seltenes Schauspiel, daß eines der beliebten und bewährten Gletscherflugzeuge hier die Kufen in den Schnee setzt.

Am Fuße des Claridenhorns hält man sich nun streng nach Westen und überquert das weite Firnbecken. Zwischen Claridenstock und Chammliberg bildet das Chammlijoch eine kunstvoll geschwungene Lücke. Durch sie erreicht man vom Klausenpaß am schnellsten die Planurahütte. Am Sporn der Chammlihoren vorbei gelangt man an den Ostgrat des Schärhorns. Seinen Namen verdankt es den geologisch ungleichen Gipfeln, die sich je nach Standort wie die Schenkel einer Schere zu schließen scheinen.

Leicht erreicht man über den Firngrat das Groß-Schärhorn (3294 m). Es ist die höchste Erhebung der Schärhornkette, die sich im Westen in der Windgällen-

kette und im Osten in der Claridenkette fortsetzt. Die Aussicht von seinem Gipfel hält Vergleichen mit der Viertausenderlandschaft der Walliser Alpen durchaus stand und vermittelt eindrucksvolle Tiefblicke. Im Norden bauen sich die beeindruckenden Kalkwände der Schächentaler Windgällen auf, und im Süden schreckt das finstere Felsprisma des Groß-Düssis. Mit seinem charakteristischen Doppelgipfel zählt das Schärhorn zweifellos zu den schönsten Erhebungen im Grenzgebiet der Urner und Glarner Alpen. Wer nicht klettern will, muß zum Abstieg den gleichen Weg zurück über den Ostgrat nehmen, was freilich schade wäre, denn die Überschreitung der beiden Schärhorngipfel krönt erst die genußreiche Tour.

Über den Westgrat klettert man leicht in die «Schäre» ab, die Scharte, welche die beiden Gipfel trennt. Ein leicht überhängender Turm ist das Salz dieser kleinen Klettertour. Er kann jedoch auch rechts umgangen werden. Aus der Scharte steigt man über den kurzen Ostgrat hinauf zum Klein-Schärhorn. Mit 3243 m ist es nur 60 m niedriger als der östliche Hauptgipfel. Für die Überschreitung rechnet man eine Stunde.

Der Abstieg zum Klausenpaß führt zurück zur Scharte, dann durch den steilen Firnhang der Nordostflanke und weiter durch den Gletscherbruch des Grießfirns zur Chammlialp. Dem Eisfall kann auch rechts über einen Felssporn des Chammliberges ausgewichen werden. Auf den

Moränen des größtenteils von Trümmern übersäten Grießfirns erreicht man bald den Alppfad, der von der Oberalp zum Klausenpaß hinüberleitet. Beim Überschreiten des Stäubenbachs, der am Grießfirn entspringt, glaubt man das Rauschen und Tosen der «Stäube» zu hören, jenes dekorativen Wasserfalls, der über das schattige Gefels fast 100 m tief zur Äschalp hinabstürzt und von der Klausenstraße einen so prächtigen Anblick bietet – zumal sich über ihm die Fels- und Eismauer der Schärhornkette aufbaut. Über die Matten der Chammli- und Chrächenalp gelangt man schließlich zum Klausenpaß (2–3 Stunden vom Klein-Schärhorn).

Von der Planurahütte führen noch andere, nicht minder abwechslungsreiche Routen über die Gletscher. Zurück zum Klausenpaß kann auch der Weg über die Eisterrasse des Claridenfirns genommen werden. Vorbei an der Claridenhütte umwandert man den Gamsfairenstock und stößt schließlich nach langer Wanderung entlang der Gamsfairenalp hoch über dem Urner Boden im schattigen Kessel der Chlus auf die Klausenstraße (4–5 Stunden von der Planurahütte).

Die Erfahrung, daß das Tödigebiet auch heute noch schwer erreichbar ist, vermittelt eine Wanderung von der Planurahütte zur Grünhornhütte am Bifertengletscher (3 Stunden von der Planurahütte). Um wieder zum Klausenpaß zu gelangen, folgt man dann dem Hüttenpfad über den Ochsenstock zur Alp im Ober-Sand, wo man zur Claridenhütte aufsteigt. Dort bietet sich wieder der Weg um den Gamsfairenstock an.

Der Abstieg von der Planurahütte zur Hüfihütte und hinaus ins Maderanertal zählt zu den schönsten Unternehmungen in der Tödigruppe. Nach zweistündigem Marsch auf der Zunge des Hüfifirns steht man vor der Hüfihütte (2334 m). Sie ist am Rande des Gletschers auf den Hüfistöckelen plaziert, zu denen der Ober-Hüfifirn wieder etwas vorstößt. Der Hüfifirn präsentiert sich hier mit seinen Spalten und Eisbrüchen längst nicht mehr so harmlos wie 600 m höher am Claridenpaß. Der Abstieg über die Zunge führt denn auch in eine Sackgasse, aus der lediglich der Chärstelenbach durch die

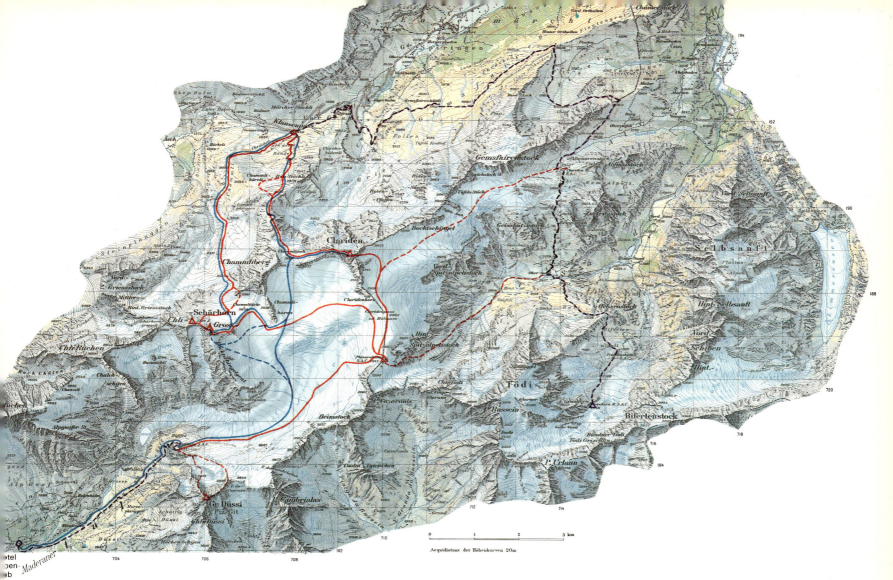

tiefe Schlucht bei den Schaflochfelsen einen Ausweg weiß.
Im Eisbruch des Hüfifirns, auf der Höhe des vom Schärhorn herabziehenden Bocktschingelgrates, wurden 1975 die Überreste zweier deutscher Skitouristen gefunden. Sie hatten im Januar 1910 von Linthal her den Hüfipaß überquert und waren durch Schlechtwetter in der Hüfihütte festgehalten worden. Beim Versuch, über den Paß wieder ins Glarnerland zurückzukehren, starben sie im Tiefschnee des Oberen Hüfifirns vermutlich den Erschöpfungstod. Nach 65 Jahren gab der Gletscher schließlich ihre Gebeine (resp. was davon übrigblieb) und Teile der Ausrüstung frei.
Als außerordentlich lohnendes Gipfelziel steht der Groß-Düssi direkt über der Hüfihütte. Am leichtesten ist er von hier über den Nordwestgrat zu erreichen (2½ Stunden). Einen Klettergrad schwieriger (III), dafür auch reizvoller, ist der gleichmäßig hochziehende, treppenförmig gestufte Nordostgrat (4 Stunden).
Der Abstieg ins Maderanertal rundet die Gletschertour vom Klausenpaß zur Planurahütte und Hüfihütte ab. Dieses von eindrucksvollen Gipfeln und Graten umsäumte Tal an der kontrastreichen geologischen Nahtstelle zwischen Aaremassiv und den helvetischen Decken gilt nicht zu Unrecht als eines der schönsten im Alpenraum. Es ist für seinen Mineralienreichtum wie für die Vielfalt seiner Flora gleichermaßen berühmt. Im Aaregranit, an der linken Talseite, liegen die Mineralienfundstellen. Auf der rechten Talseite ist das Reich der Alpenflora. Auf der Golzerenalp und im Gebiet des verträumten Golzerenseeleins wächst der Eisenhut (Aconitum Napellus) in selten beobachteter Fülle, und der Gelbe Fingerhut breitet sich gleich über ganze Felder aus. Dem Chärstelenbach folgend, erreicht man nach erholsamer, vergnüglicher Wanderung endlich Bristen, wo das Postauto die Verbindung zum Ausgangspunkt der Tour, dem Klausenpaß, herstellt.
Claridenstock und Schärhorn und der von ihnen abfließende Hüfifirn locken auch zu prächtigen Ski-Exkursionen. Die Routen halten sich in etwa an die Sommerwege und sind mittelschwer. Beliebteste Skitour ist ohne Zweifel jene vom Klausenpaß auf den Claridenstock. Bei der Abfahrt über das Iswandli ist besondere Vorsicht geboten. Unsicheren Fahrern sei dringend empfohlen, dort unter Seilsicherung zu Fuß abzusteigen. Die infolge des Massenandranges auf den Clariden auch am Iswandli oft entstehende regelrechte Skipiste verleitet zu unvorsichtigem schnellem Fahren. Tödliche Abstürze über die steilen Kalkwände beiderseits der Eiswand sind deshalb wiederholt vorgekommen.

Ausgangpunkte
Klausenpaß, 1948 m
Bristen (Maderanertal), 782 m

Höchste Punkte
Groß-Schärhorn, 3294 m
Clariden, 3267 m
Groß-Düssi, 3256 m

Stütz- und Rastpunkte
Hotel Klausenpaß, 1840 m
Hotel Alpenklub Balmenegg (Maderanertal), 1349 m
Planurahütte SAC, 2947 m
Claridenhütte SAC, 2453 m
Fridolinshütten SAC, 2111 m
Grünhornhütte SAC, 2448 m

Schrifttum
Karten: Landeskarte der Schweiz
1:50 000 Klausenpaß, Blatt 246
1:25 000 Schächental, Blatt 1192
1:25 000 Tödi, Blatt 1193
Führer: Clubhütten SAC
Clubführer SAC Urner Alpen-Ost

Marschzeiten
Klausenpaß–Claridenstock–Planurahütte 4 Stunden
Planurahütte–Schärhorn–Klausenpaß 5 Stunden
Planurahütte–Hüfihütte–Hotel Alpenklub 2½–3 Stunden
Planurahütte–Ober-Sand–Grünhornhütte 2 Stunden
Planurahütte–Claridenhütte–Klausenpaß 3–4 Std.

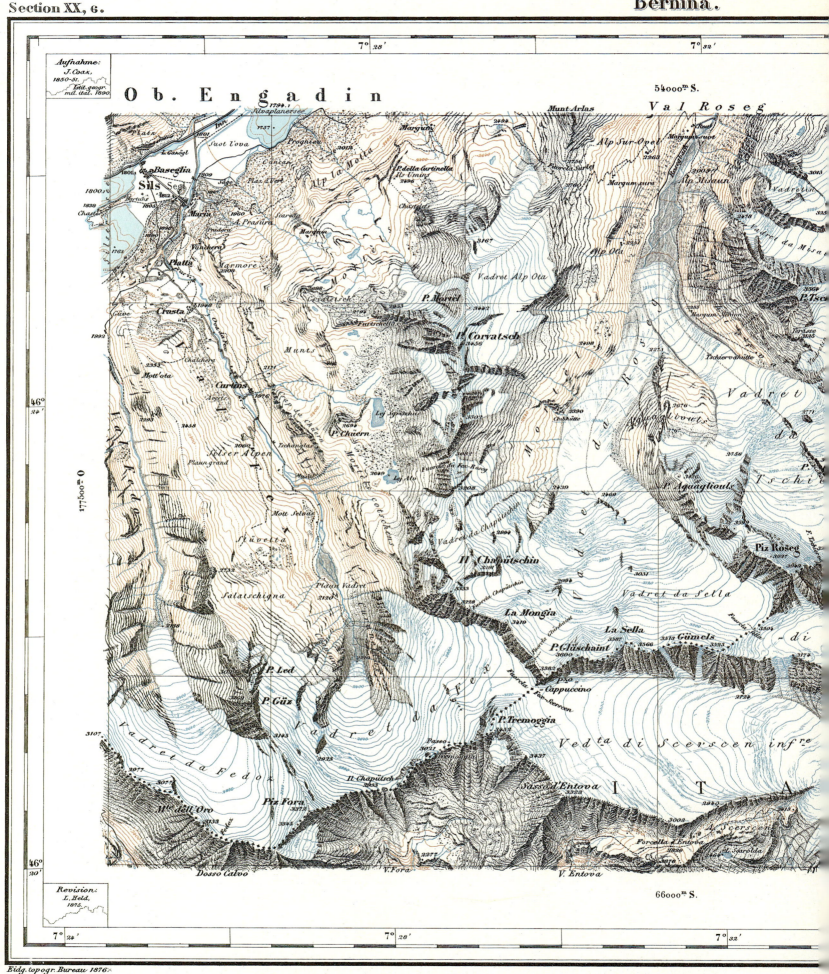

OST ALPEN

Die geographische Trennung der Ostalpen von den Westalpen durch die Linie Bodensee — Rheintal — Splügenpaß — Comersee ist auch von geologischer Bedeutung, da entlang dieser Linie die helvetischen und penninischen Decken unter das System der ostalpinen Decken abtauchen, die im wesentlichen das Bild der Ostalpen prägen.
Geologisch sind die Ostalpen also über den Gesteinen der Westalpen aufgebaut, geographisch ist das Nebeneinander durch die stärkere Hebung und daher verstärkten Abtrag der ostalpinen Decken in den Westalpen hervorgerufen worden. Die «geologischen Fenster», in denen innerhalb einer Umrahmung aus Ostalpin penninische Serien oberflächlich anstehen, sind der Beleg für die Überschiebung dieser Decken.
Da die Ostalpen weniger gehoben wurden, fehlen hier die Massive aus Gesteinen des Erdaltertums.

Topographischer Atlas der Schweiz 1:25 000, «Siegfriedkarte». Blatt 521, Bernina. Aufgenommen von J. Coaz 1850/1851, revidiert 1875 von L. Held. Nachträge von 1896. Aufnahme des italienischen Staatsgebietes 1890 durch das Istituto Geografico Militare (Italien). Das Kartenblatt zeigt die Ausdehnung der Gletscher der Berninagruppe gegen Ende des 19. Jahrhunderts. Roseg- und Tschiervagletscher bildeten damals noch eine gemeinsame Zunge.

RÄTISCHE ALPEN *Silvretta-Gruppe*
Silvrettagletscher
Verstanclagletscher   Ochsentaler Gletscher
Vermuntgletscher   Jamtalferner
Vadret Tiatscha

Die Silvrettagruppe gehört zur Kristallinzone der zentralen Ostalpen. Sie ist 771 km² groß und wird von der europäischen Hauptwasserscheide durchzogen. Der Hauptkamm der Gruppe, über den die Landesgrenzen zwischen der Schweiz und Österreich verlaufen, scheidet zwei klimatisch verschiedene Talgebiete, das Unterengadin und das Montafon-Paznaun. Wiewohl nur zwei Gipfel 3300 m überragen, nämlich Piz Linard (3410 m) und Piz Buin (3312 m), zählt die Silvretta zu den am stärksten vergletscherten Gruppen der Ostalpen. Die relativ starke Vergletscherung wird durch große Verflachungen im Höhenbereich über 2500 m begünstigt. Obwohl diese etwa zu gleichen Teilen auf der Silvretta-Südabdachung (Schweizer Silvretta) und auf der Silvretta-Nordabdachung (österreichische Silvretta) vorzufinden sind, ist die Nordabdachung infolge der dort tieferliegenden klimatischen Schneegrenze stärker vergletschert.

Die klimatische Schneegrenze liegt heute im Bereich der österreichischen Silvretta bei 2750–2800 m, in der Schweizer Silvretta bei 2850–2900 m. Sie hat sich seit dem letzten allgemeinen Gletscherhochstand in der Mitte des vergangenen Jahrhunderts um etwa 100 m gehoben und ist mit ein Grund für den seit über einem Jahrhundert anhaltenden Gletscherschwund in der Silvretta. Zur Zeit des letzten Hochstandes, um 1860, gab es in der Silvretta noch 160 selbständige Eiskörper. Sie bedeckten zusammen eine Fläche von 113 km². Damit war die Silvrettagruppe zu nahezu 15 Prozent mit Eis und Firn bedeckt. Um 1954 jedoch wurden nur noch 120 Gletscher mit einer Gesamtfläche von 57 km² gezählt.

Die sechs bedeutendsten Gletscher der Silvretta bedecken heute zusammen noch eine Fläche von 15,67 km². Vom heutigen Erscheinungsbild her repräsentieren sie alle den Typus des Gebirgsgletschers. Ihre um die Mitte des 19. Jahrhunderts zum Teil stark ausgeprägten Zungen sind mittlerweile verschwunden oder größtenteils abgeschmolzen. Sie waren zur Zeit des Hochstandes meist mächtiger als 100 m. Was davon übrigblieb, ist nicht mehr als bestenfalls ein kümmerlicher Rest.

Ihren immer noch klangvollen Namen verdankt die Silvrettagruppe den stolz und kühn aufragenden Berggestalten eines Piz Linard, Piz Buin oder des Silvretta- und Verstanclahornes sowie ihrer unverwüstlichen Beliebtheit als Skitourengebiet. Der Mythos, der sich in Bergsteigerkreisen um diese Gebirgsgruppe gebildet hat, erklärt sich nicht allein aus den unbestrittenen landschaftlichen Schönheiten dieser Hochgebirgsgegend. Er hat auch einen ganz realen Hintergrund. Denn am 1. Oktober 1864 erklärte der Schweizerische Alpenclub (SAC) die Silvretta zu seinem «Klub- und Exkursionsgebiet».

Noch im gleichen Jahr der Erstbesteigung des Piz Buin durch Johann Jakob Weilenmann am 14. Juli 1865 wurde auch die erste Klubhütte in der Silvretta gebaut. Durch Beschreibung des Gebietes im Vereinsjahrbuch wurde die praktische Erschließung emsig gefördert und in weiten Bergsteigerkreisen bekannt gemacht. 1866 erschienen ausführliche Berichte vom Erstbesteiger Weilenmann und dem damaligen Topographen und späteren Oberforstinspektor der Schweiz, Johann Coaz. Dieser führte damals die heute gebräuchliche Bezeichnung der Gebirgsgruppe ein, indem er dem Silvrettahorn, -gletscher und -paß diese Namen gab.

Das Wort «Silvretta» geht auf die Bezeichnung der Rätoromanen für ihre obersten Alpen, die sie «alp suvretta» nennen, zurück. Die Silvretta ist ja als Grenzraum zwischen Rätoromanen, Alemannen und Walsern auch von den Rätoromanen besiedelt worden.

Für «Gletscher» gibt es in der Silvretta deshalb drei Begriffe: Gletscher, Ferner und Vadret.

Mit dem Bau der Silvretta-Hochalpenstraße in den Jahren 1951–1954 wurde die zentrale Silvretta schließlich auch dem Massentourismus zugänglich gemacht. Sie verbindet als 22,5 km lange Panoramastraße Partenen (1051 m) im Montafon mit Galtür (1584 m) im Paznaun und führt auf der Bielerhöhe (2032 m) an den Silvretta-Stausee heran. Ehemals Werkstraße zum Bau des Silvretta-Staudammes, dient sie heute als gut ausgebaute Mautstraße dem Fremdenverkehr.

Silvrettagletscher

Fläche:	3,20 km²
Länge:	max. 3,5 km
Breite:	mittl. 1,1 km
Höhe:	max. 3160 m ü. M.
	min. 2440 m ü. M.
Lage:	Nordwesten–Westen
Firnlinie:	2860 m ü. M.
Nährgebiet, mittl. Höhe:	2940 m ü. M.
Zehrgebiet, mittl. Höhe:	2720 m ü. M.
Moränentypen:	Seitenmoränen
Gletschertyp:	Gebirgsgletscher
Gletscherform:	einfaches Becken
Gletscherfront:	normal
Längsprofil:	gleichmäßig
Ernährung:	Schnee und/oder Driftschnee
Zungenaktivität:	starker Rückzug

Besonderheiten: Über den Silvrettapaß zusammenhängend mit Vadret Tiatscha. In den Moränen des Vorfeldes mehrere kleine Seen.

(Daten: Stand 1973)

Verstanclagletscher

Fläche:	1,06 km²
Länge:	max. 2,0 km
Breite:	mittl. 0,6 km
Höhe:	max. 3060 m ü. M.
	min. 2400 m ü. M.
Lage:	Nordwesten
Firnlinie:	2800 m ü. M.
Nährgebiet, mittl. Höhe:	2860 m ü. M.
Zehrgebiet, mittl. Höhe:	2640 m ü. M.
Moränentypen:	Seitenmoränen
Gletschertyp:	Gebirgsgletscher
Gletscherform:	Nische
Gletscherfront:	normal
Längsprofil:	gleichmäßig
Ernährung:	Schnee und Lawinen
Zungenaktivität:	stationär

(Daten: Stand 1973)

Ochsentaler Gletscher

Fläche:	2,58 km²
Länge:	2,9 km
Breite:	max. 2,5 km
Höhe:	max. 3160 m ü. M.
	min. 2290 m ü. M.
Lage:	Norden
Gletschertyp:	Gebirgsgletscher
Längsprofil:	Kaskaden

(Daten: Stand 1956)

Vermuntgletscher

Fläche:	2,36 km²
Länge:	2,8 km
Breite:	max. 2,0 km
Höhe:	max. 3130 m ü. M.
	min. 2425 m ü. M
Lage:	Nordwesten
Gletschertyp:	Gebirgsgletscher

(Daten: Stand 1956)

Der Vermuntgletscher (hinten) bildete früher mit dem von rechts zuströmenden Ochsentaler Gletscher eine mächtige, weit ins Ochsental (vorn) vorstoßende Zunge aus. Im Laufe von knapp hundert Jahren verlor die gesamte Silvrettagruppe gut die Hälfte ihrer Gletscherflächen.

Rechts: Die Silvretta zählt zu den am stärksten vergletscherten Gebirgsgruppen der Ostalpen. Die Abflüsse des vom Piz Buin herabziehenden Ochsentaler Gletschers, des spaltenreichsten und einst größten Gletschers der österreichischen Silvretta, werden heute zum Silvrettasee gestaut.

Jamtalferner

Fläche:	4,36 km²
Länge:	3,0 km
Breite:	max. 3,5 km
Höhe:	max. 3115 m ü. M.
	min. 2365 m ü. M.
Lage:	Norden — Nordosten
Gletschertyp:	Gebirgsgletscher
Längsprofil:	Kaskaden

(Daten: Stand 1956)

Vadret Tiatscha

Fläche:	2,11 km²
Länge:	max. 2,2 km
Breite:	mittl. 1,2 km
Höhe:	max. 3120 m ü. M.
	min. 2500 m ü. M.
Lage:	Süden
Moränentypen:	Seitenmoränen; im Gletschervorfeld Seiten- und Endmoränen
Gletschertyp:	Gebirgsgletscher
Gletscherform:	einfaches Becken
Gletscherfront:	kalbende Front
Zungenaktivität:	leichter Vorstoß

Besonderheiten: Über den Silvrettapaß mit dem Silvrettagletscher, über das Verstanclator mit dem Verstanclagletscher, über die Nordflanke des Piz Fliana mit dem Plan Rai zusammenhängend. Westlich unterhalb P. 2918 sichelförmiger, wächtenartiger Gletscherrand. Unterste Partien des Gletschers bestehen aus abgestürztem Eis der kalbenden Front. Aktivitätsangabe bezieht sich auf kalbende Front.

(Daten: Stand 1973)

Blick von der Bielerhöhe ins Kleinvermunt in Tirol, ein typisches, glazial geformtes Trogtal, durch das heute die Silvretta-Hochalpenstraße nach Galtür hinabführt.

Haben die Silvrettagletscher auch nicht den Stellenwert im Bergtourismus wie andere Ostalpengletscher, so ist ihre Bedeutung für die Wasserwirtschaft Österreichs unbestritten. Bereits im Jahre 1925 begannen die Vorarlberger Illwerke mit dem Ausbau der Wasserkräfte in der Silvretta. Tiefgehende Eingriffe in das Natur- und Landschaftsbild waren die Folge, und die dabei erstellten Zufahrtswege und Transportbahnen haben auch den Verkehr in der zentralen Silvretta beeinflußt.

1930 wurde der Speicher Vermunt in Betrieb genommen. Der von 1939 bis 1948 gebaute Speicher Silvretta faßt die Abflüsse des Vermuntgletschers und Ochsentaler Gletschers und wird durch zwei Gewichtsmauern und einen Kiesdamm, den Bieler Damm, gestaut (siehe auch Kapitel «Einfluß der Gletscher auf Natur- und Kulturlandschaft»).

Österreichische Silvretta

Geht man vom heutigen Erscheinungsbild aus, dann ist der Jamtalferner der größte Gletscher der Silvretta. Das war nicht immer so. Denn bis kurz vor 1920 flossen der Ochsentaler Gletscher und der Vermuntgletscher zusammen; seither führen sie, durch Rückzug voneinander getrennt, als selbständige Eiskörper ein eigenes Leben. Der Jamtalferner ist 4,36 km² groß, 3,5 km breit und 3 km lang. Seine Zunge hat er vollständig verloren. Er liegt zuhinterst im Jamtal, das durch die Dreiländerspitze wirkungsvoll abgeschlossen wird, und endet heute auf 2365 m. Der Name des Gletschers geht auf das gallische «ambi ambin» (= auf beiden Seiten des Baches) zurück.

Vom Jamtal führt über den Futschölpaß ein Verbindungsweg ins Unterengadin. In der Besiedlungsgeschichte des Silvrettagebietes nimmt er eine wichtige Stellung

Die Großvermuntalpe vor der Überflutung (1931) und Jahrzehnte danach (1973). Der Silvretta-Stausee hat einen Nutzinhalt von 38,6 Mio m³ und bedeckt bei Vollstau eine Fläche von 1,31 km². Der Bielerdamm (links) hat eine Kronenlänge von 733 m; die beiden Silvrettasperren (rechts) sind zusammen 572 m lang. Der Energieinhalt beträgt 111,6 GWh. Im Hintergrund (v. l.) Hohes Rad, Piz Buin und Silvrettahorn.

Rechts: «Ende des Vermontgletschers an der Grenze von Graubünden und Vorarlberg.» Aus «Untersuchungen über die physikalische Geographie der Alpen» von H. und A. Schlagintweit, 1850.

Der Ochsentaler Gletscher bricht in Kaskaden effektvoll vom Piz Buin und dem Silvrettahorn nordwärts ab und ist der spaltenreichste Gletscher der Silvretta-Nordabdachung. Seine einstmals stattliche Zunge hat er bis auf einen kleinen Rest verloren. Sie ist zum großen Teil von Moränen bedeckt. In 2800 m bricht der Gletscher über eine Steilstufe und fächert sich in ein Spaltengewirr auf.

Sein östlicher Nachbar, der Vermuntgletscher, mit dem er früher eine mächtige Zunge ausbildete, ist das genaue Gegenteil. Er ist nahezu spaltenlos und hat sich weit in sein Großkar zwischen dem Piz Buin, der Dreiländerspitze und dem Ochsenkopf zurückgezogen. Bei nordwestlicher Exposition endet er in einer kleinen Zunge auf 2425 m. Der Name «Vermunt» bedeutet soviel wie «Bergloch». Er wird hergeleitet von «fora (de) mont» (fora = Loch). Geht man das Ochsental hinauf in Richtung zur Wiesbadenerhütte, so wird einem die Richtigkeit dieser etymologischen Erklärung aufs anschaulichste bestätigt.

Im Ochsental, ehemals Zungenbecken des Vermunt- und des Ochsentaler Gletschers, geben Seiten- und Endmoränen eindeutig feststellbar die Gletscherhochstände von 1860 und 1920 an. Eine markante Endmoräne unterhalb Punkt 2166 der Landeskarte der Schweiz markiert weithin sichtbar den Stand des Gletschers um 1860. Von dort haben sich Vermunt- und Ochsentaler Gletscher im Laufe eines Jahrhunderts um über 2 km zurückgezogen.

Genau wie über den Futschölpaß bestand auch über den westlich benachbarten Vermuntpaß (2798 m) bis ins 17. Jahrhundert reger Saumverkehr zwischen dem Unterengadin und dem Montafon und dem Paznaun. Der Saumverkehr schränkte sich mit Beginn des 17. Jahrhunderts ein, nicht zuletzt wohl auch wegen des damals allgemein zu beobachtenden Gletschervorstoßes, der das sogenannte «Little Ice Age» einleitete. Vom Vorstoß des Vermuntgletschers berichten alte Urkunden. In einem Schreiben des Pflegers von Nauders an den Bürgermeister von Steinsberg (Ardez) vom 23. Juni 1595 wird erwähnt, daß «diser Gletscher oder Ferner von Jar zu Jar, je lenger je mehr, nit allain wilder, kelter, und schärfer, sondern auch mit Zerspaltung, Aufwerfung und Weiterung der Klifter zaugen thue». Und in einer Chronik von Galtür wird berichtet, daß früher ein fahrbarer Weg von der Vermuntalp aus über den Vermuntpaß nach Guarda ins Engadin führte, der im Jahre 1622 von den Graubündnern zerstört wurde, um den österreichischen Truppen das Überschreiten des Passes zu erschweren. Wie es in der Chronik heißt, hätten sich die Bündner diese Mühe ersparen können, da bald darauf Paß und Weg vergletschert seien.

Schweizer Silvretta

Der Rückzug der Gletscher auf der Südabdachung der Silvretta überwiegt deutlich den Gletscherschwund auf der Silvretta-Nordseite. Es finden sich hier deshalb weniger Gletscher als im Gebiet der österreichischen Silvretta. Ein Gletscherkomplex von beachtlicher Größe kann dennoch vermerkt werden. Er besteht aus dem Silvrettagletscher, Verstanclagletscher und Vadret Tiatscha. Zusammen bedecken sie eine Fläche von 6,32 km². Über den Silvrettapaß und das Verstanclator verbindet sich der Vadret Tiatscha mit seinen westlich gelegenen Nachbargletschern. Während der Tiatschagletscher streng nach Süden gerichtet ist und über eine hohe Steilstufe ins Val Lavinuoz kalbt, sind Silvretta- und Verstanclagletscher westexponiert.

Diese beiden ins Sardascatal abfließenden Gebirgsgletscher berührten sich mit ihren Zungen während des Hochstandes von 1860. Seither führen sie, geteilt durch

ein. Als «Der Weg ins Tyrol» ist er auf der Karte in Scheuchzers «Naturgeschichte des Schweizerlandes» 1746 detailliert eingetragen. Daß der damals wesentlich größere Jamtalferner den Reisenden ins Auge stechen mußte, kann daraus geschlossen werden, daß in derselben Karte die Vergletscherung der Silvretta mit dem Worte «Der Gletscher» Erwähnung findet.

Die ehemals größten Silvrettagletscher, der Ochsentaler Gletscher und der Vermuntgletscher, liegen westlich des Jamtalferners im Herzstück der Silvretta, dem Ochsental. Dieses Tal ist das oberste Einzugsgebiet der Ill, die den beiden Gletschern entspringt und auf der Großvermuntalp zum Silvrettasee gestaut wird.

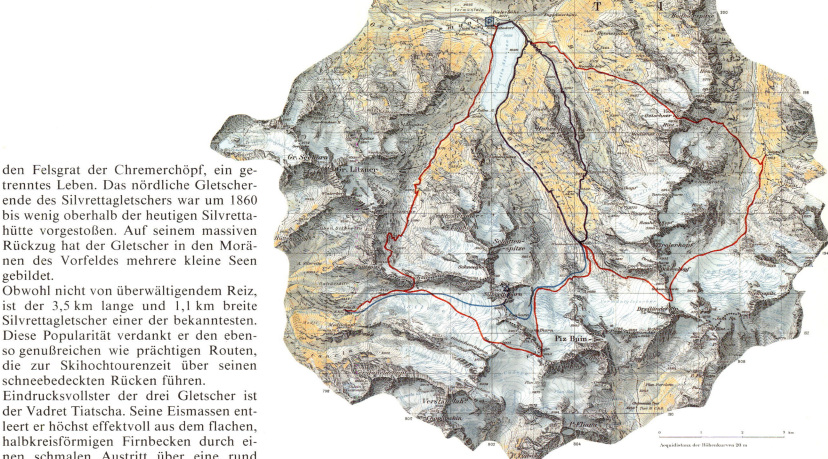

den Felsgrat der Chremerchöpf, ein getrenntes Leben. Das nördliche Gletscherende des Silvrettagletschers war um 1860 bis wenig oberhalb der heutigen Silvrettahütte vorgestoßen. Auf seinem massiven Rückzug hat der Gletscher in den Moränen des Vorfeldes mehrere kleine Seen gebildet.

Obwohl nicht von überwältigendem Reiz, ist der 3,5 km lange und 1,1 km breite Silvrettagletscher einer der bekanntesten. Diese Popularität verdankt er den ebenso genußreichen wie prächtigen Routen, die zur Skihochtourenzeit über seinen schneebedeckten Rücken führen.

Eindrucksvollster der drei Gletscher ist der Vadret Tiatscha. Seine Eismassen entleert er höchst effektvoll aus dem flachen, halbkreisförmigen Firnbecken durch einen schmalen Austritt über eine rund 200 m hohe Steilstufe. Die untersten Partien des Gletschers, der sich am Fuße der Steilstufe regeneriert, bestehen aus dem abgestürzten Eis der kalbenden Front.

Wandern, Gletscher- und Skitouren Die Silvretta wird nicht ohne Grund als Dorado für Hochgebirgswanderer und Skitouristen gerühmt. Auch dem Bergsteiger mit anspruchsvollen Zielen bietet sie ein dankbares Betätigungsfeld. Das Gebiet ist dank der Inanspruchnahme durch die Alpenvereine so gut und ausführlich und allen bergsteigerischen Ambitionen genügend beschrieben, daß auf die in reicher Fülle vorliegende Führerliteratur verwiesen werden kann. Es sollen deshalb nachfolgend lediglich einige Anregungen gegeben werden, um die Gletscherwelt der Silvretta in der ihr eigenen Schönheit zu entdecken.

Eine an landschaftlichen Eindrücken reiche Hüttenwanderung hat die Wiesbadenerhütte (2443 m) zum Ziel. Sie führt von der Bielerhöhe mitten in den Gletscherzirkus des Ochsentales, wo Silvrettahorn und Piz Buin die alles überragenden Berggestalten bilden. Von der Hütte sind es nur 20 Minuten bis an die Zunge des Vermuntgletschers. Der Weg zurück zum Silvrettadorf auf der Bielerhöhe geht über den Radsattel (2652 m) und hoch über dem Bieltal an der Ostflanke des Hohen Rades (2933 m) entlang. Der Name «Bielerhöhe» erinnert daran, daß das Gebiet Walserland ist. Denn «Biel» kommt vom walserischen «Büel», was soviel wie Hügel heißt.

Die Wiesbadenerhütte dient auch als Ausgangspunkt für eine Gletschertour über den Vermuntgletscher zum Jamtalferner hinüber. Als Stützpunkt des zweiten Tages dient die Jamtalhütte (2165 m) im gleichnamigen Tal, aus dem am dritten Tag über die Getschner Scharte (2839 m) und das Bieltal querend wieder zur Bieler Höhe zurückgewandert wird.

Ebenfalls als Dreitagestour, wenn auch etwas anstrengender, sei folgende Rundtour mit Ausgangspunkt Bielerhöhe empfohlen. Von der Wiesbadenerhütte geht es über die Fuorcla dal Cunfin (3042 m) zwischen Piz Buin und Signalhorn und über den Silvrettapaß zur Silvrettahütte (2341 m). Man steigt hier über drei Gletscher: den Ochsentaler Gletscher, den Vadret Tiatscha und den Silvrettagletscher. Von der Silvrettahütte wandert man am dritten Tag über die Rote Furka (2688 m) und den Klostertaler Gletscher sowie das Tal gleichen Namens hinaus und am Silvretta-Stausee entlang zurück zur Bielerhöhe. Das ist eine anspruchsvolle Gletschertour, die über vier Gletscher, drei Pässe und in zwei Länder führt. Der erprobte Bergsteiger wird auf dieser Tour die Besteigung von Piz Buin oder Silvrettahorn ins Auge fassen.

Als Nonplusultra der Skitouren gilt die Durchquerung der Silvretta von Landeck nach Klosters in einer knappen Woche. Dabei werden die schönsten Gipfel der zentralen Silvretta bestiegen. Für kleine Skitouren gilt die Silvrettahütte als bewährter Stützpunkt. Von ihr aus werden die Besteigungen von Silvrettahorn, Egghorn und Signalhorn in Angriff genommen. Zur Abfahrt stehen dem Skifahrer zwei Möglichkeiten offen: nach Westen zurück zur Silvrettahütte oder nach Osten über den Ochsentaler Gletscher hinunter zur bereits in Österreich gelegenen Wiesbadenerhütte.

Ausgangspunkt

Bielerhöhe, 2071 m (Silvretta-Stausee, Zufahrt über die Silvretta-Hochalpenstraße)

Schrifttum

Karten: Landeskarte der Schweiz
1: 50 000 Tarasp, Blatt 249
Führer: Das Silvretta-Buch, W. Flaig
Alpine Skitouren SAC, Clubhütten SAC

Marschzeiten

Bielerhöhe–Wiesbadenerhütte	1½–2 Stunden
Wiesbadenerhütte–Radsattel–Bielerhöhe	2½ Stunden
Wiesbadenerhütte–Ochsenscharte–Jamtalhütte	3–4 Stunden
Jamtalhütte–Getschner Scharte–Bielerhöhe	4 Stunden
Wiesbadenerhütte–Silvrettahütte	4½–5½ Std.
Silvrettahütte–Bieler Höhe	2½–3½ Stunden
Silvrettahütte–Silvrettahorn	4 Stunden

RÄTISCHE ALPEN *Bernina-Gruppe*

Vadret da Morteratsch
Vadret da Tschierva
Vadret da Roseg

Zwischen dem Oberengadin und dem Veltlin baut sich als höchste Erhebung der Ostalpen der Gegirgsstock der Bernina auf. Die Grenze zwischen Italien und der Schweiz bildend, türmen sich hier die Alpen noch einmal als imposante Eis- und Felsburg über 4000 m hoch. Mit einer Höhe von 4049 m ist der Piz Bernina, der Hauptgipfel der Gruppe, der höchste Berg der Ostalpen und zugleich ihr einziger Viertausender.

Die Berninagruppe ist allseitig stark vergletschert. Ein über 65 km² großer Eismantel bedeckt recht gleichmäßig den Gebirgsstock. Er gliedert sich in sieben größere Gletscher. Auf der Südseite der Gruppe, bereits auf italienischem Gebiet, liegen die Firnfelder des Unteren und des Oberen Scerscengletschers sowie des Fellariagletschers. Sie alle sind beträchtlich zurückgeschmolzen und bilden nur wenig attraktive Zungen aus. An der Ostseite des Gebirgsstockes lagert der Vadret da Palü. Er zählt zu den kleineren Gletschern des Gebietes; auch hat er durch den massiven Rückzug (er reichte einst auf die Alp Palü bei Alp Grüm hinab) seine einstige Schönheit eingebüßt.

Die Gletscherpracht der Berninagruppe aber liegt ganz auf schweizerischem Boden: hier, an der Nordseite des Gebirgsstockes, lagern die Gletscher von Roseg, Tschierva, Morteratsch und Pers. Sie haben die Gegend berühmt gemacht und bilden eine der großen landschaftlichen Attraktionen des von der Natur ohnehin so reich beschenkten Oberengadins.

Die Gestaltung dieses Hochtales, das als oberer Teil einer sich fast 300 km ostwärts bis nach Kufstein erstreckenden Längstalfurche am Malojapaß ansetzt, ist eines der schönsten Werke der eiszeitlichen Vergletscherung. Als Vermächtnis hat hier der Inngletscher der Nachwelt die Oberengadiner Seenflucht hinterlassen. Die lichten Seespiegel von Sils, Silvaplana, Champfèr, St. Moritz und Staz verdanken ihre verträumte Existenz den Toteismassen, die der schwindende Inngletscher auf seinem Rückzug zurückgelassen hat.

So erweist sich das Oberengadin mit den Eisriesen des Berninastockes als glazial geprägte und geformte Landschaft, in der die eiszeitliche und rezente Vergletscherung in vielfacher Weise gegenwärtig ist. Während der Gletscher des Haupttales, der Inngletscher, längst verschwunden ist und nur noch als Erinnerung in den Oberengadiner Seen weiterlebt, haben sich in den südlichen Nebentälern des Oberengadins die unvergleichlichen Gletscheranlagen von Roseg und Tschierva sowie von Morteratsch und Pers über die schlechten Zeiten retten können. Eindrucksvollster Gletscher dieser beiden parallel zum Oberengadin verlaufenden und ins Berninatal (wichtigstes der Oberengadiner Seitentäler) mündenden Nebentäler ist fraglos der Morteratschgletscher.

Vadret da Morteratsch

«Eine so erstaunenswürdige und ungeheure Eisgegend ist in der ganzen Schweiz, und vielleicht in unserem ganzen Erdteile nicht anzutreffen.» Dieses hohe Lob auf den Morteratschgletscher hat Gottlieb Sigmund Gruner 1760 in seinem Werk über die Eisgebirge des Schweizerlandes ausgesprochen. Gewiß ist es auch heute noch berechtigt, obgleich der Gletscher im Zuge des allgemeinen Eisschwundes viel von seiner einstigen Pracht und Größe eingebüßt hat. Zu Gruners Zeit füllte er das Zungenbecken bis kurz vor Morteratsch mit einer gewaltigen Eismasse an. Dem von Pontresina über die Bernina ins Puschlav ziehenden Reisenden bot er so ein packen-

---

Vadret da Morteratsch
(Vadret da Morteratsch, Vadret Pers)

Fläche:	total 17,15 km²
	schuttfrei 15,87 km²
Länge:	max. 7,5 km
Breite:	mittl. 2,5 km
Höhe:	max. 4020 m ü.M.
	min. 2100 m ü.M.
Lage:	Norden
Firnlinie:	3020 m ü. M.
Nährgebiet, mittl. Höhe:	3420 m ü. M.
Zehrgebiet, mittl. Höhe:	2740 m ü. M.
Moränentypen:	Mittel- und Seitenmoränen; im Gletschervorfeld Seitenmoränen
Gletschertyp:	Talgletscher
Gletscherform:	zusammengesetzte Becken
Gletscherfront:	normal
Längsprofil:	Kaskaden
Ernährung:	Schnee und/oder Driftschnee
Zungenaktivität:	leichter Rückzug

Besonderheiten: Über die Fuorcla Crast'Agüzza und die Fuorcla da l'Argient zusammenhängend mit dem Vedretta di Scerscen Superiore (Italien). Unterhalb des Labyrinths Ogiven. (Daten: Stand 1973)

Das Firnbecken des 7,5 km langen Morteratschgletschers ist eingefaßt von einem Kranz prächtiger Gipfel: v. l. Bellavista, Piz Argient, Piz Bernina und Piz Morteratsch. Blick von der Berninastraße bei Morteratsch.

Unten: Die Oberengadiner Seenflucht ist eine Hinterlassenschaft des eiszeitlichen Inngletschers. Vorne Surlej und Silvaplana mit dem Lej da Silvaplana, dahinter der Silsersee mit dem offenen Talschluß des Malojapasses.

Links: Gletschertor des Morteratschgletschers im September 1973.

Der Persgletscher wird beim Zusammenfluß mit dem Morteratschgletscher im rechten Winkel nach Norden abgeknickt. Deutlich ist der Schwund des Morteratschgletschers seit dem Hochstand im 19. Jahrhundert an den großen Ufermoränenwällen zu erkennen.

des Schauspiel. Conrad Ferdinand Meyer inspirierte das «große, stille Leuchten» des Gletschers, als er 1876 hier vorbeikam, zu seinem herrlichen Gedicht über das «Firnelicht». Heute endet die Zunge mehr als zwei Kilometer hinter dem Waldriegel, der das Zungenbecken bei Morteratsch vom Berninatal trennt.

Unbestritten ist der Morteratschgletscher eine der großen Schönheiten der alpinen Gletscherwelt. Ohne eine einzige Krümmung erstreckt er sich schnurgerade vom Piz Argient (3995 m), dem südlichen Ende, rund 7,5 km streng nach Norden zum Berninatal hin. Sein Firnbecken wird eingefaßt von einem Kranz prächtiger Gipfel von eindrucksvoller Kraft und eisiger Schönheit: Piz Morteratsch, Piz Bernina, Piz Argient und Bellavista. Am Fuß des Berninas stürzt er über eine hohe Steilstufe und bricht in ein Gewirr wild zerklüfteter Spalten und Eistürme auf, das sogenannte Labyrinth. Darunter schmückt er sich zaghaft mit den schwarzweißen Rosetten der Ogiven und gleitet endlich als 700–800 m breiter Eiswulst ins Zungenbecken.

Unterhalb der «Verlorenen Insel», der Isla Persa (wie das aus dem Eis ragende Felseiland treffend bezeichnet wird), nimmt er den Eisstrom des Persgletschers

Unterhalb der Isla Persa mündet der vom Piz Palü abfließende Persgletscher in den Morteratschgletscher. Über der rechten Ufermoräne des Persgletschers die Diavolezza, Luftseilbahn-Bergstation und berühmter Aussichtspunkt.

Rechts: Noch um die Jahrhundertwende füllte der Morteratschgletscher das Zungenbecken bis kurz vor Morteratsch.

auf. Dieser fließt vom Piz Palü und dem Piz Cambrena in großem Bogen in großartiger Treppe herab und stürzt dem Hauptstrom des Morteratschgletschers über einen imposanten Bruch bei der Isla Persa zu.

Von der Fuorcla da la Diavolezza (2973 m) über dem rechten Ufer des Vadret Pers, zwischen dem Munt Pers (3207 m) und dem Piz Trovat (3146 m), hat man den umfassendsten Blick über diese eindrucksvolle Eisanlage. Mit dem Bau der Diavolezzabahn im Jahre 1956 wurde das Gletscherparadies der Palü- und der Berninagruppe breiten Bevölkerungskreisen zugänglich gemacht.

In großartigem Faltenwurf legt sich um sie ein gleißender Eismantel. Auch nüch-

«Der Gletscher auf Bernina in Bünden». Radierung von Adrian Zingg nach Gabriel Walser, in «Eisgebirge des Schweitzerlandes» von G. S. Gruner, 1760. Sie zeigt den Zusammenfluß von Roseg- und Tschiervagletscher im Rosegtal. Der rundliche Berg in Bildmitte stellt den Piz Aguagliouls dar.

Unten Mitte: Der Roseggletscher mit seinem rechten Teilstrom, dem Vadret da la Sella (links). Im Hintergrund die Sellagruppe.

Rechts: Roseg- und Tschiervagletscher um die Mitte des 19. Jahrhunderts. Beide Gletscher bildeten damals eine gemeinsame Zunge. Ausschnitt aus dem Originalmeßtischblatt, aufgenommen von J. Coaz in den Jahren 1850/51. (Siehe auch «Siegfriedkarte» Seite 248).

terne Gemüter muß der Anblick des dreigipfligen Piz Palü mit seinen Felssäulen oder der Eisdome der Bellavista entzücken. Und erst recht der des Königs der Ostalpen, des Berninas, mit dem berühmten Biancograt, der sich kühn zu seinem Vorgipfel, dem Piz Alva, emporschwingt. 1850 wurde der einzige Viertausender der Ostalpen von dem Topographen Johann Wilhelm Fortunat Coaz im Rahmen seiner Vermessungsarbeiten erstmals bestiegen. Den Anstieg über den Biancograt meisterte der Berliner Professor Paul Güßfeldt mit zwei einheimischen Führern am 12. August 1878 zum ersten Male.

1872 wurde auf der Diavolezza eine erste Berghütte gebaut. Heute bildet ein großes und mit zeitgemäßem Komfort ausgestattetes Berggasthaus den Stützpunkt für prachtvolle Touren im Berninagebiet. Im Sommer ist sie Ausgangspunkt der schon fast klassisch zu nennenden Diavolezzatour, einer der erlebnisreichsten hochalpinen Berg- und Gletscherwanderungen. Sie führt von der Diavolezza in gut zwei Stunden über den Persgletscher und die Isla Persa sowie über den Morteratschgletscher nach Morteratsch. Als Variante wird bei der Isla Persa der Morteratschgletscher zur Bovalhütte hinüber gequert. Dort setzt sich der Weg auf der linken Ufermoräne hinab nach Morteratsch fort. Diese Variante bietet bei aperem Gletscher keine besonderen Schwierigkeiten und wird von geübten Bergwanderern ohne Führer und Seil gern begangen. Der Weg über die Zunge freilich führt durch kleinere Spaltensysteme, die zu entsprechender Vorsicht mahnen.

War die Diavolezza bereits vor dem Bau der Luftseilbahn für den Skitouristen mit der 11 km langen Gletscherabfahrt über den Pers- und Morteratschgletscher eine beliebte und häufig gewählte Tour, so stellt sie heute einen Höhepunkt der winterlichen Skiabfahrten dar. Bei guter Sicht bereitet diese bekannte Gletscherabfahrt keine Schwierigkeiten. Sie folgt ziemlich genau dem Sommerweg und leitet in sanfter Neigung über den Gletscherrücken hinab zur Station Morteratsch der Berninabahn, die den Rücktransport zur Diavolezza-Talstation übernimmt.

Erprobte Skitouristen finden in der Besteigung des Piz Palü (3905 m) die Erfüllung. Der gut fünfstündige Anstieg zum Ostgipfel geht durch die «Cambrenabrüche» des Persgletschers und ist allein schon deswegen eine anstrengende hochalpine Tour, die große Erfahrung voraussetzt. Der meistbesuchte, weil lohnendste Aussichtsgipfel der Bernina ist der Piz Morteratsch (3751 m). Er wird von Bergsteigern und Skitouristen gleichermaßen geschätzt und sowohl von der Tschiervahütte als auch von der Bovalhütte aus angestiegen.

Die Bovalhütte über der linken Ufermoräne des Morteratschgletschers ist ein von Wanderern vielbesuchtes Ausflugsziel. Von der Station Morteratsch führt ein herrlicher Wanderweg zunächst durch duftenden Arvenwald hinauf nach Chünetta und dann längs des Morteratschgletschers an Alpenrosenhängen vorbei zur Bovalhütte (2495 m).

Bei der Station Morteratsch, wo sich das großartigste Gletschertal Graubündens öffnet, beginnt auch der halbstündige Weg zum Zungenende des Morteratschgletschers. Er führt durch das in den letzten Jahrzehnten vom Eis freigegebene steinige Gletschervorfeld. Da und dort reckt sich schüchtern ein Lärchenstämmchen zwischen den vielfach fast haushohen Granitblöcken hervor, die der Gletscher auf seinem Rückzug hier abgelagert hat. Die historischen Zungenstände sind

Im Rosegtal überzieht die Ova da Roseg das Gletschervorfeld mit einem Netz kleiner Bäche. Im Hintergrund der Piz Roseg und die das Tal abriegelnde linke Ufermoräne des Tschiervagletschers.

an einzelnen Felsblöcken markiert. Einst reichte der Morteratschgletscher ja bis weit über Pontresina hinab. Die weite Alluvialebene unterhalb von Morteratsch ist ein Werk der ungestümen Ova da Bernina, die dem Gletscher entspringt und sich in wildem Lauf durch das Gletschervorfeld windet.

An der rund 20 m hohen Front hat der Morteratschgletscher in den vergangenen Jahrzenten mehrmals ein riesiges Gletschertor ausgebildet, in dem ein Einfamilienhaus bequem Platz gefunden hätte. Das gewaltige Tor, das in stetem Wechsel zusammenbricht und sich wieder neu bildet, übt auf die Besucher eine seltsame Faszination aus und stellt wegen seiner ungewöhnlichen Größe eine der besonderen Sehenswürdigkeiten der glazialen Formenwelt dar.

Vadret da Tschierva
Vadret da Roseg

Vom Piz Bernina verläuft streng nach Norden ein markanter Gebirgskamm, aus dem die Spitzen des Piz Morteratsch, Piz Boval und Piz Misaun als granitener Dreizack in den Himmel stechen. Bei Pontresina senkt sich dieser Kamm ins Berninatal ab. Er trennt die beiden Hochgebirgskammern des Rosegtales und des Gletschertales von Morteratsch. In der Kammer westlich des Kammes, die von der Corvatsch- und Rosatschkette zum Oberengadin hin abgeblockt wird, lagern die Gletscher von Roseg und Tschierva. Noch im letzten Jahrhundert bildeten sie eine mächtige zusammenhängende Eismasse, die gleich dem Morteratschgletscher eine einzige große Zunge ausbildete. Diese stieß weit in das Rosegtal vor und bot damit ein nahezu identisches Abbild der Gletscheranlage des Morteratsch- und Persgletschers. Der Tschiervagletscher riegelte das Rosegtal nach oben hin ab, und der Roseggletscher stieß mit seiner Stirnseite an diese Eisschranke. Dort, am Fuße des Aguagliouls, den die Zungen, wie die Isla Persa des Morteratschgletschers, beiderseits umströmten, flossen die Eismassen des Roseg- und Tschiervagletschers zu einer Zunge zusammen. Der massive Gletscherschwund in diesem Jahrhundert hat die beiden Zungen aber getrennt, und seit 1934 grenzen die Gletscher nicht mehr aneinander. Auf ihrem Rückzug haben sie mächtige Moränenwälle aufgeschüttet und so das Relief der Landschaft verändert.

Vor allem der Tschiervagletscher hat sich mit seiner linken Ufermoräne als Landschaftsgestalter großen Stils hervorgetan. Diese imposante Moräne sperrt das hintere Rosegtal ab und staut so die Abflüsse des Roseggletschers zu einem stattlichen See, der sich im Verlauf des vergangenen Vierteljahrhunderts stark vergrößert hat. Die Zunge des Vadret da Roseg kalbt heute in diesen mehrere hundert Meter langen Gletscherstausee.

Das Gletschervorfeld im Talgrund des Val da Roseg ist durchzogen von einem aufs feinste geflochtenen Netz kleiner Bäche, die sich durch die Trümmerflur des ehemaligen Zungenbeckens schlängelnd einen Weg suchen. Erst am Muot da Crasta, einer bewaldeten Kuppe beim Hotel Roseggletscher, die von den Schuttmassen eines Bergsturzes aus frü-

Vadret da Tschierva

Fläche:	total 6,83 km²
	schuttfrei 6,25 km²
Länge:	max. 5,0 km
Breite:	mittl 1,5 km
Höhe:	max. 4000 m ü. M.
	min. 2180 m ü. M.
Lage:	Nordwesten
Firnlinie:	3220 m ü. M.
Nährgebiet, mittl. Höhe:	3300 m ü. M.
Zehrgebiet, mittl. Höhe:	2800 m ü. M.
Moränentypen:	Mittel-, Seiten- und Endmoränen; im Gletschervorfeld Seiten- und Endmoränen
Gletschertyp:	Talgletscher
Gletscherform:	zusammengesetzte Becken
Gletscherfront:	normal
Längsprofil:	Kaskaden
Ernährung:	Schnee/Driftschnee
Zungenaktivität:	starker Vorstoß

Besonderheiten: Ogiven und «Elephantenrücken» unterhalb des Eisfalls. An steilen Wänden hängende Gletscherteile kalben auf den Hauptstrom und hängen stellenweise mit diesem zusammen.

Vadret da Roseg
(Vadret da Roseg, Vadret da la Sella)

Fläche:	total 8,72 km²
	schuttfrei 8,16 km²
Länge:	max. 5,2 km
Breite:	mittl. 1,9 km
Höhe:	max. 3560 m ü. M.
	min. 2180 m ü. M.
Lage:	Norden
Firnlinie:	3200 m ü. M.
Nährgebiet, mittl. Höhe:	3260 m ü. M.
Zehrgebiet, mittl. Höhe:	2840 m ü. M.
Moränentypen:	Seiten- und Mittelmoränen; im Gletschervorfeld Seitenmoränen
Gletschertyp:	Talgletscher
Gletscherform:	zusammengesetzte Becken
Gletscherfront:	kalbende Front
Längsprofil:	Kaskaden
Ernährung:	Schnee/Driftschnee
Zungenaktivität:	starker Rückzug

Besonderheiten: Gletscherzunge endet in größerem See, der sich gegenüber 1955 stark vergrößert hat. Über den Eissattel zusammenhängend mit dem Vedretta di Scerscen Superiore (Italien).

Folgende Doppelseite: Segelflug in der Ostflanke des Piz Bernina. Der Morteratschgletscher reicht am Piz Bernina bis auf 4020 m hinauf. Das Berninagebiet mit seiner großartigen Gletscherlandschaft gilt als ein Dorado der Segelflieger.

Links: In kühnen Kaskaden stürzt der 5 km lange Vadret da Tschierva vom Piz Bernina, Piz Scerscen und Piz Roseg (v. l.) ins Rosegtal hinab. Dort staut seine Ufermoräne die Abflüsse des Roseggletschers.

Unten rechts: Wie aus einer Theaterloge blickt man von der Coazhütte SAC (2610 m) in den Eiskessel des Vadret da Roseg. Im Hintergrund Piz Morteratsch (links) und Piz Roseg (Mitte).

Alpen zählt der Piz Corvatsch (3451 m). Zu Füßen dieses firnbekränzten Dreitausenders breitet sich im Norden das Oberengadin mit seinen dunklen Wäldern und den in sattgrüne Wiesen und Weiden eingebetteten kristallklaren Seen aus. Im Süden aber erheben sich, einer gewaltigen Kulisse gleich, aus dem Firn des Tschierva- und Roseggletschers die königlichen Berge des Berninastockes. Allen voran der Piz Bernina mit seinem glitzernden Biancograt, gefolgt von den durch die Porta da Roseg markant getrennten Kuppen des Piz Scerscen und Piz Roseg.

In einer einzigen Schwenkung erfaßt das Auge den einfallsreichen Formenschatz der Vergletscherung: im Norden die Oberengadiner Seenflucht als Hinterlassenschaft des eiszeitlichen Inngletschers, im Süden der vielgestaltige Gletscherkomplex des Tschierva- und Roseggletschers. Zahlreiche Gletscherphänomene finden sich hier mit geradezu lehrbuchhafter Anschaulichkeit ausgebildet.

Mit dem Bau einer Luftseilbahn auf den 3295 m hohen Piz Murtel, einen Vorgipfel des Piz Corvatsch, wurde dieser herrliche Panoramaberg für den Massentourismus erschlossen. Auf dem kleinen Corvatschgletscher wurden Sommerskimög-

lichkeiten geschaffen; die winterlichen Abfahrten über den Murtelrücken zählen zu den großen Skivergnügen des Oberengadins. Bereits 1894 wurde der Piz Corvatsch, der seinen Namen vom Großen Bergraben herleitet (romanisch «Corv»), mit Skiern bestiegen.

herer Zeit gebildet ist, sammelt sich das Geflecht der Wasserfäden zum munter schäumenden Gletscherbach der Ova da Roseg. Bei Pontresina fließt die «Gletschermilch» des Rosegtales schließlich dem schon mächtig angeschwollenen Flazbach zu, der in der Ebene bei Samedan endlich in den Inn mündet.

Der größere der beiden Hauptgletscher des Rosegtales ist der Roseggletscher. Er bedeckt eine Fläche von 8,72 km² und ist rund 5,2 km lang. Er setzt sich aus dem eigentlichen Vadret da Roseg und dem Vadret da la Sella zusammen. Das weite und steile Firngebiet wird im Süden durch die Gipfel der Sella und im Westen durch die Corvatschkette begrenzt. Im Osten trennt der trutzige Granitstock des Piz Roseg den Roseggletscher vom Vadret da Tschierva.

Der Vadret da Tschierva ist lediglich 6,83 km groß und gut 5 km lang. Er liefert den Beweis, daß Größe allein noch kein Kriterium für (landschaftliche) Schönheit ist. Denn unzweifelhaft ist er das exklusivste Gletscherindividuum des Bündnerlandes. In kühnen Kaskaden stürzt er von den steilen West- und Nordwestwänden des Piz Bernina, Piz Scerscen und Piz Roseg ins Rosegtal hinab. Steil aufgeschüttete Moränenwälle mit gratartigen Kanten formen zu beiden Seiten den Gletscherrand und weisen der Zunge bis in den Talgrund den Weg.

Die Gletscher des Rosegtales lassen sich wohl am besten von den Gipfeln der Rosatsch- und Corvatschkette überschauen. Zu den schönsten Aussichtsgipfeln der

Wanderung Von der Bergstation Piz Murtel steigt man über den winzigen und

---

Vadret dal Corvatsch

Fläche:	0,72 km²
Länge:	max. 1,5 km
Breite:	mittl. 0,6 km
Höhe:	max. 3420 m ü. M.
	min. 2820 m ü. M.
Lage:	Nordosten

Besonderheiten: markante Wächte zwischen Piz Murtel und Endstation Corvatschbahn
(Daten: Stand 1973)

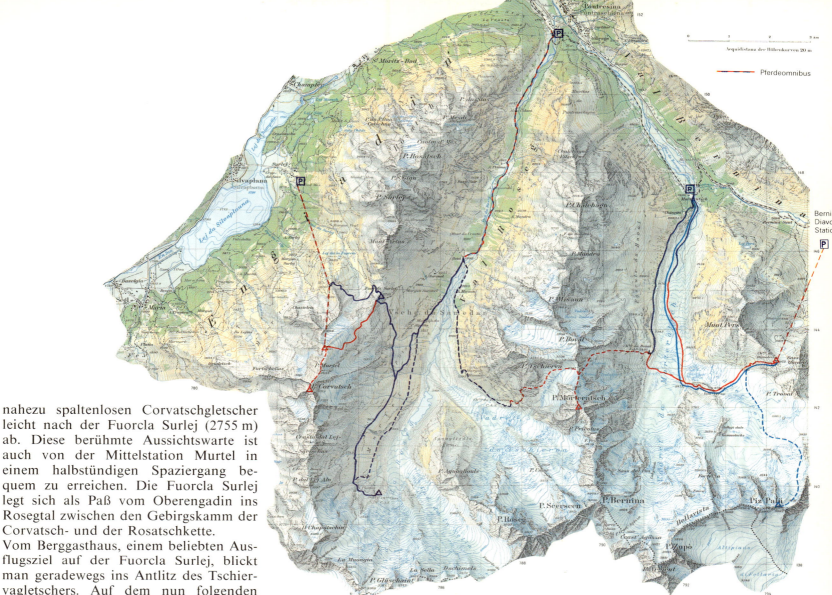

nahezu spaltenlosen Corvatschgletscher leicht nach der Fuorcla Surlej (2755 m) ab. Diese berühmte Aussichtswarte ist auch von der Mittelstation Murtel in einem halbstündigen Spaziergang bequem zu erreichen. Die Fuorcla Surlej legt sich als Paß vom Oberengadin ins Rosegtal zwischen den Gebirgskamm der Corvatsch- und der Rosatschkette.

Vom Berggasthaus, einem beliebten Ausflugsziel auf der Fuorcla Surlej, blickt man geradewegs ins Antlitz des Tschiervagletschers. Auf dem nun folgenden Weg zur Coazhütte im Eiskessel des hintersten Rosegtales streckt er dem Wanderer unverdrossen seine unnachahmlich zwischen das breite Moränenbett gelegte Zunge entgegen. Weit unten im Talgrund liegt der Gletscherstausee des Roseggletschers.

Die Coazhütte (2610 m) steht auf einem plattigen Felsabsatz direkt am Roseggletscher. Hier am Eisfall des Roseggletschers ist auch der südlichste Punkt der Wanderung erreicht. Von der Coazhütte geht es nun das ganze Rosegtal hinaus nach Pontresina. Zwei Wege stehen zur Wahl: entweder der Hinweg über die Alp Ota und von dort hinunter zum Hotel Roseggletscher oder zur alten Coazhütte auf der linken Moräne des Roseggletschers hinab und den früheren Hüttenweg entlang ins Tal hinaus. Von der Alp Ota hat man den vielleicht eindrucksvollsten Nahblick auf den Tschiervagletscher. Das schräg einfallende Nachmittagslicht wirft kontrastreiche Schatten über die gewaltigen Ufermoränen. Nicht minder eindrucksvoll ist die Schwemmlandschaft des Gletschervorfeldes, durch das tausend glitzernde Bäche den Abfluß ins untere Rosegtal suchen.

Beim Hotel Roseggletscher geht die Wanderung zu Ende. Hier wartet der Pferdeomnibus, auf dem der 7 km lange Weg durch die duftenden Lärchen- und Arvenwälder des unteren Val Roseg nach Pontresina in beschaulicher Fahrt zurückgelegt wird. Im Jahre 1972 wurde das Rosegtal von den Gemeinden Pontresina und Samedan, den Grundherren des Tales, für die Dauer von zunächst zehn Jahren zur alpinen Ruhezone erklärt. Damit ist der Grundstein für den Schutz einer Landschaft von eigentümlichem, herbem Reiz gelegt, durch die der wilde Rosegbach die schäumende «Gletschermilch» des Vadret da Tschierva und Vadret da Roseg hinaus ins Oberengadin leitet.

Ausgangspunkte
Pontresina, 1805 m
Morteratsch, 1896 m
Bernina Diavolezza, 2093 m
Surlej, 1809 m

Auffahrt
Station Bernina Diavolezza, Luftseilbahn Diavolezza, 2973 m
Surlej, Luftseilbahn Corvatsch (Piz Murtel), 3295 m

Höchste Punkte
Diavolezza, 2973 m (Ausflug, Gletscherwanderung)
Piz Palü, 3882 m (Ostgipfel, Skitour)
Piz Murtel, 3295 m (Ausflug, Wanderung)
Piz Corvatsch, 3451 m
Fuorcla Surlej, 2755 m (Wanderung)

Stütz- und Rastpunkte
Diavolezza, Berggasthaus, 2973 m
Bovalhütte SAC, 2495 m
Fuorcla Surlej, 2755 m
Coazhütte SAC, 2610 m
Tschiervahütte SAC, 2573 m
Hotel Roseggletscher, 1999 m

Schriffttum
Karten: Landeskarte der Schweiz
1:50 000 Julierpaß, Blatt 268
1:50 000 Berninapaß, Blatt 269
Führer: Clubhütten SAC

Marschzeiten
Diavolezza–Morteratschgletscher–Station Morteratsch	2 Stunden
Diavolezza–Piz Palü	4–5 Stunden
Corvatsch (Piz Murtel)–Fuorcla Surlej	1 Stunde
Station Murtel–Fuorcla Surlej	40 Minuten
Fuorcla Surlej–Coazhütte	2 Stunden
Coazhütte–Hotel Roseggletscher	2½ Stunden
Hotel Roseggletscher–Pontresina (Pferdeomnibus 45 Minuten)	2 Stunden
Morteratsch–Gletscherzunge	40 Minuten
Morteratsch–Bovalhütte	2 Stunden

RÄTISCHE ALPEN *Bernina-Gruppe*
Vadrec del Forno
Vadrec da l'Albigna

Kürzestes der Bündner Südtäler, ist das nur in seinem oberen Teil zur Schweiz gehörende Bergell eine Landschaft schärfster Kontraste, in der südliche Flora und ewiger Schnee die Gegenpole schaffen. In diesem Gebiet von ausgeprägter Gegensätzlichkeit breiten sich unten im Tal große Edelkastanienwälder aus, die sich bis hinauf nach Soglio erstrecken; in der Gebirgsregion aber dehnen sich in den schattigen Nordlagen bedeutende Eisfelder aus. Im besonderen sind es drei Gletscher, die in gewaltigen Kesseln des sich von Osten nach Westen erstreckenden Bergeller Massivs lagern: Vadrec del Forno, Vadrec da l'Albigna und Vadrec da la Bondasca. Sie stellen den größten Anteil des vergletscherten Areals des Bergells von etwas mehr als 23 km².

Der Vadrec da la Bondasca, als westlichst gelegener der drei Gletscher, ist lediglich noch 1,86 km² groß und nicht länger als maximal 2,4 km. Auch zählt er nicht mehr wie die beiden anderen zu den Talgletschern, sondern repräsentiert den Typus des Gebirgsgletschers.

Diese für die Wasserwirtschaft bedeutenden Gletscher nehmen über 68 Prozent des Bergeller Gletscherareals ein. Sie sind voneinander durch markante, streng nordwärts gerichtete Gratzüge getrennt, die ziemlich gleichmäßig eine Höhe von rund 3000 m einhalten und schließlich in steilen Hängen unvermittelt gegen den Talboden abfallen.

Diese als Riesenmauern zwischen den Gletschern aufragenden Gratzüge bestehen wie das ganze Bergeller Massiv aus dem jüngsten Granit der Alpen, einem noch kaum verwitterten Urgestein, das sich als Erguß aus dem Erdinnern erst in der Erdneuzeit gebildet und gleichsam zwischen die bereits bestehenden Alpen hineingezwängt hat. Mit ihren abschreckend wilden Kämmen, auffallend schlanken Nadeln und Türmen und oft marmorglatt aufsteigenden Wänden ist die imposante Felslandschaft des Bergells ein Treffpunkt der mutigsten und besten Kletterer aus aller Welt.

Das noch junge und in den Schweizer Alpen sonst nicht mehr vorkommende Gestein macht das Bergell zur bizarren geologischen Provinz. Aber nicht deswegen allein ist dieses die Schweiz mit Italien verbindende Tal eines der bemerkenswertesten der Alpen – es bringt auch die glaziale Gestaltung prägnant zum Ausdruck und ist das Ergebnis einer der tiefgreifendsten Flußabzapfungen der Nacheiszeit.

Der Malojapaß, wo als Spuren der eiszeitlichen Vergletscherung rund drei Dutzend zum Teil beachtlich große Gletschertöpfe gefunden wurden, bildet heute die Wasserscheide zwischen dem Einzugsgebiet der Donau und des Po. Diese Wasserscheide ist von der Mera, dem Talfluß des Bergells, allmählich nach Osten zurückverlegt worden. Hartnäckig und unermüdlich hatte dieser bescheidene Gebirgsfluß in grauer Vorzeit (bis ins ältere Diluvium hinein) den bis auf die Höhe des heutigen Chiavenna reichenden Oberlauf des Inn angezapft und ihm sein Quellgebiet Stück um Stück entrissen. Dabei lenkte er auch die Albigna und Orlegna, die Abflüsse des Albigna- und Fornogletschers, ins Einzugsgebiet der Adda um. Diese Flußabzapfung ist auch der Grund, weshalb das Oberengadin keinen Talschluß hat, sondern in seiner ganzen Breite schroff ins Bergell abbricht. Dieses senkt sich rasch als tiefe, von der Mera zwischen zackigen Bergketten eingeschnittene Furche zur Landesgrenze bei Castasegna ab.

Das Tal besteht aus zwei Stufen, dem Hochbergell (Sopra Porta) und dem Niederbergell (Sotto Porta). Die Grenze zwischen beiden verläuft bei Promontogno, wo sich das Tal verengt. Hier stand ehemals auch ein römisches Tor. Das an Natur- und Baudenkmälern reiche Tal ist, wie prähistorische Wannengräber bei Stampa und Schalensteine belegen, schon früh besiedelt worden. Der Malojapaß selbst war bereits zur Römerzeit ein gefragter Übergang in der Längstalfurche, die das Bergell und das

Vadrec del Forno

Fläche:	total 8,74 km²
	schuttfrei 7,77 km²
Länge:	max. 6,8 km
Breite:	mittl. 1,5 km
Höhe:	max. 3360 m ü. M.
	min. 2180 m ü. M.
Lage:	Norden
Firnlinie:	2860 m ü. M.
Nährgebiet, mittl. Höhe:	3020 m ü. M.
Zehrgebiet, mittl. Höhe:	2640 m ü. M.
Moränentypen:	Mittel- und Seitenmoränen; im Gletschervorfeld Seitenmoränen
Gletschertyp:	Talgletscher
Gletscherform:	zusammengesetzte Becken
Gletscherfront:	normal
Längsprofil:	gleichmäßig
Ernährung:	Schnee/Driftschnee
Zungenaktivität:	leichter Rückzug

(Daten: Stand 1973)

Vadrec da l'Albigna

Fläche:	total 5,28 km²
	schuttfrei 3,90 km²
Länge:	max. 4,0 km
Breite:	mittl. 1,6 km
Höhe:	max. 3340 m ü. M.
	min. 2160 m ü. M.
Lage:	Norden
Firnlinie:	3060 m ü. M.
Moränentypen:	Mittel- und Seitenmoränen
Gletschertyp:	Talgletscher
Gletscherform:	zusammengesetzte Becken
Gletscherfront:	kalbende Front
Längsprofil:	gleichmäßig
Ernährung:	Schnee und/oder Driftschnee
Zungenaktivität:	ungewiß
Besonderheiten:	Gletscherfront kalbt in den Lago da l'Albigna, der weit in die Zunge hineingreift.

Linke Seite unten: Das Val Forno ist mit seinen Naturschönheiten ein Paradies für Wanderer wie für Kletterer, die in den wilden Granitkämmen des Fornokessels eine Herausforderung sehen.

Rechts: Der Vadrec del Forno erstreckt sich vom Monte Sissone (links) und den Torroni (Mitte) als nahezu ebener Eisstrom in Richtung Maloja. Der waagrechte Fluß begünstigt die Bildung von Gletschertischen, die hier zahlreich auftreten.

Engadin gemeinsam bilden. Im Ladinischen der Talbevölkerung lebt die lateinische Sprache der Römer fort.

Vadrec del Forno

Der größte der Bergeller Gletscher ist der Vadrec del Forno. Er ist 8,74 km² groß und liegt nordwärts ausgestreckt in einem von hohen Granitwänden gebildeten Kessel. Südliche Eckpunkte dieser abschreckend wilden Gebirgswelt bilden die Cima di Castello (3388 m) im Westen und der Monte Sissone (3330 m) im Osten. Sie sind miteinander durch die imposanten Granittürme der Torroni verbunden, die den Kessel nach Süden abschließen und südwärts über 2000 m jäh ins italienische Valle di Mello abfallen.

Der Fornogletscher erstreckt sich von den Torroni in einem äußerst flachen Zungenbecken 6,8 km in Richtung zum Maloja hin. Der geringen Neigung verdankt er sein faltenloses, ebenmäßiges und ewig jung wirkendes Gesicht. Praktisch spaltenlos ruht seine Eismasse in der nordwärts fliehenden Senke des Fornokessels. Einzige Zierde des gelassen dahinströmenden Gletschers sind auffällige Mittel- und Seitenmoränen, die sich gegen das Zungenende hin zu einer Obermoräne verbreitern und die gesamte Front mit dem hellen, aus dem Bergeller Granit herausgewitterten Trümmergestein bedecken. Der fast waagrechte Fluß des Eises begünstigt die Bildung von Gletschertischen, so daß vor allem die Mittelmoräne eigentlich nichts weniger als eine konzentrierte, sich scheinbar ins Unendliche fortsetzende Ansammlung kleiner und großer Gletschertische darstellt.

Der Abfluß des Fornogletschers, die Orlenga, schlängelt sich rund 7 km durch das Fornotal bis kurz vor den Maloja, um schließlich in einer Schlucht über die Steilwand beim Malojapaß hinabzustürzen. Mit den Mitteln der Technik wäre es ein leichtes, den Fluß in seinem ursprünglichen Lauf ins Oberengadin hinüberzuleiten, vor dem er sich heute brüsk nach Westen abwendet. Doch die Technik verfolgt andere Ziele: Die Orlegna wird heute oberhalb der Einmündung des kleinen Murettotales ins Fornotal (bei Plan Canin) gefaßt und in einem Stollen unter der Cima da Murtaira nach Löbbia im Bergell umgeleitet. Dort dient sie mit den Abflüssen des Albignagletschers der Elektrizitätswirtschaft.

Die Gegensätzlichkeit der Hochgebirgslandschaft im Fornotal verschafft Eindrücke unberührter Natur von großer Schönheit: ist es gegen den Talschluß der Gletscher, so sind es im vorderen Abschnitt auf der Alp da Cavloc das breite, im hellen Granit schimmernde Flußbett der Orlenga und kleine Hochmoore sowie der traumhaft in die Natur gebettete Lej da Cavloc. Im kristallklaren Wasser dieses schönsten aller Bergeller Seen spiegeln sich die dunkelgrünen Arven und Lärchen und das tiefe Blau des Eisenhutes, der sich an den feuchten Plätzen am Ufer des Seeleins wohl fühlt. Aber auch die Hochgebirgsfauna ist hier durch Murmeltiere, Gemsen, Steinwild und Hirsche gut vertreten.

Vadrec da l'Albigna

Der wohl bekannteste Gletscher des Bergells ist der Vadrec da l'Albigna. Seinen hohen Bekanntheitsgrad verdankt er heute dem Albignastausee, in den er seine kalbende Zunge hineinstößt. Früher war es der Wasserfall der Albigna, die nun zum See hochgestaut wird. Über eine gletscherpolierte Schwelle rauschte sie als grandioser, Hunderte Meter hoher Wasserfall in steilem Absturz ins Tal nieder. Doch dieses Naturschauspiel ist ein Opfer der Ausbeutung der Natur durch den Menschen geworden. Nur noch ein kläglicher Rinnsal erinnert an die einstige Pracht dieses Wasserfalles. Dort wo früher die Albigna, vom Gletscher herkommend, über die Granitkante hinunterstürzte, riegelt heute die nackte Betonwand einer mächtigen Staumauer den Abfluß ab. Ein grauer, glatter Querstrich aus 940 000 m³ Beton bildet nun die selbst vom Talboden aus unübersehbare künstliche Sperre des Albignakessels.

Im Gegensatz zum östlich benachbarten Fornokessel läuft der Albignakessel nicht in einem Hochtal aus, sondern bricht unvermittelt rund 1000 m auf die Talsohle des Oberen Bergells ab.

Der Albignagletscher ist mit 5,28 km² gut 40 Prozent kleiner als der Fornogletscher. Er ist auch nur 4 km lang und nicht so gleichmäßig gegliedert. In seine stark schuttbedeckte Zunge mündet an der rechten Seite der Vadrec del Castel Nord ein. Dieser bricht über die Nordwestflanke zwischen der Cima dal Cantun und der Cima di Castello als großer Eisfall nieder. Im Süden bilden die granitenen Palisaden der über die Dreitausendergrenze aufragenden Pizzi del Ferro eine unüberwindbar scheinende Begrenzung des Albignakessels.

Der Albignagletscher erreicht mit 3340 m an der Cima di Castello, dem grandiosen Aussichtspunkt in den Albigna- und Fornokessel, seine größte Höhe. Die Gletscherfront kalbt auf 2163 m in den Lago da l'Albigna, der schon weit in die Zunge hineingreift und unaufhörlich an ihr nagt. Im See treibende Eisberge zeugen von der korrosiven Kraft des Wassers, das dem Gletschereis hartnäckig und unbarmherzig zu Leibe rückt. So wird dieser Gletscher künstlich kleingehalten. Dabei wäre er, wie die hohen Ufermoränen beiderseits der Zunge und des Sees erkennen lassen, durchaus in der Lage, den ganzen Kessel auszufüllen. Weil aber die Gebirgskessel von Albigna und Forno zu den abflußreichsten der ganzen Alpen mit fast der doppelten Spende wie auf der Nordseite der Berninagruppe zählen, ist die Nutzung ihrer reichen Abflüsse ein Akt der Vernunft, dem Bedenken landschaftsschützerischer Art nicht standhalten – zumal die der Talschaft zufließenden Konzessionsgelder und Wassernutzungsgebühren dazu beitragen können, durch Schaffung neuer Arbeitsplätze und besserer Ausbildungsmöglichkeiten einer drohenden Entvölkerung des Oberen Bergells entgegenzuwirken.

Der Albignastausee ist der einzige Hochgebirgsspeicher des Bergells. Er ist 2,2 km lang und bedeckt bei Vollstau eine Fläche von 1,03 km². Sein Einzugsgebiet von 20,5 km² ist stark vergletschert. Eine 115 m hohe Gewichtsstaumauer mit der ungewöhnlichen Länge von 810 m staut die Schmelzwasser des Albignakessels. Das Becken ist der Jahresspeicher der beiden Hochdruckstufen Löbbia und Castasegna. Ihr Dargebot liegt bei 410 GWh. Der Albignasee leistet einen wertvollen Beitrag zum Hochwasserschutz des Bergells. Die Sperrstelle wurde während des Baues in den Jahren 1956–1959 durch eine Schwerseilbahn erschlossen. Sie ist auch heute nur über einen steilen Gebirgspfad oder über eine kleine Werkseilbahn erreichbar.

Wanderung, Gletscher- und Skitouren

Vom Malojapaß erschließen sich die Kessel von Bondasca, Albigna und Forno in einer ein- bis mehrtägigen Wanderung. Mit dem Postbus gelangt man von Maloja hinab nach Pranzaira im Oberen Bergell. Von hier führt die Werkseilbahn der Elektrizitätswerke der Stadt Zürich (Eigentümerin der Anlage Löbbia) hinauf zur Staumauer Albigna.

Schon an der Staumauer steht man vor der Entscheidung, ob man nun direkt zur nahen Albignahütte aufsteigen oder doch noch einen Abstecher hinüber in den Bondascakessel machen soll. Denn die drei- bis vierstündige Wanderung über den Pass Cacciabella Sud (2895 m) zur Sciorahütte (2118 m) führt mitten ins Herz der Bergeller Granitriesen. Hier hat der Engadiner Maler Giovanni Segantini in den Zinnen und Türmen der Scioragruppe seine liebsten Motive gefunden. Die Nordostwand des Piz Badile oder die kühne Nadel des Ago di Sciora und die Plattenschüsse am Piz Cengalo lassen jedes Bergsteigerherz höher schlagen.

Dem Bergsteiger bietet sich hier eine Route an, die über den Bondascagletscher hinauf zur Cima della Bondasca (3289 m) und von dort hinunter in den

Albignakessel und weiter zur Albignahütte führt (5 Stunden). Der Wanderer wird auf dem Weg, den er gekommen ist, wieder hinüber zur Staumauer gehen.

Die Albignahütte liegt hoch über dem rechten Seeufer. Sie ist 1977 renoviert worden und nun mit einem für Berghütten geradezu ungewohnten Komfort ausgestattet. Von der Hütte überblickt man den ganzen Albignakessel mit der großartigen Zocca-Ferro-Gruppe im Hintergrund und dem in den Stausee hineinstoßenden Albignagletscher. Ein halbstündiger Spaziergang über Moränenschutt entlang dem rechten Ufer bringt den Wanderer an die von Querspalten durchzogene Gletscherzunge, deren breite Spitze schnalzend in den Stausee kalbt.

Als Übergang in den östlich gelegenen Fornokessel bieten sich zwei Routen an. Für den Bergwanderer über den Pass da Casnil Sud (2941 m), für den Bergsteiger über die Cima di Castello (3388 m). Diese zweite Route wird auch als Skitour gewählt und offeriert eine recht schwierige Abfahrt durch das spaltenreiche Firngebiet des Fornokessels. Harmloser ist auf jeden Fall die Paßwanderung über den Pass da Casnil.

Von der Albignahütte kommt man über immer karger werdende Grasflecken schnell höher und an zwei hübschen Seelein, größeren Tümpeln, vorbei, in denen sich die granitenen Zinnen des Albignakessels spiegeln. Die nahende Paßhöhe kündigen kleine Firnfelder an, auf denen man bis zum nördlichen oder südlichen Paß weitersteigt (1½ Stunden von der Hütte). In leichter Kletterei kann man vom nördlichen Paß den 3189 m hohen Piz Casnil mitnehmen (1 Stunde) und anschließend noch den Grat zwischen den Pässen überschreiten. Der Abstieg in den Fornokessel ist über den Südpaß leichter. Die Fornohütte, das nächste Ziel, liegt jenseits und gut 150 m über dem Gletscher am Fuße des Monte del Forno (3214 m) auf 2574 m. Eine Besteigung dieses Dreitausenders ist naheliegend. Er wird am leichtesten über seinen Südgrat gewonnen (1½–2 Stunden). Die Aussicht, die er auf Berninastock und Monte Disgrazia sowie die Oberengadiner Seen gewährt, wird wohl nur noch vom Monte Sissone (3330 m) an der Südostecke des

*Linke Seite unten:
Die Zunge des Vadrec da l'Albigna kalbt auf breiter Front in den Albignastausee. Der 4 km lange Gletscher wird von der imposanten Zocca-Ferro-Gruppe eingekesselt. Blick vom Paßweg zum Pass da Casnil Richtung Südwesten.*

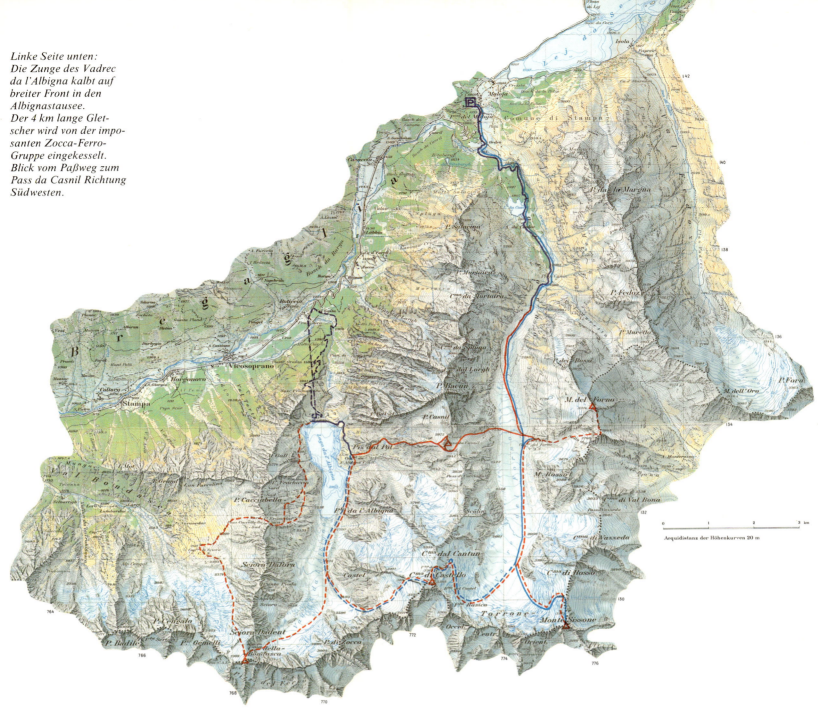

Fornokessels übertroffen. Der Monte Sissone ist ebenso wie die Cima di Cristallo ein beliebter Skiberg und bietet die im Fornogebiet wohl am häufigsten ausgeführte Skitour. Die Abfahrtsrouten von den beiden Prachtgipfeln folgen dabei den Anstiegswegen, die mit denjenigen des Sommers identisch sind.

Von der Fornohütte gelangt man über die flache Gletscherzunge hinaus ins Fornotal, wo die Naturschönheiten auf der Alp da Cavloc mit dem zauberhaften Alpseelein warten. Zwischen stolzen Arven hindurch erreicht man nach dreistündiger Wanderung Maloja. Hier rundet ein Besuch der Gletschertöpfe die Gletscherwanderung in den Bergeller Bergen ab. Sie wurden 1884 beim Bau des sogenannten Schlosses, wie der Hotelpalast des Maloja-Palace genannt wurde, entdeckt, nach und nach freigelegt und zugänglich gemacht. Die größten sind zwischen 6 und 11 m tief. Im Gegensatz zu den berühmten Luzerner Sandsteintöpfen sind die Gletschertöpfe von Maloja aus zähem Gneis herausgespült worden. Sie sind auf dem Maloja allerdings nicht die einzigen Zeugen der glazialen Überformung und Gestaltung des Oberengadins. Schöne Rundbuckelbildungen am Riegel zum Bergell hinunter geben Hinweise auf die Hobeltätigkeit des eiszeitlichen Inngletschers, aus dessen Toteis die Oberengadiner Seenlandschaft entstanden ist.

Ausgangspunkte
Maloja, 1815 m / Pranzaira, 1192 m

Auffahrt
Pranzaira: Werkseilbahn EWZ Pranzaira–Staumauer Albigna; Betrieb nach Bedarf und Anmeldung, im Sommer Fahrplan

Stütz- und Rastpunkte
Capanna da l'Albigna CAS, 2336 m
Capanna di Sciora CAS, 2118 m
Capanna del Forno CAS, 2574 m

Schrifttum
Karten: Landeskarte der Schweiz
1: 50 000 Julierpaß, Blatt 268
1: 50 000 Disgrazia, Blatt 278
Führer: Clubhütten SAC
Clubführer SAC Bündner Alpen IV

Marschzeiten
Wanderung:
Staumauer–Albignahütte 45 Minuten
Staumauer–Sciorahütte 3–4 Stunden
Gletschertour:
Sciorahütte–Cima della Bondasca–
Albignahütte 5 Stunden
Albignahütte–Casnilpaß–Fornohütte 3–4 Std.
Albignahütte–Cima di Castello–
Fornohütte (Skitour) 5–6 Stunden
Fornohütte–Monte del Forno 1½–2 Stunden
Fornohütte–Monte Sissone (Skitour) 3–4 Stunden
Fornohütte–Maloja 3 Stunden

RÄTISCHE ALPEN *Ortler-Cevedale-Gruppe*
Ghiacciaio del Forno
Suldenferner (Vedretta di Solda)

Das am stärksten vergletscherte Gebiet Italiens liegt in der Ortler-Cevedale-Gruppe. Hier befinden sich allein 130 der insgesamt 823 Gletscher der italienischen Alpen. Sie bedecken eine Fläche von 101,97 km² (nach A. Desio, 1967). Dies entspricht einem knappen Sechstel der gesamten Gletscherfläche Italiens, die nach den Angaben im «Catasto dei Ghiacciai Italiani» (1959–1962) 540,8 km² beträgt.

Als höchster Gebirgsstock des Tirols wird die Ortler-Cevedale-Gruppe von prächtigen Gipfeln bestimmt: Allen voran der Ortler selbst, der mit 3899 m die höchste Aufragung der Gruppe bildet; Königsspitze (3859 m) und Monte Cevedale (3769 m) sind die südlicher stehenden Hauptgipfel.

Dieser imposante Hochgebirgsstock der Rätischen Alpen besteht eigentlich aus drei aufeinander zustrebenden Gratketten, die sich am Monte Cevedale zu einem Knoten verbinden. Von hier zieht sich nach Nordwesten die Ortlerkette mit der berühmten Gipfelfolge, die von Suldenspitze, Königsspitze, Monte Zebru, Ortler, Trafoier Eiswand, Geisterspitze und Monte Cristallo gebildet wird. Diese Kette fällt zu beiden Seiten steil ab, so daß sich vor allem auf der Nordseite zwar zahllose, aber flächenmäßig nur unbedeutende Gletscher finden. Vornehmlich sind es kleine Gebirgsgletscher, die an den jähen Nordostwänden der Ortlergruppe hängen. Am eindrucksvollsten stürzen diese Hängegletscher zwischen dem Ortler und der Geisterspitze zu Tal. Die bedeutendsten unter ihnen sind der Madatschferner, Trafoier Ferner sowie der Untere und Obere Ortlerferner. Von der aus dem Trafoier Tal zum Stilfser Joch in unzähligen Kehren hinaufführenden Paßstraße bieten sie einen geradezu erschreckenden Anblick, gleichwohl sie mit einer größten Länge von 3 km (Unterer Ortlerferner) und einer Gesamtfläche von 7,69 km² vergleichsweise bescheidene Ausmaße haben. Größter und bedeutendster Gletscher der Ortlerkette ist der Suldenferner. Dank seiner geschützten Lage am Fuße der Königsspitze, des Monte Zebru und des Ortlers erreicht er bei einer Fläche von 5,95 km² eine Länge von 4,5 km.

Vom Monte Cevedale ostwärts zieht die Veneziakette. Hier haben der Zufallferner, der Langenferner und der Moosferner (Vedretta del Careser) ihre Heimat. Zunächst nach Süden und dann in großem Bogen in Richtung Westen verläuft die Viozkette. Palon della Mare, Monte Vioz (3645 m) und Pizzo S. Matteo (3678 m) sind die bedeutendsten Gipfel dieses Gratzuges. An seiner Nordseite lagert in einem gewaltigen, durch den bogenförmigen Verlauf der Kette gebildeten Kessel der 20 km² große Fornogletscher. So ist die Ortler-Cevedale-Gruppe nicht nur das Hauptgletschergebiet Italiens, sondern zugleich auch die Heimat des größten Gletscherindividuums auf italienischem Boden.

Die Ortler-Cevedale-Gruppe ragt teilweise in die Provinzgebiete von Sondrio, Trient und Bozen hinein und weist annähernd achtzig Dreitausender auf. Höchster Gipfel und Hauptberg der Gruppe ist der 3899 m hohe Ortler.

Die Ortlergruppe war im Ersten Weltkrieg als Grenzkamm zwischen Italien und Österreich heftig umkämpft. Geradezu legendär wurden die Kämpfe im Gebiet der Trafoier Eiswand auf rund 3500 m Höhe.

Ghiacciaio del Forno

Als größter Einzelgletscher Italiens ist der Fornogletscher auch im Vergleich zu den übrigen Alpengletschern von bemerkenswerter Größe. Er liegt am Südsaum des Ortlergebietes. Sein weites Firngebiet breitet sich halbkreisförmig an der Nordseite der Gratkette aus, die vom Palon della Mare über den Monte Vioz und den Pizzo S. Matteo bis zum Pizzo Tresero in großem Bogen nach Westen zieht. Zwölf Eisgipfel über 3500 m bilden die Zacken einer majestätischen Gebirgskrone.

Der Ghiacciaio del Forno ist von ausgesucht ebenmäßiger Gestalt. Aus dem Zentrum des Fornokessels (er mißt im Durchmesser gut 6 km) fließt das Eis in einer immer noch stattlichen Zunge nach Nordwesten ins Fornotal ab. Sie ist in den vergangenen Jahrzehnten stark zurückgeschmolzen und endet heute als ein aus unzähligen Eistürmen bestehender

Schweif (Merkmal eines vorstoßenden Gletschers) auf etwa 2250 m Höhe. Seismische Eisdickenmessungen ergaben bei ihm Tiefen von 70 bis 150 m. Die Zunge ist durch Mittel- und Seitenmoränen relativ stark mit Schutt beladen.

Mächtige Ufermoränen zu beiden Seiten des Zungenbeckens geben Zeugnis vom Hochstand im vergangenen Jahrhundert, als der Fornogletscher bis zur Einmündung des Valle di Ceder, einem Seitental des Fornotales, hinabreichte. An der Seite der rechten Ufermoräne, auf der Höhe des Rifugio C. Branca, liegt der kleine Lago di Rosole (2490 m). Er ist nach dem Vedretta delle Rosole benannt, einem Gebirgsgletscher von bescheidener Größe, der aus einem Kar unterhalb Monte

---

Ghiacciaio del Forno

Fläche:	20 km²
Länge:	5,0 km
Breite:	max. 3,2 km
Höhe:	max. 3645 m ü. M.
	min. ca. 2250 m ü. M.
Lage:	Nord–Nordwesten
Moränentypen:	Mittel- und Seitenmoränen
Gletschertyp:	Talgletscher
Gletscherform:	einfaches Becken
Ernährung:	Schnee und/oder Driftschnee

Suldenferner (Vedretta di Solda)

Fläche:	5,95 km²
Länge:	4,5 km
Breite:	max. 8,25 km
Höhe:	max. 3899 m ü. M.
	min. ca. 2240 m ü. M.
Lage:	Nordosten–Norden
Moränentypen:	Seitenmoränen, Schutt
Gletschertyp:	Gebirgsgletscher
Gletscherform:	einfaches Becken
Gletscherfront:	zwei Gletschertore (1977)
Ernährung:	Schnee und Lawinen

Rechts: Ghiacciaio del Forno. Hinter der rechten Ufermoräne in Nähe des Rifugio C. Branca liegt der kleine Lago di Rosole (2490 m).

Links: Von den steilen Nordwänden der Ortlergruppe stürzen mehrere kleine Gletscher gegen das Trafoier Tal hinab. V. l. der Ortler mit Oberem und Unterem Ortlerferner, Trafoier Ferner und Madatschferner.

Unten: Der Ortler in der Morgensonne. Der «König der Ostalpen» wurde am 28. September 1804 vom «Pseyrer Josele», Gemsjäger des Grafen Trapp, erstmals bestiegen. Die Erstbesteigung geht auf Erzherzog Johann von Österreich zurück.

Pasquale, Monte Cevedale und Monte Rosole gegen die Zunge des Fornogletschers abfließt. Bei seinem höchsten Stand kam dieser Nachbargletscher, der damals das Val Rosole anfüllte, sehr nahe an die Zunge des Fornogletschers heran. Vom Lago di Rosole, einem vielbesuchten Aussichtspunkt auf den Fornogletscher, hat man einen guten Überblick über das Zungenbecken des größten Gletschers Italiens und zugleich der Ostalpen. Trotz seiner Ausmaße ist der Fornogletscher nicht eigentlich populär. Im Verhältnis zu seiner Größe führt er ein recht unauffälliges Dasein. Dies liegt sicher an der relativen Unzugänglichkeit der Gegend. Zwar ist das Valfurva, in das das Fornotal einmündet, touristisch gut erschlossen, doch das Fornotal selbst ist nichts anderes als eine kilometerlange Schlucht, die den Zugang zum Gletscher auch heute noch, wo ein Fahrsträßchen bis zum Albergho Forni auf 2200 m führt, erschwert. So setzt der Wanderer denn auch hier den Fuß in eine ebenso stille wie unberührte Gletscherlandschaft von erhabener Größe.

Suldenferner

Der bekannteste Gletscher der Ortleralpen ist zweifellos der Suldenferner im hintersten Suldental. Die Höhe seiner Umrahmung, die Form des Firn- und Zungenbeckens und die dadurch hervorgerufenen starken Längenschwankungen machen ihn zu einer der merkwürdigsten Eisgestalten der Ostalpen. Vor allem seine extremen Längenschwankungen sind stets mit großem Interesse verfolgt worden, da sich in der Nähe des Gletscherendes Gebäude befinden, die bei starken Vorstößen bedroht scheinen. Die Tendenz, schnell und massiv auf Klimaschwankungen zu reagieren, zählt zu den hervorragenden Eigenschaften dieses sonderbaren Gletschers.

Im Jahre 1815 begann er erschreckend rasch vorzustoßen. 1817/1818 rückte er nicht weniger als 1200 Meter vor. Das entspricht einer täglichen Vorstoßrate von über 3 m; ein Betrag, wie er für katastrophale Gletschervorstöße, sogenannte «Glacier surges», typisch ist und in den Alpen nur äußerst selten beobachtet wird. 1819 stand der Suldengletscher nur mehr knapp 300 m vor den Gampenhöfen bei Sulden, die man angesichts der drohenden Gefahr zu räumen begann.

Die Gründe für die extremen Längenschwankungen des Suldenferners sind in der topografischen Gestaltung des Zungen- und Firnbeckens zu suchen. Das Firnbecken besteht aus zwei Teilen unterschiedlicher Form. Der östliche, kleinere Teil, der sich vom Königsjoch über die Suldenspitze bis zum Madritschjoch hinzieht, zeigt ein recht steiles und erheblich zerklüftetes Firnfeld. Ganz anders dagegen der westliche Teil des Firnbeckens. Es besteht aus einem langestreckten Firnfeld von erstaunlich geringer Neigung (rund 10 Grad).

Umrahmt wird es von den bis zu 1200 m aufragenden Steilwänden der Ortlerkette. Selbst der niedrigste Punkt der von Ortler, Monte Zebru und Königsspitze gebildeten Umrahmung, das 3434 m hohe Suldenjoch, zeigt gegen das nahezu ebene Firnfeld noch eine Überhöhung von rund 800 m. Das ist eine Umfassung, wie sie grandioser kaum vorgestellt werden kann. Fortwährend brechen von den Gipfeln und Steilwänden Firn- und Schneemassen ab und geben so dem in einem tiefen Kessel liegenden Firnfeld Nahrung. Infolge der starken Erosion durch Verwitterung der bis zu 54 Grad geneigten Felsumrahmung des westlichen Firnbeckens ist dieses stark mit grauem Schutt bedeckt.

Die beiden Teile des Firnfeldes stimmen in ihren Längsrichtungen nicht überein, sondern treffen in einem stumpfen Winkel aufeinander. Der Zufluß des westlichen Teils wird deshalb beim Zusammenfluß der beiden Firnmassen in einem fast

rechten Winkel nach Norden umgelenkt. An der Knickstelle, im Gebiet der alten Hintergrathütte, entstand eine Moränenanhäufung von enormen Ausmaßen.

Das Zungenbecken wird durch eine etwa 100 m hohe Steilstufe, die Legerwand, unterbrochen. Bei jedem größeren Vorstoß schiebt sich die Zunge über diese Wand hinab. Bei Rückzugsperioden aber reißt an dieser Stelle der Eisstrom, so daß der untere, abgetrennte Zungenteil nicht mehr ernährt wird und als Toteismasse abtaut. Die starken Oszillationen des Gletschers werden durch diese Steilstufe begünstigt. Heute endet der Ferner mehrere hundert Meter hinter und oberhalb der Legerwand auf einem Flachstück.

Als weitere Eigentümlichkeit wartet der Suldenferner heute mit einer Gletscherfront auf, die gleich von zwei Gletschertoren beherrscht wird. Das Endteil der Zunge, möglicherweise ein Toteisblock, wird durch zwei Schmelzwasserbäche unterspült, so daß diese insgesamt vier Gletschertore aufweist: je zwei beim Eintritt und Austritt des Wassers.

Wanderungen, Gletschertouren

Das Ortlergebiet mit seinen rund 80 Dreitausendern und unzähligen Tälern gilt zu Recht als eine der abwechslungsreichsten Alpenlandschaften. Für den Tourismus ist sie nur teilweise erschlossen, da die Urlaubsorte der Gegend wie Prad, Gomagoi, Stilfs, Sulden und Trafoi

Oben: Die Zunge des Suldenferners wird im Endteil durch zwei Schmelzwasserbäche unterspült, die am Austritt zwei Gletschertore bilden.

Ganz oben: Das westliche Firnbecken des Suldenferners wird umrahmt von den bis zu 1200 m über den Gletscher aufragenden Steilhängen der Ortlerkette mit v. l. Königsspitze, Monte Zebru und Ortler. Vorne die Schaubachhütte (2573 m).

Oben rechts: Blick aus einem der Gletschertore des Suldenferners.

Rechte Seite: Über das östliche Firnbecken des Suldenferners gelangt man von der Schaubachhütte zur Suldenspitze (3376 m).

inmitten des Stilfserjoch-Nationalparks liegen. Bergbahnen sind hier mithin noch selten und werden es bis auf weiteres auch bleiben. Auch das Straßennetz ist nur teilweise ausgebaut. Sein Hauptstrang, die Stilfserjoch-Paßstraße, führt mitten in die eisige Hochgebirgswelt der Ortlergruppe. Diese großartig angelegte Gebirgs-Panoramastraße windet sich in tausend Kehren bis auf eine Höhe von 2760 m.

Die Firn- und Schneehänge am Stilfserjoch wurden in den vergangenen Jahren für den Sommerskibetrieb mit einem Netz von Gondelbahnen und Skiliften überzogen. Sie bilden einen schlimmen Kontrast zur relativen Unberührtheit der Natur innerhalb der Parkgrenzen und gemahnen so unfreiwillig an die Folgen eines rücksichtslosen Umgangs mit der Landschaft. Das Stilfserjoch ist aber nicht nur das Ziel sommerlicher Pistenfahrer; es bildet für den Autotouristen auch den kürzesten Verbindungsweg vom Fornotal ins Suldental. Da die Straße die gesamte Ortlerkette umfahren und bis nach Bormio ausweichen muß, ist dies eine lange Fahrt, während der Bergwanderer bequem über das Langenfernerjoch vom einen Tal ins andere geht. Dem Autotouristen eröffnet sich die überwältigende Eiswelt des Ortlermassivs am schönsten von der Stilfserjoch-Straße zwischen Trafoi und der Paßhöhe aus. Als Aussichtspunkt auf den Madatschferner, die Ortlergletscher, die Steilfluchten der Trafoier Eiswand und auf den Hauptberg selbst wird die Franzenshöhe (2100 m, auf halber Strecke der Paßstraße) zu Recht gerühmt.

Zum Fornogletscher im Süden der Ortler-Cevedale-Gruppe führt keine Straße; er ist nur zu Fuß zu erreichen. Bis zum Albergho Forni auf 2200 m im Val di Forno geht zwar ein Fahrsträßchen. Doch von dort sind es bis an die Gletscherzunge zu Fuß noch gut 2 km auf leicht ansteigendem Pfad. Ein Spaziergang an der rechten Ufermoräne hinauf zum Rifugio C. Branca (2493 m) beim Lago di Rosole gilt wohl als schönste Wanderung in Richtung zum Fornokessel. Ein tosender Bergbach stürzt hier über Felsen ins Gletschervorfeld des Fornogletschers. Es sind die Abflüsse des Vedretta delle Rosole, der sich weit hinauf an die Südwestflanke des Monte Cevedale zurückgezogen hat.

Der Monte Cevedale (3769 m) selbst ist Ziel einer Hochgebirgstour, als deren Stützpunkt das Rifugio C. Branca dient. Die Überschreitung dieses stattlichen, aber kaum Probleme bietenden Dreitausenders ist empfehlenswert. Am Langenfernerjoch und über den Eiseepaß gelangt man ohne Hast gut an einem Tag über den Suldenferner hinab nach Sulden. Andernfalls kann in der Casati-Hütte (3254 m) am Langenfernerjoch Zuflucht gefunden werden.

Sulden liegt in einem windgeschützten und sonnenreichen Talkessel, verstreut zwischen Bergwiesen und Hochwäldern. Umgeben von einem Kranz von Gletschern und firnbedeckten Gipfeln, ist es Ausgangspunkt berühmter Hochtouren, wie etwa der Besteigung der Königsspitze oder des Ortlers. Die landschaftlich schönste Aufstiegsroute zum Ortlergipfel

Ausgangspunkte
Sulden, 1907 m
S. Caterina Valfurva, 1734 m
(Fahrweg zum Albergho Forni, 2200 m)

Auffahrt
Luftseilbahn Sulden – Schaubachhütte (2616 m)

Höchste Punkte
Ortler, 3899 m
Monte Cevedale, 3769 m
Lago di Rosole, 2490 m (Wanderung)
Hintergrathütte, 2651 m (Gletscherwanderung)
Stilfserjoch, 2757 m (Paßfahrt)

Stütz- und Rastpunkte
Rifugio C. Branca, 2493 m, Rifugio G. Casati, 3254 m
Schaubachhütte, 2616 m, Hintergrathütte, 2651 m

Schrifttum
Karten: 1:50 000 Ortles – Gran Zebru – Monte Cevedale
Carta Turistica Nr. 72, Fleischmann, Innsbruck

Marschzeiten
Albergho Forni – Rifugio C. Branca	45 Min.
Rifugio C. Branca – Monte Cevedale – Schaubachhütte	6–7 Stunden
Schaubachhütte – Suldenspitze	3 Stunden
Hintergrathütte – Ortler	4–5 Stunden
Schaubachhütte – Hintergrathütte – Sulden	2 Std.

geht über den Hintergrat. Bei guten Verhältnissen wird der II. Schwierigkeitsgrad nicht überschritten. Ausgangspunkt der Besteigung ist die Hintergrathütte (2651 m) am Fuße des Hintergrats.

Seit Dezember 1975 führt eine Großkabinen-Luftseilbahn von Sulden hinauf zur Schaubachhütte auf 2616 m mitten hinein in die Moränen- und Eislandschaft des Suldenferners. Da die Bahn gänzlich im Nationalpark liegt, wurde ihr Bau erst nach jahrelangen Auseinandersetzungen durchgesetzt. Das Projekt sah einen zweistufigen Ausbau der Luftseilbahn bis hinauf zur Eiseespitze (3243 m) vor. Die Widerstände gegen die Weiterführung der Bahn von der Schaubachhütte zur Eiseespitze sind jedoch so massiv geworden, daß eine Realisierung in absehbarer Zeit nicht mehr ins Auge gefaßt wird.

Eine kleine Gletscherwanderung, die über den Suldenferner führt, nimmt ihren Anfang bei der Schaubachhütte. An Spaltengruppen des Gletschers vorbei gelangt man in weniger als einer Stunde hinüber zur Hintergrathütte. Von dort nimmt man den Weg zum Kuhberg, wo ein Sessellift hinab nach Sulden fährt. Diese Gletscherwanderung erfordert alpine Erfahrung, da sie über teilweise stark zerschrundete Gletscherpartien geht. Sie ist aber sehr abwechslungsreich, zumal sie die eindrucksvolle Moränenlandschaft beim Hintergrat aus nächster Nähe offenbart.

ÖTZTALER ALPEN *Kaunertal*
Gepatschferner

Die Ötztaler Alpen stellen das Gebiet größter Massenerhebung in den Ostalpen dar. Zwar ragen andere Gruppen mit einzelnen Gipfeln höher auf (Piz Bernina 4052 m, Ortler 3902 m, Großglockner 3797 m), doch in breiter Masse reicht das Gebirge hier am höchsten. Die Ötztaler Alpen sind deshalb das ausgedehnteste Gletscherrevier der Ostalpen. Die Gletscherflächen kommen hier teilweise so hoch zu liegen, daß ihr Eis nach beiden Seiten der Hauptwasserscheide der Alpen abfließt. Das ist der Fall am Hochjoch, wo der Hochjochferner sowohl ins innerste Ötztal (Rofental) als auch nach Südtirol ins Schnalstal abströmt. Noch viel ausgeprägter ist diese Erscheinung am Gepatschferner festzustellen.

Dieser größte Gletscher der Ötztaler und Stubaier Alpen ist eine der merkwürdigsten Eisgestalten. Sein Firnfeld, das sich auf rund 3100 m Höhe zwischen der Weißseespitze (3526 m) im Westen und den Hintereisspitzen (3486 m) im Osten auf einer Breite von 5 km ausdehnt, bildet ein weites Plateau, über das die Hauptwasserscheide verläuft. Die Scheitelregion ist dabei teilweise so flach, daß mit freiem Auge nur schwer oder stellenweise überhaupt nicht zu entscheiden ist, nach welcher Seite das Eis abströmt.

Zur Alpensüdseite bricht das Eis in geschlossener Front über die Vernaglwände in den innersten Grund des Langtauferer Tals ab, wo es zum rechten Teilstrom des Langtauferer Ferners wird. Dieser nach Westen gegen den Obervintschgau sich erstreckende kleine Gletscher reichte, wie Endmoränenwälle im Gebiet von Graun belegen, im Gschnitz-Stadium (etwa 10 000 v. Chr.; vor Beginn der postglazialen Wärmezeit) bis ins Gebiet des heutigen Reschensees. Diesem Stausee am Reschen (1504 m) sind Alt-Graun und Teile der Ortschaft Reschen im Obervintschgau zum Opfer gefallen.

Gegen Norden, ins Kaunertal im Nordtirol hinein, dem er überwiegend angehört, bildet der Gepatschferner eine mehrere Kilometer lange Zunge aus. Sie bricht zwischen dem Rauhen Kopf und der Schwarzen Wand vom Plateau in einem grandiosen Eiskatarakt ab.

Durch ein schluchtenartiges Gletscherbett windet sie sich sodann als aufgewühlter

Westlich des Rauhen Kopfs, der von der Hauptzunge (vorne) des Gepatschferners umspült wird, lappt das Gletscherplateau unterhalb der Weißseespitze (hinten) ebenfalls ins Kaunertal hinab. Blick von der Schafalm gegen Südwesten.

Eisstrom am Fuße des Rauhen Kopfs (2290 m) hinaus ins hintere Kaunertal. Ihre Längenachse zeigt zwei starke s-förmige Krümmungen. Westlich des Rauhen Kopfs, der vom abfließenden Eis gleichsam umspült wird, lappt das Gletscherplateau ebenfalls mit einer Zunge ins Kaunertal hinab. Zur Zeit des Hochstandes um 1856 strömte diese als linker Teilstrom mit der Hauptzunge zusammen.

1856 bedeckte der Gepatschferner ein Areal von 21,1 km². Er war 1971 17,70 km² groß. In 115 Jahren nahm seine Fläche somit um 18,5 Prozent ab. Dieser Flächenverlust ist weitaus geringer als der vieler Alpengletscher im gleichen Zeitraum. Von 1856 bis 1950 hat sich seine Zunge um rund 1,5 km zurückgebildet. Der Massenverlust des Gletschers während seiner Rückzugsphase beschränkte sich nicht allein auf die Zunge. Er führte auch auf dem Plateau zu einem Schwund der Firnmasse. So aperte schon vor 1893 der kleine Felskamm der «Zinne» (3381 m) unterhalb der Hinteren Hintereisspitze aus.

Der Gepatschferner ist schon früh vermessen worden. Eine erste kartografische Aufnahme stammt von Peter Anich, der von 1750–1765 ganz Nordtirol in bahnbrechender Weise vermessen hatte. Doch dauerte es ganze 110 Jahre, bis über den Gletscher genauere Karten vorlagen. Exakte Vermessungen erfolgten nämlich erst im Zusammenhang mit der von Eduard Richter, dem damaligen Präsidenten des Deutschen und Österreichischen Alpenvereines, angeregten und auch selbst in die Hand genommenen genaueren Untersuchung der Gletscherschwankungen in den Ostalpen. Von ihm stammt auch die erste kartografische Aufnahme der Zunge eines Ostalpengletschers, die er am Obersulzbachkees in der Venedigergruppe durchführte. 1888 legte der damals 26jährige Sebastian Finsterwalder eine mittels eines kleinen Theodoliten und durch Tachymetrie aufgenommene ausgezeichnete, in Kupfer gestochene Karte des Gepatschferners vor.

Ein Markstein in der Entwicklung der Hochgebirgskartografie bedeutete die erste stereofotogrammetrische Aufnahme im Jahre 1922 ebenfalls durch Sebastian Finsterwalder. Mit einem Fototheodoliten nahm er in 14 Tagen den ganzen Gepatschferner auf.

Doch lange bevor der Gletscher zum Ziel systematischer glaziologischer Untersuchung geworden war, wurde er von den Einheimischen begangen. Sein wohl berühmtester Begeher in historischer Zeit war der deutsche Kaiser Maximilian I. Als leidenschaftlicher Jäger bestieg er im Jahre 1510 vom Kaunertal aus, wo er zur Gemsjagd weilte, unter Verwendung von Steigeisen und Alpenstöcken den Ge-

Gepatschferner

Fläche:	17,70 km²
Länge:	8,2 km
Breite:	max. 5,0 km
Höhe:	max. 3517 m ü. M.
	min. 2060 m ü. M.
Lage:	Norden—Westen—NW
Gletschertyp:	Talgletscher
Gletscherform:	zusammengesetzte Becken
Längsprofil:	Kaskaden
Zungenaktivität:	leichter Rückzug (1975)

Besonderheiten: Hängt im Süden mit Langtauferer Ferner (Italien) und im Osten über Kesselwandjoch mit Kesselwandferner zusammen.
(Daten: Stand 1971)

Zwischen der Schwarzen Wand (links) und dem Rauhen Kopf (rechts) bricht der Gepatschferner schwungvoll gebogen in einem grandiosen Eiskatarakt ab. Blick von der Schafalm gegen Südosten.

Der 6 km lange Stausee Gepatsch überflutet den ehemaligen Mandarfenboden. In ihm werden durch den höchsten Staudamm der Ostalpen die Abflüsse des Gepatschferners gestaut.

patschferner bis hinauf zum Gepatschjoch (3241 m), wo man hinüber zum Vernagtferner im Ventertal gelangt. So machte ihn die Gemsjagd gelegentlich zum Alpinisten, fast 300 Jahre bevor die Alpenbewegung Ende des 18. Jahrhunderts auch auf die Ostalpen übergriff.

Seit den sechziger Jahren dieses Jahrhunderts werden die Abflüsse des Gepatschferners in dem 6 km langen Stausee Gepatsch gesammelt. Er überflutet den ehemaligen Mandarfenboden und ist mit einem Nutzraum von 138,3 Millionen m³ der zurzeit größte Hochgebirgsstausee Österreichs. Sein 107 km² großes Einzugsgebiet ist durch verschiedene Beileitungen auf 278 km² vergrößert worden. So werden aus dem benachbarten Oberen Pitzbach und aus der rechten Talflanke des Oberinntales sowie auch aus dem Kaunertal unterhalb der Sperre mittels Freistollen zusätzliche Abflüsse in den See geleitet, was dessen Füllung auch in wasserarmen Jahren gewährleistet.

Der See wird durch einen mächtigen Steinschüttdamm mit zentralem Dichtungskern gestaut, der auf Augengneis aufliegt. Mit einer Höhe von 153 m ist er der höchste Staudamm der Ostalpen. Seine Kronenlänge beträgt 600 m.

Wanderungen und Gletschertouren

Das 30 km lange Kaunertal mit dem Stausee Gepatsch und dem Gepatschferner im Talschluß ist ein beliebtes und deshalb stark besuchtes Wander- und Tourenziel. Vor allem der Stausee im Gebiet des Mandarfenbodens und das unweit des hinteren See-Endes gelegene Gepatschhaus (1928 m) werden in den Sommermonaten von unzähligen Naturfreunden aufgesucht. Bis zum Staudamm führt eine gut ausgebaute Straße. Eine Weiterfahrt entlang dem See ist nur mit Erlaubnis der Kraftwerke gestattet. Im Sommer ist jedoch ein Pferdebusverkehr vom Parkplatz am Damm bis ans hintere Ende des Sees eingerichtet.

Zum Gepatschhaus geht man vom Staudamm aus eine bis anderthalb Stunden, vom Ende des Sees ist es in zehn Minuten erreicht. Es gehört der Sektion Frankfurt des Deutschen Alpenvereins und wurde 1911 erbaut. Vom Gepatschhaus führt ein landschaftlich höchst abwechslungsreicher Wanderweg über den Fernergarten hinauf zur Schafalm, wo man von der rechten Ufermoräne den gewaltigen Eisbruch des Gepatschferners vor sich hat.

Auf einem von Eis umströmten Felsstock steht die Rauhekopfhütte. Der Weg zu ihr geht über den Gletscher, knapp unterhalb des chaotischen Bruchwerks des Gletschers, in dem neben gähnenden Spalten haushohe Eistürme stehen. «Séracs» werden diese Eistürme auch genannt. H. B. de Saussure hat diesen Begriff erstmals 1779 auf die Türme und Zacken der Gletscherbrüche angewandt – er übernahm ihn von den Älplern von Chamonix, die ihre hochrechteckigen Topfenkäs-Prismen so nannten.

Die Rauhekopfhütte (2731 m) ist Ausgangspunkt für eine Besteigung der Weißseespitze (3526 m), die stolz aus dem Firnplateau des Ferners emporragt.

Von der Rauhekopfhütte ist es über den Gletscher auch nicht allzuweit zum Brandenburgerhaus am Kesselwandjoch (3272 m). Diese hochgelegene Hütte wurde in früherer Zeit von der Langtauferer Seite im Südtirol versorgt. Vom Oberrand des Eisbruchs bei den Vernaglwänden ging damals ein 3,5 km langer Schlittenweg über das Gepatschplateau zum Haus. Vom Brandenburgerhaus kann die Gletscherwanderung über den stark vorstoßenden Kesselwandferner hinab zum Hochjochhospiz (2412 m) in der Nähe des Hintereisferners im Rofental fortgesetzt werden.

Ausgangspunkte
Feichten, 1289 m (Kaunertal)
Staudamm Gepatsch, 1780 m

Höchste Punkte
Weißseespitze, 3526 m
Kesselwandjoch, 3222 m (Gletschertour)

Stütz- und Rastpunkte
Gepatschhaus, 1928 m
Rauhekopfhütte, 2731 m
Brandenburgerhaus, 3272 m

Schrifttum
Karten: Kompaß-Wanderkarte 1:50 000 Ötztaler Alpen, Nr. 43

Führer: AV-Führer Ötztaler Alpen

Marschzeiten
Staudamm Gepatsch – Gepatschhaus	1–1½ Std.
Gepatschhaus – Schafalm	1 Stunde
Gepatschhaus – Rauhekopfhütte	2 Stunden
Rauhekopfhütte – Brandenburgerhaus – Hochjochhospiz	3½ Stunden

Auch wer nicht so weit gesteckte Ziele hat, wird von der Schafalm über die vielfältig aufgespaltene Zunge des Gepatschferners starke Eindrücke mit nach Hause nehmen. Als unvergeßliches Bild wird ihm der Blick hinauf über den Gletscherbruch zum Firngebiet in Erinnerung bleiben: Die sanfte weiße Fläche hoch oben streicht mit scharfem Rande in die Luft aus, überhöht im Hintergrund einzig durch die blendendweiße Haube der Weißseespitze. Dann, zwischen Rauhem Kopf und Schwarzer Wand, setzt, ein paar hundert Meter breit, der Eiskatarakt ein, in dem das Eis lichtgrün vor dem azurblauen Himmel schimmert. Am Fuße des Rauhen Kopfes schließt sich der «Aufruhr» halbwegs wieder, und wie gezähmt strömt das Eis in der breiter werdenden Zunge aus, die sich mit schönen Längs- und Randspalten schmückt.

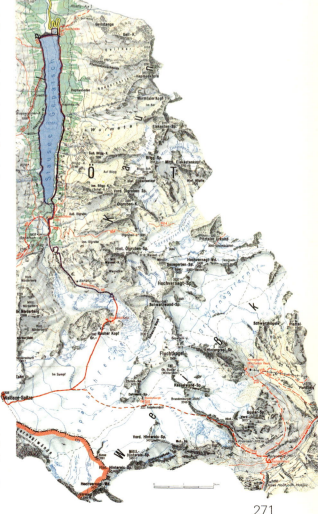

ÖTZTALER ALPEN *Pitztal*
Mittelbergferner
Taschachferner
Karlesferner
Rettenbachferner

Das Pitztal zieht sich als westliches Nachbartal des Ötztales von Imst im Inntal rund 40 km lang ins Herz der Ötztaler Alpen hinein. Schmal und steil, gewährt es nur an seinem Beginn einer breiteren Siedlungsterrasse Raum. Dann verengt es sich zusehends. Die steilen Hänge und der hohe Abschluß beschatten die Tiefe. Das Klima wird rauh. Im Weiler Wiese unterhalb von St. Leonhard bleibt die Sonne den ganzen Winter über aus, vom 21. Oktober bis 18. Februar. In diesem typischen Hochgebirgstal gibt es noch heute keine richtige größere geschlossene Ortschaft. Das ganze Tal bildet eine Gemeinde, St. Leonard.

In diesem engen Tal, in das aus Norden frische Winde blasen, müssen sich Gletscher wohl fühlen. Sie beherrschen denn auch heute noch das Bild der Hochregion im hintersten Pitztal. Bei Mittelberg nahe beim Talschluß verzweigt es sich in zwei verschieden lange Äste. Nach Südwesten schert das rund 5 km lange Taschachtal aus. Hier hinten hat der Taschachferner seine Heimstätte. Gegen Südosten keilt der eigentliche Talschluß des Pitztales aus. Dieses 2,5 km lange Talstück ist unbenannt. Kein Wunder auch, denn noch im letzten Jahrhundert war es bis nach Mittelberg hinein gänzlich vom Eis des größten Pitztaler Gletschers angefüllt: dem Mittelbergferner.

Dieser stattliche Gletscher nördlich der Wildspitze bedeckt heute noch eine Fläche von rund 12,5 km². Sein maximal 5,5 km breites, durch den rechten Fernerkogel geteiltes Firnbecken steigt auf weiten Flächen sanft an und streckenweise bis auf die einfassenden Kammränder hinauf. Nur wenig erheben sich Gipfel und Grate darüber. Oberste Punkte der Umrahmung sind die Firnschulter (3552 m) und ein gleich hoher Gratbuckel nördlich davon zwischen dem Schuchtkogel und der Wildspitze. Die Wildspitze (3772 m) selbst liegt schon außerhalb; sie bildet die höchste Aufragung des Taschachferners.

Aus dem Firnbecken fließt zwischen dem Grabkogel und der Braunschweigerhütte das Eis über eine rund 700 m hohe Steilstufe in einer schmalen Zunge gegen das Pitztal aus. Der Eisbruch, den die Zunge auf diesem jähen Abschwung bildete, bot

Mittelbergferner

Fläche:	ca. 12,50 km²
Länge:	6,2 km
Breite:	max. 5,5 km
Höhe:	max. 3560 m ü. M.
	min. 2250 m ü. M.
Lage:	Nordosten—Norden
Gletschertyp:	Talgletscher
Gletscherform:	zusammengesetzte Becken
Längsprofil:	Kaskaden
Zungenaktivität:	leichter Rückzug (1975)

Taschachferner

Fläche:	8,16 km²
Länge:	5,6 km
Höhe:	max. 3760 m ü. M.
	min. 2240 m ü. M.
Lage:	Nordwesten—Norden
Gletschertyp:	Talgletscher
Gletscherform:	zusammengesetzte Becken
Längsprofil:	Kaskaden
Zungenaktivität:	leichter Vorstoß (1975)

(Daten: Stand 1969)

Karlesferner

Fläche:	1,54 km²
Länge:	2,0 km
Höhe:	max. 3350 m ü. M.
	min. 2620 m ü. M.
Lage:	Nordwesten
Gletschertyp:	Gebirgsgletscher

Rettenbachferner

Fläche:	1,79 km²
Länge:	2,0 km
Höhe:	max. 3350 m ü. M.
	min. 2610 m ü. M.
Lage:	Nordosten
Gletschertyp:	Gebirgsgletscher
Zungenaktivität:	leichter Vorstoß (1975)
Besonderheiten:	Im Gletschervorfeld kleiner See. Hängt mit Karlesferner zusammen.

jahrzehntelang eines der großartigsten Bilder der Ötztaler Gletscherwelt. Noch um 1853 reichte die Zunge bis kurz vor die Häuser von Mittelberg (1734 m) und füllte den ganzen Talschluß als mächtiger Eiswulst an. Ihr Ende lag bei 1883 m. Heute hängt die Zunge noch bis auf 2250 m in die Schlucht der Steilstufe hinab. Von seinem historischen Maximalstand im vergangenen Jahrhundert hat der Mittelbergferner im Bodenrelief deutlich sichtbare Spuren hinterlassen. Das einstige Gletscher-Ende ist präzise durch den Verlauf der beiden Ufermoränen zu bestimmen, die sich kurz vor Mittelberg zur Talmitte (wo die junge Pitze durch das Bachbett plätschert) zur einstigen Gletscherstirn einbiegen.

Bei der Braunschweigerhütte erhält der Mittelbergferner von rechts Zufluß vom kleinen Karlesferner. Er lagert in einer Bucht zwischen der inneren Schwarzen Schneide und dem Karleskogel. Der Kar-

Links oben: Das Firngebiet des 8,16 km² großen Taschachferners wird durch den höchsten Ötztaler Berg, die Wildspitze (hinten Mitte), effektvoll abgeschlossen.

Unten: Von der Braunschweigerhütte hat man einen großartigen Ausblick auf den größten Gletscher des Pitztales, den Mittelbergferner. Am Horizont rechts das Mittelbergjoch, über das von der Braunschweigerhütte der Normalweg zur Wildspitze geht.

Ganz unten: Der ins Ötztal abfließende 2 km lange Rettenbachferner wird seit 1975 durch die Ötztaler Gletscherstraße für den Sommerskilauf erschlossen.

Ausgangspunkte
Sölden, 1367 m (Ötztal)
Mittelberg, 1734 m (Pitztal)

Auffahrt
Ötztaler Gletscherstraße bis zum Rettenbachferner, 2850 m (Mautstraße, im Winter gesperrt)

Höchste Punkte
Wildspitze, 3772 m
Pitztaler Jöchl, 2995 m (Hüttenwanderung)

Stütz- und Rastpunkte
Braunschweigerhütte, 2759 m
Taschachhaus, 2434 m

Schrifttum
Karten: Kompaß-Wanderkarte 1: 50 000 Ötztaler Alpen, Nr. 43
Führer: AV-Führer Ötztaler Alpen

Marschzeiten
Gletscherstraße Rettenbachferner–Braunschweigerhütte	40 Minuten
Braunschweigerhütte–Wildspitze	4 Stunden
Mittelberg–Taschachhaus	1½–2 Stunden
Taschachhaus–Wildspitze	3½ Stunden

lesferner ist nicht größer als 1,54 km² und nur 2 km lang. Durch eine Mittelmoräne, die vom Fuß des linken Fernerkogels nach Norden zum Absturz der Zunge zieht, ist er klar vom Mittelbergferner getrennt. Im Gebiet der inneren Schwarzen Schneide geht er in den Rettenbachferner über. Der Karlesferner stößt wieder leicht vor. 1971 zerstörte er sogar die Wasserfassung der Braunschweigerhütte.

Der 1,79 km² große Rettenbachferner fließt von der inneren Schwarzen Schneide (3369 m) hauptsächlich nach Nordosten ins Ötztal ab. Er ist 2 km lang. Die leicht vorstoßende Zunge endet auf 2610 m Höhe. Im Gletschervorfeld hat sich ein kleiner See gebildet. Der Rettenbachferner ist seit 1975 durch die Ötztaler Gletscherstraße für den Sommerskisport erschlossen. Sie führt von Sölden durch das Rettenbachtal bis an die Gletscherfront auf 2850 m. Parkplätze für rund 1200 Fahrzeuge unterstreichen die Bedeutung, die diesem größten Sommerskigebiet der Ötztaler Alpen für den Fremdenverkehr des Innerötztales beigemessen wird. Über den Gletscher führen mehrere Abfahrten. Sie gehen teilweise mitten durch die Eisbrüche. Mit Eissägen wurde dort ein breites Trasse angelegt. Zur Sicherung werden Spalten alljährlich mit Eis und Schnee zugeschoben.

Der zweitgrößte Gletscher des Pitztales ist der 8,16 km² große Taschachferner. Mit seiner in gewaltigen Brüchen herabstürzenden Zunge formt er eine der schönsten Gletscherlandschaften der Ötztaler Alpen. Aus einem weiten, durch die Felsen der Taschachwand unterbrochenen Nährgebiet bricht er zunächst nach Westen und schließlich gegen Norden als imposante Eiskaskade in das Taschachtal ab. Dort stieß die schlanke Zunge um 1820 bis zur Gufelhütte vor.
Auf seinem Rückzug bildete die Front mehrmals eindrucksvolle Gletschertore aus. Um 1936/1938 schmückten die Stirn gleich bis zu vier große Tore. Aus dem linken floß der Bach des kleinen Sexegertenferners. Dieser Bach trat, aus einem Nebental kommend, unter der linken Zungenseite des Taschachferners ein, wie er das bereits seit 1820, als der Taschachferner seinen Maximalstand erreichte, getan hatte. Auf dem Weg durch das Taschachtal zum Taschachhaus zeigen ausgeprägte Ufermoränenwälle sehr schön die Gletscherstände von 1820 und 1850 an. Das Firngebiet des Taschachferners wird durch den höchsten Ötztaler Berg, die Wildspitze, effektvoll abgeschlossen. Die leichtesten Aufstiegsrouten auf diesen Panoramagipfel führen über den Taschachferner, sei der Ausgangspunkt nun das Taschachhaus oder die Braunschweigerhütte drüben am Mittelbergferner.

Die Gletscher des Pitztales liegen in einem der beliebtesten Skitourengebiete der Ostalpen. Sie bilden ein Revier für den erfahrenen Hochtouristen, der mit Skiern genausogut umzugehen weiß wie mit Pickel und Steigeisen. In den Sommermonaten werden Mittelbergferner und Taschachferner von Tausenden von Bergsteigern überschritten, die es hinauf zur Wildspitze drängt. Der Zugang zur Braunschweigerhütte ist dabei durch den Bau der Gletscherstraße zum Rettenbachferner vom Ötztal aus sehr leichtgemacht. Über das Pitztaler Jöchl (2995 m) ist vom Parkplatz am Rettenbachferner die Hütte in 40 Minuten erreicht. Der Normalweg zur Wildspitze, ein meist stark ausgetretener Gletscherpfad, geht über den Mittelbergferner hinauf zum gleichnamigen Joch (3166 m). Dort blickt man in die chaotische Eistrümmerwelt des Taschachkessels. Durch die oberen Brüche des Taschachferners erreicht man leicht in gut vier Stunden den Nordgipfel des wohl meistbesuchten Berges der Ötztaler Alpen.

ÖTZTALER ALPEN *Ötztal*

Hintereisferner

Hochjochferner
Kesselwandferner
Vernagtferner

Immer schon galten die Ötztaler Alpen, gekrönt von Wildspitze (3772 m), Weißkugel (3739 m), Weißseespitze (3526 m) und Hochwilde (3482 m), als einer der imposantesten Ausschnitte der Alpen. Zwei langgestreckte Nebentäler führen vom tirolischen Inntal zu dieser großartigen Gipfel- und Gletscherwelt. Es sind dies, dem Lauf des Inns talwärts folgend, das Pitztal und das Ötztal. Dieses, mehr im Osten, ist breiter und länger und steigt in auffallend ausgebildeten Stufen (sie gehen teilweise auf eiszeitliche Gletscherstände zurück) bis zum Dörfchen Zwieselstein an. Von hier aus gabelt es sich in zwei Hochtäler, in denen die höchstgelegenen Dauersiedlungen Österreichs liegen: Obergurgl in 1927 m und Vent in 1896 m Höhe.

Die Gletscherwelt des Innerötztales ist seit der Erschließung der Ostalpen im vergangenen Jahrhundert stets einer der Hauptanziehungspunkte für den Bergtourismus gewesen. Um die Mitte des 19. Jahrhunderts durchstreiften die Münchner Brüder Hermann und Adolf Schlagintweit auf ihren wissenschaftlichen Exkursionen durch die Ostalpen auch die Gletschertäler des Ötztaler Massivs. Als sich 1879 Eduard Richter an den Aufbau eines regelmäßigen Gletschermeßdienstes in den Ostalpen machte und dafür den Deutschen und Österreichischen Alpenverein gewann, der damals Hauptträger der wissenschaftlichen Forschung im Hochgebirge war, begann die systematische wissenschaftliche Erfassung vor allem der Ötztaler Ferner.

Hier interessierten neben dem Gepatschferner im Kaunertal besonders die Gletscher im Venter Ast des hintersten Ötztales. Sie wurden in großzügiger Weise von deutschen und österreichischen Wissenschaftlern vermessen und durchforscht. Gletscherkundlich berühmt geworden sind hauptsächlich die Gletscher des Rofentales im hinteren Ventertal: Vernagt-, Hinterreis- und Hochjochferner.

Die Gletscherforscher des Alpenvereins, Sebastian Finsterwalder, Adolf Blümcke und Hans Heß, und ihre Schüler haben hier mit Unterstützung des Vereins durch ihre Arbeiten neuen Grund zur allgemeinen Gletscherkenntnis gelegt. Ihre Forschungen führten denn auch um die Jahrhundertwende zu einer Verschiebung des Schwerpunktes der Gletscherforschung aus den Westalpen in die Ostalpen.

So hat S. Finsterwalder am Vernagtferner seine führend gewordene Theorie der

Hintereisferner

Fläche:	9,01 km²
Länge:	7,7 km
Höhe:	max. 3710 m ü. M.
	min. 2410 m ü. M.
Lage:	Nordosten
Moränentypen:	Mittel-, Seiten und Endmoränen
Gletschertyp:	Talgletscher
Gletscherform:	zusammengesetzte Becken
Zungenaktivität:	leichter Rückzug (1976)

(Daten: Stand 1969)

Hochjochferner

Fläche:	7,13 km²
Länge:	3,8 km
Höhe:	max. 3500 m ü. M.
	min. 2580 m ü. M.
Lage:	Norden
Moränentypen:	Mittel-, Seiten und Endmoränen
Gletschertyp:	Talgletscher
Gletscherform:	zusammengesetztes Becken
Zungenaktivität:	starker Rückzug (1976)
Besonderheiten:	Lappt über Hochjoch nach Italien hinüber. Zwei Zungen. Zunge südwestlich Hochjoch kalbt in See im Gletschervorfeld.

(Daten: Stand 1969)

Kesselwandferner

Fläche:	4,24 km²
Länge:	4,2 km
Höhe:	max. 3490 m ü. M.
	min. 2720 m ü. M.
Lage:	Südosten
Gletschertyp:	Gebirgsgletscher
Gletscherform:	einfaches Becken
Längsprofil:	Kaskaden
Zungenaktivität:	leichter Vorstoß (1976)
Besonderheiten:	Hängt über Kesselwandjoch mit Gepatschferner zusammen.

(Daten: Stand 1969)

Vernagtferner

Fläche:	9,56 km²
Länge:	3,3 km
Breite:	max. 4,5 km
Höhe:	max. 3630 m ü. M.
	min. 2720 m ü. M.
Lage:	Südosten
Moränentypen:	Mittel-, Seiten und Endmoränen
Gletschertyp:	Gebirgsgletscher
Gletscherform:	zusammengesetztes Becken
Zungenaktivität:	leichter Rückzug (1975)

(Daten: Stand 1969)

Die Gletscher des Ötztales zur Zeit des Hochstandes im 19. Jahrhundert (1847 und 1848). Aus «Untersuchungen über die physikalische Geographie der Alpen» von Hermann und Adolph Schlagintweit, Leipzig 1850.

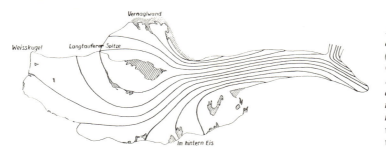

Links: Bewegungslinien am Hintereisferner (aus A. Heß, «Die Gletscher», 1904). Der Kesselwandferner, der sich in der Skizze nahe dem Zungenende mit dem Hintereisferner vereinigt, hat sich 1935 von diesem getrennt.

Unten: «Das Ende des Hintereisgletschers» im Jahre 1847. Lithographie von H. Mutzel nach einer Zeichnung von Hermann Schlagintweit (1826–1882).

Gletscherströmung erarbeitet. An diesem durch seine Gletscherseeausbrüche berüchtigten Ferner erprobte er um 1890 erstmals auch das neue, in der Entwicklung begriffene Aufnahmeverfahren der Fotogrammetrie. Am Hintereisferner wurde von H. Heß und A. Blümcke in den Jahren 1904–1909 mittels Tiefenbohrungen erstmals die Tiefe eines Gletschers ausgelotet. Dem Hintereisferner fiel schießlich auch die Hauptrolle in der Erforschung der Gletscherphänomene in den Ostalpen zu.

Hintereisferner und Kesselwandferner

Der Hintereisferner gilt als die klassische Stätte ostalpiner Gletscherforschung und ist der wohl am besten durchforschte Gletscher der Ostalpen. Er liegt in der westlichen Abzweigung des Rofentales, das sich zuhinterst durch den langgezogenen Felsstock des Rofenberges in zwei parallel verlaufende Gletschertäler aufspaltet. Neben dem Vernagtferner ist er der größte Gletscher des Rofentales. Er fließt aus einem relativ engen Firnbecken als 7,7 km langer Eisstrom nordostwärts. Dieses erreicht im Westen an der Weißkugel (3739 m) seine größte Höhe. Die zunächst rund 700 m breite und sich zum Ende hin kontinuierlich verjüngende Zunge liegt eingebettet zwischen dem Rofenbergkamm im Osten und dem Gratzug

Links oben: Der Hintereisferner gilt als die klassische Stätte ostalpiner Gletscherforschung. Blick von den Rotenbergköpfen auf das Fernbecken und die Weißkugel (3739 m).

Oben: Blick vom «Hinteren Eis» auf die flache Zunge des Hintereisferners und den herabziehenden Langtauf-Joch-Ferner.

der Hintereisspitzen im Westen, die den Gletscher um gut 800 m überragen.

Die Zunge ist heute stark zusammengeschrumpft. Deutlich ist an den hohen Ufermoränen beidseits der Talflanken der Gletscherhochstand in der Mitte des 19. Jahrhunderts abzulesen. Die durch keine Steilstufe unterbrochene, völlig ebene Zunge hat sich in den hundert Jahren von 1854–1954 um 2,3 km zurückgezogen. Die Gletscherfront liegt heute auf 2410 m. Der Rückzug des Gletschers hat in den vergangenen Jahren unvermindert angehalten. Von 1958 bis heute hat er mehr als 600 m an Terrain eingebüßt. Der Längenverlust in der Zeit von 1920–1971 wird mit 1580 m angegeben.

Im Zeitraum von 1971–1975 verkürzte sich der Hintereisferner alleine um 125 m. Sein Rückzug dürfte auch in den nächsten Jahren aufgrund des geringen Nachschubs im Bereich des Zungenendes andauern. Nach theoretischen Berechnungen wird sich der Hintereisferner, gleiche klimatische Verhältnisse wie in den vergangenen Jahrzehnten vorausgesetzt, im nächsten Jahrhundert um weitere 1200 m zurückziehen. Bis 1935 erhielt er am linken Zungenende Zufluß vom Kesselwandferner, der heute nach einer Periode starken Rückzuges wieder gegen den Hintereisferner vorstößt.

In den Jahren 1904–1909 wurde der Hintereisferner von A. Blümcke und H. Heß an neun Stellen durchbohrt. Dabei erreichten sie in einem Gletscherquerschnitt bei 2725 m eine Maximaltiefe von 224 m und bei 2613 m eine solche von 214 m. H. Mothes ermittelte im Jahre 1928 am Hintereisferner mit dem seismischen Tiefenmeßverfahren, der Echolotung, Tiefen von 293 m und 184 m.

Zu den vielfältigen Untersuchungen an diesem als flache Eisbahn durch das Zungenbecken ziehenden Talgletscher zählte auch die Altersbestimmung des Eises. So wurden in den sechziger Jahren am untersten Teil der Gletscherzunge drei Eisproben entnommen, deren Alter nach der ^{32}Si-Methode auf etwa 1200 Jahre bestimmt wurde. Bei der Anwendung dieser Methode müssen für eine einzige Probe rund 3 Tonnen Eis geschmolzen und danach chemisch behandelt werden.

Die Zunge des Hintereisferners ist auf ihrer ganzen Länge durch eine auffällige Mittelmoräne gezeichnet. Sie beginnt am Felsaufschwung zur Langtauferer Spitze und markiert die Trennung des Hauptstromes vom linken Teilstrom, der vom Langtauferer Joch zufließt. Gegen das Zungenende hin schert die Mittelmoräne nach links aus und wird zur Seitenmoräne. Unter der großen Ufermoräne beidseits der Zunge wurde Toteis von 1850 festgestellt.

Aufgrund seiner orografischen Verhältnisse reagiert dieser 4,2 km lange Gletscher recht schnell auf Änderungen des Massenhaushaltes. Bei seinem letzten Maximalstand um 1850 vereinte sich seine ins Tal vorstoßende Zunge auf einer Länge von 1,4 km mit dem Hintereisferner. Seither ist das Zungenende, mit Ausnahme eines Vorstoßes zwischen 1914 und 1922, bis 1966 stets zurückgegangen. Der Rückzug führte 1912 zu einer vorübergehenden Trennung vom Hintereisferner, der 1935 die endgültige Lostrennung vom Hauptgletscher folgte. Von 1920 bis 1971 zog sich die Zunge insgesamt 828 m zurück. Seit 1971 stößt der Kesselwandferner mit zum Teil beträchtlichen Jahresraten vor. Im Firngebiet des nach Südosten exponierten Gletschers, der über das Kesselwandjoch sich mit dem Gepatschferner verbindet, wurden in einem bis zu 27 m tiefen Schacht Bewegungs- und Verformungsmessungen durchgeführt (siehe auch Kapitel «Einführung in Grundbegriffe und Aufgaben der Gletscherkunde»).

Hochjochferner

Ebenfalls im Rofental, das sich zuhinterst in zwei Schlußtäler aufzweigt, liegt der Hochjochferner. Er besetzt das östliche der beiden Gletschertäler. Seine Besonderheit liegt darin, daß er, wie der Gepatschferner, zu beiden Seiten der Hauptwasserscheide abließt. Zur Alpensüdseite (nach Italien) hin «leckt» er mit einer kleinen Zunge gegen das Schnalstal hinab. Diese Zunge endet in einem Gletschersee unterhalb der Schönen Aussicht. Die Hauptzunge freilich legt er in nördlicher Richtung in das hintere Rofental.
Diese Zunge setzt sich aus fünf mehr oder minder großen Teilströmen zusammen. Sie werden von einzelnen kleinen Karen der Umrahmung (Grawand, Fineilköpfe, Fineilspitze, Hauslabkogel und Saykogel) gespeist. Mittelmoränen markieren etwas unterhalb der Firnlinie in rund 2900 m

Im Gegensatz zu seinem Nachbargletscher, dem Hintereisferner, sind am Kesselwandferner nie umfangreiche Vermessungen durchgeführt worden. Er ist erst in den sechziger Jahren unseres Jahrhunderts in den Blickpunkt glaziologischen Interesses gerückt, und erst 1971 erfolgte seine exakte kartografische Erfassung. Das hoch gelegene Nährgebiet dieses 4,24 km² großen Gletschers wird von der Kesselwandspitze, dem Fluchtkogel, der Ehrichspitze und der Vorderen Hintereisspitze (alles Dreitausender) eingerahmt. Aus ihm fließt eine steile, kurze Zunge ab, die heute auf rund 2700 m endet.

Oben: Der Hochjochferner ist vom Schnalstal aus durch die Schnalstaler Gletscherbahn für den Berg- und Skisport erschlossen. Blick von der Grawand nach Norden über das Firnbecken und die Gletscherzunge.

Rechts: Zwischen der Schönen Aussicht (links) und der Schwarzen Wand (rechts) lappt der Hochjochferner zur Alpensüdseite über die Hauptwasserscheide gegen das Schnalstal in Italien hinab.

Im Gebiet der Schönen Aussicht hat sich infolge des andauernden Rückzuges des Hochjochferners ein kleiner Gletscherrandsee gebildet. Im Hintergrund die Fineilspitze.

Höhe die Trennung von vier Einzelgletschern.

Die Mittelmoräne unterhalb des Felsschopfes zwischen der Schwarzen Wand und der Fineilspitze führt am meisten Schutt. Der Teilstrom, der aus dem Kar beim Saykogel abfließt, endet so frühzeitig, daß sich dort keine Mittelmoräne mehr ausbilden kann.

Der Hochjochferner ist schon in früher Zeit begangen worden. Denn das Hochjoch, über das der Gletscher über den Alpenhauptkamm lappt, ist ein von alters her benützter Übergang aus dem Vintschgau ins Ötztal. Wie die Siedlungsgeschichte des Innerötztales zeigt, wurde dieses zuerst von Süden her durch das Schnalstal besetzt. Das Übergreifen von Nutzungsgrenzen über Grenzmauern (die Alpenhauptwasserscheide ist eine solche) findet hier ein schönes Beispiel.

Die Zugehörigkeit des Rofentales über das Joch zum Nachbartal im Süden wurde über Jahrhunderte aufrechterhalten. Sie lebt noch heute fort in den jahrhundertealten Weiderechten der Schnalstaler im inneren Ötztal. Seit vielen hundert Jahren treiben diese ihr Vieh, heute nur noch Schafe, über das Hochjoch in die grasreichen Gründe des Vernagtbeckens, der sogenannten «Hintergrasln». Diese guten Weidegebiete in Österreich sind Grundeigentum der Rofenbergalmgemeinschaft mit Sitz in Unser Frau im italienischen Schnalstal.

Alljährlich im Frühsommer, um den 10. Juni herum, versammeln die Schnalser ihre Schafe in der grünen Talmulde von Kurzras vor dem aus dem 15. Jahrhundert stammenden Kurzhof. Dann, in den frühen Morgenstunden, treiben sie die über tausend Tiere vom letzten Hof im hintersten Schnalstal hinauf zum Hochjoch (2800 m). An der Schönen Aussicht vorbei zieht dann der Schafzug über den Gletscher hinaus auf die Matten bei den Rofenhöfen.

Ein anderer Schafübergang führt von Unser Frau über das 3019 m hoch gelegene Niederjoch nach Vent. Der Weg ist hier noch anstrengender und gefährlicher als über das tiefer gelegene Hochjoch. Bis 1960 wurden auch noch alljährlich an die 1000 Schafe über das steile Gurgler Eisjoch (3151 m) geführt. Von dort ging es dann über den viele Kilometer langen Gurgler Ferner hinaus auf die Alp bei Obergurgl. Im Frühherbst, anfangs September, zieht dann der Schaftreck wieder südwärts über die Gletscher zurück ins Schnalstal. Der Schnalstaler Schafauftrieb über das Hochjoch vom Kurzhof zum Rofenhof und zurück ist heute zu einer berühmten Touristenattraktion der beiden Talschaften geworden. Wo heute nur noch Bergsteiger und Schafe durchziehen, wies einst ein Saumweg über das Hochjoch. Dieser wurde bis ins 18. Jahrhundert, als der Gletscher rasch und kräftig vorstieß, mit Pferden begangen, wie Hufeisenfunde im Gebiet des Hochjochhospizes belegen.

Unweit von Vent, am Eingang des Rofentales gelegen, waren die Rofenhöfe (2014 m) über Jahrhunderte hinweg bis in unsere Zeit die höchstgelegene Dauersiedlung in den Ötztaler Alpen. Sie hatten schon 1348 eigene Rechte, gegeben durch einen Schutzbrief Ludwig des Brandenburgers gegen den Bischof von Chur, zu dessen Bistum das Gebiet gehörte. Bis 1803 bildeten die Rofenhöfe ein eigenes Gericht, das zum Kreis Bozen gehörte. Sie genossen Steuerfreiheit und besaßen das Jagd- und Fischereirecht.

Der Tiroler Landesfürst Herzog Friedrich «mit der leeren Tasche» fand im Jahre 1416 hier Zuflucht, nachdem er aus der Gefangenschaft Kaiser Sigismunds in Konstanz geflohen war. Als Dank erhielten die Rofenhöfe von Herzog Friedrich das damals geachtete «Asylrecht» verbrieft. In den Jahren 1959–1960 wurde einer der Rofenhöfe zu einem Berggasthaus ausgebaut, das zugleich Ziel und Ausgangspunkt ebenso schöner wie weiter Wanderungen im Rofentale ist.

Seit alters treiben die Schnalser ihr Vieh im Frühsommer über das Hochjoch oder das noch höher gelegene Niederjoch (3019 m, Bild) in die grasreichen Gründe des Vernagtbeckens im Innerötztal. Im Frühherbst zieht der Schaftreck wieder über die Gletscher zurück ins Südtirol.

Rechte Seite oben: Die Wildspitze, mit 3772 m zweithöchster Berg Österreichs, gilt als schönster Aussichtsgipfel der Ötztaler Alpen. Sie wurde erstmals am 29. August 1861 von Bergführer L. Klotz bestiegen.

Rechte Seite Mitte: Von der Grawand (3212 m) geht ein auch für Wanderer gangbarer Weg über den spaltenarmen Hochjochferner hinab zur Schönen Aussicht (2842 m).

Unten: Der Vernagtferner mit dem Rofensee im Jahre 1846. Nach einer zeitgenössischen Aufnahme (Daguerrotypie). Heute ist vom Aufnahmestandort an der Zwerchwand nichts mehr von der Zunge zu sehen. Der See brach wiederholt aus.

Vernagtferner

Eine Beschreibung der bedeutendsten Gletscher des Rofentales wäre nicht vollständig, würde ein Hinweis auf den Vernagtferner fehlen. Obwohl dieser Gebirgsgletscher, der in einer über 4 km breiten Firnmulde unterhalb der Hochvernagtspitze liegt, heute vom Tal aus gar nicht mehr zu sehen ist, hat er wie kein anderer Gletscher des Rofentales Geschichte gemacht. Denn bei seinen großen Vorstößen rückte der Vernagtferner bis ins Rofental vor, stieß an die gegenüberliegende Zwerchwand und breitete sich, da er aus dem Seitental senkrecht aufs Haupttal stieß, hammerförmig aus. Dadurch staute er die Rofenache, die unter anderem die Gletscherbäche des Hintereis-, Kesselwand- und Hochjochferners führt und mithin dort bereits als stattlicher Bach durchs Rofental zieht, in das sie unterhalb der Zwerchwand eine kilometerlange Schlucht gefressen hat.

Vom Vernagtferner und dem ihm benachbarten Guslarferner sind aus den vergangenen 380 Jahren vier Vorstöße mit *surge*-Charakter, also katastrophalen Ausmaßes, bekannt. Der durch die Hintergraslspitze vom Vernagtferner getrennte Guslarferner (Fläche 2,99 km²) vereinigte sich dabei jeweils mit dem anderen und bildete mit ihm eine gemeinsame Zunge. Diese rückte in der Endphase, kurz vor dem Erreichen der Zwerchwand im Rofental im Jahre 1845, mit einer Geschwindigkeit von 12 m im Tag vor. Bis 1889 flossen die Zungen nach dem letzten Hochstand um 1848 zusammen. Seither sind sie voneinander wieder getrennt und haben sich erneut weit hinauf zurückgezogen. Die Zunge des Vernagtferners endet heute auf 2720 m Höhe. Sie hat somit in der horizontalen Längenausdehnung im Vergleich zum Maximalstand des 19. Jahrhunderts rund 3,5 km eingebüßt. Die bekannten Vorstöße des Vernagtferners, die zur Aufstauung der Rofenache führten, fallen in die Jahre 1599–1601, 1677–1682, 1771–1774 und 1845–1848. Die Eisbarriere der Zunge erreichte an der gegenüberliegenden Talflanke (Zwerchwand) noch eine Höhe von rund 140 m und war 1848, als die Gebrüder Schlagintweit die glaziologische Sensation besuchten, 996 m breit. Es bildete sich bei diesen Vorstößen jeweils ein großer Stausee. Beim Vorstoß um 1600 soll der See 1250 m lang, 350 m breit und 120 m tief gewesen sein. Er müßte damals bis nahe an die Gletscherfront des Hintereisferners gereicht haben. 1681 wurde er sogar durch Abgraben künstlich entleert. Um 1772 wurde die Länge des Sees auf 1400 m geschätzt, bei einer Breite von 350 m und einer Tiefe von 60 m. Am 14. Juni 1845 war der See wieder auf eine Länge von 850 m angewachsen. Am Eisdamm betrug seine Breite 334 m, weiter oben jedoch nur noch rund 58 m. Im Mittel war er 29 m tief.

Am gleichen Tag brach der Rofensee aus. Er entleerte sich innerhalb 63 Minuten und überschwemmte das ganze Ötztal, wo von 21 Brücken 18 von den Fluten weggerissen wurden. Der Ausbruch des Stausees am 17. Juli 1678 war besonders verheerend. Einige Teile des Ötztales, so die Enge zwischen Sölden und Huben, wurden unbewohnbar. Man fand damals auch einen Schuldigen für die Katastrophe: ein Landstreicher, der einen der arg mitgenommenen Bauern kurz vorher wegen verweigerter Aufnahme bedroht hatte, mußte mit dem Leben büßen. Als vermeintlicher Stifter des Unheils wurde er ergriffen und in Meran verbrannt.

Der Rofensee brach nicht immer mit Hochwasser aus. Oft floß er auch langsam ab, ohne Schäden anzurichten an den talauswärts gelegenen Ortschaften. Ähnliche Entleerungen wie beim Rofensee wurden am 7. und 8. September 1845 auch beim Hintereisferner festgestellt, wo sich beim Zusammenfluß der Zungen von Hintereis- und Kesselwandferner ein See gebildet hatte. Die ungewöhnlich schnellen Vorstöße des Vernagtferners haben in den neunziger Jahren dem Altmeister der ostalpinen Gletscherforschung, S. Fin-

sterwalder, aber auch A. Blümcke und H. Heß den Anstoß zu den Gletschermessungen und bahnbrechenden Studien mit der Entwicklung der Theorie der Gletscherströmung gegeben.

Wanderungen, Gletschertouren

Seit ihrer alpinistischen Erschließung vor rund 100 Jahren sind die Gipfel des Innerötztals und seine Gletscher tausendfach besungen worden. Die Führerliteratur über dieses Gebiet ist so zahlreich wie die Möglichkeiten, die es dem Wanderer und Bergsteiger anbietet. Die Beschränkung auf die folgenden Tourenvorschläge soll als Anregung verstanden werden.

Der Hochjochferner wird am bequemsten und schnellsten von der Schnalser Seite, dem Südtirol aus, erreicht. Von Kurzras im Talschluß führt seit 1975 die höchste Seilbahn Südtirols hinauf zur Grawand auf 3212 m.

Wo früher nur der Ruhe suchende Wanderer durchzog, drängen sich nun in den Sommermonaten tagaus, tagein die Sommerskifahrer mit ihren Autos in einer langen Schlange über die schmale Straße hinauf nach Kurzras zur Gletscherbahn. Kurzras besteht immer noch hauptsächlich aus dem Kurzhof und einigen Nebengebäuden. Dazu ist aber nun ein Hotelkomplex gekommen. Riesige Parkplätze vor dem ehemals idyllisch in den prächtigen Talschluß gestellten Kurzhof lassen Schlimmes für dieses Südtiroler Kleinod befürchten.

Von der Grawand, wo sich dem Betrachter der Hochjochferner in seiner ganzen Größe zu Füßen legt, geht ein auch für Wanderer gangbarer Weg über den hier spaltenlosen Gletscher hinab zur Schönen Aussicht am Hochjoch. Hier sieht man ganz deutlich, wie der Gletscher über die Wasserscheide nach beiden Seiten der Alpen abfließt. Beim Berghaus der Schönen Aussicht (2842 m) hat man einen guten Überblick über die in den Gletschersee kalbende südliche Front des Ferners und die ihn umgebende Rundbuckellandschaft.

Ausgangspunkte
Vent, 1896 m (Ötztal)
Kurzras, 2011 m (Schnalstal, Südtirol)

Auffahrt
Kurzras: Schnalstaler Gletscherbahn
Kurzras—Grawand (3212 m)

Höchste Punkte
Wildspitze, 3772 m
Im hintern Eis, 3270 m

Stütz- und Rastpunkte
Schöne Aussicht, 2842 m
Breslauerhütte, 2840 m
Braunschweigerhütte, 2759 m

Schrifttum
Karten: Kompaß-Wanderkarte
1 : 50 000 Ötztaler Alpen, Nr. 43
Führer: AV-Führer Ötztaler Alpen

Marschzeiten
Vent—Breslauerhütte	2 Stunden
Breslauerhütte—Wildspitze	3 Stunden
Wildspitze—Braunschweigerhütte (Abstieg)	3—4 Stunden
Grawand—Schöne Aussicht	30 Minuten
Schöne Aussicht—Im hintern Eis	40 Min.—1 Std.
Im hintern Eis—Kurzras	1½—2 Stunden

Von der Schönen Aussicht ist man in einer knappen Stunde auf dem Hausgipfel. Er wird «Im hintern Eis» genannt und ist 3270 m hoch. Von ihm genießt man einen atemberaubenden Ausblick hinüber zur Weißkugel im Westen wie hinaus ins Schnalstal im Süden. Gegen Norden breitet sich wie die Klinge eines Dolches die in der Sonne blinkende platte Zunge des Hintereisferners aus. Dahinter stürzt vom Fluchtkogel und der Kesselwandspitze der kräftig treibende Kesselwandferner in wildem Bruch zu Tal. Der Abstieg vom Gipfel hinunter nach Kurzras bildet den würdigen Abschluß dieser kleinen, jedoch genußvollen Dreitausenderbesteigung.

Heimlicher Wunsch wohl aller Besucher der Ötztaler Alpen ist eine Besteigung der Wildspitze. Mit 3772 m ist dieser doppelgipflige Berg nicht nur der höchste der Ötztaler Alpen, sondern auch der zweithöchste ganz Österreichs. Der schönste Aufstieg auf diesen Prachtgipfel geht von Vent aus, von wo aus 1861 der dortige Kurat Franz Senn mit Eifer die Idee des Alpenvereines verbreitete. Stützpunkt ist die Breslauerhütte (2840 m) hoch über den Rofenhöfen.

Der Anstieg über den Grat des Ötztaler Urkund ist allerdings nichts für Anfänger. Alpine Erfahrung ist hier unerläßliche Voraussetzung. Über einen weiten Firnsattel und weiter über gutgestufte Blöcke erreicht man den Wildspitz-Südgipfel. Zum Nordgipfel hinüber gilt es einen Firngrat zu queren, der voll von Wächten ist und große Vorsicht erfordert. Der Abstieg vom meistbesuchten und schönsten Aussichtsgipfel der Ötztaler Alpen kann nun hinüber zur Braunschweigerhütte am Mittelbergferner gehen, von wo man übers Pitztaler Jöchl schnell auf der Ötztaler Seite ist und dort dank der Gletscherstraße zum Rettenbachferner bequem nach Sölden gelangt.

ÖTZTALER UND STUBAIER ALPEN *Ötztal und Stubaital*

Gurgler Ferner

Langtaler Ferner
Rotmoosferner
Gaißbergferner
Daunkogelferner
Schaufelferner

Das Ötztal, das längste Quertal der Alpen, verzweigt sich bei Zwieselstein ob Sölden in den nach Südwesten weisenden Venter Ast und in das im Süden am Alpenhauptkamm endende Gurgler Tal. Dort liegt Obergurgl, das höchstgelegene Kirchdorf Europas, wie die Gurgler stolz vermerken. Hier riecht es gewissermaßen nach Gletscher: im Talschluß liegt der mächtige Gurgler Ferner. Unweit davon, nur durch den schmalen Schwärzenkamm getrennt, schmiegt sich der Langentaler Ferner an die Flanken eines kleinen Nebentales. Hoch über Obergurgl, bei der Hohen Mut, führt das Zwillingspaar von Gaißberg- und Rotmoosferner ein freies und ungestörtes Leben.

Obergurgl wird zu Recht das Gletscherdorf Tirols genannt. Politisch gehört das Dorf, ebenso wie Untergurgl und Hochgurgl (ein Gurgl selbst gibt es nicht), zu Sölden, dem Hauptort des Innerötztales. Mit einer Fläche von 468 km² ist Sölden die größte Gemeinde Österreichs. 146 km² des Gemeindegebietes sind von Gletschern bedeckt, 321 km² entfallen auf Gipfel, Alpen und Wälder, und nur rund 1 km² ist verbautes Gebiet. Während das vordere Ötztal vom Inntal her von Bajuwaren besiedelt wurde, stammen die Innerötztaler von romanischen Stämmen aus dem Süden ab.

So wurde der Handel noch bis weit ins letzte Jahrhundert hinein vornehmlich mit dem Schnalstal und Passeiertal in Südtirol abgewickelt. Ein Saumpfad über das nahe Timmelsjoch (2509 m) wurde bereits um 1320 angelegt. Und die vergletscherten Übergänge über Gurgler Eisjoch, Hochjoch und Niederjoch sind wohl schon in vorgeschichtlicher Zeit begangen worden. Im 19. Jahrhundert waren Nord- und Südtirol durch die Saumpfade über die Ötztaler Joche besser verbunden als manche Täler in Nordtirol und Südtirol untereinander.

Für den Verkehr ist das Gurgler Tal heute durch gut ausgebaute Straßen von beiden Seiten erschlossen. Über das Timmelsjoch, die «heimliche Lücke in den Alpen», geht nun eine der schönsten Paßstraßen der Ostalpen. Sie führt aus den Südtiroler Weingärten des Passeiertales als kürzeste Süd-Nord-Verbindung geradewegs in die Ötztaler Gletscherlandschaft.

Gurgler Ferner und Langtaler Ferner

Hauptgletscher des Gurgler Tales ist der Ferner gleichen Namens, früher auch der Große Ötztaler Ferner genannt. Er wird in W. Ygls Karte vom Tirol aus dem Jahre 1604 als erste kartografische Darstellung eines Gletschers überhaupt vermerkt und als «Der Groß Verner – Glacies continua et perpetua» bezeichnet. Nächst dem Vernagtferner im Rofental ist er derjenige Gletscher des Ötztales, der geschichtlich am meisten und frühesten von sich reden gemacht hat. Denn in Zeiten hohen Gletscherstandes staute seine Zunge die aus einem Nebental zufließenden Abflüsse des Langtaler Ferners zu einem See, dem vielerwähnten Gurgler Eissee.

Dieser Stausee, der sich ähnlich dem Märjelensee am Aletschgletscher periodisch, nahezu alljährlich bildete, erreichte bei Hochständen des Gurgler Ferners ähnliche Ausmaße wie der Rofensee des Vernagtferners (siehe dort). Sein Ausbruch wurde oft befürchtet, führte jedoch nie zu einer Katastrophe. In neuerer Zeit erlangte der Gurgler Ferner Berühmtheit, als der Schweizer Physiker Prof. Auguste Piccard (1884–1962) am 27. Mai 1931 nach einem Höhenflugrekordversuch mit seinem Stratosphärenballon auf ihm notlandete.

Der 11,14 km² große Gurgler Ferner (Fläche im Jahr 1888: 14,49 km²) besitzt ein langes und im Verhältnis zu dieser Länge recht schmales, doch immerhin rund 3 km breites Firnfeld. Der Übergang von diesem nur 4–5 Grad geneigten Firnfeld zur Zunge ist unmerklich und durch keine Steilstufe gegliedert.

Es liegt flach wie ein Kuhfladen zwischen der maximal nur wenige hundert Meter aufragenden Umrahmung. Diese wird im Westen von der Schalfkogelkette gebildet. Im Süden, gegen das Gurgler Eisjoch hin, streicht die Firnmasse bis an den Schnalskamm aus, der in steilen Wänden auf die Alpensüdseite abfällt.

Im Nährbecken ragt als einzige auffällige Erhebung der Mitterkamm, eine Felsinsel, bis 200 m über den Firn auf. Das

---

Gurgler Ferner

Fläche:	11,14 km²
Länge:	8,0 km
Breite:	max. 3,0 km
Höhe:	max. 3420 m ü. M.
	min. 2270 m ü. M.
Lage:	Norden
Gletschertyp:	Talgletscher
Gletscherform:	zusammengesetzte Becken
Zungenaktivität:	stationär (1975)

Langtaler Ferner

Fläche:	3,52 km²
Länge:	5,1 km
Höhe:	max. 3420 m ü. M.
	min. 2450 m ü. M.
Lage:	Nordwesten
Gletschertyp:	Talgletscher
Zungenaktivität:	leichter Rückzug

Rotmoosferner

Fläche:	3,39 km²
Länge:	3,3 km
Höhe:	max. 3410 m ü. M.
	min. 2370 m ü. M.
Lage:	Nordwesten
Gletschertyp:	Talgletscher
Zungenaktivität:	leichter Rückzug (1975)

Gaißbergferner

Fläche:	1,35 km²
Länge:	3,3 km
Höhe:	max. 3390 m ü. M.
	min. 2460 m ü. M.
Lage:	Nordwesten
Gletschertyp:	Talgletscher
Zungenaktivität:	leichter Vorstoß (1975)

(Daten: Stand 1969)

Daunkogelferner

Fläche:	2,69 km²
Länge:	2,7 km
Höhe:	max. 3320 m ü. M.
	min. 2550 m ü. M.
Lage:	Nordosten
Gletschertyp:	Gebirgsgletscher
Besonderheiten:	im Gletschervorfeld kleinere Seen

(Daten: Stand 1937)

Schaufelferner

Fläche:	1,46 km²
Länge:	2,1 km
Höhe:	max. 3180 m ü. M.
	min. 2560 m ü. M.
Lage:	Nordosten
Gletschertyp:	Gebirgsgletscher

(Daten: Stand 1937)

Der Gurgler Ferner erlangte Weltberühmtheit, als der Schweizer Physiker Prof. Auguste Piccard (1884–1962) nach seinem ersten Stratosphärenflug am 27. Mai 1931 um 21.09 Uhr auf dem Gletscher landete. Piccard erreichte mit dem bei Augsburg gestarteten Ballon (Volumen 14 000 m³) eine Höhe von 15 781 m. Die Bilder zeigen die Bergung der Druckgondel und Piccard (sitzend) nach der Landung auf dem Ferner.

Rechts: Der Gurgler Ferner endet heute in einer tiefen Schlucht am Fuße der Schwärzenspitze. Im Hintergrund die Hochwilde.

Ganz rechts: Der Gurgler See in der Mitte des 19. Jahrhunderts. Damals reichte der Gurgler Ferner bis zum Langtaler Eck (links), wo die Abflüsse des Langtaler Ferners (Bild) vom Gurgler Ferner gestaut wurden. Aus «Untersuchungen über die physikalische Geographie der Alpen» von Hermann und Adolph Schlagintweit, 1850.

Nordende dieser rund 2 km langen Rippe, die das obere Firngebiet in zwei unterschiedlich große Mulden teilt, taucht bei 3000 m Höhe unter den Firn. Auch die Zunge selbst ist relativ schwach geneigt. Einzig gegen das spitze Ende zu verteilt sie sich zunehmend und verschwindet heute, einen jähen Abschwung bildend, in der engen Erosionsschlucht am Fuße der Schwärzenspitze (2980 m). Diese ist die nördlichste Aufragung des fast 6 km langen Schwärzenkammes, der den Gletscher auf seiner ganzen Länge begleitet und vom östlich im Nebental gelegenen Langtaler Ferner trennt.

Diese tiefe, langgezogene Schlucht erklärt vielleicht auch den Namen des Gletschers. Er wird vom deutschen Lehnwort «die Gurge» hergeleitet, das «gefährliche Tiefe in einem Wasser» bedeutet und u. a. bei Seefeld im Tirol auftaucht.

Die Bildung des Gurgler Eissees konnte nur erfolgen, wenn die Zunge bei ihren wiederholten Vorstößen mindestens bis gegen das Langtaler Eck vorrückte. Dann stauten sich an der Eisbarriere die Abflüsse des Langtaler Ferners, die sonst ungehindert aus dem Nebental in die Gurgler Ache im Haupttal flossen. Beim Gurgler Ferner erfolgt demnach die Stauseebildung genau umgekehrt wie beim Vernagtferner oder früher beim Allalingletscher im Wallis.

Der Gurgler Eissee schwoll mehrmals zu ungewöhnlicher Größe an. So in den Jahren 1716–1724, 1770–1774 und beim Maximalstand in der Mitte des 19. Jahrhunderts. Er lag etwa auf einer Höhe von 2360 m an der Mündung des Langtales. Obwohl der See stets ohne Schaden ablief, teils unter dem Gletscher, teils auch, indem er einfach überfloß, war er mehrmals das Ziel von Bittgängen der Talbevölkerung. Denn durch die Ausbrüche des Rofensees war sie wiederholt hart getroffen worden.

Die beiden Gletscherstauseen stellten für die Ötztaler eine Bedrohung dar. Als sich im Frühsommer 1718 der See gefährlich aufstaute, las der rührige Pfarrer von Sölden, Jakob Kopp, alle Samstage auf dem Gletscher die Messe. Sie wurde weit oben am Ferner beim Steinernen Tisch am Schwärzekamm unweit vom Hochwildehaus zelebriert. In den Tisch hieb man damals die Jahreszahl 1718 ein.

Heute sind die Gurgler durch den Gletscher nicht mehr gefährdet. Der Gurgler Ferner hat sich in ungefährliche Bereiche zurückgezogen und bietet schon fast wieder jenes Bild, das er schon im klimatisch milden 15. Jahrhundert einmal geboten haben muß. Denn damals reichten die

Bauernhöfe von Obergurgl bis hinauf zum Gletscher. Erst die Gletschervorstöße im 17., 18. und 19. Jahrhundert zwangen die Gurgler wieder zurück bis zur Kirche.

Der Langtaler Ferner im Nebental ist ebenso wie der Gurgler Ferner ein Talgletscher. Er ist aber zu einem nurmehr kleinen Eisstrom zusammengeschrumpft. Er ist touristisch insofern von Interesse, als über ihn der Abstieg von der Hochwilde zur Langtaler-Eck-Hütte geht.

Rotmoosferner und Gaißbergferner

Rotmoos- und Gaißbergferner sind unter den Gletschern des Ötztales gewissermaßen das, was Castor und Pollux unter den Viertausendern des Wallis darstellen: eine harmonische Einheit im Schatten eines Riesen. Dort ist es der Lyskamm, hier der Gurgler Ferner. Diese gleich langen Gletscher sind eine der sonderbarsten Erscheinungen des Ötztales. Vom Gurgler Kamm fließen sie in zwei parallelen Hochtälern nach Nordwesten ab.

Während der Rotmoosferner über ein relativ großes Firngebiet verfügt, das vom Seelenkogel bis hinüber zum Kirchkogel reicht, muß sich der kleine Gaißbergferner mit einem Firnkesselchen begnügen, das kaum breiter als seine Zunge ist.

Rotmoos- und Gaißbergferner sind die eigentlichen Liliputaner unter den Talgletschern, deren größter in den Alpen, der Aletschgletscher, den Gaißbergferner um das 64fache übertrifft. Aber trotz des Zwergwuchses ist an ihnen alles ausgebildet, was sie berechtigt, den Titel eines Talgletschers zu führen. Ganz besonders wohlgeraten sind ihre Zungen, mit denen sie den Abschluß des Rotmoos- und Gaißbergtales wirkungsvoll verschönern. Zweifellos sind sie die Kleinodien des Ötztales.

Im Rotmoostal, auf 2300 m, werden den Sommer über Haflingerpferde freigelassen. Im Bannbereich des Gletschers führen dort diese widerstandsfähigen Rosse, wie man die Pferde hier nennt, ein ungebundenes und ungestörtes Leben. Über das Rotmoosjoch (3055 m) ging einst auch ein Weg hinüber ins Pfelderer Tal auf italienischer Seite. Über ihn wurden nicht selten ausgewachsene Rinder getrieben: wer die ins Südtirol abfallende Seite kennt, wird die Leistung dieser Tiere mit Hochachtung bestaunen.

Das Gaißbergtal ist bekannt als Mineralienfundgebiet. Schon die Namen der Gipfel und Wände weisen darauf hin, was hier vornehmlich zu finden ist: Almandin, zu deutsch Granat. Am Granatenkogel und an den Moränen des Gaißbergferners werden immer wieder Granate bis Faustgröße entdeckt. Auch im Rotmoostal wurden Funde von Granat und Muskovit getätigt. Das ist mit ein Grund, weshalb die Gletschertäler des Rotmoos- und Gaißbergferners zu den meistbesuchten und beliebtesten des Ötztales zählen.

Daunkogelferner und Schaufelferner

Obwohl diese beiden kleinen Gletscher bereits in den Stubaier Alpen liegen, seien sie hier aufgeführt. Denn sie liegen am Grenzkamm der Daunkogelgruppe, die sich von Sölden im Ötztal als imposantes Felsgemäuer gegen Osten aufstockt. Die Flächen dieser beiden Gebirgsgletscher sind nicht bedeutend. Der 2,7 km lange Daunkogelferner war 1937 2,69 km² groß. Als einzige Besonderheit ist bei ihm die Bildung kleiner Seen im Gletschervorfeld erwähnenswert. Der Schaufelferner bedeckte (1937) gar bloß ein Areal von 1,46 km².

Bedeutung haben diese beiden Gletscher an der Stubaier Wildspitze (3340 m) vor allem für den Skisport. Denn auf sie hinauf führt von der Mutterbergalm die Stubaier Gletscherbahn. Sie erschließt mit zwei Gondelbahnen und mehreren Skiliften das größte Ganzjahresskigebiet des Stubaitales. Bis zur Station Eisgrat auf 2900 m am Schaufelferner erfolgt der Personentransport durch Gondelbahnen. Dann bleibt das Gletschergebiet vorwiegend den Skifahrern überlassen, auch im Sommer. Zum Stubaier Eisjoch (3150 m) führt nurmehr ein Skilift, so daß vor allem die Skifahrer in den Genuß der prachtvollen Aussicht hinüber zum Zuckerhütl und hinauf zu den Ötztaler Gipfeln gelangen.

Wanderungen, Gletschertouren

Von Obergurgl aus lassen sich die Gletscher des Gurgler Tales auf ebenso schönen wie einsamen Wegen entdecken. Einen Besuch des Gurgler Ferners verbindet man klugerweise gleich mit einer Besteigung der Hochwilde. Es ist freilich ein langer Weg dorthin, der ab halber Strecke über fast den ganzen, 8 km langen Gletscher geht. Erstes Etappenziel ist das Hochwildehaus beim Steinernen Tisch am Schwärzekamm. Zwei Wege führen dorthin.

Ganz links: Blick vom Stubaier Eisjoch (3150 m) nach Südwesten zu den Ötztaler Alpen.

Links oben: Gaißbergferner mit Gaißbergtal (links) und Rotmoosferner mit Rotmoostal (rechts), die Kleinode des Ötztales; von der Hohen Mut (2659 m) aus gesehen.

Links: Das Innerötztal oberhalb Obergurgl. Blick vom Hüttenweg zum Ramolhaus gegen das Langtal und die Schwärzenspitze (2980 m).

Unten: Die Stubaier Gletscherbahn erschließt auf dem Schaufelferner (Bild) und Daunkogelferner das größte Ganzjahresskigebiet des Stubaitales. Hinten die Schaufelspitze (3333 m).

Unten rechts: Vom Stubaier Eisjoch am Schaufelferner eröffnet sich dem Hochtouristen eine prachtvolle Aussicht über den Gaißkarferner hinüber zum Zuckerhütl (3505 m) mit dem von ihm abfließenden Pfaffenferner.

Ausgangspunkte
Obergurgl, 1927 m
Mutterbergalm, 1721 m (Stubaital)

Auffahrt
Obergurgl: Sessellift Obergurgl—Hohe Mut (2659 m)
Mutterbergalm: Stubaier Gletscherbahn

Höchste Punkte
Hohe Mut, 2659 m
Hochwilde, 3482 m
Stubaier Eisjoch, 3150 m (Bildstöckljoch)

Stütz- und Rastpunkte
Hochwildehaus, 2873 m
Langtaler-Eck-Hütte, 2430 m

Schrifttum
Karten: Kompaß-Wanderkarte 1:50 000 Ötztaler Alpen, Nr. 43
Führer: AV-Führer Ötztaler Alpen

Marschzeiten
Obergurgl—Hochwildehaus	3—4 Stunden
Hochwildehaus—Hochwilde	3 Stunden
Hochwilde-Langtaler-Eck-Hütte	2—2½ Stunden
Hohe Mut—Rotmoos- oder Gaißbergferner	½ Std.

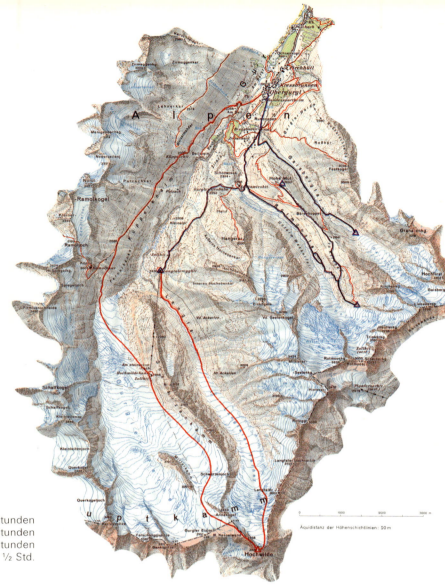

Der landschaftlich ergiebigere steigt an der linken Talflanke in Richtung zum Ramolhaus hoch, vorbei an den saftigen Alpweiden, auf denen sich das Tiroler Grauvieh gütlich tut. Unterhalb vom Ramolhaus leitet der Pfad auf den Gletscher. Dieser wird zum Hochwildehaus hinauf gequert. Drahtseile gesichert. Über den Langtaler Ferner wird schließlich zur Langtaler-Eck-Hütte (2430 m) abgestiegen. Von dort geht es hoch über der Schlucht der Gurgler Ache zurück nach Obergurgl.

Zum Rotmoos- und Gaißbergferner gelangt man von Obergurgl aus mit dem Sessellift, der auf die Hohe Mut (2659 m) führt. Hier steht man vor dem einzigartigen Zweigespann im Rotmoos- und Gaißbergtal. Über den Mutsattel führt in beide Gletschertäler ein Pfad. Die Wahl wird hier zur Qual: Welcher der beiden Gletscher zuerst aufgesucht wird, sollte man der Eingebung des Augenblicks überlassen.

Am nächsten Tag steht die Hochwilde auf dem Programm. Über den weiten Eiskessel des Gurgler Ferners steigt man, den Annakogel westlich umgehend, zu der Nördlichen Hochwilde (3361 m) auf. In den Gipfelfelsen finden sich Vorkommen von Granat und dunkelgrünen Hornblendestengeln. Der schmale Verbindungsgrat zum höheren Südgipfel (3482 m) ist durch

ZILLERTALER ALPEN *Olperer/Hochfeiler*
Gefrorene-Wand-Kees
Schlegeiskees

Die Zillertaler Alpen bilden den westlichen Teil des geologischen Komplexes des sogenannten «Tauernfensters», der sich nach Osten in den Hohen Tauern fortsetzt. Sie gliedern sich hauptsächlich in den Zillertaler Hauptkamm und den im Norden vorgelagerten Tuxerkamm. Die bedeutendsten Gletscher dieser beiden Gebirgskämme der zentralen Ostalpen sind das Gefrorene-Wand-Kees am Olperer (3467 m) und das Schlegeiskees am Hochfeiler (3510 m).

Größter Gletscher des Tuxerkammes ist das Gefrorene-Wand-Kees oder der Tuxerferner, wie er auch genannt wird. Am Olperer erreicht er mit rund 3300 m seine größte Höhe. Von diesem markanten Dreikant fließt er über ein abgeflachtes Firnbecken nach Norden gegen das hintere Tuxertal ab. Das breite, wenig geneigte Firnbecken wird westlich durch den Kaserergrat und im Osten von den Gefrorene-Wand-Spitzen (3286 m) und ihren Nord- und Südgraten eingefaßt. Der Gletscher endet heute auf 2480 m Höhe oberhalb einer Steilstufe, über die er in Zeiten seiner Hochstände als effektvolle Eisdraperie gegen das Tuxertal hinabhing. Auffällige Ufermoränenwälle markieren gut sichtbar den historischen Hochstand um die Mitte des 19. Jahrhunderts. Die rechte Ufermoräne zieht sich vom Spannagelhaus als hoher Schuttwall über das Sandeck bis weit gegen die Sommerbergalp hinunter.

Über den im Süden zwischen Olperer und Gefrorene-Wand-Spitzen gelegenen Riepensattel (3040 m) hängt das Gefrorene-Wand-Kees mit dem Großen Riepenkees im hinteren Zamsertal zusammen. In Richtung Westen verbindet es sich über die Wildlahnerscharte (3255 m) zwischen Olperer und Großem Kaserer mit dem kleineren Olpererferner.

Das Gefrorene-Wand-Kees ist heute von großer Bedeutung für den Fremdenverkehr des Tuxertals. Denn mit dem Bau der Hintertuxer Gletscherbahn ist es für den immer beliebter werdenden Sommerskilauf erschlossen worden.

Die ausgesprochene Nord- und schneesichere Höhenlage des Gletschers bilden ideale Voraussetzungen für einen ganzjährigen Skibetrieb. Die Gletscherbahn besteht aus drei Sektionen. Die erste führt

Die Hintertuxer Gletscherbahn erschließt das Gefrorene-Wand-Kees für den ganzjährigen Skibetrieb.

Rechts: Der Schlegeisspeicher liegt auf dem Grund einer imposanten, durch das Schlegeiskees gebildeten Umfassung. Blick von den Gefrorene-Wand-Spitzen.

von Hintertux (1486 m), das seiner warmen Quellen wegen schon im vergangenen Jahrhundert gerne besucht wurde, als Gondelbahn zur 1980 m hoch gelegenen Sommerbergalp. Von dort bringen zwei Sesselliftanlagen Skifahrer und Bergwanderer über den Gletscher bis wenig unterhalb der Gefrorene-Wand-Spitzen.

Damit ist dem Alpinisten die Besteigung eines der Gipfel der Gefrorene-Wand-Spitzen oder des Olperers wesentlich erleichtert worden. Die Besteigung des Olperers, des höchsten und beliebtesten Gipfels im Tuxerkamm, wurde so zur Halbtagestour verkürzt.

Vom Spannagelhaus (2528 m) wenig unterhalb der zweiten Station der Gletscherbahn oder von der Bergstation auf 2920 m Höhe wendet man sich über das meist firnige Eisfeld des Gefrorene-Wand-Keeses gegen die Gletscherhütte auf dem breiten Riepensattel. Von dort wird über eine Firnmulde des Großen Riepenkeeses der Südostgrat des Olperers erreicht. Über Felsen und den «Schneegupf», eine markante Firnkappe am Gratrücken, und schließlich wieder im mit Eisenstiften gesicherten Fels erreicht man ohne große Mühe den Gipfel.

Der Abstieg vom 1867 erstmals bestiegenen Olperer geht über seinen Nordgrat. Die Aussicht vom Gipfel wird wegen ihrer Reichhaltigkeit geschätzt. Im Norden reicht sie weit hinein ins Tuxertal. Dort,

Gefrorene-Wand-Kees

Fläche:	5,06 km²
Länge:	3,0 km
Breite:	max. 3,2 km
Höhe:	max. 3300 m ü. M.
	min. 2480 m ü. M.
Lage:	Norden
Gletschertyp:	Gebirgsgletscher
Zungenaktivität:	leicht vorstoßend (1976)

Besonderheiten: Hängt über Wildlahnerscharte mit Olpererferner und über Riepensattel mit Großem Riepenkees zusammen. *(Daten: Stand 1969)*

Schlegeiskees

Fläche:	6,39 km²
Länge:	2,1 km
Breite:	max. 5,0 km
Höhe:	max. 3510 m ü. M.
	min. 2330 m ü. M.
Lage:	Norden
Gletschertyp:	Gebirgsgletscher
Zungenaktivität:	leicht vorstoßend (1976)

(Daten: Stand 1969)

Links: Das Gefrorene-Wand-Kees. Links die Gefrorene-Wand-Spitzen, rechts der Olperer. Im Hintergrund der Eiskessel des Schlegeiskeeses mit der Hochfeilergruppe.

Unten: Olperer und Gefrorene-Wand-Kees sind ein beliebtes Skitourenziel. Blick von der Wildlahner Scharte über das Kees zu den Gefrorene-Wand-Spitzen.

in Hintertux mit seinen warmen Wassern, standen einst die Schwaighöfe zu «Tukches», die bereits im Jahre 1288 im Grundbuch der Tiroler Landesfürsten erwähnt werden. Daß das Tuxertal schon in alten Zeiten aufgesucht wurde, beweist der Fund einer Bronzenadel am Tuxerjoch, unweit des Gefrorene-Wand-Keeses. Er stellt den einzigen vorgeschichtlichen Fund im ganzen Bereich des Zillertals dar. Das Zillertal übrigens fand bereits im 9. Jahrhundert als «Cillarestal» urkundliche Erwähnung.

Vom Olperer läßt sich gegen Südosten sehr schön der Verlauf nahezu des gesamten Zillertaler Hauptkammes verfolgen. Fast schon im Süden ragt, zum Greifen nah, als ihr höchster Gipfel der Hochfeiler auf, der 3510 m hohe Gran Pilastro der Italiener. Nicht weit davon recken sich der Hohe Weißzint (3371 m) und der Große Möseler empor. Mit ihren Graten bilden sie ein Halbrund, von dem aus zwei hohe Gratzüge in Richtung Zamsertal auf den Olperer zustreben.

Auf dem Grund dieser imposanten Umfaßung liegt das Schlegeistal. Es hat seinen Namen von dem großen Gebirgsgletscher, der sich an die Wände des felsigen Halbrunds im Talschluß schmiegt: das Schlegeiskees. Dieser heute noch 6,39 km² große Gletscher füllte einstmals den gesamten hinteren Schlegeisgrund.

Das Schlegeiskees nimmt in der Wasserwirtschaft der Zillertaler Alpen eine herausragende Stellung ein. Seine Abflüsse werden seit 1971 im Schlegeisspeicher gestaut, der den ehemals landschaftlich so reizvollen Schlegeisgrund überflutet. Die Schlegeissperre ist 131 m hoch und 722 m lang. Der Speicher faßt 127,7 Mio m³.

Das Einzugsgebiet umfaßt mit allen Beileitungen ein Areal von 125 km². Darin liegen die fünf größten Gletscher der Zil-

lertaler Alpen. Aus dem Tuxertal werden durch die 6,8 km lange Tuxbach-Überleitung die Abflüsse des Gefrorene-Wand-Keeses zugeleitet. Vom Zemmtal fließen dem Speicher die Abflüsse von Waxeck-, Horn- und Schwarzensteinkees zu.

Der 4 km lange Schlegeissee, der fast das ganze Schlegeistal einnimmt und den oberen Teil des Zamser Grunds abriegelt, wird durch eine mächtige, weitgespannte Betongewölbemauer gestaut.

Mit dem Bau der Staumauer wurde das Landschaftsbild im Schlegeisgrund völlig verändert. Es hat durch den fast bis an den Gletscher im Talschluß reichenden See fast nordischen Charakter angenommen. Staumauer und Stausee sind heute ein beliebtes Ausflugsziel. Vom landschaftlich auf seine Weise bezaubernden Stausee lassen sich eine Reihe herrlicher Wanderungen auf markierten Wegen in von Technik und Fahrzeugverkehr unberührte Gebiete unternehmen.

Dem linken Ufer entlang leitet beispielsweise ein breiter Wanderweg ans hintere Ende des Sees. Dort führt ein steiler Hüttenpfad hinauf zum Furtschaglhaus (2295 m), von wo sich dem Bergwanderer großartige Einblicke in den eisigen Gletscherkessel des Schlegeiskeeses auftun.

Ausgangspunkte
Hintertux, 1511 m (Tuxertal)
Staumauer Schlegeisspeicher, 1800 m (Anfahrt Alpenstraße Schlegeis)

Auffahrt
Hintertux: Hintertuxer Gletscherbahn,
Hintertux—Gefrorene-Wand-Kees

Höchste Punkte
Olperer, 3476 m; Furtschaglhaus, 2295 m

Stütz- und Rastpunkte
Spannagelhaus, 2528 m (Gefrorene-Wand-Kees)
Olpererhütte, 2389 m
Furtschaglhaus, 2295 m (Schlegeiskees)

Schrifttum
Karten: Alpenvereinskarte Zillertaler Alpen
1:25 000, Blatt Nr. 35/1
1:50 000 Wanderkarte Tauernkraftwerke im Zillertal
Führer: AV-Führer Zillertaler Alpen

Marschzeiten
Spannagelhaus—Olperer 3 Stunden
Bergstation Hintertuxer Gletscherbahn—
Olperer 2 Stunden
Staumauer Schlegeis—Furtschaglhaus 2½ Stunden

HOHE TAUERN *Venediger-Gruppe*
Obersulzbachkees
Untersulzbachkees
Schlatenkees

Obwohl der ostalpine Hauptkamm der Hohen Tauern am Großglockner mit 3797 m die größte Höhe erreicht, findet sich die mächtigere Vergletscherung in den westlichen Tauern am 3674 m hohen Großvenediger. Das gesamte vergletscherte Areal der Venedigergruppe wurde 1934 (das «Österreichische Gletscherinventar» wird zurzeit bearbeitet, daher liegen noch keine neuen Daten vor) auf 126,05 km² geschätzt. Es verteilt sich auf 68 Gletscher, die sich ziemlich regelmäßig um den Zentralkamm anordnen. Nur rund 10 Prozent dieser relativ hohen Zahl von Gletschern erreichen bemerkenswerte Größen. Zu den bedeutendsten Gletschern der Venedigergruppe zählen im Norden das Obersulzbachkees und Untersulzbachkees. Im Osten sind es das Schlaten- und Viltragenkees, und im Süden haben Frosnitz-, Mullwitz-, Dorfer- und Umbalkees eine gewisse Bedeutung. Unter den gletscherfeindlichen klimatischen Bedingungen des letzten halben Jahrhunderts in den Alpen haben insbesondere die Gletscher der Venedigergruppe stark gelitten. Nach der letzten Vorstoßperiode, die in den westlichen Tauern 1927 zu Ende ging, schmolzen die Venedigergletscher kontinuierlich und rapid zurück. Die größten Rückzugsbeträge wurden in den Jahren zwischen 1943 und 1953, dem bis jetzt wärmsten Dezennium dieses Jahrhunderts, verzeichnet. Alle Gletscher der Gruppe sind stark zerfallen, viele haben ihre Zungen zu Stumpen zurückgebildet oder sogar gänzlich verloren. Selbst am einst von einer mächtigen Wächte gekrönten Gipfel des Großvenedigers zeigen sich mittlerweile (seit etwa 1965) ausgeaperte Felsen.

Von der einstigen Schönheit und Größe der Venedigergletscher, die sie in der Mitte des vergangenen Jahrhunderts berühmt gemacht hatten, ist kaum mehr als die Erinnerung geblieben. Allein das Obersulzbachkees vermittelt heute noch einen schwachen Eindruck von der Pracht und Großartigkeit, zu der diese Gletscher um 1850 angewachsen waren. In den Aquarellen von Thomas Ender (1793–1875) ist die Schönheit der Gletscher der Venedigergruppe festgehalten.

Der Ablauf postglazialer Gletscher- und Klimageschichte in der Venedigergruppe ist durch umfangreiche Forschung ziemlich detailliert erkundet worden. Untersuchungen haben ergeben, daß die Gletscher der Venedigergruppe bereits im frühen Postglazial, vor rund 9500 Jahren, das Ausmaß neuzeitlicher Hochstände erreicht hatten. Vorstöße sind u. a. für 5600 und 5200 v. Chr. belegt. Weitere in der frühen Wärmezeit wurden für 6700, 6400 und 6000 v. Chr. festgestellt. Diese Vorstöße werden mit dem Begriff «Venedigerschwankung» umschrieben. Die vielfältigen glaziologischen und klimatologischen Untersuchungen in der Venedigergruppe unterstreichen die wissenschaftliche Bedeutung der heute größtenteils zu unansehnlichen Gebirgsgletschern geschrumpften Eisflächen der westlichen Tauern.

Obersulzbachkees und Untersulzbachkees

Das Obersulzbachkees war in der zweiten Hälfte des vorigen Jahrhunderts ein Schwerpunkt gletscherkundlicher Forschungs- und Vermessungsarbeit. Die Beobachtungen an diesem Gletscher seit dem letzten Hochstand sind, wie bei keinem anderen der Venedigergruppe, nahezu lückenlos. Mit der Aufnahme einer der ersten großmaßstäbigen Kartenaufnahmen einer ostalpinen Gletscherzunge setzte Eduard Richter hier 1880 einen Markstein in der Gletscherkartographie. Als größter Gletscher der Venedigergruppe breitet das Obersulzbachkees sein über 6 km breites Firngebiet an den Nordabdachungen des Großvenedigers und des Großen Geigers aus. Am Großvenediger reicht es bis knapp unter den Gipfel auf 3670 m hinauf. Der Gletscher bildet heute nur noch eine schmale und kurze Zunge aus, die in das hintere Obersulzbachtal vordringt. 1841 endete die Zunge noch hochaufgewölbt auf der letzten Talstufe, und der Obersulzbach entsprang daraus mit einem hohen Wasserfall. Mit dem Ende der letzten Vorstoßpe-

Obersulzbachkees

Fläche:	15,30 km²
Länge:	7,5 km
Höhe:	max. 3670 m ü. M.
	min. 1990 m ü. M.
Lage:	Nordwesten

Untersulzbachkees

Fläche:	5,92 km²
Länge:	5,8 km
Höhe:	max. 3470 m ü. M.
	min. 2070 m ü. M.
Lage:	Nordwesten

Schlatenkees

Fläche:	11,27 km²
Länge:	6,3 km
Höhe:	max. 3670 m ü. M.
	min. ca. 2100 m ü. M.
Lage:	Osten

(Daten: Stand 1929/1934)

Das Obersulzbachkees ist der größte Gletscher der Venedigergruppe. Es breitet sein über 6 km breites Firngebiet an der Nordabdachung des Großvenedigers (links) und des Großen Geigers (rechts) aus. Unterhalb der Bleidächer (Mitte) strömen die Eismassen vom Großvenediger und Großen Geiger zu einer einzigen Zunge zusammen. Diese hat sich weit aus dem Obersulzbachtal nach oben zurückgezogen.

riode, seit 1927, schwindet der Gletscher unaufhörlich. Ein kesselförmiger Eiseinbruch hat den Verfall der Zunge 1963/1965 beschleunigt. Auffällige Mittelmoränen schwingen sich von den Bleidächern und dem Nordgrat des Großvenedigers in elegantem Bogen über das Eis zum Obersulzbachtal hin. Über das Zwischensulzbach Törl (2917 m) hängt das Obersulzbachkees mit dem Untersulzbachkees zusammen.

Auch das Untersulzbachkees ist heute nur noch in verkümmertem Zustand gegenwärtig. Wie sein westlicher Nachbar bildet es nur mehr eine kleine Zunge aus, die in das hintere Untersulzbachtal hineinragt. Seine größte neuzeitliche Ausdehnung im Bereich des Zungenendes erreichte der Gletscher um 1860. Er ist seither um Hunderte von Metern zurückgewichen. Besonders große Rückzugsbeträge, im Mittel 33 m jährlich, wurden in den Jahren 1950–1954 gemessen.

Schlatenkees

An der Ostseite von Klein- und Großvenediger lagern das Viltragenkees und das Schlatenkees. Sie sind durch einen vom Kleinvenediger ostwärts zum Vorderen Kesselkopf ziehenden Gratzug getrennt. Das kleinere, nördlich gelegene Viltragenkees (4,35 km²) nährt aus einem schmalen und wenig geräumigen Firnfeld zwischen dem Kleinvenediger und Hohen Fürlegg eine im Verhältnis dazu beachtliche Zunge. Diese reichte um 1850 bis fast auf den Boden des Gschlößtales. Seither befindet sich die Zunge im Rückzug. Nach einem letzten kleinen Vorstoß um 1925/1927 ist die Gletscherzunge um über 900 m kürzer geworden. Große, kesselförmige Eiseinbrüche in den vergangenen zwei Jahrzehnten haben den Zerfall der Zunge weiter gefördert.

Ein besonders anschauliches Beispiel, wie sich das Landschaftsbild durch Gletscherschwankungen verändert, bietet das Schlatenkees. Der 1929 noch 11,27 km² große Gletscher bietet heute einen im Vergleich zum vorigen Jahrhundert jammervollen Anblick. Anstelle der prachtvollen Eiskaskade seiner Zunge, die bis auf die Sohle des Gschlößtales hinabstieß und am Gegenhang rund 30 m hoch anstieg, ist eine graue schuttbedeckte Felshalde getreten. Der Anblick der Gletscherzunge mit dem Vordergrund des hinteren Gschlößbodens zählte im vergangenen Jahrhundert zu den großartigsten Bildern der Ostalpen. Damals sperrte die Gletscherfront sogar den Abfluß des vom Viltragenkees abfließenden Viltragenbachs und endete unweit der Häuser von Innergschlöß auf 1730 m.

Der Gletscher endet heute in rund 2100 m Höhe, weit oberhalb der Stufenkante, über die seine Zunge einst so wirkungsvoll hinabbrach. Der enorme Höhenrückzug von rund 400 m erklärt sich aus den topografischen Verhältnissen. Das Schlatenkees, das auf dem Gipfelplateau des Großvenedigers seinen Ursprung hat, senkt sich aus dem Firngebiet über eine mäßig steile Stufe auf den zwischen 2100 und 2400 m hoch gelegenen Unteren Keesboden ab. Von dort brach es in Vorstoßperioden über einen rund 400 m hohen Steilhang ab. Beim Rückzug riß an der Kante der Eiskörper, so daß der abgetrennte Zungenteil rasch abschmolz.

Gletschertour Der höchste Gipfel der westlichen Tauern, die 3674 m hohe Gneispyramide des Großvenedigers, ist alljährlich und ganzjährig das Ziel Hunderter, wenn nicht Tausender von Bergsteigern und Skifahrern. Dieser allseitig von Gletschern umgebene, majestätisch aus dem Alpenhauptkamm aufragende Eis- und Firnberg ist erst relativ spät, am 3. September 1841, erstmals bestiegen worden. Zwar regte Erzherzog Johann schon 1828 eine Besteigung an und stellte eine 16 Mann starke Expedition zusammen. Diese scheiterte jedoch in der Nordwestflanke 120 m unterhalb des Gipfels. Zu Ehren des Hauses Österreich die große Tat zu wagen, entschlossen sich dann 13 Jahre später Ignaz von Kürsinger und der Wiener Anton Ruthner. Vierzig wagemutige Männer nahmen an dieser zweiten Expedition teil. Lediglich 26 von ihnen erreichten schließlich mit letzter Kraft den Gipfel. Der Weg führte durch das Obersulzbachtal und dann über das Obersulzbachkees zunächst zum Zwischensulzbach Törl. Von dort ging es über die Venedigerscharte zwischen Klein- und Großvenediger den Südhang hinauf zum Gipfel.

Diese Route wird auch heute noch am häufigsten gewählt, sei es mit Skiern oder im Sommer zu Fuß. Ausgangspunkt ist die Kürsingerhütte (2562 m) am Obersulzbachkees. Als Abstieg (falls man nicht wieder nach Neukirchen zurück will) bietet sich die Route über das Schlatenkees zur Neuen-Prager-Hütte (2796 m) an. Sie ist Stützpunkt der Bergsteiger, die den Großvenediger vom Osttirol aus besteigen wollen. Der Großvenediger ist nur bei besten Witterungsverhältnissen der «leichteste Gletscherberg der Ostalpen». Ein Wetterumschlag macht seine Besteigung sehr schnell zu einem ernsten Unternehmen, da An- und Abstieg im oberen Teil über stellenweise spaltenreiche Eis- und Firnflächen führen.

Ausgangspunkte
Neukirchen, 857 m (Pinzgau)
Matrei, 977 m (Osttirol)

Höchster Punkt
Großvenediger, 3674 m

Stütz- und Rastpunkte
Kürsingerhütte, 2562 m (bis Obersulzbachhütte, 1741 m, Gepäcktransport)
Neue-Prager-Hütte, 2796 m
Venedigerhaus, 1691 m (Innergschlöß, Osttirol)

Schrifttum
Karten: Großvenediger Oberpinzgau
1 : 50 000 Wanderkarte Freytag & Berndt

Marschzeiten
Neukirchen–Kürsingerhütte (Weglänge: 22 km)	6–7 Stunden
Kürsingerhütte–Großvenediger	4 Stunden
Neue-Prager-Hütte–Großvenediger	2 Stunden

287

HOHE TAUERN *Großglockner*
Pasterzenkees
Ödenwinkelkees

Bevor sich die Alpen nach Osten hin endgültig absenken und als niedriges Bergland in den österreichischen Vorrücken an der Donau bei Wien enden, türmen sie sich noch einmal in einem letzten großen Aufbäumen zu einer ihrer prächtigsten Gebirgsgruppen auf: den Hohen Tauern. Angesichts des nahen Endes haben sich hier die Alpen ein Monument gesetzt, in dem all ihre Schönheiten als Konzentrat zusammengefaßt scheinen. Noch einmal und unwiderruflich zum letzten Mal schwingt sich das größte Gebirge Europas hier zu Superlativen auf. Ihre Namen haben goldenen Klang: Großglockner und Pasterzenkees. Beide sind sie die größten in Österreich: Der Großglockner als Berg, die Pasterze als Gletscher. Zusammen bilden sie ein alpines Schaustück, wie es großartiger nicht gedacht werden kann.

Als unvergleichliche Einheit alpiner Pracht sind Großglockner und Pasterze ein frühes Opfer der Alpenbewegung geworden. Die Erkundung, Erschließung und Bezwingung dieses Gebirgsstocks hat zur Mythenbildung geführt wie kaum sonstwo in den Alpen. Wenn Großglockner und Pasterze gleichsam als nationaler Schatz den Österreichern und allen Ostalpenfreunden heilig sind, dann ist dies eine Folge des im vergangenen Jahrhundert aufgebauten Mythos.

Schon früh wurden die Schönheit und Einzigartigkeit von Großglockner und Pasterze erkannt und vermerkt. So erwähnt Lazius in seiner Karte von 1561 als einzigen Gipfel des langen Tauernkammes den «Glocknerer». Und J. Holzwurm zeichnete in seiner Kärntner Karte von 1612 den «Glöckner» als von «glacies continua», von ewigem Eis umgebenen Gipfel und führte daneben den Namen «Basterzn» an. Der Quellfluß des Gletschers, die Möll, wird ebenfalls als «Mölfons» erwähnt und als See eingezeichnet. Die eigentliche Entdeckung und Erforschung des Glocknergebietes jedoch setzte trotz dieser frühen Erwähnung erst rund 200 Jahre später ein.

Das Pasterzenkees ist der größte Gletscher Österreichs und zusammen mit dem in der Ortler-Cevedale-Gruppe gelegenen Ghiacciaio del Forno der größte der Ostalpen. Mit einer Fläche von 19,78 km² (1969) rangiert er an neunter Stelle der flächengrößten Alpengletscher. Das Firngebiet der 9,4 km langen Pasterze wird von zahlreichen Gipfeln umrahmt, deren Höhe weit über 3000 m beträgt. Sie schwingen sich in steilen Wänden vom fast ebenen Eisstrom der Pasterze bis über 1400 Höhenmeter auf: allen voran

Linke Seite: Das Pasterzenkees, der größte Gletscher, und der Großglockner, der höchste Berg Österreichs, bilden die touristischen Hauptanziehungspunkte der zentralen Glocknergruppe. In der Bildmitte über der Pasterzenzunge Glocknerkarkees und Kleiner Burgstall.

Links: Seit dem Hochstand von 1856 hat die Pasterze mehr als ein Drittel ihrer Fläche eingebüßt. Die Zunge besteht aus zwei charakteristischen Teilen: einem blanken (Mitte) und einem schuttbedeckten (rechts) Teilstrom.

Unten: Das Gletscherende der Pasterze 1977. Im Gletschervorfeld hat sich in den vergangenen Jahren ein kleiner See gebildet, der sogenannte Sandersee.

der Großglockner mit der stolzen Höhe von 3798 m. Die nach Südosten exponierte Pasterze erreicht im Firngebiet eine größte Höhe von 3700 m. Eiskögele, Johannisberg, Hohe Riffl und Bärenkopf begrenzen es gegen Nordosten. Die seitliche Umrahmung wird durch die Freiwandkette im Norden und den Großglocknerstock im Süden gebildet. Dazwischen legt sich die Zunge der Pasterze als breiter, flacher Eisstrom. Der Großglocknerstock selbst verfrachtet, ein gigantisches Amphitheater formend, sechs gewaltige Hängegletscher hinab zum Pasterzenboden: Teufelskampkees, Glocknerkarkees, Klein-Glocknerkarkees, Hofmannskees, Kellersbergkees, Schwerteckkees.

Ihre Berühmtheit hat die Pasterze vor allem durch den 400 m hohen Hufeisenbruch zwischen dem Mittleren und Kleinen Burgstall erlangt. Dort wird der Firn des bis zu fast 5 km breiten Obersten Pasterzenbodens in einem nur 1,5 km breiten Durchlaß zusammengedrängt. Dieser imposante Gletscherbruch, der Firngebiet und Zunge scheidet, weist eine Neigung von rund 30 Grad auf. Hier wird die bisher zusammenhängende Firnmasse in ein wunderbares Labyrinth blaukantiger Eistürme und Schollen aufgebrochen. Der Absturz über die Kante der weiten Firnmulde ist durch eine gewaltige Felsstufe bedingt.

Daß sich Gletscherzungen nur an Stellen im Gletscherbett bilden, an denen sich der Durchflußquerschnitt des Eises verengt, ist hier aufs eindrücklichste dargestellt. Überhaupt ist das Pasterzenkees oder die Pasterze, wie der Gletscher gewöhnlich nur genannt wird, wegen seiner mustergültigen Vollkommenheit, in welcher die einzelnen Gletscherphänomene ausgebildet sind, in den Ostalpen ohne Beispiel. Er war denn auch schon bald Gegenstand wissenschaftlichen Interesses und Stätte erster glaziologischer Beobachtungen geworden. So haben die Gebrüder Schlagintweit 1846–1848 auf der Pasterze grundlegende Erkenntnisse gewonnen, die sie in ihren «Untersuchungen über die physikalische Geographie der Alpen» niedergeschrieben haben.

Die Gletscherzunge der Pasterze besteht, ähnlich derjenigen des Mer de glace, aus zwei charakteristischen Teilen: aus einem blanken und einem schuttbedeckten Teilstrom. Der größere, blanke Teilstrom wird aus dem Firngebiet des Obersten Pasterzenbodens ernährt und fließt vom Eisbruch zwischen Mittlerem und Kleinem Burgstall der Flanke der Freiwandkette entlang. Der rechte, schmälere Teilstrom streicht an der Nordostflanke des Großglocknerstocks vorbei. Er ist von einer mächtigen Seitenmoräne bedeckt.

In der Mitte der Gletscherzunge hat sich in den vergangenen Jahren eine Mittelmoräne entwickelt, die bei normaler Weiterentwicklung das Bild der Pasterzenzunge künftig bestimmen könnte.

Pasterzenkees

Fläche:	19,78 km²
Länge:	9,4 km
Breite:	max. 5,0 km
Höhe:	max. 3700 m ü. M.
	min. 2070 m ü. M.
Lage:	Südosten
Moränentypen:	Mittel-, Seiten und Endmoränen, Schutt
Gletschertyp:	Talgletscher
Gletscherform:	zusammengesetzte Becken
Längsprofil:	Eisfall
Ernährung:	Schnee und Lawinen
Besonderheiten:	Größter Gletscher der Ostalpen. Hängt nördlich mit dem Karlinger Kees zusammen. Zunge mündet in den Sandersee.

(Daten: Stand 1969)

Ödenwinkelkees

Fläche:	2,46 km²
Länge:	4,0 km (Zunge 2,0 km)
Höhe:	max. 3120 m ü. M.
	min. 2120 m ü. M.
Lage:	Nordwesten
Gletschertyp:	Wandfußgletscher
Längsprofil:	Kaskaden
Zungenaktivität:	leichter Rückzug
Gletscherform:	Kar
Besonderheiten:	Gletschertor

(Daten: Stand 1966)

Die Pasterze endet heute auf 2070 m und nährt mit ihrem Abfluß, der Möll, im Gletschervorfeld einen kleinen See. Es ist der graue Sandersee, der sich unter der Franz-Josephs-Höhe ausbreitet. Dieser See hat sich jeweils in Rückzugsperioden der Pasterze gebildet. Auf der Karte von Holzwurm, die 1612 herauskam, aber wohl schon um 1600 gezeichnet wurde und auf der Gletschersituation von 1560 beruht, ist er eingezeichnet, was bedeutet, daß die Pasterze damals nicht länger als heute war. Torfstücke, die vom Gletscher 1963 in 2100 m Höhe freigegeben wurden, sind ein Beweis dafür, daß sich einst (in der postglazialen Wärmezeit) im heutigen Gletscherbett ein See befand, der vertorfte. Bei einem späteren Vorstoß überfuhr der Gletscher das Torfmoor und zerstörte es. Die klimatischen Verhältnisse lassen heute in der erwähnten Höhe eine Torfbildung gar nicht zu. Im Juli 1951 wurde unter dem Margaritzen-Schotterboden sogar ein mindestens 5000 Jahre alter Stamm einer Kiefer ausgegraben – ein weiterer Beweis, daß hier einst völlig andere klimatische Verhältnisse herrschten.

Die Pasterze hat seit dem Beginn der postglazialen Wärmezeit vor etwa 9000 Jahren drei Hochstandsperioden erreicht. Diese sind nachweisbar und waren von jeweils ähnlichem Ausmaß. Die letzte Moräne eines Vorstoßes vor 9000 Jahren wurde beim Glocknerhaus eruiert. In der Wärmezeit war die Glocknergruppe kaum vergletschert. Denn damals lagen die großen Verflachungen unterhalb der Schneegrenze, die rund 500 m höher lag als heute. Der tiefer gelegene Teil des heutigen Gletscherbettes war von Wald bestanden, und in Mulden lagen verlandende Seen. Auch in der spätmittelalterli-

Die Pasterze 1977 (rechts) und in einer Darstellung (oben), wahrscheinlich von B. Hacquet (1739–1815). Die mit a bezeichnete Schlange ist ein Sackzug (s. Textteil).

Die Pasterze 1848. Gezeichnet von Hermann Schlagintweit. Legende: Z = Zufluß. S = Seitengletscher. F.I. = Firninsel (Courtil). Die gekrümmten Linien sind die Ogiven der verschiedenen Zuflüsse.

chen Klimagunst, vor allem im 14. und 16. Jahrhundert, war das heutige Zungenbecken größtenteils eisfrei. Das Aufblühen des Goldbergbaus in den Tauern zu dieser Zeit erklärt sich auch mit dem Klimaoptimum, während dem die zurückschmelzenden Gletscher goldführende Felspartien freigaben.

Auch im Gebiet der Pasterze wurde nach Gold gegraben. In der kartografischen Skizze der Pasterze von Holzwurm aus dem beginnenden 17. Jahrhundert sind im Gebiet der heutigen Hofmannshütte Stolleneingänge zu den Goldbergwerken eingezeichnet. Mit dem Einsetzen der Kleinen Eiszeit um 1560 mußte die Suche nach dem Tauerngold in diesen Höhen bald aufgegeben werden. Zwar wurde der Abtransport des goldhaltigen Gesteins zunächst durch Sackzüge über den Gletscher bewerkstelligt. Dabei wurden ein Dutzend oder mehr aus Schweinsleder gefertigte und mit Gestein gefüllte Säcke hintereinandergebunden. Auf dem ersten, etwas kleiner gehaltenen «Vorhunt» saß der Lenker, der den Sackzug über den Gletscher steuerte. Mit zunehmendem Vorstoß bedeckte die Pasterze die Stolleneingänge der Bergwerke und überwalzte das Weideland im Gletschervorfeld. Moränenreste von diesem ersten großen historischen Vorstoß um 1620 sind heute noch gut zu erkennen.

In der zweiten Hälfte des 18. Jahrhunderts stieß die Pasterze nach leichtem Rückzug wieder vor. Sie schob ihre Eismassen in die Möllschlucht bis über die Mündung des Pfandschlartenbachs hinaus.

Beim bald danach einsetzenden Rückzug (um 1790) wurde der Margaritzenboden im Gebiet des heutigen Stausees gleichen Namens freigegeben. Dort weidete bis etwa 1820 noch Vieh. Dann setzte die Pasterze zum größten historischen Vorstoß an. Im Jahre 1832 geriet die Mündung des Pfandschlartenbachs wieder unter das Eis. Der Gletscher überfuhr in Eisbrüchen den Elisabethfelsen, wobei das herabstürzende Eis Bäume brach und Sennhütten gefährdete. Am Fuß der Wände des Elisabethfelsens bildete sich ein regenerierter Kliffgletscher, der rasch anwuchs.

1856 hatte die Pasterze ihren letzten Hochstand erreicht. Sie endete als 11 km langer Eisstrom tief in der Schlucht der Möll bei etwa 1870 m. Über dem heutigen Gletscherende im Gebiet des Sandersees war der Eisstrom damals mehr als 200 m mächtig. Die Ausdehnung des Hochstandes von 1856, während dem die Pasterze eine Fläche von 32 km² bedeckte, läßt sich im Gelände über weite Strecken hin sehr gut erkennen. An den Talflanken über der heutigen Zunge ist die Grenze des damaligen Eisrandes durch Ufermoränen und scharfe Vegetationsgrenzen weithin sichtbar markiert.

Die Pasterze füllte damals das Zungenbecken bis wenige Meter unterhalb der Hofmannshütte an.

Das Pasterzenkees ist einer der bestuntersuchten Gletscher der Welt. Die wissenschaftliche und zugleich touristische Erschließung des Glocknergebietes geht bis ins späte 18. Jahrhundert zurück. Sie beginnt 1775 mit dem Besuch des Botanikers Franz Xaver von Wulfen (1718–1805), Verfasser der «Flora norica», im Glocknerdorf Heiligenblut, dessen Ureinwohner schon das Gold aus dem Schwemmsand der Möll wuschen und das Bergdorf weiterum bekannt machten. Ihm folgte bald Belsazar Hacquet (1739–1815). Dieser in der Bretagne geborene Arzt, Geologe, Botaniker, Zoologe, Geograph und Physiker war für die Ostalpen das, was Horace Bénédict de Saussure für die Westalpen bedeutete: Als bedeutendster Ostalpenkenner seiner Zeit erwog Hacquet 1779 eine Besteigung des Großglockners, wobei er jedoch nur bis zur Pasterze kam. In seiner «Mineralogisch-botanischen Lustreise vom Berg Terglou in Krain zu dem Berg Glockner in Tyrol 1779 und 1781» befaßte er sich eingehend mit dem Berg.

Wenn es Hacquet auch nicht vergönnt war, den Großglockner selbst zu bezwingen, so wurde er doch zum geistigen Urheber seiner Besteigung. Denn der Salzburger Graf Franz Xaver Salm-Reifferscheidt, Kardinal und Fürstbischof von Gurk, wurde von Hacquets Begeisterung angesteckt. Er rüstete eine Expedition aus, die am 25. August 1799 den Gipfel des Kleinglockners erreichte. Im Sommer

Rechts: Glocknerhaus und Pasterzenkees um 1860. Die Gletscherzunge überfuhr damals den Elisabethfelsen. Über dem heutigen Gletscherende war der Eisstrom über 150 m mächtig.

Unten: Die Brüder Hermann und Adolph Schlagintweit fertigten in den Jahren 1846 und 1848 die erste genauere Karte der Pasterze im Maßstab 1:14 400 an. Die Karte zeigt den Gletscher kurz vor seinem letzten Hochstand im Jahre 1856.

1800 stellte der Fürstbischof seine zweite Glocknerexpedition zusammen. Nach dem Willen des Kardinals sollte «die Gesellschaft so zahlreich und ausgesucht sein, daß jede Abteilung der Naturgeschichte und Physik ihren Mann dabei findet». Die Expedition bestand aus insgesamt 62 Personen, darunter 47 Führern und Trägern, sowie 16 Pack- und Reitpferden. Am 28. Juli 1800 erreichten die Brüder Klotz, «Glockner» genannt, mit zwei weiteren Zimmerleuten aus Heiligenblut und mit Pfarrer Horrasch aus Döllach über die messerscharfe Scharte endlich den Gipfel des Großglockners.

An der naturwissenschaftlichen Erforschung des Glocknergebietes beteiligten sich auch schon früh Moos- und Flechtenforscher. So 1799 Heinrich Gustav Floerke, der viele Flechten und Moose erstmals beschrieb, und 1816 Friedrich Christian Hornschuh, der im Gebiet der Pasterze einige besonders seltene Moose aufspürte. Häufigster Besucher von 1798 bis 1841 und eifrigster Botaniker am Großglockner war der Arzt David Heinrich Hoppe (1760–1846). Im Sommer 1833 nächtigte er mit Erzherzog Johann in einem Hirtenunterstand bei der Gamsgrube, einer botanisch außerordentlich interessanten Nische über der Pasterze am Freiwandkasten. Erzherzog Johann (1782–1859) hat sich nicht bloß um die touristische Erschließung der Ostalpen, sondern auch um die Darstellung ihrer Flora verdient gemacht. Nach ihm ist der Johannisberg (3460 m) benannt, der das Firnbecken der Pasterze nach Nordosten als unübersehbare weiße Pyramide abschließt.

Grundlegende gletscher-, klima- und pflanzenkundliche Forschungen im Gebiet der Pasterze wurden in den Jahren 1846 bis 1848 von den Münchner Brüdern Hermann und Adolph Schlagintweit getätigt. Der Vorstoß der Pasterze hatte das Interesse der jungen Forscher geweckt, die später durch Vermittlung Alexander von Humboldts zu einer Himalajaexpedition eingeladen wurden. Sie fertigten die erste, zwar wenig genaue, doch aufschlußreiche Karte der Pasterze an. Sie maßen am Gletscherende (es lag damals im Bereich des heutigen Margaritzen-Stausees) eine Jahresgeschwindigkeit von 150 m. Ihre Forschungsergebnisse über die Pasterze und andere Ostalpengletscher erschienen 1850 und 1854 in zwei stattlichen Bänden und einem Atlas.

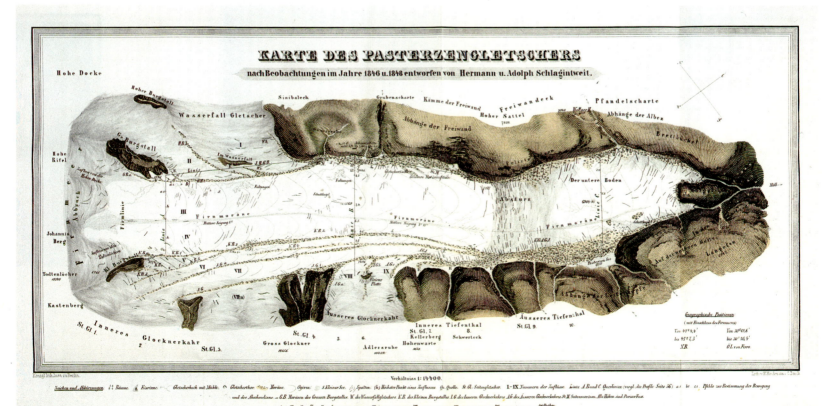

Die klimatologisch bedingte biogeografische Sonderstellung des Pasterzengebietes mit seiner an nordsibirische und westgrönländische Verhältnisse erinnernden Flugsandsteppe der Gamsgrube sowie dem an seltenen nordischen Sumpfpflanzen reichen Keesboden, der vom heutigen Margaritzenspeicher für immer überflutet ist, veranlaßte 1934 die Aufnahme einer Vegetationskarte der Pasterzenumrahmung im Maßstab 1:5000. Das einzigartige Kartenwerk stellt die genaueste Darstellung der Vegetationsverteilung in einer größeren Hochgebirgslandschaft dar. Die Pasterze und ihre Umgebung mit der berühmten Gamsgrube gehört heute dem Österreichischen Alpenverein. Das Gebiet wurde ihm als Rechtsnachfolger des Deutschen und Österreichischen Alpenvereins am 20. Juli 1918 von den Familien Aicher von Aichenegg und Wirth aus ihrem Gut Großkirchheim, zu dem der Talschluß der Möll gehörte, als Eigentum übertragen – mit der Auflage, das Großglocknergebiet als Naturschutzpark der Zukunft zu erhalten. Dem Verein gelang es, nach und nach das gesamte Ödland von der Gipfelregion des Großglockners über die Granatspitzgruppe und am Venediger vorbei bis zur Rieserfernergruppe käuflich zu erwerben. Damit wurde ein Hochgebirgsareal von 326,65 km² Alpenvereinsbesitz, den heute der Österreichische Alpenverein verwaltet. Trotz dieses riesigen Gebietes ist bis heute die Idee eines ersten österreichischen Nationalparks in den Tauern nicht realisiert.

Obwohl der Alpenvereinsbesitz um die Pasterze herum 1935 unter Naturschutz gestellt wurde, konnte nicht verhindert werden, daß wesentliche an seltenen Pflanzen und Tieren meist sibirischer Herkunft reiche Landschaftsteile größtenteils zerstört wurden. So wurde die Margaritze, dieser botanisch so interessante Kessel unmittelbar südöstlich unter dem Glocknerhaus, durch die Möll künstlich überflutet, die dort nun durch eine Gewölbe- und eine Gewichtsmauer zum Speicher Margaritze gestaut wird.

Der Speicher hat einen Nutzinhalt von 3,2 Millionen m³ bei einem Stauziel von

Links: Großglockner, Johannisberg, Pasterze und der Margaritzenspeicher, der den botanisch interessanten Keesboden der Margaritze überflutet.

Die Hofmannshütte (2444 m) am linken Ufer der Pasterze ist die älteste Hütte des Deutschen und Österreichischen Alpenvereins.

2000 m. Das Wasser wird durch die Möllüberleitung, einen 11,6 km langen Stollen, nach Norden zum Mooserbodenspeicher im Kapruner Tal geleitet. Dort wird es im Möllpumpwerk in den 85,4 Millionen m³ fassenden Speicher Mooserboden hochgefördert.

Der Bau der Großglockner-Hochalpenstraße über das Fuscher Törl und das Heiligenbluter Hochtor in den Jahren 1930–1935 hat ebenfalls tiefgreifende Veränderungen der Landschaft in unmittelbarer Nähe der Pasterze zur Folge gehabt. Denn gleichzeitig mit dem Bau der wichtigen Nord-Süd-Verbindung über das Hochtor wurde auch die sogenannte Gletscherstraße gebaut. Diese Abzweigung führt als Sackgasse zum Glocknerhaus und zur Franz-Josephs-Höhe an der Pasterze. Ihre Umgebung wurde so bis zum Freiwandeck durch riesige Parkplätze für den motorisierten Massenverkehr verwüstet. Am Freiwandeck (2369 m) steht das höchstgelegene Parkhaus Europas. Es dient einzig dem Fremdenverkehr. Nirgendwo in den Alpen wird dem Besucher so deutlich die Unmöglichkeit vor Augen gehalten, breite Bevölkerungsschichten die Hochgebirgs- und Gletscherwelt erleben zu lassen, ohne nicht gleichzeitig einen Teil davon zu zerstören.

Ödenwinkelkees

Die Pasterze ist der Hauptgletscher der Glocknergruppe. Rund ein Dutzend kleinerer Gletscher in der Größenordnung von einigen wenigen Quadratkilometern gruppieren sich sternförmig um den größten Eisstrom Österreichs. Der merkwürdigste davon ist wohl das Ödenwinkelkees. Es liegt in der westlichen Glocknergruppe im obersten Stubachtal, im Kar des «Ödenwinkels». Sein Firngebiet wird durch eine 600–800 m hohe Wandflucht überragt, die vom Johannisberg und Eiskögele gebildet wird.

Mit einer Fläche von 2,46 km² ist das Ödenwinkelkees der größte Gletscher des Stubachtales. Er ist einem Gletschertyp zuzuordnen, der in den Ostalpen sehr selten anzutreffen ist. Als Wandfußgletscher wird sein steiles Firngebiet zum großen Teil von Lawinen ernährt, während die Zunge schuttbedeckt ist. Das tief eingeschnittene Hochtalende, das der Gletscher anfüllt, gestattet es diesem, bis auf 2120 m herabzureichen. Die tiefe Lage wird durch die starke Schutt- und Moränenbedeckung begünstigt.

1965 wurde im Gebiet der Unteren Ödenwinkelscharte, anläßlich einer Durchsteigung der Eiskögele-Nordwand, eine Mineralkluft entdeckt, aus der die bisher größten Bergkristalle der Alpen zutage gefördert wurden. Der größte Kristall – nach seinem Entdecker Peter Meilinger benannt – hat die kolossale Größe von 116 cm. Er ist an seiner breitesten Stelle 76 cm breit und erreicht einen Umfang von 220 cm. Er wiegt 618 kg. Insgesamt wurden zehn Großkristalle und zahlreiche kleinere gefunden. Keiner der Rie-

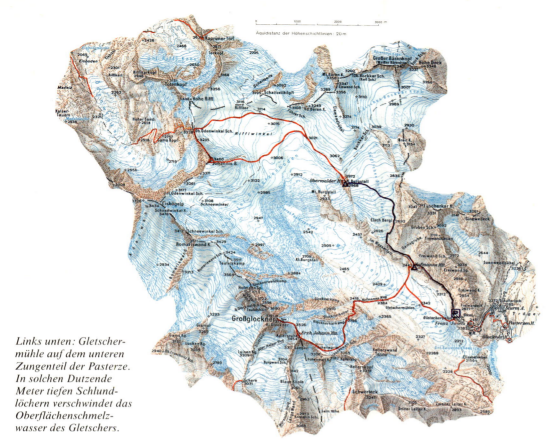

Links unten: Gletschermühle auf dem unteren Zungenteil der Pasterze. In solchen Dutzende Meter tiefen Schlundlöchern verschwindet das Oberflächenschmelzwasser des Gletschers.

senkristalle ist niedriger als 100 cm, und der leichteste wiegt immer noch 84 kg. Zusammen erreichen diese Großkristalle ein Gewicht von über zwei Tonnen.
Dieser einzigartige Fund stellt selbst die Kristallfunde am Tiefengletscher und Zinggenstock über dem Unteraargletscher (siehe dort) hinsichtlich Größe der Einzelkristalle in den Schatten.

Wanderungen, Gletschertouren Als erstrangige touristische Anziehungspunkte der Ostalpen sind der Großglockner und die ihm zu Füßen liegende Pasterze jährlich Zielpunkt von Hunderttausenden von Autotouristen und Bergfreunden. Dem nicht bergerfahrenen, aber gletscherbegierigen Touristen bietet sich Gelegenheit, mit einer Standseilbahn vom Parkplatz Freiwandeck auf der Franz-Josephs-Höhe (2356 m) hinab zum Pasterzenkees (2212 m) zu fahren. Dort ist ein Randbereich des Gletschers zum Betreten abgesichert.
Von der Franz-Josephs-Höhe führt ein 2,5 km langer und 2,5 m breiter Wanderweg, der Gamsgrubenweg, in das Naturschutzgebiet der Gamsgrube bis zum Wasserfallwinkel, wo das Südliche Bockkarkees eine wüste Moränenlandschaft geformt hat. Dieser berühmte Höhenweg durch das Naturschutzgebiet ist gegen den Protest des Alpenvereins angelegt worden. Auf diesem Weg gelangt man auch zur Hofmannshütte, die unterhalb des Weges hoch über der Pasterzenzunge steht. Sie ist die älteste Hütte des Deutschen und Österreichischen Alpenvereins und steht an der Stelle der Johannshütte, die Erzherzog Johann dort errichten ließ. Von der Hütte aus blickt man direkt in die furchterregende Nordostwand des Glockners, von der gewaltige Hängegletscher auf den Pasterzenboden abstürzen. Die Hofmannshütte ist Ausgangspunkt der Glocknerbesteigung. Über den Pasterzenboden gelangt man zum Hofmannskees. Im Firn dieses steilen Gletschers steigt man hinauf zur Adlersruh (3454 m) und von dort über den Firnkamm zum Kleinglocknergipfel. Alle schwierigen Passagen wie die nun folgende Glocknerscharte sind durch fixierte Seile gesichert. Die Glocknerscharte, in der die Pallavicini-Rinne ausmündet, ist die schwierigste Stelle der ganzen Tour. Von ihr erreicht man über zwei steile Felsstufen den Gipfel des Großglockners.
Ein exklusiver Anstieg zum Gipfelkreuz ist immer noch jener durch die berüchtigte Pallavicini-Rinne. Er stellt ein ostalpines Gegenstück zu berühmten Westalpentouren (vor allem im Argentièrekessel) dar und ist bei hoch hinaufreichendem Blankeis und bei gleichzeitiger Begehung durch mehr als eine Seilschaft ein äußerst risikohaftes Unternehmen.
Bei der ersten Durchsteigung am 18. August 1876 schlug der Führer Johann Tribusser aus Heiligenblut mit seiner Eisaxt rund 2500 Stufen in das Eis der Rinne, um seinem Touristen, Markgraf Alfred von Pallavicini, den Weg zum Gipfel zu ermöglichen. Pallavicini, der «stärkste Mann Wiens», und seine drei

Ausgangspunkte
Heiligenblut, 1288 m
Franz-Josephs-Höhe/Freiwandeck, 2369 m
(Anfahrt Gletscherstraße)

Höchste Punkte
Wasserfallwinkel, 2600 m (Wanderung, Gamsgrubenweg)
Johannisberg, 3460 m (Gletschertour)
Großglockner, 3798 m (Gipfeltour)

Stütz- und Rastpunkte
Hofmannshütte, 2444 m
Franz-Josephs-Haus, 2418 m
Erzherzog-Johann-Hütte, 3454 m
Oberwalderhütte, 2979 m

Schrifttum
Karten: Kals am Großglockner 1: 50 000, Blatt 48 Geographischer Verlag Innsbruck
Führer: Das Glockner Buch, O. Kühlken

Marschzeiten

Freiwandeck – Hofmannshütte	30 Minuten
Freiwandeck – Oberwalderhütte	1½ Stunden
Oberwalderhütte – Johannisberg	2½ Stunden
Hofmannshütte – Pasterze – Freiwandeck	1 Stunde
Hofmannshütte – Großglockner	4–5 Stunden

Führer brauchten elf Stunden für das waghalsige Unterfangen. Mit den zwölfzackigen Steigeisen unserer Zeit ist die Rinne bei guten Verhältnissen in zwei bis drei Stunden zu durchsteigen. Sie wurde selbst schon auf Firngleitern durchfahren. Über den Gamsgrubenweg geht auch der Anstieg zur Oberwalderhütte (2979 m), die auf der ganz vom Gletschereis umgebenen Felsinsel des Großen Burgstalls steht. Von ihr aus wird der Johannisberg in Angriff genommen. Beim Aufstieg über den Ostgrat ist auf Spalten im Obersten Pasterzenboden zu achten. Der Abstieg erfolgt über den ebenfalls verfirnten Nordgrat.
Eine kleine Gletschertour für Anfänger, die erst einmal mit der unbekannten Welt der Alpengletscher vertraut werden wollen, kann von der Hofmannshütte aus angegangen werden. Über den Pasterzenboden gelangt man von dort in leichtem Bogen zur Zungenmitte hin und über den fast ebenen und spaltenlosen Gletscherrücken zur Talstation der Standseilbahn am Freiwandeck. Auf diesem Gletscherspaziergang wird man mit etwas Glück an einem der gewaltigen Strudellöcher vorbeikommen, in die das Oberflächenschmelzwasser der Pasterze in geheimnisvolle Tiefen verschwindet.

DOLOMITEN *Marmolata*
Ghiacciaio della Marmolada

«Königin der Dolomiten» nennen sie die einen, «Montagna perfetta» – der perfekte Berg – die anderen. Und dies wahrlich nicht ohne Grund. Denn die Marmolata bietet in der Tat ein vollkommenes Bild. Mit 3342 m die höchste Erhebung der Dolomiten, genießt sie allein schon deshalb bevorzugte Stellung. Zudem ist sie deren natürlicher Mittelpunkt, nach allen Seiten durch Täler begrenzt und von Bergen umstellt, die niedriger sind als sie. Die bedeutendsten Dolomitengruppen – Rosengarten, Sella, Tofana, Civetta, Pelmo, Pala, Langkofel – verteilen sich um sie wie eine zauberhafte Einfriedung.

Um so majestätischer schwingt sich ihr Doppelgipfel, Marmolada di Penia (3342 m) und Marmolada di Rocca (3309 m) in den Himmel der Südalpen. Diese überragende Höhe sowie die Isolierung inmitten der grandiosen Felslandschaft der Dolomiten machen sie zu einem der großartigsten Aussichtsberge.
Die Ladiner, die Ureinwohner der Dolomitentäler, nennen den einzigartigen Berg seit Menschengedenken «Marmoléda». Daraus ist im Italienischen «Marmolada» geworden. Im deutschsprachigen Raum, der zu Zeiten der österreichisch-ungarischen Monarchie bis an die Gipfel dieses Berges reichte (über ihn verlief die Grenze zwischen Italien und Österreich), hat sich das Wort zu «Marmolata» verhärtet.

Vollkommen ist dieser deutlich geschichtete und fossilreiche Kalkstock vor allem in den Augen der Alpinisten. Denn die janusköpfige Marmolata zeigt zwei völlig verschiedene Gesichter. Die Südseite, eine gigantische Felsmauer von 10 km Länge und mit bis zu 800 m hohen Felsabstürzen, bricht in jäher Wandflucht in die Tiefe. Auf Kletterwegen von höchsten Schwierigkeitsgraden nur kann sie durchstiegen werden. Die Nordflanke dagegen senkt sich in gleichmäßiger Neigung als riesige, vereiste schiefe Ebene zum Fedaiasee ab, der die Marmolata von den nördlich gelegenen Dolomitengipfeln trennt. Über sie sind die Marmolatagipfel in leichten Anstiegen zu gewinnen.
Dieser Flanke liegt wie ein schützender Mantel der Ghiacciaio della Marmolada, der Marmolatagletscher, auf. Er ist der bedeutendste und größte Gletscher der Dolomiten. Auf der mäßig steil nach Norden geneigten Kalkflanke dehnt er sich, durch die Felsrippen der Sasso delle Undici (2801 m) und Sasso delle Dodici (2722 m) in drei Arme zerlegt, über eine Fläche von 2,89 km² aus. In diese Flächenangabe ist auch der winzige Ghiacciaio del Vernel einbezogen, der zwischen dem höchsten Marmolatagipfel, der Punta Penia, und dem Gran Vernel (3210 m) hinabzieht.

Im Jahre 1888 wurde die Ausdehnung des Marmolatagletschers mit 4,94 km² angegeben. Er hat mithin bis heute über 40 Prozent seiner Fläche eingebüßt. Heute ist er noch rund 1,6 km lang und 3,1 km breit. Seine in mehrere kleine Zungenlappen aufgespaltene Zungenfront erstreckt sich über eine Länge von rund 5,5 km. Der Marmolatagletscher fließt von der Punta Penia und Punta Rocca mit einer mittleren Neigung von 23 Grad in gleichmäßigem Profil talwärts. In der Gipfelregion erreicht die Neigung 30 Grad.

Ghiacciaio della Marmolada
Marmolatagletscher

Fläche:	2,89 km² (Stand 1966)
Länge:	1,6 km
Breite:	3,1 km
Zungenfront, Länge:	ca. 5,5 km
Höhe:	max. 3340 m ü. M.
	min. 2460 m ü. M.
Moränentypen:	nahezu moränenfrei
Gletschertyp:	Gebirgsgletscher
Längsprofil:	hängend, gleichmäßig
Lage:	Norden

einem Stauziel von 2053 m faßt er 16,6 Millionen m³. Seine Wasser werden in der Zentrale Malga Ciapèla genutzt.
Der Marmolatagletscher hat es, trotz seiner unbedeutenden Ausdehnung, zu großer Berühmtheit gebracht. Er hat gewissermaßen Geschichte gemacht. Denn mit der Kriegserklärung zwischen dem Königreich Italien und der österreichisch-ungarischen Monarchie im Mai 1915 wurde zum ersten Mal in der Kriegsgeschichte die Hochregion der Alpen Schauplatz lang anhaltender und schwe-

Der Marmolatagletscher fließt zwischen den Felsrippen der Sasso delle Dodici und Sasso delle Undici nordwärts zum Fedaiasee ab. Hinten die Sellagruppe.

Unten: Der Fedaiasee am Nordhangfuß der Marmolata wird durch zwei Gewichtsmauern gestaut. Er sammelt die Abflüsse des Marmolatagletschers.

Seine Schmelzwasser, die in Hunderten von Rinnsalen über den vom Gletscher in den vergangenen Jahrzehnten freigegebenen und von den vom ihm glattpolierten Kalkrücken abfließen, werden im Fedaiasee gefaßt. Dieses 1,75 km lange Speicherbecken bedeckt fast gänzlich die ehemalige Pian di Fedaia am Nordhangfuß der Marmolata, in der früher der natürliche kleine Fedaiasee lag. Der heutige See wird durch eine östliche und eine westliche Gewichtsmauer gestaut. Bei

Die Südwand der Marmolata bricht auf einer Länge von 10 km bis zu 800 m ab. Blick vom Firnkamm zwischen Punta Rocca und Forcella Serauta ins Valle Ombretta und die Palagruppe.

rer Kämpfe. So wurde auch die Marmolata, über die die Grenze zwischen den beiden Staaten verlief, zum Frontgebiet. Für die Italiener, die einen Durchbruch durch das Fassatal in Richtung Bozen anstrebten, war der Marmolatastock von strategischer Bedeutung. Als der Durchbruch ausblieb, hatten die Österreicher ausreichend Zeit, ihre zunächst schwachen Verteidigungslinien auszubauen. Während die Italiener die Scheitelhöhe der Marmolata besetzt hielten, gruben die Österreicher ein über acht Kilometer langes verzweigtes Stollensystem in den Bauch des Gletschers, um an die italienischen Stellungen auf dem von ihnen besetzten Serautakamm heranzukommen – aber auch, um die eigene Stellung in der über 3000 m hoch gelegenen Fessurascharte mit Nachschub zu versorgen. Denn die Versorgung ihrer Höhenstellungen an der Marmolata stellte für die Österreicher das schwerwiegendste Problem dar. Zunächst erfolgte die Versorgung nämlich über den Gletscher, und zwar nachts, da bei Tag wegen Feindeinwirkung jede Bewegung auf dem Gletscher unmöglich war. Während der Nacht aber suchten die Alpini mit Scheinwerfern die Gletscheroberfläche nach den feindlichen Kaiserschützen ab. Die österreichischen Anmarschwege wurden ständig unter Feuer gehalten. Schnee und Eis der Marmolata waren von den Einschlägen der Artillerie (die Italiener verfügten über etwa 40 Geschütze) schwarz verfärbt.

Die Österreicher waren deshalb gezwungen, sich einen Weg im schützenden Leib des Gletschers nach oben zu graben. Die Soldaten verschwanden nun vom Gletscher, was sich die Alpini zunächst nicht zu erklären wußten. Seit dem Sommer 1916 trieben die Österreicher Stollen um Stollen in das Eis. So nahm der Maulwurfskrieg im Eis und Schnee der Marmolata, die nun zum stummen Zeugen erbittertster Kämpfe wurde, seinen Anfang. Nach und nach entstand im Bauch des Marmolatagletschers, geschützt von den Felsen des Sasso delle Dodici, unter Leitung des Tirolers Leo Handl die berühmte «Eisstadt». Keine feindliche Granate konnte die Unterstände in diesem weitverzweigten Stollensystem erreichen. Wo auf längere Stollenabschnitte keine Entlüftung durch Stollenfenster möglich war, wurden Entlüftungsschächte angelegt. Diese erreichten Höhen bis zu 60 m, entsprechend der Tiefe, in der sich der Stollen im Eiskörper befand. Die Eisstadt am Sasso delle Dodici bot feind- und wettersichere Unterkünfte für ein ganzes kriegsstarkes Bataillon.

Obwohl die Stollen durch die Fließbewegung des Gletschers immer wieder zerstört und die zwischen den Spalten gelegenen Unterstände vom Eis zerdrückt wurden, kam es während des Gebirgskrieges an der Marmolata im Gletscher nie zu einem tödlichen Unfall. Die größten Verluste entstanden auch nicht bei Gefechten, sondern durch alpine Unfälle. So löste sich am 13. Dezember 1916, einem Freitag, um 6 Uhr morgens nach einem Föhneinbruch von der Gipfelhaube eine Lawine. Diese riß die ungeheuren Schneemassen zu Tal, die sich nach wochenlangen Schneefällen auf

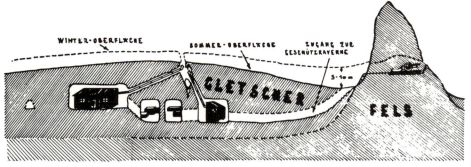

Unten: Im Ersten Weltkrieg war die Marmolata heftig umkämpft. Bau eines Unterstandes in einer Spalte des Marmolatagletschers im Februar 1917 durch die Österreicher.

Schnitt durch die Eisstadt im Marmolatagletscher. Sie bot im Endausbau Unterkünfte für ein ganzes Bataillon. Zeichnung von Leo Handl.

dem Gletscher angehäuft hatten. Die Schneehöhen waren auf 8–12 m angestiegen. Rund eine Million m³ Schnee verfrachtete sich talwärts und strömte auf das österreichische Barackenlager Gran Poz unterhalb des Gletschers zu. Gran Poz mit all seinen Einrichtungen und Mannschaften wurde unter einer meterhohen, festgepreßten Naßschneeschicht begraben. Über 500 Soldaten wurden von der riesigen Lawine verschüttet. Beinahe 300 Tote forderte dieser Lawinenniedergang. Die letzten Opfer konnten erst im Mai 1917 geborgen werden.

Dieses schwerste Lawinenunglück der Geschichte veranlaßte die Österreicher, ihre Unterkünfte vollends ins Eis des Marmolatagletschers zu verlegen. Mit dem zunehmenden Ausbau der Eisstadt gelang es ihnen schließlich, in einer Eiskaverne auf dem Serautakamm auf 3259 m Höhe eine Gebirgskanone unterzubringen. Sie war damit das höchstgelegene Geschütz der Dolomitenfront (das höchstgelegene des Ersten Weltkrieges überhaupt stand auf dem Ortler).

Mit dem Abzug der italienischen Truppen im Spätherbst 1917 endeten die Kampfhandlungen im Marmolata-Abschnitt, wo der Militäralpinismus makabre Triumphe feierte. Zur alles entschei-

Oben: Aufstieg durch den Eisbruch des Marmolatagletschers zur Punta Penia, dem Hauptgipfel der Marmolata.

Oben rechts: Der Firnkamm der Marmolata vom Gipfelaufschwung der Punta Rocca (3309 m) aus gesehen.

denden Konfrontation zwischen den Kaiserschützen und den Alpini war es jedoch auf der Marmolata nicht mehr gekommen.

Nach dem Krieg begann an der Marmolata die glorreiche Zeit der alpinistischen Erschließung. Obwohl bereits am 28. September 1864 durch den Wiener Paul Grohmann und die Cortinesen Angelo und Fulgenzio Dimai über die Nordflanke erstmals bestiegen, waren doch die großen Durchsteigungen der Südwand zum größten Teil noch nicht getan. Als erstes wurde der sich über dem Ombrettapaß aufschwingende Südpfeiler erobert. 1963 gelang der Seilschaft Scheffler/Uhner die Durchsteigung der Südwand zur Punta Penia in der Direttissima.

Für den Skilauf wurde die Marmolata bereits vor dem Ersten Weltkrieg entdeckt. Richard Löschner, Oberleutnant des Tiroler Landesschützen-Regiments Nr. 3, gelang mit drei Unterführern und zehn Landesschützen am 21. Februar 1913 die erste Skibesteigung des Wintergipfels, der Punta Rocca.

Von dort fanden bereits 1932 erste Abfahrtsrennen zum Fedaiapaß hinunter statt. 1935 steckte dann der Dolomitenpublizist Dr. Gunther Langes auf der Strecke 50 Tore aus und «erfand» damit

Die Marmolata bricht auf der Südseite in jäher Wandflucht ab (Luftaufnahme). Der gleichmäßig geneigten Nordflanke liegt wie eine Decke der Ghiacciaio della Marmolada auf.

den Riesenslalom. Heute ist die Marmolata vom Skisport vollends in Besitz genommen.

Seit 1968 kann die Seilbahn von Malga Ciapèla (1470 m) in der Stunde bis zu 500 Personen bis auf 3275 m unterhalb der Punta Rocca befördern. Durch diese kühne Seilbahnkonstruktion, die die rund 1800 m Höhenunterschied in drei Teilstrecken überwindet, ist die Marmolata vollends dem Massentourismus erschlossen. Von der Bergstation weist die berühmte Piste «La Bellunese» zwischen der Punta Serauta und dem Sasso delle Undici hinunter zum Fedaiapaß. Die weitere, insgesamt 8 km lange Abfahrt geht dann auf gut ausgebauter Geländepiste durch das oberste Val Pettorina zurück nach Malga Ciapèla. Im Sommer ermöglichen Skilifte im oberen Bereich des Gletschers auf 3000 m in bescheidenerem Rahmen den Pistenskisport.

Aber auch abseits der Pisten ist die Marmolata längst auch auf Skiern bis in die steilsten Wände erforscht worden. Selbst die Nordwand der Punta Penia, mit bis zu 50 Grad Neigung sogar mit Steigeisen und Pickel eine anspruchsvolle Eistour, ist schon mit Skiern befahren worden, und zwar am 13. Juli 1970 durch Heini Holzner, Siegfried Meßner (einen Bruder Reinhold Meßners) und Hermi Lottersberger. Knapp ein Jahr darauf, am 12. April 1971, durchfuhr Heini Holzner allein die bis zu 48 Grad steile Nordwestwand der Punta Penia. Dieser tollkühne Steilwand-Skifahrer ist am Piz Roseg in der Berninagruppe 1977 beim Versuch, über die Rosegwand abzufahren, zu Tode gestürzt.

Mittlerweile gibt es auf der Nordseite der Marmolata keinen Steilhang mehr, der nicht bereits mit Skiern befahren wurde. In den vergletscherten Nordabstürzen der Punta Rocca hat sich Antonio Valeruz (geb. 1951) aus dem nahen Alba bei Canazei mit Erfolg auf Skiern versucht; an der Marmolata meisterte er die steilsten und gefährlichsten Skiabfahrten.

Vom Gletscherkrieg der Jahre 1916/1917 auf der Marmolata künden heute noch die in den Fels gesprengten Kavernen. Bei der Zwischenstation der Luftseilbahn auf der Forcella Serauta sind einige der traurigen Zeugnisse kriegerischen Wahnsinns den Besuchern der Marmolata zugänglich gemacht. Als Spuren eines ebenso sinnlosen wie mörderischen Kampfes sind sie endgültig zur touristischen Attraktion verharmlost.

Gletscher- und Skitour Eine Gletschertour über den Marmolatagletscher hat sinnvollerweise den Hauptgipfel, die Punta Penia, zum Ziel. Ausgangsort ist der Fedaiasee. Er kann im Sommer sowohl aus dem Fassatal als auch aus dem Pettorinatal mit dem Fahrzeug erreicht werden. Mit dem Sessellift zur Pian dei Fiacconi (2600 m) wird der Aufstieg um gut 600 Höhenmeter abgekürzt. Unweit der Bergstation (Übernachtungsmöglichkeit) beginnt der Gletscher. Über ihn erreicht man die «Grotta» am felsigen Nordgrat der Punta Penia. Diese Höhle, an die der Gletscher damals heranreichte, wurde 1876 zur ersten «Hütte» an der Marmolata ausgebaut. Über die Felsen geht es nun hinauf zum Firnrücken der Schena di Mul (Mulirücken), über ihn schließlich hinauf zum Gipfel, auf dem eine in den Sommermonaten bewirtschaftete kleine Hütte steht.

Ausgangspunkte
Malga Ciapèla, 1470 m (Val Pettorina)
Fedaiasee, 2053 m
Canazei, 1463 m (Val di Fassa)

Auffahrten
Malga Ciapèla: Luftseilbahn Malga Ciapèla–Marmolada Punta Rocca (3275 m)
Fedaiasee: Sessellift Rifugio Seggiovia–Pian dei Fiacconi (2600 m)

Höchste Punkte
Marmolada di Penia, 3342 m
Marmolada di Rocca, 3309 m

Stütz- und Rastpunkte
Rifugio Castiglioni, 2044 m (Fedaiasee)
Rifugio Venezia alla Fedaia, 2040 m (Fedaiasee)
Rifugio Serauta, Berghotel, 3000 m (Luftseilbahn-Zwischenstation)

Schrifttum
Karten: Kompaß-Wanderkarte 1:50 000 Sellagruppe–Marmolata, Nr. 59
Führer: Dolomiten-Kletterführer Band 1 b, G. Langes
Führer zu den Schauplätzen des Dolomitenkrieges, W. Schaumann
Literatur: Die Front in Fels und Eis, G. Langes

Marschzeiten
Pian dei Fiacconi–Marmolada di Penia 2 Stunden
Pian dei Fiacconi–Marmolada di Rocca
(Skitour) 1½ Stunden

Skiweg: Zum Wintergipfel der Marmolata, der östlich der Punta Penia gelegenen Punta Rocca, traversiert man von der Bergstation des Sessellifts den Gletscher schräg hinauf zur Bergstation der Seilbahn Malga Ciapèla–Punta Rocca. Von dort entlang dem Firnkamm hinüber zum felsigen Gipfelaufschwung, der bei winterlichen Verhältnissen stark vereist ist und auch mit Steigeisen absolute Trittsicherheit verlangt.

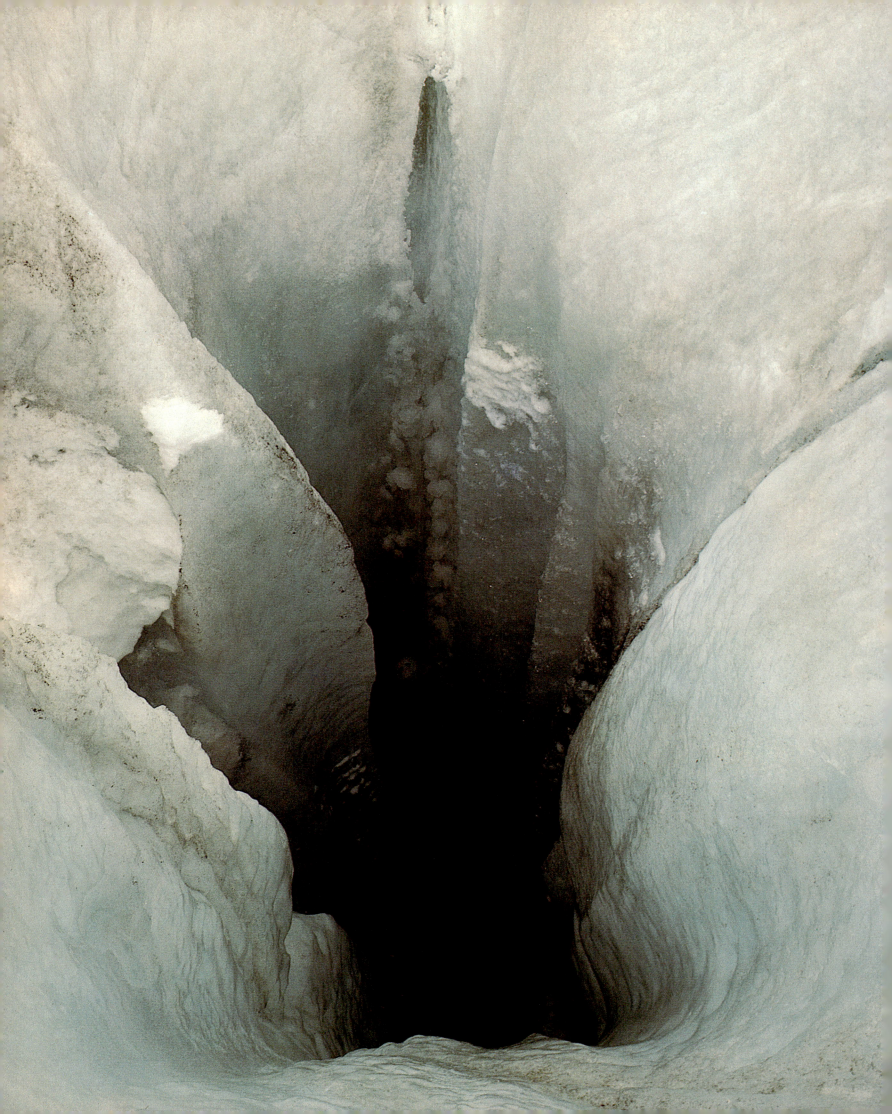

Anhang

Glossar

Ablation alle die Schnee- und Eismassen der Gletscher verringernden Vorgänge
Ablationsgebiet Zehrgebiet des Gletschers
Akkumulation Anhäufung
Akkumulationsgebiet Nährgebiet des Gletschers
Albedo Rückstrahlvermögen, Verhältnis des einfallenden zum zurückgestrahlten Licht
aper schneefrei
Appellativ Gattungsname
autochthon alteingesessen, eingeboren
Bergschrund höchstgelegenes, ortsfestes Spaltensystem auf dem Gletscher
Blockgletscher von Eis, Firn oder Schnee durchsetzte oder von Eis unterlagerte zungenförmige Anhäufungen von Blockwerk
C^{14}-Methode Radiocarbonmethode, Methode zur Altersbestimmung mittels der Zerfallzeit des Kohlenstoff-Isotops C^{14} von 5570 Jahren
Dendrochronologie Jahrringchronologie, Datierungsmethode aufgrund der unterschiedlichen Jahrringbreite von Bäumen
Drumlin vom Gletscher überfahrene und zu stromlinienförmigem Körper geschliffene Moräne
Eiszeit langfristige Vereisungsperiode
Erosion Abtragung von Boden und Gestein (siehe auch Glazialerosion)
etymologisch die Lehre von der Herkunft der Wörter, die Wortforschung betreffend
Firn «vorjähriger» Schnee; Schnee, der eine Ablationsperiode überdauert hat
fluviatil flußbedingt, zum Fluß gehörig
fossil ausgegraben, versteinert
Geodäsie Vermessungskunde
Geomorphologie Lehre von den Formen und der Formung der Erdoberfläche
Glacier-Surge Gletscherwoge, katastrophaler Gletschervorstoß
glazial das Eis betreffend, eiszeitlich
Glazialerosion Abtragung durch das Eis; durch die ausschürfende Tätigkeit des Eises entstehende trogförmige Täler, Übertiefungen und Seebecken
Glaziologie Gletscherkunde
Gletschermilch/Gletschertrübe durch Feinmaterial getrübter Gletscherabfluß
Gwindel gewundene oder «gedrehte» Quarze
Hangendes über einer anderen Schicht Lagerndes, darunter das **Liegende**

Links: Pasterzenkees, Gletschermühle, 1. Oktober 1977

Hydrologie Gewässerkunde
Kryokonitlöcher durch das Einschmelzen von dunklem Staub (Kryokonit) in die Gletscheroberfläche entstandene lotrechte enge Röhren
Mittagslöcher in Ost-West-Richtung orientierte halbkreisförmige Vertiefungen der Gletscheroberfläche
Moräne vom Gletscher transportiertes und abgelagertes Fremdmaterial
Ogiven Texturlinien des Eises, Bänderung des Gletschereises, auch breit- oder spitzbogige Wülste an der Gletscheroberfläche
Pleistozän Eiszeitalter, untere Abteilung des Quartärs
Radialspalten am Gletscherende nach allen Seiten divergierende Spalten
Randkluft Abschmelzfuge an der Schwarz-Weiß-Grenze zwischen Fels und Firn
regenerierter Gletscher am Fuß von Steilstufen durch Eislawinen neu entstehender Gletscher
rezent gegenwärtig
Rundhöcker vom Gletscher zu Stromlinienkörpern geschliffener Fels
Sérac Eis- oder Firnturm
Sublimation unmittelbarer Übergang eines Stoffes vom festen in den gasförmigen Aggregatzustand
Toponomastik Ortsnamenkunde
Toteis inaktive, vom Gletscher abgetrennte Resteismasse

Register der beschriebenen oder erwähnten Gletscher

A
Aaregletscher 184 f.
Adlergletscher 146
Albigna, Vadrec da l' 262 f.
Aletschgletscher, Großer 11, 15–18, 24, 28, 30, 42 f., 46–49, 136, 166 f., 191, 194, 198, 213, 280, 282
Allalingletscher 37, 152 f., 235, 281
Allée Blanche (Lex Blanche), Glacier de 102
Alpetligletscher 212
Alphubelgletscher 152, 156
Altelsgletscher 36
Améthystes, Glacier des 74 f.
Ammertengletscher 214
Anengletscher 181
Argentière, Glacier d' 74 f., 105 f.

B
Bächligletscher Vorsatz hinten
Bas Glacier d'Arolla 15, 114 f.
Basodino, Ghiacciaio del 164
Beichgletscher 173 f.
Belvedere, Ghiacciaio del 147, 161
Bertol, Glacier de 119
Bifertenfirn 242 f.
Bionnassay, Glacier de 74, 96 f.
Bionnassay italien, Glacier de 99, 102
Bisgletscher 28, 37, 128
Blaitière, Glacier de 91
Blue-Glacier 11
Blümlisalpgletscher 209 f.
Bockkarkees, südliches 293
Bodengletscher 136 f.
Bois, Glacier des siehe Mer de Glace
Bondasca, Vadrec da la 262
Bossons, Glacier des 6, 17, 36, 43, 49, 74 f., 92 f., 98
Breithorngletscher (Bern) 208 f.
Breithorngletscher (Gornergletscher) 136 f.
Breithornplateau 64, 136 f.
Breitlouwerengletscher 209 f.
Brenay, Glacier du 108 f., 115, 117
Brenva, Glacier de la 36, 74, 98 f.
Brouillard, Glacier du 103

C
Camosci, Ghiacciaio dei 165
Careser, Vedretta del 266
Castel Nord, Vadrec 263 f.
Challifirn 195 f.
Chardonnet, Glacier du 74 f.
Cheilon, Glacier de 114 f.
Chelengletscher 36, 229 f., 232 f.
Chessjengletscher 152 f.
Chlimatterhorngletscher 136 f.
Claridenfirn 242 f.
Corbassière, Glacier de 108 f.
Corvatsch, Vadret dal 258
Crête Sèche, Glacier de 108, 111
Culan, Glacier de 221

D
Dammagletscher 36, 229 f., 232 f.
Dar, Glacier du siehe Sex Rouge, Glacier du
Daunkogelferner 280 f.
Diablerets, Glacier des 220 f.
Dôme, Glacier du 99, 102
Dorferkees 286
Durand, Glacier 124 f.

E
Ebnefluhfirn 166 f.
Eigergletscher 178 f.
Envers de Blaitière, Glacier d' 81 f.
Envers du Plan, Glacier d' 55, 81 f.
Epicoune, Glacier d' 108
Estellette, Glacier d' 102
Ewigschneefeld 16, 166 f.

F
Feegletscher 152 f.
Fellaria, Vedretta di 254
Fenêtre, Glacier de 108
Ferpècle, Glacier de 7, 114 f., 131
Festigletscher 131
Fieschergletscher (Wallis) 23, 169, 174 f., 180 f., 191, 198
Fieschergletscher (Unterer Grindelwaldgletscher) 169, 195 f.
Findelengletscher 22 f., 116, 130, 136, 146 f., 160
Finsteraargletscher 15, 185 f.
Firnalpeligletscher 238
Flachensteinfirn 235
Forno, Ghiacciaio del 30, 266 f., 288
Forno, Vadrec del 262 f.
Fréney, Glacier du 10, 100, 102 f.
Friesenbergkees 31
Frosnitzkees 286
Furgggletscher 130, 134, 136 f.

G
Gaißbergferner 43, 280 f.
Gaißkarferner 283
Galmigletscher 174
Gallrutferner 38

Gamchigletscher 212
Garstelet, Ghiacciaio di 147
Gauligletscher 190, 195, 204 f.
Géant, Glacier du 11, 14, 81 f.
Gefrorene-Wand-Kees 31, 284 f.
Gepatschferner 6, 270 f., 274, 276
Giesengletscher 178 f.
Giétroz, Glacier du 11, 21, 28, 37, 108 f., 154
Gletscherhornfirn 166
Glocknerkarkees 289
Gornergletscher 9, 17 f., 20, 23, 40, 57, 64, 86, 116, 130, 134, 136 f., 152, 160
Grand Cornier, Glacier du 124 f.
Grand Montets, Glacier des 14
Grands, Glaciers des 105 f.
Grenzgletscher 6, 136 f.
Griesgletscher 28, 154, 162 f.
Grießfirn 242 f.
Grindelwaldgletscher 194 f.
Großer Aletschfirn 16, 166 f.
Großer Aletschgletscher, siehe Aletschgletscher
Großes Riepenkees 284
Grubengletscher (Wallis) 28, 154
Grubengletscher (Bern) 190
Grüneggfirn 16, 166 f.
Guggigletscher 166 f., 178 f.
Gurgler Ferner 277, 280 f.
Guslarferner 37, 278

H
Haut Glacier d'Arolla 114 f.
Haut Glacier de Tsa de Tsan 115, 131
Hengsterengletscher 204
Hintereisferner 12, 28, 271, 274 f.
Hochjochferner 38, 270, 274 f.
Hofmannskees 289, 293
Hohbalmgletscher 152 f.
Hohlaubgletscher 153 f.
Hohsandgletscher 162 f.
Hohwänggletscher 124 f., 130 f.
Hornkees 285
Hüfifirn 213, 242 f.

I
Inngletscher 33, 254, 265
Iswand siehe Claridenfirn

J
Jamtal Ferner 251 f.
Jungfraufirn 56, 166 f.

K
Kanderfirn 208 f.
Karlesferner 272 f.
Karlinger Kees 289
Kellersbergkees 289
Kesselwandferner 10, 270 f., 274 f.
Kingletscher 131
Klein Glocknerkarkees 289
Konkordiaplatz 16, 166 f.
Kranzbergfirn 166
Kutiakgletscher 11

L
Lämmerengletscher 214 f.
Langenferner 266
Langgletscher 167, 174 f., 181
Langtaler Ferner 280 f.
Langtauferer Ferner 270
Langtauf-Joch-Ferner 275
Lauteraargletscher 15, 185 f.
Leschaux, Glacier de 81 f.
Lex Blanche, Glacier de la 102

Orts- und Namenregister

Limmerenfirn 28, 242
Lognan, Glacier de 106
Lötschengletscher 210 f.
Lys, Ghiacciaio del 36, 136, 147

M
Madatschferner 266
Mandronegletscher 30
Manzettes, Glacier des 115, 122
Marmolada, Ghiacciaio della 6, 294 f.
Matterhorngletscher 130 f.
Mauvais Glacier 221
Mellichgletscher 153
Mer de Glace 11, 23, 74 f., 80 f., 92, 187, 289
Miage, Glacier de 37 f., 42, 74, 98 f., 147
Milieu, Glacier du 74 f.
Mittelaletschgletscher 13, 166 f., 173 f.
Mittelbergferner 272 f.
Moiry, Glacier de 124 f.
Moming, Glacier de 125 f.
Mont Blanc, Glacier du 99, 102
Mont Collon, Glacier du 108, 114 f.
Mont Durand, Glacier du 108 f.
Mont Mallet, Glacier du 81
Mont Miné, Glacier du 114 f.
Monte Rosa, Ghiacciaio del 136, 161
Monte-Rosa-Gletscher 136 f.
Moosferner 266
Morteratsch, Vadret da 15, 71, 254 f.
Mountet, Glacier du 124 f.

N
Nant Blanc, Glacier du 82
Nantillons, Glacier des 91
Nesthorngletscher 173 f.

O
Oberaargletscher 29, 184 f., 229
Oberaletschgletscher 167, 173 f.
Oberer Grindelwaldgletscher 27, 48, 92, 186, 194 f.
Oberer Ortlerferner 266
Oberer Theodulgletscher 130, 134, 136 f.
Ober Hüfifirn 246
Obers Ischmeer 195 f.
Obersulzbachkees 270, 286 f.
Obre Triftchessel 224 f.
Ochsentaler Gletscher 38, 250 f.
Ödenwinkelkees 288 f.
Olpererferner 284
Orny, Glacier d' 104 f.
Ortlerferner 55
Otemma, Glacier d' 34, 108 f., 114, 119

P
Palü, Vadret da 254
Pasterzenkees 18, 25, 288 f.
Pèlerins, Glacier des 88, 94
Périades, Glacier des 81 f.
Pers, Vadret 254 f.
Pfaffen-Ferner 283
Pièce, Glacier de 108, 115, 117
Pierredar, Glacier de 221
Plaine Morte, Glacier de la 214 f.
Plan Rai 251
Planeureuse, Glacier 105 f.
Plateau d'Hérens siehe Ferpècle, Glacier de
Plateau du Lys 147
Plateau Rosa 136 f.
Plateau du Trient 79, 106
Prapio, Glacier de 221

R
Ränfengletscher 204 f.
Rätzligletscher siehe Rezligletscher
Rettenbachferner 272 f., 279
Reußgletscher 19, 25, 31, 33
Rezligletscher 214 f.
Rhonegletscher 6, 12 ff., 16, 20, 39, 224 f.
Riedgletscher Vorsatz vorne, 36, 171

Riepenkees, Großes 284
Rognons, Glacier de 74 f.
Roseg, Vadret da 40, 254 f.
Rosenlauigletscher 40, 204 f.
Rosole, Vedretta del 266 f.
Rotfirn Nord 235
Rotmoosferner 43, 280 f.
Rouges du Dolent, Glacier des 74 f.

S
Saanegletscher 223
Sabbione, Ghiacciaio del 162 f.
Saleina, Glacier de 74, 78 f., 104 f.
Sandfirn 243
Scerscen Inferiore/Superiore, Vadretta di 254 f.
Schaufelferner 280 f.
Schlatenkees 286 f.
Schlegeiskees 289
Schönbielgletscher 122 f., 131 f.
Schwarzberggletscher 153 f.
Schwärzegletscher 136 f.
Schwarzensteinkees 285
Schwerteckkees 289
Seewijnengletscher 153, 160
Sella, Vadret da 257
Sessia, Ghiacciaio della 136
Sex Rouge, Glacier du 220 f.
Sexegertenferner 273
Signal, Ghiacciaio del 147
Silvrettagletscher 28, 54, 250 f.
Skautbre-Gletscher 11
Sonnblickkees 28
Steghorngletscher 214
Steingletscher 24, 42, 229 f., 232 f., 238
Steinlimmigletscher 24, 229, 232
Stockjigletscher 122, 131 f.
Strahlegggletscher 185 f.
Studerfirn 174
Stüfesteigletscher 166 f., 208 f.
Suldenferner 36, 266 f.

T
Taconnaz, Glacier de 92 f.
Tacul, Glacier du 81 f.
Talèfre, Glacier de 81 f.
Taschachferner 272 f.
Tchiffa, Glacier de 220 f.
Telligletscher 208 f.
Tête Rousse, Glacier de 38, 96 f.
Teufelskampkees 289
Theodulgletscher siehe Gornergletscher
Thompson-Gletscher 25
Tiatscha, Vadret 250 f.
Tiefengletscher 224 f., 235, 293
Tiefmattengletscher 122, 131 f.
Tierberggletscher 185 f.
Titlisgletscher 238 f.
Toula, Glacier de 91
Tour, Glacier du 37, 74 f., 105 f.
Tour Noir, Glacier du 74 f.
Trafoier Ferner 266
Tré-la-Tête, Glacier de 74
Treutse Bo, Glacier 105 f.
Trient, Glacier du 25, 27, 74, 104 f.
Triftgletscher (Bern) 6, 17, 224 f.
Triftgletscher (Wallis) 174
Triftjigletscher (Gornergletscher) 9, 136 f.
Triftjigletscher (Findelngletscher) 146
Tsanfleuron, Glacier de 220 f.
Tschierva, Vadret da 6, 9, 254 f.
Tschingelfirn 22, 208 f.
Tsessette, Glacier de 108 f.
Tsijiore Nouve, Glacier de 12, 108, 114 f.
Turtmanngletscher 125 f.

U
Umbalkees 286
Unders Ischmeer 195 f.
Unteraargletscher 11, 15, 29, 184 f., 293
Unterer Grindelwaldgletscher 6, 22, 38, 178, 186, 194 f.
Unterer Ortlerferner 266
Unterer Theodulgletscher 9, 14, 136 f.
Untersulzbachkees 286 f.

V
Vallée Blanche 81 f.
Valtournanche, Ghiacciaio di 136
Ventina, Ghiacciaio di 136
Vermuntgletscher (Vadret) 250 f.
Vernagtferner 37, 111, 235, 271, 274 f., 280
Vernel, Ghiacciaio del 294
Verstanclagletscher 250 f.
Viltragenkees 286 f.

W
Waxeckkees 285
Weingartengletscher 152, 156
Weißhorngletscher 126 f.
Wendengletscher 238
Wildstrubelgletscher 214 f.

Z
Zinal, Glacier de 124 f., 131
Zmuttgletscher 15, 23, 115, 120 f., 127, 130 f., 152
Zufallferner 266
Zwillingsgletscher 136 f.

Orts- und Namenregister

A
Aareschlucht 204
Ackermann, R. 167
Adelboden 218
Aegina-Kraftwerke 162 f.
Aelpergenlücke 230, 237
Agassiz, L. 20, 23, 187
Aicher von Aichenegg 292
Airolo 162
Albigna, Lago d'l' 262 f.
Albulapaß 69
Alemannen 250
Aletschwald 42, 172, 181 f.
Alpines Museum, Bern 187
Ammersee 26, 31
Amsteg 235, 243
Andermatt 229
Anich, P. 270
Annemasse 86
Argentière 74 f., 105 f.
Arkwright, Cpt. 93
Arolla 116 f., 135

B
Baldeggersee 26
Balmat, J. 92
Balmat, P. 92
Balme, Col de 74 f., 105 f.
Belalp 172
Bergsee 237
Bern 198, 200
Berninapaß 69, 254
Bertol, Col de 118
Besson, H. 20
Bettanier, J. 187
Bettmeralp 172, 181 f.
Bettmersee 182
Bielerhöhe 39, 250 f.
Bionnassay 96 f.
Bionnay 38, 97
Bitsch 172
Blatten 181
Blausee 182
Blümcke, A. 274, 279
Bodensee 31, 249
Bodmer, S. 210
Bois, Les 80 f.
Bordier, A.A. 20
Bormio 269
Bossons, Les 92 f.
Bourrit, M. T. 92, 96
Bozen 68, 266, 277, 295
Brennerpaß 33
Brienzersee 184
Bristen 247
Bühlmann, J. R. 12, 112

C
Cacciabelle-Paß 264
Casnil-Paß 264
Cassel, E. 182
Castasegna 262, 264
Castel, Lago 165
Cavloc, Lej da 263
Chammlijoch 246
Chammlilücke 243
Chamonix 22, 68, 74 f., 80 f., 96, 98, 104
Champex, Lac de 104
Champfèr 254
Chardonnet, Col du 78
Charpentier, J. G. 20
Châtelard-Vallorcine 76, 105 f.
Chécrouit, Lac 103

Chermontane, Col de 119
Chèvres, Col de 117
Chiavenna 262
Chiemsee 26, 32
Chippis 125
Coaz, J. W. F. 250, 256
Combal, Lac de 37 f., 99 f.
Comersee 68, 249
Cornopaß 162 f.
Coulon, H. 187
Courmayeur 99 f.
Couttet, M. 92
Croz, M. 131

D
Daubensee 218
DAV, Deutscher Alpenverein 23
Derborance, Lac de/Alp 221 f.
Desor, E. 187
Diavolezza, Fuorcla da la 255 f.
Dimai, F. 296
Dix, Lac des siehe Dixence, Barrage de la
Dixence, Barrage de la 38, 116 f., 124, 134, 149, 156
DÖAV, Deutscher und Österreichischer Alpenverein 20, 274, 292 f.
Domodossola 163
Douglas, Lord F. 131
Durafour, F. 96
Durand, Col 125 f.

E
Ebel, J. G. 62, 145, 165
Ecandies, Col des 105 f.
Electricité de France 84
Emosson Electricité SA 76 f., 105 f.
Emosson-Stausee 76
Ender, Th. 286
Engelberg 238
Entrèves 86, 98 f.
Ernen 171
Escher, H. C. 22, 98, 112, 222
Etterlin, P. 40
Euseigne 34, 115

F
Fäsi, J. C. 185, 214, 226 f., 238
Fayet, Le 96 f.
Fedaiapaß 297
Fedaiasee 294
Fenêtre de Durand 113
Ferpècle 116, 135
Fiesch 170, 181, 198
Fieschertal 170, 181, 198
Findeln 130
Finsterwalder, R. 21
Finsterwalder, S. 21, 270, 274, 278
Fionnay 109, 117
Flims 28
Floerke, F. 291
Forclaz, Col de la 104 f.
Forclaz, La 123
Forel, F. A. 21, 23
Franzenshöhe 269
Franz-Josefs-Höhe 288 f.
Friedrich, Herzog 277

Frütt (La Frua) 163
Funk, M. 200
Furkapaß 224 f., 236
Furtschölpaß 251 f.
Fuscher Törl 292

G
Galtür 250 f.
Gamchilücke 212
Gamsgrube 291 f.
Gardasee 32
Géant, Col du 86, 93
Gebidem 169, 171
Gelmersee 190
Gemmipaß 218
Genua 68
Gepatschstausee 271
Gimmelwald 210
Gletsch 21, 224 f.
Gletscherkommission 225
Golzerensee 247
Goppisberg 172
Gornergrat 136 f.
Gornersee 137
Göschenen 235
Göscheneralpsee 34, 36, 229 f., 234 f.
Gotthardbahn 236
Gotthardpaß, St. 29, 194
Grächen 171
Grande Dixence siehe Dixence, Barrage de la
Greich 172
Greifensee 26, 32
Griespaß 40, 162 f.
Griessee 124, 162 f.
Grimentz 124
Grimsel 184 f., 197, 202, 205, 234
Grimselsee 184 f., 205
Grindelwald 186, 192, 194 f., 204
Grindjisee 146
Grohmann, P. 296
Großer St. Bernhard 62, 74
Große Scheidegg 204
Großglockner-Hochalpenstraße 292
Grüensee 146
Gruner, G. S. 11, 62, 112, 145, 152, 186, 195 f., 210, 215, 228, 244, 254
Grünhornlücke 174 f., 193
Guarda 252
Guggisee 181
Gurgler Eisjoch 277, 280
Gußfeldt, P. 256
Guttannen 185, 228
Guyer-Zeller, A. 178

H
Hacquet, B. 62, 290
Hadow, D. 131
Haller, A. v. 189, 194
Hamel, J. 93
Handl, L. 295
Haudères, Les 118
Heim, A. 229
Hérens, Col d' 117 f., 132 f.
Hess, H. 274, 279
Hintertux 284
Hintertuxer Gletscherbahn 284
Hochgurgel 280
Hochjoch 270, 277, 280
Hochtor 292
Holzner, H. 297
Holzwurm, J. 288 f.
Hoppe, D. H. 291
Hornschuh, F. C. 291
Huben 278
Hudson, Ch. 131
Hüfipaß 242
Hugi, F. J. 11, 187 f.
Hühnertälijoch 205

I
Illgraben 124
Imseng, K. 156
Imst 272
Innergschlöß 287
Innertkirchen 184, 204, 229
Innsbruck 68
Interlaken 38, 181, 200, 210
Isler, A. 167
Ivrea 33

J
Janssen, J. 62, 93
Johann, Erzherzog 267, 287, 291, 293
Julierpaß 33
Jungfraubahn 178 f., 194 f.
Jungfraujoch 16, 192 f., 213

K
Kandahar, Lord 219
Kandersteg 210
Kasthofer, H. 23
Klausenpaß 245
Klotz, L. 278
Kopp, J. 281
Kufstein 254
Kürzinger, I. v. 287
Kurzras 277, 279

L
Langenfernerjoch 269
Langes, G. 296
Lauterbrunnen 194, 213
Lax 172
Lazius 288
Leuk 214
Leukerbad 218
Limbergsperre 34
Limmerensee 243
Linthal 247
Löbbia 264
Löschner, R. 296
Lötschberg (Lötschenpaß) 29, 198, 210
Lötschenlücke 167 f., 174 f.
Lottersberger, H. 297
Louchelet, Lac de 128
Ludwig der Ältere (Brandenburg) 277
Luzern 18 f., 26, 265
Lyon 224

M
Macugnaga 147
Maggiore, Lago 163 f.
Malga Ciapèla 294 f.
Maloja 18, 26, 254, 262
Margaritzen-Stausee 290 f.
Märjelensee 169 f., 198, 280
Martigny 104, 111
Martisberg 172
Mattmark 28, 37, 152
Mauvoisin, Lac de (Stausee) 28 f., 108 f., 117
Maximilian, I. 271
Meilinger, P. 292
Meiringen 204
Menzingen 32
Meran 278
Mercanton, P. L. 21
Merian, M. 195
Meßner, R. und S. 297
Meuron, J. A. 202
Meyer, C. F. 255
Meyer, J. R. 192
Mezzola, Lago di 69
Miage, Jardin du 100 f.
Miage, Lago 101 f.
Mittelberg 272
Moiry, Lac de 124 f.
Montana 215
Mont-Cenis 33
Monte-Moro-Paß 159, 161
Montenvers 80 f.
Montets, Col des 75
Mooserbodenspeicher 292
Morasco, Lago di 163
Morteratsch 254 f.
Mosjesee 146
Motec 125
Mothes, H. 275
München 30
Münster, S. 40
Mürren 210
Muttenloch 243
Mutterbergalm 282
Muttsee 243

N
Naters 181
Naturhistorisches Museum, Bern 190, 226, 228
Nauders 252
Nendaz 117
Neukirchen 287
Nicolet, C. 187
Niederjoch 277, 280
Nufenenpaß 69, 162 f.

O
ÖAV, Österreichischer Alpenverein 23, 292
Oberaarjoch 191 f.
Oberaarsee 184 f.
Obergesteln 185
Obergurgl 274, 277, 280 f.
Oberhasli-Kraftwerke 190 f.
Oberried 172
Oberwald 226
Oeschinensee 212 f.
Ortasee 32
Ötztaler Gletscherstraße 273

300

P
Paccard, M. 92
Pallavicini, A. v. 293
Palud, La 81 f.
Partenen 250
Partud 99
Pecetto 147
Penck, A. 26
Petronellakapelle 197
Pfäffikersee 32
Piccard, A. 280 f.
Pitztaler Jöchl 273, 279
Pococke, R. 80
Pontis-Fribouge, Les 124
Pontresina 254 f.
Pourtalès, F. de 187
Pranzaira 264 f.
Promontogno 262

R
Räbmann, H. R. 196, 198
Radolfzell 26
Ramuz, Ch. F. 222
Randa 28, 37, 128
Räterichsbodensee 184 f.
Rätoromanen 250
Reschen 270
Reschensee 270
Reusch 222
Richter, E. 270, 274, 286
Riddes 109
Riederalp 170, 181 f.
Riederfurka 172, 182
Riedmatten, Col de 117, 122
Robbiei, Lagi di 164
Rosenlaui 40, 204 f.
Rosole, Lago di 266
Rote Furka 253
Rotmoosjoch 282
Rousseau, J. J. 194
Ruthner, A. 287

S
Saas Balen 28, 154
Saas Fee 37, 152 f.
Sabbione, Lago di 163
SAC, Schweizerischer Alpenclub 20, 225 f., 243, 250
Salay 120
Sallanches 97
Salm-Reifferscheidt, Graf F. X. 290
Sandersee 289
Sanetschpaß 223
Saussure, H. B. 11, 20, 40, 63, 75, 80 f., 92 f., 96, 98, 100, 102, 164, 271, 290
Saxon 38
Scheuchzer, J. J. 20, 26, 62, 145, 202, 252
Schlagintweit, A. und H. 20, 274, 278, 289
Schlegeisspeicher, -see 285
Schnalstaler Gletscherbahn 279
Schneejoch 218
Schwarzsee 134
Schweizerischer Alpenclub siehe SAC
Schweizerischer Bund für Naturschutz, SNB 172, 182
Schwyz 73
Seefeld 281
Segantini, G. 264
Seigne, Col de la 98 f.
Selden 210
Sempachersee 26
Senn, F. 279
Siders 124
Sigismund, Kaiser 277
Sils 254
Silvaplana 254
Silvretta-Hochalpenstraße 250
Silvrettapaß 252
Silvrettasee 38, 250 f.
Simler, J. 62
Simplon 194
Sitten 111, 120, 132 f.
SNG, Schweizerische Naturforschende Gesellschaft 23, 225
Soglio 268
Sölden 273, 278 f., 280
Solothurn 224
Sondrio 266
Sorebois, Col de 127
Spescha P. a 40
Spiez 210
Splügenpaß 68, 249
St-Gervais-les-Bains 96 f.
St. Gotthard siehe Gotthard
St-Jean 124
St. Moritz 225, 254
Stalden 130
Stampa 262
Starnbergersee 26
Staz, Lej da 254
Stein 236
Steinsee 24, 232 f.
Steinwasserschlucht 233, 236
Stellisee 146
Stilfser Joch 266
Stubaier Gletscherbahn 282
Studer, G. 226
Stumpff, J. 40, 196
Sulden 36, 267
Suldenjoch 267
Surlej, Fuorcla 258
Sustenpaß 24, 69, 229 f., 232 f.

T
Täsch 133
Taugwalder, P. 54, 131
Theodulpaß 40, 120, 132, 136 f.
Thundersee 184
Tiefenbach 229
Tiefenmatten 133
Tierfehd 243
Timmelsjoch 280
Tosafälle 165
Totensee 184 f., 226
Tour, La 22, 37, 74 f.
Tracuit, Col de 127
Trafoi 269
Traunsee 32
Tribusser, J. 293
Trient (Italien) 266
Trient (Schweiz) 104 f.
Trübsee 239
Trübtensee 193
Tsanfleuron, Col de 221
Tsarein 223
Tschingelpaß 208 f.
Tschudi, A. 40
Turchinopaß 68
Tuxerjoch 285

U
Überlingen 26
Udet, E. 106
Ulrichen 162 f.
Unser Frau 277
Untergurgl 280
Urner Boden 245

V
Valeruz, A. 297
Valle di Lej, Lago di 34
Vallot, J. 93
Venetz, J. 111, 154
Vent 274, 277, 279
Vercorin 124
Vermuntpaß 252
Vermunt-Speicher 251
Verona 68
Vierwaldstättersee 26, 33
Visp 130, 154 f., 171
Vissoie 125
Vogt, C. 187
Vorarlberger Illwerke 251
Voza, Col de 74

W
Währen, H. 187
Walser 117, 121, 133, 163 f., 250
Wassen 229, 235
Wasserfallbodensee 34
Weilenmann, J. J. 250
Wetterlimmi 205
Wetterlücke 198, 210
Whymper, E. 54, 131
Wien 68
Wild, J. 20, 187
Wiler 181, 213
Windham, W. 80
Wolf, C. 210
Wulfen, F. X. v. 290
Würmsee 31

Y
Ygl, W. 40

Z
Zeiller, M. 195
Zemmgrund-Stausee 34
Zermatt 39, 121, 130 f., 136 f., 152, 225
Zinal 135
Zinggische Societät 188
Zmutt 135
Zugersee 32
Zummstein 52
Zürichsee 26
Zwieselstein 274, 280

Bildverzeichnis

Die Abbildungen werden, falls es sich nicht um Einzelbilder handelt, nach ihrem Standort auf den dreispaltig gegliederten Seiten bezeichnet.
L: Linke Spalte, M: Mittlere Spalte, R: Rechte Spalte
o: Oben, m: Mitte, u: Unten, l: Links, r: Rechts
Beispiel: Mm = Mittlere Spalte, mitte
L = linkes Bild

Abkürzungen
ETH: Bibliothek Eidg. Technische Hochschule Zürich
GS/ETH: Graphische Sammlung, Eidg. Technische Hochschule Zürich
VAW/ETH: Versuchsanstalt für Wasserbau, Hydrologie und Glaziologie an der Eidg. Technischen Hochschule Zürich
SLB: Schweizerische Landesbibliothek Bern
GS/ZBZ: Graphische Sammlung, Zentralbibliothek Zürich

Die Nummern bedeuten die Seitenzahl

Vorsatz vorne: Riedgletscher (Wallis), Herbert Maeder
Titelfoto: Persgletscher, Markus Liechti
6. Lo: Triftgletscher, R. C. Bachmann
Mo: Pass da Casnil, R. C. Bachmann
Ro: Gh. d. Marmolada, R. C. Bachmann
Ml: Ob. Grindelwaldgl., R. C. Bachmann
Mm: Taschachferner, Franz Thorbecke
Mr: Gepatschferner, R. C. Bachmann
Lu: Gl. des Bossons, R. C. Bachmann
Mu: Rhonegletscher, R. C. Bachmann
Ru: Grenzgletscher, Markus Liechti
7. Vadret da Morteratsch, Franz Thorbecke
8. O: Karte Vadr. da Tschierva, W. Pons, 1978
U: Vadret da Tschierva, R. C. Bachmann, 12. 9. 1977
9. O: Grafik zur Vergletscherung der Alpen, nach K. A. Habbe, 1977
U: Gorner- u. Unt. Theodulgletscher, F. Wilhelm, Sept. 1966
10. Lo: Grafik Firnlinie, F. Wilhelm
Mo: Gl. de Freiney, H. Grimm
Ro: Grafik Dichteprofile, F. Wilhelm
11. L: Giétrozgletscher, M. Aellen VAW/ETH, 12. 10. 1967
R: Eiskristall, Aletschgletscher, M. Aellen VAW/ETH, 1965
12. Lo: Grafik Rhonegletscher, nach E. v. Drygalski/F. Machatschek
Ro: Grafik Hintereisferner, nach H. Hess
Lu: Johann Rudolf Bühlmann (1802–1890), Glacier de Tsidjiore Nouve und Arollagl. am 1. 8. 1836, Bleistift, Wasserfarbe, Deckfarbe. Skizzenbücher Bd. 10, 256. GS/ETH
Ru: Eishöhle Mittelaletschgletscher, H. Röthlisberger VAW/ETH, 16. 10. 1956
13. Der Rhonegletscher und seine Eisbewegungen 1874–1900. Aus «Vermessungen am Rhonegletscher» von P. L. Mercanton VAW/ETH
14. Lo: Giétrozgletscher, Randspalten, M. Aellen VAW/ETH, 23. 9. 1972
Lu: Gl. des Grand Montets, R. C. Bachmann, 25. 9. 1977
Mo: Unt. Theodulgletscher, R. C. Bachmann, 5. 9. 1977
Mu: Rhonegletscher, R. C. Bachmann, Luftaufnahme 31. 10. 1977
15. Lo: Zmuttgletscher, R. C. Bachmann, Luftaufnahme 1. 8. 1977
Mo: Unteraargletscher, R. C. Bachmann, Luftaufnahme 6. 11. 1977
Mu: Bas Glacier d'Arolla, R. C. Bachmann, 7. 9. 1977
Ro: Vadret da Morteratsch, R. C. Bachmann, 11. 9. 1977
Rm: Aletschgl., Grundmoräne, R. C. Bachmann, Okt. 1977
16. Lm: Rhonegletscher, Rundhöcker, R. C. Bachmann, Sept. 1976
Mm: Rhonegletscher, Rundhöcker, R. C. Bachmann, Sept. 1976
Mu: Aletschgl., Konkordiaplatz, R. C. Bachmann, 25. 8. 1977
17. Lo: Gletschertisch Aletschgl., R. C. Bachmann, Sept. 1976
Lm: Firntisch Aletschgl., M. Aellen VAW/ETH, Juli 1964
Mo: Triftgletscher, R. C. Bachmann, Luftaufnahme 31. 10. 77
Mm: Mittagslöcher Gornergl., F. Wilhelm, Juli 1970
Mr: Schmelzschalen Gl. des Bossons, R. C. Bachmann, Juli 1977
18. Lo: Gletscherbach Aletschgl., R. C. Bachmann, Sept. 1976
Lm: Gletscherbach Gornergl., VAW/ETH
Mo: Pasterze, Gletschermühle, R. C. Bachmann, 1. 10. 1977
Ro: Pasterze, Gletschermühle, R. C. Bachmann, 1. 10. 1977
Mm: Gornergletscher, Entonnoir, R. C. Bachmann, Aug. 1976
19. Gletschergarten Luzern, Gletschertopf
20. Lo: Gornergletscher Tiefbohrungen, H. Röthlisberger, 11. 7. 1974
M (3 Fotos): Colle Gnifetti, Kernbohrungen, W. Haeberli VAW/ETH, 1977
21. Giétrozgletscher, Jahresmarken, H. Röthlisberger VAW/ETH, 30. 8. 1967
22. Grafik, Lageänderung der Gletscherenden in den Schweizer Alpen, nach P. Kasser und M. Aellen VAW/ETH
23. Lo: S. Birmann, Glacier des Bois, um 1823. Kolorierter Stich. Musée alpin, Chamonix
Lm: Marc-Théodore Bourit, Vue de la Source de L'arvéron et de son amas de Glace à Chamouni: Kol. Umrißradierung, gestochen von A. Moitte. Musée alpin, Chamonix
Ro: Findelengletscher, Moränen, L. King 1977
24. Lo: Aletschgletscher, R. C. Bachmann, Sept. 1977
Mo: Nebelflechte, L. King 1972
Mr: Landkartenflechte, L. King 1972
Mu: Steinsee, R. C. Bachmann, 17. 10. 1977
25. Lo: Grafik Gletscherhochstandsperioden, nach G. Patzelt und S. Bortenschläger, 1973
Ro: Grafik, Gletscherstände des Pasterzenkeeses, nach Paschinger, aus Drygalski/Machatschek, Gletscherkunde, 1942. SLB
Lu: Trientgletscher, R. C. Bachmann, 17. 7. 1977
Ru: Thompson-Gletscher, L. King
26. Ernst Hodel, Luzern zur Eiszeit. Wandgemälde von 1927, Museum des Gletschergartens Luzern
27. L: Baldegger- und Hallwilersee, R. C. Bachmann, Luftaufnahme 15. 5. 1978
R: Baffin Bay, L. King, Luftaufnahme 1975
28. Lo: Jungfraujoch, Schneedichtemessung, M. Aellen VAW/ETH, Sept. 1975
Mu: Grubengletscher, B. Nedela VAW/ETH, 17. 11. 1970
Ru: Grubengletscher, H. Röthlisberger VAW/ETH, 3. 11. 1970
29. Lo: Finteraarhorngruppe, R. C. Bachmann, Luftaufnahme 31. 10. 1977
Mm: Lac de Mauvoisin, R. C. Bachmann, 8. 9. 1977
31. Lo: Aletschgletscher, Era Buchmann, Okt. 1977
Lu: Silvrettastausee, F. Wilhelm 1961
Mo: Olperer, F. Wilhelm 1967
Mm: Rundhöcker, Aletschgletscher, R. C. Bachmann, Okt. 1977
Mu: Findling bei Knonau, R. C. Bachmann, Mai 1978
32. O: Drumlinlandschaft bei Menzingen, R. C. Bachmann, Mai 1978
U: Drumlins bei Menzingen, R. C. Bachmann, Mai 1978
33. O: Vierwaldstättersee, R. C. Bachmann, Luftaufnahme 31. 10. 1977
M: Malojapaß, Oberengadin, R. C. Bachmann, 11. 9. 1977
U: Zugersee, R. C. Bachmann, Luftaufnahme Mai 1978
34. Lo: Mittlere Abflußspende, Grafik, aus R. Vivian, 1975
Mo: Abflußganglinie und Lufttemperatur, Grafik, nach R. Rudolph, 1962
Ro: Tagesgang des Gesamtabflusses der Rofener Ache, Grafik nach H. Behrens et al., 1971
Mm: Gletschertor d. Gl. d'Otemma, H. Röthlisberger VAW/ETH, 29. 8. 1968
Mu: Erdpyramiden bei Euseigne, R. C. Bachmann, 31. 7. 1977
35. Erdpyramide bei Euseigne (Wallis), R. C. Bachmann, 31. 7. 1977
36. Göscheneralpsee u. Chelengletscher, R. C. Bachmann, Luftaufnahme 31. 11. 1977
37. Lo: Gletscherabbruch am Altels am 11. 9. 1895, Foto Schweizerisches Alpines Museum, Bern
Lm: Lac de Combal, R. C. Bachmann, 5. 8. 1977
Ru: Allalingletscher, Katastrophe vom 30. 8. 1965, Luftaufnahme 31. 8. 1965 Comet-Photo AG Zürich
38. Lo: Hotel Silvrettasee, Vorarlberger Illwerke AG
Ro: Hochjochferner, R. C. Bachmann, 16. 9. 1977
Ru: Barrage de la Grande Dixence, R. C. Bachmann, Juli 1977
39. Übersichtskarte Werksgruppe Ob. Ill-Lünersee, nach Plan in Vorarlberger Illwerke AG, Bregenz, 1969
42. L: Miagegletscher, G. Michler
R: Steingletscher und Steinsee, L. King, 1965
43. Mo: Aletschgletscher u. Aletschwald, G. Michler
Lm: Gaißberg- und Rotmoosferner, R. C. Bachmann, 4. 10. 1977
Mm: Gl. des Bossons, R. C. Bachmann, 28. 7. 1977
Rm: Gl. des Bossons, R. C. Bachmann, 6. 8. 1977
44. Lo: Gentiana aspera, O. Kraus
Mo: Roter Steinbrech, O. Kraus
Ro: Silberwurz, W. Braun
44. Mm: Aurikel, R. Bochther
Rm: Gentiana accaulis, G. Michler
45. Lm: Soldanella a pina, W. Braun
Mm: Draba alpina, O. Kraus
Ro: Gletscherhahnenfuß, R. Bochther
Rm: Alpenrosen R. C. Bachmann
Lu: Polsterwuchs, Skizze, G. Michler
46. Lo: Aletschwald, Arven, R. C. Bachmann, Sept. 1976
Ro: Arvenstamm, Val Forno (Bergell), R. C. Bachmann, Sept. 1977
Mm: Aletschgletscher, R. C. Bachmann, Okt. 1977
47. Flechten, (3 Fotos), R. C. Bachmann, 1977
Mm: Graue Nebelflechte, R. C. Bachmann, 1977
Rm: Flechten, R. C. Bachmann, 1977
Mu: Flechten am Aletschgletscher, R. C. Bachmann, 1977
Ru: Gelbe Landkartenflechte, R. C. Bachmann, 1977
48. Lo: Cladonia u. Centraria nivalis, R. C. Bachmann, 1977
Mo: Stereocaulon Spez., R. C. Bachmann, 1977
Ro: Alectoria ochrolenca., R. C. Bachmann, 1977
Ru: Die Höhengürtel der Alpen, G. Michler, 1978
49. Lo: Salix herbacea, W. Braun, München
Lm: Salix reticulata, O. Kraus, München
Rm: Aletschwald, R. C. Bachmann, Okt. 1977
Mm: Glacier des Bossons, R. C. Bachmann, 25. 7. 1977
50. Mo: Schneealgen und Gletscherfloh, aus W. Flaig, Das Gletscherbuch, 1938
Mm: Alpensalamander, R. Hofer
Ro: Roter Apollo, R. Hofer
Rm: Alpenschneehuhn, Herbert Maeder
51. O: Gemsrudel, Herbert Maeder, Rehetobel
U: Murmeltier, H. Maeder
52. Steinböcke, Era Buchmann, 1977
53. Gornergletscher, R. C. Bachmann, 4. 9. 1977
54. Lu: Aletschgletscher, R. C. Bachmann, 26. 8. 1977
M: Vadret da Morteratsch, R. C. Bachmann, 11. 9. 1977
Ru: Bondascagletscher, Herbert Maeder
55. Glacier d'Envers du Plan, R. C. Bachmann, 6. 8. 1977
56. Lo: Seilschaft am Jungfraufirn, Dölf Reist
Ro: Aletschgletscher, R. C. Bachmann, 26. 8. 1977
Mu: Sprung über Gletscherspalte, H. Maeder
57. L: Heli-Skiing, Siegried Stangier, Zermatt

R: Tiefschneeabfahrt, Siegfried Stangier
58./59. Weißmiesgletscher, Markus Liechti
60. Mo: Skispuren auf Gletscher, S. Stangier
Lu: Skiabfahrt am Seil, Herbert Maeder
Ru: Skihochtouristen im Aufstieg, H. Maeder
61. Ru: Skisegeln am Jungfraujoch, K. Hertwig
62. Steigeisen, aus Johann Jakob Scheuchzer «Itinera per Helvetiae Alpina Regiones» 1723. Alpines Museum, Bern
63. O: Steigeisen, aus H. B. de Saussure «Voyages dans les Alpes» 1779–1786. SLB
U: Danzer. Besteigung des Mont-Blanc durch Herrn von Saussure, im August 1785. Kolorierter Stich. SLB
64. O. M. U: Breithornplateau, Leichenbergung, Siegfried Stangier, April 1977
65. Bergausrüstung, R. C. Bachmann, 1978
66./67. Eistechnik mit Max Imboden (17 Fotos), R. C. Bachmann, 1977
71. Vadret da Morteratsch, F. Thorbecke
72./73. Topographischer Atlas der Schweiz 1: 50 000, «Siegfriedkarte». Blatt 530, Grand Combin. Aufnahme von L'hardy 1859, Revision von X. Imfeld 1877, Ausgabe 1880, Eidg. Landestopographie, Wabern
74. Lm: Argentièregletscher, Werner Friedli, Luftaufnahme 1967
Mu: Argentièregletscher, Foto um 1915, Musée alpin, Chamonix
Ru: Glacier du Tour, R. C. Bachmann, 30. 7. 1977
75. Lo: Antoine Linck (1766–1843). «Vue du Mont-Blanc, prise du Sommet du Col de Balme». Kolorierter Umrißstich. Musée alpin, Chamonix
Lm: «Argentière – Le Glacier et le Mont-Dolent». Foto um 1910, J. J. 7836. Musée alpin, Chamonix
Mm: Gl. des Amethystes, R. C. Bachmann, 25. 7. 1977
76. Untergletscherfassung am Gl. d'Argentière. Electricité d'Emosson SA
77. L: Gl. d'Argentière, R. C. Bachmann, 7. 8. 1977
R: Gl. d'Argentière, Gletschertor, R. C. Bachmann, 7. 8. 1977
78. Mo: Gl. d'Argentière, R. C. Bachmann, 25. 7. 1977
Lm: Gl. d'Argentière, R. C. Bachmann, 24. 7. 1977
Ro: Gl. d'Argentière, R. C. Bachmann, 25. 7. 1977
Mu: Eiskletterer, H. Maeder
80. O: Schellenberg. «Vue de la mer de Glace du montanvert. Stich nach M. T. Bourrit, um 1770. Aus «Descriptions des alpes pennines et rhetiennes», von M. T. Bourrit, 1781. SLB
U: A. Moitte. «Vue de la Source de l'arvéron et de son amas de Glace à Chamouni». Kolorierter Umrißstich nach M. T. Bourrit, um 1770, 22 × 30 cm. GS/ZBZ
81. L: A. Moitte. «Vue de la Vallée de Glace de Chamouni prise du sommet du montenvert». Kol. Umrißstich nach M. T. Bourrit, um 1770, 22 × 30,4 cm. GS/ZBZ
R: Reisegesellschaft auf dem Mer de Glace, um die Jahrhundertwende. Kol. Fotografie. Musée alpin, Chamonix (Temple de la Nature, Montenvert)
82. Lo: Gl. des Bois. Fotografie von 1866. Musée alpin, Chamonix
Mm: Gl. des Bois. Fotografie vermutlich um 1865. Musée alpin, Chamonix
83. Samuel Birmann (1793–1847). «Au village des Prats. Août 1823.» Gl. des Bois. Feder, Aquarell und Gouache. 44 × 58,3 cm. Kuperstichkabinett, Kunstmuseum Basel
84. Gl. du Tacul u. Gl. de Leschaux, R. C. Bachmann, 6. 8. 1977
85. Lu: Mer de Glace. Luftaufnahme, Institut Geographique National France, 1966
R: Mer de Glace. M. Liechti
Mo: Oberflächengeschwindigkeiten des Mer de Glace, nach L. Lliboutry «Traité de Glaciologie», S. 622, 1965. ETH
86. Luftseilbahn über das Vallée Blanche. R. C. Bachmann, 5. 8. 1977
87. O: Mont-Blanc, Midi Plan. R. C. Bachmann, 6. 8. 1977
M: Séracs du Géant. R. C. Bachmann, 6. 8. 1977
88. L: Aig. du Midi, Midi-Plan. R. C. Bachmann, 6. 8. 1977
R: Montenvers u. Mer de Glace, R. C. Bachmann, 6. 8. 1977
89. Abstieg von der Aig. du Plan. R. C. Bachmann, 6. 8. 1977
91. O: Refuge Couvercle. Christian Langowski, 1976
U: Midi-Plan-Grat. R. C. Bachmann, 6. 8. 1977
92. «Vue du Glacier des Bossons & du Mont-Blanc, prise de Chamouny». Aus «Description des Glacières, Glaciers et Amas de Glace du Duché de Savoye», von M. T. Bourrit, 1773. SLB
93. L: Henri L'Evèque (1769–1832). H. B. de Saussure im Aufstieg zum Col du Géant, 1788. Kol. Umrißradierung. SLB
R: Gl. des Bossons. R. C. Bachmann, 26. 7. 1977
94. Lo: Observatorium Vallot. Herbert Maeder
Ro: Jules Janssen im Gl. des Bossons, Fotografie von 1888. Musée alpin, Chamonix
Mm: Gl. des Bossons et de Taconnaz. F. Thorbecke
Mu: Gl. des Bossons. R. C. Bachmann, 28. 7. 1977
95. Lm: Gl. des Bossons. R. C. Bachmann, Juli 1977
Lu: Saussure-Denkmal, Chamonix. R. C. Bachmann, 1977
Mu: Gl. des Bossons, R. C. Bachmann, 26. 7. 1977
96. Gl. de Bionnassay. R. C. Bachmann, 27. 7. 1977.
97. Lo: Gl. de Tête Rousse, Skizze, aus L. Lliboutry «Traité de Glaciologie», 1965. ETH
Lm: St-Gervais-les-Bains. E. Lepinay, St-Gervais
Lu: St-Gervais-les-Bains. E. Lepinay, St-Gervais
98. Hans Conrad Escher (1767–1823). «Am Fuß des Brenvagletschers an der Südseite des Mont-Blanc im Piemont. Den 2. August 1820 n. d. Nat. gezeichnet von H. C. Escher». Aus «H. C. Escher von der Linth, Ansichten und Panoramen der Schweiz», Atlantis Verlag. Aquarell. GS/ZBZ
99. A. Topffer. «Le Mont-Blanc vu en face du coté de l'Allée-Blanche». Stich nach M. T. Bourrit. Aus «Voyages dans les Alpes» von H. B. de Saussure, 1779–1786. SLB
100. Lo: Brenvagletscher. R. C. Bachmann, 5. 8. 1977
Lm: Brenvagletscher. R. C. Bachmann, 5. 8. 1977
Ru: Lac du Miage. R. C. Bachmann, 5. 8. 1977
101. O: Jardin du Miage. R. C. Bachmann, 5. 8. 1977
U: Lac de Miage. H. Grimm, 1975
102. Lo: Lac de Combal. R. C. Bachmann, 5. 8. 1977
Ro: Brenvagletscher. R. C. Bachmann, 5. 8. 1977
Mm: Gl. de Freiney. H. Grimm, 1975
104. O: Salomon Gessner (1730–1788). «Ursprung des Trient in Wallis». Radierung, 8,6 × 11,7 cm. SLB
U: Gl. du Trient. R. C. Bachmann, 17. 7. 1977
105. Glacier du Trient. R. C. Bachmann, 17. 7. 1977.
106. O: Glacier de Saleina, M. Liechti
U: Kraftwerkanlage Emosson, Karte. Electricité d'Emosson SA
107. Glacier d'Orny. M. Liechti
109. Glacier du Giétroz. Luftaufnahme F. Thorbecke
110. Hans Conrad Escher. «Getroz Gletscher zwischen dem Mont-Pleureur u. Mont-Mauvoisin; mit dem Überrest des aufgedämmten Sees im Bagnesthal im Wallis. Den 23. Juli 1818 n. d. Nat. gez. von H. C. Escher». Aquarell, 25,9 × 26,6 cm. GS/ZBZ
111. Hans Conrad Escher. «Hintergrund des Bagnesthal im Unter Wallis, ob Pont du Quart. Den 7. August 1820 n. d. Nat. gez. von H. C. Escher». Aquarell 20,3 × 25,7 cm. GS/ZBZ. (Atlantis Verlag)
112. Mo: Gl. de Corbassière. S. Stangier, 1975
Rm: Gl. d'Otemma, Gletschertor. Ekkehard Rieger, April 1978
Lu: Lac de Mauvoisin. R. C. Bachmann, 8. 9. 1977
114. Lo: Eringerin. R. C. Bachmann, Sept. 1977
Mo: Gl. de Perpècle. R. C. Bachmann, 7. 9. 1977
Ru: Erdpyramiden bei Euseigne. R. C. Bachmann, 7. 9. 1977
115. Erdpyramiden bei Euseigne. R. C. Bachmann, 31. 7. 1977
116. O: Lac des Dix. Photo Germond, Lausanne
U: Lac des Dix. Photo Germond, Lausanne
117. L: Gl. de Tsidjiore Nouve. Luftaufnahme Nr. 7787 vom 8. 9. 1977, 12 h 37, Eidg. Landestopographie
R: Johann Rud. Bühlmann. Glacier de Tsidjiore Nouve am 1. 8. 1836, Skizzenbücher Bd. 10, 256. Bleistift, Wasserfarbe, Deckfarbe. GS/ETH
118. O: Mont-Collon. Franz Thorbecke
U: Johann Rud. Bühlmann. Bas Glacier d'Arolla mit Mont-Collon am 1. 8. 1836. Bleistift, Wasserfarbe, Deckfarbe. Skizzenbücher Bd. 10, GS/ETH
119. Lo: Gl. du Mont-Miné. R. C. Bachmann, 19. 9. 1976
Mm: Gl. de Ferpècle u. Gl. du Mont-Miné. Luftaufnahme Nr. 7749 vom 8. 9. 1977, 12 h 06, Eidg. Landestopographie
Lu: Johann Rud. Bühlmann (1802-1890). Glacier de Ferpècle am 31. 7. 1835. Bleistift, Wasserfarbe, Deckfarbe. Skizzenbücher Bd. 10, 253, GS/ETH
Mu: Johann Rudolf Bühlmann. Glacier de Ferpècle am 31. 7. 1835. Bleistift, Wasserfarbe, Deckfarbe. Skizzenbücher Bd. 10, 254, GS/ETH
120. Dent Blanche. R. C. Bachmann, Aug. 1977
121. Plateau d'Hérens. Luftaufnahme A. Walter, Münsingen, 1976
122. O: Bas Glacier d'Arolla. R. C. Bachmann, 7. 9. 1977
U: Haute Route. Ekkehard Rieger, April 1978
124. Glacier de Moiry. Luftaufnahme F. Thorbecke
125. O: Gl. de Moiry. H. Maeder
U: Gl. de Moiry. R. C. Bachmann, Sept. 1976
126. Glacier de Zinal, Obergabelhorn. Dölf Reist
127. Lo: Glacier Durant. Willi P. Burkhardt
Lm: Col de Tracuit. H. Maeder
Ro: Val de Zinal. R. C. Bachmann, Sept. 1977
128. Lo: Turtmanngletscher. Willi P. Burkhardt
Mo: Weisshorn. H. Maeder
Mm: Bisgletscher. H. Röthlisberger VAW/ETH, 15. 7. 1975
129. Turtmannhütte. H. Maeder
130. Mischabelgruppe. R. C. Bachmann, Sept. 1975
131. Zermatt. R. C. Bachmann, Luftaufnahme 1. 8. 1977
132. Lo: Matterhorn. R. C. Bachmann, Luftaufnahme 1. 8. 1977
Ro: Johann Rud. Bühlmann. Zmuttgletscher am 24. 7. 1835. Bleistift, Wasserfarbe, Deckfarbe. GS/ETH
Mm: Col d'Hérens, Zmutter Seite. Skizze aus F. Röthlisberger «8000 Jahre Walliser Gletschergeschichte», 1976 S. 120
133. L: Schönbielhütte. R. C. Bachmann, Luftaufn. 1. 8. 1977
R: Dent Blanche u. Hohwänggl. vom Matterhorngipfel aus gesehen bei Sonnenaufgang. Willi P. Burkhardt, Buochs
134. Lo: Matterhorn u. Zmuttgl. R. C. Bachmann, Luftaufnahme 1. 8. 1977
Mu: Zmuttgletscher. R. C. Bachmann, Luftaufnahme 1. 8. 1977
Ru: Solvay-Hütte. Thomas T. Bachmann, Luftaufnahme Sept. 1976
136. Gornergletscher. F. Thorbecke, Luftaufn. 1969
137. O: Monte Rosa. Blick vom Stockhorn. Willi F. Burkhardt
U: Schafe. R. C. Bachmann, Sept. 1976
138. Lo: Bodengletscher, Gletschertor. H. Röthlisberger VAW/ETH, 31. 7. 1974
Ro: Joseph Bettannier. «Zermatt-Gletscher, Unteres Ende». Lithographie. Aus L. Agassiz «Etudes sur les glaciers», 1840. SLB
Mo: Monte-Rosa-Gletscher. Photo Klopfenstein, 1926
Mm: Monte-Rosa-Gletscher. R. C. Bachmann, 5. 9. 1977
Mu. Gornersee. R. C. Bachmann, 4. 9. 1977
139. O: Joseph Bettannier. «Zermatt-Gletscher, Mittlerer Theil». Lithographie. Aus L. Agassiz «Etudes sur les glaciers», 1840. SLB
140/41. Gornergletscher, vom Stockhorn. Willi P. Burkhardt, Buochs
142. Mo: Gletschertisch. R. C. Bachmann, Sept. 1976
Lu: Gornergletscher. R. C. Bachmann, 5. 9. 1977
Ru: Gornergletscher. R. C. Bachmann, Sept. 1976
143. Gornergletscher. Luftaufnahme Nr. 1728 (Monte Rosa) vom 13. 10. 1970, 14 h 15, Ektacolor, 14 h 15, Flughöhe 3770 m, Eidg. Landestopographie
144. Gornergletscher. R. C. Bachmann, 4. 9. 1977
Unt. Theodulgletscher, R. C. Bachmann, 5. 9. 1977
145. R. Bühlmann. «Bastion de St. Theodule sur le Matterjoch». GS/ETH
146. Findelengletscher. R. C. Bachmann, 5. 9. 1977
147. Lo: Joseph Bettannier. «Findelen-Gletscher». Lithographie. Aus L. Agassiz «Etudes sur les glaciers», 1840. SLB
Ro: Reisegesellschaft auf dem Findelengletscher, um die Jahrhundertwende. Photo Perren, Zermatt
148. Séracs im Gornergletscher. R. C. Bachmann, 4. 9. 1977
149. L: Hochgebirgsbaustelle am Oberen Theodulgletscher, R. C. Bachmann, 5. 9. 1977
R: Hochgebirgsbaustelle am Klein-Matterhorn. S. Stangier, 1977
150. Originalmeßtischblatt zur Dufourkarte. Blatt XXIII, Section 5, Zermatt, Aufnahme 1859 von Bétemps, Eidg. Landestopographie
153. Allalingletscher am 5. 8. 1936, Comet-Photo AG
154/155. Allalingletscher, Katastrophe vom 30. 8. 1965 (5 Fotos). Comet-Photo AG
156. Lo: Mattmark-Baustelle, 31. 8. 1965, Foto Supersaxo
Ro: Mattmarkalp, um 1930. Photo Klopfenstein Adelboden
Rm: Allalingletscher am 31. 8. 1965. Comet-Photo AG
Ru: Feegletscher. Foto Supersaxo, Saas-Fee
157. Ro: Feegletscher, Ufermoräne. M. Liechti
Lm: Feegletscher, R. C. Bachmann, Sept. 1976
U: Feegletscher. R. C. Bachmann, Sept. 1976
158. Mo: Steinböcke. R. C. Bachmann, Okt. 1977
Lu: Pilatus Porter auf Feegl., Werner Friedli
Mu: Feegletscher Gletscherschliffe. R. C. Bachmann, Sept. 1976
Rm: Britannia-Hütte. R. C. Bachmann, Sept. 1976
159. Lo: Feegletscher. R. C. Bachmann, Sept. 1976
Ro: Feegletscher. R. C. Bachmann, Sept. 1976
Mm: Séracs im Feegletscher. Foto Supersaxo
160. Mo: Gletschertisch Allalingl., R. C. Bachmann, Sept. 1976
Mm: Gletschertisch Allalingl., R. C. Bachmann, Sept. 1976
U: Allalingletscher, R. C. Bachmann, Sept. 1976
162. Murmeltiere, R. Hofer, Innsbruck
163 Griesgletscher. Willi P. Burkhardt, Buochs
164. O: Griesgl., Gletschertor. R. C. Bachmann, Sept. 1976
U: Griessee. R. C. Bachmann, Sept. 1976
167. Lo: Aletschgletscher. A. Walter, Münsingen, 1975
Ro: Aletschgletscher. A. Walter, 1975
Mu: Gletscherlandung am 17. 8. 1919 mit einem Haefeli DH-3 unterhalb Jungfraujoch durch R. Ackermann und A. Isler. Archiv Verkehrshaus der Schweiz, Luzern
168. Aletschgletscher. Luftaufnahme Nr. 7645 vom 8. 9. 1977, loh 51, Eidg. Landestopographie
169. Aletschgletscher. R. C. Bachmann, Okt. 1977
170. L: Joseph Bettannier, «Aletsch-Gletscher und See», Lithographie. Aus L. Agassiz «Etudes sur les glaciers», 1840, SLB
R: Märjelensee. R. C. Bachmann, 14. 9. 1976
171. Der Aletschgletscher seit der letzten Eiszeit, 3 Karten, VAW/ETH
172. O: Aletschwald. R. C. Bachmann, Okt. 1977
U: Oberriederi. H. Röthlisberger VAW/ETH, 1968
173. Lo: Mittelaletschgletscher. R. C. Bachmann, Luftaufnahme 6. 11. 1977
Ro: Mittelaletschgletscher, 1930. Photo R. Klopfenstein, Adelboden
Lm: Oberaletschgletscher. R. C. Bachmann, Luftaufnahme 6. 11. 1977
Rm: Oberaletschgletscher. R. C. Bachmann, Luftaufnahme 6. 11. 1977
174. Oberaletschgletscher. Luftaufnahme Nr. 7652 vom 8. 9.1977, 10 h 52, Eidg. Landestopographie
175. Lo: Joseph Bettannier, «Viescher-Gletscher», Lithographie. Aus L. Agassiz «Etudes sur les glaciers», 1840, SLB
Rm: Fieschergletscher. R. C. Bachmann, Luftaufnahme 6. 11. 1977
Mu: Langgletscher. R. C. Bachmann, 6. 9. 1977
176/177. Grosser Aletschfirn, von der Lötschenlücke, bei Sonnenaufgang. Willi P. Burkhardt, Buochs
178. L: Jungfraujoch. R. C. Bachmann, Sept. 1976
R: Jungfraufirn. R. C. Bachmann, 25. 8. 1977
179. O: Station Eigergletscher, Jungfraubahn. R. C. Bachmann, Sept. 1976
U: Aletschgletscher. R. C. Bachmann, Sept. 1976
180. O: Lötschenlücke. R. C. Bachmann, 25. 8. 1977
U: Hubschrauber ü. d. Aletschgl., S. Stangier, Zermatt
181. O: Wannenhörner, Rhonetal. R. C. Bachmann, Luftaufnahme 6. 11. 1977
U: Mönch. R. C. Bachmann, Sept. 1976
182. O: Aletschwald. R. C. Bachmann, Okt. 1977
M: Finsteraarhorngruppe. Skyla-EREP Aufnahme (S 190 B) vom 11. 9. 1973. NASA, Lyndon B. Johnson Space Center Houston, Texas
184. Finsteraarhorngruppe, Grimselsee. R. C. Bachmann, Luftaufn. 31. 10. 1977
185. Unteraargletscher. R. C. Bachmann, Luftaufnahme 31. 10. 1977
186. Hans Conrad Escher. «Lauteraargletscher am Grimsel. 19. August 1794 n. d. Nat. gez. von H. C. Escher». Aquarell 14,1 × 25,0 cm, GS/ZBZ (Atlantis Verlag)
187. Lo: S. H. Grim. «Der Lauteraar Gletscher im Cant. Bern». Gestochen von A. Zingg. 14,5 × 18,5 cm. In G. S. Gruner «Die Eisgebirge des Schweizerlandes», 1760. SLB
Ro: S. H. Grim. «Der Zinke Gletscher oder die Eiswand des Lauteraar Gletschers im Cant. Bern». Gestochen von A. Zingg, 14,6 × 19,0 cm. In G. S. Gruner «Die Eisgebirge des Schweizerlandes», 1760. SLB
Mo: Joseph Bettanier. L'hôtel des Neuchâtelois.

Lithographie in L. Agassiz «Etudes sur les glaciers», 1840, SLB
Mm: Joseph Bettanier. Die Hugi-Hütte auf dem Unteraargletscher. Lithographie in L. Agassiz «Etudes sur les glaciers», 1840, SLB
Mu: Caspar Wolf (1735–1783). «Glacier de Lauteraar». Um 1775, aus «Vues remarquables des montagnes de la Suisse», Amsterdam 1785. SLB. Foto H. J. Zumbühl

188. O: «Carte du glacier inferieur de l'Aar. Levée en 1842, d'après les directions de M. Agassiz, par Jean Wild». Lithographie in L. Agassiz «Etudes sur les glaciers», 1840. SLB
U: Unteraargletscher, Tiefbohrungen. H. Röthlisberger VAW/ETH, 24. 5. 1977

189. U: Caspar Wolf (1735–1783). «La grosse pierre sur le glacier de Vorderaar». Um 1775, aus «Vues remarquables des montagnes de la Suisse», Amsterdam 1785. SLB, Foto H. J. Zumbühl

190. L: Der Kristallfund am Vord. Zinggenstock. Kristalle im Naturhistor. Museum Bern, Foto World Traffic Editions
R: Lageskizze Kristallfund. Stich 13,5 × 18,8 cm. Aus J. C. Altmann «Versuch einer historischen u. physischen Beschreibung der helvetischen Eisbergen», Zürich 1751, S. 163

191. Lu: Anlagen der Kraftwerke Oberhasli AG, Karte, Copyright Brügger AG, Meiringen
Ro: Oberaarsee. R. C. Bachmann, Okt. 1976
Rm: Oberaargletscher. R. C. Bachmann, Okt. 1976

192. Totensee, Grimsel. R. C. Bachmann, 23. 7. 1977

192/193. O: Albrecht Kauw (1621–1681). «Eigentliche Abbildung des Gletschers im Thal Grindelwalt Sambt Dem Dorff und gebirg daselbsten. Jn der Land vogtey. Jnterlaken. Jm Oberlandt» 1669. Feder, Wasserfarbe, 27,8 × 79,8 cm. Historisches Museum Bern, Foto H. J. Zumbühl
U: Grindelwald, Fotopanorama, Standort Grindelwald First, Willi P. Burkhardt, 1975

196. O: Unterer Grindelwaldgletscher, Fotografie vermutlich von 1860. SAC-Bibliothek, Bern, Foto H. J. Zumbühl
U: Joseph Plepp (1595–1642). «Abbildung des Gletschers im Grindelwaldt in der Herrschafft Bern». Radierung, 20,7 × 26,6 cm. Erstmals erschienen in M. Merian «Topographia Helvetiae, Rhaetiae et Valesiae . . .», 1642. SLB

197. Caspar Wolf. Unterer Grindelwaldgletscher. Vermutlich um 1774. Bleistift, Wasserfarbe, Deckfarbe, 20,0 × 30,5 cm. GS/ETH

198. L: Unterer Grindelwaldgletscher. R. C. Bachmann, 21. 9. 1976
R: Fieschergletscher, Station Eismeer Jungfraubahn. R. C. Bachmann, Sept. 1976

199. Johann Ludwig Aberli (1723–1786). «Vue d'une Partie du Glacier du Grindelwald /des: par. J. L. Aberli». 1762/68. Feder, Wasserfarbe, 20,0 × 23,5/23,9 cm, auf Blatt montiert. Kunstmuseum Bern A 6092 M Aberli, Foto H. J. Zumbühl

200. O: Finsteraarhorn. Willi P. Burkhardt
U: Oberer Grindelwaldgletscher. R. C. Bachmann, 30. 10. 1977

201. Ob. Grindelwaldgletscher. R. C. Bachmann, 30. 10. 1977

202. Lo: «Bedauerlichen Tod des J. A. Meuron in den Gletschern des Grindelwalds». Holzschnitt, 1821, anonym. GS/ZBZ
Ro: Oberer Grindelwaldgletscher. R. C. Bachmann, 30. 10. 1977
Mm: Drache. Aus J. J. Scheuchzer «Itinera per Helvetiae Alpinas Regiones», 1723

203. Lo: Unterer Grindelwaldgletscher. R. C. Bachmann, 21. 9. 1976
Mo: Steinbock b. Glecksteinhütte. Era Buchmann, 30. 10. 1977

204. O: Wetterhorn. R. C. Bachmann, 30. 10. 1977
U: Rosenlauischlucht. R. C. Bachmann, 23. 10. 1977

205. Mo: Samuel Birmann (1793–1847). Der Rosenlauigletscher im Juni 1828. Feder, Aquarell u. Gouache über Bleistift, 45 × 60,3 cm. Kunstmuseum Basel, Foto H. J. Zumbühl Lm: Rosenlauigletscher. R. C. Bachmann, 23. 10. 1977
Rm: Josef Jakob Biedermann (1763–1830). Der Rosenlauigletscher 1808. Kol. Stich. SLB, Foto H. J. Zumbühl
Mu: D. Dürringer. «Der Rosenlaui Gletscher auf dem Scheidek im Cant. Bern». Gest. von A. Zingg. In G. S. Gruner «Die Eisgebirge des Schweizerlandes», 1760. SLB

206. O: Gauligletscher. R. C. Bachmann, Luftaufnahme 31. 10. 1977
U: Dakota DC-4 auf Gauligletscher, 24. 11. 1946. Ringier Bilderdienst AG

208. Kanderfirn. R. C. Bachmann, Luftaufnahme 31. 10. 1977

209. Mutthornhütte. Willi P. Burkhardt

210. Caspar Wolf (1735–1783). «Glacier du Breithorn contre le couchant». Um 1776, gestochen von Schellenberg. 14,7 × 21,3 cm. Aus «Vue remarquables des montagnes de la suisse avec leur description, berne chez Wagner» 1778. SLB

211. «Prospect der Reparierten Straß über den Lötschenberg im Ampt Frutingen». Anonym, aquarellierte Zeichnung, 1698. 40,6/40,8 × 41/41,3 cm. Staatsarchiv Bern, Wallis Buch F, S. 228

213. Mu: Blümlisalpgruppe, Oeschinensee. R. C. Bachmann, Luftaufnahme 6. 11. 1977
Ro: Aufstieg zum Blümlisalphorn. Dölf Reist
Ru: Oeschinensee, Luftaufnahme E. A. Sautter

214. J. H. Koch. «Der Simmenthal oder Räzliberg Gletscher im Cant. Bern». Gezeichnet nach der Natur 1759. Gegraben von A. Zingg. 14,2 × 18,9 cm. In G. S. Gruner «Die Eisgebirge des Schweizerlandes», 1760. SLB

215. O: Gl. de la Plaine Morte. Fjällräven-Alu-Zelt. R. C. Bachmann, 6. 9. 1977
U: J. H. Koch. «Die Eisgebirge und Gletscher des Strubels im Cant. Bern». Gegraben von A. Zingg. In G. S. Gruner «Die Eisgebirge des Schweizerlandes», 1760. SLB

216/217. Firnschichtung im Lämmerengletscher. Markus Liechti, Liebefeld

218. Gl. de la Plaine Morte. R. C. Bachmann, 6. 9. 1977

219. Ro: Skitourist auf Gl. de la Plaine Morte. H. Maeder

220. Les Diablerets. R. C. Bachmann, 8. 9. 1977

221. L: Oldenhorn. R. C. Bachmann, 8. 9. 1977
R: Tour St. Martin. R. C. Bachmann, 8. 9. 1977

222. Gl. de Tsanfleuron. R. C. Bachmann, 8. 9. 1977

223. Alp Derborance. R. C. Bachmann, 8. 9. 1977

224. L: Rhonegletscher. R. C. Bachmann, Luftaufnahme 31. 10. 1977
R: Rhonegletscher. R. C. Bachmann, Luftaufnahme 31. 10. 1977

225. Furkapost, Saurer AD, um 1925. Foto Schweizerisches PTT-Museum, Bern

226. Lo: F. Meyer. «Der Rhone Gletscher in der Landschaft Wallis». Gegraben von A. Zingg. 14,9 × 18 cm. In G. S. Gruner «Die Eisgebirge des Schweizerlandes», 1760. SLB
Mo: Le glacier du Rhône en 1870. Photo Charmaux, VAW/ETH
Ro: Der Rhonegletscher 1970, M. Aellen VAW/ETH
Ru: Ch. Dufour et F. A. Forel. «Plan du front du Glacier du Rhone et de ses Moraines frontales levé le 30. Juillet 1870», SLB

227. O: Triftgletscher. R. C. Bachmann, Luftaufnahme 31. 10. 1977
M: Triftgletscher. R. C. Bachmann, Luftaufnahme 31. 10. 1977

228. L: Tiefengletscher. R. C. Bachmann, Luftaufnahme 31. 10. 1977
R: Eugen Adam (1817–1880). «Halt der I. Brigade am Rhonegletscher 1861». Lavierte Zeichnung, weiß gehöht, 1862. GS/ETH

229. Lu: Rhonegletscher. R. C. Bachmann, Sept. 1976
Mo: Grimselpaß. R. C. Bachmann, Luftaufnahme, 31. 10. 1977

230. Rhonegletscher. R. C. Bachmann, Luftaufnahme 31. 10. 1977

231. Albert-Heim-Hütte. R. C. Bachmann, Okt. 1976

232. Rudolf Koller (1828–1905). «Gletscher am Sustenpaß». 1856. Öl auf Leinwand, 65 × 81 cm. Eigentum der Schweizerischen Eidgenossenschaft, deponiert im Kunsthaus Zürich

233. Lo: Steingletscher, Sustenpaß. R. C. Bachmann, Luftaufnahme 31. 10. 1977
Ro: Steingletscher. R. C. Bachmann, Luftaufnahme 31. 10. 1977
Mm: Steingletscher. R. C. Bachmann, Sept. 1976

234. Lo: F. N. König. Steinalp und Steingletscher im Jahre 1813. Gestochen von F. Hegi. 10,6 × 15,6 cm. SLB
Mo: Lageskizze alte Sustenpaßstraße, L. King
Ro: Gletscherstände d. Steingletschers, Skizze, L. King

235. Lo: Dammagletscher. R. C. Bachmann 17. 10. 1977
Ro: Chelengletscher. R. C. Bachmann, Luftaufnahme 31. 10. 1977
Mm: Chelengletscher. R. C. Bachmann, Luftaufnahme 31. 10. 1977

236. O: Steingletscher. H. Maeder
U: Göscheneralpsee. R. C. Bachmann, Okt. 1976

238. Sprengungen am Titlisgletscher, Hanns Fuchs

239. Lo: Titlisgletscher. R. C. Bachmann, Okt. 1977
Ro: Skisegeln am Titlis. Thomas Hanschke K. Hertwig
Rm: Titlisgletscher. R. C. Bachmann, Okt. 1977

240/41. Skisegeln am Titlis. T. Hanschke

242. Hüfifirn. R. C. Bachmann, Luftaufnahme 31. 10. 1977

243. Hans Conrad Escher. «Nordöstliche Seite des Dadibergs u. des Biferten Gletschers. Den 8. August 1807. N. d. Nat gez. v. H. Cd. Escher». Aquarell, 23,9 × 38,5 cm. GS/ZBZ

244. O: Planurahütte, Windkessel. R. C. Bachmann, Luftaufnahme 31. 10. 1977
U: Hüfifirn, Windkessel. R. C. Bachmann, 26. 8. 1976

245. Claridenfirn. «Vom Beckistock 16. August 1854. G. St. 1854». Lithographie, 10 × 20,5 cm. SLB

246. O: Grießfirn. R. C. Bachmann, Aug. 1976
U: Claridenfirn, Gebirgslandeplatz. S. Stangier

248/249. Topographischer Atlas der Schweiz 1: 50 000, «Siegfriedkarte». Blatt 521, Bernina. Aufnahme J. Coaz 1850–51, Istit. geogr. mil. ital. 1890. Ausgabe 1896, Eidg. Landestopographie

251. Lo: Vermuntgletscher. R. C. Bachmann, Okt. 1977
Mo: Ochsentaler Gletscher. Vorarlberger Illwerke AG
Mm: Kleinvermunt. R. C. Bachmann, Okt. 1977

252. Lo: Großvermuntalpe am 30. 7. 1931. Vorarlberger Illwerke AG
Lm: Silvrettastausee am 10. 8. 1973. Vorarlberger Illwerke AG
Mu: Hermann Schlagintweit. «Ende des Vermontgletschers an der Grenze von Graubünden und Vorarlberg». In «Untersuchungen über die physikalische Geographie der Alpen» von H. u. A. Schlagintweit, 1850. SLB

254. Mm: Vadret da Morteratsch. R. C. Bachmann, 14. 9. 1977
Ru: Oberengadiner Seen. Hans Märki, Meggen

255. Lo: Vadr. da Morteratsch, Gletschertor. R. C. Bachmann, Sept. 1974
Ro: Vadr. da Morteratsch. Luftaufnahme Nr. 3765 vom 18. 8. 1971, 12 h 31, Eidg. Landestopographie
Mm: Vadret Pers. H. Maeder, 1970
Rm: Vadr. da Morteratsch, Glasdia um 1900, F. Rohr. Schweizerisches Alpines Museum, Bern

256. Lo: G. Walser. «Der Gletscher auf Bernina in Bünden». Gestochen von A. Zingg. 14,3 × 118,6 cm. In G. S. Gruner «Die Eisgebirge des Schweizerlandes», 1760. SLB
Ro: Ausschnitt aus dem Originalmeßtischblatt von 1850/51 von J. Coaz, Blatt Bernina, Topogr. Atlas der Schweiz. Eidg. Landestopographie
Mm: Roseggletscher. Franz Thorbecke

257. Rosegtal. R. C. Bachmann, 12. 9. 1977

258. L: Vadr. da Tschierva. R. C. Bachmann, 12. 9. 1977
R: Coaz-Hütte. R. C. Bachmann, 12. 9. 1977

260/261. Segelflug am Bernina. Hans Märki, Meggen

262. Val Forno. R. C. Bachmann, 13. 9. 1977

263. Vadrec del Forno. R. C. Bachmann, 13. 9. 1977

264. Vadr. da l'Albigna. R. C. Bachmann, 13. 9. 1977
O: Gh. del Forno. R. C. Bachmann, 14. 9. 1977
M: Ortler. R. C. Bachmann, 15. 9. 1977

265. Mo: Suldenferner. R. C. Bachmann, 15. 9. 1977
Mm: Suldenferner. R. C. Bachmann, 15. 9. 1977
Mr: Suldenferner, Gletschertor. R. C. Bachmann, 15. 9. 1977

269. Suldenferner, Königspitze. R. C. Bachmann, 15. 9. 1977

270. Gepatschferner. R. C. Bachmann, 28. 9. 1977

271. L: Gepatschferner. R. C. Bachmann, 28. 9. 1977
R: Stausee Gepatsch. R. C. Bachmann, 28. 9. 1977

272. Mo: Taschachferner. Franz Thorbecke
Rm: Braunschweigerhütte, Mittelbergferner. R. C. Bachmann, 4. 10. 1977
Ru: Rettenbachferner. R. C. Bachmann, 4. 10. 1977

274. «Die Gletscher-Gruppen des Ötzthales . . . entworfen von Hermann und Adolph Schlagintweit». In H. u. A. Schlagintweit «Untersuchungen über die physikalische Geographie der Alpen», 1850. SLB

275. Lo: Bewegungslinien am Hintereisferner, aus A. Hess «Die Gletscher», 1904
Lm: Hintereisferner. R. C. Bachmann, 16. 9. 1977
Rm: Hermann Schlagintweit. «Das Ende des Hintereisgletschers». Lithographie, nach einer Zeichnung aus dem Jahre 1847. In H. u. A. Schlagintweit «Untersuchungen über die phys. Geogr. d. Alpen», 1850. SLB
Mm: Hintereisferner. R. C. Bachmann, 16. 9. 1977

276. Lm: Hochjochferner. R. C. Bachmann, 16. 9. 1977
Ru: Schöne Aussicht, Hochjochferner, R. C. Bachmann, 16. 9. 1977

277. Hochjochferner, Gletscherrandsee. R. C. Bachmann, 16. 9. 1977

278. O: Schafzug über das Niederjoch. Foto Lohmann, Obergurgl
U: Vernagtferner und Rofensee nach einer Daguerrotypie von 1846. Aus R. v. Klebelsberg «Handbuch der Gletscherkunde und Glaziageologie» 1948. Schweiz. Alpines Museum, Bern

279. Lo: Wildspitze. Thomas Hanschke, Aug. 1969
Mm: Hochjochferner. R. C. Bachmann, 16. 9. 1977

281. Lo: «Prof. Piccard's Gondel a. Gurgler Ferner b. d. neuen Karlsruherhütte». Foto 1931. Aus dem Archiv des Verkehrshauses der Schweiz, Luzern
Mo: Druckgondel a. d. Gurgler Ferner, 1931. Photo Lohmann, Obergurgl
Ro: Prof. Piccard am 27. 5. 1931 auf dem Gurgler Ferner. Photo Lohmann
Lm: Gurglerferner. R. C. Bachmann, 17. 9. 1977
Rm: «Der Langenthalergletscher im Gurglerthale». Aus H. u. A. Schlagintweit «Untersuchungen über die physik. Geographie der Alpen», 1850. SLB

282. Lo: Stubaier Eisjoch. R. C. Bachmann, 3. 10. 1977
Ro: Gaißberg- und Rotmoosferner, R. C. Bachmann, 4. 10. 1977
Rm: Innerötztal. R. C. Bachmann, 17. 9. 1977

283. L: Schaufelferner. R. C. Bachmann, 3. 10. 1977
R: Stubaier Eisjoch, Zuckerhütl. R. C. Bachmann, 3. 10. 1977

284. Mo: Hintertuxer Gletscherbahn. R. C. Bachmann, 2. 10. 1977
Ro: Olperer. Alpine Luftbild, 9. 8. 1971
Rm: Schlegeisspeicher. R. C. Bachmann, 2. 10. 1977

285. Lo: Gefrorene-Wand-Kees. R. C. Bachmann, 2. 10. 1977

286. Obersulzbachkees. Alpine Luftbild, 4. 8. 1964

288. Pasterzenkees. R. C. Bachmann, 1. 10. 1977

289. L: Pasterzenkees. R. C. Bachmann, 1. 10. 1977
R: Sandersee. R. C. Bachmann, 1. 10. 1977

290. Lo: Belsazar Hacquet. «Mineralogisch-botanische Lustreise vom Berg Terglou in Krain zu dem Berg Glockner in Tyrol», 1784, Tab. 3., Stadtbibliothek Schaffhausen
Ro + Rm: Hermann Schlagintweit. «Der Pasterzengletscher». 1848, 17,9 × 28,5 cm. Lithographie in H. u. A. Schlagintweit «Untersuchungen ü. d. physik. Geogr. d. Alpen», 1850. SLB
Lm: Pasterzenkees. R. C. Bachmann, 1. 10. 1977

291. O: Glockner-Haus, Pasterze, um 1860. Fotografie von V. Sella, Verkehrsverein Heiligenblut
U: «Karte des Pasterzengletschers nach Beobachtungen im Jahre 1846 u. 1848 entworfen von Hermann u. Adolph Schlagintweit». 1:14 400. In H. u. A. Schlagintweit «Unters. ü. d. phys. Geogr. d. Alpen», 1850

292. Lo: Pasterzenkees. Alpine Luftbild 11. 10. 1965
Mo: Hofmannshütte. R. C. Bachmann, 1. 10. 1977
Ru: Gletschermühle Pasterze. R. C. Bachmann, 1. 10. 1977

294. Mm: Gh. della Marmolada. R. C. Bachmann, 30. 9. 1977
Ru: Fedaia-See. R. C. Bachmann, 30. 9. 1977

295. Marmolata. R. C. Bachmann, 30. 9. 1977

296. Mo: Eisstadt im Marmolatagl., Zeichnung v. Leo Handl, in G. Langes «Die Front in Fels und Eis», 1977
Lm: Unterstand im Marmolatagletscher 1917, W. Schaumann, Wien
Rm: Gh. della Marmolada. R. C. Bachmann, 30. 9. 1977
Mu: Im Eisbruch des Marmolatagl., Foto Riva, Alleghe

297. Marmolata, Luftaufnahme Foto Riva, Alleghe

298. Gletschermühle im Pasterzenkees. R. C. Bachmann, 1. 10. 1977

Vorsatz, hinten. Bächligletscher, Grimsel. Markus Liechti, Liebefeld

Die Auswahl des umfangreichen historischen Bildmaterials wurde dank der freundlichen Unterstützung durch Herrn W. Achtnich, Schweiz. Landesbibliothek Bern, erleichtert.

Bibliographie

Altmann, J. G.: Versuch einer historischen und physischen Beschreibung der helvetischen Eisbergen, Zürich 1751
Ambach, W./Eisner, H.: Kernphysikalische Untersuchungen auf Alpengletschern, ZfGuG, Bd. VI, Heft 1–2, Innsbruck 1970
Arnold, P.: Riederalp, 1974

Bachmann, F.: Naturparadies Schweiz, Zürich 1975
Balmer, H.: Louis Agassiz – der Mann und sein Werk, 153. Jahresversammlung der Schweizerischen Naturforschenden Gesellschaft, Lugano 1973
Bandlin, J. V./Vogel von Glarus: Schönheiten und Schrecknisse der schweizerischen Alpenwelt, Glarus 1868
Bourrit, M. T.: Nouvelle Description des Glacières et Glaciers de Savoye, Genf 1785
Bourrit, M. T.: Description des alpes pennines et réthiennes, Genf 1781
Brawand, S.: Grindelwalder Bergführer, Bern 1973
Brunner, H./Müller-Schneider/Stampa: Führer durch das Gletschermühlen-Reservat Maloja und seine Umgebung, Chur
Brunner, H./Rentsch, H.: Die Änderungen von Fläche, Höhe und Volumen am Vernagt- und Guslarferner von 1889–1969, ZfGuG, Bd. VIII, Heft 1–2, Innsbruck 1972
Brunner, O.: Aus der Geschichte des Goldbergbaues in den Hohen Tauern, Jahrbuch DAV, Bd. 71, 1940
Bühler, R.: Geschichte der touristischen Erschließung des Tödimassivs und der Clariden- und Bifertenstockkette, in Glarner Beiträge zur Geschichte, Rechtswissenschaft, Sozialpolitik und Wirtschaftskunde, Heft 26, Glarus 1937
Busch, W.: Goethe als Bergsteiger, Jahrbuch DAV, Bd. 95, 1971

Comitato Glaciologico Italiano (Hrsg.): Catasto dei Ghiacciai Italiani, Bd. 1–4, Torino 1959–1962
Coolidge, W. A. B.: Die Petronella-Kapelle in Grindelwald, Grindelwald 1911
Coolidge, W. A. B.: Die Überschreitung des Berner Hochgebirges im Jahre 1712, Bern 1913
Coolidge, W. A. B.: Alpine accidents 1880–1920, Zentralbibliothek Zürich
Coolidge, W. A. B.: Die älteste Schutzhütte im Berner Oberland, Bern 1915

Drygalski, E. v./Machatschek, F.: Gletscherkunde – Enzyklopädie der Erdkunde, Wien 1942

Ebel, J. G.: Anleitung auf die nützlichste und genußvollste Art die Schweitz zu bereisen, Zürich 1804
Eidgenössische Landestopographie: Bemerkungen zur Karte 1 : 10 000 des Aletschgletschers, 1957
Englert-Faye, C.: Alpensagen und Sennengeschichten aus der Schweiz, Zürich 1941

Fäsi, J. C.: Genaue und vollständige Staats- und Erd-Beschreibung der ganzen Helvetischen Eidgenoßschaft . . ., Zürich 1768
Fass, H.: Schafsommerweg über die Ötztaler Gletscher, Jahrbuch DAV, Bd. 99, 1974
Finsterwalder, K.: Namen und Siedlung in der Silvretta, Jahrbuch DAV, Bd. 80, 1955
Finsterwalder, K.: Zur Namen- und Siedlungsgeschichte des inneren Ötztals, Jahrbuch ÖAV, Bd. 74, 1949
Finsterwalder, R.: Die zahlenmäßige Erfassung des Gletscherrückganges an Ostalpengletschern, ZfGuG, Heft 2, Innsbruck 1953
Finsterwalder, R.: Die Neubearbeitung der Alpenvereinskarte Zillertal-West, Jahrbuch DAV, Bd. 100, 1975
Finsterwalder, R.: Zur Geschichte der Gepatschferner-Vermessung, Jahrbuch DAV, 1951
Flaig, W.: Das Silvretta-Buch, Konstanz 1954
Flaig, W.: Das Gletscher-Buch, Leipzig 1938
Flaig, W.: Die Silvrettagruppe, Jahrbuch DAV, Bd. 80, 1955
Förtsch, O./Vidal, H.: Vorausberechnung des Rückganges der Ostalpengletscher, ZfGuG, Heft 2, Innsbruck 1956
Forel, F. A.: Die Vermessung des Rhone-Gletschers durch den Schweizer Alpenclub, Zeitschrift SAC, 1882

Gams, H.: Die naturwissenschaftliche Erforschung der Glocknergruppe, Jahrbuch ÖAV, Bd. 90, 1965
Gehrmann, H. L.: Die Mineralienfundstätten der Salzburger und Tiroler Zentralalpen, Jahrbuch DAV, Bd. 99, 1974
Geißler, P.: Zur Erstbesteigung des Montblanc und ihren zeitgenössischen Quellen, Jahrbuch DAV, Bd. 71, 1940
Gornergratbahn, Zermatt: Festschrift 1898–1923, 1923
Gornergratbahn-Gesellschaft: Bahn und Berg, 1948
Gruner, G. S.: Die Eisgebirge des Schweizerlandes, Bern 1760
Gurtner, V.: Jungfrau Expreß, 1971

Haeberli, W./Röthlisberger, H.: Beobachtungen zum Mechanismus und zu den Auswirkungen von Kalbungen am Grubengletscher, ZfGuG, Bd. XI, Heft 2, Innsbruck 1975
Haeberli, W.: Eistemperaturen in den Alpen, ZfGuG, Bd. XI, Heft 2, Innsbruck 1975
Haefeli, R.: Zur Mechanik außergewöhnlicher Gletscherschwankungen, Schweizer Bauzeitung, Bd. 115, Nr. 16, Zürich 1940
Haefeli, R./Kasser, P.: Glaziologische Beobachtungen am Großen Aletschgletscher, Mitteilungen der Versuchsanstalt für Wasserbau und Erdbau an der ETH Zürich, Nr. 23, aus Schweizerische Bauzeitung Nr. 35, Zürich 1952
Hagen, T.: Der Gletscherausbruch von Ferpècle, Die Alpen, Bd. XX, Bern 1944
Hagenbach-Bischoff, E.: Vermeßungen am Rhone-Gletscher während 25 Jahren, Berlin 1900
Halder, U.: Aletsch, SBN, 1976
Haldi, U. C.: Reise in die Alpen, Wabern 1969
Hanke, G.: Die großen Alpenpässe, München 1967
Hanke, H.: Gletscherkatastrophen, Der Bergsteiger, Heft 6, 33. Jahrg., 1966
Hoeherl, F. X.: J. J. Scheuchzer, der Begründer der physischen Geographie des Hochgebirges, München 1901
Hugi, F. J.: Naturhistorische Alpenreise, Solothurn 1830

Imseng, W.: Der Sommer in Saas-Fee, 1973
Imseng, W.: Der Winter in Saas-Fee, 1970

Kasser/Müller: Über die Gletscheränderungen seit 1900 in den Schweizer Alpen, Mitteilungen der Versuchsanstalt für Wasserbau und Erdbau an der ETH Zürich, Nr. 49
Kasser, L. M.: Eiszeitliche und nacheiszeitliche Geschichte des Prätigaus, Gießen 1939
Kieslinger, A.: Das Tauerngold, Jahrbuch DAV, Bd. 71, 1940
King, L.: Studien zur postglazialen Gletscher- und Vegetationsgeschichte des Sustenpaßgebiets, Basler Beiträge zur Geographie, Heft 18, Basel 1974
Kinzl, H.: Die Gletscher der österreichischen Alpen 1974/75, ZfGuG, Bd. XI/2, Innsbruck 1975
Kinzl, H.: Die Gletscher der Ortler Alpen nach A. Desio, ZfGuG, Bd. VI, Heft 1–2, Innsbruck 1970
Klebelsberg, R. v.: Handbuch der Gletscherkunde und Glazialgeologie, Wien 1948
Klebelsberg, R. v.: Das Ötztal, Natur und Bild, Jahrbuch ÖAV, Bd. 74, 1949
Klebelsberg, R. v.: Von den Gletschern auf Blatt Gurgl, Jahrbuch ÖAV, Bd. 74, 1949
Klebelsberg, R. v.: Der Langtauferer Gletscher, Jahrbuch DAV, 1951
Klebelsberg, R. v.: Das Pitztal, Jahrbuch DAV, Bd. 78, 1953
Kraus, F.: Über Gletscherbewegung, Wien 1898
Kühlken, O.: Das Glockner-Buch, Salzburg 1975

Langes, G.: Die Front in Fels und Eis, Bozen 1977
Lépinay, E.: Histoire des bains de St-Gervais, St-Gervais 1969
Link, H.: Speicherseen der Alpen, Sonderheft Wasser- und Energiewirtschaft Nr. 9, 1970
Luc, J. B. de: Reise durch Savoyen und auf die dortigen Gletscher, Bern 1775
Lliboutry, L.: Traité de Glaciologie, Paris 1965
Lütschg, O.: Beobachtungen über das Verhalten des vorstoßenden Allalingletschers im Wallis, Zeitschrift für Gletscherkunde, Bd. XIV, Leipzig 1926

Merian, P.: Über die Theorie der Gletscher, 1842
Messerli, B./Zumbühl, H. J.: Die Schwankungen des unteren Grindelwaldgletschers seit dem Mittelalter, ZfGuG, Bd. XI, 1975, Heft 1, Innsbruck 1976
Meyer, J. R. und H.: Reise auf den Jungfrau-Gletscher und Ersteigung seines Gipfels 1811, Aarau 1812
Meyer, R./Zschokke: Reise auf die Eisgebirge des Kantons Bern und Ersteigung ihrer höchsten Gipfel im Sommer 1812, Aarau 1813
Michel, H.: Grindelwald, Bern 1953
Michel, H.: Buch der Talschaft Lauterbrunnen, Interlaken 1950
Morawetz, S.: Postglaziale Wärmezeit und Ostalpenvergletscherung, ZfGuG, Heft 1, Innsbruck 1949
Morawetz, S.: Die Vergletscherung der zentralen Ostalpen von den Stubaier Alpen bis zur Sonnenblickgruppe, Jahrbuch DÖAV, Bd. 72, 1941
Müller, E.: Aletschwald, 1966
Müller, F./Caflisch, T./Müller, G.: Firn und Eis der Schweizer Alpen, Gletscherinventar ETH Zürich, Geographisches Institut, Publ. Nr. 57, Zürich 1976

NZZ/J. E.: Architektur in den Felsen, Neue Zürcher Zeitung, Nr. 248, 1976

Oberhummer, E.: Die ältesten Karten der Westalpen, Jahrbuch DÖAV, Bd. 49, 1909
Oechslin, M.: Die Gletscher im Kanton Uri in den Jahren 1943/44, Klubnachrichten der Sektion Gotthard SAC, 3. Folge, Heft 1, April 1945
Oppenheim, R.: Die Entdeckung der Alpen, Frauenfeld 1974

Paschinger, H.: Die Pasterze, Jahrbuch ÖAV, Bd. 90, 1965
Paschinger, H.: Die Pasterze in den Jahren 1924 bis 1968, Wissenschaftliche Alpenvereinshefte, Heft 21, 1969
Paschinger, H./Wakonigg: Nachmessungen im Bereich der Pasterze, Protokolle 1959–1975, Salzburg 1976
Patzelt, G.: Friedrich Wilhelm, Schnee- und Gletscherkunde, Besprechung in ZfGuG, Bd. XI, Heft 2, Innsbruck 1975
Patzelt, G.: Gletscherschwankungen in der Venedigergruppe, ZfGuG, Bd. IX, Heft 1–2, Innsbruck 1973
Patzelt, G.: Längenmessungen an den Gletschern der Ostalpen, ZfGuG, Bd. VI, Heft 1–2, Innsbruck 1970
Patzelt, G.: Zur Geschichte der Pasterzenschwankungen, Wissenschaftliche Alpenvereinshefte, Heft 21, 1969
Peuckert, W.: Westalpensagen, Bd. IV, Berlin 1965
Portmann, J. P.: Louis Agassiz et l'étude des glaciers, 153. Jahresversammlung der Schweizerischen Naturforschenden Gesellschaft, Lugano 1973
Pult, J.: Die Bezeichnungen für Gletscher und Lawinen in den Alpen, St. Moritz 1947

Quervain, A. de/Schnitter, E.: Das Zungenbecken des Bifertengletschers, Denkschrift der Schweizerischen Naturforschenden Gesellschaft, 1920

Räbmann, H. R.: Ein Neuw Lustig/Ernsthaft/Poetisch Gastmal . . ., Bern 1606
Reinwarth, O.: Massenhaushalt des Vernagtferners, ZfGuG, Bd. VIII, Heft 1–2, Innsbruck 1972
Richter, E.: Urkunden über die Ausbrüche des Vernagt- und Gurglergletschers, Stuttgart 1892
Richter, E.: Die Gletscher der Ostalpen, Stuttgart 1888
Röthlisberger, F.: Evidence for an ancient glacier surge in the Swiss Alps, Mitteilungen der Versuchsanstalt für Wasserbau, Hydrologie und Glaziologie, Nr. 2, Zürich 1971

Saussure, H. B. de: Reise durch die Alpen, Leipzig 1788
Saussure, H. B. de: Voyages dans les Alpes, 1781
Schaumann, W.: Führer zu den Schauplätzen des Dolomitenkrieges, Cortina d'Ampezzo 1973
Scheuchzer, J. J.: Itinera per Helvetiae Alpinas Regiones, 1723
Scheuchzer, J. J.: Natur-Geschichte des Schweizerlandes samt seinen Reisen über die Schweizerischen Gebürge, Zürich 1746
Schifferli-Amrein, M./Wick, P.: Gletschergarten Luzern 1872–1972, Festschrift, Geographica Helvetica, 28. Jahrg., Heft 2, 1973
Schlagintweit, H. und A.: Untersuchungen über die physikalische Geographie der Alpen, Leipzig 1850
Schmidt-Wellenburg, W.: Das Gebiet der neuen Glocknerkarte und der Alpenverein, Jahrbuch ÖAV, Bd. 90, 1965
Schmitt, F.: Großglockner-Chronik, Jahrbuch ÖAV, Bd. 90, 1965
Schneebeli, W./Röthlisberger, F.: 8000 Jahre Walliser Gletschergeschichte, Die Alpen, 52. Jahrg., Nr. 3/4, 1976
Schneider, H.: Karte des Kesselwandferners mit Zungenständen 1850–1971, ZfGuG, Nr. 11, Bd. 2, Innsbruck 1975
Seiler, I.: Festschrift Kraftwerk Mörel, 1965
Simler, J.: Vallesiae et Alpinum descriptio, 1633
Simony, F.: Die Gletscher in Österreich, Volks- und Wirtschaftskalender für das Jahr 1861, Wien
Slupentzky, H.: Ergebnisse der Geschwindigkeitsmessungen am Ödenwinkelkees in den Jahren 1962–1968, Wissenschaftliche Alpenvereinshefte, Heft 21, 1969
Solar, G./Hösli, J.: Hans Conrad Escher von der Linth, Ansichten und Panoramen der Schweiz, Zürich 1974
Solar, G.: Hans Conrad Escher von der Linth, Die Panoramen, Zürich 1976
Sonklar, K. v.: Der neuerliche Ausbruch des Suldnergletschers in Tirol, Wien 1857
Sonklar von Innstädten, K.: Das Ötzthaler Eisgebiet, Wien 1856
Stalder, H. A.: Bergkristalle im Schloß Spiez, Schweizer Strahler, Vol. 3, Nr. 7, 1974
Steinitzer, A.: Der Alpinismus in Bildern, München 1924
Streiff-Becker, R.: Aus der Gletscherwelt, Vierteljahresschrift der Naturforschenden Gesellschaft, Zürich 1932
Streiff-Becker, R.: Beitrag zur Gletscherkunde, Forschungen am Claridenfirn, Denkschriften der Schweizerischen Naturforschenden Gesellschaft, Bd. 75, Abh. 2, 1943
Streiff-Becker, R.: Zur Dynamik des Firneises, ZfGuG, Bd. XXVI, Innsbruck 1938
Streiff-Becker, R.: Über die Entstehung glazialer Felsformen, Zürich 1941
Stumpf, J.: Chronik Zürich 1547/48

Tollner, H.: Das Verhalten von Gletschern der Großglocknergruppe in den letzten Jahrzehnten, Wissenschaftliche Alpenvereinshefte, Heft 21, 1969
Tollner, H.: Klimaschwankungen und Gletscherverhalten in historischer Zeit, Jahrbuch DAV, Bd. 99, 1974
Trenker, L./Dumler, H.: Die schönsten Berge der Alpen, München 1975
Troesch, D.: Gipfelstürmer von Anno dazumal, Hotel Revue Nr. 37, Bern 1977
Tyndall, J.: Die Gletscher der Alpen, Braunschweig 1898

Vernaleken, T.: Alpensagen, Graz 1970
Vivian, R.: Les Glaciers des Alpes Occidentales, Grenoble 1975
Voelter, G.: Das große Buch der Alpensagen, Innsbruck 1971
Vogeltanz, R.: Der Bergkristallschatz vom Ödenwinkel, Wissenschaftliche Alpenvereinshefte, Heft 21, 1969
Vorndran, G.: Untersuchungen zur Aktivität der Gletscher, Kiel 1908
Voskule, G. A.: Untersuchung und Vermessung des in der letzten Rückzugsperiode verlassenen Bodens des Hüfi-Gletschers, Zürich 1904

Weller, R.: Das französisch-schweizerische Speicherkraftwerk Emosson, Wasser- und Energiewirtschaft 8, 1971
Wieland, B.: Der Marmorbruch in Grindelwald, 1975
Wilhelm, F.: Geographie und Glaziologie, Braunschweig 1972
Wilhelm, F.: Schnee- und Gletscherkunde, Berlin 1975

Zsigmondy, E./Paulcke, W.: Die Gefahren der Alpen, München 1922
Zeiller, M./Merian: Topographia Helvetiae, Rhaetiae et Valesiae, Ausgabe 1656

Abkürzungen:
ZfGuG = Zeitschrift für Gletscherkunde und Glazialgeologie
DAV = Deutscher Alpenverein
ÖAV = Österreichischer Alpenverein
DÖAV = Deutscher und Österreichischer Alpenverein

Vorsatz hinten: Bächligletscher (Bern, Grimsel), Steilstufe mit Firnschichtung